D1753279

Ahron Bregman **Gesiegt und doch verloren**

Für Miriam Eshkol

Ahron Bregman

Gesiegt und doch verloren
Israel und die besetzten Gebiete

Aus dem Englischen von Werner Roller

orell füssli Verlag

Die englische Originalausgabe erschien 2014 unter dem Titel »Cursed Victory. A History of Israel and the Occupied Territories« bei Allen Lane (Penguin Group).

Copyright © Ahron Bregman, 2014

Copyright der deutschen Ausgabe © 2015 Orell Füssli Verlag AG, Zürich
www.ofv.ch
Rechte vorbehalten

Dieses Werk ist urheberrechtlich geschützt. Dadurch begründete Rechte, insbesondere der Übersetzung, des Nachdrucks, des Vortrags, der Entnahme von Abbildungen und Tabellen, der Funksendung, der Mikroverfilmung oder der Vervielfältigung auf andern Wegen und der Speicherung in Datenverarbeitungsanlagen, bleiben, auch bei nur auszugsweiser Verwertung, vorbehalten. Vervielfältigungen des Werkes oder von Teilen des Werkes sind auch im Einzelfall nur in den Grenzen der gesetzlichen Bestimmungen des Urheberrechtsgesetzes in der jeweils geltenden Fassung zulässig. Sie sind grundsätzlich vergütungspflichtig.

Übersetzer: Werner Roller
Redaktion: Werner Wahls
Umschlaggestaltung: Hauptmann & Kompanie Werbeagentur, Zürich
Druck: fgb • freiburger graphische betriebe, Freiburg

ISBN 978-3-280-05573-1

Bibliografische Information der Deutschen Nationalbibliothek: Die Deutsche Nationalbibliothek verzeichnet diese Publikation in der Deutschen Nationalbibliografie; detaillierte bibliografische Daten sind im Internet über http://dnb.d-nb.de abrufbar.

Inhalt

Verzeichnis der Karten
    1. Israel und die besetzten Gebiete   VIII
    2. Der Großraum Jerusalem und die Altstadt   IX
    3. Der Allon-Plan   X
    4. Sinai-Truppenentflechtungsabkommen von 1974 und 1975   XI
    5. Israelischer Rückzug von der Sinaihalbinsel, 1979–1982   XII
    6. Gaza-Jericho-Abkommen, 4. Mai 1994   XIII
    7. Zonen-Aufteilung des Westjordanlandes nach dem Oslo-II-Abkommen, 28. September 1995   XIV

Eine persönliche Anmerkung   XV

Einleitung   XIX

Eine Anmerkung zur Besatzung   XXVII

Erster Teil   Das erste Jahrzehnt, 1967–1977

1   Westjordanland und Jerusalem   2
Jerusalem im Wandel 5 • Dayans unsichtbare Besatzung 12 • Offene Brücken 15 • Operation Flüchtling 18 • Die Schlacht um die Bücher 20 • Die Organisation der Besatzung 27 • Die Guerillas vernichten 30 • Siedlungen 35 • Allon-Plan contra Dayan-Plan 36 • Legalisierung der Landnahme 40 • Pattsituation in Hebron 42 • Einen König überzeugen 45 • Kolonialisierung 46 • Die PLO: Am Tiefpunkt, aber nicht aus dem Spiel 51 • Das Gesicht der Besatzung 55

2	Gazastreifen Militärregierung und Deportationen 60 • Niederschlagung des Aufstands 63 • Kolonialismus 68	57
3	Golanhöhen Ethnische Säuberung und der Aufstieg der Drusen 74 • Umgestaltung 80 • Widerstand und Krieg 84	72
4	Sinai Die Besiedlung 89 • Krieg und Kompromisse 92	88

Zweiter Teil Das zweite Jahrzehnt, 1977–1987

5	Likud-Jahre Ein entscheidendes Treffen in Rabat 103 • Endspiel in Camp David 113 • Die Unterzeichnung des Camp-David-Abkommens und seine Umsetzung 122 • Der Frühjahrsaufstand 124 • Unruhen auf dem Golan 125 • Der Libanon und das Ende der Dorf-Ligen 130	102
6	Schwarzer Dezember, 1987 Die Aufständischen 135 • Israels Schwarzer Dezember 142	133

Dritter Teil Krieg und Diplomatie, 1987–2007

7	Intifada UNLU 146 • Die Armee schlägt zurück 149 • Die Ermordung von Abu Dschihad 155 • Eine politische Scheidung 158 • Unabhängigkeit 160 • Knochenbrechen und Shamirs Friedensplan 162	146
8	Golfkrieg, Madrid, Oslo, 1991–1995 Die Madrider Friedenskonferenz und die Zeit danach 169 • Zurück an den Verhandlungstisch 178 • Oslo II – der Aktionsplan 183 • Das Lied vom Frieden 187	166

| 9 | Verpasste Gelegenheiten, 1995–1999 | 189 |

Die Tunnel-Unruhen 190 • Die Teilung von Hebron 192 • Har Homa 195 • Eskalation 198 • Ein israelisch-palästinensischer Coup 201

| 10 | Zuerst der Golan, 1999–2000 | 204 |

Neue Gespräche mit Syrien 206 • Assads Geste 212 • Ein katastrophales Endspiel 213

| 11 | Camp David II, 2000 | 220 |

Der Weg zu einem Gipfel 221 • Fiasko 229

| 12 | Al-Aksa-Intifada, 2000–2001 | 252 |

Die Hölle bricht los 254 • Krisendiplomatie 256 • Zehn Tage im Oktober 259 • Lynchmord in Ramallah 261 • Lösungsversuch in Sharm el Sheikh 263 • Mordanschläge 266 • Bill Clintons allerletzter Versuch 268 • Eine verpasste Gelegenheit 271

| 13 | Sharon und Arafat, 2001–2004 | 274 |

Ein äußerst blutiger Aufstand 274 • Verteidigungsschild 280 • Kriegsverbrechen in Gaza? 286 • Eine Roadmap 287 • Sharons Mauer 291 • Wieder: im Teufelskreis der Gewalt 292

| 14 | Lohnender Unilateralismus, 2004–2007 | 295 |

Arafat vergiftet? 302 • Ein einseitiger Rückzug – aber kein Ende der Besatzung 305

| 15 | Im fünften Jahrzehnt der Besatzung | 311 |

| 16 | Nachwort zur deutschen Ausgabe | 315 |

Anhang 322

Anmerkungen zu den Quellen 322 • Literaturauswahl 323 • Anmerkungen 328 • Register 352

1. Israel und die besetzten Gebiete

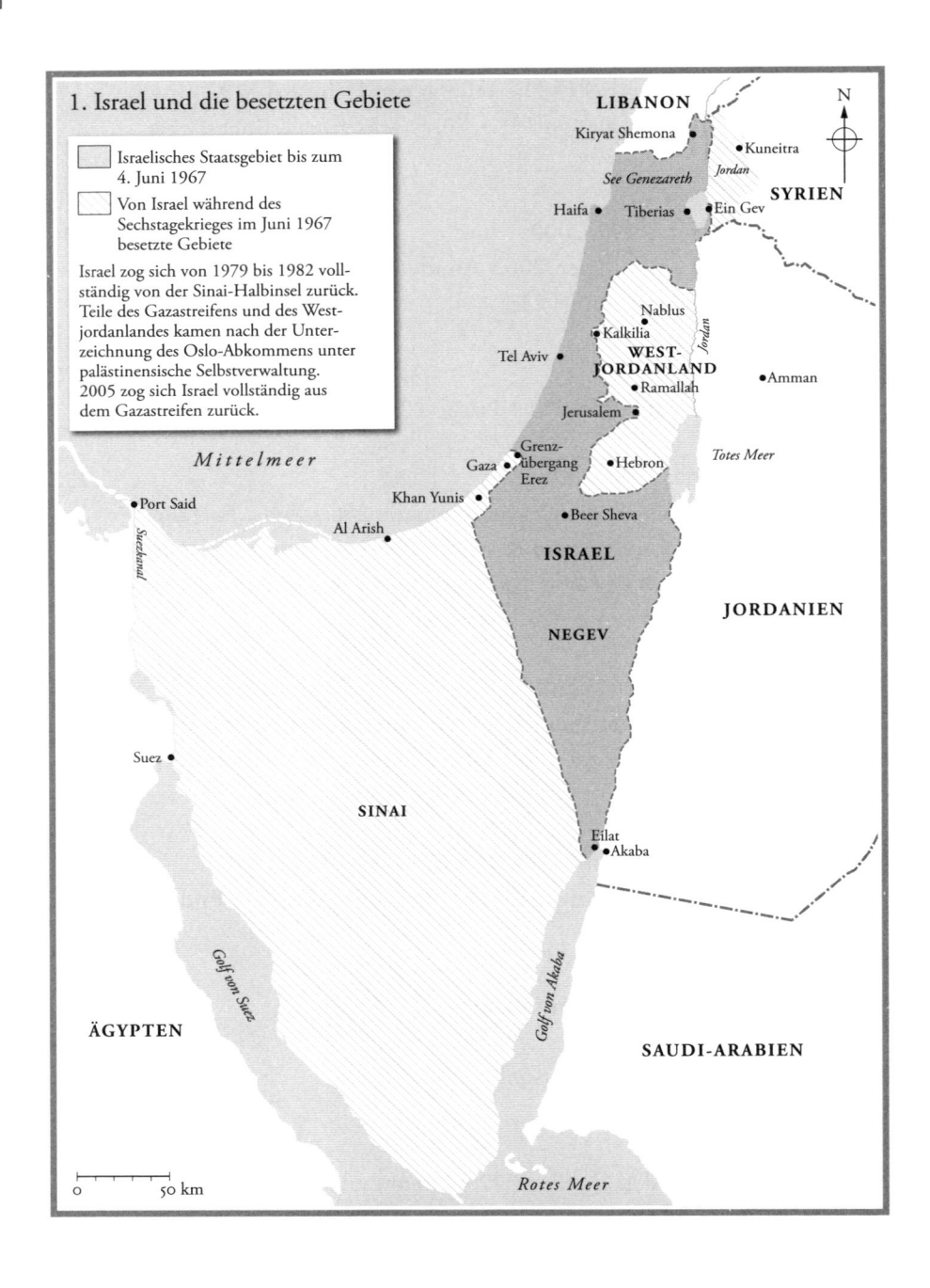

- Israelisches Staatsgebiet bis zum 4. Juni 1967
- Von Israel während des Sechstagekrieges im Juni 1967 besetzte Gebiete

Israel zog sich von 1979 bis 1982 vollständig von der Sinai-Halbinsel zurück. Teile des Gazastreifens und des Westjordanlandes kamen nach der Unterzeichnung des Oslo-Abkommens unter palästinensische Selbstverwaltung. 2005 zog sich Israel vollständig aus dem Gazastreifen zurück.

2. Der Großraum Jerusalem und die Altstadt

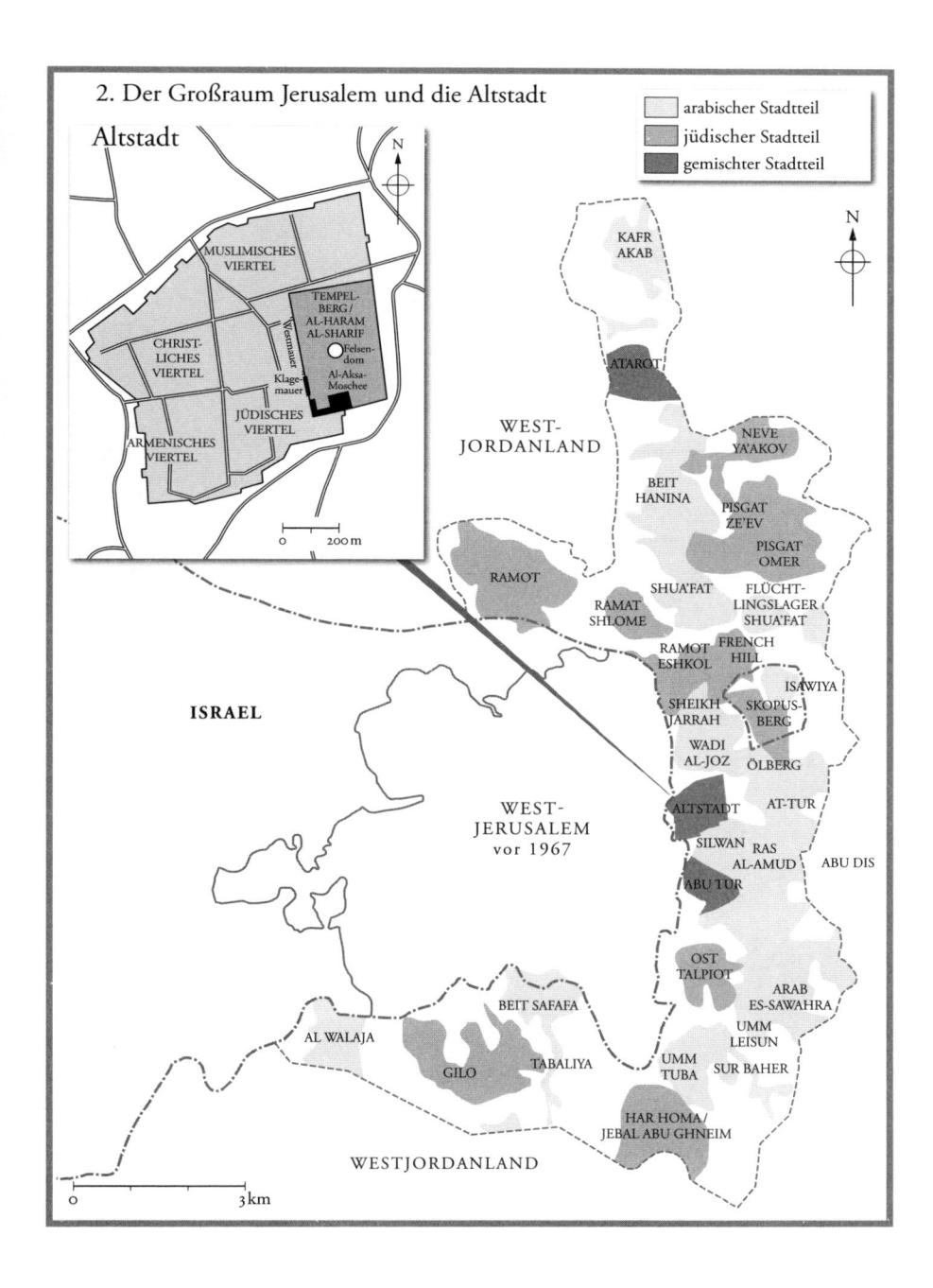

- arabischer Stadtteil
- jüdischer Stadtteil
- gemischter Stadtteil

Altstadt

- MUSLIMISCHES VIERTEL
- CHRISTLICHES VIERTEL
- TEMPELBERG / AL-HARAM AL-SHARIF
  - Felsendom
  - Al-Aksa-Moschee
- Westmauer
- Klagemauer
- JÜDISCHES VIERTEL
- ARMENISCHES VIERTEL

0 — 200 m

Großraum Jerusalem

- KAFR AKAB
- ATAROT
- WESTJORDANLAND
- NEVE YA'AKOV
- BEIT HANINA
- PISGAT ZE'EV
- PISGAT OMER
- RAMOT
- SHUA'FAT
- FLÜCHTLINGSLAGER SHUA'FAT
- RAMAT SHLOME
- RAMOT ESHKOL
- FRENCH HILL
- ISAWIYA
- ISRAEL
- SHEIKH JARRAH
- SKOPUSBERG
- WADI AL-JOZ
- ÖLBERG
- WEST-JERUSALEM vor 1967
- ALTSTADT
- AT-TUR
- SILWAN
- RAS AL-AMUD
- ABU DIS
- ABU TOR
- OST TALPIOT
- ARAB ES-SAWAHRA
- BEIT SAFAFA
- UMM LEISUN
- AL WALAJA
- TABALIYA
- UMM TUBA
- SUR BAHER
- GILO
- HAR HOMA / JEBAL ABU GHNEIM
- WESTJORDANLAND

0 — 3 km

3. Der Allon Plan

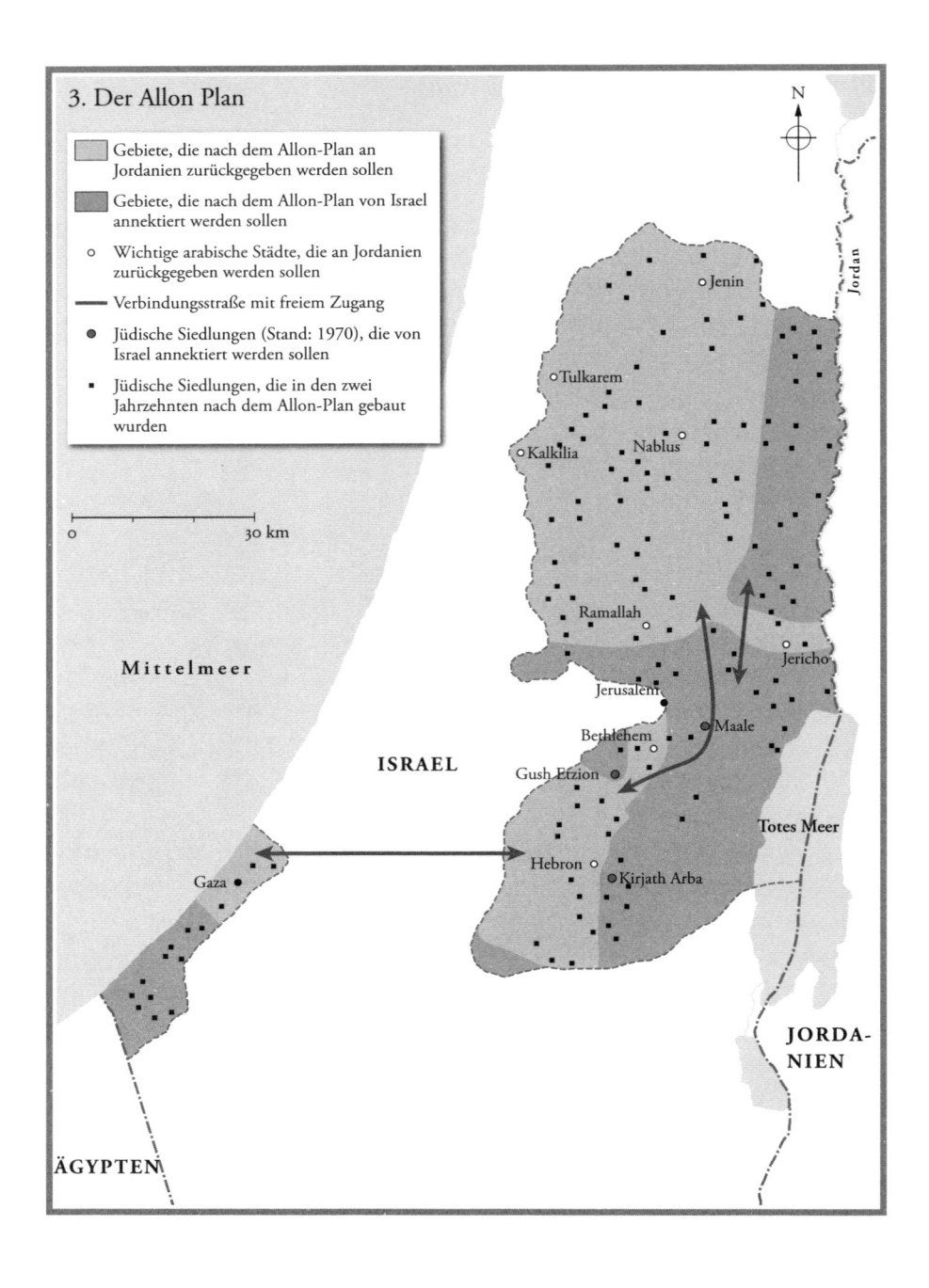

- Gebiete, die nach dem Allon-Plan an Jordanien zurückgegeben werden sollen
- Gebiete, die nach dem Allon-Plan von Israel annektiert werden sollen
- ○ Wichtige arabische Städte, die an Jordanien zurückgegeben werden sollen
- ▬ Verbindungsstraße mit freiem Zugang
- ● Jüdische Siedlungen (Stand: 1970), die von Israel annektiert werden sollen
- ▪ Jüdische Siedlungen, die in den zwei Jahrzehnten nach dem Allon-Plan gebaut wurden

30 km

Mittelmeer

ISRAEL

ÄGYPTEN

Jenin ○
Tulkarem ○
Kalkilia ○   Nablus ○
Ramallah ○
Jericho ○
Jerusalem
Bethlehem ○   Maale
Gush Etzion ●
Totes Meer
Hebron ○   Kirjath Arba ●
Gaza ●

JORDA-
NIEN

Jordan

4. Sinai-Truppenentflechtungsabkommen von 1974 und 1975

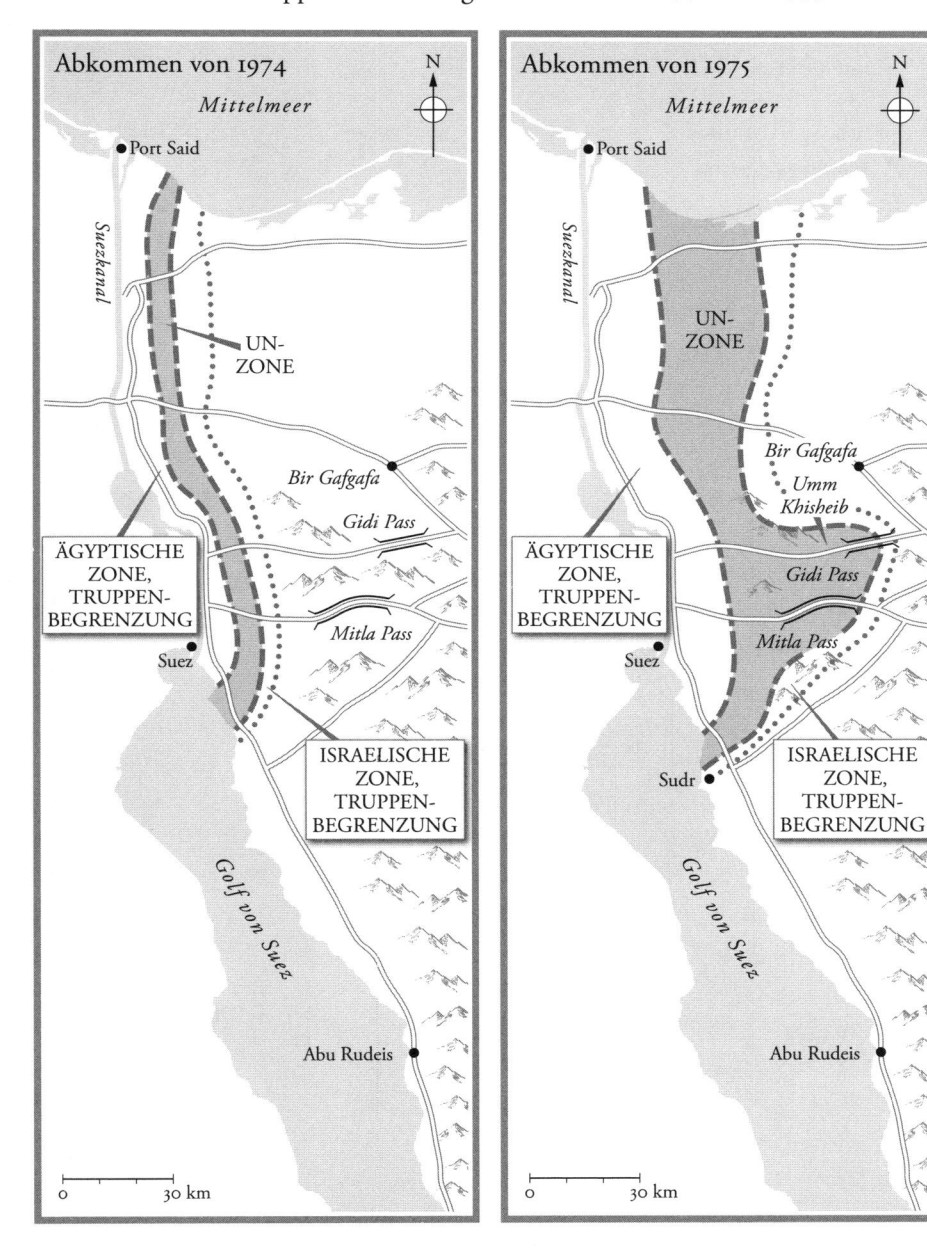

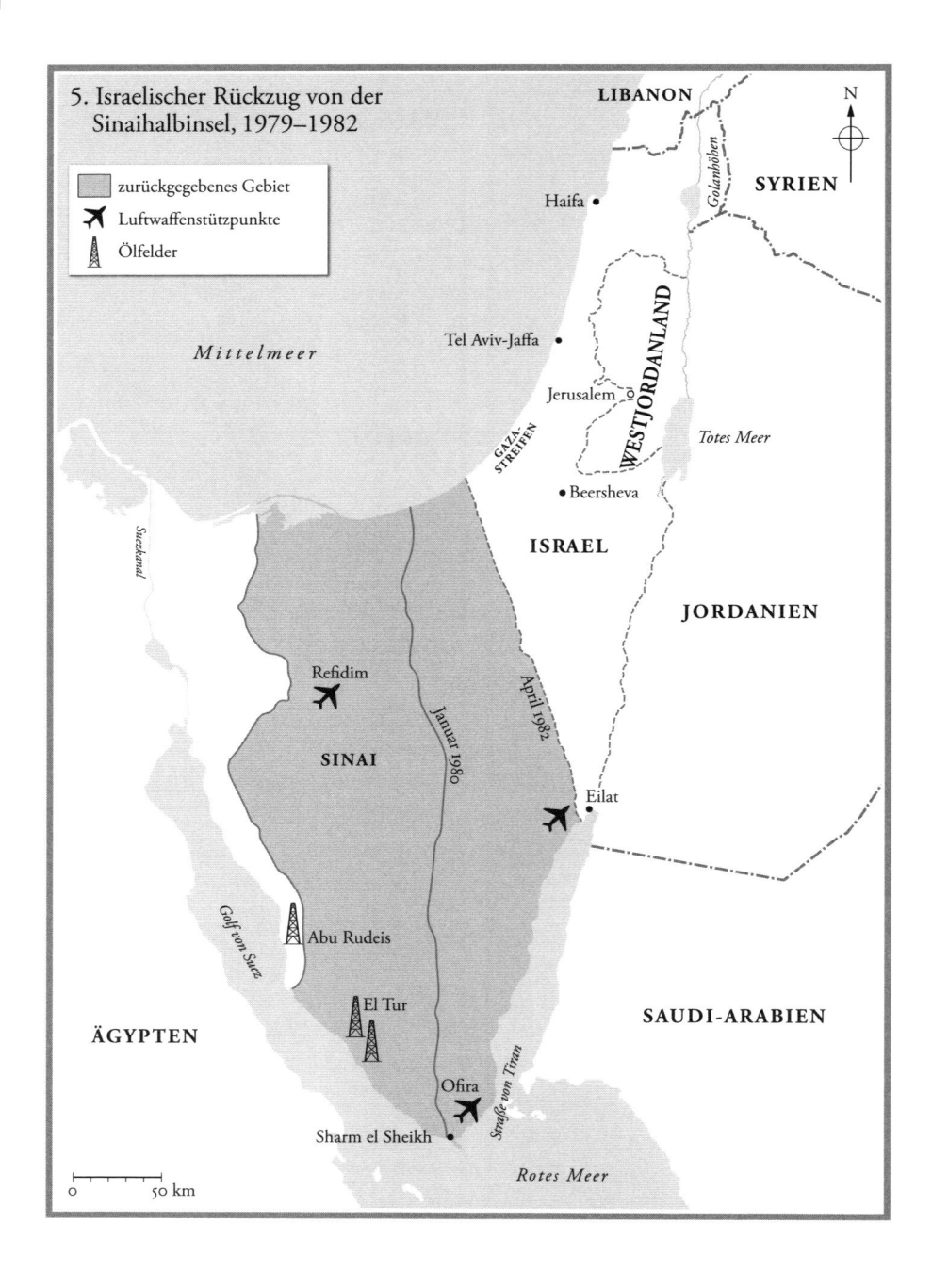

5. Israelischer Rückzug von der Sinaihalbinsel, 1979–1982

6. Gaza-Jericho-Abkommen, 4. Mai 1994

- Unter Verwaltung der palästinensischen Autonomiebehörde
- Flüchtlingslager
- israelische Besatzung
- ✡ israelische Siedlung

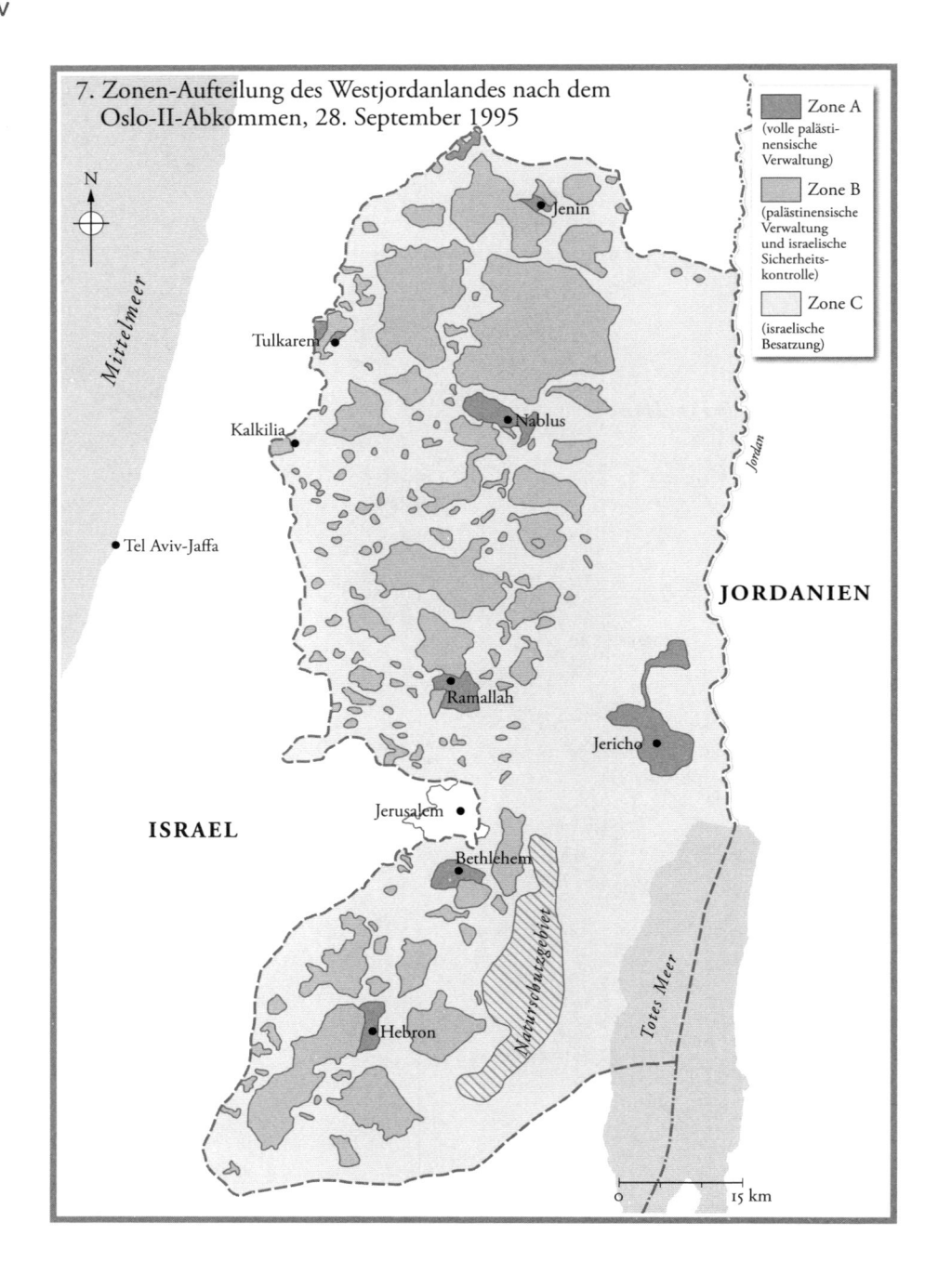

7. Zonen-Aufteilung des Westjordanlandes nach dem Oslo-II-Abkommen, 28. September 1995

Eine persönliche Anmerkung

Ich war neun Jahre alt, als Israel in jenen erstaunlichen sechs Tagen im Juni 1967 den Gazastreifen, die Sinaihalbinsel, die Golanhöhen, das Westjordanland und das arabische Ostjerusalem besetzte, und ich erinnere mich immer noch deutlich an unseren ersten Familienausflug in das kurz zuvor besetzte Ostjerusalem: Von unserem Wohnort in der Nähe von Tel Aviv fuhren wir mit dem Zug ins jüdische Westjerusalem, dann folgte eine kurze Taxifahrt zum Jaffator, und von dort aus gingen wir, nachdem wir einige israelische Lira in jordanische Dinar umgetauscht hatten, zu Fuß in die Altstadt.

Farben! Das verbinde ich in meiner Erinnerung mit dieser ersten Reise nach Jerusalem. Alles war so farbenfroh: Die Basare mit den arabischen Verkäufern und Straßenhändlern, die ihre kariert gemusterten Kufiyas trugen (es war das erste Mal, dass ich »richtige« Araber gesehen hatte); die Süßigkeitenläden mit ihren schwer beladenen Silbertabletts, auf denen *Kunafa* angeboten wurde, ein süßes Gebäck aus ganz feinen, mit Frischkäse gefüllten Nudeln und reichlich Sirup; die hölzernen Handkarren, die von frischem Obst und Gemüse förmlich überquollen; die *Cakh* – ein mit Sesamkörnern bestreutes, wie ein Donut geformtes Brötchen, das mit *Zatar*, einer Gewürzmischung, angeboten und den Käufern in einem Stück aus einer arabischen Zeitung herausgerissenem Papier überreicht wird; der prachtvolle Felsendom mit seiner mit einer Goldschicht überzogenen Kuppel, die über dem Tempelberg glitzerte. Wir zogen unsere Schuhe aus und gingen in den Schrein – ich erinnere mich immer noch an die Kühle und Stille, an die schweren Teppiche unter meinen Füßen und an die Koranverse in arabischer Schrift an den Wänden, und an verschiedenen Orten beteten Gläubige – kniend, sich nach vorn neigend, im Aufstehen. Dann gingen wir hinunter zur Klagemauer, jenem Teil der Westmauer des Tempelbergs, an dem Generationen von Juden gebetet haben, und dort steckte ich ein winziges Stück Papier, auf dem ich einen heimlichen Wunsch notiert hatte, in eine Mauerritze. Oben auf der Mauerkrone, außer Reichweite, wuchs Unkraut aus dem uralten Gemäuer, und Tauben bauten ihre Nester. Ich ging an der Hand meines Vaters, als wir durch die engen, gepflasterten Gassen und überdachten Sträßchen der

Altstadt spazierten, mit großen Augen schaute ich mich um, kletterte auf Mauern und schaute in verborgene Ecken. Dome, Steinkuppeln, rote Ziegeldächer, Kirchtürme und -türmchen, Minarette, Jasmin, Ringelblumen, Geranien in alten Blechdosen, Kirchenglocken. Als es Abend wurde, sahen wir uns von einem hohen Flachdach aus an, wie sich Jerusalem golden färbte. An den Mauern sah man zwar noch die Einschusslöcher, aber das Leben hier fühlte sich ganz und gar nicht wie Besatzung an. Es war, als ob wir im Ausland wären, zu Besuch in einem fremden Land, als lebten wir in einem Traum.

Etwa zehn Jahre später bekam ich einen unmittelbaren Eindruck von der Realität der Besatzung, als ich, ein junger Offizier der israelischen Armee, in den Straßen von Gaza-Stadt auf Patrouille geschickt wurde. Die offenen Abwasserrinnen, die unbefestigten, staubigen Straßen, Fäulnis und Gestank, das Gebell nervöser Hunde in den dunklen Gassen, die (riesigen) Ratten, die im Unrat wühlten, und, vor allem anderen, die unverhüllte Feindseligkeit der Einheimischen schockierte mich bis ins Mark. Damals wurde mir zum ersten Mal bewusst, dass *ich* ein Besatzer war, *sie* waren die Besetzten, und das Land, auf dem ich mit meinen Soldatenstiefeln ging, war, ob mir das nun gefiel oder nicht, besetztes Gebiet.

Weitere zehn Jahre später, inzwischen war ich Zivilist und Offizier der Reserve und hielt mich während einer langen Hochzeitsreise in Kathmandu in Nepal auf, erfuhr ich, dass in den besetzten Gebieten ein Krieg tobte. Bald darauf sollte dieser Krieg seinen inzwischen sehr bekannten Namen erhalten: Intifada. Und als ich in einem kleinen Eckladen in der abgelegensten und romantischsten aller Städte dieser Welt in einer der dort ausliegenden Zeitungen ein Foto entdeckte, auf dem ein israelischer Soldat einen palästinensischen Demonstranten mit seinem Gewehrkolben schlägt, standen mir die Haare zu Berge. Dieses Bild hatte etwas sehr Prägnantes an sich: Der Palästinenser schaute zu dem Israeli auf, und dieser blickte auf ihn herab, während er sein Gewehr hob. Von Kathmandu aus schickte ich einen Leserbrief an die israelische Tageszeitung *Haaretz,* in dem ich die Israelis – mein Volk, meine Freunde – kritisierte und ihnen vorwarf, dass sie die gleichen brutalen Verbrechen gegen die Palästinenser begehen würden, die so viele andere Völker der Welt einst an den Juden verübt hätten. Mein Schwiegervater, Professor an der Universität von Tel Aviv, der nicht wusste, dass ich diesen Brief abgeschickt hatte, entdeckte den Text in der Zeitung und rief sofort den Chefredakteur an, um sich zu beschweren. Er sagte, es leuchte ihm einfach nicht ein, dass sein neuer Schwiegersohn, ein Veteran des Libanonkriegs von 1982, solche Dinge sagen würde, und er verlangte eine Entschuldigung. Der Chefredakteur erwiderte: »Herr Professor, ich habe den Brief hier vor mir liegen, und ich versichere Ihnen, dass ich ihn abgedruckt habe, ohne auch nur ein Komma zu verändern.«

Ich schrieb in meinem Brief, dass ich erst dann nach Hause zurückkehren würde, wenn das Töten ein Ende habe. Aber letztlich konnte ich nirgendwo sonst hingehen. Als ich im Buchladen der Hebräischen Universität in Jerusalem zufällig einem Journalisten begegnete, mit dem ich befreundet war, runzelte dieser die Stirn und fragte mich: »Was machst *du* denn hier?« Darauf hatte ich keine Antwort. Aber ich sagte, dass ich mich strikt weigern würde, falls mich die Armee für einen Einsatz in den besetzten Gebieten einberufen sollte. Mein Gesprächspartner veröffentlichte den Wortwechsel etwa eine Woche später in der Wochenendbeilage von *Haaretz* in einem Artikel unter der Überschrift »Ronnie Bregman weigert sich zum ersten Mal«.[1] Ich hatte damals ähnliche Gefühle, wie sie Joseph Shields, der Protagonist in Linda Grants Roman *Eigentlich eine Liebeserklärung,* in Bezug auf Vietnam entwickelte – dass der Krieg falsch, unmoralisch und eine Schande war.[2] Ich konnte mich nicht daran beteiligen, und das Ergebnis dieser Überlegung war, dass ich wie Joseph das Gefühl hatte, mir ein anderes Land suchen zu müssen, in dem ich leben konnte, bis dieser Irrsinn ein Ende fand. In meinem Fall würde mich eine Auswanderung auch vor der unangenehmen Aussicht bewahren, wegen Wehrdienstverweigerung – eines unüblichen Widerstandsaktes, der in jenen frühen Tagen der Intifada noch so gut wie unbekannt war – eingesperrt zu werden. So kam es, dass ich mich wenig später in England wiederfand, wo ich heute noch lebe.

Kein Autor, auch kein Historiker – ganz gleich, wie streng er sich der Wissenschaft verpflichtet fühlt – kann sein Werk von seinen eigenen Erfahrungen, Interessen und Vorlieben ablösen, und ich bin mir sicher: Es ist diesem Buch anzumerken, dass es von einem Insider-Außenstehenden geschrieben wurde, der die hier geschilderten Ereignisse entweder in Israel selbst erlebt oder aus der Distanz von England aus mitverfolgt hat. Die Leser werden feststellen, dass meine Einstellung zur Besatzung offensichtlich und meine Kritik entschieden ist, und einige meiner israelischen Landsleute werden dies vermutlich als unpatriotisch empfinden. Das Schreiben dieses Buches war für mich ein Anlass, noch einmal die Zeit zu betrachten, die ich durchlebt habe, und Dinge zu hinterfragen, die ich oft als selbstverständlich angesehen habe. Und wie jeder andere Autor auch musste ich entscheiden, was ich in das Buch aufnehme und was ich weglasse. Dabei habe ich mich – trotz meiner persönlichen Gefühle – bemüht, objektiv zu sein und mich auf das zu konzentrieren, was ich als die wichtigsten Wendepunkte und Episoden betrachte, die meiner Einschätzung nach schließlich als geschichtlich bedeutsam gelten werden.

Viele Menschen haben mir bei dieser Arbeit geholfen. Dank gebührt Daniel Bregman und Tom Raw, die den Text mit Adleraugen durchgingen, Dr. Nir Resisi für Informationen über die Sinaihalbinsel, Aharon Nathan für seine faszinierenden Einsichten zur israelischen Verwaltung von Gaza in der Zeit nach dem Krieg von 1956, den Rabbinerinnen Sylvia Rothschild und Sybil Sheridan für die Überprüfung meiner Bibelzitate und Professor Iain Scobbie für seine nützlichen Kommentare zur Rechtmäßigkeit der israelischen Besatzung. Meine liebe Freundin Norma Percy schlug vor, dass der einfallsreiche Brian Lapping ein bisschen helfen sollte; wie sich herausstellte, half er ziemlich viel, indem er »Cursed Victory« als Originaltitel für dieses Buch vorschlug. Ich hatte das Glück, mit Daniela Richetova eine engagierte Rechercheurin zu haben, die mit dem Sammeln persönlicher Zeugnisse unschätzbar wertvolle Hilfe leistete, weil dies einigen der hier beschriebenen Ereignisse ein menschliches Gesicht gibt. Ich möchte auch meinen Studierenden am King's College danken, die meinen Magisterkurs »Besatzung« in der Abteilung für Kriegsgeschichte besucht haben. Ich habe von ihnen so viel gelernt wie sie hoffentlich auch von mir. Beim Penguin Verlag in Großbritannien möchte ich Stuart Proffitt dafür danken, dass er meine Idee zu einem Buch über die israelische Besatzung akzeptiert und beim Warten auf das endgültige Manuskript die Geduld eines Heiligen bewiesen hat; Laura Stickney, meiner Cheflektorin beim Verlag, danke ich für ihre anspornenden Kommentare und scharfsinnigen Einsichten zu früheren Entwürfen dieses Buches sowie für ihre Verbesserungsvorschläge, die zum jetzt vorliegenden, deutlich verbesserten Text führten; ein Dank geht auch an Mark Handsley, meinen Lektor, und an Richard Duguid, den Verlagsleiter, der auch mein vorhergehendes Buch für Penguin betreute. Ich widme dieses Buch Miriam Eshkol, der Frau des früheren israelischen Ministerpräsidenten Levi Eshkol, einer engen Freundin über viele Jahre hinweg.

Üblicherweise folgt hier noch eine Zeile: »Alle faktischen und interpretatorischen Irrtümer gehen ausschließlich zu meinen Lasten.« Bei einem Buch, dessen Thema so belastet ist wie dieses, betone ich das ganz besonders.

Ahron (Ronnie) Bregman
London 2014

Einleitung

Dies ist die Geschichte der israelischen Besatzung des Westjordanlandes, Jerusalems, der Golanhöhen, des Gazastreifens und der Sinaihalbinsel seit Israels überlegenem Sieg über die vereinigten Streitkräfte der Nachbarstaaten Jordanien, Syrien und Ägypten im Sechstagekrieg 1967. Die Sinaihalbinsel wurde Ägypten in den Jahren 1979 bis 1982 nach erfolgreichen Friedensverhandlungen Stück für Stück zurückgegeben, und im August 2005 zog Israel auch seine Soldaten aus dem Gazastreifen zurück und räumte die dortigen Siedlungen. Einen teilweisen Rückzug aus dem Westjordanland hat es zu verschiedenen Zeitpunkten seit 1993 gegeben, im Anschluss an die langwierigen Friedensverhandlungen mit den Palästinensern in Oslo. Doch zum Zeitpunkt der Niederschrift dieses Buches befinden sich ein großer Teil des Westjordanlandes, das arabische Ostjerusalem und die Golanhöhen nach wie vor fest unter israelischer Kontrolle.

Die Gebiete, die Israel 1967 besetzte, haben viele Namen, deren Verwendung vor allem von der politischen Gesinnung abhängt: »Palästina« (pro-palästinensisch), »die besetzten Gebiete« (im Allgemeinen links), »die befreiten Gebiete« oder »Judäa und Samaria« (beide der jüdischen Rechten zuzuordnen), »die verwalteten Gebiete«, »die Gebiete jenseits der Grünen Linie« oder, für die wahrhaft Neutralen, oft auch nur um der Kürze willen, einfach nur »die Gebiete«. Die militärische Besetzung dieser Gebiete durch Israel im Jahr 1967 wurde an anderer Stelle ausführlich abgehandelt, und ich werde mich hier nicht noch einmal auf dieses Terrain begeben.[1] Wenn wir jedoch den Finger auf den Wendepunkt legen wollen, an dem die Israelis in der Wahrnehmung der breiten Öffentlichkeit in den westlichen Ländern von bedrängten Opfern arabischer Aggression zu Besatzern wurden, dann sind das die sechs Tage vom 5. bis zum 11. Juni 1967. Im Verlauf dieser dramatischen Tage, in denen sich Israel eher als Goliath denn als kleiner David erwies, setzte eine Verschiebung der weltweiten Sympathien ein, weg von den Israelis und in Richtung der neuen Unterprivilegierten – der Menschen, die unter israelische Besatzungsherrschaft gerieten. Von diesem Standpunkt aus kann man im Nachhinein mit einiger Sicherheit sagen, dass der großartige militärische Triumph von 1967, der zunächst ein so glücklicher Augenblick in der israelischen – jüdischen – Geschichte zu sein schien, sich als verfluchter Sieg erwies.

Israel unterstellte den größten Teil dieser Gebiete einer Militärregierung, in der Armeeoffiziere für die Regelung des dortigen Alltagslebens zuständig waren. So wurde deutlich, dass diese eroberten Gebiete ein »Pfand« sein würden, Land, das man als Verhandlungsmasse behielt, bis die Araber Israels Recht auf eine friedliche Existenz im Nahen Osten anerkennen und sich öffentlich von ihren Träumen, den ungeliebten Nachbarn mit Gewalt zu zerstören, verabschieden würden.[2] Die Israelis versicherten unterdessen der ganzen Welt, dass der jüdische Staat – mit Blick auf die eigenen, so einzigartigen wie entsetzlichen Erfahrungen mit der Tatsache, verfolgt zu werden – eine wahrhaft »aufgeklärte Besatzung« (auf Hebräisch: »Kibush Naor«) praktizieren werde.

Aber Historiker in aller Welt, die sich mit der Geschichte großer Reiche befassen, sind sich zunehmend darüber im Klaren, dass eine »aufgeklärte Besatzung« ein Widerspruch in sich ist, »wie eine vierseitige Triangel«,[3] und im Lauf der Zeit wurde Israels »aufgeklärte Besatzung« zu einer bitteren Angelegenheit. Die Israelis hatten, wie viele andere Mächte zuvor und danach, die einfache Tatsache nicht verstanden, dass eine Besatzungsherrschaft erklärtermaßen gar nicht aufgeklärt sein kann. Die Beziehung zwischen Besatzer und Besetztem beruht immer auf Furcht und Gewalt, Erniedrigung und Schmerz, Leiden und Unterdrückung – ein System von Herren und Sklaven, es kann für die Besetzten gar nichts anderes als eine negative Erfahrung sein, und manchmal gilt das auch für den einzelnen Besatzer, der sich gezwungen sieht, eine Politik durchzusetzen, mit der er vielleicht gar nicht übereinstimmt. Dass eine dynamische und intellektuelle Nation wie Israel, die sich des mit der Geschichte verbundenen Schmerzes auf überwältigende Art und Weise bewusst war, überhaupt den Weg der militärischen Besatzung wählte, ist schon für sich genommen höchst erstaunlich. Die ehemaligen Kolonialreiche der Welt verabschiedeten sich Ende der 1960er-Jahre von Besatzung und Kolonialismus, während es hier im Nahen Osten ganz danach aussah, als hätten die Israelis vor, in die entgegengesetzte Richtung zu marschieren.

Als die Palästinenser 20 Jahre nach dem Krieg von 1967 im Gazastreifen und im Westjordanland einen Aufstand begannen – eine *Intifada* –, behauptete Israel, dies sei überraschend gekommen. Sieht man sich die Geschichte der israelischen Präsenz in diesen Gebieten jedoch genauer an, zeigt sich, dass dieser Aufstand wohl kaum unerwartet ausbrach. Er war eher der Höhepunkt eines fortgesetzten Widerstands gegen die Besatzung, der schon bald nach dem Eintreffen der israelischen Armee begonnen hatte: Die Israelis bekamen es von Anfang an nicht nur mit dem Zorn der militanten Aktivisten zu tun, die sie körperlich angriffen, sondern auch mit der Wut ganz gewöhnlicher Männer und Frauen – mit Studierenden, Lehrern, Rechtsanwälten, Ingenieuren, Ladenbesitzern, Hausfrauen –, mit Menschen aus allen Bereichen der palästinensischen Gesellschaft, die den Israelis von Anfang an mit unverhüllter Feindseligkeit gegenübertraten. Edward Hodgkin, ein ehemaliger Politikredakteur im Auslandsressort der britischen *Times,* besuchte das Westjordanland bereits zwei Jahre nach der Eroberung und schrieb damals über »die Intensität, mit der die Israelis überall von allen Teilen der Bevölkerung gehasst werden«.[4] Im Zeitraum von 1968 bis 1975 wurden in den besetzten palästinensischen Gebieten pro Jahr 350 Fälle gewalttätigen Widerstands registriert. In der Zeit von 1976 bis 1982 verdoppelte sich diese Zahl, und von 1982 bis 1986 schnellte sie auf 3000 hoch. Während der ersten sechs Monate der Intifada erreichte die Zahl der mit Gewalt verbundenen Zwischenfälle in den besetzten palästinensischen Gebieten den überwältigenden Wert von 42 355.[5] Diese täglichen Akte des Widerstands führten dazu, dass die Israelis zur Aufrechterhaltung der Besatzungsherrschaft immer mehr auf Zwang und Gewalt setzten, was wiederum die Zahl der Opfer vornehmlich auf palästinensischer Seite deutlich ansteigen ließ. Die durchschnittliche Zahl der Palästinenser, die bei Widerstandsaktionen gegen die Besatzung pro Jahr getötet wurden, lag in der Zeit von Juni 1967 bis Dezember 1987 bei 32. Von Dezember 1987 bis September 2000 stieg sie auf 106, und von September 2000 bis Dezember 2006 vervielfachte sie sich auf 674. Die Gesamtzahl der von 1967 bis 2006 getöteten Palästinenser lag bei 6187, während bei palästinensischen Anschlägen in den besetzten Gebieten und in Israel selbst 2178 Israelis ums Leben kamen.[6]

Zu den nicht von Palästinensern bewohnten Gebieten, die Israel 1967 eroberte, ist hier noch Folgendes zu sagen: Die riesige Fläche der Sinaihalbinsel, die weitgehend aus Wüste besteht, war nur sehr dünn besiedelt und blieb während der gesamten israelischen Besatzung recht ruhig. Auf den Golanhöhen, die in den letzten 30 Stunden des Sechstagekriegs 1967 Syrien abgenommen wurden, konnten die Israelis ihren Willen relativ leicht durchsetzen. Das lag hauptsächlich daran, dass die Einwohnerzahl des Golan sehr viel geringer war, denn die hügelige Landschaft war längst nicht so dicht besiedelt wie das Westjordanland oder der Gazastreifen, und außerdem hatte die vorrückende israelische Armee die meisten Dörfer dort zerstört und die Bewohner so gezwungen, ins Landesinnere Syriens zu fliehen. Die meisten Bewohner des Golan, denen die Israelis den Verbleib dort gestatteten, waren Drusen, Angehörige eines Ablegers der muslimischen Tradition, die sich, zumindest zu Beginn der Besatzung, relativ fügsam zeigten.

Die hier folgende Geschichte befasst sich mit der Politik und Praxis der israelischen Besatzung. Es ist eine narrative Geschichte, bei der ich oft innehalte, um weiter auszugreifen, zu erklären und zu beobachten. Sie füllt eine überraschende Lücke in der vorliegenden Literatur, die sich oft für einen thematischen, nicht für einen chronologischen Zugang entscheidet. Ich bin vom Nutzen der narrativen Geschichtsschreibung überzeugt. Der bedeutende britische Historiker James Joll (1918–1994) schrieb einmal: »Es ist wichtig, den Leser an die Abfolge von Ereignissen zu erinnern, […] ihm sozusagen eine Karte an die Hand zu geben, mit deren Hilfe er in diesen stürmischen Gewässern navigieren kann.«[7]

Wie wir noch sehen werden, beruht die israelische Besatzung auf drei Hauptstützen. Die erste ist der Einsatz militärischer Gewalt zur Unterwerfung der Besetzten, einschließlich des Einsatzes von militärischen Anweisungen, willkürlichen Verhaftungen, Vertreibungen, Folter und längerer Inhaftierung. Die zweite besteht aus Gesetzen und bürokratischen Bestimmungen, sie sichern die israelische Kontrolle über die Einsetzung in öffentliche Ämter, den Zugang zu Beschäftigungsmöglichkeiten, Reisebeschränkungen und die Ausgabe aller Arten von Lizenzen und Genehmigungen, auch derjenigen für Baumaßnahmen und Flächennutzungspläne. Die dritte Hauptstütze ist die Schaffung physischer Tatsachen vor Ort. Dazu zählen die Enteignung von Land, die Zerstörung arabischer Dörfer und der Bau jüdischer Siedlungen und Militärstützpunkte ebenso wie die Einrichtung von Sicherheitszonen sowie die Kontrolle über das Wasser und andere natürliche Ressourcen.[8]

Besatzung ist, wie noch deutlich werden wird, ein sehr viel komplexeres und vielschichtigeres Phänomen, als es auf den ersten Blick den Anschein hat. Sie ist vielleicht besser zu verstehen, wenn man sie sich in Form von zwei Kreisen vorstellt: einem inneren Kreis, nämlich den Gebieten, in denen Besetzte und Besatzer täglich in direkten Kontakt miteinander kommen, und einem äußeren Kreis, wo in einiger Entfernung vom Geschehen vor Ort über die Besatzung gestritten wird – das ist der Bereich, in dem Politiker, Diplomaten, Gesandte und ihre Gefolgsleute tätig sind. Der »innere« und der »äußere« Kreis sind nicht ohne Verbindung zueinander; sie berühren sich und tauschen sich wechselseitig aus: Die Handlungen von Soldaten, militanten Aktivisten und Zivilisten vor (im »inneren« Kreis) wirken natürlich auf das Geschehen in den UN-Konferenzräumen, teuren Hotels und Fernsehstudios ein, die die Domäne des äußeren Kreises sind – und umgekehrt. Wie viele Male wurden heikle politische Verhandlungen von einer unbedacht aus einem israelischen Gewehr abgefeuerten Kugel oder von einem mit heimtückischem Timing geplanten palästinensischen Selbstmordanschlag zurückgeworfen? Wie wir noch sehen werden, gibt es auch kein besseres Beispiel für die Wirkung des äußeren Kreises auf den inneren als den israelisch-palästinensischen Friedensgipfel in Camp David im Jahr 2000, dessen Scheitern die Palästinenser so sehr in Rage brachte, dass es nur noch eines Zündfunkens bedurfte, eines Auslösers (ein provokativer Besuch des damaligen Oppositionsführers Ariel Sharon auf dem Tempelberg in Jerusalem sollte sich dann als solcher erweisen), um die Palästinenser in einen massiven Aufstand gegen die Besatzung (in die zweite Intifada) zu treiben, bei dem dann tödliche Waffen und Selbstmordanschläge eingesetzt wurden. Ich beschäftige mich zwar mit *beiden* Gruppen, Besetzten und Besatzern, aber mein Schwerpunkt liegt zwangsläufig auf Letzteren, denn es liegt in der Natur ihrer Rolle, dass die Besatzungsmacht häufiger die treibende Kraft hinter den Ereignisse ist. Die Geschichte wird hier, wie auch anderswo, vom Sieger diktiert. Ich lasse die Leser dennoch die Stimmen – und auch den Schmerz – derjenigen vernehmen, die unter der Besatzung leben, helfe ihnen, deren Erfahrungen zu verstehen, und gebe der Erzählung so ein menschliches Gesicht.

Ich folge dem Zickzackkurs der israelischen Politik in den besetzten Gebieten, die über mehr als vier Jahrzehnte hinweg zwischen zwei widerstreitenden Impulsen geschwankt und das Schicksal von Millionen einfachen Menschen, die unter der Besatzung lebten, bestimmt hat. Am einen Ende der Skala hat die israelische Politik eine De-facto-Annexion besetzter Gebiete (wenn auch nicht der dort lebenden *Menschen*) durchgesetzt, indem sie große jüdische Siedlungen baute und militärische Einrichtungen schuf. Und am anderen Ende gab es den gelegentlichen Anfall politischen Willens – oft als Ergebnis zunehmenden internationalen Drucks oder von Anschlägen der Besetzten –, sich aus den besetzten Gebieten oder zumindest aus einem guten Teil davon zurückzuziehen. In der israelischen Politik und Gesellschaft herrscht eine fortdauernde Spannung zwischen diesen beiden widerstreitenden Kräften, die israelische Regierungen zuweilen sogar dazu gebracht hat, *beide* politische Linien gleichzeitig zu verfolgen: Frieden und Abzug anzubieten und gleichzeitig mit dem Siedlungsbau fortzufahren. Israels unentschlossene Haltung zwischen diesen beiden Polen hat, wie die hier folgende Geschichte eindeutig zeigt, für viel Verwirrung in Bezug auf das Schicksal der besetzten Gebiete gesorgt.

Ein weiterer Faden, der sich durch diese Erzählung zieht, ist das, was man sehr genau als die wahre Tragödie des arabisch-israelischen Konflikts bezeichnen kann, und das ist die Geschichte der verpassten Gelegenheiten. Alle beteiligten Seiten haben während der ersten vier Jahrzehnte der israelischen Besatzung viele kleine taktische Irrtümer begangen, die man hätte korrigieren oder vergessen oder die auch der unaufhaltsame Gang der Ereignisse einfach hätte wegschieben können. Aber es hat auch größere, strategische Fehler gegeben, die den Konflikt auf ein nicht wünschenswertes, unvorhergesehenes Gebiet verlagerten, die Besatzungszeit verlängerten und zu unnötigem Sterben und Leiden auf beiden Seiten führten. Die größten Fehler begingen vielleicht die von der israelischen Arbeitspartei geführten Regierungen im ersten Jahrzehnt der Besatzung, in dem sich ihnen eine einzigartige Gelegenheit bot, den seit Langem bestehenden Konflikt mit den Palästinensern vielleicht ein für alle Mal zu lösen. Diese Gelegenheit ergab sich als Ergebnis des Sieges von 1967, der zum ersten Mal überhaupt fast die gesamte palästinensische Nation unter israelische Kontrolle brachte. Es war ein außergewöhnlicher Augenblick, in dem man die Wurzeln des Konflikts frontal hätte angehen und den Palästinensern vielleicht ein paar Zugeständnisse hätte anbieten können, die ihnen ein würdevolleres Leben ermöglicht und etwas Hoffnung auf eine bessere Zukunft gegeben hätten. Diese Chance wird nicht nur im Rückblick deutlich. Auch einige Zeitgenossen sagten damals: »Jetzt ist die allerkürzeste Stunde der Entscheidung«, und »sie wird verpasst werden, wenn es uns nicht gelingt, sie zu nutzen«.[9] Doch in diesen wichtigen ersten Jahren der Besatzung gab es nur geringe Fortschritte: Levi Eshkol, der israelische Ministerpräsident, der noch bis zu seinem Tod Ende Februar 1969 im Amt war, bildete einen Ausschuss nach dem anderen, der ihm zum bestmöglichen Kurs raten sollte, aber wenn es darum ging, dem Rat entsprechend zu handeln – auf die eine oder andere Art –, zögerte er. Über die Gründe dafür kann man nur spekulieren. Vielleicht lag es an einem Mangel an Selbstvertrauen und an Eshkols Instinkt, der ihm riet, das Land zu behalten und nicht zurückzugeben. Oder er wusste möglicherweise, wie so viele andere Mitglieder seines damaligen Kabinetts, einfach nicht, was er mit dem Preis anfangen sollte, der Israel da in den Schoß gefallen war. Nach dem Sechstagekrieg 1967 nahm Eshkol die Gewohnheit an, bei öffentlichen Auftritten Churchills Siegeszeichen zu zeigen. Seine Frau Miriam fragte ihn: »Eshkol, was machst du da? Bist du verrückt geworden?«, und der Ministerpräsident erwiderte: »Nein, das ist kein englisches Victory-Zeichen. Das ist ein V auf Jiddisch! *Vi krishen aroys?*«, und das bedeutet: »Wie kommen wir da wieder raus?«[10]

Mehrere aufeinanderfolgende Regierungen ließen die Dinge auf ähnliche Art treiben, sie ließen sich eher von den Ereignissen tragen, anstatt einen eigenen Kurs in Richtung einer Lösung des Konflikts und einer Beendigung der Besatzung zu verfolgen. Politisches Handeln erfolgte meist aus dem Augenblick heraus und bestand aus vorhersehbaren Reaktionen auf bestimmte Ereignisse oder besonderen

Druck hin, ohne dass es zu einem geordneten Entscheidungsprozess gekommen wäre. Die öffentliche Meinung spielte hierbei eine bedeutende Rolle: Nach dem großartigen militärischen Sieg über die Araber 1967 hielt sich die israelische Öffentlichkeit für unbesiegbar und sah keinen Anlass, Druck auf die Regierung auszuüben, damit diese Land zurückgab, das nach Ansicht vieler Menschen Israel wirtschaftlich wie auch in anderer Hinsicht nützen konnte. Unter den Israelis – den religiösen wie den weltlich orientierten – gab es außerdem starke Widerstände gegen die Rückgabe von Orten wie Jerusalem und Hebron, die als Wiege der jüdischen Geschichte galten.[11] Wir sollten uns auch ins Gedächtnis rufen, dass der Ministerpräsident (erstmals in der israelischen Geschichte) rechtsgerichtete politische Parteien ins Kriegskabinett von 1967 aufnahm, die auch nach dem Krieg in seiner Koalition verblieben und sich energisch gegen jede Rückgabe von besetztem Land an die Araber aussprachen, das von ihrem unangefochtenen Anführer Menachem Begin als »befreite Gebiete« bezeichnet wurde.

Auch die Vereinigten Staaten übten keinen entscheidenden Druck auf Israel hinsichtlich einer Rückgabe der 1967 besetzten Gebiete aus, was ebenfalls eine Rolle spielte. Einflussreiche amerikanische Senatoren wie Robert F. Kennedy, Jacob K. Javitz und andere appellierten an die US-Regierung, Israel nicht wegen eines Rückzugs unter Druck zu setzen, bevor die arabischen Regierungen ihre Bereitschaft zur Unterzeichnung eines Friedensvertrags erklärt hatten.[12] Richard M. Nixon, ein Kandidat für die Präsidentschaftswahl 1968, besuchte die besetzten Gebiete kurz nach dem Krieg und sprach sich öffentlich für eine fortdauernde israelische Präsenz dort aus. Sein Argument war, dies würde die Bereitschaft der arabischen Regime zu Friedensgesprächen »innerhalb von sechs Monaten« fördern.[13]

Als sich gegen Ende der 1990er-Jahre dann eine Chance zur Beendigung der Besetzung der Golanhöhen und für den Abschluss eines Friedensvertrags zwischen Israel und Syrien ergab, scheuten die verantwortlichen Politiker in Israel vor diesem entscheidenden Schritt zurück. Im 10. Kapitel zeige ich mit bisher unveröffentlichten Dokumenten, dass Syrien tatsächlich zu den notwendigen Zugeständnissen und zum Abschluss eines Friedensvertrags bereit war, sollte es die besetzten Gebiete zurückbekommen, aber Israel zog es damals vor, am besetzten Land festzuhalten, und gab dem Land den Vorrang gegenüber dem Frieden. Und wir werden noch sehen, dass es viele weitere verpasste Gelegenheiten dieser Art gab. Der Ausspruch des israelischen Außenministers Abba Eban, der einmal über die Araber sagte, dass sie keine Gelegenheit verpassen, wenn es gilt, eine Gelegenheit zu verpassen, könnte ohne Weiteres auch auf israelische Regierungen zutreffen.

Ich habe dieses Buch in drei Teile gegliedert. Der erste umfasst das Anfangsjahrzehnt der Besatzung von 1967 bis 1977 und ist weiter unterteilt in die vier verschiedenen geografischen Gebiete, um die es dabei geht: das Westjordanland einschließlich der Stadt Jerusalem, den Gazastreifen, die Golanhöhen, die Sinaihalbinsel. In vielerlei Hinsicht hätte ich es vorgezogen, die vier Gebiete gemeinsam zu behandeln – im richtigen Leben liefen die Ereignisse schließlich auch in allen vier Regionen gleichzeitig ab und beeinflussten sich oft wechselseitig –, aber der schiere Umfang der Ereignisse ist in diesem ersten Jahrzehnt so gewaltig, vor allem im besetzten Westjordanland, dass eine derart umfassende Herangehensweise mit dem Risiko verbunden ist, die Leserinnen und Leser einer verwirrenden Fülle von Fakten und Einzelheiten auszusetzen. Der zweite Teil des Buches behandelt das zweite Jahrzehnt der Besatzung von 1977 bis 1987 und endet mit den ersten Salven der palästinensischen Intifada, des Aufstands gegen die Besatzung im Gazastreifen und im Westjordanland. Der dritte Teil ist den beiden Jahrzehnten von 1987 bis 2007 gewidmet, einer äußerst dramatischen Zeit, in der sich der »innere« und der »äußere« Kreis der Besatzung miteinander verknüpften und die erste und zweite Intifada parallel zu stockenden Verhandlungen über ein Abkommen wüteten. Diese Zeit gipfelte im einseitigen Abzug Israels aus einigen palästinensischen Gebieten.

Ich betrachte dieses Buch als ein »work in progress«, das ich noch zu erweitern hoffe, während sich die Geschichte von Israels Besatzung weiter entwickelt und, darauf vertraue ich, in einer nicht allzu fernen Zukunft zu Ende geht. Einstweilen beende ich den Haupterzählstrang im Jahr 2007, und das letzte bedeutende Ereignis ist hierbei der israelische Rückzug aus dem Gazastreifen und vier Siedlungen im Westjordanland samt den anschließenden Ereignissen im Gazastreifen, sodass die Leserschaft einen Überblick über vier Jahrzehnte israelischer Besatzung erhält. Ich schließe mit einigen Überlegungen zu den Jahren seit 2007 und Gedanken darüber, wie sich die Dinge künftig entwickeln könnten.

Der amerikanische Historiker William Leonard Langer (1896–1977) hat einmal festgestellt, der größte Fehler, den ein Historiker begehen könne, sei, ein hübsches und logisches Muster zu konstruieren, wenn in Wirklichkeit das ganze Geschehen aus Verwirrung und Widersprüchen besteht. Ich hoffe, dass mein Versuch, etwas Sinn und Klarheit in die Geschichte der israelischen Besatzungsherrschaft zu bringen, nicht die Verwirrung, die Widersprüche und die Willkür verzerrt, die so herausragende Merkmale dieser Zeit gewesen sind.

Eine Anmerkung zur Besatzung

Sollten die von Israel im Jahr 1967 eroberten Gebiete als »besetzt« betrachtet werden? Ist Israel ein »Besatzer«? Definitive Antworten auf solche Fragen sind schwieriger, als man vielleicht annehmen mag, aber sie sind wichtig, denn wenn Israel tatsächlich ein Besatzer ist, hat das Land nach dem Völkerrecht bestimmte Verpflichtungen gegenüber dem Gebiet und den Menschen, die unter seiner Besatzung stehen.

Das kürzere und allgemeiner gehaltene Haager Abkommen vom 18. Oktober 1907 über »die Gesetze und Gebräuche des Landkriegs« und die längere und detailliertere Vierte Genfer Konvention vom 12. August 1949 »über den Schutz von Zivilpersonen in Kriegszeiten«, der Israel beigetreten ist, verlangen beide von einer Besatzungsmacht die Einhaltung zahlreicher Bestimmungen.[1] Zum Beispiel ist die Durchsetzung demografischer Veränderungen in einem besetzten Gebiet verboten: Artikel 49 der Vierten Genfer Konvention hält fest, dass »die Besatzungsmacht nicht Teile ihrer eigenen Zivilbevölkerung in das von ihr besetzte Gebiet deportieren oder umsiedeln [darf]«, und »zwangsweise Einzel- oder Massenumsiedlungen sowie Deportationen von geschützten Personen aus besetztem Gebiet nach dem Gebiet der Besatzungsmacht oder dem irgendeines anderen besetzten oder unbesetzten Staates sind ohne Rücksicht auf ihren Beweggrund verboten«. Diese Bestimmungen sollen die Kolonisierung eines eroberten Gebiets durch Bürger des erobernden Staates verhindern, die zum Beispiel durch die Errichtung von Siedlungen und die Ausbeutung von Ressourcen des Landes, etwa von Wasser, erfolgen könnte. Außerdem muss ein Besatzer die von ihm beherrschten Menschen ebenso schützen wie deren Eigentum. Artikel 53 der Vierten Genfer Konvention legt fest, dass »es der Besatzungsmacht verboten [ist], bewegliche oder unbewegliche Güter zu zerstören, die persönliches oder gemeinschaftliches Eigentum von Privatpersonen, Eigentum des Staates oder öffentlicher Körperschaften, sozialer oder genossenschaftlicher Organisationen sind«. Im oben genannten Haager Abkommen von 1907 heißt es im Artikel 46 in Bezug auf die Pflichten der Besatzungsmacht: »Privateigentum darf nicht eingezogen werden.« Dazu zählen auch die Häuser der Besetzten oder privates

Land. Der Artikel 55 der Vierten Genfer Konvention von 1949 sieht vor: »Die Besatzungsmacht hat die Pflicht, die Versorgung der Bevölkerung mit Nahrungs- und Arzneimitteln mit allen ihr zur Verfügung stehenden Mitteln sicherzustellen.« Artikel 56 stellt außerdem klar: »Die Besatzungsmacht ist verpflichtet, mit allen ihr zur Verfügung stehenden Mitteln in Zusammenarbeit mit den Landes- und Ortsbehörden die Einrichtungen und Dienste für ärztliche Behandlung und Krankenhauspflege sowie das öffentliche Gesundheitswesen im besetzten Gebiet zu sichern und aufrechtzuerhalten [...].« Der den »besetzten Gebieten« gewidmete Abschnitt III der Vierten Genfer Konvention von 1949 umfasst mehr als 30 Artikel zu den Pflichten und Obliegenheiten einer Besatzungsmacht.

Der Begriff der Besatzung ist jedoch nicht unumstritten: Israelische Regierungen haben in der Zeit nach dem Sieg von 1967 immer wieder bestritten, dass das von Jordanien eroberte palästinensische Gebiet als »besetzt« zu bezeichnen sei. Ein ehemaliger juristischer Berater des israelischen Außenministeriums erklärte stattdessen: »Seit Israel das Westjordanland eroberte, [...] war dieses Gebiet grundsätzlich *umstrittenes* Land, auf das Israel, Jordanien und die Palästinenser Anspruch erheben [...].«[2] Die Israelis erklären dementsprechend auch, die Vierte Genfer Konvention von 1949 – und all die Pflichten, die sie Besatzungsmächten auferlegt – sei weder auf das Westjordanland noch auf den Gazastreifen anwendbar. Diese Rechtsauffassung beruht auf der israelischen Auslegung des Artikels 1 dieser Konvention, in dem erklärt wird: »*Die Hohen Vertragsparteien* [Hervorhebung durch den Autor, auch im folgenden Zitat, A. B.] verpflichten sich, das vorliegende Abkommen unter allen Umständen einzuhalten und seine Einhaltung durchzusetzen«, sowie des Artikels 2 der gleichen Konvention, in dem unter anderem festgelegt wird, dass »das vorliegende Abkommen in allen Fällen eines erklärten Krieges oder jedes anderen bewaffneten Konflikts anzuwenden [ist], der zwischen zwei oder mehreren *der Hohen Vertragsparteien* entsteht [...].«

Israel legt den Begriff »Hohe Vertragsparteien« so aus, dass er für souveräne Herrscher eines bestimmten Staates steht. Das israelische Argument lautet, dass in *Abwesenheit* einer solchen Hohen Vertragspartei auf der Gegenseite bei einem Konflikt auch das übrige »Abkommen«, nämlich die gesamte Genfer Konvention, keine Gültigkeit habe. Diese Auffassung ist natürlich mehr als eine bloße politische Erklärung, aber sie wird auch von führenden Juristen unterstützt. Meir Shamgar, von 1983 bis 1995 Präsident des Obersten Gerichts Israels, vertritt zum Beispiel die Ansicht, dass die Genfer Konvention von 1949 formal betrachtet auf das Westjordanland und den Gazastreifen nicht anwendbar sei, weil diese Konvention, so sieht es Shamgar, auf der Annahme beruhe, dass es einen Souverän gegeben habe, der aus dem Amt vertrieben wurde, für das er außerdem legitimiert gewesen sei. Die Israelis beharren auf dem Standpunkt, dass weder das Königreich Jordanien, zu dem das Westjordanland vor 1967 gehörte, noch Ägypten, das den Gazastreifen beherrschte, als souveräne Herrscher in diesen Gebieten gelten konnten und man sie deshalb auch nicht als »Hohe Vertragsparteien« einstufen könne. Sowohl Jordanien als auch Ägypten, behaupten die Israelis, drangen 1948 rechtswidrig in Palästina ein. Ägypten annektierte den Gazastreifen nie offiziell, nachdem es ihn besetzt hatte, und die Annexion des Westjordanlandes durch Jordanien im Jahr 1950 (siehe hierzu auch das 1. Kapitel) wurde von der internationalen Gemeinschaft – mit Ausnahme Großbritanniens und Pakistans – nie anerkannt. Dieses Argument, bekannter unter dem Fachbegriff »Missing Reversioner« (»fehlender Rückfallsrechtberechtigter«), behauptet also, dass weder Jordanien noch Ägypten die Souveränität über das Westjordanland und den Gazastreifen besaßen und Israel deshalb auch nicht den Rechtsstatus eines Besatzers habe, und Israel bestreitet auf dieser Grundlage die Anwendbarkeit der Vierten Genfer Konvention auf diese Gebiete.

Außerdem behaupten die Israelis, dass die am Ende des ersten arabisch-israelischen Krieges von 1948 zwischen Israel und seinen Nachbarn gezogene Demarkationslinie, die sogenannte Grüne Linie, nicht als gültige »Grenze«, sondern als Waffenstillstandslinie betrachtet werden solle. Das bedeutet, so geht die Argumentation weiter, dass die israelischen Truppen beim Sechstagekrieg 1967 keine international anerkannten Grenzen überschritten. Außerdem behaupten sie, dass Israel den Krieg 1967 in Notwehr begonnen habe. Stephen Schwebel, ein ehemaliger Justiziar des US-Außenministeriums, der später fast 20 Jahre am Internationalen Gerichtshof in Den Haag tätig und von 1997 bis zu seinem Ausscheiden 2000 dessen Präsident war, schrieb im Jahr 1970, dass der Staat, der ein Gebiet vom vormaligen, durch unrechtmäßigen Erwerb (wie das nach israelischer Auffassung bei Ägypten und Jordanien der Fall war) zu diesem Besitz gekommenen Inhaber durch einen rechtmäßigen Akt der Notwehr übernommen hat (wie das die Israelis für die Situation im Jahr 1967 behaupten), gegenüber dem früheren Besitzer einen »besseren Titel« habe. Das legt die Schlussfolgerung nahe, dass Israels Anspruch auf den Gazastreifen und das Westjordanland stärker sei als der von Jordanien oder Ägypten. Schließlich argumentieren die Israelis aus einer historischen Perspektive, dass die Juden zumindest im Westjordanland einen begründeteren Anspruch hätten als die Palästinenser, weil das Land Israel in der jüdischen Geschichte eine sehr viel wichtigere Rolle gespielt habe als in der palästinensischen oder arabischen Geschichte, und seit mindestens drei Jahrtausenden habe es eine kontinuierliche jüdische Präsenz gegeben. Dem widersprechen die Araber natürlich energisch, und das nicht zuletzt, weil sie in diesem Gebiet über viele Generationen hinweg die überwältigende Mehrheit der Bevölkerung gestellt haben.

Es ist wichtig zu wissen, dass die Israelis zwar auf dem Standpunkt beharren, dass die Vierte Genfer Konvention von 1949 und das Haager Abkommen von 1907 im Westjordanland und im Gazastreifen nicht gelten, aber dennoch zugesagt haben, die *humanitären* Bestimmungen der Konventionen in diesen »umstrittenen« Gebieten zu beachten. Selbst das hat sich jedoch als problematisch erwiesen, denn die Unbestimmtheit und völlig willkürliche Natur dieser Selbstverpflichtung erlaubt es Israel letztlich, sich die Bestimmungen auszusuchen, an die es sich zu irgendeinem beliebigen Zeitpunkt hält.[3]

Die überwältigende Mehrheit der Juristen lehnt den wichtigsten Grundsatz der israelischen Argumentation ab, dass nämlich die Vierte Genfer Konvention und das Haager Abkommen vom 18. Oktober 1907 nicht anwendbar seien, weil der frühere Status der fraglichen Gebiete sich möglicherweise leicht von dem unterschieden habe, was die Unterhändler, die diese Verträge aushandelten, im Sinn hatten. In Wirklichkeit räumen führende israelische Politiker hinter verschlossenen Türen durchaus ein, dass ihre Sichtweise, nach der die palästinensischen Gebiete, die seit 1967 unter ihrer Kontrolle stehen, keine besetzten Gebiete sind, nicht überzeugend und deshalb kaum aufrechtzuerhalten sei. Theodor Meron, ein Justiziar des israelischen Außenministeriums, hielt 1967 in einem »streng geheimen« Brief an das Büro des Ministerpräsidenten und in einem Memorandum von »höchster Dringlichkeit« fest, dass die internationale Gemeinschaft Israels Argument ablehnt, nach dem »das [West]jordanland kein ›normales‹ besetztes Gebiet ist«, und ging anschließend so weit zu erklären, dass »bestimmte Handlungen Israels sogar im Widerspruch zur [eigenen] Behauptung stehen, dass das [West]jordanland kein besetztes Gebiet ist«.[4]

Man kann mit einiger Sicherheit sagen, dass die israelische Regierung und ihre Verteidiger ziemlich alleine dastehen, wenn sie den Tatbestand der Besatzung abstreiten, und dort, wo Israel zu vernebeln oder neu zu bestimmen suchte, was diese Besatzung bedeutet, sehen andere keinen Interpretationsspielraum. Die Vollversammlung der Vereinten Nationen hat beispielsweise festgestellt, dass die Situation in den von Israel im Jahr 1967 eroberten Gebieten einer Besatzung entspricht, und hat das Land gedrängt, die in der Vierten Genfer Konvention und anderen Abkommen festgehaltenen Grundsätze zu respektieren.⁵ Und der Internationale Gerichtshof in Den Haag, ein weiteres Hauptorgan der Vereinten Nationen und eine überwiegend nüchterne, im Mainstream verankerte und konservative Institution der Rechtspflege, stellt – das gilt für die einzelnen Richter wie auch für die gesamte Institution – unmissverständlich klar: »Nur wenigen Aussagen kann man zuschreiben, dass sie eine nahezu allumfassende Zustimmung erfahren, [...] wie der Aussage, dass Israels Präsenz in den palästinensischen Gebieten im Westjordanland einschließlich der Stadt Jerusalem sowie im Gazastreifen ein Zustand der militärischen Besatzung ist, auf den gültige internationale Verträge für die militärische Besatzung anwendbar sind.«⁶

Ich nehme hier, in Übereinstimmung mit den Vereinten Nationen und den meisten internationalen Beobachtern, den Standpunkt ein, dass das Westjordanland und der Gazastreifen – ungeachtet der israelischen Rechtsauffassung – besetzte Gebiete sind, in denen aus diesem Grund die Genfer Konventionen von 1949 und andere internationale Abkommen gelten sollten. Dasselbe gilt auch in Bezug auf die Golanhöhen und die Sinaihalbinsel, die eindeutig besetzt sind, denn diese Regionen standen bis zum Krieg von 1967 unter der Souveränität Syriens und Ägyptens, die hier im rechtlichen Sinn die Hohen Vertragsparteien sind.

Erster Teil

Das erste Jahrzehnt
1967–1977

1 Westjordanland und Jerusalem

Das nierenförmige, etwa 110 Kilometer lange und 50 Kilometer breite »Westjordanland« ist wortwörtlich das an das Westufer des Jordans angrenzende Land. Es war das Herzland des alten Palästina, das auch die Gebiete nördlich, westlich und südlich des Westjordanlands umfasste.

In geografischer Hinsicht ist das Westjordanland nicht homogen: Sein südlicher Teil (das biblische Judäa) ist karg und trocken, der nördliche Teil (Samaria) dagegen lieblicher und fruchtbarer. Demografisch und kulturell besteht das Westjordanland aus drei klar voneinander zu unterscheidenden Bereichen: Der Mittelpunkt des gesellschaftlichen Lebens im Süden ist die konservative Stadt Hebron (arabisch: Al-Khalil), die Heimstätte einer äußerst traditionell orientierten muslimischen Gemeinschaft. Der zweite Abschnitt, das Zentrum dieses Gebiets, orientiert sich nach Jerusalem (arabisch: Al-Kuds) und ist dank des einzigartigen Status und weltweiten Rufs dieser Stadt sowie des ununterbrochenen Zustroms von Touristen relativ kosmopolitisch. Der nördliche Teil wird von Nablus dominiert, der nach Jerusalem zweitgrößten Stadt im Westjordanland, deren Bewohner politisch bewusster und nationalistischer gestimmt sind und in der es eine hochgebildete Intellektuellenschicht und wohlhabende Händler und Landbesitzer gibt.

Dieses Gebiet gehörte vier Jahrhunderte lang, von 1517 bis 1917, zum Osmanischen Reich, wurde jedoch im Ersten Weltkrieg, ebenso wie das restliche Palästina, von britischen Truppen erobert und besetzt. Die Briten zogen sich 30 Jahre später aus Palästina zurück, und die jüdische Gemeinschaft dort, die zahlenmäßig nicht halb so groß war wie die nichtjüdische Bevölkerung, besiegte Letztere in einem kurzen Bürgerkrieg und rief am 14. Mai 1948 ihre Unabhängigkeit aus. Zwischen dem neugegründeten Staat Israel und seinen arabischen Nachbarn, die seine Existenz ablehnten und die besiegte arabische Bevölkerung Palästinas wieder in ihre Rechte einsetzen wollten, brach sofort ein Krieg aus. Im Verlauf dieses Krieges überquerten die Streitkräfte König Abdullahs von Transjordanien den Jordan und besetzten das Westjordanland einschließlich des arabischen Teils von Jerusalem, in dem einige der bedeutendsten heiligen Stätten des Islam liegen. König Abdullahs

Parlament verabschiedete im April 1950 ein Vereinigungsgesetz, mit dem das besetzte Westjordanland und Jerusalem in das seit vier Jahren bestehende haschemitische Königreich Jordanien eingegliedert wurden.

Diese einseitige Annexion stieß bei der internationalen Gemeinschaft auf breite Ablehnung, auch bei der Arabischen Liga, der Organisation, die die arabischen Nationen vertrat. Die Vereinten Nationen hatten diesen jetzt annektierten Teil Palästinas im November 1947 der arabischen Bevölkerung Palästinas zugesprochen, er sollte einen Teil eines geplanten arabischen Staates bilden, der Seite an Seite mit einem jüdischen Staat lebte.[1] Nur Großbritannien und Pakistan sollten die Annexion letztlich anerkennen. König Abdullah stellte als Reaktion auf diese Kritik klar, dass die Annexion des Westjordanlandes weder unveränderlich noch unwiderruflich sei und er das Gebiet bis »zur Befreiung Palästinas« von den Israelis als Pfand behalten werde.[2]

Die Bewohner des Westjordanlandes selbst entwickelten – insgesamt betrachtet – eine zwiespältige Haltung zu ihrem neuen Oberherrn, auch wenn sie das Herrscherhaus der Haschemiten im Vergleich zu einem möglichen Leben unter israelischer Verwaltung als das geringere Übel ansahen. Sie hegten den Verdacht, dass der König insgeheim an einer Schwächung der palästinensischen Identität arbeitete; außerdem hielten sie sich selbst schon seit Langem für fortschrittlicher, kultivierter und gebildeter als ihre neuen Herren, die sie oft als »rückständige Beduinen aus der Wüste« bezeichneten. Und dennoch gab es – was den Bewohnern des Westjordanlandes nicht entging – viele Argumente für einen Zusammenschluss der Gebiete östlich und westlich des Jordans. Die Menschen im Westjordanland hatten sich bis jetzt bei ihren Handels- und sonstigen Kontakten zur Welt nach Westen orientiert – in Richtung Mittelmeerküste. Aber die Gründung des Staates Israel schuf eine Barriere, die das Westjordanland von seinen traditionellen Handelswegen abschnitt und seine Bewohner zwang, sich bei der Suche nach neuen Handelsmöglichkeiten und Kontakten gen Osten zu wenden, nach Jordanien und darüber hinaus. Aus diesem Blickwinkel erschienen die Annexion durch Transjordanien und die Eingliederung des verbliebenen Teils des alten Palästina in den jordanischen Staat durchaus sinnvoll, obwohl man ohne Weiteres sagen kann, dass sich nur wenige Menschen im Westjordanland in erster Linie als Jordanier betrachteten.

Viele von ihnen fanden sich allerdings nach und nach mit dem Haschemiten-Regime ab. Das galt besonders für die 1960er-Jahre, in denen die jordanische Wirtschaft jährliche Wachstumsraten von bis zu 23 Prozent erreichte, wobei ein Teil des dadurch erreichten Wohlstands unweigerlich auch dem Westjordanland zugutekam. König Abdullahs Enkel Hussein bin Talal, der 1952 die Königswürde übernahm (Abdullah wurde am 20. Juli 1951 von einem palästinensischen Attentäter in Jerusalem ermordet), hatte ein offenes Ohr für die Bedürfnisse des Westjordanlandes und seiner Bewohner, was die Integration dieses Gebiets in sein Königreich sehr förderte. Die relative Harmonie fand jedoch 1967 ein abruptes Ende, als die vorrückende israelische Armee 17 Jahre nach der Annexion durch Jordanien das arabische Ostjerusalem und das Westjordanland besetzte, die Brücken über den Jordan sprengte und so die physische Trennung der Gebiete westlich und östlich des Jordans symbolisch besiegelte.

Zum Zeitpunkt des israelischen Einmarschs ins Westjordanland lebten in diesem Gebiet 670 000 Palästinenser, einschließlich der 35 000 Bewohner von Ostjerusalem.[3] Das Leben in dieser von Traditionen geprägten Gegend, in der die Großfamilie und die Dorfgemeinschaft zentrale Rollen spielten, verlief langsam, und es war nichts Unübliches, wenn man 1967 noch Frauen sah, die Wasser mit Eimern aus einem Brunnen holten, oder Bauern, die ihre Felder mit einem von einem Ochsenpaar gezogenen Holzpflug bearbeiteten. Aber der Krieg führte in diesem Landstrich zu raschen, ja dramatischen Veränderungen. Die Israelis zerstörten ganze Dörfer, so zum Beispiel im Gebiet von Latrun.

In der auf halber Strecke zwischen Tel Aviv und Jerusalem gelegenen Frontausbuchtung von Latrun kam es im Krieg von 1948 zu heftigen Kämpfen. Die Israelis warfen eine Welle von Soldaten nach der anderen ins Gefecht und versuchten wiederholt – aber erfolglos –, die Jordanische Legion aus diesem strategisch wichtigen Ort zu vertreiben. Jetzt, im Jahr 1967, hatten die Israelis endlich Erfolg: Sie warfen die Jordanier aus ihren Stellungen und übernahmen die Kontrolle über Latrun und das umgebende Gebiet, zu dem auch die benachbarten palästinensischen Dörfer Imwas, Beit Nuba und Yalu gehörten.

Das Leben in diesen Dörfern war bis zum Jahr 1967 einfach und prosaisch, wie sich die 80-jährige Aishe aus dem Dorf Yalu erinnert:

> *Die Menschen kamen gut miteinander aus. Sie saßen oft beisammen. [...] Es gab einen zentralen Platz in der Ortsmitte, auf dem sich die von der Arbeit heimkehrenden Menschen einfanden. Sie tranken süßen Kaffee und scherzten miteinander. Kam ein Besucher auf diesen Platz, lud man ihn zum Mittag- und zum Abendessen ein. Der Gastgeber des Mittagessens schlachtete ein Schaf und lud alle Menschen auf dem Platz zum Mitessen ein.*[4]

Was in diesen Dörfern und ihrer Umgebung 1967 geschah, erfuhren wir von Amos Kenan, einem israelischen Soldaten, der in späteren Jahren zu einem der führenden Schriftsteller des Landes wurde. Er erinnert sich, sein Kompaniechef habe gesagt, »man müsse ›diese Mördernester bestrafen‹ und verhindern, dass die Häuser künftig von Terroristen als Stützpunkte genutzt wurden«.[5] Kenan und seine Kameraden wurden angewiesen, die Dörfer zu durchsuchen und alle bewaffneten Männer gefangen zu nehmen, während »alle unbewaffneten Personen Zeit erhalten sollten, ihre Sachen zu packen und sich dann [...] auf den Weg zu machen«. Es wurden Bulldozer herangeschafft, mit denen die Dörfer in Schutthaufen verwandelt wurden. In Imwas zerstörten die Soldaten 375 Häuser, in Yalu 535 und in Beit Nuba 550. 10 000 Palästinenser wurden zu Flüchtlingen und durften nicht mehr in ihre Heimatorte und auf ihr Land zurückkehren, das später teilweise an Israelis vergeben wurde, während man aus dem restlichen Land einen Nationalpark machte.[6] Die Ereignisse in Latrun waren kein Ausnahmefall. Während des Krieges von 1967 und auch noch danach wurden im ganzen Westjordanland zahlreiche Palästinenserdörfer zerstört – eine grobe Verletzung der völkerrechtlichen Bestimmungen für die Kriegführung. Zu den dramatischsten und bedeutendsten Veränderungen kam es jedoch in Jerusalem.

Jerusalem im Wandel

Ostjerusalem war für die Palästinenser nicht nur eine heilige Stätte, sondern auch ein wichtiges Handels-, Verwaltungs- und kulturelles Zentrum sowie die natürliche Verkehrsverbindung zwischen dem nördlichen und südlichen Teil des Westjordanlandes. Die örtlichen israelischen Militärbefehlshaber nahmen in Jerusalem – wie auch im Gebiet von Latrun und anderswo – die Dinge selbst in die Hand und waren bestrebt, in ihrem Zuständigkeitsbereich vollendete Tatsachen zu schaffen, ohne das Gewissen ihrer Vorgesetzten im Militär- oder Regierungsapparat zu belasten. So ordnete zum Beispiel Chaim Herzog, der erste Militärgouverneur Jerusalems nach dem Sechstagekrieg (und spätere israelische Staatspräsident, 1983–1993), bei seinem ersten Besuch an der Klagemauer die Entfernung einer öffentlichen Toilette an, die direkt an der Mauer errichtet worden war. Diese eigentlich unbedeutende und vorteilhafte Maßnahme bereitete zugleich den Boden für weitere, bedeutendere Veränderungen. Herzog erinnerte sich: »Wir kamen zu dem Ergebnis, dass wir die Chance nutzen und den gesamten Bereich vor der [Klage]mauer abräumen sollten. Es war eine historische Chance [...].«[7] Unmittelbar vor der Klagemauer standen die mehr als 200 Jahre alten Häuser des alten marokkanischen Viertels (Harat al-Magharibah), deren Bewohner die Nutznießer einer uralten, bereits im Jahr 1193 eingerichteten islamischen Stiftung waren. Das so nahe bei der Mauer errichtete marokkanische Viertel ließ den Juden, die sich dort zum Gebet versammelten, jedoch nur wenig Platz. Postkarten aus der Zeit vor 1967 zeigen, wie beengt es einst im Bereich unmittelbar vor der Klagemauer zugegangen war.

General Herzog befahl seinen Soldaten am 10. Juni 1967 bei seinem zweiten Besuch in diesem Teil der Stadt, den er zusammen mit General Uzi Narkiss absolvierte, das gesamte marokkanische Viertel abzureißen. Sein Ziel war, unmittelbar vor der Mauer einen freien Platz zu schaffen, auf dem sich mehrere Hundert Menschen zugleich aufhalten konnten. Herzog sollte später einräumen, dass er von niemandem zu dieser Maßnahme befugt worden war und sich auch gar nicht um eine Genehmigung für den Abriss bemüht hatte. Er rechtfertigte seine Entscheidung mit der Sorge, eine Chance zu verpassen, wenn er zu lange auf eine Genehmigung von Regierungsseite wartete. Narkiss offenbarte eine ähnliche Denkweise: »In bestimmten Situationen muss man die höheren Ränge nicht mit einbeziehen.«[8] Teddy Kollek, langjähriger Bürgermeister des jüdischen Westjerusalem, der die Generäle bei ihren Besuchen in der Stadt begleitete, sorgte sich um die Rechtmäßigkeit der Abrissaktion und wandte sich deshalb an den Justizminister, der ihn beschied: »Ich weiß nicht, wie es rechtlich aussieht. Macht es schnell, und möge der Gott Israels euch beistehen.«[9]

Anschließend gingen Offiziere von Tür zu Tür und teilten den Bewohnern des marokkanischen Viertels mit, dass sie ihre Häuser innerhalb von zwei Stunden zu verlassen hätten; 135 arabische Familien (etwa 650 Menschen) wurden gezwungen, ihr Zuhause zu räumen, bevor die Bulldozer kamen. Einige der Bewohner weigerten sich zu gehen und wurden in den Trümmern lebendig begraben. Major Eitan Ben-Moshe, der israelische Offizier, der den Abriss der Häuser leitete, beschrieb 1999 in einem Interview, wie das geschah: »Nachdem der Abriss des Viertels abgeschlossen war, fanden wir einige Leichen von Bewohnern, die sich geweigert hatten, ihre Häuser zu verlassen.«[10] Denjenigen, die rechtzeitig gingen, blieb nur wenig Zeit, um ihre Habe in Sicherheit zu bringen. Der 34-jährige Mahmoud Masloukhi, im Viertel aufgewachsen und im Juni 1967 frisch verheiratet, versammelte seine Familie um sich, sie flohen »nur mit den Kleidern, die sie am Leib trugen« und nahmen noch ein paar Schwarzweiß-Fotos mit.[11] Muhammad Abdel-Haq, ein weiterer Bewohner des Viertels, beschrieb, wie seine Frau und sein Kind in den Tagen nach dem Abriss an den Ort zurückkehrten, an dem einst ihr Haus gestanden hatte. Dort war die Aufräumaktion noch einige Tage im Gang, und die beiden warteten darauf, dass der israelische Bulldozer die Trümmer irgendwo ablud, »damit wir vielleicht Kleider und anderen Besitz bergen konnten, für dessen Mitnahme uns keine Zeit mehr geblieben war«; sie wiederholten dieses Ritual täglich und eine ganze Woche lang.¹² Etwa die Hälfte der Bewohner des Viertels hatte marokkanische Vorfahren, und mit Unterstützung des marokkanischen Königs Hassans II. kehrten viele von ihnen in das Land ihrer Herkunft zurück. Andere fanden Obdach im Flüchtlingslager Shuaʻfat im Norden Jerusalems.

Der größte potenzielle Konfliktherd im kurz zuvor besetzten Ostjerusalem war eindeutig der Bereich des Tempelbergs (arabisch: Haram al-Sharif). Ursprünglich war dies der Standort des von König Salomo im 10. Jahrhundert v. Chr. errichteten jüdischen Tempels gewesen, der nach der Zerstörung durch die Babylonier 400 Jahre später wieder aufgebaut und im Jahr 70 n. Chr. von den Römern endgültig zerstört worden war. Etwa 700 Jahre später errichteten Muslime an der gleichen Stelle die Al-Aksa-Moschee und den Felsendom, der auf einem erhöhten felsigen Untergrund entstand, von dem aus der Prophet Mohammed nach der islamischen Überlieferung zum Himmel auffuhr. Er gilt als die drittheiligste Stätte des Islam. Aber jetzt, nachdem der Bereich des Tempelbergs durch die Niederlage der jordanischen Truppen in israelischer Hand war, wuchs die Besorgnis, dass religiöse Fanatiker beider Glaubensrichtungen dieses Gebiet jeweils für sich beanspruchen und ein Blutvergießen provozieren würden. Der israelische Verteidigungsminister Moshe Dayan war sich der Gefahr bewusst und intervenierte.

Der damals 52 Jahre alte Dayan war einer der größten Kriegshelden Israels. Im israelischen Unabhängigkeitskrieg von 1948 stellte er seine Fähigkeiten als wagemutiger Feldkommandeur unter Beweis, und acht Jahre später, im Alter von nur 41 Jahren und als inzwischen ranghöchster Offizier der israelischen Armee – als deren Generalstabschef –, führte er seine Soldaten in vorderster Linie bei einem mit Frankreich und Großbritannien koordinierten Angriff gegen Ägypten an. Dayan sah mit seiner schwarzen Augenklappe (er hatte bei einem Gefecht das linke Auge verloren), seinem Markenzeichen, wie ein moderner Pirat aus und war eine der schillerndsten und umstrittensten Persönlichkeiten in ganz Israel: ein tapferer, charismatischer Individualist, egozentrisch, ehrgeizig, zynisch, arrogant und hedonistisch. Dayan wurde unmittelbar vor dem Krieg von 1967 ins Amt des Verteidigungsministers berufen, und unter seiner Führung errangen die israelischen Streitkräfte ihren großen Sieg über die Araber.

Einige Tage nach Kriegsende begab sich Dayan nach Ostjerusalem, um dort mit dem Muslimischen Rat zu sprechen, dem für die heiligen muslimischen Stätten auf dem Tempelberg zuständigen Gremium. Er machte dabei deutlich, dass er für die Gläubigen aller Religionen den freien Zugang zum Tempelberg wollte und dass sich Israel, abgesehen von seiner Verantwortung für die allgemeine öffentliche Sicherheit, ansonsten nicht einmischen würde. Die Muslime könnten ihre heiligen Stätten weiterhin so nutzen, wie sie das vor dem Krieg getan hätten. Dayan akzeptierte, dass auf dem Tempelberg betende Juden als Provokateure empfunden werden könnten, und sicherte den muslimischen geistlichen Führern zu, dass es den Juden verboten sein würde, auf dem Berg selbst zu beten; sie würden nur Zugang zur Klagemauer am Fuß des Tempelbergs erhalten. In seinen Memoiren hält Dayan fest, dass den muslimischen Führern »diese Neuerung wenig Freude [machte], aber sie sahen schließlich ein, dass ich an meinem Entschluss festhalten würde«, dass sie also kaum eine andere Wahl hatten, als diese Ankündigung zu akzeptieren.[13] Am 23. Juni 1967 nahmen 5000 Muslime, von denen 1000 aus Israel selbst kamen (bis dahin war in Israel lebenden Arabern der Zutritt zu den heiligen Stätten auf dem Tempelberg verweigert worden), am Freitagsgebet auf dem Tempelberg teil.

Israel verfolgte in Jerusalem, wie schon bald deutlich wurde, sehr ehrgeizige Ziele. Es strebte in erster Linie eine vollständige geografische und demografische Umgestaltung an: Die Stadtgrenzen sollten erweitert, der arabische Osten und die jüdischen Stadtteile im Westen zusammengeführt und das bis dahin geteilte Jerusalem zu einer vereinten, von Israel regierten Stadt werden.

Die internationale Gemeinschaft hatte 1947 vorgeschlagen, dass Jerusalem einen Sonderstatus als *corpus separatum* erhalten und vereint bleiben solle. Aber als Folge des Krieges von 1948 wurde es unter Israel und Jordanien aufgeteilt: Westjerusalem, ein 38 Quadratkilometer umfassendes Gebiet, kam zu Israel, während das sechs Quadratkilometer große Ostjerusalem von Jordanien verwaltet wurde. Die Konfliktparteien errichteten später einen Grenzzaun, der die beiden Stadtteile voneinander trennte, und auf beiden Seiten des Bauwerks wurden Minengürtel verlegt. In dieser furchterregenden Sperranlage gab es nur zwei unter Aufsicht der Vereinten Nationen stehende Übergänge: einen am Mandelbaum-Tor und einen weiteren auf dem Berg Zion, der allerdings nur Diplomaten offenstand und nur an religiösen Feiertagen auch von Pilgern genutzt werden durfte.

Die Regierung rief jetzt einen ministeriellen Sonderausschuss ins Leben, der sich damit befassen sollte, wie man ein von Israel verwaltetes, vereintes Jerusalem schaffen konnte. Einige in diesem Ausschuss diskutierte Vorschläge gingen so weit, dass bis zu zwei Drittel des Westjordanlands in der Umgebung Jerusalems in das vergrößerte Stadtgebiet eingegliedert werden sollten.[14] Dayan erwies sich bei diesen Diskussionen als eine um Mäßigung bemühte Stimme. »Was ist das?«, kommentierte er einen der Vorschläge, »ein Plan für eine Stadt oder für einen Staat?«[15] Bei einer anderen Gelegenheit merkte er an: »Ich kenne den großen Appetit der Juden, […] [aber] ich bin nicht für eine [Annexion] […] von Orten mit 20 000 [arabischen] Einwohnern [ins Stadtgebiet von Jerusalem].«[16]

Der Ausschuss legte seinen letztgültigen Vorschlag am 26. Juni 1967 der Regierung zur Zustimmung vor. Dieser Plan lief auf eine De-facto-Annexion Ostjerusalems hinaus, weil die israelischen Gesetze auch in diesem Teil der Stadt gelten sollten. Das gemeinsame Stadtgebiet sollte von 44 Quadratkilometern aus der Zeit vor 1967 auf verblüffende 108,8 Quadratkilometer anwachsen.[17] Das Kabinett billigte den Plan und wandte sich dann der Frage zu, wie diese Annexion der Welt am besten zu vermitteln sei. Die Israelis gaben in den 1960er-Jahren – im Unterschied zu späteren Zeiten – immer noch recht viel auf die internationale Stimmung und Meinung. Ihnen war klar, dass eine Erweiterung des Stadtgebiets von Jerusalem gegen das Völkerrecht verstieß und einen großen Teil der Völkergemeinschaft gegen sie aufbringen würde. Die Minister versuchten deshalb den Vorgang herunterzuspielen, indem sie gegenüber der israelischen Presse von einer bloßen Abfolge kleinerer administrativer Maßnahmen sprachen, damit der Gesamtvorgang »nicht für zu viel Publicity und Kommentare sorgt«.[18] Der israelische Justizminister Yaacov Shimshon Shapira, der Vorsitzende des Ausschusses, berichtete dem von ihm geleiteten Gremium, nach einer Diskussion über diese Angelegenheit mit einer Reihe von Journalisten habe er das Gefühl, dass »alle Journalisten der gleichen Ansicht [sind und die Angelegenheit herunterspielen würden], mit Ausnahme eines Redakteurs, der meint, wichtiger als die Wahrung dieses Geheimnisses sei, dass seine Leserschaft weiß, was da vor sich geht«. Um sicherzustellen, dass auch die ausländische Presse diese Geschichte herunterspielte, schlug der Minister vor, dass »der Zensor nicht erlauben sollte, dass irgendetwas über die Vereinigung Jerusalems veröffentlicht oder ins Ausland telegrafiert wird«. Das Außenministerium wies unterdessen seine im Ausland tätigen Mitarbeiter an, das Wort »Annexion« zu vermeiden. Stattdessen sollten die von der Regierung ausgehenden Maßnahmen als »administrativer Schritt« bezeichnet werden, mit dem die Strom- und Wasserversorgung, öffentlicher Nahverkehr und der Zugang zum Schul- und Gesundheitswesen erleichtert werden sollten; diese Schritte seien eher als »städtische Integration« und nicht als »Annexion« zu verstehen.

Viele Menschen bezeichneten die neue Stadtgrenze Jerusalems als »die Arrak- und Zigaretten-Grenze«, denn sie wurde so festgelegt, dass die palästinensischen Fabriken Alkohol und Zigaretten weiterhin außerhalb des Stadtgebiets produzieren konnten – Waren, die im damals noch sittenstrengen Israel als unerwünscht galten. Die neuen Grenzlinien wurden außerdem so gezogen, dass sichergestellt war, dass das annektierte Land so wenig Palästinenser wie möglich umfasste, weil Jerusalem so jüdisch wie nur möglich sein sollte.

Nachdem die Stadtgrenze neu gezogen war, verfügten die Israelis am 29. Juni 1967 die Auflösung des achtköpfigen gewählten Stadtrats des arabischen Ostjerusalem und verbanden damit die Mitteilung, dass alle arabischen städtischen Bediensteten in allen Abteilungen der Stadtverwaltung künftig »Beschäftigte auf Zeit der [israelischen] Stadtverwaltung von Jerusalem« seien, und das »bis zu dem Zeitpunkt, zu dem entschieden wird, sie auf der Grundlage von Stellenbewerbungen durch die Stadtverwaltung von Jerusalem in ihre Tätigkeit einzusetzen«. Die Anordnung schloss mit einem »Dank an Herrn Ruhi al-Khatib [den seit 1957 amtierenden Bürgermeister des arabischen Teils von Jerusalem] und die Mitglieder des Stadtrats für ihre Dienste während der Übergangszeit seit dem Eintritt der israelischen Streitkräfte [ins arabische Ostjerusalem] bis zum heutigen Tag«.[19] Mit dieser Mitteilung fiel die vergrößerte Stadt jetzt in den Amtsbereich von Teddy Kollek, dem ersten jüdischen Bürgermeister eines vereinigten Jerusalem.

Die Palästinenser erhielten in dem annektierten Gebiet ein zeitlich unbefristetes Wohnrecht, mit dem ihnen gestattet wurde, an diesem Ort zu wohnen und in Israel zu arbeiten. Sie waren bei Kommunalwahlen stimmberechtigt, konnten Sozialleistungen des israelischen Staates in Anspruch nehmen und durften sich in ganz Israel wie auch in den besetzten Gebieten frei bewegen. Wer die israelische Staatsbürgerschaft begehrte, musste Israel die Treue schwören, jede andere Staatsbürgerschaft dafür aufgeben – in vielen Fällen waren die betreffenden Personen Jordanier – und ein gewisses Maß an Hebräischkenntnissen nachweisen.

Dayan ordnete gleichzeitig mit einem besonders kühnen Schachzug die Entfernung aller Sperranlagen aus Beton und Stacheldraht und die Beseitigung der Minenfelder an, die seit den 1950er-Jahren das arabische Ost- und das jüdische Westjerusalem voneinander getrennt hatten, er wollte, dass Araber und Israelis jeweils Zugang zur anderen Seite hatten. Die Entscheidung des Verteidigungsministers stieß zunächst auf den Widerspruch der Polizei und des Bürgermeisters Kollek, die ein Blutvergießen befürchteten, aber Dayan beharrte auf seiner Entscheidung. Alle Absperrungen zwischen den beiden Teilen Jerusalems wurden entfernt und es kam sofort zu einem regen Grenzverkehr. Noch am gleichen Abend telegrafierte Bürgermeister Kollek an Dayan: »Sie hatten recht. Die ganze Stadt ist ein einziger Karneval – alle Araber sind auf dem Zionsplatz [im jüdischen Westjerusalem], und alle Juden sind in den Basaren [im arabischen Ostjerusalem].«[20] Es gab kein Blutvergießen.

Die Veränderungen in Jerusalem waren vor den Augen der Welt nicht zu verbergen, obwohl sich die israelische Regierung Mühe gab, ihre Absichten zu kaschieren. Die Vollversammlung der Vereinten Nationen verabschiedete am 4. Juli 1967 die Resolution 2253 (ES-V), mit der Israel aufgefordert wurde, »alle bereits getroffenen Maßnahmen rückgängig zu machen [und] künftig von jeder Handlung Abstand zu nehmen, durch die der Status von Jerusalem verändert würde«. Die Israelis wiesen diese Behauptungen zurück. Außenminister Abba Eban wiederholte in einem Brief an den UNO-Generalsekretär U Thant das israelische Mantra, dass »der Begriff ›Annexion‹ unangebracht ist«, und ergänzte diese Feststellung durch die israelische Sichtweise, dass die ergriffenen Maßnahmen mit der Integration Jerusalems »im administrativen und kommunalen Bereich« zu tun hätten.[21]

Die im jetzt besetzten Westjordanland und in Jerusalem lebenden Palästinenser waren zunächst einfach nur verblüfft – der Juni und Juli 1967 wurden als »Monate des Schocks« bezeichnet –, aber sobald sie sich wieder gefasst hatten, erhoben sie das Banner des Protests gegen die israelische Annexion, und in Jerusalem und an anderen Orten kam es zu Demonstrationen. Acht arabische Würdenträger unter der Führung von Ruhi al-Khatib, dem entlassenen Bürgermeister von Ostjerusalem, veröffentlichten am 26. August ein Memorandum, das sie unter palästinensischen Mitbürgern verteilten und auch an die Vereinten Nationen schickten und in dem sie gegen die von der israelischen Armee gegen Jerusalem ergriffenen Maßnahmen protestierten. Das Dokument beschreibt einige der Mittel, mit denen die Israelis ihre Annexion in eine neue Realität vor Ort umzuwandeln versuchten:

> *Die israelischen Besatzungsbehörden [...] haben Maßnahmen zur Annexion eingeleitet und umgesetzt, ohne die Weltmeinung zu beachten, und sie haben dabei gegen die Wünsche der arabischen Bewohner gehandelt und grundlegende, elementare völkerrechtliche Bestimmungen für den Umgang mit besetzten Ländern verletzt. [...] Sie haben [...] den Zutritt zu [Kirchen und Moscheen] während der Gebetszeiten gestattet. Wir müssen auch gegen das völlige Fehlen von Anstand protestieren, das Männer wie Frauen hinsichtlich ihrer Kleidung und ihres Verhaltens zeigen und*

mit dem sie die religiösen Gefühle der Gläubigen verletzen. [...] Die jüdische Kommunalverwaltung zerstörte viele arabische Gebäude [...] und ergreift fortgesetzt ähnliche Maßnahmen mit dem Ziel, die letzten Spuren der Demarkationslinien zwischen den beiden Teilen [Jerusalems] zu beseitigen. [...] Alle im arabischen Teil der Stadt gültigen jordanischen Gesetze sind für ungültig erklärt und durch israelische Maßnahmen und Gesetze ersetzt worden, unter Verletzung des Völkerrechts, das vorsieht, dass die in besetzten Gebieten gültigen Gesetze zu respektieren sind. [...] Die Besatzungsbehörden schützten die heiligen Stätten nicht vor der Entweihung, und das führte zu einem Einbruch in eine der größten und heiligsten Kirchen der Welt. Die unschätzbar wertvolle, diamantenbesetzte Krone der Statue der Jungfrau Maria auf dem Berg Golgatha wurde gestohlen. [...] Die Besatzungstruppen zerstörten eine große Plastikfabrik innerhalb der [Stadt]mauern, in der 200 Arbeiter und Büroangestellte beschäftigt waren, [...] die Gebäude wurden abgerissen, und der Maschinenbestand wurde geplündert.

Die Autoren beendeten ihren Brief mit der folgenden Erklärung:

Die Bewohner des arabischen Teils von Jerusalem und des Westjordanlands erklären ihre entschlossene Gegnerschaft gegen alle von den israelischen Besatzungsbehörden ergriffenen Maßnahmen, [...] diese Annexion, auch wenn sie mit dem Begriff »administrative Maßnahmen« bemäntelt wird, wurde gegen ihren Willen und gegen ihre Wünsche vollzogen. Wir werden uns ihr auf keinen Fall unterwerfen und sie nicht akzeptieren.[22]

Dayan riet der Armee angesichts der zunehmenden Proteste, an problematischen Unruheherden wie Jerusalem, Nablus, Hebron und anderen Orten »mindestens vier bis sechs Panzer« zu stationieren, um potenzielle Aufrührer abzuschrecken: »Wir müssen in der Lage sein, sie sofort niederzuschlagen.«[23] Ein solcher Rat vonseiten Dayans kam unerwartet, weil er, wie wir im Folgenden sehen werden, seinen Vorstellungen von der Art und Weise widersprach, in der die israelische Besatzung gehandhabt werden sollte.

Dayans unsichtbare Besatzung

Moshe Dayan war nicht nur »der Sultan der Gebiete«, wie er oft genannt wurde – vielleicht die für das Schicksal der von Israel im Jahr 1967 besetzten Gebiete einflussreichste Person überhaupt –, sondern auch der einzige Minister im israelischen

Kabinett, der bereits über Erfahrungen im Umgang mit einer unter Besatzung stehenden arabischen Bevölkerung verfügte. Nach dem Suezkrieg von 1956 war er in seiner Eigenschaft als Generalstabschef der israelischen Streitkräfte für den besetzten Gazastreifen verantwortlich, den Israel kurz zuvor Ägypten entrissen hatte und ein Jahr lang besetzt halten sollte. Das vielleicht wichtigste Merkmal von Dayans Vorgehensweise während seiner Amtszeit dort war seine Zurückhaltung, wenn es um Eingriffe in das Alltagsleben der Bewohner ging. Während eines Generalstreiks, mit dem die örtliche Bevölkerung gegen die Besatzung protestierte – und der zur Schließung von Schulen und Geschäften führte –, bestellte Dayan den Bürgermeister der Stadt Gaza ein und sagte ihm: »Wenn Sie die Geschäfte schließen, leiden nur Ihre eigenen Leute. Bleiben die Schulen geschlossen, so geschieht das zum Nachteil Ihrer Kinder. Wir werden nicht eingreifen.«[24]

Ein Jahrzehnt später, im Jahr 1966, lernte Dayan weiter dazu, als er amerikanische Soldaten in Vietnam als Reporter begleitete und seine Erfahrungen in einem weitgehend übersehenen Buch festhielt, im *Vietnamesischen Tagebuch*. In diesem Werk erweist er sich als sehr kritisch gegenüber dem Verhalten der Amerikaner und ihrem Versuch – so sah das Dayan –, den Vietnamesen die amerikanische Kultur und ihre Werte und Lebensweise aufzudrängen; er könne nicht verstehen, schrieb er, warum es den Amerikanern wichtig war, dass vietnamesische Kinder lernten, wie man Baseball spielt. Sein Fazit lautete: Die amerikanischen Truppen hätten sehr viel mehr Erfolg gehabt, wenn sie die Einheimischen sich selbst überlassen hätten, anstatt sich in das vietnamesische Alltagsleben einzumischen.

Dieser persönliche Hintergrund lässt die Anweisungen, die Dayan unmittelbar nach der Besetzung Ostjerusalems Chaim Herzog, dem Militärgouverneur der Stadt, gab, in einem anderen Licht erscheinen. Er drängte ihn, nicht in das Alltagsleben der Palästinenser einzugreifen. »Versuchen Sie nicht, die Araber zu beherrschen«, warnte er den General. »Lassen Sie diese Leute sich selbst verwalten. [...] Ich möchte eine Politik, durch die ein Araber geboren werden, sein Leben führen und sterben kann, ohne jemals einen israelischen Beamten zu Gesicht bekommen zu haben.«[25] Im gleichen Geist drängte Dayan hochrangige Militärs bei einer Besprechung fünf Tage nach dem Ende des Krieges:

Kommandieren Sie [die Araber] nicht herum. Lassen Sie sie in Ruhe. Versuchen Sie nicht, sie zu erziehen und zu belehren. Seien Sie in Sicherheitsfragen [...] energisch und zeigen Sie eine starke Hand. Aber lassen Sie sie dann in Ruhe. Gewähren Sie ihnen Bewegungsfreiheit zu Fuß und mit Fahrzeugen. Lassen Sie sie auf ihre Felder und ihrer beruflichen Tätigkeit nachgehen. [...] Und außerdem: Warum gibt es in der Stadt [Nablus] so viele Soldaten? Räumen Sie die Stadt. Stationieren Sie außerhalb. Man muss Sie gar nicht sehen. Die Stadt muss so aussehen, als wäre sie gar nicht besetzt worden. [...] Geben Sie den Menschen das Gefühl, dass der Krieg vorbei ist und dass sich nichts geändert hat.[26]

Dayan gab auch die Anweisung, im Hauptquartier und in den Militärstützpunkten im Westjordanland künftig auf die israelische Flagge zu verzichten, weil sie, wie er den Militärs erklärte, »ein der arabischen Seite verhasstes Symbol« sei, »und wir wollen die Situation nicht durch eine unnötige Provokation verschlimmern«.[27]

Dayan schätzte die arabische Kultur, wie er selbst oft erklärte. Vor dem Krieg traf er sich häufig mit Oberhäuptern arabischer Dörfer in Israel zu Gesprächen, und er besuchte die in der Negev-Wüste im Süden Israels mit ihren Herden umherziehenden Beduinenstämme, ging in ihre Zelte, setzte sich auf den Boden und aß und trank mit ihnen. Aus diesem Grund haben viele Menschen die Ansicht vertreten, dass seine Politik zu Beginn der Besatzungszeit von Großmut geprägt war. Meiner Ansicht nach war diese Politik jedoch nicht großmütig, sondern machiavellistisch: Er dachte, dass eine »unsichtbare Besatzung«, bei der seine Soldaten nicht wahrgenommen und keine offenen Symbole der Besatzung – wie zum Beispiele israelische Flaggen – gezeigt wurden, die Apathie unter den Palästinensern fördern, ihren Hunger nach Veränderungen schmälern und so Israel den dauerhaften Besitz des besetzten Landes ermöglichen würde. Dayan war zwar ein säkular denkender Mensch, aber er betrachtete das Westjordanland – Judäa und Samaria – dennoch als die Wiege der jüdischen Geschichte und wollte, dass Israel diesen Landstrich für immer behielt. Er wusste aber auch, dass eine deutlicher sichtbare Form der Besatzung nur den Widerstand anfachen würde. Und falls es zu Widerstand gegen die Besatzung kam, zog Dayan es vor, dass sich die Eltern der jungen Palästinenser damit befassten und nicht seine Soldaten. Nach Demonstrationen im Westjordanland gegen die Besatzung, die von jungen Leuten – und in diesem Fall: vor allem von jungen Mädchen – getragen wurden, bestellte Dayan örtliche palästinensische Würdenträger ein und sagte zu ihnen:

Wir werden nicht mit diesen Mädchen aneinandergeraten. Diese Mädchen [...] haben ein Zuhause, und sie haben Eltern. [...] Es gibt viele Unterschiede zwischen uns, aber eines haben wir gemeinsam: Sie haben Töchter, und ich habe eine Tochter.

Noch nie kam mir der Gedanke, [...] dass wir nicht imstande sein könnten, unsere Töchter unter Kontrolle zu halten, oder dass sie das, was wir wollten, nicht tun würden.[28]

Dayans unsichtbare Besatzung hatte noch eine weitere Dimension: Er duldete stillschweigend eine gemäßigte jordanische Einmischung in das Geschehen im Westjordanland, indem er es zuließ, dass der jordanische Dinar dort weiterhin als eines der gesetzlichen Zahlungsmittel galt. Israel hielt sich bei Investitionen in den besetzten Gebieten zurück, und wenn es nach Dayan ging, war es umso besser, wenn die Wirtschaft und die Verwaltung des Westjordanlandes mit jordanischen Geldmitteln unterstützt wurde. König Hussein zahlte dann auch weiterhin die Gehälter der Beschäftigten im öffentlichen Dienst – der Lehrer, der Mitarbeiter im Gesundheitswesen, der Richter und Verwaltungsangestellten – und erwartete dabei, dass er durch das Bereitstellen von Geldmitteln für das besetzte Westjordanland weiterhin Einfluss ausüben konnte in einem Gebiet, von dem er hoffte, dass es eines Tages in seinen Machtbereich zurückfallen würde. Wenn sichergestellt war, dass die unter Besatzung lebenden Bewohner des Westjordanlandes in finanzieller Hinsicht abgesichert waren, bot ihnen das zudem einen Anreiz, an Ort und Stelle auszuharren, anstatt ins jordanische Kerngebiet zu wechseln, wo es bereits zu viele palästinensische Flüchtlinge gab.[29]

Offene Brücken

Dayan hatte während des Sechstagekrieges die Entscheidung getroffen, die Brücken über den Jordan zu sprengen, aber sobald das Westjordanland fest in israelischer Hand war, beschloss er, den freien Verkehr von Menschen und Handelswaren über den Fluss hinweg wieder zuzulassen, so wie in der Vorkriegszeit.

Dayans Politik der »offenen Brücken« ist oft als »liberal« gepriesen worden, aber in Wirklichkeit stand auch sie nur für einen weiteren Aspekt seiner »unsichtbaren Besatzung«, der perfekt funktionierte. Er ging aus gutem Grund davon aus, dass die Palästinenser nicht das Gefühl entwickeln würden, dass die Besatzung in ihr Alltagsleben eingriff, wenn man ihnen gestattete, den Jordan ohne Einschränkung zu überqueren und in ihre Häuser in den besetzten Gebieten zurückzukehren, und dass sie letztlich den Eindruck gewinnen würden, dass ihre Situation sich gegenüber dem Vorkriegszustand eigentlich nicht verändert hatte und es deshalb auch keinen Anlass für Widerstand gab. Außerdem konnte der Weg über den Fluss als »Sicherheitsventil« dienen, falls die Palästinenser doch den Druck der Besatzung spürten.

Er gab ihnen die Möglichkeit, einen Ort aufzusuchen, wo sie Dampf ablassen konnten. Vielleicht gehörte es auch zu Dayans Kalkül, dass er die arabische Bevölkerung der besetzten Gebiete ausdünnen konnte, indem er den freien Grenzverkehr über den Fluss erlaubte – schließlich war den Israelis das Land ohne die alteingesessene Bevölkerung lieber –, denn diejenigen, die weggingen, zum Beispiel die Studenten, die sich an ausländischen Universitäten einschrieben, zogen es vielleicht vor, nicht nach Hause zurückzukehren, in ein Land, in dem die Beschäftigungsmöglichkeiten rar, die Löhne und Gehälter niedrig und die Karriereaussichten begrenzt waren. Der freie Grenzverkehr über den Fluss hinweg konnte außerdem als Zuckerbrot wie auch als Peitsche dienen – wenn die Palästinenser Ärger machten, konnte das Privileg der offenen Grenze am Jordan jederzeit widerrufen werden, so dass sie, wie Dayan oft sagte, »etwas zu verlieren hatten«.

Die »offenen Brücken« wurden jedoch, wie viele andere »politische Konzepte« Israels in den besetzten Gebieten, weder im Kabinett noch in irgendeinem anderen Forum geplant oder erörtert. In Israel ist die Regierung zwar offiziell dem Militär übergeordnet, aber es gibt kein einflussreiches Beratungsgremium in Sicherheitsfragen (eine Funktion, wie sie zum Beispiel in den USA der Nationale Sicherheitsrat hat), weshalb die Politik sehr stark aufs Militär angewiesen ist. Auch in diesem Fall entwickelte sich die Politik der offenen Brücken von unten nach oben – vom Militär ausgehend wurde sie von der Regierung übernommen.

Diese Politik entsprang dem Einfallsreichtum eines Oberstleutnants namens Yisrael Eytan. Er war der neu ernannte Militärgouverneur von Samaria im Norden des Westjordanlandes, der es unmittelbar nach dem Krieg mit einem unerwarteten und schwer zu lösenden Problem zu tun bekam: Was sollte er mit dem Überschuss von Obst und Gemüse anfangen – mit rund 80 000 Tonnen Wassermelonen und Melonen, Trauben, Tomaten, Oliven und Gurken –, der von den traditionellen Märkten in Jordanien abgeschnitten war und im Westjordanland auf Bäumen und in Kisten und Kartons verfaulte? Ein Teil der landwirtschaftlichen Produkte wurde auf israelischen und europäischen Märkten verkauft, und das israelische Militär setzte seine tägliche Obst- und Gemüseration herauf – es gelang den Israelis sogar, einen Teil des Warenangebots an die US-Armee weiterzuvermitteln –, aber es gab dennoch einen gewaltigen Überschuss.

In dieser kritischen Situation trat ein Palästinenser namens Abu Haschem, ein wohlhabender Großbauer aus Nablus und Besitzer von 500 Hektar bewirtschafteter Anbaufläche im Jordantal, an den Oberstleutnant heran und wies ihn darauf hin, dass der Jordan während der Sommermonate an mehreren Stellen mühelos mit Motorfahrzeugen durchquert werden konnte, auch wenn die Brücken nach wie vor in Trümmern lagen; sollte die israelische Armee gestatten, die landwirtschaftlichen Produkte nach Jordanien auszuführen, wäre das Überschussproblem schon bald gelöst. Am politischen Konzept der Regierung in dieser Angelegenheit – wie auch zu vielen anderen Problemen – wurde noch gearbeitet, und so ließ Oberstleutnant Eytan unter den Bauern im Westjordanland die Information verbreiten, dass die Armee den »Export« landwirtschaftlicher Produkte in das Gebiet östlich des Jordans stillschweigend dulden werde. Also durchquerten in der letzten Juniwoche 1967 zwei mit Obst und Gemüse beladene Lastwagen aus Jenin unter den Augen der israelischen Armee, die aus einiger Entfernung zusah, den Jordan an einer Furt in der Nähe von Tel Abu Zuz und trafen am anderen Ufer auf einen kleinen Konvoi von Abnehmern. Innerhalb weniger Minuten wurde die gesamte Fracht in die wartenden jordanischen Lastwagen umgeladen.

Nach diesem bescheidenen Anfang blühte der Handel schon bald wieder auf, bis zur ersten Juliwoche hatten zehn Lastwagen den Fluss überquert, und in der zweiten Woche kamen zehn weitere dazu. Die Armee nahm bald darauf die Organisation des Grenzverkehrs in die Hand, sie hielt die Kennzeichen der Lastwagen fest und notierte auch den Zeitpunkt ihrer Rückkehr. Am Sabbat, an dem es den Juden nicht gestattet ist zu arbeiten, teilte man vorbereitete Kontrollzettel an die Fahrer aus, die bei deren Rückkehr wieder abgegeben und am darauffolgenden Tag im »Buch der Überfahrten« festgehalten wurden. Schon bald überquerten Hunderte von Lastwagen den Jordan und transportierten Gemüse, Obst, Olivenöl, in Bethlehem hergestellte Plastikbehälter, Bausteine aus Steinbrüchen in Ramallah, Möbel und Haushaltswaren.

Dayan kam am 2. August nach Tel Abu Zuz, an den Ort, der als »der Gemüsemarkt« bekanntgeworden war, und lieferte in seinen Erinnerungen eine anschauliche Schilderung des dortigen Geschehens: »An der Furt ging es zu wie in einem Wildwestfilm. Nur waren es nicht Cowboys, Rinder und Pferdewagen, die am Ufer warteten, sondern schwer beladene Laster, Lieferwagen und Karren, die von Traktoren über den Fluss gezogen wurden.«[30]

Eine zunächst improvisierte Lösung für einen Überschuss an landwirtschaftlichen Produkten entwickelte sich nach und nach unter Dayans persönlicher Aufsicht zur Politik der offenen Brücken, unter der es nicht nur Waren, sondern auch *Menschen* gestattet war, den Jordan in beiden Richtungen zu überqueren. Und da mit dem näher rückenden Winter der Wasserspiegel steigen und den Fluss unpassierbar machen würde, schickte Dayan einen Gesandten zum jordanischen König: Hamdi Kanaan, der Bürgermeister von Nablus, kannte Hussein gut, er sollte herausfinden, ob Jordaniens Staatsoberhaupt der Errichtung dauerhafter Brücken über den Fluss zustimmen würde. Der Gesandte berichtete später, der König sei in dieser Frage zur Zusammenarbeit bereit, und die Jordanische Legion schlug schließlich zwei Pontonbrücken über den Jordan. Eine davon, unmittelbar östlich von Jericho, war für die Einwohner von Jerusalem, Bethlehem und Hebron gedacht, die andere, in der Nähe der alten Damija-Brücke vorgesehene Konstruktion sollte den Menschen in Nablus, Jenin und den anderen Kleinstädten und Dörfern im nördlichen Westjordanland dienen.

Diese Maßnahmen trugen eine Zeit lang dazu bei, dass eine Atmosphäre der Normalität entstand, sodass die Armee sich, im Einklang mit Dayans Philosophie der unsichtbaren Besatzung, außer Sichtweite halten konnte. Aber andere Entwicklungen im besetzten Westjordanland sollten sich schon bald als sehr viel weniger ermutigend erweisen.

Operation Flüchtling

Der Krieg im Westjordanland dauerte nicht lange, aber die israelische Armee ermutigte die palästinensische Bevölkerung mit recht großem Erfolg zur Auswanderung nach Jordanien. Israel wollte das Land hier, wie anderswo auch, ohne seine Bevölkerung haben. Die überwiegende Mehrheit der Auswanderer waren Flüchtlinge des ersten israelisch-arabischen Krieges. Es handelte sich vor allem um Palästinenser, die 1948 aus Palästina geflohen waren; jetzt, im Jahr 1967, wurden sie abermals zu Flüchtlingen. Hajji Fatima Da'en hatte eine für diese Flüchtlinge typische Lebensgeschichte. Sie erinnerte sich an ihre Ankunft im Westjordanland im Jahr 1948: »Wir bauten neue Häuser und pflanzten Trauben, Feigen, Äpfel, Pflaumen und alles andere an, was wir brauchten.« Doch 1967 »kamen die Juden und vertrieben uns. Sie nahmen sich, was wir angebaut hatten, und warfen uns hinaus.«[31] Andere Bewohner des Westjordanlandes folgten ihrem Beispiel, viele von ihnen aus Furcht, von ihren Verwandten oder von Arbeitsmöglichkeiten östlich des Jordans abgeschnitten zu werden, wenn sie an Ort und Stelle blieben. Viele palästinensische Familien wurden infolge des Krieges auseinandergerissen, der eine Teil lebte auf der Ostseite, der andere im Westjordanland. Die Palästinenserin Ra'ida Shehadeh aus dem Flüchtlingslager Kalandia im Westjordanland erinnert sich: »Wir waren zwei Schwestern und ein Junge, […] meine Eltern wurden durch den Krieg [1967] getrennt. […] Meine Mutter ging nach Jordanien, und mein Vater blieb hier wohnen.«[32]

Jerusalem war ein fester Bestandteil des Westjordanlandes, und hier war die israelische Armee besonders aktiv und sorgte bereits unmittelbar nach Kriegsende für eine tägliche Busverbindung vom Damaskustor der Altstadt nach Jordanien. Der israelische Armeegeneral Narkiss erzählte, wie er mehrere Busse in Jerusalem stationierte und sie mit der Werbeaufschrift »Nach Amman – kostenlos« versah. Dieser Transfer wurde vollständig von örtlichen Militärbefehlshabern organisiert, er stand im Widerspruch zum Völkerrecht, aber die israelische Regierung griff nicht ein. Sobald die Palästinenser eine der Brücken über den Jordan erreicht hatten, ließ man sie eine Erklärung unterschreiben, nach der sie das Land freiwillig verlassen hatten. Nach der Erinnerung eines ehemaligen israelischen Soldaten, dessen Aufgabe es war, an den Brücken unterschriebene Erklärungen einzusammeln, war das allerdings nur selten der Fall:

Wir zwangen sie zur Unterschrift, [...] ein Bus fuhr [bis zur Brücke], darin saßen nur Männer [...] im Alter von 20 bis 70 Jahren, Soldaten begleiteten sie. Uns sagte man, das seien Saboteure, und es wäre besser, wenn sie außer Landes wären [...]. [Die palästinensischen Männer] wollten nicht gehen, sie wurden aus den Bussen gezerrt und getreten und mit Gewehrkolben malträtiert. Wenn sie dann meinen [Unterschriften]stand erreichten, waren sie in der Regel bereits vollständig verwirrt und maßen der Unterschrift keinerlei Bedeutung mehr bei. [...] Eingeschüchtert, wie sie waren, rannten sie auf die andere Seite. [...] Wenn mir jemand die Unterschrift verweigerte, misshandelten [die Soldaten] diese Person schwer. Dann griff ich mir unter Zwang den Daumen dieses Mannes, tauchte ihn in Tinte und nahm seinen Fingerabdruck.«[33]

Israels Außenminister Abba Eban drängte die Regierung in privaten Gesprächen, von jeder Art von Transport von Palästinensern abzusehen, der als zwangsweise empfunden werden könnte, und er wollte außerdem einem Teil derjenigen, die bereits gegangen waren, die Rückkehr ins Westjordanland gestatten. Das sollte noch vor der für September vorgesehenen Vollversammlung der Vereinten Nationen geschehen, bei der über die Krise im Nahen Osten beraten werden sollte. Eban hatte Sorge, die internationale Aufmerksamkeit für eine Flüchtlingskrise könnte von einer Debatte über die Verantwortung für den Ausbruch des Sechstagekrieges ablenken, die der Außenminister nicht zu Unrecht eindeutig den Arabern zuweisen wollte. Deshalb hielt er es für angebracht, die Politik des Bevölkerungstransfers zu modifizieren.

Die Regierung rief daraufhin am 2. Juli öffentlich die »Operation Flüchtling« aus, mit der einigen Palästinensern, die erst kurz zuvor ihr Land verlassen hatten, innerhalb eines Monats die Rückkehr gestattet wurde. Aber das erwies sich als langwieriger Prozess, denn die Deportierten, die sich nach wie vor in Jordanien aufhielten, mussten zunächst ein Antragsformular ausfüllen, das dann anschließend von den Israelis geprüft wurde. Und, schlimmer noch, der ganze Vorgang wurde vor Ort durch Auseinandersetzungen zu technischen Einzelheiten behindert. Amman wollte zum Beispiel, dass die Flüchtlinge Antragsformulare des Roten Kreuzes benutzten – das Internationale Komitee vom Roten Kreuz war mit dem physischen Vorgang und der Organisation der Rückführung beauftragt worden –, aber Israel bestand auf Formularen, die die Hoheitszeichen des eigenen Staates trugen. In Wirklichkeit wollten die Israelis – die erkannten, dass sie die Weltmeinung zu diesem Zeitpunkt nicht allzu sehr gegen sich aufbringen sollten – nach wie vor, dass die Flüchtlinge in Jordanien blieben, und sie wollten noch mehr Palästinenser dazu bewegen, ihr Zuhause zu verlassen. »Wir wollen Auswanderung [aus dem Westjordanland], [...] wir wollen die Landkarte neu gestalten«, ist von Dayan überliefert, und »unsere Absicht [ist], die Auswanderung zu fördern. [...] Lasst jeden zu Wort kommen, der praktische Ideen oder Vorschläge hat, wie die Auswanderung zu fördern ist. Keine Idee und kein Vorschlag soll kurzerhand verworfen werden.«[34] Militärgouverneure hielten ihre Untergebenen unterdessen dazu an, »nicht jeden Wunsch zu erfüllen, den uns [die Bewohner des Westjordanlandes] zukommen lassen«, denn sie wollten den Palästinensern das Leben nicht zu angenehm machen. Stattdessen suchten sie nach Möglichkeiten, »die arabische Auswanderung zu steigern«.[35]

Da sich die Israelis konsequent um eine Förderung der Emigration bemühten und das Rückkehrverfahren für Flüchtlinge sehr kompliziert gestalteten, kann es nicht überraschen, dass den (nach Schätzungen) 175 000 bis 250 000 Palästinensern, die während und unmittelbar nach dem Krieg ihre Heimat verließen, nur ein Bruchteil von Rückkehrern gegenüberstand, insgesamt vielleicht 14 000 Personen.

Die Schlacht um die Bücher

Während die israelische Regierung auf der strategischen Ebene (bei der Frage, was nun genau mit den besetzten Gebieten geschehen sollte) nur langsam vorankam, war sie vor Ort, im taktischen Bereich, unglaublich aktiv. Die israelische Bürokratie durchdrang zum Beispiel rasch alle Bereiche des palästinensischen Alltagslebens und überwachte sie eng. Sie zählte die Kühlschränke, den Viehbestand, Traktoren,

Ladengeschäfte, Autos und andere Güter, sie registrierte Briefe, die zwischen verschiedenen Regionen des Westjordanlandes hin- und hergingen, auch der Auslandsbriefverkehr wurde erfasst, ja sogar die Essgewohnheiten der Palästinenser und der Nährwert ihres Lebensmittelkorbs wurden genau untersucht, bevor man detaillierte Listen und Statistiken erarbeitete. Ein Gebiet jedoch, bei dem man nicht nur überwachen und aufzeichnen, sondern auch aktiv *umgestalten* wollte, war das palästinensische Bildungssystem.

Ein Sonderausschuss des israelischen Kabinetts legte schon bald nach dem Sechstagekrieg einen neuen Bildungsplan für Schulen in den besetzten Gebieten vor. Besondere Aufmerksamkeit galt dabei dem arabischen Ostjerusalem, das von Israel, wie bereits gezeigt, effektiv annektiert wurde und ins Bildungssystem des eigenen Landes eingegliedert werden sollte. Der Plan billigte auch die Prüfung und, wenn nötig, die Zensur von Lehrbüchern, die feindselige Passagen gegen Israel und die Juden enthielten, oder von Materialien, die einer nationalen Identität der Palästinenser förderlich waren. Dieser Beschluss erging Hand in Hand mit der Anordnung Nr. 101 der Militärregierung, die bestimmte, dass der militärische Zensor sämtlichen Lesestoff – Bücher und Zeitschriften – im Westjordanland genehmigen musste.

Die genaue Prüfung der palästinensischen Schulbücher fiel dem israelischen Bildungsministerium zu, das nach einer Sichtung des gesamten Materials erklärte, 60 von 120 palästinensischen Schulbüchern enthielten ein gewisses Maß an gegen Israel oder die Juden gerichteten Bösartigkeiten, die in 49 Fällen schwerwiegend genug seien, um ein Verbot für alle Schulen zu rechtfertigen. In anderen Fällen formulierten die Ministerialen auch Passagen um, die sie für unpassend hielten. Aus der Zeile »Unsere Einheit wird dem Feind Angst einjagen« in einem Grammatiklehrbuch wurde zum Beispiel »Unser Erfolg wird unseren Eltern gefallen«, und ein Gedicht mit dem Titel »Wunderschönes Jaffa« strich man einfach, weil es einen Hinweis auf einen Besuch des Propheten Mohammed in Jerusalem enthielt.

In Jenin im Norden des Westjordanlandes unterschrieben 200 über die Einmischung in ihr Bildungssystem erboste Lehrer eine Protestpetition, in der sie die Israelis für die Veränderung und den Austausch von Schulbüchern kritisierten, mit denen in den vergangenen 20 Jahren unter jordanischer Herrschaft gearbeitet worden war. Dieser Vorgang löste eine Welle weiterer Petitionen, Proteste und Proklamationen im gesamten Westjordanland aus. In einem Flugblatt, das am 17. August in Jerusalem verteilt wurde, war zu lesen, dass die Bücher aus den Schulen der arabischen Minderheit in Israel, die auch in Ostjerusalem eingeführt werden sollten,

»die Araber beleidigen«: ein Hinweis auf die Tatsache, dass die in Israel benutzten Bücher eine zionistische Sichtweise vertraten, vor allem in Bezug auf den Unabhängigkeitskrieg von 1948, den die Araber als die *Nakba* bezeichnen: die Katastrophe. Drei Tage später kam es in Ostjerusalem zu einem Streik der Händler, und in Tulkarem, Kalkilia und Nablus wurden Flugblätter verteilt, in denen die Schüler zum Streik und zum Fernbleiben von ihren Schulen am 1. September, dem ersten Tag des neuen Schuljahres, aufgefordert wurden. Rashid Maree, der Aufsichtsbeamte der Schulbehörde für das Gebiet von Nablus im nördlichen Westjordanland, berichtete dem Militär, die Schulen würden nicht geöffnet, weil zu viele Bücher verboten worden seien und die Lehrer dem jordanischen Lehrplan den Vorzug geben würden; die Militärs verhafteten Maree prompt und hielten ihn ohne Gerichtsverfahren drei Monate lang fest.

Moshe Dayan hatte während dieser ganzen Unruhen versucht, einen kühlen Kopf zu bewahren und seinen Kommandeuren vor Ort gesagt: »Lasst sie streiken, wenn sie das wollen.« Ihm war dennoch klar, dass solche Demonstrationen für Israels Ansehen im Ausland verheerend waren, weil sie die Botschaft übermittelten, dass in den besetzten Gebieten keineswegs alles in Ordnung war. Dayan schwankte zwischen einem instinktiven bloßen »Schulterzucken« und dem genauen Gegenteil, einer massiven Konfrontation, und entschied sich schließlich für die letztere Vorgehensweise. »Unsere offenkundige Politik gegenüber den Arabern ist, dass die Wiedereröffnung der Schulen und die Wiederaufnahme des Lehr- und Lernbetriebs *ihre* Angelegenheit ist. Wir werden sie nicht zum Lernen zwingen«, sagte er zu den Militärs. »Wir müssen ihnen gegenüber dennoch deutlich machen, dass wir den Streik selbst als einen Akt des Ungehorsams betrachten, […] es ist von höchster Wichtigkeit, den Schulstreik zu brechen. Das wird uns zweifellos als Leistung und als Sieg angerechnet werden.«[36]

Mitte September war der Schulstreik immer noch in vollem Gang. Und während die Proteste im größten Teil des Westjordanlands nach und nach abflauten, dauerten sie in Nablus an und wurden konsequent durchgehalten. Das machte die Stadt zum Bannerträger des Widerstands gegen die Besatzung für das gesamte Westjordanland.

Nablus, das biblische Sichem, ist für Juden wie Araber immer ein ganz besonderer Ort gewesen. Abraham war nach der biblischen Überlieferung etwa um das Jahr 1850 v. Chr. dorthin gekommen. Durch eine göttliche Offenbarung erfuhr er dann, dass das Land, das er betreten und zu seinem neuen Zuhause erwählt hatte, genau das Land war, das ihm und seinen Nachkommen durch göttlichen Ratschluss vorherbestimmt worden war (1 Mose 12, 6–7). Auch Jakob kam an diesen Ort und erwarb dort Land (1 Mose 33, 18–19); Josua versammelte die Stämme Israels dort, um den Bund zu erneuern (Josua 8, 30–35; 24, 1–29), und die aus Ägypten mitgebrachten Gebeine Josephs wurden in Sichem begraben (Josua 24, 32). Josephs Grab ist eine der drei wichtigsten heiligen Stätten des Judentums im Land Israel, neben dem Tempelberg in Jerusalem und den Patriarchengräbern in Hebron. Nablus war 1967 jedoch, als Israel es im Kampf gegen jordanische Truppen eroberte, eine arabische Stadt, ein Industrie- und Handelszentrum, in dem es mehrere wichtige Fabriken gab. Die bekannteste davon war die Seifenfabrik Al Bader (Vollmond), ein Unternehmen, das an diesem Ort bereits seit mehr als 250 Jahren bestand.

Der gesamte Bezirk Nablus war unter jordanischer Herrschaft in den Genuss eines großen Teils der wenigen Investitionen gekommen, die dem Westjordanland überhaupt zugestanden wurden, in der Hoffnung, ein Gegengewicht gegen Ostjerusalem bilden zu können. Auf diese Weise sollte verhindert werden, dass der Ostteil Jerusalems zu dominant wurde und schließlich die Autorität der Machthaber in Amman in Frage stellte. Ausländischen Besatzern hat Nablus jedoch zu allen Zeiten Kopfzerbrechen bereitet. Wie die Israelis jetzt feststellten, war die Stadt eine Hochburg des arabischen Nationalismus, die von außen kommenden Kräften feindseliger und deren Herrschaft rebellischer gegenüberstand als alle anderen Städte im Westjordanland. Und als Nablus bei der Opposition gegen die israelische Einmischung ins palästinensische Bildungssystem die Führungsrolle übernahm, griff das Militär zu beispielhaften Strafmaßnahmen, um anderen Städten und kleineren Orten das Schicksal derjenigen vor Augen zu führen, die sich der Besatzung widersetzten. Dayan, der sich jetzt gezwungen sah, sein System der »unsichtbaren« Besatzung nahezu vollständig aufzugeben, gab der Armee am 21. September grünes Licht für die Aufgabe, in Nablus wieder für Ordnung zu sorgen.

Oberst Zvi Ofer, der Militärgouverneur des Bezirks, bestellte am darauffolgenden Tag Bürgermeister Kanaan ein, um ihn über die Sanktionen und Strafmaßnahmen zu unterrichten, die in Nablus vonseiten der Armee geplant waren. Aber der Bürgermeister widersetzte sich der Vorladung und erschien erst gar nicht. Später erklärte er, der Offizier habe ihn bei einer früheren Begegnung brüskiert, indem er ihm den Handschlag verweigert habe. Wenige Stunden darauf kamen Armeejeeps in die Stadt, und die Soldaten verkündeten über Lautsprecher eine Ausgangssperre, die »bis auf Weiteres« von 17 bis 7 Uhr galt. Die Lautsprecher an den Minaretten der Moscheen, über die sonst die Muslime zum Gebet gerufen wurden, wiederholten jetzt die Stunden, für die die Ausgangssperre galt. Nachrichtentechniker legten außerdem das Telefonsystem von Nablus still, sodass die einzelnen Familien in ihren Häusern isoliert waren, und Soldaten durchsuchten nach Einbruch der Dunkelheit Privathäuser und öffentliche Gebäude. Die Soldaten, noch ohne Erfahrung mit dem Status von Besatzern, erhielten dabei genaue Anweisungen:

Während einer Durchsuchung muss ständig die Reaktion der Betroffenen beobachtet werden; ihr Verhalten kann den Soldaten oft zuverlässige Anhaltspunkte für die Durchsuchungen liefern. […] Wände und Fußböden werden häufig als Verstecke benutzt. Bei einer Durchsuchung sollen die Soldaten daher alle Wände und Fußböden abklopfen und auf das Geräusch achten. Ein dumpfes Geräusch kann ein Hinweis auf ein Versteck sein.[37]

Der öffentliche Nahverkehr wurde unterdessen stillgelegt, und die Armee wählte zwanzig Geschäfte aus – darunter auch das Ladengeschäft des Bürgermeisters Kanaan –, deren Inhaber sich an den Streiks beteiligt hatten, und riegelte sie »bis auf Weiteres« ab. Auch die Geschäftslizenzen einiger Großhändler wurden widerrufen. Israelische Buchprüfer suchten in den Geschäftsakten der Stadt nach finanziellen Unregelmäßigkeiten und Beweisen für Korruption.

Die militärische Operation war in vollem Gang, was die wirtschaftliche Funktion von Nablus als Zentrum der Handelstätigkeit im nördlichen Westjordanland massiv beeinträchtigte. Die Armee schloss auch die Damija-Brücke, die wichtigste Verbindung nach Jordanien, und zwang so die Bewohner und Geschäftsleute von Nablus, einen viel längeren und umständlicheren Weg zu nehmen.

Bürgermeister Kanaan berief noch am ersten Abend der Militäroperation den Stadtrat von Nablus ein, der dann von der Armee die Aufhebung aller Sanktionen forderte. Als er jedoch den Militärgouverneur telefonisch um einen Dringlichkeitstermin bitten wollte, um den Beschluss des Stadtrats übermitteln zu können, stellte man ihn gar nicht erst durch. Der Gouverneur, beschied man dem Kommunalpolitiker, sei »beschäftigt«. Kanaan erklärte am 23. September gegenüber der israelischen Tageszeitung *Maariv*, warum unter allen Städten im Westjordanland gerade Nablus Streiks gegen die Israelis veranstaltete. »In Nablus geht es turbulenter zu«, erklärte der Bürgermeister. »Die Menschen haben ein höheres Bildungsniveau und deshalb auch ein wacheres Bewusstsein für politische Probleme.«

An jenem Tag geriet während der ersten Stunden der Ausgangssperre in der Nähe von Nablus ein Militärfahrzeug unter Beschuss. Die Insassen schossen zurück und riefen zwei Panzer zu Hilfe, die mit ihren Kanonen das Haus unter Feuer nahmen, aus dem die Schüsse kamen, bis Soldaten schließlich das Gebäude stürmten, einen Palästinenser töteten und einen zweiten verhafteten. Ein Hubschrauber verfolgte weitere Palästinenser, die vom Ort des Feuergefechts flohen und die Soldaten dabei zu einer Höhle führten, in der dreizehn Saboteure, zahlreiche Waffen und eine große Menge Sprengstoff entdeckt wurden. Dieser Vorfall kam den Militärs wie gerufen: Jetzt konnte der Verteidigungsminister das harte Vorgehen in Nablus mit Sicherheitsargumenten rechtfertigen. Damit festigte die Armee ihren Zugriff: Sie legte einen Belagerungsring um die Stadt, die niemand mehr betreten oder verlassen durfte, und erhöhte die Zahl der Durchsuchungen und Festnahmen.

Die drakonischen Maßnahmen der Armee waren in Nablus nach und nach spürbar: Die Preise für Nahrungsmittel zogen stark an, und der sonst so belebte Markt blieb nahezu menschenleer. Die Stadträte beobachteten mit wachsender Besorgnis, wie das benachbarte Jenin auf ihre Kosten aufblühte und die dort ansässigen Großhändler den ausgesetzten Handel von Nablus übernahmen und den nördlichen Teil des Westjordanlandes mit landwirtschaftlichen Produkten versorgten. Bürgermeister Kanaan geriet unter immer stärkeren Druck und bat schließlich um einen Sondertermin bei Dayan, zu dem es dann am 11. Oktober 1967 in Jerusalem kam. Es war eine schwierige Begegnung. Der Bürgermeister sagte zum Verteidigungsminister: »Nablus hat schon seit Langem keine so harten und drastischen Maßnahmen mehr erlebt wie diejenigen, die vor Kurzem verhängt wurden. Die eiserne Faust beseitigt jeglichen guten Willen, den die Bewohner möglicherweise im Umgang mit den Besatzungssoldaten empfunden haben.«[38] Dayan erwiderte, er erwarte nicht, dass die Einwohner von Nablus die Israelis »lieben«, aber sie müssten ihr normales Alltagsleben aufrechterhalten. Er ergänzte: »Sie haben die Wahl zwischen einem geordneten Leben und der Rebellion. Aber Sie sollten wissen, dass wir, falls Sie sich für die Rebellion entscheiden, keine andere Wahl mehr haben, als Sie zu brechen.«[39] Kanaan kapitulierte. Er schlug vor, die palästinensischen Beschwerden über die israelische Einmischung ins Bildungssystem bei einer Besprechung mit Vertretern des israelischen Bildungsministeriums zu erörtern. Dabei könne man die Grundsätze diskutieren, nach denen die Schulbücher zensiert wurden. Und, ganz wichtig, er verpflichtete sich, dafür zu sorgen, dass die Schulen spätestens am 5. November 1967 wieder öffneten.

Dayan und die Armee hatten gewonnen: Sie brachen den Streik, zwangen Nablus in die Knie und behaupteten ihre Amtsgewalt über die Bewohner der Stadt. Noch am gleichen Abend wurden die Ausgangssperre und die übrigen Sanktionen aufgehoben, und nach 25 harten Tagen normalisierte sich das Alltagsleben in Nablus allmählich wieder. Im Schulbuchstreit wurden letztlich 59 von 78 verbotenen Lehrbüchern mit einigen Änderungen nachgedruckt und mit folgendem Stempel versehen: »Dieses Buch wurde vom Militärbefehlshaber als Schulbuch zugelassen.« Nach der Freilassung aller verhafteten Lehrer und Schüler nahmen alle Schulen den Lehrbetrieb wieder auf. Aber die Episode diente als stete Erinnerung an die Ressentiments, die unter der Oberfläche des Alltagslebens brodelten und mühelos in offenen Widerstand umschlagen konnten. Sie bereitete auch den Boden für eine zunehmende israelische Zensur, die sich in den kommenden Jahren zu einem prägenden Merkmal der Besatzung entwickelte. Der palästinensische Dichter und Kritiker Muhammed Albatrawi schrieb:

Jedes Wort, das ich schreibe, geht durch die Zensur. Ich darf in meinen Gedichten nicht das Wort Jafa benutzen, die arabische Bezeichnung für die Stadt Jaffa, sondern ich muss die hebräische Form Jafo verwenden. Ich darf nicht Askalan schreiben, ich muss Ashkelon schreiben. [...] Manchmal schreibe ich ein einfaches Liebesgedicht, und dann beschließt der hohe israelische Zensor, dass es sich um ein nationalistisches palästinensisches Gedicht handelt. Deshalb versuche ich, mit größter Klarheit zu schreiben, damit sie mir keine falschen Absichten unterstellen und mir ganze Zeilen und Strophen herausstreichen. [...] Ich muss immer im Voraus erraten, was der israelische Zensor von allem halten wird, und das muss ich dann berücksichtigen, und ich muss alles vermeiden, was ihn erzürnen könnte. [...] Ich weiß nie im Voraus, wie der Zensor reagieren wird: Manchmal schreibe ich etwas Riskantes, und er lässt es ohne jeden Kommentar durchgehen, und manchmal schreibe ich etwas vollkommen Unverfängliches, und das wird dann von der ersten bis zur letzten Zeile verboten. Es kann einen verrückt machen, weil einfach keinerlei Logik dahintersteckt.[40]

Der palästinensische Intellektuelle Ali Alkhalili erinnert sich an eine ähnliche Erfahrung:

Wenn man nicht will, dass sämtliche Exemplare eines Buches sofort nach Erscheinen eingezogen werden, muss man das Manuskript beim Zensor einreichen. [...] [Heute] geht es mir so, dass ich feststellen muss, wie sich in mir – zu meinem Ent-

setzen – ein kleiner israelischer Zensor entwickelt, der mich ständig im Auge behält. Es ist mir plötzlich klargeworden, dass ich gewissermaßen kein freier Mann mehr bin. Ich denke viel über meinen israelischen Zensor nach: Es muss irgendein kleiner Beamter sein, der seine Arbeit so machen will, dass er keinen Ärger mit seinen Vorgesetzten bekommt. Deswegen streicht er im Zweifelsfall lieber.
Manchmal kann ich spüren, wie sehr er sich über mich geärgert hat, je nachdem, wie tief die Furche ist, die sein Stift in meinem Manuskript hinterlassen hat. […] Irgendwo in seinem Inneren muss er sich wie ein Scharfrichter fühlen. Schließlich sind Worte Dinge voller Leben und voll von menschlichem Dasein, und seine Aufgabe ist es, ihnen die Köpfe abzuschneiden.[41]

Die Organisation der Besatzung

Das israelische Kabinett billigte am 13. Oktober 1967, nur zwei Tage, nachdem Dayan nach der Kapitulation von Bürgermeister Kanaan den Belagerungszustand für Nablus aufgehoben hatte, »Einsatzprinzipien für die Verwalteten Gebiete«.[42] Diese in knapper militärischer Diktion gehaltenen Richtlinien enthielten auch Lehren aus dem Streik in Nablus. Sie bieten einen faszinierenden Einblick in die der Besatzung zugrundeliegende Philosophie – vor allem für das Gebiet des Westjordanlandes.

Zweck der neuen Richtlinien war nach Artikel 1 eine »effiziente militärische und administrative Kontrolle der Verwalteten Gebiete«. Die Aufforderung an die Palästinenser, aus den besetzten Gebieten zu emigrieren, zieht sich als roter Faden durch das ganze Dokument. So wird das Militär beispielsweise im Artikel 2 dazu angehalten, »eine Politik des freien Reiseverkehrs« für die Palästinenser zu betreiben, indem man positiv auf ihre »Anträge auf Ausreise für ein Studium und/oder eine Beschäftigung im Ausland« reagiert. Gleichzeitig »sollten von außerhalb kommenden Arabern keine Genehmigungen für die Ansiedlung in den Verwalteten Gebieten erteilt werden«.

Die Steuern in Israel waren hoch und sollten bei der Förderung der Ausreise von Palästinensern ins Ausland »eine bedeutende Rolle« spielen. Die Richtlinien riefen auch das Militär auf, unter den Palästinensern den Glauben zu fördern, dass Israel beabsichtige, die besetzten Gebiete »lange« zu verwalten; die Autoren dieses Dokuments gingen vermutlich davon aus, dass Rebellion aus Ungewissheit entsteht, und wenn die Bewohner des Westjordanlandes glaubten, dass Israel im Land bleiben werde, würden sie entweder weggehen oder sich ruhig verhalten. Interessanterweise schickte man etwa zu dieser Zeit israelische Hoteliers ins Westjordanland, wo sie mit ihren Kollegen in Jericho und an anderen Orten über Pauschalreisen sprechen sollten. Initiativen wie diese sollten die Bewohner des Westjordanlandes höchstwahrscheinlich davon überzeugen, dass Israel tatsächlich beabsichtigte, für immer zu bleiben.

Das Dokument wies die Armee außerdem an, das Wissen um eine »große militärische Niederlage« der Araber im Sechstagekrieg zu verstärken und zu vertiefen, und das geschah vermutlich in der Absicht, die Palästinenser davon abzuhalten, sie infrage zu stellen. Die Armee sollte gegenüber Bekundungen des zivilen Ungehorsams außerdem »Gleichgültigkeit« an den Tag legen. Aber die Richtlinien betonten gleichzeitig auch – und das war typisch für die Widersprüchlichkeit der israelischen Politik in den besetzten Gebieten –, dass der militärische Geheimdienst alles in seiner Macht Stehende tun solle, um Anstifter zur Rebellion ausfindig zu machen und zu bestrafen, vorzugsweise durch die Deportation nach Jordanien.

Das Dokument sprach sich dafür aus, jede Form von palästinensischer Zusammenarbeit mit dem Militär – zum Beispiel Informanten, die den Israelis Mitteilungen zukommen ließen – zu »belohnen«, und das Militär sollte im Umgang mit Einheimischen, die bereit waren, den Besatzern zu helfen, eine Politik der »Belohnung und des Schutzes« praktizieren. Auf der anderen Seite sollte jede Unterstützung, die einfache Palästinenser dem Widerstand gegen die Besatzung gewährten, unterdrückt werden. Städte und Dörfer, die den Widerstand förderten oder als Stützpunkt für den Terrorismus dienten, sollten bei der Vergabe von Fördermitteln, Krediten oder anderen Vergünstigungen nicht berücksichtigt werden.

Körperliche Angriffe auf die Armee, hieß es in den Richtlinien, sollten nicht geduldet werden, und wenn es doch zu Gewalt komme, dann »(a) ist eine rasche und harte Reaktion äußerst wichtig. (b) Sollten Verdächtige verhaftet werden. [...] (c) Sollten von Terroristen genutzte Häuser zerstört werden. Und (d) Berichte über mit Gewalt verbundene Vorfälle sollten gestattet werden, um die innerisraelische Moral zu stärken.«

Die neuen Richtlinien hoben auch hervor, dass die Wirtschaft des Westjordanlandes den israelischen Staatshaushalt so wenig wie möglich belasten sollte. Während es »Lebensbedingungen wie Armut und Hungersnot zu vermeiden gilt, die die Subversion fördern und internationalen politischen Druck auf Israel herausfordern würden«, sollten Investitionen in den besetzten Gebieten keineswegs gefördert werden. Schließlich hieß es in den neuen Richtlinien noch: »Unsere Verwaltung [...] sollte immer eine militärische Fassade haben, und jedwede Kontakte, vor allem mit Frauen, müssen vermieden werden«. Das letztere Verbot wird mit der Gefahr einer

Ansteckung mit Geschlechtskrankheiten begründet, »die in den feindlichen Ländern weit verbreitet sind«.[43]

Neben diesen allgemeinen Grundsätzen entwickelte sich ein komplexes System von Genehmigungen nach und nach zu einem bedeutsamen und viel Unmut auslösenden Merkmal der Besatzung. Die Palästinenser mussten buchstäblich für alles Genehmigungen und Lizenzen einholen: für alle möglichen finanziellen Aktivitäten, für den Häuserbau, für Auslandsreisen, für ein Studium, für einen Wohnsitz außerhalb eines Dorfes oder einer Stadt, wo man bereits gemeldet war, für Viehweiden in bestimmten Gebieten, ja sogar für den Anbau bestimmter Obst- und Gemüsesorten. Nadia Abu-Zahra und Adah Kay schrieben in ihrem Buch *Unfree in Palestine*: »Ohne eine solche Genehmigung kann ein Palästinenser weder eine Tomate […] noch eine Aubergine anbauen. Man kann sein eigenes Haus nicht neu anstreichen. Keine Fensterscheibe einsetzen. Keinen Brunnen bohren. Man darf kein Hemd in den Farben der palästinensischen Flagge tragen. Man darf keine Kassette mit nationalen palästinensischen Liedern im eigenen Haus haben.«[44] Dem Erteilen einer Genehmigung ging oft eine lange Prozedur voraus, bei der man Formulare ausfüllen, Gebühren bezahlen (sie wurden zu einer wichtigen Einnahmequelle für die Finanzierung der Besatzung) und häufig auch ein längeres Verhör auf sich nehmen und bestehen musste.

Das Genehmigungssystem und andere Aktivitäten der Besatzungsmacht hatte eine legale Fassade, durch die der Oberste Gerichtshof Israels zur letztgültigen Schiedsinstanz zwischen den unter Besatzungsrecht stehenden Menschen und den Besatzungsbehörden wurde. Diese Institution, vielleicht die angesehenste in ganz Israel, überprüfte nicht nur die Politik in den besetzten Gebieten, sondern verhandelte auch Dutzende von Palästinensern angestrengte Fälle. Das Spektrum reichte von Klagen gegen den Abriss von Häusern durch die Armee – Aktionen, die oft als Kollektivstrafe gegen die Palästinenser eingesetzt wurden –, gegen erweiterte Ausgangssperren und Deportationen aus den besetzten Gebieten nach Jordanien und an andere Orte bis hin zu Foltervorwürfen. Der Soziologe Baruch Kimmerling hält fest, dass der Gerichtshof durch die Verhandlung über diese Fälle der Besatzung nicht nur ein aufgeklärtes Gesicht verlieh, sondern auch eine »gerichtliche Annexion« der Gebiete vornahm und den Eindruck einer »Rechtmäßigkeit« schuf.[45] Und David Kretzmer führt in seinem Buch *The Occupation of Justice* aus, dass der Oberste Gerichtshof in fast allen seinen auf die besetzten Gebieten bezogenen Urteilen zugunsten der Behörden entschieden hat, und das oft auf der

Grundlage »zweifelhafter juristischer Argumente«.[46] Auf diese Weise sorgte der Gerichtshof einerseits für einen Anschein von Gerechtigkeit für die Palästinenser, aber letztlich verstärkte er nur die Ungleichheit der Verhältnisse zwischen Besatzern und Besetzten.

Die Militärregierung der besetzten Gebiete bestand aus israelischen Soldaten. Eine Sicherheits- und eine Zivilabteilung teilten sich die Verantwortung, und Offiziere beider Abteilungen unterstanden einem regionalen Militärgouverneur.

Die Sicherheitsabteilung war für die Aufrechterhaltung von Gesetz und Ordnung und für die Sicherheit der jüdischen Siedler verantwortlich, deren Zahl in den kommenden Jahren dramatisch zunehmen sollte. Sie richtete Militärstützpunkte ein, stationierte Truppen und verhängte häufig Kollektivstrafen gegen Palästinenser.

Die Zivilabteilung beaufsichtigte Industrie, Handel, Landwirtschaft, Arbeitsbeziehungen und finanzielle Tätigkeiten, Bildungswesen, Sozialfürsorge, Gesundheitswesen und Post. In diesen Bereichen erhielten die Militärs Unterstützung durch Tausende von Palästinensern – Schulleiter, Lehrer, Sozialarbeiter, Ärzte, Polizisten, Postangestellte und Angehörige anderer Verwaltungsberufe –, die das Alltagsgeschäft in den verschiedenen zivilen Institutionen erledigten. Auf diese Weise traf ein einfacher Palästinenser, der direkten Kontakt mit den Besatzungsbehörden hatte – weil er irgendeine Genehmigung beantragte –, eher auf einen anderen Palästinenser als auf einen Israeli, was wiederum Moshe Dayans Wunsch erfüllte, die Besatzung so unsichtbar wie möglich zu gestalten.

Die Guerillas vernichten

Für die Armee war die Auseinandersetzung mit Streiks und Protestaktionen von der Art, mit der sie es in Nablus zu tun bekam, im Wesentlichen eine polizeiliche Aufgabe, aber im Westjordanland stand sie auch bewaffneten Aufständischen gegenüber. Eine der führenden Persönlichkeiten der Palästinenser in diesem Krieg – wenn auch keineswegs die einzige – war ein gewisser Jassir Arafat.

Sein vollständiger Name war Muhammad Abdul Raouf Arafat al-Kudwa al-Husseini, er wurde am 24. August 1929 als sechstes von sieben Kindern eines palästinensischen Kaufmanns möglicherweise in Kairo geboren. Seine Mutter starb, als er vier Jahre alt war, und die Familie zog nach Jerusalem zu einem Onkel, der in einem Haus in der Nähe der Klagemauer und der Al-Aksa-Moschee lebte. Dort erlebte der junge Arafat die zunehmenden Spannungen zwischen Juden und Arabern im britischen Mandatsgebiet Palästina.

Sein Vater heiratete 1937 ein zweites Mal, und die Familie kehrte nach Kairo zurück, wo Arafat aufwuchs. Schon als Kind zeigte er eine starke Neigung zur Anführerrolle: Er scharte die Nachbarskinder um sich und versuchte sie zum Marschieren zu nötigen. Diejenigen, die seinen Anweisungen nicht gehorchten, schlug er mit einem Stock. Während des ersten arabisch-israelischen Krieges 1948 schloss sich Arafat einer Miliz-Einheit an, die gemeinsam mit regulären ägyptischen Truppen im Süden von Gaza gegen Israel kämpfte, zeichnete sich dabei aus und erwarb sich schnell den Ruf, ein furchtloser Kämpfer zu sein.

Während seines Ingenieurstudiums in Kairo war er im militanten ägyptischen wie auch im palästinensischen Studentenverband – zu dessen Vorsitzendem er 1952 gewählt wurde – aktiv. In dieser Funktion zeigte er die Eigenschaften, die später so vertraut wirken sollten: ein unermüdliches, listiges, herrisches Naturell und eine Vorliebe für Selbstdarstellung und theatralische Gesten. Zu dieser Zeit begann Arafat auch mit dem Tragen der *Kufija,* eines Stücks Stoff, das um den Kopf drapiert wird. Es half ihm, sein schütterer werdendes Haar zu bedecken, und wurde zugleich zu seinem Markenzeichen.

Arafat ging 1958 mit einem Ingenieursdiplom der Universität Kairo in der Tasche nach Kuwait, wo er zunächst eine Anstellung als Bauingenieur im öffentlichen Dienst fand, bevor er eine eigene Firma gründete. Später behauptete er dann, er sei auf dem besten Weg zum Millionär gewesen.

In Kuwait brachte er 1959 zusammen mit seinem engen Freund Abu Dschihg eine Zeitschrift namens *Unser Palästina* heraus, in der er die arabischen Regime kritisierte, die seiner Ansicht nach nicht genug für Palästina taten, und zu einem »Volksbefreiungskampf« für Palästina aufrief. Gemeinsam gründeten sie die Palästinensische Nationale Befreiungsbewegung, die Fatah, die im Januar 1965 ihre erste militärische Operation gegen Israel unternahm; es handelte sich dabei um eine eher amateurhafte Aktion, die folgerichtig scheiterte.

Nach der arabischen Niederlage im Jahr 1967 reiste Arafat, der sich während des Krieges in Damaskus aufgehalten hatte, mit einer Gruppe Gleichgesinnter nach Jordanien. Von dort aus wollten sie den Jordan durchqueren, um ins Westjordanland zu gelangen. Arafat war der erste, der durch den Fluss watete. Da er nur 1,62 Meter groß war, reichte ihm das Wasser bis zu den Schultern, und er musste seine Kleider und das Gewehr über dem Kopf halten. Als er die andere Seite erreichte, fiel er auf die Knie, küsste den Boden und wartete, bis der Rest der Gruppe, insgesamt 28 Personen, es ihm gleichgetan hatte. Dann führte Arafat seine Gefolgsleute über die Berge ins nördliche Westjordanland, wo er einen Stützpunkt einrichtete.[47] In den darauffolgenden Wochen fuhr er in einem alten VW kreuz und quer durch das ganze Gebiet, predigte die palästinensische Sache und rekrutierte junge Palästinenser, die geheime Zellen bilden, gegen die Besatzungsmacht kämpfen und einen nationalen Befreiungskrieg entfachen sollten. Er glaubte, dass die israelische Besatzung, so wie die französische Herrschaft in Vietnam und Algerien, durch Aufständische letztlich zu besiegen war. Arafats Rekruten warfen Handgranaten gegen Militärpatrouillen, legten Hinterhalte, führten Blitzangriffe aus und verübten Bombenanschläge auf Fabriken und Eisenbahnlinien.

Die Armee, der es an verlässlichen Informationen mangelte, tat sich zunächst schwer mit einer wirksamen, gegen Arafat und seine Leute gerichteten Strategie zur Bekämpfung des Aufstands. Aber schon bald nahm der 1949 gegründete israelische Inlandsgeheimdienst Shin Bet in den besetzten Gebieten seine Arbeit auf und begann mit der Beschaffung von Informationen. Er warb ein Netzwerk von Mitarbeitern an – Junge und Alte, Arme und Reiche – und schlich sich so in alle Bereiche des palästinensischen Lebens ein, durchdrang Städte und Dörfer, nutzte religiöse Rivalitäten aus und griff auch im großen Stil auf Personen aus der Unterwelt zurück. Eine Möglichkeit zur Anwerbung von Mitarbeitern unter den Palästinensern ergab sich aus dem bereits erwähnten System von Genehmigungen, denn die damit verbundenen Gespräche boten dem Shin Bet die Gelegenheit, geeignete Kandidaten für die Anwerbung zu sichten. Eine positive Antwort auf einen Genehmigungsantrag war oft mit der Bereitschaft des Antragstellers zur Kollaboration verbunden; im Umgang mit palästinensischen Kriminellen zogen die Israelis als Gegenleistung für eine Zusammenarbeit Anklagen zurück, milderten Urteile ab oder erleichterten die Haftbedingungen. Und angesichts der drückenden Armut, die nach wie vor besonders unter den Flüchtlingen vorherrschte, die schon seit dem Krieg von 1948 im Westjordanland lebten, war Geld bei den Anwerbeversuchen natürlich immer ein wichtiges Mittel. Der palästinensische Kollaborateur A. T. sagt dazu:

Seit 1967 gab es niemand in den besetzten Gebieten, der bei der Militärregierung eine Dienstleistung oder eine Genehmigung irgendwelcher Art beantragt hätte und daraufhin kein Angebot des Shin Bet erhalten hätte, das Ersuchen als Gegenleistung für Kollaboration genehmigt zu bekommen. Das liegt in der Natur der Besatzung. Wer im Leben ein bisschen vorwärts kommen will, wer ehrgeizig ist, steht in einem gewissen Stadium vor diesem Dilemma.[48]

Der Shin Bet warb auch palästinensische Frauen als Mitarbeiterinnen an, indem er sie erpresste. Er nutzte dabei ihre Verletzlichkeit als Angehörige einer traditionellen palästinensischen Gesellschaftsordnung aus. Der palästinensische Aktivist Hussein Awwad erklärt die geheimdienstlichen Methoden:

> *Die Behörden werben Frauen an, indem sie sie nackt oder bei irgendwelchen unmoralischen Tätigkeiten fotografieren. Sie drohen damit, die Bilder der Familie der Frauen zu zeigen und in den Zeitungen zu veröffentlichen, falls sie die Zusammenarbeit verweigern. Frauen, die bereits als Mitarbeiterinnen angeworben wurden, verleiten andere Frauen zum Sex mit Männern [und das wird dann von den Israelis heimlich gefilmt], und so geht das weiter.*[49]

Die Armee versuchte jetzt – in enger Zusammenarbeit mit dem Shin Bet und palästinensischen Informanten –, die palästinensische Führungsspitze zu fassen, um den Widerstand zu brechen, und Jassir Arafat stand schon bald ganz oben auf der Fahndungsliste. Unter den israelischen Soldaten wurde ein Fahndungsflugblatt verteilt, das Arafat mit seiner Kufija zeigte. Er wurde unter Verwendung seines Kampfnamens Abu Amar wie folgt beschrieben:

Abu Amar: Einer der Gründer der Fatah, ein Kommandeur und Organisator. Lebt im Westjordanland. Eine sehr wichtige Persönlichkeit der Organisation.

Beschreibung: Etwa 45 Jahre alt. Klein: 155–160 Zentimeter. Hautfarbe: Bräunlich. Statur: Rundlich, Kopfoberseite kahl. Schläfenhaar – grau. Der Schnurrbart ist rasiert. Die Unterlippe ragt vor. Sprache: mit ägyptischen Akzent. Bewegungen: nervös. Augen: ständig in Bewegung.

Kleidung: Traditionell arabisch – trägt meist europäische Kleidung. Brille – möglicherweise trägt er inzwischen eine Brille.

Namen und Spitznamen:
Abu Amar.
Jassir Arafat.
Dr. Mohammed Rauf.
Dr. Jusuf Amar.
Faiz Machmud Arafat.

Sehr bekannt unter seinem Spitznamen: »Der Doktor«.

Verwandte: In Gaza – Sami Arafat, ein Cousin und Besitzer eines Fotogeschäfts.

Herkunft: Aus Nablus oder Gaza.

Kommentar: Im Fall seiner Festnahme sofort den Dienst benachrichtigen.[50]

Arafat war nicht zu fassen, aber seine – nach wie vor weitgehend unerfahrenen und amateurhaft agierenden – Männer spielten den Israelis in die Hand. Sie operierten in Gruppen, die viel zu groß waren, zu viel übereinander wussten und der palästinensischen Bevölkerung blind vertrauten, während viele ihrer Landsleute mittlerweile bestochen oder durch Erpressung für die Zusammenarbeit mit der Besatzungsmacht gewonnen worden waren.

Auch die Armee war sehr aktiv und bemühte sich unentwegt, die Initiative zu behalten. Am 30. Oktober 1967 umzingelte sie zum Beispiel drei Flüchtlingslager in Nablus, unter anderem auch das große Lager Balata, und setzte dabei »Affen« zur Identifizierung von Verdächtigen ein. »Affen« war die israelische Bezeichnung für Palästinenser, die man bei früheren Razzien im nördlichen Westjordanland verhaftet und auf die eine oder andere Art dazu gebracht hatte, die Armee zu unterstützen. Ihre Köpfe waren mit einem Sack verhüllt, der nur zwei Gucklöcher für die Augen hatte, sodass sie von ihren palästinensischen Landsleuten nicht erkannt werden konnten, und sie identifizierten die verdächtigen Personen per Fingerzeig.

Die Armee griff auch zu Kollektivstrafen, um die Einheimischen von der Unterstützung der Guerillas abzuschrecken, und ging gegen ganze Dörfer vor, wenn dort Fatah-Mitglieder ausgemacht worden waren. Sie sprengte zum Beispiel in der zweiten Novemberhälfte 1967 Dutzende von Häusern in dem Dorf Jiftlig, nachdem sie herausgefunden hatte, dass Dorfbewohner den Guerillas Unterschlupf gewährt hatten.

Es gelang der Armee nach und nach, den größten Teil der Aufständischen über den Jordan hinweg auf das Ostufer abzudrängen und die Bewaffnung der verbliebenen Zellen auszudünnen, indem sie die allgemeine Überwachung sowie die Durchsuchung der Fahrzeuge intensivierte, die aus Jordanien ins Westjordanland kamen. Dayans Politik der offenen Brücken wurde zwar fortgesetzt wie bisher, aber die Armee ließ nur eine eng gefasste Liste bekannter Fahrzeuge passieren und zurückkehren und verlangte außerdem die Entfernung aller beweglichen Teile einschließlich der Polsterung, um den Wachposten an den Brücken die Suche nach Waffen zu erleichtern. Bestimmte Arten von Waren, die man früher importiert hatte, wurden jetzt verboten. Dazu zählten zum Beispiel die bis dahin von den Holzschnitzern in der Gegend von Bethlehem verarbeiteten Olivenholz-Blöcke, in denen sich Waffen leicht verstecken ließen. Aus den gleichen Gründen durften auch die leeren Holzkörbe, mit denen Zitrusfrüchte aus dem Westjordanland nach Jordanien transportiert worden waren, nicht mehr mit zurückgebracht werden. Kosmetika, verschiedene Arten von Röhren, Sprays und Kanistern, ja sogar Zigarettenpackungen waren verboten, und alle über die Brücken transportierten Waren und Gegenstände wurden einer vollständigen und sorgfältigen Prüfung unterzogen – auch Leibesvisitationen blieben nicht aus –, einschließlich sämtlicher persönlicher Besitztümer Tausender zurückkehrender Einwohner und Besucher.

Dayans Politik der offenen Brücken war einst als »Sicherheitsventil« empfunden worden, das den Bewohnern des Westjordanlandes einen Ort gab, an dem sie, unbehelligt von den Besatzern, Dampf ablassen konnten. Aber das stundenlange Schlangestehen in der Hitze des Jordantals, vor allem in der Sommerhitze, und die äußerst rigorosen Leibesvisitationen, die der Rückkehr ins Westjordanland vorausgingen, vergrößerten nur die Verbitterung der Palästinenser gegen die Besatzung. Der palästinensische Autor Raja Shehade erinnert sich an die Klagen seines Cousins, der eigentlich nur zu Besuch gekommen war:

Die ersten beiden Tage nach seiner Ankunft beschimpfte er mich ununterbrochen und machte mich für alles verantwortlich, was ihm bei der Einreise auf der Allenby-Brücke passiert war. Die Schreie der Kinder, während sie sich für eine Leibesvisitation ausziehen mussten; der Anblick einer Leiche, die zur Beerdigung über die Grenze nach Westjordanien gebracht wurde und zwecks Sicherheitsüberprüfung aus dem Sarg genommen worden war; der Fußgeruch der Reisenden, die stundenlang auf ihre Schuhe warten mussten, nachdem sie sie für eine Röntgenuntersuchung hatten ausziehen müssen; das herzzerreißende Weinen einer Mutter, deren vierzehnjähriger Sohn sich einem Verhör unterziehen musste und noch nicht zurückgekommen war. All das hielt er mir vor und dazu noch die vielen Stunden, die jeder warten muss, bis er aufgerufen wird.[51]

Siedlungen
Während der Herrschaft der Osmanen (1517–1917) und der Mandatszeit Großbritanniens in Palästina (1917–1948) siedelten sich in dem Gebiet, das heute als Westjordanland bezeichnet wird, nur wenige Juden an. Religiöse Juden, die ins Land

Israel auswanderten, hatten vor allem die vier heiligen Städte zum Ziel – Jerusalem, Tiberias, Tsefat oder Hebron –, während säkulare zionistische Pioniere sich bevorzugt in der Küstenebene am Mittelmeer und im Jesreel-Tal niederließen, wo es mehr Regenfälle gab, der Landerwerb einfacher und das Land im Allgemeinen weniger dicht besiedelt war. Das Land im östlichen Palästina – das weniger fruchtbar und zudem gleichmäßiger zwischen einzelnen palästinensischen Bauern, Familienverbünden und Dörfern aufgeteilt war, die bei Verkäufen an Außenstehende generell Zurückhaltung übten – war für eine Besiedlung weniger attraktiv.

Nach dem Sieg von 1967 wurde das Land westlich des Jordans jedoch zu einem unwiderstehlichen Ziel für israelische Siedler, zum einen, weil sie starke religiöse Verbindungen zu diesem Gebiet empfanden, das sie als das Land Israel der Vorfahren betrachteten, das dem jüdischen Volk von Gott verheißen worden war, und zum anderen, weil es im besetzten Westjordanland große, leere Landstriche zu geben schien, die der Entwicklung harrten, während in Israel selbst nur noch wenig Land für die Besiedlung verfügbar war. Und das, was noch vorhanden war, lag in wenig begehrten Gegenden, zum Beispiel in der Negev-Wüste.

Die treibende Kraft in der Regierung, die hinter der Besiedlung der besetzten Gebiete stand, war der stellvertretende Ministerpräsident Yigal Allon. Er formulierte seine Vorstellungen in dem am 13. Juli 1967 vorgelegten Allon-Plan.

Allon-Plan contra Dayan-Plan

Allon, ein ehemaliger Armeegeneral, der sich im Krieg von 1948 ausgezeichnet hatte, machte sich große Sorgen um die nationale Sicherheit. Er schlug vor, dass Israel einen zehn bis fünfzehn Kilometer breiten Streifen entlang des Jordan-Westufers annektieren und dort einen dichten Siedlungsgürtel errichten sollte. Diese Dörfer sollten zusammen mit dem natürlichen Hindernis, das der Fluss bildete, als Puffer zwischen Israel und Jordanien und der zusätzlichen Bedrohung durch eine Invasion arabischer Armeen dienen, etwa durch irakische oder syrische Truppen.[52] Allons Plan sah auch die Errichtung jüdischer städtischer Siedlungen im arabischen Ostjerusalem vor, und er entwickelte auch einige Ideen, die den Gazastreifen betrafen (vgl. hierzu das zweite Kapitel).

Allon war bestrebt, die Grenzen Israels durch die Annexion von Land neu zu ziehen, wollte zugleich aber vermeiden, dass dabei die Zahl der Palästinenser im Land zunahm. Israel konnte es sich seiner Ansicht nach nicht leisten, die große, schnell wachsende palästinensische Bevölkerung der besetzten Gebiete aufzunehmen, ohne seinen jüdischen Charakter zu gefährden. Deshalb sollte Israel nach Allons Vorstellungen zwar den Streifen Land entlang des Jordans annektieren, nicht aber das übrige Westjordanland, dessen dichter bevölkerte Gebiete sich als autonome Region selbst verwalten sollten – in den Belangen des palästinensischen Alltagslebens.[53] Das Osmanische Reich hatte schließlich in den 400 Jahren seiner Herrschaft im Nahen Osten den Minderheiten in der Region – Juden, Christen und anderen Gruppen – eine erhebliche politische, juristische und wirtschaftliche Autonomie zugestanden, und das hatte ziemlich gut funktioniert.

Allon modifizierte jedoch seinen Plan bereits wenig später, indem er das übrige Westjordanland König Hussein von Jordanien übergeben wollte, anstatt es den Palästinensern anzubieten. Nach dieser neuen Version sollte Israel den für die eigene Sicherheit benötigten Streifen Land, vor allem entlang des Jordans, annektieren und dem jordanischen König Hussein die von Palästinensern bewohnten Gebiete übergeben, die über einen Korridor, in dem die Stadt Jericho lag, mit seinem Königreich verbunden sein sollten (siehe hierzu die Karte Nr. 3, S. X). Wir können eine Reihe von Erklärungen für die Frage anbieten, warum Allon sich dafür entschied, eine palästinensische Option durch eine jordanische zu ersetzen. Allerdings war der Hauptgrund möglicherweise amerikanischer Druck, denn die USA drängten damals darauf, dass jedes von Israel angebotene Abkommen zum Westjordanland mit König Hussein abgeschlossen werden musste, einem Verbündeten Washingtons, zu dessen Machtbereich das Gebiet noch während des Krieges gehörte. In einer der zahlreichen regierungsinternen Debatten über den Zuschlag für eine palästinensische oder eine jordanische Option äußerte sich der Ministerpräsident sehr deutlich, indem er feststellte, er würde sich lieber mit dem König einigen, weil »das die von den Amerikanern bevorzugte Lösung ist«.[54]

Allons Angebot war jedoch mit einigen Bedingungen verbunden. Zunächst einmal müsste der König akzeptieren, dass der ihm übergebene Teil des Westjordanlands auf Dauer entmilitarisiert bleiben sollte; er sollte in diesem Gebiet keine Streitkräfte stationieren, die Israels Sicherheit bedrohen konnten. Zweitens sollte der König dem Nachbarn Israel gestatten, bei der Verfolgung palästinensischer Terroristen dieses Gebiet zu betreten, falls diese es als Sprungbrett für Angriffe auf Israel benutzten. Drittens sollte der König Israels Souveränität über den arabischen Ostteil Jerusalems und die Gebiete anerkennen, die es entlang des Jordans annektieren würde. Israel wollte sich außerdem noch einen Teil des Gazastreifens einverleiben, weshalb der König der Aufnahme derjenigen Palästinenser zustimmen sollte, die von dort in seinen Herrschaftsbereich umgesiedelt werden sollten.[55] Um Hussein die Annahme dieses Plans schmackhaft zu machen, schlug Allon vor, ihm eine

Landverbindung zwischen dem ihm verbliebenen Teil des Westjordanlands und dem nördlichen Gazastreifen anzubieten, sodass Jordanien auf diesem Weg einen Zugang zum Mittelmeer erhielt – ein entscheidender Vorteil, den das Land nach der Ausrufung des Staates Israel 1948 verloren hatte.

Dayan war ein entschiedener Gegner des Allon-Plans, und das nicht zuletzt einfach aus dem Grund, weil die beiden Erzrivalen waren. Im Vorfeld des Sechstagekrieges von 1967 waren sie Konkurrenten für das Amt des Verteidigungsministers gewesen, und dass Dayan den Wettbewerb schließlich gewann, vergrößerte die Spannungen zwischen ihnen noch.

Dayans Gegnerschaft zum Allon-Plan entsprang jedoch nicht nur einer persönlichen Laune. Er vertrat die Ansicht, dass es nicht funktionieren konnte, wenn man die Palästinenser zwischen einer Reihe von Siedlungen und dem eigentlichen israelischen Staatsgebiet einzwängte. »Sie sind keine Narren«, betonte Dayan, »wenn wir die Araber Palästinas umschließen, [...] wird das die Ablösung des Westjordanlandes von Jordanien bedeuten [...].«[56] Dayan legte stattdessen einen eigenen Plan vor, der in vielerlei Hinsicht ein Spiegelbild von Allons Vorstellungen war.

Dayan ging davon aus, dass das Bergland im Zentrum des Westjordanlandes – und *nicht* das Tiefland entlang des Jordans – das strategisch wichtige Gebiet war, das Israel zu seiner Sicherheit brauchte. Deshalb schlug er vor, weiter westlich Siedlungs-»Fäuste« zu errichten, die von Israel selbst ausgehen und bis weit in die Berge des Westjordanlandes vorstoßen sollten. Er stellte sich fünf große Blöcke vor, die von Jenin im Norden über Nablus und Ramallah bis zum Berg Hebron im Süden reichen sollten, wobei für jede »Faust« – jeden Block von Siedlungen – auch ein Militärstützpunkt vorgesehen war und alle Blöcke durch ein Straßensystem und Strom-, Wasser- und Telefonleitungen mit Israel verbunden sein sollten. Wenn die israelischen Siedlungen in Tuchfühlung zu den palästinensischen Bevölkerungszentren lagen, würde Israel weiterhin das gesamte Westjordanland beherrschen, aber die dort lebenden Palästinenser wären nach Dayans Plan weiterhin Untertanen des Haschemitischen Königreiches Jordanien, wie sie das seit der Annexion dieses Gebietes durch König Abdullah im Jahr 1950 gewesen waren. Und die Palästinenser würden sich, im Unterschied zu Allons Plan, nicht zwischen den jüdischen Siedlungen am Fluss und Israel selbst eingeschlossen fühlen. Deshalb könnten sie die mit Krieg und Besatzung verbundenen Beeinträchtigungen als weniger stark empfinden, da sie dank Dayans Politik der offenen Brücken nach wie vor ohne Einschränkungen nach Jordanien gehen und wieder zurückkehren konnten.

Allons und Dayans Pläne standen für zwei sehr verschiedene Vorstellungen von Besatzung, die in den kommenden Jahren weiterhin miteinander konkurrieren sollten: Allon wollte nur das absolute Minimum des besetzten Landes annektieren, das Israels Sicherheitsbedürfnissen entsprach, und strebte ansonsten eine vollständige Trennung von den palästinensischen Arabern und dem Land, auf dem sie lebten, an. Dayan wollte dagegen das gesamte besetzte Westjordanland behalten, weil es, wie er oft sagte, »Judäa und Samaria ist, [...] unser Heimatland«, und im Unterschied zu Allon trat er nicht dafür ein, dass Israel sich von den Palästinensern trennen sollte. Er dachte, dass Juden und Palästinenser (Letztere als jordanische Staatsbürger) Seite an Seite und integriert leben könnten. Er ging davon aus, dass die Palästinenser durch die Integration im Lauf der Zeit für den Erwerb ihres Lebensunterhalts von Israel abhängig werden würden, und er glaubte, dass sie durch die Eingliederung in das israelische Wirtschaftsleben weniger nationalistisch eingestellt sein und der israelischen Präsenz nicht mehr so ablehnend gegenüberstehen würden. Dayan hielt seine Ansichten nicht zurück. Der palästinensischen Schriftstellerin Fadwa Tuqan sagte er: »Das entspricht der Beziehung zwischen einem Mann und der Frau, die er entführt hat, die ihn nicht liebt und auch nicht heiraten will. Sobald ihre Kinder geboren sind, nehmen diese den Mann als ihren Vater und die Frau als ihre Mutter wahr. Die Entführung hat für sie keinerlei Bedeutung mehr. Auch ihr als Volk wollt uns heute nicht haben, aber wir drängen uns euch auf.«[57] In gefilmten Interviews hielt Dayan oft seine überkreuzten Finger hoch und sagte, er würde in den besetzten Gebieten gerne eine Situation schaffen, in der es genauso schwer sein würde, die Gebiete von Israel zu trennen, »wie meine überkreuzten Finger voneinander zu trennen sind«.

Die Regierung lehnte Dayans Programm jedoch ab, weil sie sich mit seinen »Integrations«-Ideen schwer tat. Shimon Peres, einer von Dayans Kabinettskollegen und ein enger Verbündeter, erklärte später: »Moshe [Dayans] Ansicht, dass wir die Gebiete kontrollieren könnten, wenn wir lernen, ›mit den Arabern zu leben und nicht über ihnen‹, oder, mit anderen Worten: wenn wir unsere Haltung gegenüber den Arabern ändern, werden wir die Landkarte nicht verändern müssen – all diese Dinge waren optische und historische Fehler.«[58] Ein weiterer Grund für die Ablehnung des Dayan-Plans durch die Regierung war möglicherweise sein Vorschlag, Israel solle sich vom Jordan *fernhalten* und sich auf die Berge westlich des Flusses beschränken. Das widersprach dem strategischen Denken in Israel, nach dem die Grenze dort ist, wo sich die Juden *tatsächlich* befinden, und nicht dort, wo auf der Karte eine Linie gezogen ist.

Allons Plan wiederum wurde von der Regierung weder offiziell übernommen noch abgelehnt, vielleicht, weil sie sich einfach nicht entschließen konnte, oder aber, weil eine unklare Haltung zu territorialen Ambitionen es ihr ermöglichte, die Kritik zurückzuweisen, dass ihre Politik gegen das Völkerrecht zum Besatzungsstatus verstieß, das wesentliche Veränderungen im Umgang mit besetzten Gebieten nicht zuließ. Schließlich machten selbst die USA, Israels engster Verbündeter, deutlich, dass sie die Umsetzung des Allon-Plans nicht unterstützen könnten, weil Washington nur »wirklich geringfügige Änderungen, die auf Sicherheitsüberlegungen beruhen«, gutheißen würde, während der Allon-Plan vorzusehen schien, dass Israels Sicherheitsinteressen mit »erheblichen territorialen Zugewinnen«[59] verbunden seien. Der Allon-Plan wurde dennoch zur inoffiziellen Blaupause für den Bau von Siedlungen in der Verantwortung mehrerer aufeinander folgender Regierungen unter Führung der Arbeitspartei.

Legalisierung der Landnahme

Die israelische Regierung beschloss ein System von Gesetzen und Erlassen, nach dem der »legale« Erwerb von palästinensischem Land gestattet war, denn für neue Siedlungen brauchte man Land ohne vorhandene Bewohner oder Eigentümer. Die zugrundeliegende Idee war, ein System zu schaffen, nach dem privates Land in Staatseigentum umgewandelt werden konnte, auf dem man dann Siedlungen und Verbindungsstraßen bauen konnte, sodass vor Ort Tatsachen geschaffen wurden.

Die wichtigsten Grundlagen für dieses Rechtssystem lieferten das (britische) Notstandsgesetz von 1945 und das Gesetz über geschlossene Gebiete von 1949, das der Armee ermöglichte, jedes beliebige Gebiet zu Manöverzwecken für einen unbestimmten Zeitraum abzuriegeln. In ähnlicher Manier eröffnete ein Gesetz aus dem Jahr 1953 dem israelischen Staat die Möglichkeit, jedes beliebige Stück Land, das von seinen palästinensischen Eigentümern nicht bewirtschaftet wurde, zu beschlagnahmen und dem Militär zu Verteidigungszwecken zu überlassen. Das Militär übergab das Land nach der Übernahme dann an Siedler, die an Ort und Stelle bauten.

Es gab noch weitere Methoden der Landnahme für den Siedlungsbau, etwa die Feststellung von »ungenutztem Eigentum«; die Anordnung Nr. 58 der Militärregierung definiert ungenutztes Eigentum als »Eigentum, dessen rechtmäßiger Besitzer, oder jede andere nach dem Gesetz verfügungsberechtigte Person, das Gebiet vor der Besetzung durch die Armee am 7. Juni 1967 oder danach verlassen hat«. Die Israelis registrierten in den ersten Jahren der Besatzungszeit etwa 7,5 Prozent des Westjordanlandes als ungenutztes Eigentum. Ein großer Teil davon gehörte Bewohnern dieses Landstrichs, die entweder durch den Krieg zu Flüchtlingen geworden und mehrheitlich nach Jordanien gegangen oder aber während des Krieges außer Landes gewesen waren und denen danach die Rückkehr verweigert wurde. Eine weitere Methode, der sich das Militär bediente, um palästinensisches Land übernehmen zu können, bestand darin, es zum Eigentum eines feindlichen Staates zu erklären. Die Anordnung Nr. 59 der Militärregierung vom 31. Juli 1967 hält fest, dass jedes Stück Land oder Besitz, das einem feindlichen Staat gehört, Eigentum des Staates Israel werden sollte. Nach dieser Logik galt alles Land als Eigentum des Staates, es sei denn, palästinensische Anspruchsberechtigte konnten ihre Eigentümerschaft beweisen. Das war jedoch oft schwierig, denn zu vielen Transaktionen im Westjordanland gab es keinerlei Unterlagen, und das Eigentumsrecht beruhte oft auf informellen Übereinkünften oder Erbschaften, deren Grundlagen über Generationen zurückreichten.

Und was war mit den Siedlern, die das beschlagnahmte palästinensische Land übernahmen? Wie bereits gezeigt, verbietet die Vierte Genfer Konvention vom 12. August 1949 die Umsiedlung ziviler Staatsangehöriger einer Besatzungsmacht in von ihr besetzte Gebiete, aber Angehörige der Streitkräfte sind in diesen Gebieten zulässig. Die israelische Regierung setzte die Nahal-Brigade ein, um diese Konvention zu umgehen – eine militärische Einheit, die aktiven Militärdienst mit zivilem Dienst verbindet. Die uniformierten Angehörigen dieser Einheit erhielten den Auftrag, Geister-»Militärlager« auf palästinensischem Land zu errichten, das zuvor zu »militärischen Zwecken« beschlagnahmt worden war. Sobald diese Lager dann fertiggestellt waren, als vollendete Tatsachen vor Ort, übergab man sie in zivile Hände – die sie dann in richtige Siedlungen verwandelten.

Die israelische Politik war im ersten Jahrzehnt der Besatzung im Großen und Ganzen und im Vergleich zu dem, was später noch kommen sollte, Einschränkungen unterworfen – trotz einer Reihe von Gesetzen, die es vorgeblich ermöglichten, palästinensisches Land für den Bau von Siedlungen zu beschlagnahmen. Es galt die Faustregel, dass die Siedlungen fern von palästinensischen Bevölkerungszentren errichteten werden sollten, und die wichtigste Überlegung bei der Genehmigung war die nationale Sicherheit; es ging immer um die Beantwortung der Frage, wie ein Dorf an diesem oder jenem Ort zum umfassenden Schutz Israels vor einer potenziellen, über den Jordan hinweg vorgetragenen arabischen Invasion beitragen konnte. Aber es gab auch einige »Sonderfälle«. Einer davon, der sich in Hebron entwickelte, war der vielleicht berüchtigtste.

Pattsituation in Hebron

Hebron, etwa 32 Kilometer südlich von Jerusalem gelegen und auf einigen Hügeln und in einigen Wadis errichtet, war für Juden und Muslime schon immer von großer Bedeutung. Für die Juden ist die Stadt der zweitheiligste Ort nach Jerusalem. »Hebron« ist vom hebräischen Wort »haver« (Freund) abgeleitet, von einer Bezeichnung für den Patriarchen Abraham, der als Freund Gottes galt. Das arabische Wort für Hebron, »Al Khalil«, bedeutet wörtlich »der Freund«, bezieht sich also ebenfalls auf Abraham, den die Muslime in ähnlicher Weise als einen Freund Gottes bezeichnen. Nach der Bibel schloss Gott in Hebron einen Bund mit Abraham, nach dem er ihn »über alle Maßen mehren« wollte (1 Mose 17,2), und ebendort kaufte Abraham von Ephron, dem Hethiter, einen Acker mit daran grenzender Höhle als Erbbegräbnisstätte zum Preis von 400 Lot Silber (1 Mose 23). Nach der Bibel liegt Abraham selbst neben Isaak, Jakob, Sara, Rebekka und Lea in der Machpela-Höhle begraben.[60] Abraham war natürlich der Vater von Ismael, dem Vorfahren der Muslime, was die Höhle der Patriarchen auch für Muslime zu einer wichtigen Stätte macht. Die über der Höhle errichtete Ibrahimi-Moschee ist ein architektonisches Zeugnis dafür.

Im Lauf der Jahrhunderte hatte immer eine kleine jüdische Gemeinde unter den Arabern von Hebron gelebt. Ihre Zahl wuchs gegen Ende des 19. Jahrhunderts mit der Ankunft osteuropäischer Juden. Aber die Juden von Hebron waren ihren Nachbarn, die sie als arrogante Kolonialisten betrachteten, immer verhasst. In einer Welle ethnisch motivierter Gewalt, die Palästina im August 1929 erschütterte, töteten Araber in Hebron 67 Juden, ihre Synagogen wurden zerstört. Die Überlebenden flohen nach Jerusalem. Dort blieben sie, bis 31 jüdische Familien im Jahr 1931 nach Hebron zurückkehrten, um die Gemeinde wieder aufzubauen. Diese Bemühungen waren jedoch nur von kurzer Dauer, denn die britischen Behörden des Mandatsgebiets fürchteten ein erneutes Blutvergießen und evakuierten die jüdischen Familien am 29. April 1936. Im Krieg von 1948 eroberte die Jordanische Arabische Legion Hebron, und 1950 wurden die Stadt und das gesamte Westjordanland ins Haschemitische Königreich Jordanien eingegliedert.

Siebzehn Jahre später, am vierten Tag des Sechstagekrieges, nahmen die israelischen Streitkräfte die Stadt ein, und da es Juden gab, die zurückkehren wollten, um ihre Gemeinde an einem Ort wieder aufzubauen, der inzwischen eine rein arabische, traditionell verfasste und konservative Stadt war, schien ein Konflikt um Hebron unvermeidlich zu sein.

Zu ersten Unruhen kam es am 12. April 1968, als zwischen 40 und 45 religiöse Juden in Hebron das jüdische Passahfest feiern wollten. Zusammengebracht wurden sie durch eine unauffällige, in einigen Zeitungen erschienene Anzeige, in der Familien und Einzelpersonen, die sich in der uralten Stadt Hebron ansiedeln wollten, dazu aufgerufen wurden, Kontakt zu Moshe Levinger aufzunehmen. Levinger, ein 35 Jahre alter Rabbiner, war ein Extremist, der, beseelt von einem messianischen Eifer, Hebron abermals für das jüdische Volk beanspruchte. General Narkiss, der für dieses Gebiet verantwortliche Militärbefehlshaber, ließ die Gruppe unter der Bedingung, dass sie am darauffolgenden Tag sofort wieder abreiste, in die Stadt. Der General muss allerdings die wahren Absichten dieser Leute erkannt haben, die sich mit reichlich Gepäck, Kühlschränken, Waschmaschinen und anderen Haushaltsgeräten auf den Weg nach Hebron gemacht hatten. Als die Erlaubnis vorlag, führte Levinger seine Leute ins kleine Hotel El-Haled, das von der palästinensischen Familie Qawasmi geführt wurde.

Die Besucher waren aufgeregt, und Rabbi Levingers Frau Miriam erinnert sich: »Alle waren wahnsinnig glücklich, als ob der Messias gleich hinter der nächsten Ecke wäre, [...] als ob die Hand Gottes sie persönlich berührt hätte.«[61] Sie reinigten die ihnen zugeteilte Küche, versetzten sie in einen koscheren Zustand und feierten den Sederabend, aber am nächsten Tag hissten sie über dem Hotel eine israelische Flagge – anstatt Hebron, wie versprochen, wieder zu verlassen – und gaben bekannt, sich für immer in der Stadt niederlassen zu wollen. Als sie im zweiten Stock des Hotelgebäudes ein provisorisches Lehrhaus einrichteten, forderte der Hotelbesitzer Fahed Qawasmi sie auf, sein Haus zu verlassen, aber sie weigerten sich. Muhammad Ali al-Ja'abri, der Bürgermeister von Hebron, beschwerte sich in einem Brief vom 21. April bei Ministerpräsident Levi Eshkol und dem Verteidigungsminister über das Eindringen der Gruppe in die Stadt. Mit einem Anflug von Sarkasmus verlieh er seiner Hoffnung Ausdruck, dass der Tag kommen werde, an dem die Juden von Hebron in ihre alten Häuser und die arabischen Flüchtlinge in ihre ehemaligen Heimstätten in Palästina zurückkehren konnten, die sie 1948 verlassen hatten.

Dayan, die Persönlichkeit, die über die besten Voraussetzungen für eine Lösung des Problems verfügte, war vorübergehend handlungsunfähig. Er lag im Krankenhaus und erholte sich von einem schweren Unfall. In seiner Abwesenheit lag die Angelegenheit in den Händen des Ministerpräsidenten, der unter dem starken Einfluss des Dayan-Rivalen Allon stand. Allon brachte seine Kabinettskollegen – zu Dayans großer Bestürzung – dazu, die Siedler in Hebron zu lassen.[62] Jahre danach sagte

Dayan in einem Interview: »Allon interessierte sich nicht für die Siedler [in Hebron], wohl aber für Moshe Dayan, und dass ich gegen diese wilde Siedlung war, genügte ihm, um alles zu tun, was in seiner Macht stand, damit diese Leute dort bleiben konnten.«[63]

Als Dayan aus dem Krankenhaus entlassen wurde, war die Hebron-Affäre bereits eine vollendete Tatsache, und Dayan hatte den Eindruck, dass ihm nichts anderes übrig blieb, als mit den Siedlern einen Kompromiss zu schließen. Sie waren damit einverstanden, in ein am Stadtrand gelegenes Militärgelände umzuziehen. Dayan hoffte vielleicht, dass die ungemütlichen Lebensbedingungen in einem Militärstützpunkt die Siedler abschrecken würden, aber letztlich unterschätzte er die Entschlossenheit dieser Menschen ganz erheblich. Sie hielten durch und spielten im Umgang mit Dayan und der Armee auf Zeit. Unter dem wachsenden Druck von Ministerkollegen, die mit den Siedlern sympathisierten, erklärte sich Dayan 1970 schließlich damit einverstanden, dass eine Siedlung unmittelbar östlich des Stadtzentrums von Hebron eingerichtet wurde. Kirjath Arba – das ist ein anderer biblischer Name für Hebron (»Kirjath-Arba, das ist Hebron«, 1 Mose 23,2; »Aber Hebron hieß vorzeiten Stadt des Arba«, Josua 14,15) – entstand schließlich auf 25 Hektar Privatland, dessen palästinensischer Besitzer durch eine Anordnung des Militärgouverneurs aus »Sicherheitsgründen« enteignet wurde. Zunächst errichtete man an diesem Ort einen Militärstützpunkt, und 1971, nachdem 250 Wohneinheiten gebaut worden waren, zogen die ersten Siedler in diese Anlage ein.

Als Dayan in einem Gespräch mit den Siedlern diese drängte, ihre Kinder nicht zum Hass auf die Araber zu erziehen, erwiderten die Siedler: »Die Araber müssen wissen, dass es hier einen Herrn gibt – das jüdische Volk. Es herrscht über Erez Israel. […] Die Araber sind Bewohner auf Zeit, die zufällig in diesem Land lebten.«[64] Dayan war vollkommen bewusst, dass es ein schwerer Fehler gewesen war, mit den Siedlern Kompromisse zu schließen, es war ein Fehler, den er für den Rest seines Lebens bereute. »Ich erfüllte meine Pflicht als Verteidigungsminister nicht«, sollte er später festhalten, »weil ich diese Piratensiedlung in Hebron nicht verhinderte. Ich verstand ihre Bedeutung, wusste, dass das eine Katastrophe war, und hätte mit meinem Rücktritt drohen sollen, […] aber das tat ich nicht, und das tut mir wirklich leid.«[65]

Die Siedlerbewegung hatte einen überdeutlich wahrnehmbaren Sieg errungen, der, nach Dayans eigenen Worten, »gefährliche Auswirkungen auf die Zukunft hatte«,[66] weil er zeigte, dass eine kleine, aber äußerst entschlossene Gruppe der Regierung ihren Willen aufzwingen konnte. Die Siedler lernten daraus in der Tat, dass schiere Hartnäckigkeit zum Erfolg führen konnte, und die Ereignisse in Hebron dienten als Präzedenzfall für wilde Landbesetzungen durch Siedlergruppen an anderen Orten im Westjordanland.

Einen König überzeugen

Weit weg von den besetzten Gebieten hatten israelische Regierungsvertreter unterdessen – in den Wochen und Monaten nach dem Sechstagekrieg und bis weit ins Jahr 1968 hinein – in London und Paris eine Reihe von Treffen mit König Hussein von Jordanien. An einer dieser Begegnungen nahmen am 3. Mai 1968 nur Israels Außenminister Abba Eban, König Hussein und zwei Berater teil. Dabei versuchte Eban – ausgehend vom Allon-Plan –, die israelischen Vorstellungen zu einem möglichen Friedensabkommen mit Jordanien darzulegen, die eine Aufteilung der Verantwortung für das besetzte Westjordanland zwischen Israel und Jordanien vorsahen. Eban bemühte sich um die Klärung einiger Punkte: Konnte der König ein separates Friedensabkommen mit Israel abschließen, auch wenn andere Länder wie Ägypten und Syrien dies verweigerten? Konnte er für ein Ende der Terroraktionen gegen Israel sorgen?[67] Hussein hörte sich Ebans Vortrag an und versprach, mit eigenen Gedanken zu einem Teilungsplan zu antworten. Eban deutete die geschliffenen Umgangsformen des Königs und seine Höflichkeit als Zeichen für einen günstigen Verlauf des Treffens. Noch vor der offiziellen Antwort Husseins schlug der Außenminister dem israelischen Kabinett vor, das nächste Treffen sollte zwischen dem König und dem eigenen Ministerpräsidenten stattfinden.[68] Aber Eshkol hatte es nicht besonders eilig und verweigerte sich Ebans Vorschlag, den König persönlich zu treffen, weil er nicht wollte, dass die Gespräche zu viel Dynamik erhielten und Israel so vielleicht gezwungen wurde, territoriale Kompromisse zu schließen.

Stattdessen kamen am 27. September 1968 die Minister Eban und Allon mit dem König zusammen, sodass Allon dem Jordanier seinen Plan als einen »persönlichen« und inoffiziellen Vorschlag unterbreiten konnte, der nicht von Regierungsseite ausging.[69] Allon preschte vor: »Der König ist für den Krieg [von 1967] verantwortlich«, sagte er zu Hussein, »Sie verloren den Krieg, und Sie sollten die Konsequenzen tragen.«[70] Sie diskutierten ausführlich über Allons Vorstellungen, und der König versprach, seinem Stil entsprechend, er werde sich die Sache gründlich durch den Kopf gehen lassen, bevor er den Israelis antwortete. Seine Antwort kam wenig später in Gestalt eines sechs Punkte umfassenden Dokuments, in dem der Allon-Plan als »völlig inakzeptabel« bezeichnet wurde. Die Gesandten des Königs erklärten, dass jedes zukünftige Friedensprogramm so beschaffen sein müsse, dass es der König »der arabischen Welt erklären […] und […] die arabische Welt es akzeptieren könne«.[71] Der König, Eban, Allon und eine kleine Zahl von Beratern hielten weitere Treffen ab, bei denen die israelischen Angebote diskutiert wurden – das bedeutendste davon fand am 19. November 1968 an Bord eines israelischen Schiffes statt –, gelangten aber zu keinem Abkommen.

Vielleicht war es die Euphorie des Sieges, die die Israelis denken ließ – fälschlicherweise, wie herausstellen sollte –, ein besiegter König Hussein würde jedes Angebot akzeptieren, das sie ihm vorlegten, oder dass der König im Lauf der Zeit, vor die Wahl gestellt, das gesamte Westjordanland zu verlieren oder das Wenige zu akzeptieren, das Israel ihm anbot, seine harte Haltung aufgeben und den Allon-Plan annehmen würde. Wahrscheinlicher ist jedoch, dass die Israelis sowohl in den Verhandlungen mit den Palästinensern vor Ort als auch später mit Hussein nur sehr wenig anboten, und das in dem sicheren Wissen, dass man ihre Angebote ablehnen würde und sie anschließend an den Eroberungen festhalten konnten. Die Mindestforderung des Königs war die Rückgabe des gesamten Westjordanlandes mit nur geringen territorialen Veränderungen für beide Seiten. Seine Verantwortung für den muslimischen und christlichen Teil von Jerusalem konnte er offensichtlich unter keinen Umständen aufgeben, während die Israelis entschlossen waren, ganz Jerusalem ebenso unter ihrer Kontrolle zu behalten wie einen großen Teil des Westjordanlandes. Aber dennoch hielt es Hussein wohl für geboten, die Gespräche mit den Israelis fortzusetzen, damit sie nicht hinter seinem Rücken ein Abkommen mit den Palästinenserführern vor Ort schlossen oder, schlimmer noch, ihnen irgendeine Form von Souveränität über Gebiete anboten, die er immer noch zurückzugewinnen hoffte.

Kolonialisierung

Im Westjordanland sorgte unterdessen die Besatzung für einen radikalen Wandel in der einheimischen Wirtschaft: Das Tourismusgewerbe, bis dahin ein bedeutender Wirtschaftszweig und eine wichtige Devisenquelle, wurde besonders schwer getroffen. Vor dem Krieg hatte das Westjordanland Touristen aus der ganzen Welt angezogen, die kamen, um die heiligen Stätten zu sehen, vor allem in Jerusalem. Anwar al-Khatib al-Tamimi, bis 1967 Gouverneur des Bezirks Jerusalem, erinnert sich:

Jerusalem war bis zum israelischen Angriff [1967] eine blühende Stadt. […] Die Hotels waren belegt, auf den Märkten drängten sich die Menschen, die Souvenirläden waren voller Touristen, Touristenbusse verstopften die Straßen Jerusalems und des Westjordanlandes. Zwischen den einzelnen Städten sahen wir Dutzende von Anhaltern mit ihren Rucksäcken an den Straßen stehen. Sie hofften, dass ein Fahrer anhielt und sie zu ihrem nächsten Zielort mitnahm.«[72]

Es waren besonders die arabischen Touristen, die regelmäßig in den Winterurlaubsort Jericho und ins Sommerrefugium Ramallah kamen. Letzterer Ort galt auch als »die Schweiz Jordaniens«, beliebt bei wohlhabenden Jordaniern, die der Hitze von Amman entkommen wollten. Aber als Folge des Krieges kam der Tourismus fast vollständig zum Erliegen, denn die Brücken über den Jordan waren zerstört und die israelischen Bestimmungen für die Zulassung von Touristen noch nicht klar, und vor allem bei den arabischen Touristen gab es eine allgemeine Zurückhaltung. Man wollte nicht mehr Urlaub machen in einem Landstrich, der von Israel besetzt war. Israelische Touristen sorgten hier zwar für einen gewissen Ausgleich – nach dem Krieg kamen sie in Scharen nach Jerusalem und ins Westjordanland –, aber der typische israelische Tourist blieb nur einen Tag, und das trug wenig zur Wiederbelebung des Hotelgewerbes im Westjordanland und der mit ihm verbundenen Dienstleistungsbetriebe bei.

Die Besatzung veränderte auch die Landwirtschaft im Westjordanland, die vor dem Krieg eine Hauptstütze der Wirtschaft und eine wichtige Einnahmequelle gewesen war. Dieser Wirtschaftssektor stützte sich auf zahlreiche Kleinbetriebe, die ihre Produkte auf den örtlichen Märkten und, über den Fluss hinweg, in die übrigen Landesteile verkauften. Die traditionell und altmodisch betriebene Landwirtschaft litt darunter, dass sie nicht die Fortschritte nutzte, die anderswo erzielt wurden: 20 Prozent der landwirtschaftlich nutzbaren Flächen lagen brach, weil es an Kunstdünger, modernen Gerätschaften oder geeigneter Bewässerung fehlte und keinerlei Anstrengungen unternommen worden waren, die angebauten Feldfrüchte an die Jahreszeit anzupassen. Die Israelis waren hier nach dem Krieg eine kurze Zeit lang sehr hilfreich, sie schickten Experten und Berater, die die palästinensischen Bauern mit neuen Anbaumethoden vertraut machten, zum Beispiel mit Plastik-Abdeckungen zum Schutz von Feldfrüchten und mit Regner- und Tröpfchenbewässerung, die herkömmliche primitive Bewässerungsmethoden ablösten. Unter israelischer Anleitung wurden auch neue Maschinen eingeführt. Vor dem Krieg gab es im gesamten Westjordanland weniger als 300 Traktoren, 1968 waren es schon 460, und zehn Jahre später zählte man 1673 Zugmaschinen. Die Israelis halfen auch bei der Impfung von Tieren. Ein Bericht des Militärs von 1969 führt auf, wie das geschah:

> *Im Verlauf einer tierärztlichen Aktion wurden sämtliche Viehherden, etwa 30 000 Stück Vieh, markiert und Impfungen gegen Maul- und Klauenseuche vorgenommen. Die Rinder werden auf Tuberkulose untersucht, und kranke Kühe kauft die Militärregierung zur Schlachtung auf, ohne dass die Bauern Verluste erleiden. Der gesamte Geflügelbestand – etwa eine halbe Million Tiere – wurde gegen die Newcastle-Krankheit geimpft [...]. Die Todesfälle unter dem Geflügel gingen durch diese Impfungen massiv zurück, in diesem Jahr war es eine sehr kleine Zahl im Vergleich zu Verlusten von 60 Prozent in der Vergangenheit. Tausende von Hunden wurden getötet.*[73]

Das waren nun nicht unbedingt von Großmut geprägte Maßnahmen, denn die Israelis hatten ein begründetes Interesse an einem gesunden palästinensischen Viehbestand, weil Viren und ansteckende Krankheiten keine Rücksicht auf Staatsgrenzen nehmen; man dachte auch, eine Abhängigkeit der Palästinenser von israelischer Hilfe und ein relativer Wohlstand würden den Nationalismus im Zaum halten. Die Regierung fuhr jedoch ihre Unterstützung für die palästinensischen Bauern nach und nach zurück, und das geschah aufgrund des zunehmenden Drucks der israelischen Bauern, die ihre Einnahmen unter der potenziellen Bedrohung durch eine modernisierte Landwirtschaft im Westjordanland dahinschmelzen sahen. Die Regierung schützte die israelische Landwirtschaft zusätzlich, indem sie Importe landwirtschaftlicher Produkte aus dem Westjordanland nach Israel blockierte. Diese wurden stattdessen nach Osten umgelenkt, nach Jordanien und noch weiter, und das zu einer Zeit, in der die israelischen Bauern freien Zugang zu den Märkten im Westjordanland erhielten. Die Regierung ergriff außerdem Maßnahmen, mit denen sie sicherstellen wollte, dass die palästinensische Landwirtschaft eher als Ergänzung diente, anstatt mit den israelischen Kollegen zu konkurrieren. Das versuchte sie, indem sie die palästinensischen Bauern dazu ermutigte, Feldfrüchte anzubauen, mit denen nur wenig Gewinn zu machen war und die in Israel vernachlässigt wurden.

Der schwerste Schlag für die Landwirtschaft im Westjordanland war jedoch die im August 1967 getroffene Entscheidung der israelischen Regierung, die Kontrolle über die Wasserversorgung auf die Militärbehörden zu übertragen (ebenso verfuhr sie im März 1968 auf den Golanhöhen und im Dezember 1974 im Gazastreifen). Das wiederum führte zu massiven Einschränkungen beim Bohren neuer Brunnen; auch in diesem Bereich griff man auf das Genehmigungssystem zurück und führte ein langes und kompliziertes bürokratisches Verfahren ein. Die überwiegende

Mehrheit der von verzweifelt um mehr Wasser bemühten Palästinensern eingereichten Anträge wurde abgelehnt, und die wenigen, die man genehmigte, waren nur für die häusliche Nutzung bestimmt. Israel zog die Schraube 1975 noch ein bisschen weiter an, indem man Höchstmengen für die Wasserentnahme aus bereits bestehenden Brunnen festlegte und Zähler installierte, um die neuen Bestimmungen auch durchzusetzen. All diese Maßnahmen führten dazu, dass für die Aufrechthaltung einer gesunden und ertragreichen palästinensischen Landwirtschaft zu wenig Wasser übrigblieb.

Auch im industriellen Bereich ermutigten die Israelis die Bewohner des Westjordanlandes, sich auf Industrien zu konzentrieren, die der israelischen Volkswirtschaft dienten und sie ergänzten. Israelische Hersteller sorgten zum Beispiel in der Bekleidungsindustrie für das nötige Material – für die Stoffe und Entwürfe –, während Scharen von schlecht bezahlten Palästinensern, oft waren es Frauen und Kinder, an den Nähmaschinen saßen. Das Genehmigungssystem wurde hier, wie auch in anderen Bereichen des Wirtschaftslebens, für eine Umstrukturierung der Industrie im Westjordanland eingesetzt, die Israels Bedarf entsprach und Konkurrenz vermied.

Die Besatzung sorgte auch für einen – sehr dramatischen – Wandel auf dem Beschäftigungsmarkt im Westjordanland. Die Arbeitslosigkeit grassierte bei Kriegsende. Bei einer Gesamtzahl von 85 700 palästinensischen Erwerbsfähigen lag der Anteil der Arbeitslosen zwischen 30 000 und 50 000. Den Israelis war klar, dass Arbeitslosigkeit die Ablehnung der Besatzung möglicherweise verstärkte, deshalb versuchten sie, vor allem über Aufträge der öffentlichen Hand, neue Arbeitsplätze zu schaffen. Es wurde vereinbart, die Arbeit so zu verteilen, dass so viele Bewohner des Westjordanlandes wie möglich zwei bis drei Tage pro Woche eine Beschäftigung hatten. Diese Maßnahmen zeitigten eine gewisse Wirkung, und im September 1967 war die Zahl der Arbeitslosen auf 25 000 zurückgegangen (Arbeitslosenquote: 30 Prozent), und ein Jahr später war sie sogar auf 11 500 gefallen (14 Prozent).

Die ersten nach dem Krieg in Israel beschäftigten Palästinenser kamen aus dem Westjordanland, auch wenn in den Folgejahren der Gazastreifen zum Hauptlieferanten für billige Arbeitskräfte werden sollte. In der Zeit von 1968 bis 1972 richtete man im Westjordanland 23 Arbeitsvermittlungsstellen ein, um den Arbeitsmarkt zu steuern, was vorgeblich im Interesse der Arbeiter geschah, in Wirklichkeit aber, um den Bedarf der israelischen Geschäftswelt und Industrie zu decken und auch, um Arbeitskräfte unter Sicherheitsaspekten zu sichten: Diese Einrichtungen handelten oft auch im Namen des israelischen Inlandsgeheimdienstes, indem sie Kollaborateure anwarben, die der Besatzungsmacht mit Informationen dienten.

Die in Israel arbeitenden Palästinenser konzentrierten sich mit der Zeit auf die Bauindustrie, die fast völlig von palästinensischen Arbeitskräften abhängig wurde. Die im Westjordanland errichteten neuen jüdischen Siedlungen wurden, eine Ironie der Geschichte, weitgehend von palästinensischen Arbeitern gebaut. Selbst die Kibbuzim, die sich traditionell auf jüdische Arbeit stützten, stellten jetzt Palästinenser ein, sowohl im landwirtschaftlichen wie auch im industriellen Bereich. Israelische Arbeiter gaben parallel dazu ihre ungelernte und angelernte Arbeit im Bau- und Dienstleistungsgewerbe, in der Landwirtschaft und in traditionellen Industriezweigen auf und wechselten zu hochqualifizierten Hightech-, Manager- und Bürotätigkeiten. Palästinenser unter 17 Jahren, die in Israel keiner legalen Arbeit nachgehen konnten, wandten sich der Schwarzarbeit zu, ebenso wie diejenigen, die gar keine sozialversicherungspflichtige Tätigkeit haben wollten, weil sie nicht bis zu 30 Prozent ihres Lohns als Steuern abführen wollten, wie das die Israelis taten. Dieser Steueranteil lag auch sehr viel höher als das, was Palästinenser im Westjordanland abgezogen bekamen. Die palästinensischen Arbeiter sahen sich hin- und hergerissen zwischen dem amtlichen Verbot, über Nacht in Israel zu bleiben, und den Präferenzen ihrer Arbeitgeber, denen es lieber war, wenn sie die ganze Woche in Israel blieben und ihnen täglich länger zur Verfügung standen. Das führte dazu, dass palästinensische Arbeiter illegal und unter miserablen Bedingungen untergebracht wurden, dicht gedrängt in Nebengebäuden landwirtschaftlicher Betriebe, in Schuppen, Lagerhäusern und ähnlichen Gebäuden. Da so viele Arbeitskräfte in Israel beschäftigt waren, lagen landwirtschaftliche Flächen im Westjordanland unterdessen brach, und das wiederum erleichterte der Armee die Beschlagnahme unbebauten Ackerlands für den Bau jüdischer Siedlungen.

Aber die neuen, von den Israelis angebotenen Arbeitsplätze führten zu einem raschen wirtschaftlichen Wachstum, denn Palästinenser verdienten in Israel üblicherweise 10 bis 100 Prozent mehr als mit einer Tätigkeit im Westjordanland. Und da die Menschen auf diesem Weg jetzt mehr Geld zur Verfügung hatten, nahm der private Konsum dramatisch zu. Die Bewohner des Westjordanlands kauften mehr Gaskocher, Kühlschränke, Fernseher und andere Gerätschaften. Auf der anderen Seite hatte dieser neue Arbeitsmarkt sehr negative Auswirkungen auf das soziale Gefüge im Westjordanland, denn gut ausgebildete Palästinenser verließen die Heimat und suchten sich eine Arbeit im Ausland. Lehrer, Ärzte, Ingenieure und Angehörige anderer gut qualifizierter Berufsgruppen – die gesellschaftliche Elite des Westjordanlands – wanderten nach Saudi-Arabien, Kuwait, Jordanien und in andere Länder aus. Zurück blieb das gering qualifizierte Proletariat, das in Israel arbeitete oder sich mit dem Wenigen begnügen musste, das es für sie im Westjordanland zu tun gab.

Die PLO: Am Tiefpunkt, aber nicht aus dem Spiel
Wie wir bereits gesehen haben, versuchten sich die aufständischen Palästinenser nach dem Sechstagekrieg 1967 unter der Führung von Persönlichkeiten wie Arafat im Westjordanland als Kämpfer gegen die Besatzungsmacht zu etablieren. Aber der israelischen Armee gelang es, sie Stück für Stück aus diesem Gebiet zu verdrängen und zum Rückzug über den Grenzfluss und nach Jordanien zu zwingen. Diese Guerillas gehörten verschiedenen palästinensischen Fraktionen mit unterschiedlicher ideologischer Ausrichtung an, das Spektrum reichte von Nationalisten (Fatah) über den Maoismus (PFLP) bis zu einem rein marxistischen Kurs (PDFLP); aber all diese Gruppen versammelten sich nach dem Krieg von 1967 unter dem Dach einer Mutterorganisation, der Palästinensischen Befreiungsorganisation PLO, einer politischen und paramilitärischen Organisation, die seit 1969 von Arafat geführt wurde.

Nachdem die PLO von der israelischen Armee aus dem Westjordanland vertrieben worden war, versuchte sie von Jordanien aus die Bewohner des früheren Operationsgebiets gegen die Besatzungsmacht zu mobilisieren, indem sie ihnen Anweisungen, Geld und Waffen zukommen ließ. In Jordanien selbst wandte sich die PLO gegen König Hussein und versuchte, ihn zu stürzen. Sie verband damit die Hoffnung, Jordanien, wenn der König erst einmal aus dem Weg geräumt war, zu einem Hinterland machen, es für Guerillaoperation gegen Israel nutzen und Palästina letztlich auf diesem Weg befreien zu können. Jordanien war dafür mit Blick auf seine lange gemeinsame Grenze mit Israel und eine große, mit der PLO sympathisierende palästinensische Bevölkerung ein idealer Ort. Das war allerdings ein verhängnisvoller Fehler, denn die PLO unterschätzte König Husseins Entschlossenheit: Im September 1970 hatte der König genug von der Unruhe, für die die palästinensischen Guerillas in seinem Herrschaftsbereich sorgten – in dem sie teilweise fast schon selbst die Herrschaft ausübten –, er ging gegen sie vor und vertrieb die Aufständischen mit einer Offensive, die unter der Bezeichnung »Schwarzer September« bekannt werden sollte, aus dem Land und zwang sie, in den Libanon auszuweichen.

Die Niederlage der PLO in Jordanien hatte dramatische Auswirkungen auf das Westjordanland, weil die PLO dadurch einen großen Teil ihres Einflusses auf das dortige politische Geschehen verlor. Das israelische Kabinett kam vor diesem Hintergrund im Oktober 1971 zu dem Schluss, dass die Zeit für Kommunalwahlen im Westjordanland reif sei – es waren die ersten seit 1963. Man dachte, mit der Niederlage der

PLO in Jordanien bestehe eine sehr viel geringere Wahrscheinlichkeit, dass die einfachen Bewohner des Westjordanlandes für PLO-nahe Kandidaten stimmen würden, und das wiederum würde dafür sorgen, dass relativ gemäßigte und weniger nationalistisch eingestellte Bewerber in Amt und Würden kamen. Die Gemeinden im Westjordanland waren während der britischen Mandatszeit und auch unter jordanischer Herrschaft in den Jahren von 1948 bis 1967 für wichtige Aufgaben verantwortlich gewesen, etwa für die Stadtplanung, für Baugenehmigungen, für die Wasser- und Stromversorgung und anderes mehr. Aber unter israelischer Besatzung nahm man ihnen die meisten dieser Aufgaben weg und übertrug sie der Militärregierung. Die Kommunen im Westjordanland spielten dennoch eine wichtige Rolle als Verbindungsglied zwischen den Bewohnern und der Militärregierung. Sie reichten zum Beispiel die Anträge für Genehmigungen weiter, und indem sie das taten, verwandelten sie sich in ein Werkzeug, mit dessen Hilfe die Armee die Besatzung organisierte. Deshalb war es für die Israelis so wichtig, dass sie es mit Gemeinderäten zu tun hatten, die nicht auf der Seite der PLO standen, und aus diesem Grund hielten sie es auch für eine gute Idee, jetzt, wo die PLO relativ schwach war, Wahlen abzuhalten. Außerdem würde das Abhalten einer Wahl der Besatzung einen liberalen Anstrich geben.

Die Armee setzte mit einer Bekanntmachung vom 19. Dezember 1971 den Termin für den ersten Durchgang der Kommunalwahlen in allen Gemeinden in Samaria und in Jericho für den 28. März 1972 fest; weitere Wahlen sollten zu einem späteren Zeitpunkt stattfinden, sobald die Israelis ihre Lagebeurteilung abgeschlossen und Pläne für die Vorgehensweise ausgearbeitet hatten.

Der PLO missfiel diese Vorgehensweise, sie reagierte rasch mit einem dringenden Appell an die Bewohner des Westjordanlandes, nicht mit der Besatzungsmacht zusammenzuarbeiten und den anstehenden Kommunalwahlen fernzubleiben. Der Appell zeigte Wirkung, ganz besonders bei den Bewohnern der bekanntermaßen nationalistisch eingestellten Stadt Nablus im nördlichen Westjordanland. Die israelische Armee fürchtete, dass andere Städte dem Beispiel von Nablus folgen könnten, bestellte die maßgeblichen Mitglieder der Familien Al Masri und Tuqan aus Nablus ein und brachte sie per Hubschrauber ins Armee-Hauptquartier für Judäa und Samaria in Bet El. Dort trafen die Familienoberhäupter mit dem israelischen Verteidigungsminister zusammen. Für den Fall, dass sie bei den anstehenden Wahlen keine Kandidaten präsentieren würden, drohte Dayan mit der Übernahme ihrer privaten Fabriken durch die Armee und einem Verbot des Transports ihrer Produkte nach Jordanien über die Jordanbrücken. Vom wirtschaftlichen Ruin bedroht, gaben die Notabeln von Nablus nach.

Vor den Wahllokalen bildeten sich lange Schlangen: 84 Prozent der Wahlberechtigten gaben ihre Stimme ab, während die Wahlbeteiligung 1963 noch bei 76 Prozent gelegen hatte. Und wie die Israelis gehofft hatten, schnitten die PLO-Kandidaten schlecht ab, die Mehrheit der Sitze entfiel in den meisten Gemeinden auf die gemäßigten Kandidaten. Folglich wurden fünf Wochen später auch in den übrigen Gebieten des Westjordanlandes Kommunalwahlen abgehalten, mit ähnlichem Ergebnis. Die gemäßigten Kräfte unter den Palästinensern bestimmten nun das Geschehen in den Gemeinden des Westjordanlandes.

Israel setzte die PLO weiterhin unter Druck und ermordete im April 1973 in Beirut drei ihrer Anführer. Aber die israelische Regierung unterschätzte die weiterhin latente Unterstützung der palästinensischen Guerillas in den besetzten Gebieten. Die Morde entfachten einen Proteststurm, der zu gewaltigen Demonstrationen im Westjordanland führte. Bei diesen Ereignissen trat die PLO-Flagge an die Stelle der jordanischen Fahne, die früher als Orientierungspunkt gedient hatte. Zugleich gewann die PLO auch international erheblich an Profil. Die UN-Vollversammlung, bei der viele Vertreter muslimischer Länder mit dem leidenden palästinensischen Volk sympathisierten, lud die PLO am 14. Oktober 1974 ein, an den Versammlungen zum Nahostkonflikt teilzunehmen, und verband dies mit der Verleihung eines offiziellen Beobachterstatus bei den Vereinten Nationen. Zwei Wochen später wurde die PLO – und nicht Jordanien – bei einem Gipfeltreffen der Arabischen Liga in der marokkanischen Hauptstadt Rabat zum »einzigen legitimen Vertreter des palästinensischen Volkes«[74] erklärt. Arafat wurde schließlich noch eingeladen, vor der UN-Vollversammlung in New York eine Rede zu halten. In dieser als »Ölzweig-und-Gewehr-Rede« bekanntgewordenen Ansprache vom 13. November 1974 erklärte Arafat vor der 29. Vollversammlung: »Ich bin mit dem Ölzweig und der Waffe des Freiheitskämpfers gekommen. Lasst den Ölzweig nicht aus meiner Hand fallen.« In den besetzten Palästinensergebieten wurde die Rede mit Jubel begrüßt. Tausende von Menschen strömten dort auf die Straßen, um ihre Unterstützung für die PLO zu bekunden und die Besatzungsmacht Israel zu verurteilen.[75] Die israelische Armee reagierte hart, verhängte lange Ausgangssperren, verhaftete mehr als 200 Personen und verurteilte mehr als 132 Palästinenser zu Haftstrafen von bis zu sechs Monaten und damit verbundenen Geldbußen.[76]

Die PLO vermochte also ihre Position im besetzten Westjordanland trotz der Rückschläge vom September 1970 in Jordanien und bei den Kommunalwahlen von 1972 zu behaupten. Es gelang ihr sogar, den Widerstandsgeist neu anzufachen, und das in einer Zeit, in der der Einfluss des jordanischen Königs zu schwinden schien. Und dann kam der Höhepunkt des PLO-Erfolges, als die israelische Militärregierung 1976 im Westjordanland erneut Kommunalwahlen abhalten ließ.

Beim Urnengang im Frühjahr 1972 hatte die PLO den Wahlaufruf noch boykottiert und war von gemäßigten Kandidaten besiegt worden, von denen viele generell zur Zusammenarbeit mit der Besatzungsmacht neigten. Inzwischen hatte die PLO aus diesem Fehler gelernt und warb konsequent für die eigenen Kandidaten, die sich zu einem »Nationalen Block« zusammengeschlossen hatten. Die Armee wiederum versuchte – ohne ein direktes Verbot auszusprechen –, diesen Block an der Wahlwerbung zu hindern, indem sie sich direkt in den Wahlkampf einmischte: Sie verbot Plakate, auf denen die palästinensische Flagge zu sehen war, und löste Demonstrationen auf, mit denen die PLO-Kandidaten unterstützt wurden.

In Hebron war in Kreisen der Militärregierung die Sorge gewachsen, dass der PLO-Kandidat den gemäßigten und antinationalistisch gesinnten Amtsinhaber Muhammad Ali al-Ja'abri, einen engen Verbündeten Israels, der sich für ein reibungsloses Funktionieren der Besatzung als nützlich erwiesen hatte, besiegen könnte.[77] Ja'abri war bei der Wahl von 1972 der einzige Kandidat gewesen, und, da es keine Liste mit Herausforderern gab, automatisch gewählt worden. Aber diesmal bekam er es mit Dr. Ahmad Hamzi Natshe zu tun, einem Kandidaten, der es mit der PLO hielt. Shimon Peres, inzwischen israelischer Verteidigungsminister, genehmigte dem Militär eine, wie er es nannte, »begrenzte Intervention« in Hebron zur Unterstützung von Ja'abri. Die Armee deportierte daraufhin am 27. März 1976 Dr. Natshe, und zwar mit der Begründung, er habe zu Streiks aufgefordert und diese dann organisiert.[78] Diese unverhüllte Einmischung in den palästinensischen Wahlkampf erwies sich allerdings als kontraproduktiv, denn sie führte zu einer wachsenden Verstimmung unter der Bevölkerung von Hebron, sodass sich al-Ja'abri schließlich ganz aus dem Wahlkampf zurückzog.

Am Wahltag, dem 12. April 1976, gingen 63 000 Männer und Frauen zur Urne, was einer Wahlbeteiligung von 72,3 Prozent entsprach. Die PLO erzielte im gesamten Westjordanland spektakuläre Erfolge, während die gemäßigten Verbündeten Israels, personelle Überbleibsel des ehemaligen jordanischen Regimes, besiegt wurden und ihre Machtpositionen einbüßten. Der Nationale Block der PLO sicherte sich von insgesamt 191 zu vergebenden Sitzen erstaunliche 148 Mandate. Den Anti-Nationalisten gelang der einzige größere Erfolg im christlichen Bethlehem, wo Elias Freij zum Bürgermeister gewählt wurde.[79]

Im Gefolge dieses Wahlgangs trat im Westjordanland eine neue Art von Führungspersönlichkeiten auf den Plan: Diese Leute waren im Allgemeinen jung, militant und radikaler. Acht der neu ins Amt gewählten Bürgermeister waren für ihre nationalistische Haltung bekannt, während es 1972 noch drei gewesen waren; 18 der neuen Stadträte waren an Aktionen beteiligt gewesen, die die Armee als »terroristische Aktivitäten« gegen die Besatzung bezeichnete. Neun dieser Personen hatten in israelischen Gefängnissen gesessen, in einem Fall traf das sogar noch am Wahltag zu. Die radikalsten Veränderungen waren in den nationalistisch gesinnten Städten Nablus und Hebron zu verzeichnen. In Nablus gewannen die für die PLO eintretenden Kandidaten mit einer einzigen Ausnahme alle Sitze, und der neu gewählte Bürgermeister Bassam Shaka zeigte eine offen feindselige Haltung gegenüber Israel. In Hebron endete die Ära des gemäßigten Ja'abri, sein Nachfolger war der für die PLO eintretende Fahed Kawasmeh.

Diese Wahlen zeigten, dass die Mehrheit der Bewohner des Westjordanlandes unter der Besatzung starke nationalistische Gefühle entwickelt hatte, dass diese Menschen die PLO als ihre Stimme betrachteten und unterstützten und dass sie die jordanische Politik in Sachen Westjordanland ablehnten. Der jordanische Einfluss befand sich jetzt im freien Fall. Die neu gewählten, auf der Seite der PLO stehenden Führungspersönlichkeiten arbeiteten eng zusammen – im Unterschied zu ihren Vorgängern, die sich oft gegenseitig bekämpft hatten –, sie koordinierten ihre Initiativen gegen die Besatzung und veranstalteten innerhalb von wenigen Wochen nach ihrer Wahl eine Reihe von Protestaktionen und Demonstrationen gegen die Enteignung von Landbesitzern und die Errichtung jüdischer Siedlungen.

Der Wahlerfolg der PLO verblüffte die Israelis so sehr, dass sie im Westjordanland ein Jahrzehnt lang keine Kommunalwahlen mehr ausschrieben, um den Einfluss der nationalistischen Kräfte nicht noch weiter zu stärken.

Das Gesicht der Besatzung

Als sich das erste Jahrzehnt der Besatzungszeit seinem Ende näherte, wurde deutlich, dass es alles andere als der Erfolg war, den sich die israelische Regierung erhofft hatte. Es waren zwar Kommunalwahlen zugelassen worden, doch die Armee beschnitt die politische Freiheit, knebelte die Presse, übte Zensur und förderte zugleich den Bau von Siedlungen auf besetztem Gebiet – und das alles geschah unter Verletzung des Völkerrechts. Mehrere aufeinanderfolgende Regierungen unter Führung der Arbeitspartei hatten zwar versucht, den Siedlungsbau im Jordantal zu steuern und die Siedlungen von den von Palästinensern bewohnten Gebieten fernzuhalten, aber der wachsende Druck religiöser Gruppen – eine davon hieß Gush Emunim – hatte schließlich dazu geführt, dass auch in unmittelbarer Nähe palästinensisch bewohnter Gebiete Siedlungen entstanden. Im März 1977 gab es im Westjordanland (ohne Jerusalem) bereits 24 Siedlungen, in denen insgesamt 3200 Siedler lebten.

Das Westjordanland erlebte im ersten Jahrzehnt der Besatzung eine Zeit des relativen Wohlstands, der aber in vielerlei Hinsicht auf einer künstlichen Wirtschaft beruhte. Sie stützte sich auf das Geld, das palästinensische Arbeiter aus Israel nach Hause überwiesen, und auf Geldmittel, die von König Hussein kamen, der unbedingt seinen (nach und nach schwindenden) Einfluss in diesem Gebiet wahren wollte. Im ersten Jahrzehnt der Besatzungszeit wurde die Volkswirtschaft des Westjordanlandes in eine koloniale Wirtschaftsweise umgewandelt, die billige Arbeitskräfte für Israel bereitstellte, sich zum Kauf israelischer Handelswaren gezwungen sah und mit der staatlich subventionierten israelischen Landwirtschaft nicht mithalten konnte, während die israelische Herrschaft über die Wasservorräte die palästinensische Landwirtschaft auf dramatische Weise behinderte.

Auf politischer Ebene gab es zwar zaghafte Versuche, den israelisch-palästinensischen Konflikt durch die Umsetzung von Ideen wie den bereits erwähnten Plänen von Allon und Dayan und durch andere Konzepte beizulegen, aber all diese Vorstellungen wichen nach und nach einer stärker institutionalisierten militärischen Herrschaft über Land und Leute.

2 Gazastreifen

Der zwischen dem modernen Israel und dem Mittelmeer eingekeilte Gazastreifen, der an seinem südlichen Ende eine kurze Grenze mit Ägypten teilt, ist relativ klein und in etwa rechteckig. Er ist 40 Kilometer lang und zwischen 6,4 und 12 Kilometer breit und hat eine Gesamtfläche von 360 Quadratkilometern. Unter historischen, politischen und religiösen Gesichtspunkten ist er sehr viel weniger bedeutsam als das Westjordanland, was auch erklärt, dass er oft als »Stiefkind des Westjordanlands« bezeichnet wird.

Als Teil des unabhängigen Sandschaks Jerusalem wurde das Gebiet während der Herrschaft der Osmanen (1517–1917) ebensowenig vom übrigen Palästina unterschieden wie während der Zeit des britischen Mandats (1917–1948), in der es den südlichen Bezirk des Mandatsgebiets Palästina bildete. Der Plan der Vereinten Nationen, der im November 1947 eine Aufteilung Palästinas unter Arabern und Juden vorschlug, sah für die Araber ein L-förmiges Gebiet um die Stadt Gaza herum vor. Während der heftigen Kämpfe zwischen Israelis und Ägyptern im Krieg von 1948 schrumpfte dieses Gebiet jedoch zusammen, sodass schließlich zwei Drittel davon in den Staat Israel eingegliedert wurden, während das verbliebene, vor allem aus der Stadt Gaza und einigen weiteren kleinen Städten und Dörfern bestehende Gebiet Ägypten zugeschlagen wurde. Nach der Unterzeichnung des ägyptisch-israelischen Waffenstillstandsabkommens vom 24. Februar 1949, mit dem der Krieg endete, erhielt das von Ägypten eroberte Gebiet die Bezeichnung »Gazastreifen«.

Der Gazastreifen ist also eine relativ neue politische Einheit, während Gaza-Stadt, die gleichnamige inoffizielle Hauptstadt, eine der ältesten Städte der Welt ist. Sie liegt an der Via Maris, einer uralten, von Ägypten aus entlang der Küste Palästinas und Phöniziens verlaufenden Straße, und gehörte zum antiken Königreich Kanaan, dessen Kerngebiet im heutigen Libanon und in Syrien lag, dessen Machtbereich sich aber weiter nach Süden erstreckte und die gesamte Sinaihalbinsel umfasste. Die geografische Lage machte Gaza zu einem unwiderstehlichen Ziel für Eroberer. Die historische Reihenfolge reicht von den Israeliten über die Ägypter, Assyrer,

Skythen, Babylonier, Perser, Römer, Muslime, Kreuzritter und Mamelucken bis zu den Osmanen und den Briten. Heute ist Gaza die mit Abstand größte Stadt im Gazastreifen und ein wichtiges Handels- und Kommunikationszentrum für das gesamte Gebiet.

Die Entstehung des Gazastreifens als abgegrenzte politische Region im Jahr 1948 war für die dort lebenden Menschen eine traumatische Erfahrung, denn zwei ebenso wichtige wie katastrophale Ereignisse veränderten unwiderruflich die soziale und wirtschaftliche Struktur des Gebiets. Das erste war der Verlust des produktiven Hinterlands – der Weidegebiete und der landwirtschaftlich genutzten Flächen –, das vollständig an den neu geschaffenen Staat Israel fiel und in diesen integriert wurde. Das Ende Palästinas hatte auch zur Folge, dass die traditionellen Handelsverbindungen zwischen dem Gebiet von Gaza und so wichtigen Zentren wie Beerscheba und Jerusalem gekappt wurden. Arbeitsmöglichkeiten, vor allem in Haifa und Jaffa, fielen nahezu über Nacht fort, denn die Arbeitskräfte konnten jetzt nicht mehr an Orte reisen, die innerhalb der Grenzen Israels lagen.

Das zweite Ereignis, das die Entstehung des Gazastreifens zu einem so traumatischen Geschehen machte, war der plötzliche und massive Zustrom der vor allem aus den Küstenstädten Palästinas kommenden Flüchtlinge, durch den sich die Zusammensetzung der Bevölkerung des Gazastreifens von Grund auf veränderte. Bis 1948 dominierte die etwa 80 000 Menschen zählende einheimische Bevölkerung, die von einer kleinen, aber wohlhabenden Elite von Landbesitzer-Familien geführt wurde und ihren Lebensunterhalt traditionell hauptsächlich mit Exporthandel erwirtschaftete. Aber die Ankunft von 200 000 Flüchtlingen, die Schutz vor dem Krieg in Palästina suchten, stellte dieses Leben über Nacht auf den Kopf. Die Neuankömmlinge ließen sich in provisorischen Flüchtlingslagern nieder, die oft in den Obstgärten in der Umgebung von Gaza angelegt wurden. Ganze Dörfer in Palästina wurden buchstäblich entwurzelt und in den Gazastreifen verpflanzt, und das sich dort entwickelnde Leben war häufig ein Spiegelbild der Gesellschaft und ihrer Hierarchie im früheren dörflichen Leben in Palästina.

Die neu eingetroffenen Flüchtlinge gehörten hauptsächlich einer niedrigen sozioökonomischen Schicht an: Sie waren die ärmsten, am wenigsten qualifizierten und mit den wenigsten Privilegien ausgestatteten Menschen unter all den Gruppen, die Palästina in den Jahren 1947 und 1948 verlassen hatten. Ihre Tragödie bestand darin, dass sie in der Region Gaza ihren Lebensunterhalt nicht selbst verdienen konnten. Die Hälfte des Landes dort bestand aus landwirtschaftlich nicht nutzbaren Sanddünen, und dieses winzige Gebiet, in dem es keine Bodenschätze gab, konnte ihnen weder Arbeitsplätze noch Land bieten, auf dem sich ein neues Leben aufbauen ließ. Deshalb waren Tausende von Palästinensern plötzlich auf Hilfslieferungen der internationalen Gemeinschaft angewiesen. Die Federführung übernahm dabei das Hilfswerk für Palästinaflüchtlinge im Nahen Osten (UN Relief and Works Agency for Palestine Refugees in the Near East, UNRWA), ein Sonderprogramm der Vereinten Nationen, das 1950 eigens zur Unterstützung der Palästinaflüchtlinge ins Leben gerufen wurde.

Das UNRWA richtete bis 1952 insgesamt acht Lager im Gazastreifen ein und übernahm die Gesamtverantwortung für die Flüchtlinge. Es versorgte sie mit Nahrungsmitteln, medizinischer Betreuung und Schulen und beschäftigte viele von ihnen in seiner Verwaltung. Diese neuen Lebensbedingungen waren zwar eine Verbesserung, aber alles andere als idyllisch. Genau in diesem Zeitraum – Anfang der 1950er-Jahre – versank der Gazastreifen nach und nach in Armut und wirtschaftlicher Not. Die Beziehungen zwischen den ursprünglichen Bewohnern der Gegend, die jetzt in der Minderheit waren, und den Flüchtlingen waren angespannt, ja sogar feindselig, doch langfristig vereinten sich beide Bevölkerungsgruppen in ihrer zunehmenden Feindschaft gegenüber Israel.

Ägypten regierte den Gazastreifen nach dem Krieg von 1948 von Kairo aus über eine eigens eingerichtete Militärverwaltung, der ein in Gaza-Stadt residierender ägyptischer Militärgouverneur vorstand. Es war keine gütige Herrschaft: Der ägyptische König Faruk misstraute den Palästinensern und wies seine Statthalter an, jedes Anzeichen von Aufruhr mit harter Hand zu unterdrücken und die Flüchtlingsbevölkerung am kurzen Zügel zu halten. Alle öffentlichen Ämter, alle sozialen Dienste und sämtliche juristischen, gerichtlichen und wirtschaftlichen Aktivitäten fielen unter die Ägide des Militärgouverneurs. Ägypter besetzten alle hochrangigen Verwaltungsposten und kontrollierten die Vergabe von wichtigen Positionen in allen Bereichen des palästinensischen Lebens. Das Resultat dieses Vorgehens war eine nahezu völlige Stagnation im sozialen wie auch im wirtschaftlichen Leben, das möglicherweise einzige florierende Gewerbe war der von Beduinen betriebene Schmuggel von Produkten über die Sinaihalbinsel in den Gazastreifen. Dann kam der Juni 1967: Der Gazastreifen fiel in die Hände der siegreichen Israelis, und die israelische Armee richtete in dem Al-Majlis-al-Tashri-Gebäude in Gaza-Stadt, in dem bis wenige Wochen zuvor noch ein ägyptischer Gouverneur residiert hatte, eine Militärregierung ein.

Militärregierung und Deportationen

Verteidigungsminister Dayan gab dieser neuen israelischen Verwaltung den Auftrag, für Sicherheit zu sorgen und die öffentlichen Dienstleistungssysteme wieder in Gang zu bringen. Vor dem Krieg waren alle öffentlichen Dienstleistungen in Orten wie Rafah, Deir el Balah und Khan Yunis von palästinensischen Gemeinderäten organisiert worden. Diese Gremien hatten ihre Zuständigkeit durch die 1934 von der britischen Mandatsbehörde erlassene Municipal Corporation Ordinance (Verordnung zu kommunalen Unternehmen) erhalten, die ihnen die Aufsichtsgewalt über Dienstleistungen übertrug: von der Stadtplanung über die Wassernutzung und -zuteilung, Stromversorgung und Müllbeseitigung bis hin zum öffentlichen Nahverkehr und zur Vergabe öffentlicher Gelder und zu weiteren Aufgaben. Jetzt erließ die Militärbehörde jedoch die Verordnungen Nr. 194 und 236, mit denen der frühere Status der kommunalen Gremien aufgehoben und die Zuständigkeit für die örtliche Verwaltung auf die Armee übertragen wurde. Diese formale Gesetzesänderung zielte auf die Schwächung der örtlichen palästinensischen Führung ab und machte sie abhängig vom guten Willen der Besatzungsmacht – als Gegenleistung für gutes Betragen.

Die Militärregierung bot den angestammten Bewohnern des Gazastreifens die israelische Staatsbürgerschaft an (die meisten von ihnen lehnten ab), nicht aber den palästinensischen Flüchtlingen. Der Grund dafür findet sich im Allon-Plan, der versuchte, wie bereits im ersten Kapitel erörtert, die Verantwortung für das Westjordanland mit König Hussein von Jordanien zu teilen, aber auch einen Zukunftsentwurf für den Gazastreifen enthielt. Der stellvertretende Ministerpräsident, der Kopf, der hinter diesem Plan stand, erklärte das so: »Der Gazastreifen wird mit seinen angestammten Bewohnern [schließlich] zu einem festen Bestandteil Israels werden.« Dazu werde es allerdings nur kommen, fuhr Allon fort, nachdem die Flüchtlinge »dort ausgesiedelt wurden«.[1]

Allons Vorschlag zum Gazastreifen beruhte auf strategischen Überlegungen: Israel sollte den Großteil des Landes im südlichen Teil des Gebiets annektieren – mit seinen üppigen Zitrusfrüchte-Plantagen und einer auf Kleinstädte verteilten, weniger zahlreichen alteingesessenen Bevölkerung –, der dann problemlos von Juden besiedelt werden und eine Pufferzone zu Ägypten und der Sinai-Wüste bilden konnte (man ging bereits davon aus, dass Israel die Sinaihalbinsel höchstwahrscheinlich an Ägypten zurückgeben würde). Der nördliche Teil des Gazastreifens, zu dem auch die dicht besiedelte Stadt Gaza gehörte, sollte dann nach Allons Strategie zusammen mit Teilen des Westjordanlandes an König Hussein zurückgegeben werden. Die Israelis hofften, dass der jordanische Herrscher die Flüchtlinge aus dem Gazastreifen – vor allem diejenigen aus den südlichen Gebieten, die Israel annektieren wollte – aufnehmen und auf dem Ostufer des Jordans oder in den an ihn zurückgegebenen Teilen des Westjordanlands ansiedeln würde. Ein Alternativplan der Israelis sah vor, die evakuierten Flüchtlinge in Al Arish anzusiedeln, einer Stadt im nördlichen Sinai nahe der Mittelmeerküste, in der es leer stehende Häuser gab, deren ägyptische Bewohner geflohen waren, als Israel im Sechstagekrieg die Sinaihalbinsel besetzte.

Die vollständige Verschiebung ganzer Völker zur Verwirklichung kolonialer strategischer Ziele war ein wesentliches Merkmal der Ära, die auf den Krieg von 1967 folgte, und die Israelis machten kein Geheimnis aus ihrem Unmut über die Tatsache, dass sie es in ihren vor Kurzem besetzten Gebieten mit Menschen zu tun bekamen, die schon vorher dort gelebt hatten. Der Ministerpräsident sagte kurz nach dem Krieg in aller Offenheit, dass man durch den Krieg »eine Mitgift bekommen hat« (damit meinte Eshkol neues Land). »Das Problem besteht darin, dass zur Mitgift eine Braut gehört [die arabische Bevölkerung], und wir wollen diese Braut nicht haben.«[2] Eshkol bezeichnete den Gazastreifen wegen seiner arabischen Einwohnerschaft oft als »eine Rose mit vielen Dornen«, und am 12. November 1967 sagte er vor Publikum, dass »wir den Arabern [von] Gaza erlauben sollten, wegzugehen«.[3] Aber Eshkol war Realist genug, um davon auszugehen, dass die Palästinenser nicht »weggehen« würden, wenn man sie nicht aktiv dazu ermunterte. Deshalb beauftragte er Ada Sereni damit, ein Programm umzusetzen, nach dem Flüchtlinge für das freiwillige Verlassen des Gazastreifens ein paar Hundert Dollar erhalten sollten. Er wollte, »dass sie alle gehen, und sei es auf den Mond«, und er rief Sereni oft an, um zu fragen: »Wie viele Araber haben sie bis jetzt vertrieben?«[4] Er wies sie an, »Mittel und Wege« zu finden, »die den Arabern [des Gazastreifens] zur Emigration verhelfen«, und schlug sogar die Verschickung nach Südamerika oder Australien vor, weil »es möglich ist, Menschen so dorthin zu schicken, dass niemand auch nur von ihrer Existenz auf der Welt wissen konnte«.[5] Aber Sereni sollte ihm später berichten, Brasilien und Australien seien zwar um Einwanderer bemüht, »aber wenn sie hören, dass es sich um Araber handelt, sind sie nicht interessiert.«[6]

Israel bot Arbeitsplätze im Westjordanland an, um die Bewohner des Gazastreifens wegzulocken, und verband damit die Hoffnung, ein längerer Aufenthalt in einer wirtschaftlich besser gestellten Region würde diese Menschen zu einer dauerhaften Umsiedlung ermutigen. Da im Gazastreifen nach dem Krieg eine hohe Arbeitslosigkeit herrschte, gingen viele Flüchtlinge auf das Angebot ein und zogen ins Westjordanland, wo die Israelis sie in verschiedenen Projekten beschäftigten, unter anderem auch beim Bau einer 25 Kilometer langen Straße entlang des Toten Meeres. Unweit von Jericho errichtete man eigens ein Lager für sie, in einem Gebiet – daran sollten wir uns an dieser Stelle erinnern –, das nach dem Allon-Plan an Jordanien fallen sollte. Nach dem Abschluss der Bauarbeiten entschieden sich jedoch die meisten Arbeiter zur Bestürzung der Israelis für die Rückkehr in den Gazastreifen.

Da die Flüchtlinge also anscheinend nicht freiwillig gehen wollten, verlegte sich die Armee allmählich auf Zwangsdeportationen. Die erste Zielgruppe waren die Familien der Arbeiter, die sich bei Kriegsausbruch aus beruflichen oder anderen Gründen außerhalb des Gazastreifens aufhielten (zwischen 25 000 und 50 000). Indem die Armee diese Personen daran hinderte, in den Gazastreifen zurückzukehren, zwang sie ihre Familien letztlich dazu, von dort wegzuziehen. Waren sie erst einmal fort, verweigerte man ihnen die Rückkehr. Es kam auch zu einer mit direkteren Methoden betriebenen Kampagne der ethnischen Säuberung. Abu Hassan, der 1967 im Gazastreifen wohnte, erinnert sich an seine eigene erzwungene Ausreise:

Die Israelis begannen wenige Wochen nach der Besetzung des Gazastreifens mit einem Programm der Zwangsdeportationen. Bei einer Aktion nahm die israelische Armee alle Männer meines Viertels fest und brachte uns zur Jaffa-Schule. Die Israelis wurden von zwei örtlichen Muchtars [palästinensischen Dorfältesten] begleitet, die dem kommandierenden Offizier den Beruf jedes einzelnen Mannes nannten – »er ist Arbeiter, der dort ist Lehrer« und so weiter. Die Israelis suchten sich diejenigen aus, die sie haben wollten, verfrachteten sie in Lastwagen und brachten sie nach Jordanien.[7]

Im August 1968 setzte die israelische Regierung dann einen Sonderausschuss ein, dessen Aufgabe darin bestand, den »Transfer« von bis zu 250 000 Flüchtlingen vom Gazastreifen ins Westjordanland zu planen.[8] Statistiken belegen, dass der Gazastreifen von Juni 1967 bis Dezember 1968 bemerkenswert 25 Prozent seiner Bevölkerung aus der Vorkriegszeit verlor.

Der jordanische König Hussein beschwor unterdessen die Vereinten Nationen und die US-Regierung in Washington, ihn beim Stoppen des Zustroms von Flüchtlingen aus den besetzten Gebieten in sein Land zu unterstützen, denn die Neuankömmlinge verstärkten die Unruhen in Jordanien, wo die Palästinenser bereits die deutliche Mehrheit der Bevölkerung stellten. Aber die Israelis hatten keinerlei Interesse daran, den Flüchtlingsstrom aufzuhalten. Im Oktober 1969 machten sie es sogar zur offiziellen Regierungspolitik, die Flüchtlinge aus dem Gazastreifen, wie es in einer israelischen Erklärung hieß, »zu ermutigen, in Flüchtlingslager im Westjordanland umzuziehen, von denen es nicht weit zu verfügbaren Arbeitsplätzen in Israel und im Westjordanland selbst war«.[9] Sie vergaßen jedoch zu erwähnen, dass diese Lager auch nicht weit von Jordanien entfernt waren.

Den Israelis war es auf diese Weise mit verschiedenen Methoden gelungen, die Bevölkerung des Gazastreifens nach dem Juni 1967 ganz erheblich auszudünnen. Aber ihre Bemühungen blieben letztlich wirkungslos. Die Bevölkerung erreichte aufgrund der hohen Geburtenrate im Dezember 1976 wieder den Vorkriegsstand.[10]

Niederschlagung des Aufstands

Der Gazastreifen wurde in der unmittelbaren Nachkriegszeit von einer Welle der Brutalisierung erschüttert. Palästinensische Aktivisten nahmen das Recht in die eigene Hand und attackierten Landsleute, um sie von der Zusammenarbeit mit der Besatzungsmacht oder von der Annahme von Arbeitsstellen in Israel abzuhalten. Busse und Taxis, die Bewohner des Gazastreifens nach Israel brachten, waren häufigen Angriffen ausgesetzt. Militante Kräfte gingen auch gegen Personen vor, die sie der Kollaboration verdächtigten, folterten sie grausam und ließen sie sterbend auf der Straße liegen.

Dayan ignorierte die militanten Akteure, solange sie nur palästinensische Landsleute angriffen, doch als sie auch Israelis ins Visier nahmen, änderte sich das schnell. Der Tropfen, der das Fass zum Überlaufen brachte, war eine Attacke auf eine jüdische Familie, die am 2. Januar 1971 Gaza besuchte und bei der zwei Kleinkinder getötet wurden. Unmittelbar nach diesem Vorfall wandte sich Ariel Sharon, der für den Gazastreifen verantwortliche General, mit folgenden Worten an den Verteidigungsminister: »Wenn wir jetzt nicht reagieren, werden wir die Kontrolle [über den Gazastreifen] verlieren.« Dayan antwortete nach Sharons Darstellung: »Sie können anfangen.«[11] Das war das Startsignal für Sharons brutalen Feldzug gegen die militanten Kräfte in Gaza, an den sich die Palästinenser bis heute erinnern.

Ariel Scheinerman (der später den Namen Sharon annahm) wurde 1928 in einem Dorf namens Kfar Malal im britischen Mandatsgebiet Palästina geboren. Er erlebte keine glückliche Kindheit, was vor allem daran lag, dass sich seine Eltern durch ihr arrogantes Verhalten gegenüber ihren jüdischen Nachbarn in dieser winzigen Siedlung sozial isolierten. Als Sharon sechs Jahre alt war, gab ihm der Vater zu seinem Schutz einen großen Stock in die Hand, den der Junge fortan immer bei sich trug. Sharons Einstellung gegenüber den Arabern in Palästina wurde von den

Erlebnissen seiner Eltern geprägt: Ein Jahr vor seiner Geburt attackierten arabische Aufständische Kfar Malal und richteten große Schäden an, und während des Aufstands der arabischen Palästinenser von 1936 bis 1939 lebten die Bewohner von Kfar Malal in ständiger Alarmbereitschaft.

Sharon kämpfte im israelischen Unabhängigkeitskrieg von 1948 und wurde schwer verwundet. Zu Beginn der 1950er-Jahre gründete er eine kleine Elite-Kommandoeinheit, die Einheit 101, und führte sie bei Angriffen auf arabische Dörfer. Bei vielen Gelegenheiten ging er über das hinaus, was seine Vorgesetzten geplant, angeordnet und akzeptiert hatten, rechtfertigte diese Eigenmächtigkeiten aber immer als das Ergebnis »unerwarteten feindlichen Widerstands« und mit der Notwendigkeit, das Leben seiner Soldaten zu schützen oder Verwundete und Tote zu bergen. Der ehemalige Ministerpräsident David Ben Gurion, der große Sympathie für Sharon hegte, hielt ihn für einen zwanghaften Lügner. »Wenn Sharon seine Fehler los würde, zum Beispiel den, dass er nicht die Wahrheit sagt«, hielt Ben Gurion in seinem Tagebuch fest, »wäre er ein vorbildlicher militärischer Führer.«[12] Im Sechstagekrieg zeichnete sich Sharon beim Kampf gegen die Ägypter auf dem Sinai aus, und bei Kriegsende war sein Ruf als Israels bester Kämpfer gefestigt.

Einen Tag nach dem Angriff auf die jüdische Familie in Gaza schickte Sharon seine Männer in palästinensische Flüchtlingslager, wo sie eine totale Ausgangssperre verhängten, Haus um Haus durchsuchten und Verhaftungen vornahmen. Es war eine fürchterliche Aktion, bei der es Berichte über kriminelles Verhalten unter den Soldaten gab, bis hin zu bewaffnetem Raub. Zwei von Sharons Soldaten wurden wegen des ungerechtfertigten Einsatzes von Gewalt während der Razzia unehrenhaft entlassen. Militante Palästinenser schlugen mit einer Reihe von spektakulären Attacken zurück, die sich jedoch weniger gegen das Militär, das für sie ein viel zu starker Gegner war, als gegen zivile Ziele in Gaza-Stadt richteten: Sie jagten zum Beispiel die Hauptpost in die Luft und verletzten bei diesem Anschlag 61 einheimische Palästinenser.

Sharon strebte nicht nur nach Vergeltung für den Angriff auf die jüdische Familie, sondern wollte den Gazastreifen auch von allen Widerstands- und Guerillagruppen säubern. Als seine Pläne konkrete Gestalt annahmen, forderte er Elite-Infanteriesoldaten an und bildete sie für Einsätze aus, die er als »Antiterror-Guerillakrieg« bezeichnete.

Sharon teilte den Gazastreifen in kleine, beherrschbare Stücke auf, teilweise waren das Quadrate von 1,5 Kilometern Seitenlänge, die so zugeschnitten waren, dass sie natürlichen Grenzen folgten, und wies bestimmte Quadrate einzelnen Einheiten zu. Seine Soldaten instruierte er so: »Dieses einzelne Quadrat ist euer einziges Problem. Eure Aufgabe besteht darin, dieses Quadrat in- und auswendig zu kennen und jeden Terroristen, der sich dort befindet, aufzuspüren und zu töten.«[13]

Sharon hatte Dayans ursprüngliche Philosophie, nach der sich Soldaten von dicht bevölkerten palästinensischen Orten fernhalten sollten, vollständig rückgängig gemacht und die Armee ins Herz der palästinensischen städtischen Zentren geschickt, insbesondere in die Flüchtlingslager, die die Aufständischen mit sicheren Unterschlüpfen, Informationen, logistischer Unterstützung und immer neuen Rekruten versorgten. Und seine Taktik war brutal. Um das Risiko für seine Soldaten möglichst gering zu halten, gab er die Anweisung, dass sie vor der Durchsuchung eines verdächtigen Ortes – ob das nun ein Haus, ein Bunker oder eine Höhle in einem Orangenhain war – eine Handgranate dort hineinwerfen sollten und dass auf jegliche Verdächtige, die auf den Befehl, stillzustehen, nicht reagierten, in Tötungsabsicht zu schießen sei. Er bildete außerdem gemischte, verdeckt operierende Kommandos, die aus vier oder fünf Soldaten bestanden, aus Juden und gefangengenommenen Palästinensern, die sich gegen Geldzahlungen oder aus sonstigen Gründen zur Zusammenarbeit bereit erklärt hatten. Diese Kommandos begaben sich ins Zentrum der ihnen zugewiesenen Kleinstadt oder Stadt, und die arabischen Muttersprachler verwickelten die Einheimischen in Gespräche, in deren Verlauf sie auf Informationen hofften, während die übrigen Kommandosoldaten auf das Geschehen warteten, das sich daraus entwickelte. Diese Taktik führte oft dazu, dass die als einheimische Araber verkleideten Teams mutmaßliche Guerillakämpfer verhafteten und zu weiteren Verhören mitnahmen, bei denen diese dann oft für die Zusammenarbeit mit den Israelis angeworben wurden.

Bei seinen Spaziergängen in den Obstplantagen und Hainen von Gaza stellte Sharon fest, dass die palästinensischen Bauern im Vergleich zu ihren israelischen Kollegen weniger zurechtschnitten und ausdünnten – sie griffen weniger in das natürliche Wachstum ihrer Bäume ein. Das Ergebnis war nach Sharons Worten, dass »ihre Haine wunderschön, aber extrem dicht und überwachsen waren, für ein Kommando von Soldaten sehr schwer zu durchdringen, während ein Terrorkommando dort sehr leicht ein Versteck findet«.[14] Um seinen Soldaten ein besseres Sichtfeld zu bieten und potenzielle Verstecke zu beseitigen, wies Sharon die palästinensischen Bauern an, die unteren Äste aller Bäume im gesamten Gazastreifen abzuschneiden, in dem die Orangenhaine eine Gesamtfläche von etwa 7000 Hektar einnahmen. Gelegentlich ordnete er auch die Rodung einer kompletten Obstplantage oder die Vernichtung einer ganzen Ernte an, um den Aufständischen ihre Verstecke zu nehmen. Außerdem wurden viele Wohnhäuser und andere Gebäude zerstört.

Das UN-Flüchtlingshilfswerk UNRWA teilte palästinensischen Flüchtlingsfamilien im Gazastreifen in den 1950er-Jahren oft ein kleines Stück Land zu, auf dem sie einstöckige Häuser mit zwei Zimmern und einer Küche bauen und mit einer Mauer und einem Eingangstor umgeben konnten, entlang symmetrisch und in einem Schachbrettmuster angelegter Straßenzüge. Die Palästinenser erweiterten diese Häuser jedoch im Lauf der Jahre aufgrund eines zunehmenden Wohnraumbedarfs nach oben wie auch nach außen, was sehr häufig auf Kosten der Straßen erfolgte, die dadurch zu den schmalen Gassen wurden, die heute im Gazastreifen zu sehen sind. Das hatte jedoch zur Folge, dass Militärfahrzeuge viele Straßen nicht mehr befahren konnten, sodass Fußsoldaten, die Aufständische verfolgten, ohne Schutz waren. Sharon griff jetzt zu einer Politik der »Ausdünnung«, um dieses Problem anzugehen, und das bedeutete, dass ganze Häuserreihen abgerissen wurden, um ein Netz von Patrouillenstraßen zu schaffen.

Sharons »Ausdünnungs«-Politik hatte dramatische Auswirkungen auf ganze Gebiete des Gazastreifens, nicht zuletzt auf das Strand-Flüchtlingslager. »Shati«, wie das an der Mittelmeerküste von Gaza-Stadt gelegene Lager von den Einheimischen genannt wurde, war eines der am dichtesten bevölkerten unter den acht Flüchtlingslagern, die es im Gazastreifen gab. In diesem Gebiet wohnten die Menschen, die 1948 aus Lydda, Jaffa, Beerscheba und anderen Gebieten Palästinas geflohen waren. Die »Trümmerstraße« (Wreckage Street) war bis zum Eintreffen von Sharons Soldaten im Strandlager gar keine Straße, sie bestand nur aus engen, namenlosen Gassen. Aber durch die Zerstörungen erhielt die Straße ihren Namen. Ibrahim Ghanim, der damals an diesem Ort wohnte, erinnert sich, wie Sharons Soldaten

> *bei Nacht kamen und die Häuser, die sie niederreißen wollten, mit roter Farbe markierten. Am Morgen kehrten sie zurück und forderten alle Bewohner auf, ihre Häuser zu verlassen. Ich erinnere mich, wie alle Soldaten die Leute anschrien: »Yalla, yalla, yalla, yalla« (Los, los, los, los)! Sie warfen die persönliche Habe der Menschen auf die Straße. Dann ließ Sharon Bulldozer auffahren und die Häuser dem Erdboden gleichmachen.*[15]

Als die Aktion beendet war, waren Hunderte von Häusern zerstört, nicht nur in der Trümmerstraße, sondern im ganzen Strand-Lager, wodurch Hunderte von Palästinensern obdachlos wurden, denn man erlaubte ihnen nicht, ihre Häuser wieder aufzubauen. Sie sahen sich gezwungen, in Schulen, anderen öffentlichen Gebäuden oder bei Verwandten Obdach zu suchen. Der Arzt Izzeldin Abuelaish, der 15 Jahre alt war, als Sharons Soldaten das Haus seiner Familie zerstörten, erinnert sich in seinem Buch *Du sollst nicht hassen* an die Nacht nach dem Abriss ihres Hauses und die Tage danach:

In dieser Nacht und in den Nächten darauf schliefen wir in einem Zimmer im Haus meines Onkels. Meine Eltern und Geschwister schliefen nebeneinander auf dem Boden, aneinandergereiht wie Zaunlatten. Ich legte mich ihnen zu Füßen. Unsere wenigen Besitztümer steckten in einem Karton vor der Tür, denn in dem Zimmer war kein Platz, um etwas unterzubringen. […] Zu Füßen meiner Familie zu schlafen, war demütigend.[16]

Andere Palästinenser – vor allem politische Aktivisten –, deren Häuser abgerissen worden waren, verfrachtete man auf Lastwagen und setzte sie auf dem Sinai in der Nähe der Stadt Al Arish ab, die damals von Israel kontrolliert wurde. Aus Statistiken geht hervor, dass durch Sharons Ausdünnungspolitik 15 855 Palästinenser obdachlos wurden.[17]

Unter Sharon wurde der gesamte Gazastreifen durch einen Ring von Zäunen mit einer Gesamtlänge von 85 Kilometern abgeriegelt. Um eine bessere Überwachung zu ermöglichen, installierte man eine elektrische Straßenbeleuchtung, Höhlen und Bunker wurden abgesperrt oder ganz aufgefüllt, damit sie nicht als Verstecke genutzt werden konnten, und über einzelne Ortschaften und Flüchtlingslager wurden immer wieder Ausgangssperren verhängt, um Durchsuchungen zu ermöglichen.[18]

Das harte Vorgehen der israelischen Armeepatrouillen versetzte die Bewohner des Gazastreifens in Furcht und Schrecken. Von Sharons Terror und den Aufständischen gleichermaßen bedrängt, entschieden sich viele Palästinenser oft für die Zusammenarbeit mit dem Militär. Stück für Stück zog Sharon das Netz um die Aufständischen zusammen. Ein ihm zugeschriebenes Zitat machte die Runde – »Nur ein toter Terrorist ist ein guter Terrorist« –, und wenn er im Gazastreifen mit einer Liste gesuchter militanter Kämpfer unterwegs war, strich er die Namen derjenigen Personen durch, die beseitigt worden waren. Sharons Gaza-Operation erreichte ihren Höhepunkt in der Zeit von Juli 1971 bis Februar 1972, und trotz der wachsenden Unruhe unter den Mannschafts-Dienstgraden – Teile von Sharons Taktik fielen eindeutig in die Kategorie Kriegsverbrechen – gelang es ihm mit seiner Politik, die Zahl gewaltsamer Übergriffe vonseiten der Palästinenser zu verringern: Im Juni 1971 registrierte die Armee noch 34 Terroranschläge im Gazastreifen, im Dezember war es nur noch einer, und danach gab es so gut wie keine Anschläge mehr.

Als die Ruhe wiederhergestellt war, begannen die wohlhabenden Zitrusfrüchte-Bauern und die Landbesitzer-Elite, die traditionell auch die politische Führungsschicht gestellt hatten, mit dem Wiederaufbau des Gazastreifens. Einer von ihnen, Rashad al-Shawa, ein wohlhabender Zitrusfrüchte-Händler, wurde im September 1971 Bürgermeister von Gaza-Stadt, und mit Genehmigung der Armee bildete er einen Stadtrat, der sich aus Angehörigen der städtischen Oberschicht zusammensetzte.[19] Im Jahr darauf konzentrierte sich al-Shawa auf die wirtschaftliche Wiederbelebung der Zitrusfrüchte-Industrie, die während der Kämpfe, aber auch durch eine Reihe von der Armee verhängter Maßnahmen, zum Beispiel durch neue Handelsbeschränkungen und Steuern, sehr gelitten hatte. Er förderte auch die Entwicklung kulturell und sozial bedeutsamer Organisationen im Gazastreifen, zu denen unter anderem der Rote Halbmond, ein kommunales Krankenhaus, ein Anwaltsverein und eine Frauenvereinigung zählten.

Nach und nach geriet al-Shawas Amtsführung jedoch in die Kritik – sowohl bei den der PLO nahestehenden Nationalisten als auch bei der Armee. Die einen sahen ihn als Marionette der Besatzungsmacht, ja sogar als Kollaborateur, den Israelis wiederum agierte er zu unabhängig. Die Armee setzte ihn im Oktober 1972 ab, und Gaza wurde abermals direkt von einem Militärgouverneur verwaltet, im Unterschied zum Westjordanland, wo den Gemeindeverwaltungen örtliche palästinensische Führungspersönlichkeiten vorstanden, die, wie bereits beschrieben, von der Bevölkerung gewählt worden waren.[20] Ein durchgängiges Merkmal der israelischen Besatzungspolitik war die schwankende Haltung der Regierung: Mal gewährte sie den Palästinensern ein gewisses Maß an Selbstverwaltung, und dann wollte sie ihnen wieder nicht zu viel Spielraum lassen.

Kolonialismus

Die Wirtschaft des Gazastreifens war zum Zeitpunkt des israelischen Einmarschs 1967 zwar schwer angeschlagen, aber sie funktionierte noch. Das dominierende Element war der Dienstleistungssektor, der den größten Teil zum Bruttoinlandsprodukt beitrug, gefolgt von der Landwirtschaft, die stark vom Export von Zitrusfrüchten nach Osteuropa abhängig war, der über Gazas kleinen Seehafen abgewickelt wurde.

Es folgten das Baugewerbe und der Bereich der Leichtindustrie mit handwerklichen Tätigkeiten und der Verarbeitung von Nahrungsmitteln, der Fischerei und anderen marginalen Industrien. Der Krieg war unweigerlich ein fürchterlicher Schlag, weil dadurch die wirtschaftlichen Verbindungen zu Ägypten, die sich in den vergangenen zwei Jahrzehnten entwickelt hatten, völlig gekappt wurden. Außerdem gingen die Arbeitsplätze im Verwaltungsbereich und die staatlichen Bauprogramme verloren, die die ägyptischen Behörden auf den Weg gebracht hatten. Der Rückzug der ägyptischen Streitkräfte als Konsequenz ihrer Niederlage und der Abzug der UN-Soldaten unmittelbar vor Kriegsbeginn hatten zur Folge, dass eine wichtige Devisenquelle ebenfalls ausfiel. All diese Faktoren führten dazu, dass die Arbeitslosigkeit in der unmittelbaren Nachkriegszeit zunahm, sie war höher als in der Zeit vor dem Krieg.

Die Öffnung für den israelischen Markt sorgte für eine allmähliche Verbesserung der Lage, denn in Israel, das jetzt die Rezession der Vorkriegszeit nach und nach überwand, herrschte in manchen wirtschaftlichen Bereichen ein Arbeitskräftemangel, und das Land brauchte billige Arbeitskräfte, die unter den Palästinensern im Westjordanland und im Gazastreifen zu finden waren. Bis zum Jahresende 1968 richtete man in Gaza – in einer Situation, die den Bedingungen im Westjordanland recht ähnlich war – fünf Arbeitsämter ein, die die Vermittlung von Arbeitskräften nach Israel steuern sollten. Israel eröffnete auch sechs Berufsbildungszentren, die Ausbildungskurse für ungelernte Arbeitskräfte anboten. Das Kursangebot für die Palästinenser umfasste das Schneider- und Schuhmacherhandwerk, Buchhaltung, Schreinerei, Baugewerbe, Automechanik, Schweißen, Gerüstbau und Schlosserarbeiten.

Die Öffnung des israelischen Arbeitsmarktes für die Bewohner des Gazastreifens veränderte die dortige Beschäftigungsstruktur dramatisch. Die Zahl der Pendler nach Israel stieg von 800 im Jahr 1968 auf 5900 im Jahr 1970. Dayan freute das, denn er befürwortete die wirtschaftliche Integration mit den besetzten Gebieten. Für ihn war sie ein wirksames Mittel, mit der die palästinensische Bevölkerung zufriedenzustellen und die besetzten Gebiete ruhigzuhalten waren. Dayan schrieb:

In den Flüchtlingslagern des Gazastreifens entwickelte sich geradezu ein Wirtschaftswunder. Leute, die neunzehn Jahre lang vor ihren Hütten herumgesessen, Backgammon gespielt und politisiert hatten, begannen auf einmal zur Arbeit zu gehen. [...] Dank der hohen Löhne in Israel hob sich nicht nur ihr Lebensstandard, sondern auch ihr Lebensstil. Sie konnten zum ersten Mal wieder neue Kleidung, neue Möbel und Küchengeräte anschaffen.[21]

Der Trend zur Beschäftigung in Israel verstärkte sich 1972, als die Regierung alle Einschränkungen der Bewegungsfreiheit zwischen dem Gazastreifen und dem israelischen Staatsgebiet aufhob. Von 1968 bis 1973 ließen sich außerdem zwölf israelische und ausländische Unternehmen im Industriegebiet Erez nieder, das rund 40,5 Hektar umfasste und unmittelbar nördlich des Gazastreifens auf israelischem Staatsgebiet lag. Im Rahmen dieses von der israelischen Regierung initiierten Projekts entstanden 6000 neue Arbeitsplätze für die Bewohner des Gazastreifens, und es sollte lokale palästinensische Unternehmer ermutigen, kleine Industriebetriebe aufzubauen, die die israelischen Märkte ergänzen konnten. Man bot Kredite an, und Israel ließ sogar zu, dass wohlhabende Palästinenser aus dem Exil zurückkehrten, um in der alten Heimat zu investieren.

Das Erez-Unternehmen und Arbeitsplätze in Israel führten zusammen mit der Entstehung kleiner Industriebetriebe im Gazastreifen selbst von 1967 bis 1973 zu einer eindrucksvollen jährlichen Wachstumsrate von nahezu 30 Prozent, die der Wirtschaft im Gazastreifen einen kräftigen Auftrieb verschaffte. Die Beschäftigungsquote hatte bis zum Jahr 1973 im ehemals dahinsiechenden Gazastreifen die noch nie zuvor erreichte Marke von 98 Prozent erreicht. Aber das bedeutete zugleich – und hier zeigte sich der Nachteil dieser Entwicklung –, dass der Gazastreifen in Sachen Arbeitsplätze nahezu vollständig von Israel abhängig wurde.[22]

Die Landwirtschaft im Gazastreifen brauchte allerdings eine sehr lange Zeit, um sich zu erholen. Die Israelis halfen zunächst – wie im Westjordanland – bei der Einführung neuer Techniken (zum Beispiel bei der Tröpfchenbewässerung), neuer Feldfrüchte und Kunstdünger, und für den effizienten Export von Zitrusfrüchten richteten sie zwei Verpackungsbetriebe ein. Diese Großzügigkeit war jedoch nur von kurzer Dauer: Sobald die Israelis – wie im Westjordanland – erkannten, dass sie sich durch die Unterstützung für die Bewohner des Gazastreifens Konkurrenz für die eigenen Produkte heranzogen, begannen sie mit der Errichtung von Hindernissen. Der Gazastreifen hatte seine landwirtschaftlichen Produkte vor 1967 traditionell direkt in Teilen von Ost- und Westeuropa sowie in Singapur vermarktet, aber die Israelis erlaubten von 1967 bis 1974 nur noch den Export über den israelischen Marketing-Ausschuss für Zitrusfrüchte. Das führte letztlich dazu, dass die Produkte aus Gaza unter dem Marktpreis und unter zunehmend nachteiligen Bedingungen verkauft werden mussten. Von 1974 bis 1979, als Zitrusfrüchte in Gaza die höchsten Ernteerträge erzielten, wurden die Betriebe aus Gaza ganz von der Vermarktung in Europa ausgeschlossen, um die Konkurrenz für die eigenen Produkte auszuschalten. Sie mussten sich in der arabischen Welt andere Märkte erschließen, zu denen Israel keinen Zugang hatte. Den nun aus dem europäischen Markt verdrängten Betrieben gelang es, Handelskontakte zum Iran zu knüpfen, die sich als recht lukrativ erwiesen, aber ansonsten geriet der Zitrusfrüchte-Sektor in Gaza in eine Abhängigkeit von launischen Israelis, die immer dann, wenn sie sich einbildeten, dass Gaza in Konkurrenz zu ihnen trat, die Spielregeln änderten.

Der Gazastreifen wurde noch abhängiger vom Wohlwollen Israels, als die Regierung ihn ans nationale Stromnetz anschloss. Den Anfang machte Gaza-Stadt im Dezember 1969, und innerhalb weniger Monate folgten andere kleinere und größere Städte. Die Palästinenser protestierten zwar gegen diese Maßnahme, die für sie einer effektiven Annexion des Gazastreifens durch Israel gleichkam, aber Verteidigungsminister Moshe Dayan beharrte darauf, der Anschluss sei aus »Sicherheitsgründen« notwendig. Es bestehen kaum Zweifel daran, dass das leistungsfähigere israelische Netz es ermöglichte, mehr Haushalte im Gazastreifen mit Strom zu versorgen – in Gaza-Stadt allein waren es 24 000 gegenüber 5000 in der Zeit vor dem Krieg.[23] Aber das bedeutete zugleich, dass die Israelis die Kontrolle über eine Ressource übernahmen, die eine wichtige Einnahmequelle für die Palästinenser hätte bilden können, und es erwies sich als wichtiges Kontrollinstrument im Umgang mit den Bewohnern des Gazastreifens, weil es Israel die Möglichkeit verschaffte, den Strom abzustellen, wenn die Palästinenser die Besatzung nicht mehr akzeptierten. Und die Israelis sollte diese Möglichkeit in den kommenden Jahren oft nutzen.

Auf ähnliche Weise übernahm Israel die Wasserversorgung im Gazastreifen – entsprechend dem israelischen Wassergesetz von 1959 – und gliederte sie ins eigene nationale Netz ein, sodass das gesamte Wasser dort zu einer Handelsware des israelischen Staates wurde. Als Ergänzung zu dieser Maßnahme verlangte die Anordnung Nr. 158 der Militärregierung – wie man inzwischen erwarten konnte – für das Bohren neuer Brunnen eine Genehmigung. Die Bewohner des Gazastreifens stellte dies vor enorme Probleme, denn das Brunnenbohren war – da es in diesem Gebiet keine Flüsse gibt – eine übliche Praxis, um an Wasser zu kommen. Die Übernahme der Wasserwirtschaft durch Israel traf auch den Anbau von Zitrusfrüchten, auf den mindestens 80 Prozent des gesamten Wasserverbrauchs entfielen.

Israel entwickelte sich also zu einem wichtigen Anbieter von Arbeitsplätzen für Palästinenser, übernahm außerdem die Kontrolle über die Wasser- und Stromversorgung und andere Ressourcen und wandelte sich so zu einer althergebrachten Kolonialmacht, die das Leben der Palästinenser vollständig beherrschte.

3 Golanhöhen

Der Ursprung des Wortes »Golan« ist, wie viele andere Dinge auch, zwischen Arabern und Israelis umstritten. Nach einer syrischen Deutung ist das Wort »Golan« aus dem arabischen »Jwal« abgeleitet, was so viel wie »Land voller Staub« bedeutet; und es stimmt, dass die Golanhöhen oft von Staubstürmen heimgesucht werden. Die israelische Deutung von »Golan« geht bis auf biblische Zeiten zurück. Die Stadt Golan taucht in der Bibel unter dem Namen »Ir Miklat« auf – als ein Ort der Zuflucht, an den sich diejenigen flüchten konnten, die sich des Totschlags schuldig gemacht hatten. Aber weder die Stadt noch die Region waren jemals ein Teil des biblischen Landes Israel, sie gehörten eher zu dem Gebiet, das in der Bibel als »Ever Ha'Yarden« bezeichnet wird, als »die andere Seite des Jordans«.

Der Golan ist ein gebirgiges Plateau im Südwesten Syriens mit einer Nord-Süd-Ausdehnung von 65 Kilometern, und an der breitesten Stelle im Süden misst er 25 Kilometer. Er besteht aus zwei deutlich voneinander zu unterscheidenden Teilen: Der nördliche Golan mit seinen Vulkanbergen entstand durch vorgeschichtliche Lavaströme, die sich über den aus Kalkstein bestehenden Felsgrund des Höhenzuges ergossen; der südliche Golan ist flacher. Das Gebiet grenzt im Norden an den Libanon, im Süden an Jordanien und im Westen an Israel.

Kuneitra war zu allen Zeiten die wichtigste Stadt im Golan. Der arabische Ortsname bedeutet »kleiner Bogen« oder »kleine Brücke« und bezieht sich auf die aus kleinen Bögen bestehende Brücke, um die herum die Stadt einst errichtet wurde. Die Geschichte Kuneitras begann mit einem Gasthaus (»khan«) für Reisende, und in alten Karten steht der Ortsname »Khan-Kuneitra«. Mitte des 19. Jahrhunderts gab es hier immer noch nicht mehr als ein *Khan*. Gegen Ende des Jahrhunderts hatte der Ort rund 1800 Einwohner, und die meisten von ihnen waren Tscherkessen, eine aus dem Kaukasus stammende muslimische Minderheit, die vor der Unterdrückung durch das zaristische Russland geflohen war. In den 1940er-Jahren lebten in Kuneitra etwa 5000 Menschen, nach wie vor mehrheitlich Tscherkessen. Bis zum Jahr 1953 war die Einwohnerzahl auf 8100 Personen angewachsen, aber die

Kleinstadt verlor bis dahin nach und nach ihr tscherkessisches Gepräge, denn arabische Kaufleute, die mit Damaskus Handel trieben, bestimmten allmählich das Geschehen.

Kuneitra wurde Anfang der 1960er-Jahre offiziell zur Bezirkshauptstadt des Golan gekürt und war auch das Handelszentrum der Region. Zugleich entwickelte sich die Stadt auch zu einem Zentrum für das syrische Militär. Das Armeehauptquartier befand sich in der Stadt, und mehrere Stützpunkte waren auf die unmittelbare Umgebung verteilt, unter anderem auch das Hauptquartier des »Kommandos für die israelische Front«. Unmittelbar vor Kriegsbeginn 1967 war Kuneitra auf 17 000 Einwohner angewachsen. Es war zur »großen Stadt« geworden, in der die Bewohner des Golan häufig auf Arbeitssuche gingen, auch wenn sie ihr Land, ihre Apfelplantagen und Häuser in den Dörfern der Region meist noch behielten.

Ansonsten war der Golan bis zur Eroberung durch die Israelis eine größtenteils landwirtschaftlich geprägte Gesellschaft, in der die Männer kleine Äcker bewirtschafteten und dabei von ihren Frauen und Kindern unterstützt wurden. Da dieses Gebiet eine relativ isoliert gelegene Ecke Syriens war, wurde die Landwirtschaft sehr rückständig betrieben. Vor dem Jahr 1967 gab es in der Region kaum Traktoren, Mähdrescher oder andere moderne landwirtschaftliche Maschinen. Nach syrischen Statistiken erbrachte die landwirtschaftliche Produktion im Golan in den Jahren von 1960 bis 1966 jährliche Durchschnittserträge von 116 000 Tonnen Getreide, 13 000 Tonnen Gemüse, 13 400 Tonnen Milch, 67 Tonnen Wolle, 16 Tonnen Honig, 2000 Tonnen Fleisch und 18 Millionen Eier.[1]

Isolation war auch gleichbedeutend mit Selbstversorgung, da die Bewohner des Golan bei der täglichen Versorgung mit Lebensmitteln hauptsächlich auf die eigenen Erträge angewiesen waren. Muhammad Jum'a Isa aus dem Dorf Butaja im Golan erinnert sich an die Zeit vor der israelischen Invasion: »Wir lebten ein einfaches Leben ohne Schwierigkeiten. Alles war weitgehend zu haben, und alles, was man brauchte, war billig. Zucker, Tee und Tabak sind alles, was ein Bauer braucht. [...] Es war ein gutes, von armen Leuten bewohntes Land.«[2] Und Fatima al-Ali aus dem Dorf al-Asbah erinnert sich an ein friedliches Leben und eine eng miteinander verbundene Gemeinschaft: »Unser Dorf war klein, [...] ein einfaches Dorf, [...] alles ist im Golan reichlich vorhanden, [...] Wasser, Land und sein Ertrag. Wir bekamen unser fließendes Wasser von der Mühle, [...] in den alten Zeiten war das Leben besser, auch wenn einmal Not herrschte, [...] die Menschen kümmerten sich viel umeinander.«[3] Dieses Gefühl einer engen Gemeinschaft, die es vor dem Krieg auf dem Golan gab, wird auch im Bericht von Amina al-Khatib deutlich, einer Drusin: »Wir hatten ein ausgezeichnetes Verhältnis zu den Nachbardörfern. Christen, Sunniten und Drusen lebten brüderlich zusammen. Sie beteten nur an unterschiedlichen Orten. Und was das andere anbetrifft, so trugen wir auch die gleiche Kleidung. Wir feierten auch die christlichen Feiertage mit.«[4] Und der im Golan-Dorf Ayn Aysha geborene Omar al-Hajj Khalil berichtet von einem sehr naturverbundenen Leben: »Wir verbrachten es in den Weingärten und in der Wildnis, wir jagten Tiere und hüteten sie, bearbeiteten das Land und bauten Feldfrüchte an.«[5]

Vor dem Krieg von 1967 zählte man im Golan 142 Grundschulen und 15 weiterführende Schulen, aber nur wenige Kinder besuchten sie, denn, wie Fatima al-Ali erklärt, »die Schule war weit weg, und weil jeder Haushalt über rund 20 Stück Vieh verfügte, gab es einen Haufen Arbeit. Die Mädchen mussten die Tiere melken und Hausarbeit erledigen. Einige Jungen gingen zur Schule, aber die anderen waren Analphabeten. Alle Menschen hier bearbeiteten das Ackerland.«[6]

Dieses einfache Leben fiel jedoch in Trümmer, weil Israel in den letzten 30 Stunden des Sechstagekrieges 1967 eine Schlacht gegen Syrien begann, in deren Verlauf seine Streitkräfte die Golanhöhen erklommen und besetzten. Für die Bewohner dieses Gebiets brachte das eine schnelle, dramatische und äußerst traumatische Umgestaltung mit sich.

Ethnische Säuberung und der Aufstieg der Drusen

Im Golan lebten unmittelbar vor dem Krieg 138 000 Syrer in 139 Dörfern, zwei Städten und auf 61 Bauernhöfen, großen landwirtschaftlichen Besitztümern, von denen viele noch unter osmanischer Herrschaft errichtet worden waren.[7] Während und unmittelbar nach dem Krieg verließen jedoch viele Bewohner ihre Heimatorte, sodass die Golanhöhen nahezu menschenleer waren. Was war der Anlass für diesen Massenexodus in einem so kurzen Zeitraum? Gingen die Menschen aus eigenem Entschluss weg oder wurden sie vertrieben?

Moshe Dayan erklärte wenige Monate nach dem Krieg in einem Artikel für die Zeitschrift *Life,* die syrischen Bewohner des Golan seien – nach Artilleriebeschuss und Bombardements und unter Todesangst – zusammen mit der zurückweichenden syrischen Armee in östlicher Richtung geflohen. Diese Sichtweise herrscht in Israel bis zum heutigen Tag vor.[8] Die Journalistin Ruth Bondy schrieb zum Beispiel zum ersten Jahrestag der Eroberung der Golanhöhen in der in Israel erscheinenden Zeitschrift *Davar:*

Die arabischen Dörfer an den Straßen im [Golan] sind menschenleer. [...] Alle Bewohner sind noch vor dem Eintreffen der israelischen Armee geflohen, bis auf den letzten Mann, aus Angst vor dem grausamen Eroberer. Die Gefühle, die man beim Anblick dieser verlassenen Dörfer entwickelt, schwanken zwischen Geringschätzung für die dürftigen Hütten, die das »fortschrittliche« [syrische] Regime für seine Bauern bereitstellte, und Sorge angesichts der relativ gut gepflegten Häuser des tscherkessischen Dorfes.

Dann fragt sich die Autorin: »Warum mussten die Narren fliehen?«[9] Die Zeugnisse der syrischen Flüchtlinge bestätigen auch, dass einige von ihnen tatsächlich aus freien Stücken weggegangen waren, weil sie Angst hatten. Fatima al-Ali erinnert sich in einem späteren Interview:

Die Dorfältesten sagten, dass diejenigen, die Töchter hätten, diese wegbringen sollten, dass die Männer [auch] ihre Frauen wegbringen sollten. Sie sagten: »Lasst alles zurück, auch euer Vieh, und sorgt dafür, dass ihr mit eurer Familie entkommt.« Also versuchten alle, ihre Frauen zu retten und sie aus diesem Gebiet wegzubringen, damit sie in Sicherheit waren. [...] Einige Leute nahmen auch ihre Kühe und Schafe mit.[10]

Es gibt keinerlei Hinweise für gezielte Gewalttaten gegen Frauen vonseiten der Israelis, aber Ängste dieser Art scheinen ein vorherrschender Grund für solche Fluchtbewegungen gewesen zu sein. Das lässt sich auch anderen Aussagen entnehmen, auch der von Izzat al-Ayoub, einem Drusen aus Majdal Shams: »Die Leute, die weggingen, gingen aus Angst«, bestätigt er. »Sie dachten, die Israelis würden ihre Frauen vergewaltigen.«[11]

Eine gewisse Zahl von Zivilisten im Golan entschied sich für eine Flucht auf Zeit, wie das Menschen in Kriegszeiten oft tun, in der Hoffnung auf Rückkehr, sobald die Waffen schweigen. Aber viele andere wurde vom israelischen Militär vertrieben, wie wir verschiedenen Aussagen von Golan-Bewohnern, aber auch von Israelis entnehmen können, denn die israelische Präferenz lautete, das Land zu besitzen – ohne dessen angestammte Bewohner. Eine der Methoden, die die Israelis einsetzten, um die Bevölkerung zum Weggehen zu bewegen, war die Einschüchterung. Fatima al-Ali erinnert sich: »Israelische Flugzeuge flogen im Tiefflug über uns hinweg, um uns einzuschüchtern und so weit zu bringen, dass wir weggingen, [...] die Israelis [...] feuerten nachts ihre Waffen ab, um für Chaos zu sorgen. Das war der Zeitpunkt, zu dem wir wegliefen. [...] Die Menschen aus unserem Dorf zerstreuten sich. [...] Jede Familie lief in eine andere Richtung, weil alle Angst hatten.«[12] Nils Goran Gussing, ein UN-Sondergesandter, der den Golan unmittelbar nach dem Ende der Kämpfe inspizierte, hielt in einem auf den 2. Oktober 1967 datierten Bericht fest, dass »klar zu sein scheint, [...] dass bestimmte, von örtlichen [israelischen] Militärbefehlshabern autorisierte Handlungen ein wichtiger Grund für die Flucht der syrischen Bewohner waren«.[13]

Auch israelische Aussagen liefern Hinweise auf Handlungen, die unmittelbar auf eine Vertreibung abzielten. Der Militärbefehlshaber Emanuel Shaked, der auf dem Golan kämpfte, berichtete:

Wir fassten [die Golan-Bewohner] in einer Gruppe zusammen. Wir ließen sie diejenigen Besitztümer mitnehmen, die sie in Rucksäcken tragen konnten, und manchmal halfen wir ihnen mit Lastwagen. Die meisten gingen zu Fuß, und manche benutzten Pferdewägen. [...] Einige Menschen protestierten oder schrien, aber niemand leistete Widerstand oder kämpfte gegen uns.[14]

Die Israelis vertrieben oft ganze Dörfer, so wie im Fall von Jubata im nördlichen Golan, wo vor dem Krieg 1500 bis 2000 Menschen lebten. Der Dorfbewohner Hammoud Maray berichtet:

Etwa die Hälfte der Einwohner von Jubata verließ das eigene Dorf und ging nach Majdal Shams, um dort Schutz zu suchen. [...] Die Menschen hatten Jubata aus Angst vor dem Krieg verlassen. [Dann] besetzte die israelische Armee das Dorf und begann mit der zwangsweisen Deportation der noch im Dorf verbliebenen Bewohner. Diejenigen, die Jubata verlassen [und in Majdal Shams Schutz gesucht] hatten und jetzt versuchten, zurückzukehren, [...] wurden ebenfalls deportiert. Die israelische Armee schoss in die Luft und auch in Richtung der Menschen, und das ständig, um die Menschen einzuschüchtern. [...] Nach der Deportation wurde Jubata zum militärischen Sperrbereich erklärt; niemand durfte zurückkehren.«[15]

Dieser Bericht wird durch eine andere Aussage bestätigt, nach der die israelische Armee die Einwohner von Jubata zusammenholte, sie anwies, zu Fuß in Richtung Libanon zu gehen, und über ihre Köpfe hinwegschoss, um sie einzuschüchtern.[16] Wie im Westjordanland ließ die Armee auch die Bewohner der Golanhöhen ein Dokument unterschreiben, mit dem sie bestätigten, freiwillig ihren Heimatort verlassen zu haben. Ein israelischer Soldat, der 1967 auf den Golanhöhen im Einsatz war, sagte aus: »Wir sahen eine große Gruppe syrischer Zivilisten, ein paar Hundert Leute, vor Tischen stehen, hinter denen Soldaten saßen. Wir hielten an und fragten einen Soldaten, was sie da taten. Er antwortete, sie nähmen eine der Vertreibung vorausgehende Registrierung vor [sie ließen die Syrer nämlich unterschreiben, dass sie aus eigenem freiem Willen fortgegangen seien].«[17]

Einige der Evakuierten lagerten auf freiem Feld, anstatt wegzugehen, und warteten auf den richtigen Augenblick für die Rückkehr in ihre Dörfer. Ein israelischer Soldat auf dem Golan berichtet: »Wir sahen Hunderte von Menschen auf den Feldern außerhalb der Dörfer. Sie beobachteten uns aus sicherer Entfernung und warteten dort die weitere Entwicklung ab.«[18] Und Fatima al-Ali erklärt, dass die Bewohner ihres Dorfes in der Nähe bleiben wollten, »wegen der Ernte [...] wollten sie zurückgehen, [um diese Ernte noch einzubringen]«.[19]

Aber die Armee ließ es nicht zu, dass die Bewohner in ihre Dörfer zurückkehrten. Stattdessen erklärte Oberst Shmuel Admon, der israelische Militärbefehlshaber für diese Region, mit einer Anordnung vom 18. Juni den gesamten Golan zum »militärischen Sperrbereich«, zu einem Gebiet, in das niemand, der es zuvor verlassen hatte, wieder zurückkehren durfte. Wer gegen diese Anordnung verstieß, wurde mit bis zu fünf Jahren Haft bedroht. Aber viele Bewohner des Golan versuchten dennoch zurückzukehren, in erster Linie, um ihre zurückgelassene Habe zu holen. Mamduh al-Hajj Ahmads Familie verließ ihr Heimatdorf Ayn Ziwan in großer Eile, weil »wir nicht länger bleiben konnten, wir waren noch dort, als die Israelis den Ehemann meiner Tante mütterlicherseits getötet hatten, [...] also schlossen wir unsere Haustüren ab und gingen nach zehn Tagen unter israelischer Besatzung zu Fuß weg.« Mamduh kehrte jedoch noch einmal in sein Haus zurück, um Lehrbücher und Dokumente zu holen. Später erinnerte er sich an den Anblick bei seiner Rückkehr:

Das Dorf war vollkommen menschenleer. Die Israelis waren in unserem Haus gewesen. Sie hatten alle Betten umgeworfen und die Matratzen aufgeschlitzt. Sie hatten unseren Hund erschossen. [...] Ich verbrachte eine Nacht dort, und bei Tagesanbruch, noch bevor der Morgen dämmerte, nahm ich meine Bücher und Dokumente an mich und schlich mich auf dem gleichen Weg davon, auf dem ich gekommen war.[20]

Israelische Militärakten belegen, dass auf Dutzende Golan-Bewohner, die in ihre Häuser zurückzukehren versuchten, geschossen wurde oder dass man diese Menschen festnahm. Einem Armeebericht vom September 1967 ist zu entnehmen: »Unsere Streitkräfte eröffneten 22-mal das Feuer, um Schäfer oder Eindringlinge zu vertreiben, die sich den Außenposten näherten.«[21] Weiterhin heißt es dort: »Die Zahl der Eindringlinge von syrischem Staatsgebiet aus hat im Vergleich zu den letzten Wochen abgenommen, was der Wachsamkeit unserer Streitkräfte zuzuschreiben ist, die alle Personen, die sich ihnen nähern, unter Beschuss nehmen.« Ein weiterer Armeebericht vom 27. September schildert, wie eine Einheit »15 Personen entdeckte […] und in ihre Richtung schoss, […] worauf sie flohen«. Und ein Bericht von Anfang Oktober führt mehr als 20 Zwischenfälle auf, bei denen Soldaten das Feuer eröffneten, um syrische Eindringlinge abzuwehren. Für den 3. Oktober wird zum Beispiel berichtet, dass Soldaten »das Feuer auf eine arabische Frau und ihr Kind eröffneten, die versuchten, die Grenzlinie [zu den besetzten Golanhöhen] zu überqueren. Die Soldaten versuchten nach den Schüssen, die beiden festzunehmen, aber sie verschwanden.« Auf Anordnung des Militärzensors durfte damals über keines der Ereignisse, von denen in diesen Aufzeichnungen die Rede ist, berichtet werden, während die Medien Vorfälle, bei denen es die Armee im Golan mit bewaffneten Zivilisten oder Freischärlern zu tun bekam, ausführlich würdigten.

Golan-Bewohner, die es dennoch in ihren ehemaligen Heimatort schafften, stellten oft fest, dass es nichts mehr gab, wohin sie zurückkehren konnten, denn die israelische Armee hatte in der Zwischenzeit ganze Dörfer zerstört. General Elad Peled, während des Krieges Kommandeur der 36. Division, bestätigt, dass »wir wenige Tage nach dem Ende der Kämpfe […] mit der Zerstörung von Dörfern begannen. […] Bei einem Teil der Häuser bedurfte es nicht einmal schweren Geräts, denn es genügte eine Spitzhacke.« Peled schätzte, dass etwa 20 000 Zivilisten, die in diesen ersten Tagen nach Kriegsende noch im Golan verblieben waren, »evakuiert wurden oder weggingen, als sie sahen, dass die Dörfer jetzt zerstört wurden […] und sie keinen Ort hatten, an den sie zurückkehren konnten«.

Ein großer Teil der Zerstörungen wurde – wie im Westjordanland – von örtlichen Befehlshabern veranlasst, die ohne ausdrückliche Genehmigung der Regierung handelten. Die Armee zerstörte beispielsweise 80 Prozent der Häuser des Dorfes Banyas, noch bevor die Regierung überhaupt davon wusste. Menachem Begin, in der damaligen Regierung der nationalen Einheit von 1967–1970 Minister ohne Geschäftsbereich, stellte bei der Kabinettssitzung am 25. Juni 1967 die Frage: »Fällt ein Vorgang dieser Art in den Entscheidungsbereich eines örtlichen Befehlshabers?«[22] Die Zerstörung syrischer Dörfer durch die israelische Armee wurde dennoch bis weit ins Jahr 1968 fortgesetzt, da es keine eindeutigen gegenteiligen Anweisungen von Regierungsseite gab.

Eine Ansammlung von sechs Dörfern im Nordwesten der Golanhöhen entging der Zerstörung, und ihre insgesamt 6000 Bewohner, die mehrheitlich der Sekte der Drusen angehörten, durften bleiben.²³ Warum blieb den Drusen das Schicksal der übrigen Golan-Bewohner erspart, und warum ließ man ihre Dörfer unversehrt? Der Grund dafür war, dass die Israelis annahmen, die Glaubensgemeinschaft der Drusen werde sich, wie ihre Glaubensbrüder und -schwestern in Galiläa, gegenüber dem Staat Israel loyal verhalten. Es ist an dieser Stelle der Erwähnung wert, dass eine Drusengemeinschaft seit dem Unabhängigkeitskrieg von 1948 friedlich mit den Israelis zusammengelebt und mehrheitlich sogar in der Armee gedient hatte, weil die Drusen, im Unterschied zu den arabischen Israelis, der Wehrpflicht unterlagen. Ihre Intervention bei der Regierung veranlasste die Ministerrunde, jetzt, im Jahr 1967, den Drusen auf dem Golan den Verbleib in ihren Häusern und Dörfern zu gestatten. Die führenden Persönlichkeiten der Drusengemeinde im Golan – und hier besonders die ältere Generation – baten ihre Leute außerdem eindringlich, nicht zu fliehen, und verwiesen dabei auf die Lehren, die man aus den Ereignissen in der Zeit von 1925 bis 1927 gezogen habe. Damals hatten die Drusen während des großen syrischen Aufstands gegen die Mandatsmacht Frankreich, die damals dieses Gebiet beherrschte, ihre Dörfer verlassen, um sie dann bei ihrer Rückkehr völlig zerstört vorzufinden.

Vor dem Sechstagekrieg waren die Drusen auf dem Golan nur eine kleine Minderheit gewesen, doch jetzt, nach der Flucht oder Vertreibung der anderen Bewohner, wurden sie zur Mehrheitsbevölkerung.

Und welches Schicksal hatten diejenigen, die weggingen? Viele von ihnen zogen von Ort zu Ort, bevor sie sich wieder niederließen. Mamduh al-Hajj Ahmad, ein Flüchtling aus dem Golan, sagt, dass »die älteren Leute sich mit der Anpassung an ein neues Leben schwertaten. Viele von ihnen starben aus Kummer während des ersten Jahres. Es war sehr schwer.«²⁴ Ansonsten lebten mehr als zwei Drittel der Golan-Flüchtlinge in Lagern und Wohngebieten, die sich hauptsächlich über die syrische Hauptstadt Damaskus verteilten, andere waren über ganz Syrien verstreut. Einige Flüchtlinge harrten auch in Dörfern in der Nähe des Golan aus, etwa in Sa'sa und Katana. Die Golan-Bewohner waren von ihrem Land abgeschnitten, sie waren vertrieben, die Rückkehr blieb ihnen verwehrt, die meisten ihrer Dörfer waren zerstört, weshalb es auch keinen Ort mehr gab, an den sie zurückkehren konnten. Trennung und Sehnsucht wurden nach und nach zu einem Hauptmerkmal ihres Lebens im Exil. Izzat al-Ayoub, der seit 1967 in Syrien gelebt hatte, erklärte Jahrzehnte nach seiner Vertreibung aus dem Golan:

Die [israelische] Besatzung schnitt mich von meinem Heimatort und meiner Region ab. Jetzt bin ich ein alter Mann, und ich habe zwar viele Dinge in meinem Leben vergessen, aber das gilt nicht für die Orte, die ich 33 Jahre lang nicht gesehen habe, an denen ich im Garten gearbeitet, Kühe und Schafe gehütet und das gegessen habe, was es im Winter dort gab – mit Schnee vermischten Zuckersirup und gekochten Mais. Wenn Sie mir einen Stift und Papier geben, könnte ich Ihnen [mein] altes [Städtchen] aufzeichnen, Haus für Haus, Straße für Straße, Gasse für Gasse. Der Ort lebt in meiner Erinnerung, als wäre ich jetzt gerade dort in unserem Steinhaus mit dem Lehmdach, dort, wo wir im Winter Schnee schaufelten und im Schnee spielten.[25]

Und Amina al-Khatib, die aus dem Dorf Ayn Qunyih stammte, sich 1967 aber in Damaskus aufhielt, getrennt von ihrer Familie im besetzten Golan, erklärt:

Ich bin seitdem von meiner Familie getrennt gewesen. Meine Mutter starb, vier meiner Onkel starben, und mein Vater starb, und nicht einen von ihnen habe ich wiedergesehen. Diejenigen, die noch Kinder waren, als ich wegging, sind inzwischen verheiratet. Meine Sehnsucht nach dem Golan, nach seinem Land, seinem Wasser, seinen Bäumen und seinen Menschen, ist unbeschreiblich.[26]

Umgestaltung

Die Israelis setzten auf dem Golan unterdessen das syrische Recht außer Kraft und installierten eine von einem Offizier geführte Militärregierung. Das Ziel war, die äußerlich sichtbaren Überreste syrischer Präsenz auf dem Golan zu beseitigen, das Land zu übernehmen und die politische, wirtschaftliche und soziale Zusammensetzung der verbliebenen Bevölkerung zu verändern, ihre syrisch-arabische Identität auszulöschen und sie zu israelischen Bürgern zu machen.

Die Armee übernahm die vollständige Kontrolle über die einheimische Justiz und Verwaltung, enthob die gewählten Bürgermeister der noch bestehenden Dörfer ihres Amtes und setzte neue Bürgermeister ein. Ergänzt wurde das durch die Zusammenstellung neuer Gemeinderäte, mit deren Hilfe die Besatzungsmacht neue

Bestimmungen durchsetzen und militärische Anordnungen in praktische Politik vor Ort umwandeln wollte. Die Dörfer im Golan wählten unter syrischer Herrschaft bis 1967 »Kollektiv-Komitees«, die jedes Dorf bei den Behörden in Damaskus vertreten sollten. Über dieses System waren die Bedürfnisse der Bauern in Damaskus zur Sprache gebracht und den Golan-Bewohnern daraufhin Hilfsmaßnahmen zuteil geworden. Die israelische Armee löste diese Komitees auf und ernannte an ihrer Stelle eine Handvoll Einzelpersonen, denen sie einflussreiche Ämter gab, in denen sie als Handlanger der Besatzung agieren sollten, indem man ihnen die Erlaubnis erteilt, Lizenzen und Genehmigungen auszustellen, auf die die Golan-Bewohner bei vielen Tätigkeiten angewiesen waren. Die Armee gestattete diesen Amtsträgern auch, Kunstdünger und andere wichtige Materialien an die Bauern auszugeben, damit die Golan-Bewohner von ihnen – und damit indirekt von der Besatzungsmacht – abhängig wurden.

Die israelische Regierung ersetzte außerdem die syrische Währung durch die israelische Lira, gab neue Autonummern aus und beschlagnahmte syrische Personalausweise, die durch israelische Militärausweise ersetzt wurden. Und sie intervenierte – wie im Westjordanland und im Gazastreifen – auf allen Ebenen des Bildungswesens durch die Einsetzung eines Offiziers, der das Schulsystem im Golan leiten und den syrischen Lehrplan durch ein Konzept ersetzen sollte, das besonderen Wert auf eine eigene drusische Identität legte, die sich von der syrischen unterschied. Das gehörte zur israelischen Strategie der Förderung der verbliebenen Drusen als bevorzugte Minderheit. Damit verband sich die Hoffnung, dass sie sich vom ehemaligen syrischen Regime abwenden und mit den Israelis zusammenarbeiten würden. Viele Lehrer waren während des Krieges aus dem Golan geflohen, und die Armee hatte viele entlassen, die loyal zum früheren Regime standen. Deshalb herrschte ein gewisser Lehrermangel, dem die Armee begegnete, indem sie Gymnasiasten zu Lehrern ernannte.

Die Golan-Bewohner besahen sich all diese Veränderungen und konnten wenig dagegen tun, da sie nur noch so wenige waren und ihre fortdauernde Präsenz außerdem in vielerlei Hinsicht den Israelis verdankten, die ihnen zunächst einmal erlaubt hatten zu bleiben. Aber es setzte ihnen ganz erheblich zu, wie Midhat Salih al-Salih berichtet, ein Druse, der in Majdal Shams geboren wurde und unter israelischer Besatzung auf dem Golan aufwuchs: »Mit zunehmendem Alter wurde mir nach und nach bewusst, was Besatzung und – im Gegensatz dazu – Freiheit eigentlich bedeutete. Ich öffnete als Kind die Augen und sah nur israelische Soldaten auf dem Golan, [...] die Unterdrückung durch sie.«[27]

Die größten Sorgen bereitete den auf dem Golan verbliebenen Syrern, dass die Israelis ihr Land beschlagnahmen könnten. Traditionell war der Landbesitz immer so verteilt gewesen, dass etwa die Hälfte des nutzbaren Landes Einzelpersonen gehörte und der Rest gemeinschaftlicher Besitz der Dorfbewohner war, der hauptsächlich als Weidefläche diente. Aus Furcht, die Armee könnte ihnen das gemeinschaftlich genutzte Land wegnehmen, teilten die Golan-Bewohner unmittelbar nach dem Krieg diese Flächen auf und pflanzten dort Apfelbäume. Das führte wiederum dazu, dass die Anbauflächen dramatisch zunahmen, und im Zusammenwirken mit der massiven Zerstörung ganzer Dörfer und der Flucht oder Deportation der Mehrheit der Bevölkerung ergab sich daraus eine deutliche Umgestaltung der Landschaft im Golan.

Die Militärregierung erließ dennoch eine ganze Reihe von Gesetzen, um die Enteignung der Golanhöhen zu einer »rechtmäßigen« Angelegenheit zu machen. Nach diesen Gesetzen konnte zum Beispiel jedes Stück Land, das von den Streitkräften erobert oder ihnen übergeben worden war, als aufgegeben betrachtet und in »Staatsland« umgewandelt werden. Die Israelis bedienten sich auch hier, wie im Westjordanland, der Bestimmungen für den Verteidigungsfall (Notstand), die es den Militärbefehlshabern ermöglichten, jedes beliebige Gebiet für die darin festgelegten Zwecke zur Sperrzone zu erklären. Die Anwendung dieser Militärgesetze führte in Verbindung mit Maßnahmen wie dem Verlegen von Tretminen in bestimmten Gebieten, mit denen die Bewohner des Golan von Land ferngehalten werden sollten, das Israel enteignen wollte, dazu, dass 94 Prozent des Landes auf den Golanhöhen von den Israelis beschlagnahmt wurden. Und als sie über dieses Land verfügten, begannen sie mit dem Bau neuer Siedlungen.

Der stellvertretende Ministerpräsident Yigal Allon übergab der Regierung am 3. Juli 1967 (zehn Tage vor und unabhängig von seinem »Allon-Plan« für das Westjordanland und den Gazastreifen) einen Plan, den er mit »Arbeitslager auf den Golanhöhen« überschrieb. Im Kern sah dieser Plan vor, auf dem Höhenzug Arbeitslager zu errichten, weil, wie Allon ausführte, eine landwirtschaftliche Nutzung dieses Gebiets, der die Regierung, so hoffte er, schon bald zustimmen würde, die Errichtung von Lagern mit Unterkünften für Arbeiter und Lagergebäuden für Werkzeuge, Saatgut und Kunstdünger erforderlich machte. Ob nun Allon mit diesen »Arbeitslagern« wirklich nur provisorische Behausungen für Arbeiter und Werkzeugschuppen verband oder diese Orte allmählich in feste Siedlungen umwandeln wollte, ist nicht ganz klar, obwohl er möglicherweise davon ausging, dass die Golanhöhen nach einer gewissen Zeit an Syrien zurückgegeben werden würden. Anders als beispielsweise beim Westjordanland, bei dem die Israelis darauf beharrten, dass es nie zu Jordanien gehört habe, bestritten sie niemals die Tatsache, dass der Golan zu Syrien gehörte. Aber weil nicht klar war, *wann* das Land wieder in syrische Hände übergehen würde, war Allon vielleicht der Ansicht, dass seine Arbeitslager Damaskus dazu nötigen könnten, einem Frieden unter israelischen Bedingungen zuzustimmen. Diese Ansicht äußerte auch der israelische Botschafter in den USA, Yitzhak Rabin, der auf amerikanische Kritik unmittelbar nach dem Krieg, der Bau von Siedlungen bestätige den arabischen Verdacht, dass Israel nicht die Absicht hege, sich aus den 1967 besetzten Gebieten wieder zurückzuziehen, antwortete, dass »die Araber umso größeren Verhandlungseifer zeigen würden, je mehr sie eine Gefahr sähen, dass sie ihre Gebiete nicht mehr zurückbekommen würden«.[28]

Wie auch immer die Überlegungen ausgefallen waren, die Minister billigten Allons Plan, und am 19. Juli zogen Arbeiter in einen Wald in der Nähe des verlassenen syrischen Dorfes Aleika und begannen dort mit der Bodenbearbeitung. Die Regierung genehmigte am 27. August den Bau von weiteren Siedlungen auf dem Golan und verschleierte diese Politik zugleich gegenüber der Öffentlichkeit mit der Erklärung, dass »wir keine festen Siedlungen bauen«.[29] Die letztere Entscheidung führte am 24. September zur Errichtung von Snier, und am 12. Oktober 1967 zogen Siedler in verlassene syrische Häuser in Kuneitra, um dort den Kibbuz Golan zu errichten, der später in Merom Golan (»Golanhöhen«) umbenannt wurde. Seinen letzten, dauerhaften Standort erhielt er am 31. März 1972. Dieser kühne Siedlungsvorstoß im Sommer und Herbst 1967 erfolgte vor dem Hintergrund zunehmend aggressiver Verlautbarungen der syrischen sowie anderer arabischer Regierungen, die wiederum den Israelis zupass kamen, denn ihre Regierung konnte so behaupten, die Araber wollten gar keinen Frieden, und Israels Politik des Siedlungsbaus sei deshalb als Mittel der Selbstverteidigung gerechtfertigt. Die Regierung genehmigte den Bau jüdischer Siedlungen auf dem Golan, belegte aber gleichzeitig die Bautätigkeit im arabischen Teil des Gebiets mit Einschränkungen und Hindernissen, wie wir beispielsweise von Mufeed al-Wili erfahren, einem Drusen aus Bukata, der erklärt: »Die meisten israelischen Projekte auf dem Golan werden [von der Regierung] subventioniert. [...] Das Land wird [den Siedlern] kostenlos zur Verfügung gestellt. [...] Wenn wir [Drusen] mehr Land wollen, müssen wir es von den israelischen Behörden kaufen oder mieten, [...] [aber] wir können von den Israelis kein Land kaufen oder mieten, weil wir sie nicht als Besitzer des Landes betrachten, [...] wie können wir das Land von denjenigen, denen es nicht gehört, mieten oder kaufen?«[30] Und so hatten die Israelis bis Ende März 1969 auf dem Golan bereits zehn neue jüdische Siedlungen geschaffen, während die Drusen weder neue Ansiedlungen errichteten noch bereits bestehende Dörfer vergrößerten.

Widerstand und Krieg

Unterdessen entwickelte sich Widerstand gegen die Besatzung, und in vielerlei Hinsicht erwies er sich als noch gewalttätiger als in den besetzten Palästinensergebieten, denn nach und nach war auch die syrische Armee mit ihren schweren Geschützen daran beteiligt. Die Syrer erkannten zutreffenderweise in den festen Siedlungen auf dem Golan Israels wunden Punkt und lenkten ihr Artilleriefeuer darauf – zur Verblüffung der israelischen Siedler, die auf Angriffe aus der unmittelbaren Nachbarschaft weder psychisch noch physisch vorbereitet waren.

Auf gelegentliche Schusswechsel folgte der offene Krieg, als die Syrer, über die fortdauernde Besetzung ihres Landes durch die Israelis empört, in enger Abstimmung mit Ägypten, das Israel am 6. Oktober 1973 gleichzeitig im Süden angriff, mit einer massiven Invasion begannen. Diese militärische Auseinandersetzung wurde als Oktoberkrieg 1973 oder Jom-Kippur-Krieg bekannt, und der neuerliche Waffengang erinnerte diejenigen, die – vor allem in Israel – der Ansicht waren, die Araber würden sich an die Besatzung gewöhnen und auf ihr Land verzichten, daran, dass dieser Fall nicht eintreten wird. Syrischen Panzer- und Infanterieeinheiten gelang es mit Unterstützung durch die eigene Luftwaffe, die israelische Armee nahezu vollständig zu überraschen. Sie durchbrachen die Verteidigungslinien und überrannten große Teile der Golanhöhen mit dem Ziel, diese von den israelischen Besatzern zu befreien. Der syrische Anfangserfolg war jedoch nur von kurzer Dauer, denn die Israelis drängten die Angreifer schon bald in die Defensive und eroberten Kuneitra ebenso zurück wie allen anderen zuvor verlorenen Boden – letztlich besetzten sie noch mehr Land, als sie vor dem Krieg kontrolliert hatten.

Israel und Syrien unterzeichneten am 31. Mai 1974 mit amerikanischer Vermittlung ein Truppenentflechtungsabkommen, mit dem der Kriegszustand vom Oktober 1973 offiziell beendet wurde und in dem die Konfliktparteien sich verpflichteten, den Waffenstillstand zu Land, zu Wasser und in der Luft »gewissenhaft« einzuhalten und von weiteren militärischen Aktionen gegeneinander abzusehen. Das Abkommen sah vor, dass die Israelis im größten Teil des 1967 besetzten Golan-Gebietes verbleiben sollten, doch Kuneitra und das von Israel im Oktober 1973 eroberte zusätzliche Gebiet sollten an Syrien zurückgegeben werden. Eine UN-Friedenstruppe –

die United Nations Disengagement Observer Force (UNDOF) – wurde ins Leben gerufen und in einer Pufferzone zwischen den israelischen und syrischen Truppen stationiert.

Der mit diesen Übereinkünften verbundene Erfolg wurde jedoch von der Kuneitra-Affäre überschattet. Kuneitra war immer die wichtigste Stadt auf dem Golan gewesen. Aber im Verlauf des Krieges hatte die Stadt schwer zu leiden, denn die vorrückenden Israelis zerstörten sie bei ihrem Gegenangriff zu großen Teilen. Jetzt allerdings, in dem kurzem Zeitraum zwischen der Unterzeichnung der Abkommen und dem Tag, an dem Kuneitra an Syrien zurückgegeben werden sollte, nahmen israelische Siedler auf dem Golan die Dinge selbst in die Hand, schafften schweres Gerät vor Ort und zerstörten so viele der verbliebenen Gebäude von Kuneitra, wie sie nur konnten, während die israelische Armee tatenlos zusah. Der Syrien-Korrespondent der französischen Tageszeitung *Le Monde* gab in einem Beitrag für die Londoner *Times* einen detaillierten Augenzeugenbericht zu den von den Israelis verursachten Zerstörungen:

Kuneitra ist nicht mehr wiederzuerkennen. Die Häuser mit den auf dem Boden liegenden Dächern sehen wie Grabsteine aus. Ein Teil der Trümmer ist mit frischer Erde bedeckt, die von den Bulldozerketten aufgerissen wurde. Überall liegen Bruchstücke von Möbeln, weggeworfene Küchenutensilien, hebräische Zeitungen [...]. Hier ist eine aufgeschlitzte Matratze, dort sieht man die Federn eines alten Sofas. Auf den wenigen Mauerresten, die noch stehen, kündigen hebräische Inschriften an: »Ihr wollt Kuneitra haben, ihr werdet es zerstört vorfinden.«[31]

Israel weigerte sich, die Verantwortung für die Zerstörungen zu übernehmen, und behauptete, ein großer Teil davon sei das Ergebnis von Feuergefechten zwischen der israelischen und syrischen Armee gewesen, aber die Welt sollte diese durch nichts zu belegende Behauptung nicht akzeptieren. Die Vereinten Nationen verabschiedeten am 29. November 1974 eine Resolution (3240/A), in der die Verletzung von Menschenrechten auf dem Golan durch Israel und die gezielte Zerstörungsaktion in Kuneitra beklagt wurde.[32]

Zu den Lehren, die man in Israel aus dem Krieg von 1973 zog, gehörte, dass die 16 Siedlungen auf dem Golan keinerlei Sicherheit boten, im Gegenteil. Für die Armee waren sie sowohl vor dem Krieg wie auch währenddessen eine große Hypothek, weil alle ihre Bewohner evakuiert werden mussten. Die Regierung entschied dennoch – vielleicht im Bestreben zu zeigen, dass der Krieg die Entschlossenheit

Israels nicht geschwächt hatte –, noch mehr Siedlungen zu bauen und noch mehr Menschen auf den Golan zu bringen, um die kleine Gemeinde von nur 600 dort lebenden Siedlern zu verstärken. Das Kabinett beschloss am 16. Juli 1974 den Bau eines städtischen Zentrums auf dem Golan, das den Namen Katzrin erhalten und 5000 Familien ein Zuhause bieten sollte, und für das auch eine Schule und andere öffentliche Einrichtungen vorgesehen waren. Außerdem sollte der Siedlungsbau auch auf das Zentrum und den nördlichen Teil der Golanhöhen ausgeweitet werden, wobei man wegen der unfruchtbaren Böden auf den Aufbau von Industriebetrieben setzte.

Um die Kontrolle über den Golan zu festigen, errichtete Israel 1975 außerdem einen – auch mit Minenfeldern – stark befestigten Grenzzaun, der das besetzte Gebiet vollständig von Syrien abschottete. Die Bewohner des Golan, die zu Beginn der Besatzungszeit noch einige Zeit lang die »grüne Grenze« überwinden konnten, wenn sie Verwandte und Freunde besuchen wollten, waren durch das neue Hindernis von solchen Kontakten abgeschnitten. Wenn man bedenkt, dass etwa 90 Prozent der Golan-Bewohner Verwandte in Syrien hatten, war das ein schwerer Schlag. Diese dramatische Veränderung führte dazu, dass Familien von beiden Seiten sich auf den »Hügeln der Rufe« versammelten, zwei Anhöhen unmittelbar außerhalb des Golan-Städtchens Majdal Shams, zwischen denen die Waffenstillstandslinie verläuft, und sich mit Megafonen die aktuellen Nachrichten über Geburten, Sterbefälle und Hochzeiten zuriefen. Die Frustration angesichts dieses Zustands wird sehr deutlich in der Aussage von Amina al-Khatib, die aus dem Dorf Ayn Qunyih im Golan stammt, aber seit dem Krieg von 1967 auf der syrischen Seite der Waffenstillstandslinie lebt:

> *Dort [auf dem Hügel der Rufe] empfand ich große Frustration. Ich habe mein Heimatdorf unmittelbar vor Augen, kann aber nicht dort hingelangen. Wenn ich [zum Hügel der Rufe] gehe, sagt man mir dort über das Megafon, dass eine bestimmte Person gestorben ist, dass jemand im Sterben liegt, und ich verspüre einen großen Zorn. Ich möchte diese Stacheldrahtverhaue und Minen beseitigen, und mir ist ganz egal, was dann passiert.[33]*

Diese Bemühungen der Golan-Bewohner, den Kontakt zu Verwandten und Freunden jenseits der Grenze in Syrien zu halten, standen in einem auffälligen Kontrast zum distanzierten Verhältnis, das sich zwischen den Drusen auf dem Golan und der Gemeinschaft der Drusen in Israel entwickelt hatte. Unmittelbar nach dem Sechstagekrieg 1967 waren noch israelische Drusen aus den Dörfern in Galiläa auf die Golanhöhen geeilt, um die bei der Gründung des Staates Israel 1948 abgerissenen Kontakte wieder zu erneuern. Doch nach und nach wuchsen die Spannungen zwischen den beiden Gemeinden wegen politischer Differenzen – und weil die Drusen auf dem Golan die engen Beziehungen zwischen ihren drusischen Glaubensbrüdern und dem israelischen Staat mit Misstrauen beobachteten.

Nach einem Jahrzehnt israelischer Besatzungszeit gab es auf dem Golan 24 jüdische Siedlungen, darunter auch die neu errichtete Stadt Katzrin, wo im Sommer 1977 die ersten Siedler einzogen. Aber die jüdische Besiedlung des Golan erreichte nie eine kritische Masse und hat bis zum heutigen Tag einen recht bescheidenen Umfang. Die Siedler auf dem Golan arbeiteten meist am Ort, im Unterschied zu vielen Siedlern im Westjordanland, die zu ihren Arbeitsplätzen und für Dienstleistungen oft auf israelisches Staatsgebiet pendelten. Im südlichen Golan setzten die Siedler ganz auf die Landwirtschaft, wichtige Bereiche waren dabei die Fleischproduktion (mit Truthähnen und Rindern) und die Apfelplantagen. Im zentralen und nördlichen Golan entstand eine kleine Industrieproduktion: Elektrogeräte, Ausrüstungsgegenstände für die Feuerwehr, Schuhe und Sandalen wurden hergestellt, Tuffstein (ein Grundmaterial für Haus- und Straßenbau) abgebaut, sogar Wein wurde produziert. Andere Siedlungen, und hier vor allem Neve Ativ, verlegten sich auf den Tourismus, dessen wichtigster Geschäftszweig das Skifahren auf dem Berg Hermon war.

Zum Zeitpunkt der Besetzung durch Israel war der Golan eine unterentwickelte Region. Es gab nur sehr wenige gut befahrbare Straßen, und die Dörfer waren nicht an die Strom- und Wasserversorgung angeschlossen. Unter diesem Gesichtspunkt führte die jüdische Besiedlung des Golan zur Entwicklung der Infrastruktur. Aber die Golan-Bewohner zeigten weiterhin ihre Loyalität gegenüber Syrien – obwohl viele von ihnen Arbeit in Israel fanden und von den Verbesserungen durchaus profitierten –, betrachteten sich als syrische Staatsbürger und waren gegen die israelische Besatzungsmacht.

4 Sinai

Heute wird oft vergessen, dass die Sinaihalbinsel, die Israel 1967 Ägypten entriss, einst ein Teil der besetzten Gebiete war. Das ist teilweise dadurch erklärbar, dass Israel die Halbinsel nur relativ kurze Zeit kontrollierte, nämlich von Juni 1967 bis April 1982, und die dort ins Werk gesetzten Veränderungen nur relativ geringfügig waren. Und da die endlosen Wüstenflächen, die die Halbinsel bedecken, nur dünn besiedelt sind, gab es nur wenige Spannungen zwischen Besatzern und Besetzten. Dennoch war die Sinaihalbinsel 15 Jahre lang ein besetztes Gebiet, und es lohnt sich, die wesentlichen Merkmale der Besatzung zu untersuchen, denn diese wies einige Ähnlichkeiten zu anderen unter israelischer Kontrolle stehenden Gebieten auf. Die Israelis betrachteten den Sinai als wichtiges zusätzliches Stück Land, mit dem das israelische Gefühl der Sicherheit verstärkt wurde und das wichtige Rohstoffe wie zum Beispiel Erdöl lieferte.

Der Sinai, der auf der Landkarte aussieht wie ein auf den Kopf gestelltes Dreieck, ist ein vom Mittelmeer im Norden, vom Roten Meer im Süden und Osten und vom Suezkanal im Westen begrenztes, rund 60 000 Quadratkilometer großes Wüstengebiet. Die inoffizielle Verwaltungshauptstadt ist Al Arish im Norden der Halbinsel. Ägypten, einschließlich des Sinai, war offiziell bis 1918 ein Teil des Osmanischen Reiches, und der Sinai wurde vom osmanischen Statthalter in Kairo verwaltet. Allerdings war das Gebiet mehr oder weniger autonom, weil die osmanischen Herrscher ihre Herrschaft in erster Linie auf die großen Städte beschränkten. Ägypten und der Sinai gerieten nach und nach in die britische Einflusssphäre, bis Ägypten 1922 seine Unabhängigkeit erlangte, mit der auch die Sinaihalbinsel unter ägyptische Verwaltung kam und seitdem als ägyptisches Staatsgebiet galt.

Unmittelbar vor dem Sechstagekrieg im Juni 1967 lebte zwar die überwältigende Mehrheit der ägyptischen Bevölkerung westlich des Suezkanals, aber der Sinai war keineswegs menschenleer. Zum Zeitpunkt der Besetzung durch Israel lebten dort etwa 130 000 Menschen, etwa 100 000 davon im Norden, auf den auch der größte Teil der jährlich 100 bis 200 Millimeter Niederschläge entfällt. Es gab 11 000 bis 12 000 Beduinen, und obwohl sie oft unterwegs waren, auf der Suche nach Weidegründen für ihre Herden, besaßen sie zwei dauerhaft bewohnte Dörfer in der nordöstlichen Ecke der Halbinsel nahe an der Grenze zum Gazastreifen: Abu Twila und Sheik Zuid. Abu Twila war das wichtigste Marktstädtchen für alle Beduinen in der Region, und die Bewohner verdienten sich ihren Lebensunterhalt durch Handelsgeschäfte und Landwirtschaft. Die Beduinen in Sheik Zuid lebten von der Landwirtschaft und, weil es zum Meer nicht weit war, von der Salzgewinnung. Der Schmuggel von Waren aus dem Sinai in den Gazastreifen und an andere Bestimmungsorte war allerdings immer eine zusätzliche Einkommensquelle.

Die Besiedlung

Israel sah im Sinai zunächst, im Unterschied zu anderen 1967 besetzten Gebieten, von einem Siedlungsbau im großen Maßstab ab. In dieser Zurückhaltung spiegelte sich die Erkenntnis, dass es die Halbinsel letztlich dem rechtmäßigen Eigentümer Ägypten würde zurückgeben werden müssen – im Unterschied beispielsweise zum Gazastreifen, der niemals zu Ägypten gehört, und zum Westjordanland, das, zumindest nach israelischer Auffassung, niemals zu Jordanien gehört hatte. Einige Persönlichkeiten in Israel – der engagierteste Befürworter war Zentralbankchef David Horowitz – schlugen jedoch unmittelbar nach dem Krieg interessanterweise vor, Israel solle Ägypten die Sinaihalbinsel abkaufen und dort neue Siedlungen bauen. Horowitz erörterte die Angelegenheit sogar mit Vertretern der amerikanischen Regierung, aber es kam nichts dabei heraus. Die Regierung genehmigte jedoch später, im Jahr 1969, ein in seinem Umfang begrenztes Siedlungsprojekt in der Rafiah-Ebene (auf Hebräisch: »Pitchat Rafiah«) an der Mittelmeerküste, in unmittelbarer Nachbarschaft des Gazastreifens. Hinter dieser Initiative steckte die Überlegung, dass ein Siedlungsblock im Nordostteil der Halbinsel als Pufferzone dienen könnte, als Keil zwischen dem Gazastreifen und dem Sinai, sodass bei einer Rückgabe der Halbinsel an Ägypten ein Block von Dörfern als physische Barriere dienen könnte, mit der sich der Waffenschmuggel von Ägypten in den Gazastreifen verhindern ließ.

Da ein großer Teil des dafür vorgesehenen Landes jedoch von Beduinenstämmen genutzt wurde, begann die Armee unter General Sharon im Frühjahr 1972 mit einer Operation, die die Räumung des Gebiets zum Ziel hatte. Sie enteignete große Stücke landwirtschaftlich genutzten Beduinenlandes, das den Besitzern aus »Sicherheitsgründen« weggenommen und eingezäunt wurde. Als nächsten Schritt schickte Sharon seine Soldaten mit dem Auftrag in das umzäunte Gebiet, die dort lebenden 1540 Beduinenfamilien zu vertreiben.[1] Es war eine grausame Aktion: Häuser wurden dem Erdboden gleichgemacht, Bäume entwurzelt und Brunnen, die die Beduinen gebohrt hatten, um ihre Felder zu bewässern und ihr Vieh zu tränken, blockiert. Die meisten der Evakuierten ließen sich in Zelten in unmittelbarer Nähe des abgeriegelten Gebietes nieder und bearbeiteten von dort aus, nachdem sie den Zaun überwunden hatten, eine Zeit lang weiterhin ihre Felder. Die Evakuierten klagten beim Obersten Gerichtshof Israels, vor dem die Militärs die Entscheidung zu ihrer Evakuierung ebenso energisch verteidigten wie die ihrer Ansicht nach bestehende Notwendigkeit, dieses Land in eine Pufferzone zu verwandeln, die den Sinai vom Gazastreifen trennen sollte. Die Richter fällten im Mai 1973 ihr Urteil, und es gab dabei keine großen Überraschungen: »Wir haben keinen Grund, daran zu zweifeln, dass uns die militärischen Begründungen für die Schaffung einer Pufferzone in der Rafiah-Ebene in uneingeschränkt gutem Glauben vorgetragen wurden«, erklärten die Richter und fuhren fort: »In solchen Angelegenheiten ist sicherlich die Auffassung von Armeevertretern derjenigen des Rechtsbeistands der Antragsteller vorzuziehen.«[2] Der Antrag wurde abgewiesen, den Beduinen wurde die Rückkehr auf ihr Land verwehrt, auf dem anschließend jüdische Siedlungen entstanden.

Da die Sinaihalbinsel – ebenso wie die Golanhöhen – nicht als Teil des biblischen Erez Israel galt, war der im Westjordanland so auffällige Einfluss religiöser Siedler hier marginal. Es wurde nur eine Siedlung dieser Art gebaut, sie trug den Namen Atzmona oder Bnei Atzmon. Die meisten Siedler im nördlichen Sinai – Mitte der 1970er-Jahre gab es dort 13 Dörfer – waren dagegen ausgebildete Landwirte, Söhne alter und etablierter kollektiv und kooperativ verfasster Siedlungen in Israel selbst, die nach neuem Land suchten, das sie bewirtschaften konnten.

Der wichtigste Wirtschaftszweig war die intensive, exportorientierte Landwirtschaft, vor allem Blumen und Gemüsesorten, denen das Klima und die Verfügbarkeit billiger arabischer Arbeitskräfte zugutekamen, die aus dem nahegelegenen Gazastreifen zur Feldarbeit hergebracht wurden. Die Regierung hoffte zunächst, dass die Siedlungen auf dem Sinai sich zu den führenden Betrieben für den Export von Winter-Feldfrüchten entwickeln könnten, aber in Wirklichkeit kamen sie nur auf einen Anteil von etwa 15 Prozent an den Gemüse- und Blumenexporten in den Monaten Januar bis März, die wiederum nur rund 30 Prozent der Jahresgesamtexporte ausmachten.

1973 genehmigte die Regierung den Bau eines städtischen Zentrums namens Yamit. Es sollte an der Mittelmeerküste entstehen und die südlichste der Strand-Städte an dieser Küste werden – sie reichten von Haifa im Norden über Tel Aviv bis

Ashdod im Süden. Nach den Vorstellungen des Kabinetts sollte die neue Stadt über einen Tiefwasserhafen und einen Flugplatz verfügen, und ihre Bewohner sollten im Tourismus und im Bereich von Dienstleistungen für die benachbarten Siedlungen Arbeit finden. Die ersten Siedler bezogen 1975 die eben erst fertiggestellten Häuser in Yamit, und der Ort zog schon bald darauf weitere Siedler – säkulare und religiöse – aus ganz Israel an, die ein Wüstenabenteuer und eine Herausforderung suchten. Dass die Regierung überhaupt tätig wurde und in den Bau einer Stadt investierte, der Tatsache zum Trotz, dass man dieses Land letztlich an Ägypten würde zurückgeben müssen, mutet überraschend an, aber vielleicht dachten die Minister auch, dass sie die Ägypter zu gegebener Zeit davon überzeugen könnten, diese Stadt und die Siedlungen in ihrem Umfeld bestehen zu lassen; oder vielleicht betrachteten sie das Projekt einfach als Hebel, mit dem sich Druck auf Ägypten ausüben ließ, einen Frieden nach den von Israel bevorzugten Bedingungen zu schließen.

In einem anderen Teil des Sinai, der unter dem Namen Shlomo-Bezirk bekannt wurde, genehmigte die Regierung in den Jahren von 1969 bis 1975 den Bau einer Reihe von Siedlungen, die nach ihren Vorstellungen – auf welche Art auch immer – den freien Verkehr von israelischen Schiffen im Golf von Akaba garantieren sollten, der von Ägypten in der Vergangenheit wiederholt blockiert worden war. Dies führte 1971 zum Bau von zwei Siedlungen: Neviot und Di-Zahav. Neviot entstand nur 68 Kilometer südlich von Eilat, und es gab dort neben der Landwirtschaft auch ein Hotel, ein Restaurant und eine Tauchschule. Di-Zahav lag weitere 80 Kilometer südlich in der Nähe des Beduinendorfes Dahav, und die Siedler arbeiteten hauptsächlich in der Tourismusbranche.

Ein Jahr später genehmigte die Regierung den Bau einer Stadt, die den Namen Ofira erhalten sollte, und zwar an der Südspitze der Halbinsel, ganz in der Nähe von Sharm el Sheikh. Dort standen schon bald ein Kraftwerk, eine Anlage zur Meerwasser-Entsalzung und zwei kleine Fabriken, die den Siedlern, neben den beiden Hotels am Ort, Arbeitsplätze bieten sollten. Aber dieses Gebiet war viel zu isoliert und für den durchschnittlichen Israeli niemals wirklich attraktiv. Zu den besten Zeiten hatte Ofira 1000 Einwohner und galt, wie andere Siedlungen im südöstlichen Sinai auch, als nur mäßig erfolgreiches Unternehmen. Dieses Scheitern bei der Entwicklung der abgelegeneren Gebiete des Sinai hatte auch damit zu tun, dass die Siedlungen im Südosten weitgehend sich selbst überlassen blieben, während die Siedlungsprojekte im Norden der Halbinsel massive Unterstützung – finanzieller und auch anderer Art – vonseiten der Regierung erhielten.

Weitere Projekte waren die Entwicklung des Gebiets in der Umgebung des Katharinenklosters im Zentrum der Halbinsel – eines der ältesten Klöster der Welt, das nach der Überlieferung an der Stelle errichtet worden ist, an der Moses den brennenden Dornbusch sah – durch die Errichtung eines modernen Flugplatzes im Jahr 1976, durch den dieser Ort besser mit der Außenwelt verbunden werden sollte.

Und die Israelis waren auch hinter den Bodenschätzen des Sinai her: Unter Missachtung der völkerrechtlichen Bestimmungen für besetzte Gebiete suchten sie auf der Sinaihalbinsel nach Öl. Sie bohrten im Alma-Ölfeld und bauten diese Anlage aus, die in der Zeit des Förder-Maximums ein Viertel des jährlichen Ölverbrauchs in Israel abdeckte. Schließlich entstand im Sinai eine Reihe gigantischer Militärstützpunkte, weil das große Wüstengebiet ideal für militärische Übungszwecke war, und die Luftwaffe machte die Wüste zu ihrem wichtigsten Ausbildungsgebiet.

Krieg und Kompromisse

Bei einer Reise durch die weiten Landschaften der Sinaihalbinsel konnte man in den Jahren nach dem Sechstagekrieg von 1967 leicht den Eindruck gewinnen, dass an dieser Front alles ruhig war. Das hatte jedoch mit der Wirklichkeit nichts zu tun, denn in der Suezkanal-Zone am westlichen Rand der Wüste tobte zwischen Israel und Ägypten eine blutige Schlacht.

Die ersten Anzeichen für wachsende Spannungen waren bereits im Oktober 1967 erkennbar, als die Ägypter den israelischen Zerstörer *Eilat* mit vier Raketen versenkten, die aus der näheren Umgebung von Port Said abgefeuert worden waren, der Hafenstadt am Mittelmeer am nördlichen Ende des Suezkanals. Israel reagierte mit einem Artillerie-Vergeltungsangriff auf die ägyptischen Ölraffinerien in Suez am Südende des Kanals, bei dem die Anlagen in Brand gerieten und ein enormer Sachschaden entstand.

Diese wechselseitigen Vergeltungsakte entwickelten sich schließlich zu einem regelrechten Abnutzungskrieg entlang der gesamten Strecke des Suezkanals, und der ägyptische Präsident Gamal Abdel Nasser erklärte im Juni 1969, er werde für eine Eskalation der Kämpfe sorgen, um den Sinai von seinen israelischen Besatzern zu befreien. Einige Monate später begannen beide Seiten einen Schlagabtausch, der mit Kampfflugzeugen, Panzern und schwerer Artillerie geführt wurde – es kam sogar zu Kommandounternehmen, bei denen Soldaten auf die jeweils andere Seite des Kanals geschickt wurden. Israel errichtete zum Schutz der eigenen Soldaten vor ägyptischem Feuer am Ostufer des Kanals ein Bunker- und Befestigungssystem, das (nach dem damaligen Generalstabschef Chaim Bar-Lev) den Namen Bar-Lev-Linie erhielt.

In einer Zeit, in der Artilleriegeschosse hin- und herflogen, blieb der Suezkanal für den Schiffsverkehr geschlossen, wie schon seit Beginn des Sechstagekrieges 1967. Nasser gewann den Sinai zwar nicht zurück, indem er den Israelis diesen Abnutzungskrieg aufzwang, aber es gelang ihm, sie müde zu machen, und diese blutige Auseinandersetzung endete sozusagen mit einem torlosen Unentschieden. Beide Seiten unterzeichneten schließlich ein Waffenstillstandsabkommen, das am 7. August 1970 in Kraft trat, nach drei Jahren eines bewaffneten Konflikts, bei dem 367 israelische Soldaten und mehr als 10 000 ägyptische Soldaten und Zivilisten getötet worden waren, ohne dass es zu wahrnehmbaren Veränderungen des seit 1967 bestehenden Zustands gekommen wäre. Der Sinai verblieb unter israelischer Besatzung.

Dayan war vollkommen klar, dass der Waffenstillstand mit Ägypten nur eine vorübergehende Atempause war und die Kämpfe mit Sicherheit wieder aufflammen würden, falls Israel an der Besetzung des Sinai festhielt. Deshalb schlug er im Kabinett kurz nach dem Inkrafttreten des Waffenstillstands vor, die eigenen Streitkräfte vom Suezkanal zurückzuziehen und an einer neuen Verteidigungslinie am Gidi- und Mitlapass zu stationieren, etwa 35 Kilometer östlich des Kanals. Ein solcher Teilverzicht auf die Besetzung des Sinai, argumentierte er, würde die Wahrscheinlichkeit von Grenzzwischenfällen verringern und Ägyptens Präsident Nasser außerdem einen Anreiz für die Wiedereröffnung des Suezkanals für den internationalen Schiffsverkehr bieten – so würde auch eine wichtige Einnahmequelle für Ägypten wieder sprudeln. Der Schiffsverkehr auf dem Kanal, erklärte Dayan, würde neuerliche bewaffnete Konflikte mit Israel für Ägypten zu einer unprofitablen Angelegenheit machen, denn der Kanal würde dann wieder geschlossen und das Land diese wichtigen Einnahmen abermals verlieren. Aber Dayans politische Widersacher – allen voran Yigal Allon, der stellvertretende Ministerpräsident – waren gegen diesen Vorschlag. Ministerpräsidentin Golda Meir ergriff Partei für Allon und erklärte, sie könne nicht verstehen, wie Dayan auch nur vorschlagen könne, einen Teil des Sinai »für nichts« aufzugeben. Auch das Militär war gegen einen Rückzug, und der Plan wurde fallengelassen. Aber Ägypten akzeptierte die fortdauernde Besetzung eigenen Staatsgebiets durch Israel nicht, und Anwar al-Sadat, der nach Nassers Tod im September 1970 ins Amt kam, war entschlossen, sich dieses Land zurückzuholen.

Anwar al-Sadat wurde 1918 in der etwa 60 Kilometer nördlich von Kairo gelegenen Stadt Mit Abu al-Kum geboren und stammte aus einer Familie mit 13 Kindern. Im Alter von 18 Jahren begann er seine Ausbildung an einer Militärakademie, wo er ordentliche Ergebnisse erzielte, aber nicht herausragte. Nach seinem Abschluss wurde er in einem entlegenen Außenposten stationiert, wo er Gamal Abdel Nasser begegnete, mit dem er, gemeinsam mit einigen weiteren Offizieren, das Komitee der »Freien Offiziere« gründete, das im Juli 1952 König Faruk und die ägyptische Monarchie stürzte. Sadat und Nasser, der bald nach dem Staatsstreich ägyptischer Staatspräsident wurde, arbeiteten gut zusammen, aber erst nach Nassers Tod trat Sadat – zu diesem Zeitpunkt noch unbekannt und ohne Bewährungsprobe – tatsächlich aus dem Schatten seines Vorgängers. Weder der Erzfeind Israel noch die damaligen Supermächte – die Vereinigten Staaten und die Sowjetunion – nahmen Sadat anfangs ernst, und sogar für sein eigenes Volk galt das Gleiche. Aber im Lauf der Zeit erwies er sich als wagemutig und entschlossen.

Eine der ersten Initiativen Sadats war, dass er sich ans Weiße Haus wandte, das ihm helfen sollte, Israel von der Notwendigkeit eines Rückzugs vom Sinai zu überzeugen, und für den Anfang strebte er zumindest einen Teilrückzug an. Die amerikanische Antwort kam, wenn auch inoffiziell, von Außenminister Henry Kissinger, der Sadat – nach ägyptischen Quellen – zu verstehen gab, dass nur eine wie auch immer geartete Krise die USA zu einer mutigen Intervention bewegen könnte und damit auch zu einem diplomatischen Prozess, der vielleicht zu einem Ende der Besetzung des Sinai führte.[3] Sadat merkte sich Kissingers Rat, zog in der Suezkanal-Zone eine Armee von 200 000 Mann zusammen und schickte 130 000 von ihnen am Nachmittag des 6. Oktober 1973, am Jom Kippur, dem höchsten religiösen Feiertag in Israel, über den Kanal, wo sie die 450 israelischen Soldaten, die die Bar-Lev-Linie bewachten, angreifen sollten. Der Jom-Kippur-Krieg war, wie bereits im vorhergehenden Kapitel angesprochen, mit Syrien abgestimmt.

Sadats Streitkräfte überquerten den Kanal und drangen zehn Kilometer weit ins besetzte Wüstengebiet vor, aber die Israelis erholten sich rasch: Sie stellten die Eindringlinge und starteten einen Gegenangriff, bei dem sie ihrerseits den Kanal überquerten und bis zu 20 Kilometer weit auf ägyptisches Gebiet jenseits des Kanals vordrangen. Drei Wochen später war der Krieg vorbei, und israelische und ägyptische Truppen waren ineinander verbissen: Israelische Soldaten standen auf dem Westufer des Suezkanals, ägyptische auf dem Ostufer. Nach dem Ende der Kampfhandlungen war jetzt die Diplomatie am Zug.

Der Anfang vom Ende der Besetzungszeit

Aktive amerikanische Diplomatie, an deren Spitze Henry Kissinger stand, führte am 11. November 1973 zur Unterzeichnung eines sechs Punkte umfassenden Waffenstillstandsabkommens zwischen Israel und Ägypten, mit dem der Krieg beendet wurde und, rückblickend betrachtet, der Anfang vom Ende der israelischen Besetzungszeit auf dem Sinai eingeläutet war. Punkt 2 des Abkommens rief die kriegführenden Parteien auf, Gespräche über eine Entflechtung ihrer sich an einer langen Front gegenüberstehenden Truppen aufzunehmen.⁴ Nach wochenlangen Verhandlungen trafen sich die Generalstabschefs beider Länder am 18. Januar 1974 in der Wüste und unterzeichneten ein militärisches Abkommen, das unter der Bezeichnung Sinai-Truppenentflechtungs- oder Sinai-I-Abkommen bekannt wurde.⁵

Ägypten und Israel verpflichteten sich, »den [...] Waffenstillstand [...] auf das Genaueste zu beachten und [...] alle militärischen und paramilitärischen Handlungen gegeneinander zu unterlassen«. Israel erklärte sich mit dem Rückzug seiner Streitkräfte vom Westufer des Kanals einverstanden und stationierte sie jetzt hinter einer etwa 25 Kilometer vom Kanal entfernten Linie unmittelbar westlich des Gidi- und des Mitla-Passes – der am günstigsten zu verteidigenden natürlichen Hindernisse auf der Sinaihalbinsel (vgl. hierzu die Karte Nr. 4, S. XI). Dieses Verhandlungsergebnis entsprach interessanterweise mehr oder weniger dem, was Dayan einige Jahre früher vorgeschlagen hatte; hätte Golda Meir damals den von ihm angeregten Truppenrückzug akzeptiert, hätte der Jom-Kippur-Krieg vom Oktober 1973 vielleicht abgewendet und ein weiteres unnötiges Blutvergießen verhindert werden können.

Israels Rückzug und die Neustationierung seiner Armee in einiger Entfernung vom Suezkanal waren ein historisches Ereignis, denn zum ersten Mal hatte sich Israel aus einem der im Juni 1967 eroberten Gebieten zurückgezogen. Ägypten wiederum stimmte der Festlegung zu, neue Stellungen in einer östlich des Kanals gelegenen Zone auf dem Sinai einzurichten, und zwar innerhalb eines zehn Kilometer breiten Streifens, in dem es für die Bewaffnung und die Zahl der Soldaten Einschränkungen gab. Israel stimmte im Gegenzug ähnlichen Auflagen für das nach wie vor von ihm besetzte Gebiet zu. Im zwischen den beiden Armeen liegenden Wüstengebiet wurde eine UN-Pufferzone eingerichtet, die von einer United Nations Emergency Force (UNEF) kontrolliert wurde. Deren Aufgabe bestand darin, die Einhaltung der Beschränkungen zu überwachen, die sich Israel und Ägypten auferlegt hatten. Den Israelis lag viel daran, dass Sadat den Suezkanal wieder öffnete, weil sie annahmen, dass bei Schiffsbetrieb in beiden Richtungen die Wahrscheinlichkeit einer erneuten militärischen Konfrontation erheblich verringert wäre. Aber Sadat weigerte sich zu diesem Zeitpunkt noch, diesem Ansinnen zu entsprechen.

Das Sinai-I-Abkommen galt, vor allem in Ägypten, nicht nur als Waffenstillstandsabkommen, sondern als »erster Schritt auf dem Weg zu einem endgültigen, gerechten und dauerhaften Frieden.«[6] Ägypten wünschte sich deshalb weitere israelische Rückzüge vom besetzten Sinai, und Präsident Sadat wandte sich mit einem Hilfeersuchen an die USA, um dieses Ziel zu erreichen.

»Neubewertung«
Sadats Außenminister Ismail Fahmy traf am 13. August 1974 in Begleitung von Dr. Ashraf Marwan, dem Schwiegersohn des ehemaligen Präsidenten Nasser, der inzwischen Sadats Berater für Auslandskontakte war, im State Department in Washington mit dem US-Außenminister zusammen. Das Ziel der beiden Unterhändler war, weitere israelische Rückzüge vom Sinai sicherzustellen. Kissinger erklärte bei diesem Treffen die Schwierigkeiten, denen sich Washington gegenübersah, wenn es versuchte, Israel zum Rückzug aus weiteren Teilen der besetzten Sinaihalbinsel zu drängen. Zum einen war der neue US-Präsident Gerald Ford zu diesem Zeitpunkt erst eine Woche im Amt, und das zweite Problem waren die von Kissinger so wahrgenommenen Schwächen der israelischen Regierung.

Kissinger erklärte, die USA könnten sich jetzt keine Auseinandersetzung mit Israel leisten, »weil der neue Präsident noch nicht die Zuversicht in der Substanz hat. [...] Es hat keinen Sinn, ihn in eine Konfrontation [mit Israel] zu schicken, bevor er in der Substanz zuversichtlich ist.«[7] Die von Yitzhak Rabin seit 1974 geführte Regierung war nach Kissingers Einschätzung »eine sehr schwache Regierung, die von sehr unreifen Leuten geführt wird. Ich bin von Rabin enttäuscht. [...] Vielleicht haben einige Leute eine obere Grenze, die sie nicht überwinden können. [...] Er hat kein Charisma. [...] Rabin ist ein intellektueller General. Das ist das Schlimmste. Er braucht Monate, um etwas zu lernen.«[8] Aber die ägyptischen Besucher bestanden auf der Forderung weiterer israelischer Rückzüge vom Sinai. »Das wird schwierig«, sagte Kissinger. »Die Israelis sind nicht erpicht auf eine weitere Abmachung, [die über den im Sinai-I-Abkommen beschlossenen Rückzug hinausgeht].«[9] Dann fragte Kissinger: »Welche Gegenleistung können Sie den Israelis anbieten, [wenn sie sich zurückziehen]?« Fahmy erwiderte: »Frieden.« Das war nun eindeutig ein starkes Wort. Schließlich verlangte Sadat, wie schon sein Vorgänger Nasser, Israels Rückzug auf die Grenzen von 1967, hatte bis dahin aber niemals ein umfassendes, bilaterales Friedensabkommen – noch bevor Israel seinen Konflikt mit den Palästinensern gelöst hatte – angeboten. »Sie werden Frieden anbieten?«, bedrängte Kissinger den ägyptischen Chefdiplomaten, was Fahmy zu einem umgehenden Rückzieher veranlasste. Kissinger fasste zusammen: »Zuerst müssen wir dem Präsidenten eine Einarbeitungszeit gewähren. Dann werden wir eine gemeinsame Strategie ausarbeiten. [...] Der Präsident hat jetzt alle Macht in Händen, aber solange ihm noch nichts Dauerhaftes gelungen ist, ist er noch kein richtiger Präsident.«[10]

Präsident Ford fand nach und nach seinen Kurs, und mit wachsender Zuversicht begann er Druck auf Israel hinsichtlich weiterer Rückzüge auf dem Sinai auszuüben. Er drohte sogar mit einer »Neubewertung« der amerikanisch-israelischen Beziehungen, deutete also an, dass er einen Teil des gewaltigen US-Finanz- und Militärhilfe-Pakets für Israel zurückhalten könnte. Das war ein kühnes Vorgehen, das Israel dazu bewog, seine Freunde in Amerika zu mobilisieren: 71 Senatoren ließen dem Präsidenten am 9. Dezember 1974 einen Brief zukommen, mit dem sie protestierten und warnten: »Wir möchten das Engagement für den Fortbestand und die Unverletzlichkeit des Staates Israel bestätigen, das seit mehr als 26 Jahren und unter fünf Regierungen die überparteiliche Grundlage der amerikanischen Politik gewesen ist. [...] Wir bitten Sie dringend, das seit Langem bestehende Engagement unseres Landes für Israels Sicherheit durch eine Politik anhaltender Versorgung mit militärischem Gerät und diplomatischer und wirtschaftlicher Unterstützung fortzuführen.«[11] Der Präsident steckte zurück. Aber nicht lange.

Drei Monate später, im März 1975, gab er seinem Außenminister Henry Kissinger grünes Licht für einen weiteren bedeutenden Vorstoß mit dem Ziel eines zweiten ägyptisch-israelischen Truppenentflechtungsabkommens, für eine Fortführung von Sinai I, mit der die Israelis zu einem weiteren Rückzug ins Innere des besetzten Sinai gedrängt werden sollten. Aber die israelische Regierung sollte sich nicht bewegen, und Kissingers Vermittlungsauftrag endete mit einem Scherbenhaufen.

Präsident Ford nutzte die Gelegenheit für eine öffentliche Schuldzuweisung an die Adresse Israels wegen der entstandenen Pattsituation und drohte anschließend mit der »Neubewertung« der amerikanisch-israelischen Beziehungen. Washington verschob die Überlegungen für alle künftige Wirtschaftshilfe, ließ israelische Anfragen nach Kampfflugzeugen des Typs F-15 liegen, verzögerte die Lieferung bereits zugesagter Lance-Flugabwehrraketen und sagte keine weiteren Waffenlieferungen an Israel zu, solange die Neubewertung noch nicht abgeschlossen war. Israel mobilisierte abermals seine Unterstützer in den USA, und am 23. Mai 1975 schickten 75 Senatoren Präsident Ford einen gemeinsamen Brief, in dem sie eine fortgesetzte und starke wirtschaftliche, politische und militärische Hilfe für Israel forderten. Ford blieb fürs Erste standhaft.

Sinai II

Anwar al-Sadat öffnete den Suezkanal am 5. Juni 1975 wieder für den internationalen Schiffsverkehr, um Fords diplomatische Bemühungen zu unterstützen. Dieser unerwartete Vorstoß setzte Israel unter enormen Druck, mit einem weiteren Truppenrückzug zu reagieren. Die indirekten Verhandlungen zwischen Israel und Ägypten – die von wiederholten US-Forderungen gegenüber Israel, Kompromisse zu schließen, begleitet waren – erreichten am 4. September 1975 einen Höhepunkt, als die Konfliktparteien das Sinai-Interimabkommen, bekannter unter der Bezeichnung Sinai II, unterzeichneten (vgl. hierzu Karte Nr. 4, S. XI).

Dieses Abkommen sah den Abzug Israels aus einem weiteren Teil des besetzten Sinai vor. Die israelischen Streitkräfte sollten sich jetzt auf eine zwischen 30 und 65 Kilometer östlich des Suezkanals liegende Linie zurückziehen und östlich des Gidi- und des Mitla-Passes neue Stellungen beziehen. Israel stimmte auch dem Rückzug von den Ölfeldern von Abu Rudeis zu, die am Westrand der Wüste lagen. Dort hatte die Besatzungsmacht schon kurz nach dem Krieg von 1967 Öl gefördert.

Nach dem Vorbild des Sinai-I-Abkommens einigten sich beide Seiten auf eine entmilitarisierte Pufferzone zwischen den beiden Armeen, für deren Bewaffnung es außerdem Einschränkungen gab. Sadat sicherte zu, bei der Lösung noch offener Streitfragen mit Israel auf Gewalt zu verzichten, den Transport für Israel bestimmter nichtmilitärischer Fracht durch den Suezkanal zu gestatten und sich für die Lockerung des Boykotts gegen israelische Unternehmen einzusetzen, der seit dem Jom-Kippur-Krieg 1973 besonders intensiv betrieben worden war. Die USA sicherten zu, Stützpunkte einzurichten, zu finanzieren und mit 200 Amerikanern zu besetzen, die beide Seiten vor Vertragsverletzungen schützen und die UN-Friedenstruppe im Sinai ablösen sollten. Israel hatte sich seit Unterzeichnung des Sinai-I-Abkommens beklagt, diese Truppe agiere vorurteilsbeladen gegen die israelische Seite.

Der wichtigste Teil des Abkommens waren für Israel jedoch die geheimen amerikanischen Hilfszusagen, die von einigen US-Regierungsvertretern als »irrsinnig« bezeichnet wurden. Die Israelis bekamen als Gegenleistung für ihren Rückzug auf dem Sinai zwar nicht gerade einen amerikanischen Blankoscheck angeboten, aber die Zusagen kamen dem ziemlich nahe: Die Vereinigten Staaten verpflichteten sich, alles in ihren Kräften Stehende zu tun, um »auf fortdauernder und langfristiger Grundlage« – durch das jährliche Einholen der Zustimmung des Kongresses – dem israelischen Bedarf an militärischer Ausrüstung und anderen für die Verteidigung benötigten Gütern vollständig zu entsprechen.[12] Das bedeutete permanente militärische und finanzielle Unterstützung im großen Stil und einen Plan für die Deckung des israelischen militärischen Bedarfs für jede Art von Notfall. Hinzu kam noch die Zusicherung, die militärische Überlegenheit Israels zu bewahren und zu festigen, indem man es mit den modernsten und ausgefeiltesten Waffensystemen – zum Beispiel mit F-15-Kampfflugzeugen – belieferte, die Amerika zu bieten hatte.[13] In einem geheimen Schreiben sicherte Washington außerdem zu, die PLO weder anzuerkennen noch mit ihr zu verhandeln, solange diese Organisation die UN-Resolutionen 242 und 338 ablehnte – in denen unter anderem das Existenzrecht Israels anerkannt wurde – und nicht auf die Anwendung von Gewalt gegen den Staat Israel verzichtete. Die letztere an die Palästinenser gerichtete Forderung – den Widerstand gegen eine illegale Besatzung aufzugeben, und dies als Vorbedingung, um als Gesprächspartner für Verhandlungen über eine Beendigung dieser Besatzung anerkannt zu werden – ist ziemlich außergewöhnlich. Und als Israel einen Teil der Ölvorkommen auf dem Sinai wieder aufgab, sicherte Außenminister Kissinger im Namen der US-Regierung zu, Amerika werde für einen Zeitraum von fünf Jahren garantieren, dass Israel den gesamten eigenen Ölbedarf durch amerikanische Lieferungen decken könne. Die USA würden außerdem in Israel Öl-Lagerkapazitäten errichten, die bis zu einem gesamten israelischen Jahresverbrauch aufnehmen konnten – der Tatsache zum Trotz, dass die Förderung ägyptischen Öls durch Israel auf dem Sinai nach dem Völkerrecht illegal gewesen war. Washington verpflichtete sich außerdem auf israelischen Wunsch, keine Friedensvorschläge zu machen, ohne zunächst »jede Anstrengung« zu unternehmen, »einen Vorschlag mit Israel zu koordinieren, und das zu dem Zweck, Vorschläge, die Israel als unbefriedigend ansieht, nicht zu unterbreiten«.[14] Das war natürlich ein bedeutendes Zugeständnis, denn es gab Israel direkten Einfluss – ein faktisches Vetorecht – auf die Formulierung der amerikanischen Politik im Nahen Osten.

Es sieht ganz danach aus, als gäbe es kein anderes Beispiel dafür, dass eine Nation einer anderen einen solch gewaltigen Reichtum garantiert hat und eine derart lange Liste von Verpflichtungen eingegangen ist, und all dies als Gegenleistung für Israels Unterschrift unter das Sinai-II-Abkommen. Israels damaliger Verteidigungsminister Shimon Peres fasste den Nutzen für Israel so zusammen: »Wir gaben wenig auf und bekamen dafür sehr viel.«[15]

Die Umsetzung des Sinai-II-Abkommens, zu dem auch ein israelischer Rückzug auf dem Sinai und eine Neustationierung israelischer und ägyptischer Truppen entlang neuer Grenzverläufe gehörte, war bis zum 22. Februar 1976 abgeschlossen. Das Abkommen war – zusammen mit Sinai I – ein riesiger Fortschritt auf dem Weg zu einer Beendigung der Besetzung des Sinai. Die israelische Regierung durchbrach eines ihrer eigenen Tabus und zeigte, dass sie gewillt war, 1967 besetztes Land wieder zurückzugeben, allerdings scheint an dieser Stelle die Bemerkung angemessen, dass die Sinaihalbinsel etwa im Vergleich zum Westjordanland relativ wertlos war und der Rückzug deshalb entsprechend leichtfiel. Sadat wiederum zeigte, dass man den Israelis Zugeständnisse abringen konnte, auch wenn diese einen hohen Preis hatten und lange Verhandlungen voraussetzten. Die Reihe von Abkommen, die Israel und Ägypten seit dem Ende des Jom-Kippur-Krieges 1973 miteinander schlossen, zeigte auch – was nicht weniger wichtig war –, dass Washington bei der Beendigung der israelischen Besatzung und dem Abschluss von Friedensverträgen mit seinen Nachbarn eine entscheidende Rolle zufiel. Der größte Teil der Verantwortung lag natürlich weiterhin bei den Konfliktparteien, aber die USA bewiesen in der Zeit nach dem Krieg von 1973, dass sie beim Zustandekommen von Verträgen eine Schlüsselrolle einnehmen konnten, indem sie ihren diplomatischen und finanziellen Einfluss dafür einsetzten, dass beide Konfliktparteien auf den Weg zu einer Versöhnung gebracht wurden.

Zweiter Teil

Das zweite Jahrzehnt
1977–1987

5 Likud-Jahre

Mit manchen Jahren verbinden die Menschen ganz besondere Ereignisse, die all das, was in den gewöhnlichen Zeiten dazwischen geschah, überragen. Das Jahr 1977 war für Israelis und Araber eindeutig ein solches Jahr, und die beiden Personen, die es zu etwas derart Besonderem machten, waren Ägyptens Präsident Sadat, damals bereits im siebten Jahr im Amt, und Menachem Begin.

Begin, 1913 im damals zum russischen Zarenreich gehörenden Brest-Litowsk geboren, war schon in jungen Jahren ein begeisterter Zionist. Nach dem Abschluss seines Jurastudiums an der Universität Warschau wurde er Rechtsanwalt. Seine Eltern und weitere Familienmitglieder wurden im Holocaust von den Deutschen ermordet, und diese Erfahrung sollte Begins spätere politische Tätigkeit und seine Weltanschauung prägen. Begin wanderte 1942 ins britische Mandatsgebiet Palästina aus, wo ihn die Beschränkung jüdischer Einwanderung gegen die Mandatsmacht aufbrachte. Er wurde zu einer Schlüsselfigur im Kampf gegen die Briten und führte die Irgun, eine im Untergrund agierende Terrororganisation, die unerhörte Gewaltakte gegen Briten und Araber verübte. Begins Irgun tötete 1946 durch einen Bombenanschlag, bei dem ein ganzer Flügel des als britisches Hauptquartier dienenden King-David-Hotels in Jerusalem zerstört wurde, 91 Briten. Und im Unabhängigkeitskrieg von 1948 waren seine Leute aktiv an dem berüchtigten Massaker in dem Dorf Deir Yassin in der Nähe von Jerusalem beteiligt. Dieser Vorfall beschleunigte den Exodus der Araber aus Palästina unmittelbar vor der Gründung des Staates Israel.

Begin verbrachte den größten Teil seiner politischen Laufbahn als Führer der rechtsgerichteten Opposition gegen von der Arbeitspartei geführte Regierungen in der Knesset, und jetzt, bei der Parlamentswahl des Jahres 1977 und als Anführer eines rechtsgerichteten nationalistischen Blocks namens Likud, sorgte er für eine Revolution in der israelischen Politik: Er wurde der erste israelische Ministerpräsident aus den Reihen der Rechten und beendete damit die fast drei Jahrzehnte dauernde Hegemonie der Arbeitspartei.

Begin war ein fanatischer Anhänger des historischen Anrechts der Juden auf das biblische Erez Israel, dessen Herz das Westjordanland war, von dem er immer nur mit seinem biblischen Namen sprach: »Judäa und Samaria«. Dieser Name war im Dezember 1967 in den offiziellen Sprachgebrauch eingeführt worden. Die Militärregierung gab in jenem Monat eine Bekanntmachung heraus, in der es hieß, dass der Ausdruck »Region Judäa und Samaria« künftig bedeutungsgleich mit der »Region Westjordanland« sein solle. Der letztere Ausdruck verband das Gebiet nach allgemeinem Empfinden mit dem »Ostjordanland« und verwies deshalb auf jordanische Hoheitsrechte. In jener Zeit fand der neue Begriff zunächst nur wenig Verwendung, aber jetzt versuchte der neue Ministerpräsident, Vergangenheit und Zukunft miteinander zu verbinden, indem er öffentlich von »Judäa und Samaria« sprach und damit den Anspruch verband, dass diese Gebiete ein unverzichtbarer Teil Israels seien, der, wie es im Likud-Programm nachzulesen war, durch »städtische und ländliche Siedlungen«[1] zu erschließen sei.

Zunächst musste Begin jedoch eine Koalitionsregierung zusammenbekommen, und zwei Ministerernennungen sollten für das Schicksal der besetzten Gebiete von ganz besonderer Bedeutung sein. Der eine dieser Minister war Moshe Dayan, einst eine herausragende Stütze der Arbeitspartei und bis 1973 die einflussreichste Persönlichkeit in allen Angelegenheiten, die die besetzten Gebiete betrafen. Begin bot ihm jetzt das Amt des Außenministers an. Dayan, der in die politische Wüste geschickt worden war, weil er den ägyptisch-syrischen Angriff im Oktober 1973 nicht hatte kommen sehen, sah eine Chance, seinen beschädigten Ruf wiederherzustellen.[2] Der andere bedeutende neue Mann im Kabinett war Ariel Sharon, ein ehemaliger Armeegeneral, den Begin zum Landwirtschaftsminister und, was ganz besonders wichtig war, zum Vorsitzenden des Ministerausschusses machte, der für die Siedlungen in den besetzten Gebieten zuständig war. Und mit der parlamentarischen Zustimmung zu Begins Regierung begann ein neues Kapitel in der Geschichte Israels und seiner Beziehungen zu den besetzten Gebieten.

Ein entscheidendes Treffen in Rabat

Begin hätte, wie schon andere Ministerpräsidenten vor ihm, eine Lösung für den israelisch-palästinensischen Konflikt bevorzugt, die Teil eines umfassenden israelisch-jordanischen Abkommens war. Ein unabhängiger palästinensischer Staat, der in Judäa und Samaria zwischen Israel und Jordanien eingekeilt war, war für Begin undenkbar – wie auch für viele andere Politiker in den 1970er-Jahren. Der Ministerpräsident entsandte seinen neuen Außenminister zu einem geheimen Treffen mit Jordaniens König Hussein, bei dem geprüft werden sollte, ob mit Jordanien ein Abkommen möglich war. Diese Begegnung fand am 22. August 1977 in London statt, aber Dayan musste feststellen, dass der König mit Israel nur dann ein Abkommen schließen würde, wenn Israel sich aus dem Westjordanland einschließlich des Ostteils von Jerusalem zurückzog. Für Begin war das undenkbar.[3]

In Wirklichkeit genossen jedoch weder Jordanien noch die Palästinenser bei Begin oberste Priorität. Er glaubte eher an »Ägypten zuerst«: Ein Friedensabkommen mit Ägypten würde der Gefahr, dass Israel zerstört werden könnte, ein Ende setzen. Das arabische Land mit der stärksten Armee würde aus dem Kriegs-Zyklus ausscheiden und anderen den Weg weisen, es ihm gleichzutun. Der Ministerpräsident wandte sich an König Hassan II. von Marokko mit der Bitte zu prüfen, ob der Monarch ein diskretes ägyptisch-israelisches Spitzentreffen arrangieren könnte, bei dem die Streitpunkte erörtert werden sollten. König Hassan war als Vermittler eine gute Wahl, denn Marokko, das Land mit der größten jüdischen Gemeinde in der gesamten arabischen Welt, stand Israel unter allen arabischen Ländern am nächsten, und Hassan selbst verstand sich gut mit dem ägyptischen Präsidenten. Innerhalb weniger Tage übermittelte König Hassan Sadats Antwort: Der ägyptische Präsident würde seinen stellvertretenden Ministerpräsidenten Mohammed Hassan el-Tuhami entsenden, der in Marokko mit dem israelischen Außenminister zusammentreffen sollte.

Die beiden Männer trafen sich am 16. September 1977. Ein Auszug aus einem internen Bericht des israelischen Auslandsgeheimdienstes Mossad beschreibt die Szene:

> *Außenminister [Dayan] traf [...], begleitet von seinem Leibwächter, mit einer Sondermaschine um 19.15 Uhr in Rabat ein. [...] Man brachte die Besucher zum Gästehaus des Königs, [...] und Dayan konnte sich seiner Verkleidung entledigen [die aus einer Perücke und einer Brille mit getönten Gläsern bestand]. Die Gäste saßen in einem Halbkreis an Teetischen. [...] Das Treffen dauerte vier Stunden ohne Pause, und es wurde fortgesetzt, als der König wegging, um seine Mutter zu empfangen, die zu Besuch gekommen war.*[4]

Dem geheimen Bericht ist zu entnehmen, dass Dayan und Tuhami vor allem darüber sprachen, wie ein Abkommen zwischen Israel und Ägypten aussehen konnte, mit dem Ägypten eine umfassende Friedensregelung anbot und Israel im Gegenzug die Besetzung der Sinaihalbinsel beenden würde. Sie diskutierten auch das Palästinenser-Problem, denn Ägypten würde, wenn es in diesem Bereich nichts tat, in der gesamten arabischen Welt des Verrats an der Sache der Palästinenser beschuldigt werden. Die Unterhändler diskutierten verschiedene Ideen, schienen sich aber in einem Punkt einig zu sein: Die PLO und ihr Vorsitzender Arafat waren ein großer Störfaktor, »eine Gefahr für Israels Zukunft, und sie gefährden auch den König von Jordanien«. Die PLO beanspruchte nämlich nicht nur das Westjordanland und den Gazastreifen für die Palästinenser, sondern auch ganz Israel, und sie zeigte eine aggressive Haltung gegenüber verschiedenen arabischen Regimen, insbesondere gegenüber der Monarchie in Jordanien, wo sie starke Unterstützung genoss, weil die Palästinenser dort die Mehrheit der Bevölkerung stellten. Es sollte sichergestellt werden, dass die PLO weder die Friedensbemühungen störte noch, wie zu Beginn der 1970er-Jahre, versuchte, König Hussein zu stürzen. Tuhami schlug deshalb vor, dass andere arabische Länder – nämlich Saudi-Arabien und Ägypten –, die aufgrund ihrer politischen und finanziellen Unterstützung, die sie der PLO gewährten, einen gewissen Einfluss auf Arafat hatten, »die Radikalen [das heißt: die PLO] gemeinsam kontrollieren und den König von Jordanien auf seinem Thron halten könnten«.

Dayan flog von Rabat zunächst direkt nach Israel zurück, um dem Ministerpräsidenten persönlich zu berichten, bevor er zu einem bereits vorab vereinbarten Treffen mit US-Präsident Jimmy Carter weiterreiste. Obwohl Carter durch die eigenen Geheimdienste über Dayans geheimes Treffen mit Tuhami in Marokko informiert worden war, schien er diese Begegnung für kein bedeutsames Ereignis zu halten. Im Gespräch mit Dayan war Carter sehr direkt und ließ seinen Gast wissen, Israel nehme seiner Ansicht nach »eine sehr unnachgiebige Haltung ein, und die arabische Seite scheint flexibler zu sein«; er war außerdem wütend über Israels fortdauernde Politik des Siedlungsbaus, den Begins Likud noch beschleunigen wollte.[5] Dayan war verblüfft – führende israelische Politiker waren eine derart kompromisslose Haltung des Weißen Hauses nicht gewohnt. Doch der aus Georgia stammende Präsident Carter, der sich in einem sozialen Umfeld bewegte, das relativ frei von jüdischem Einfluss war, zeigte sich für die jüdische Lobby in den USA weniger empfänglich als seine Vorgänger, die Israel nahezu automatisch unterstützten.

Der steinige Weg zur Beendigung der Sinai-Besatzung

In Ägypten entwickelte unterdessen Sadat seinen eigenen Plan. Tuhami hatte einen positiven Bericht zum Geheimtreffen mit Dayan in Rabat abgeliefert und dem Präsidenten über den möglichen Friedensvertrag berichtet, den sie gemeinsam skizziert hatten. Mohamed Heikal, ein führender ägyptischer Journalist, schrieb, dass nicht genau bekannt sei, in welcher Form Tuhami sein Gespräch mit Dayan präsentierte, aber »Sadat verstand die Sache so, dass Israel bereit war, sich von ägyptischem Territorium zurückzuziehen«.[6] Nur wenig später, am 21. Oktober 1977, und vielleicht aus reinem Zufall, schickte Präsident Carter einen handgeschriebenen Brief an Sadat mit einer »persönlichen Bitte um Ihre Unterstützung«.[7] Carter erinnerte Sadat in diesem Schreiben an ein früheres Treffen im Weißen Haus, bei dem Sadat ihm versprochen hatte, dass der amerikanische Präsident »in einem entscheidenden Augenblick, […] wenn bei unserer gemeinsamen Suche nach Frieden im Nahen Osten Hindernisse auftauchen würden«, auf ihn zählen könne. Jetzt, so fuhr Carter fort, »ist ein solcher Augenblick gekommen, und ich benötige Ihre Hilfe, […] die Zeit ist jetzt gekommen, [mit dem Friedensprozess] fortzufahren«.

Sadat neigte zu mutigen Gesten, und die bei Tuhamis Treffen mit Dayan angesprochenen Möglichkeiten hatten seine Vorstellungskraft eindeutig beflügelt. Hinzu kamen noch der herzliche Brief von Präsident Carter und ein entscheidender dritter Faktor: die Hoffnung, die sich für ihn mit dem neugewählten israelischen Ministerpräsidenten Begin verband. Sadat sah in ihm eine starke Führungspersönlichkeit, der man auch in schwierigen Fragen Entschlusskraft zutrauen konnte. Zu diesem Schluss kam er nach einem Treffen mit einem gemeinsamen Freund, dem rumänischen Staatspräsidenten Nicolae Ceaușescu. Sadat fragte ihn bei einem Staatsbesuch im September 1977 in Rumänien: »Sie sind Begin bereits begegnet, […] sagen Sie mir: Erstens, will er Ihrer Ansicht nach Frieden schließen? Und zweitens: Ist er stark [genug, um das zu erreichen]?«[8] Ceaușescu bestätigte, dass Begin an Frieden interessiert und außerdem auch eine starke Führungspersönlichkeit sei. Das war die Bestärkung, die Sadat brauchte, und jetzt entschied er sich für einen gewagten Vorstoß: Er würde Israel öffentlich direkte, ergebnisoffene Friedensgespräche anbieten.

Das tat er am 9. November 1977 bei einer Rede vor dem ägyptischen Parlament, dem Rat des Volkes, bei der er seine Zuhörer durch die Ankündigung verblüffte, er sei bereit, »bis ans Ende der Welt« zu gehen, »wenn das verhindert, dass auch nur ein Soldat, ein Offizier unter meinen Söhnen verwundet wird – nicht getötet, nur verwundet«.[9] Und er fügte hinzu: »Israel wird darüber erstaunt sein, […] dass ich bereit bin, in ihr eigenes Haus zu gehen, in die Knesset, um mit ihnen zu sprechen.« Sadats dramatische Erklärung leitete eine neue Phase der Diplomatie ein, in der Sadat zur treibenden Kraft wurde, die Begin zwang, auf die ägyptischen Initiativen einzugehen. Den USA blieb, zumindest vorläufig, nur die Zuschauerrolle, während die von Sadat verachtete UdSSR ganz aus dem Spiel war.

Der durch Sadats Vorstoß in Zugzwang geratene Begin lud den ägyptischen Präsidenten nach Jerusalem ein, allerdings fand sich weder in Begins öffentlichen Erklärungen noch in seiner offiziellen schriftlichen Einladung auch nur eine Spur der Kühnheit, die Sadat gezeigt hatte. Das ist vielleicht auch keine Überraschung, denn in vielerlei Hinsicht trennten diese beiden Männer Welten, in beider Persönlichkeit und Stil gab es kaum Gemeinsamkeiten. Sadat war warmherzig und extrovertiert, extravagant und in Detailfragen ungeduldig, Begin war dagegen ernst, förmlich, pedantisch und auf eine ärgerliche Art an Paragrafen und Vorschriften orientiert. Und dennoch mussten beide jetzt miteinander zurechtkommen.

Eine unangenehme Überraschung in Jerusalem
Anwar al-Sadat landete am 19. November 1977 auf dem Ben-Gurion-Flughafen bei Tel Aviv, wo ihn der Ministerpräsident und zahlreiche führende Persönlichkeiten aus Israels Vergangenheit und Gegenwart begrüßten. Anschließend fuhren sie zu Gesprächen nach Jerusalem, wo die Dinge eine ungünstige Wendung nahmen, weil Sadat jetzt erkannte, dass hier etwas überhaupt nicht stimmte. Er hatte seinen Unterhändler Tuhami so verstanden, dass der israelische Außenminister in Rabat zugesagt habe, dass Israel sich aus dem Sinai zurückziehen und seine Siedlungen dort aufgeben werde. Und jetzt sagte Begin, dass dem keineswegs so sei. Der ebenfalls anwesende Dayan fügte hinzu, bei seinem Geheimtreffen mit Tuhami habe er nichts Derartiges versprochen. Sadat widersprach: »Tuhami sagte, Sie seien zum Rückzug bereit«, worauf Dayan erwiderte: »Herr Präsident, das habe ich nicht gesagt«, und kurz darauf: »Wenn Tuhami gesagt hat, wir seien zum Rückzug bereit, ist er ein Lügner.«

Das Wortprotokoll des Treffens in Rabat stützt Dayans Behauptung. In diesem Dokument wird er mit der an Tuhamis Adresse gerichteten Bemerkung zitiert, er sehe sich »nur als Begins Gesandten, und deshalb müsse er all die Probleme Begin vortragen und könne [nichts versprechen], bevor er nicht mit Begin gesprochen habe«.[10] Die jüdischen Siedlungen im Sinai schien Dayan, jedenfalls nach der Transkription, sogar behalten zu wollen, vor allem den Yamit-Block, der auch noch nach einem israelischen Rückzug aus dem Wüstengebiet eine Pufferzone zwischen dem Sinai und dem Gazastreifen bilden und von israelischen Militärpatrouillen gesichert werden könnte. Dayan fragte Tuhami nach der Niederschrift: »Was würde aus unseren Siedlungen, [...] falls wir uns zurückzögen? Würden Sie sie unter ihrer Souveränität dort belassen?«[11]

Die Transkription gibt natürlich nicht Dayans Tonfall wieder – ob er möglicherweise versöhnlich klang und gegenüber Tuhami in irgendeiner Form andeutete, dass Israel sogar die Siedlungen räumen könnte, wenn Ägypten entsprechenden Druck ausübte, oder ob er sich hart und unflexibel gab. Die Transkription ist in der dritten Person und auf Hebräisch verfasst und eher eine Zusammenfassung dessen, was der Außenminister zu Tuhami sagte. Dayan-Kenner bestätigten, dass man sich der wahren Bedeutung seiner Worte niemals sicher sein könne, und seine Formulierungen schienen, ebenso wie sein Tonfall, bewusst unklar gehalten. Wie auch immer diese Verwirrung zu erklären war, Tatsache blieb dennoch, dass Sadat – wenn auch sichtlich erschüttert über diese unerwartete Wendung der Dinge – sich bereits in Jerusalem befand und seine Friedensinitiative in vollem Gang war.

Der Höhepunkt von Sadats Besuch war seine Rede in der Knesset am darauffolgenden Tag, wo er vor einem vollbesetzten Haus sein Friedensprogramm vorstellte. Das Herzstück des Plans war sein Versprechen: »Ich sage Ihnen ganz aufrichtig, dass wir Sie unter uns willkommen heißen, und zwar in der Gewissheit absoluter Sicherheit.«[12] Aber Israel müsse im Gegenzug seinen Beitrag zu dem Abkommen leisten: den *vollständigen* Rückzug vom Sinai und aus anderen besetzten arabischen Gebieten, einschließlich des arabischen Ostteils von Jerusalem, und es müsse eine Lösung für die Lage der Palästinenser finden, die nach Sadats Worten »der Kern des Problems war«, indem es, unter anderem, einen unabhängigen palästinensischen Staat und die Rückkehr palästinensischer Flüchtlinge nach Israel selbst zulasse. Sadat verzichtete jedoch darauf, die PLO zu erwähnen, weil er wusste, dass dies eine heftige Reaktion hervorrufen und kontraproduktiv sein würde.

Sadats Forderungen verblüfften seine israelischen Zuhörer so sehr, dass Verteidigungsminister Ezer Weizman auf einen anschließend an Begin weitergereichten Zettel schrieb: »Wir müssen uns auf einen Krieg vorbereiten.«[13] Im Rückblick ist für uns nur schwer einzusehen, warum Sadats Forderungen eines vollständigen israelischen Rückzugs aus den besetzten Gebieten, vor allem aus dem arabischen Ostjerusalem, und eines Rückkehrrechts für die Palästinenser – all diese Probleme sind zum Zeitpunkt der Niederschrift dieses Buches Themen von Friedensverhandlungen – von seinen damaligen Zuhörern als so hart empfunden wurden. Aber im Jahr 1977 waren all diese Dinge noch strikte Tabuthemen.

Sadat kehrte 43 Stunden nach seiner Landung in Israel nach Kairo zurück. Die mit Abstand wichtigste mit dieser Reise verbundene Leistung war, dass es ihm mit einer großen Geste gelungen war, eine psychologische Sperre aufzubrechen, all den gegenseitigen Argwohn, das Misstrauen, die Angst, den Hass und die Missverständnisse, die so lange das Verhältnis zwischen Israel und Ägypten bestimmt hatten.

Sadat hatte sich, wie wir heute wissen, energisch geweigert, seine Israelreise mit einem aussagefähigen Programm zu verbinden: Die Reise selbst, machte er seinen Beratern gegenüber deutlich, war das Programm. Und jetzt konnten sich die Israelis und Ägypter endlich mit den wesentlichen Punkten ihres Konflikts beschäftigen, dessen Kernpunkt das Problem von Israels Rückzug aus den besetzten Gebieten war, als Gegenleistung dafür, dass die Araber das Existenzrecht des Landes akzeptierten. Aber es sollte kein unkomplizierter Weg werden.

Überzeugungsarbeit in Amerika
Begin reiste am 17. Dezember 1977 nach Washington, wo er Präsident Carter Israels offizielle Reaktion auf Sadats Friedensinitiative erläuterte. Der stets einfallsreiche Dayan hatte den Ministerpräsidenten gedrängt, Israels Antwort nicht Sadat selbst, sondern Washington vorzulegen, »um unsere Koordination mit den Amerikanern beizubehalten und sicherzustellen, dass sie auf unserer Seite sind«.[14] Außerdem könnten sich Ägypten und die Araber im Allgemeinen – so sah das Dayan, und Begin stimmte ihm darin zu – bei der Annahme von Vorschlägen flexibler zeigen, die ihnen von den Vereinigten Staaten und nicht direkt von Israel unterbreitet wurden.

In Washington wurde deutlich, dass der israelische Ministerpräsident einen Separatfrieden mit Ägypten anstrebte. Sadat wollte das eindeutig nicht, weil er auch eine Lösung für das Palästinenserproblem brauchte, damit man ihm keinen Verrat an der palästinensischen Sache vorwerfen konnte. Begin unterbreitete jetzt bei seinem Treffen mit Carter relativ entgegenkommende, wenn nicht sogar rundum großzügige Ideen zum Thema Sinai. Er sagte, Israel würde seine Besatzung dieses Gebiets beenden, aber auf der Beibehaltung seiner 13 Sinai-Siedlungen bestehen, in denen damals insgesamt 4000 Siedler lebten. Sie wären dann, schlug Begin vor, eine von den Vereinten Nationen verwaltete und von einem israelischen Sicherheitskontingent bewachte Sonderzone.[15] Begin fuhr fort: Ein großer Teil der Sinaihalbinsel würde entmilitarisiert werden – wenn überhaupt, dann dürfte nur eine sehr geringe Zahl von ägyptischen Soldaten nahe der israelischen Grenze stationiert werden –, und Israel würde auf Frühwarnstationen an Schlüsselstellungen auf dem Sinai bestehen, die über einen bevorstehenden ägyptischen Angriff informieren konnten. Die Straße von Tiran – früher wiederholt eine Ursache von Spannungen zwischen Israel und Ägypten – würde zum internationalen Gewässer erklärt, das für israelische Schiffe niemals gesperrt werden könne.

Begin war klar, dass er Sadat auch ein Angebot für die palästinensische Front machen musste, deshalb legte er Carter ein 22 Punkte umfassendes Programm für eine palästinensische Autonomie vor. Dessen Kerngedanke lautete, dass Israel dem im Westjordanland und im Gazastreifen lebenden palästinensischen *Volk* die *persönliche* Autonomie gewährte, mit der es ein Leben ohne Interventionen von israelischer Seite führen konnte. Die Palästinenser sollten jedoch keine Kontrolle über ihr Territorium haben, denn das Land selbst würde in israelischem Besitz bleiben, und Israel sollte der einzige Souverän sein.[16] Begins Autonomieprogramm sah einen aus elf Palästinensern bestehenden Verwaltungsrat vor, dessen Mitglieder in einer allgemeinen, direkten, persönlichen, gleichen und geheimen Wahl ermittelt werden sollten. Dieser Rat würde Abteilungen ins Leben rufen, die verschiedene, bis dahin vom Militär kontrollierte Bereiche des gesellschaftlichen Lebens verwalten würden: Bildungswesen, Handel, Tourismus, Landwirtschaft, Gesundheitswesen und weitere Aufgaben, während Israel weiterhin für die Bereiche Sicherheit und Außenpolitik – die wichtigsten Merkmale der Souveränität – zuständig sein sollte. Begin schlug vor, dass dieser Palästinenserrat als Amtssitz das verschlafene Städtchen Bethlehem wählen sollte – offensichtlich nicht Jerusalem, das Israel als seine Hauptstadt betrachtete. Er sollte für eine Amtszeit von vier Jahren gewählt werden und »eines seiner Mitglieder als Vertreter bei der israelischen Regierung benennen, um mit ihr beide Seiten betreffende Probleme zu erörtern«.[17]

Die näheren Einzelheiten des von Begin in Washington vorgeschlagenen Plans sollten zwischen Israel, Ägypten, Jordanien und den örtlichen Palästinenserführern – ohne die PLO, die ausgeschlossen bleiben sollte – in den von Israel kontrollierten Gebieten ausgehandelt werden. Nach Abschluss der Verhandlungsphase sollten die Bewohner des Westjordanlands und des Gazastreifens die freie Wahl zwischen der israelischen oder der jordanischen Staatsangehörigkeit haben und, je nach ihrer Entscheidung, bei Wahlen zu staatlichen Institutionen stimmberechtigt sein.

Präsident Carter und sein Mitarbeiterteam waren von Begins Autonomievorschlag nicht begeistert. Sie empfanden ihn als Versuch, sich die Palästinensergebiete endgültig einzuverleiben, wobei den Bewohnern nur eine Autonomie, nicht aber die Souveränität zugestanden wurde. Dennoch wurde das Programm als »gute Grundlage« für weitere Verhandlungen und als »realistischer Ausgangspunkt« bezeichnet.[18] Sadat jedoch war bitter enttäuscht, als er die ersten Berichte zu Begins Plan erhielt. Nach seinem Gefühl war die Herangehensweise des israelischen Ministerpräsidenten nicht hilfreich, und Begin hatte es versäumt, seine großzügige Geste zu erwidern. Schließlich hatte Sadat, so sah er es selbst, Israel durch seinen Besuch in Jerusalem die Legitimität verschafft, um die es sich in der arabischen Welt bemühte. Sadat hatte gehofft, dass sein Vorstoß die Israelis so stark beeindrucken würde, dass sie sich entgegenkommender zeigen und ihm das geben würden, was er tatsächlich brauchte, um einen Friedensvertrag schließen zu können – Unterstützung beim Kampf gegen die Opposition im eigenen Land und in der arabischen Welt, die zu jenem Zeitpunkt von der aus Syrien, dem Irak, Algerien, Libyen und dem Südjemen bestehenden »Front der Standhaftigkeit« angeführt wurde. Aber Begin reichte ihm nur einen Finger, nicht die ganze Hand – Sadats Vertrauen zum israelischen Ministerpräsidenten war jetzt schwer erschüttert worden.

Rückschlag in Ismailia

Die beiden Staatsmänner kamen am 25. Dezember 1977 in Ismailia am Westufer des Suezkanals in Ägypten zu einem Gipfeltreffen zusammen. Sadat lud Begin nicht nach Kairo ein, weil er sich nicht sicher war, welchen Empfang die Bevölkerung der Hauptstadt dem israelischen Ministerpräsidenten bereiten würde. Der Zauber und die Dramatik von Sadats Jerusalem-Besuch war mittlerweile nur noch eine verblassende Erinnerung. Es gab keine Musikkapellen, keine israelischen Fahnen, keine Begrüßung der israelischen Delegation, und auch die Gespräche selbst verliefen nicht günstig.

Begin widersetzte sich energisch Sadats Beharren auf einer Verbindung des Endes der Sinai-Besatzung mit einem israelischen Rückzug aus den anderen 1967 eroberten Gebieten, und er wies auch das Ansinnen des ägyptischen Präsidenten zurück, Israel möge doch den Grundsatz der »Unzulässigkeit von Gebietsgewinnen durch Krieg« akzeptieren. Dem ehemaligen Rechtsanwalt Begin entging natürlich nicht, dass er nach einer Anerkennung dieses Grundsatzes alle besetzten Gebiete aufgeben müsste. Wenn es unzulässig war, Territorium durch Krieg zu erwerben, müssten neben dem Sinai auch die Golanhöhen, das Westjordanland, das arabische Ostjerusalem und der Gazastreifen, also alle Gebiete, die Israel im Sechstagekrieg 1967 erobert hatte, aufgegeben werden. Begin beharrte darauf, dass der Grundsatz der »Unzulässigkeit von Gebietsgewinnen durch Krieg« nicht anzuwenden sei, weil Israel 1967 seiner Ansicht nach einen »defensiven Krieg« geführt habe und das Völkerrecht – nach seiner Auslegung – den Erwerb von Territorium durch die Seite, die angegriffen wurde, zulasse. Sonst ergebe sich, wie Begin ausführte und in den kommenden Wochen und Monaten hartnäckig wiederholte, für potenzielle Aggressoren eine Situation, in der sie immer nur gewinnen könnten: Hatte ihre Aggression Erfolg, gewannen sie Land hinzu, und wenn sie scheiterten, würden sie das, was sie bei ihrem erfolglosen Versuch verloren hatten, nach dem Grundsatz der »Unzulässigkeit von Gebietsgewinnen durch Krieg« wieder zurückbekommen.

Zu diesem gravierenden Streitpunkt kam noch das Festhalten des Ministerpräsidenten an der Forderung hinzu, Israel solle erlaubt werden, die jüdischen Siedlungen auf dem Sinai zu behalten, womit er weniger die isolierten Sinai-Siedlungen meinte, sondern den Yamit-Block, der strategisch als Keil zwischen dem ägyptischen Sinai und dem Gazastreifen dienen konnte, mit dem sich der hauptsächlich von den Sinai-Beduinen betriebene Waffenschmuggel in den Gazastreifen verhindern ließe. Ein wütender Sadat wies das Ansinnen umgehend zurück. »Wenn ich meinem Volk sage, dass Begin seine Siedlungen im Sinai belassen will, wird es mich steinigen«, sagte er dem Ministerpräsidenten.[19]

Die gemeinsame Abschlusserklärung zu den Gesprächen, die der Gastgeber am Ende des Gipfels vortrug, spiegelte die Kluft wider, die bei vielen Problempunkten, und hier besonders bei der Frage der Zukunft der Palästinenser, zwischen den Konfliktparteien noch bestand. Sadat trug vor: »Die Ansicht Ägyptens ist, dass im Westjordanland und im Gazastreifen ein palästinensischer Staat gegründet werden sollte. Nach Ansicht Israels sollten die in Judäa, Samaria und im Gazastreifen lebenden arabischen Palästinenser ein Selbstverwaltungsrecht genießen.«[20] So kam es zu einer Pattsituation und einer weiteren Verschlechterung der Gesprächsatmosphäre, die noch einen Monat zuvor so vielversprechend gewirkt hatte. Und es sollte noch schlimmer kommen.

Rückschritte
Begin sorgte kurz nach seinem Treffen mit Sadat in Ismailia für neue Hindernisse, als seine Regierung nach einem entsprechenden Vorschlag des Landwirtschaftsministers Ariel Sharon den Bau von 20 neuen Siedlungen im besetzten Sinai beschloss. Sie wollte damit eindeutig weitere Tatsachen vor Ort schaffen, die sie in Gesprächen mit Ägypten als Verhandlungsmasse nutzen konnte – zum Beispiel durch das Angebot, diese neuen Siedlungen im Sinai als Gegenleistung für die Beibehaltung der bestehenden, vor allem derjenigen im Yamit-Block, aufzugeben. »Wir müssen es [mit dieser Taktik] versuchen«, sagte Dayan, der Sharons Idee unterstützte.[21] Nach diesem Beschluss begannen die Bauarbeiten mit schwerem Gerät, und die Zeitungen erschienen mit Schlagzeilen wie »Sharon baut neue Siedlungen im Sinai«. Das Timing war katastrophal, diese Meldungen fielen zeitlich – und möglicherweise absichtlich – mit einem Besuch von US-Präsident Carter in Kairo zusammen, bei dem der Besucher und Sadat äußerst ungehalten waren, weil sie vermuteten, dass Begin den Friedensprozess gezielt hintertrieb.[22] Sie durchschauten Begins Verhandlungstaktik, und wenn diese überhaupt etwas bewirkte, dann war es eine Verhärtung der ägypti-

schen Position: Sadat versprach in einem Interview mit der ägyptischen Zeitschrift *October* in aller Offenheit, er werde nicht dulden, dass auch nur eine einzige israelische Siedlung auf ägyptischem Boden verblieb, und wenn der Ministerpräsident die Dörfer einzuebnen wünsche, bevor Israel den Sinai verließ, dann stehe ihm das frei.

Eine solche Aussage beeindruckte die Israelis jedoch keineswegs. Sie bauten weitere Siedlungen im Sinai, und allein im Jahr 1978 zogen weitere 150 bis 200 Familien in das expandierende Städtchen Yamit, was nicht nur bei Sadat, sondern auch in Washington für Aufregung sorgte. US-Außenminister Cyrus Vance erklärte am 10. Februar 1978 unverblümt, die Errichtung von jüdischen Siedlungen auf besetztem Land verstoße gegen das Völkerrecht. Begins Regierung antwortete mit einer Erklärung, nach der Israels Siedlungsprogramm »vollständig mit dem Völkerrecht übereinstimmt und immer legal, legitim und von grundlegender Bedeutung gewesen ist«. Israel rief die Vereinigten Staaten dazu auf, »ihre Haltung zu überdenken«.[23]

Bei einer Reihe von Treffen zwischen Carter und Begin am 21. und 22. März zeigte sich der US-Präsident wütend und in Kampfeslaune. »In Sachen Zukunftsaussichten bin ich entmutigt«, sagte er zu Begin. »Ich werde den Kongressabgeordneten berichten müssen, [...] und ich werde ihnen sagen, [...] dass Sie nicht gewillt sind, die Expansion bestehender oder die Errichtung neuer Siedlungen zu stoppen; dass Sie nicht gewillt sind, die Siedlungen im Sinai aufzugeben.«[24]

Endspiel in Camp David

Es war keine große Überraschung, dass Sadats Friedensinitiative, die im Vorjahr in Jerusalem mit so großen Hoffnungen begonnen hatte, bis zum Sommer 1978 die Luft ausging. Für Präsident Sadat, der immer noch gekränkt war, weil Begin ihm die kalte Schulter gezeigt hatte, war am 23. Juli das Maß voll. An diesem Tag lehnte Begin Sadats persönliche Bitte ab, zur Unterstützung des Friedensprozesses doch eine maßvolle Geste des guten Willens zu zeigen, indem Israel sich aus einem Teilstück des Sinai zurückzog. »Kein einziges Korn Wüstensand«, erwiderte Begin. »Niemand bekommt etwas als Gegenleistung für gar nichts.«[25] Vor diesem Hintergrund beschloss Präsident Carter, sein Glück ein letztes Mal zu versuchen.

Am 3. August schickte er einen handschriftlichen und vertraulichen Brief an Präsident Sadat, in dem er seiner zunehmenden Enttäuschung über die »geringen Fortschritte« im Friedensprozess Ausdruck verlieh und hinzufügte, dass »ich gerne so früh wie möglich [...] in Camp David [dem Landsitz des US-Präsidenten im Bundesstaat Maryland] [...] mit Ihnen und Ministerpräsident Begin zusammenkommen möchte. [...] Ich habe die Hoffnung, dass wir drei, gemeinsam mit unseren Spitzenberatern, in relativer Abgeschiedenheit zusammenarbeiten können.«[26] An Begin schrieb Carter einen ähnlichen Brief. Es war eine hoch riskante Strategie, denn die Probleme, um die es ging, waren nur schwer zu lösen. Auf der einen Seite bestand Sadat auf einem Ende der israelischen Besatzung des gesamten Sinai und auf einer Lösung für das Palästinenser-Problem, zur der auch so knifflige Fragen wie der künftige Status Jerusalems und die palästinensische Forderung nach einem Rückkehrrecht ins alte Palästina gehörten. Auf der anderen Seite hatte man es mit Begins Bestreben zu tun, den Preis zu minimieren, den er für einen Frieden mit Ägypten zahlen musste. Und die Gefahr bestand darin, dass beim Scheitern eines Gipfeltreffens auf so hoher Ebene die Hoffnung auf eine wie auch immer geartete Lösung nahezu verspielt war.

Es stellte sich heraus, dass hier eine Einladung vorlag, die weder Sadat noch Begin ausschlagen konnten, sodass beide Männer in Begleitung ihrer Delegationen am 5. September 1978 in Camp David eintrafen. An diesem ersten Tag gab es noch keine substanziellen Gespräche, aber schon bei diesen kurzen einleitenden Begegnungen mit beiden Staatsmännern nahm Carter Präsident Sadat als warmherzigen, enthusiastischen und offenen Gesprächspartner wahr, während der israelische Minister so steif wie eh und je wirkte – fantasielos, in Formsachen vertieft und generell nicht hilfreich.[27]

Präsident Carter brachte Sadat und Begin am nächsten Tag zu einem persönlichen Gespräch ohne Berater zusammen. Es war eine harte und unangenehme Begegnung.[28] Sadat verlas eine vorbereitete Rede: Im Rahmen eines Friedensabkommens mit Ägypten müsste sich Israel vom Sinai, auch von den dort seit 1967 errichteten Flugplätzen und israelischen Siedlungen, sowie aus dem arabischen Ostteil Jerusalems zurückziehen. (Sadat muss gewusst haben, dass vor allem der zuletzt genannte Punkt für die Gegenseite ein rotes Tuch war, da die überwiegende Mehrheit der israelischen Öffentlichkeit diese Forderung als inakzeptabel ablehnte.) Israel, fuhr Sadat fort, solle außerdem das Selbstbestimmungsrecht der Palästinenser akzeptieren (ein weiteres unüberwindliches Hindernis für die meisten Israelis, denn dieser Punkt wurde damals als direkte Bedrohung von Israels Sicherheit empfunden) und palästinensischen Flüchtlingen ein Rückkehrrecht nach Israel zugestehen (ein Punkt, dem die meisten Israelis, Linke wie Rechte, damals wie heute nicht zugestimmt hätten). Außerdem sollte Israel eine vollständige Entschädigung für die Zerstörungen zahlen, die seine Streitkräfte verursacht hatten, und auch für die Ausbeutung der Bodenschätze in den besetzten Gebieten aufkommen (zum Beispiel für die Erdölförderung im Sinai). Sadat beharrte auch darauf, dass ein die Palästinenser betreffendes Abkommen unterschrieben werden sollte, *bevor* man ein Sinai-Abkommen zwischen Israel und Ägypten unterzeichnete, sodass, mit Blick auf die Palästinenser, »die Menschen nicht sagen werden, dass ich sie verriet«.[29] Begin sollte später anmerken, dass er »große Zurückhaltung« aufbringen musste, »um nicht zu explodieren«, als er hörte, wie Sadat aus etwas vorlas, was er mit einem jiddischen Begriff sarkastisch als »das *Zetale*« bezeichnete: ein Stück Papier.[30]

Bei einem anschließenden Treffen antwortete der Ministerpräsident auf Sadats Vortrag, ging dessen Dokument Abschnitt für Abschnitt durch und lehnte es rundweg ab. Er akzeptierte Sadats Plan für die Palästinenser nicht, da dieser, so erklärte er, zu einem palästinensischen Staat führen würde, den Begin ablehnte. Auch die jüdischen Siedler auf dem Sinai wollte er nicht evakuieren, denn: »In Israel besteht ein nationaler Konsens zu den Siedlungen, [...] wir werden der Auflösung von Siedlungen nicht zustimmen.« Ein aufgebrachter Sadat rief dazwischen: »Ich verstehe nicht, was Ihre Siedlungen in meinem Land zu suchen haben.«[31] Beide Seiten reagierten aufbrausend, als Begin sagte, Sadats Forderung nach einer Entschädigungszahlung Israels »schmeckt nach dem Diktat eines siegreichen Staates, das dem Besiegten auferlegt wird«. Sadat gab zurück: »Eine besiegte Nation? Das waren wir, aber nach dem Krieg im Oktober 1973, bei dem es Ägypten gelang, den Suezkanal zu überqueren, sind wir keine Besiegten mehr.«[32] Er fügte hinzu: »Ministerpräsident Begin, Sicherheit [für Israel] – ja. Land – nein!« Präsident Carter vertraute später seinem Tagebuch an: »Ich dachte, Sadat würde explodieren.«[33]

Verteidigungsminister Ezer Weizman, der seinen Ministerpräsidenten nach Camp David begleitete, fasste später das Kernproblem zwischen Begin und Sadat zusammen:

Wer die beiden Männer beobachtete, konnte den tiefgreifenden Unterschied in ihrer Einstellung nicht übersehen. Beide wünschten den Frieden. Doch während Sadat ihn im Sturm erobern und, gestützt auf die Wucht seines Besuchs in Jerusalem, sein Endziel erreichen wollte, kroch Begin lieber zentimeterweise vorwärts. Er nahm den Traum vom Frieden und zermahlte ihn zu einem feinen, trockenen Pulver aus Details, juristischen Klauseln und Zitaten aus dem Völkerrecht.[34]

Präsident Carter kam nach diesem Treffen zu dem Schluss, dass die beiden auf einer persönlichen Ebene nicht konstruktiv zusammenarbeiten konnten, und hielt Begin und Sadat ab diesem Zeitpunkt auseinander – die beiden führten bei diesem Gipfeltreffen kein Vier-Augen-Gespräch mehr, und Carter übernahm die Aufgabe des Mittelsmannes, der die Vorschläge der einen Seite der anderen Partei überbrachte.

Als nach fünf Konferenztagen nur geringe Fortschritte erzielt worden waren, legte Carter einen 17 Seiten umfassenden amerikanischen Entwurf vor, in dem die Grundsätze einer Friedensregelung festgehalten waren. Er zeigte dieses Papier zunächst den Israelis (das hielt er öfters so) und diskutierte es mit dem Ministerpräsidenten, der sich in ernstem und düsterem Tonfall über Carters »inakzeptablen« Vorschlag äußerte. Er widersetzte sich besonders der Idee, dass der Ausdruck »Unzulässigkeit von Gebietsgewinnen durch Krieg« – Sadat bestand nach wie vor darauf, und er hatte ihn in Carters Dokument entdeckt – in diesem Text vorkommen sollte. Hätte Israel dies akzeptiert, dann hätte sich daraus, wie bereits gesagt, noch mehr Druck entwickeln können, die anderen im Sechstagekrieg 1967 besetzten Gebiete ebenfalls aufzugeben. Und während Carter in seinem Entwurf außerdem versuchte, auch für die Palästinenser zu Fortschritten zu kommen, damit man Sadat nicht quer durch den Nahen Osten vorwerfen konnte, er habe sie im Stich gelassen, widersetzte sich Begin nach wie vor allen Versuchen, zu irgendeiner Regelung zu kommen, die über eine sehr begrenzte Form der Selbstverwaltung für die Palästinenser hinausging, wie er selbst sie im Dezember 1977 in Washington vorgeschlagen hatte. Als Begin in seinen weiteren Ausführungen all die Kontroll- und Vetorechte und Privilegien skizzierte, die sich Israel beim Umgang mit den Palästinensern vorbehielt, explodierte der frustrierte Carter: »Was Sie hier wollen, ist, das Westjordanland zu einem Teil Israels zu machen!«[35] Auch das zur Debatte stehende Schicksal der jüdischen Siedlungen im Sinai, die Israel behalten wollte, beeinträchtigte die Verhandlungen in Camp David weiterhin. Außenminister Moshe Dayan machte gegenüber Sadat am Freitag, dem 15. September, deutlich, dass Israel nicht die Absicht habe, seine Siedlungen im Sinai zu räumen, worauf ein frustrierter Sadat erwiderte: »Ja, ja, ich weiß das genau, Moshe. Sie wollen mein Land. […] Aber dem kann ich nicht zustimmen.«[36]

Ein unzufriedener Carter suchte am zehnten Konferenztag das persönliche Gespräch mit beiden Hauptverhandlungspartnern. Carter, der inzwischen davon ausging, dass Begin kaum jemals den Ausdruck »Unzulässigkeit von Gebietsgewinnen durch Krieg« als Teil eines Abkommens akzeptieren würde, bat Sadat mit einem leidenschaftlichen Appell, auf diese Formulierung zu verzichten und sie durch eine andere zu ersetzen, in der festgehalten würde, dass die UN-Resolution 242 »von allen Beteiligten akzeptiert wird«. Die Resolution 242 fordert Israel zum Rückzug aus den im Sechstagekrieg 1967 besetzten Gebieten auf, erwähnt auch die »Unzulässigkeit von Gebietsgewinnen durch Krieg«, und Israel hatte diese Resolution 1970 offiziell akzeptiert. Sadat stimmte diesem Vorschlag zu, ebenso wie Begin. Der Ministerpräsident sollte später erklären, dieser umstrittene Ausdruck tauche lediglich in der Präambel zu Resolution 242 auf und sei deshalb – nach seiner Auslegung – kein für die praktische Umsetzung bedeutsamer Teil eines Abkommens.

In ähnlicher Manier folgerte Carter, dass Sadat wohl kaum jemals dem Fortbestand jüdischer Siedlungen in seinem Land zustimmen würde, ebenso wenig wie einer israelischen Kontrolle über andere Einrichtungen im Sinai, zum Beispiel über Flugplätze. Deshalb verlangte Carter in einem brutalen viereinhalbstündigen Gespräch mit Begin, dass Israel all seine Siedlungen im Sinai aufgeben müsse, vor allem nachdem Sadat jetzt damit einverstanden war, dass der Ausdruck »Unzulässigkeit von Gebietsgewinnen durch Krieg« nicht in dem sich abzeichnenden Vertrag auftauchte. Carter warnte den Ministerpräsidenten, ein Scheitern von Camp David könne durchaus zu einem Bruch in den amerikanisch-israelischen Beziehungen führen, und sein Druck sorgte letztlich für Ergebnisse. Zbigniew Brzezinski, Carters Nationaler Sicherheitsberater, erinnert sich: »Nach einem langen und hitzigen Streit, bei dem Begin unter anderem ›Ultimatum‹, ›exzessive Forderungen‹ und ›politischer Selbstmord‹ rief, war der Ministerpräsident letztlich damit einverstanden, die Entscheidung über das Schicksal der jüdischen Siedlungen der Knesset, dem israelischen Parlament, zu überlassen.«[37] Das Delegieren an die Knesset sollte Begin von einer äußerst unpopulären Entscheidung über eine Frage befreien, die ihm selbst eine Herzensangelegenheit war. Diese Vereinbarung beruhte auf der Annahme, dass die oppositionelle Arbeitspartei, die grundsätzlich gegen die Errichtung von Siedlungen war, im Parlament für deren Räumung im Sinai stimmen, und der größte Teil von Begins eigener Partei den Ministerpräsidenten unterstützen würde. Carter verlangte eine schriftliche Zusage, und Begin schrieb ihm einen Brief, in dem es hieß:

Nach meiner Rückkehr werde ich dem israelischen Parlament einen Antrag zur Abstimmung über die folgende Frage vorlegen: Wenn bei den Verhandlungen zum Abschluss eines Friedensvertrags zwischen Israel und Ägypten alle noch offenen Fragen geklärt sind: »Sind Sie für die Entfernung der israelischen Siedler aus dem Sinai [...], oder sind Sie für den Verbleib der zuvor genannten Siedler in diesen Gebieten?« Die Abstimmung über diese Frage, Herr Präsident, wird von der üblichen parlamentarischen Parteidisziplin völlig befreit sein.[38]

Da Carter zusagt hatte, dass die USA den Bau von Ersatz-Flugplätzen finanzieren würden, stimmte Begin auch der Aufgabe der Flugplätze zu, die Israel auf dem Sinai errichtet hatte.

In Camp David war jetzt nur noch ein letzter großer Stolperstein übriggeblieben – ein Stolperstein, der auch bei zukünftigen Verhandlungen wieder auftauchen würde: das Schicksal von Jerusalem. Sadat beharrte nach wie vor auf der Verbindung eines Friedens zwischen Ägypten und Israel mit einem umfassenderen Abkommen, während Begin einen kleineren bilateralen Vertrag bevorzugte, der direkt zwischen Israel und Ägypten abgeschlossen wurde. Jetzt konzentrierte sich dieses Problem auf einen Streit über die Zukunft Jerusalems. Die Israelis wollten die gesamte Stadt – das jüdische West- und das arabische Ostjerusalem, das sie 1967 widerrechtlich annektiert hatten – unter ihrer alleinigen Souveränität behalten, während die Ägypter darauf bestanden, dass Ostjerusalem in arabische Hände zurückgegeben wurde. Da man jedoch zu keinem Kompromiss fand, bemühte sich Präsident Carter um eine diplomatische Formulierung, die es beiden Seiten ermöglichte, in Camp David ein Abkommen zu schließen, in dem das schwierige Jerusalem-Problem vorerst ausgeklammert wurde. Letztlich beschlossen sie, sich darauf zu einigen, dass sie sich in dieser Sache nicht einig waren: Sadat und Begin sollten Präsident Carter Briefe schreiben, in denen sie ihre Haltung in der Jerusalem-Frage formulierten, und der Gastgeber sollte sie für alle zukünftigen Gespräche archivieren und als Begleitschreiben zu dem sich anbahnenden Abkommen aufbewahren. Also wurden Briefe verschickt, auch wenn keiner von beiden allzu viel von dem enthielt, was einen Kompromiss ausmacht: Begin erklärte, Jerusalem sei sowohl »unteilbar« als auch »Israels Hauptstadt«, während Sadat die Ansicht wiederholte, das arabische Ostjerusalem sei ein »unteilbarer« Bestandteil der Westjordanlandes und solle in »arabische Souveränität« zurückgegeben werden. Das Scheitern der Verhandlungen in diesem Punkt sollte mit dem durchsichtigsten aller verfügbaren Feigenblätter verdeckt werden. Aber es erfüllte seinen Zweck: Sadat und Begin unterzeichneten am Sonntag, dem 17. September 1978 im Weißen Haus in Washington vor den Augen der Weltöffentlichkeit das Camp-David-Abkommen.

Das Camp-David-Abkommen war kein Vertrag im eigentlichen Sinn. Es schuf vielmehr einen Rahmen und enthielt eine Reihe von Grundsätzen als Leitfaden für weitere Gespräche, die, so hoffte man, innerhalb eines ausgewiesenen Zeitrahmens zu einem dauerhaften Friedensschluss zwischen Ägypten und Israel führen würden. Dieser zukünftige Vertrag würde die Besatzungszeit auf der Sinaihalbinsel beenden und später dann, auch das gehörte zu den mit diesem Abkommen verbundenen Hoffnungen, auf der Basis von »zusätzlichen Grundsätzen«, die im Abkommen formuliert waren, zur Beendigung der israelischen Besatzung in den anderen Gebieten und zu Friedensverträgen zwischen Israel, Syrien, dem Libanon, Jordanien und der gesamten arabischen Welt führen.

Das Abkommen legte auch die Grundsätze für Verhandlungen über die Zukunft des Westjordanlandes und des Gazastreifens während einer Übergangszeit fest, die nicht länger als fünf Jahre dauern sollte. Diese Übergangszeit sollte mit der Wahl einer »Selbstverwaltungsbehörde« durch die Palästinenser beginnen, und zu diesem Zeitpunkt werde die israelische Militärverwaltung »zurückgezogen werden«. Dann sollten, »so früh wie möglich, aber nicht später als im dritten Jahr nach Beginn der Übergangsperiode«, Verhandlungen zwischen Israelis, Ägyptern, Jordaniern und Vertretern der Palästinenser aus den besetzten Gebieten – allerdings nicht mit der PLO – beginnen, bei denen »der endgültige Status des Westjordanlandes und des Gazastreifens festgelegt« werden sollte.

Die Verhandlungen sollten nach der im Camp-David-Abkommen getroffenen Sprachregelung auf eine »vollständige palästinensische Autonomie« abzielen und nicht auf einen palästinensischen *Staat,* aber man kann wohl mit einiger Sicherheit sagen, dass die Dynamik der zu erwartenden Verhandlungen über den endgültigen Status möglicherweise zu einem vollständigen palästinensischen Staat geführt hätte. Der Historiker und Politologe Yair Hirschfeld, Professor an der Universität Haifa, schrieb zu diesem Thema:

Wer das Camp-David-Abkommen sorgfältig las, kam zu dem Schluss, dass die Logik dessen, worauf man sich dort geeinigt hatte, zwingend zu einer Zwei-Staaten-Lösung führen würde. Die Annahme, dass eine palästinensische Selbstverwaltungsbehörde, die nach den Bestimmungen des Abkommens von den Palästinensern des Westjordanlandes und des Gazastreifens gewählt wurde, über irgendetwas anderes als einen palästinensischen Staat verhandeln würde, ist lächerlich.[39]

Anscheinend erkannte Begin – der Kopf hinter dem Plan, der eine palästinensische Autonomie vorsah – die Gefahr, dass vom Camp-David-Abkommen ins Werk gesetzte Verhandlungen eher zur Errichtung eines Palästinenserstaates – gegen den er sich energisch wehrte – als zu einer bloßen Autonomie der Palästinenser führen könnten. Bei mehr als einer Gelegenheit räumte er ein, dass jede Form von palästinensischer Selbstverwaltung oder Autonomie unweigerlich zur Staatsgründung führen würde, denn »das ist die eiserne Logik der Dinge«.[40]

Seine bereits erwähnte Zustimmung zu Verhandlungen über die Schaffung einer palästinensischen Autonomiebehörde, die, wie ihm selbst bewusst war, zur Gründung eines palästinensischen Staates führen konnten, sollte deshalb als taktisches Manöver betrachtet werden. Er wusste, dass Präsident Sadat etwas zum Palästinenser-Problem vorweisen musste, um sich nicht dem Vorwurf auszusetzen, die Palästinenser im Stich gelassen zu haben. Begin war also einerseits bereit, Sadat die benötigte Deckung zu geben, hatte jedoch andererseits mit großer Sicherheit nicht die Absicht, die beschlossenen Gespräche über eine umfassende palästinensische Autonomie auch zu führen. Begin arbeitete, wie wir noch sehen werden, mit großem Einsatz an der Zerstörung des Autonomiegedankens und am Scheitern der Verhandlungen, die auf diese Autonomie abzielten, sobald er die Zuversicht hatte, dass Israels Friedensschluss mit Ägypten sicher genug war.

Unterdessen wuchs in den besetzten palästinensischen Gebieten die Gegnerschaft zum Abkommen von Camp David. PLO-freundliche Aktivisten, allen voran die Bürgermeister von Ramallah (Karim Khalaf), Nablus (Bassam Shaka) und Tulkarem (Hilmi Hanoun), die alle durch die Kommunalwahlen von 1976 zu ihrem Amt gekommen worden waren, organisierten sich und führten Kundgebungen und Demonstrationen gegen das Abkommen an. Sie protestierten dagegen, dass die PLO, die sie als ihre legitime führende politische Kraft betrachteten, übergangen worden war. Der vorgeschlagene Autonomieplan war für sie ein oktroyiertes Konzept, ein (schlechter) Ersatz für ihren Traum von einem unabhängigen palästinensischen Staat. Unter den Palästinensern herrschte die Stimmung vor, dass man verraten worden war. Nasser Laham, ein palästinensischer Aktivist aus dem Flüchtlingslager Dheishe bei Bethlehem, der im Westjordanland an Demonstrationen gegen das Camp-David-Abkommen teilnahm, erklärt: »Viele Palästinenser fühlten sich durch das Friedensabkommen zwischen Ägypten und Israel getäuscht und betrogen. Sie fühlten sich im Stich gelassen und vergessen. [...] Wir waren ratlos.«[41] Die Ablehnung des Abkommens beschränkte sich jedoch nicht auf die besetzten Gebiete. Hunderte von Palästinensern demonstrierten am 23. September 1978 gemeinsam mit Unterstützern in New York wie auch an anderen Orten weltweit und trugen dabei palästinensische Fahnen und farbenprächtige Spruchbänder mit Aussagen wie »Nein zum Camp-David-Pakt, Ja zu den nationalen Rechten der Palästinenser« und

»Carter, Carter, wir sind keine Narren: Sadat und Begin sind deine Werkzeuge« (»Carter, Carter, we're not fools, Sadat and Begin are your tools«).[42]

Angesichts einer solchen regionalen und internationalen Opposition und aus Sorge, die PLO könnte sich diese Entwicklung zunutze machen, um das Camp-David-Abkommen zu sabotieren, versuchten die Israelis, die PLO-freundlichen Elemente zu schwächen. Sie entwickelten einen einfallsreichen Plan zur Schaffung einer alternativen palästinensischen Führungsspitze, die dann das Abkommen unterstützen würde. Den Kern dieses neuen Denkansatzes bildete die Idee, die sozialen Spannungen auszunutzen, die zwischen den unterschiedlichen Bereichen der palästinensischen Gesellschaft bestanden. In erster Linie sollte das geschehen, indem man der konservativen ländlichen Bauernschaft eine Stimme verlieh, die etwa 70 Prozent der Bewohner des Westjordanlandes ausmachte und Ressentiments gegen die städtische Bevölkerung hegte, die zwar nur 30 Prozent stellte, aber die Politik im Westjordanland dominierte, tendenziell radikaler war und die PLO unterstützte.

Das israelische Militär schuf zu diesem Zweck die sogenannten Dorf-Ligen. Die erste davon entstand im Gebiet von Hebron im südlichen Westjordanland, wo eine örtliche Führungspersönlichkeit namens Mustafa Dudin zum Vorsitzenden eines Zusammenschlusses von 74 Dörfern ernannt wurde. Dudin, ein aus dem südlichen Westjordanland stammender Palästinenser, lebte viele Jahre lang im Ostjordanland, er stand dem jordanischen Regime nahe und hatte in jordanischen Kabinetten auch Ministerämter inne. Im Jahr 1975 kehrte er ins Westjordanland zurück und entwickelte sich zu einer starken, gegen die PLO auftretenden Führungspersönlichkeit, die die Probleme der Palästinenser lieber zwischen Israelis und Jordaniern und unter Ausschluss der PLO geregelt sehen wollte. Die israelische Armee versuchte jetzt, Dudins Position in den ländlichen Gebieten zu stärken, indem sie ihn zum Verteiler von Lizenzen und Genehmigungen machten, die für die Palästinenser so wichtig waren, weil sie, wie bereits erwähnt, für nahezu jede Art von Tätigkeit, der sie nachgehen wollten, eine schriftliche Genehmigung brauchten. Die Armee erteilte Dudin auch die Befugnis, Muchtars (Dorfvorsteher) und Beschäftigte im öffentlichen Dienst zu ernennen, Gefängnisstrafen zu verkürzen und Dorfbewohnern bestimmte Artikel, zum Beispiel Kunstdünger, mit Rabatt zu verkaufen. Für palästinensische PLO-Anhänger war Dudin ein Quisling, ein Kollaborateur der Besatzungsmacht, aber das Militär gab ihm so viel Macht in die Hand, dass einfache Palästinenser sich genötigt sahen, Distanz zur PLO zu halten und mit ihm zusammenzuarbeiten, wenn sie die Dinge haben wollten, die er verteilen durfte und die sie selbst so dringend brauchten. Die Israelis übertrugen dann das Dorf-Ligen-Modell von Hebron auf andere Orte im Westjordanland, zum Beispiel auf Bethlehem, wo sie Bishara Kumsiya zum Vorsitzenden der Organisation machten, und auf Ramallah, wo man Jusuf al-Khatib einsetzte, der später von PLO-Aktivisten ermordet wurde.

Die Unterzeichnung des Camp-David-Abkommens und seine Umsetzung

Die Übertragung der Rahmenvereinbarungen und Grundsätze, auf die man sich in Camp David geeinigt hatte, auf einen detaillierten Friedensvertrag, in dem es einer exakten Sprache bedurfte, wenn man die neuen israelisch-ägyptischen Beziehungen und den genauen Inhalt der neuen Abmachungen für das Westjordanland und den Gazastreifen beschreiben wollte, war keine einfache Angelegenheit. Aber das persönliche Eingreifen von Präsident Carter, der unter anderem zwischen Jerusalem und Kairo pendelte, um das Abkommen unter Dach und Fach zu bringen, war letztlich erfolgreich. Carter, Sadat und Begin setzten am 26. März 1979 in einer Zeremonie im Weißen Haus ihre Unterschriften unter einen Friedensvertrag, der den 30-jährigen Kriegszustand zwischen Israel und Ägypten beendete.

Das von den vertragschließenden Parteien unterzeichnete Abkommen sah vor, dass Israel die Besatzung der Sinaihalbinsel beendete, seine dortigen Siedlungen und Einrichtungen innerhalb von drei Jahren räumte und Ägypten die volle Souveränität über die Halbinsel bis zu den international anerkannten Grenzen zwischen Ägypten und Israel zurückgab. Ägypten wurde außerdem die Stationierung einer begrenzten Anzahl von Soldaten – der größte Teil davon sollte in der Nähe des Suezkanals verbleiben – auf dem Sinai eingeräumt.

Die israelische Armee zog am 27. Mai 1979 aus der Stadt Al Arish auf dem Sinai ab, in der die Ägypter unmittelbar danach alle noch verbliebenen hebräischen Schilder entfernten oder übermalten. Sadat traf kurze Zeit nach dem Abzug der Israelis in der Stadt ein, und als er aus einer örtlichen Moschee trat, wurden drei gefesselte Büffel geschlachtet, mehrere junge Männer tauchten ihre Hände in das Blut der Tiere, schwenkten sie und riefen dabei: »Sadat, Sadat.«[43] In der Zeit von Juli bis September 1979 wurden die Ölfelder auf dem Sinai an Ägypten zurückgegeben, bevor sich die Parteien an die Umsetzung der übrigen Vertragsbestimmungen machten.

Begin setzte die den Sinai betreffenden Abmachungen des israelisch-ägyptischen Vertrags energisch um. Beim palästinensischen Teil zögerte er jedoch, machte sich deshalb eine minimalistische Sichtweise zur vorgesehenen palästinensischen Autonomie zu eigen und begann nahezu sofort nach der Unterzeichnung des Vertrags mit Sadat in Washington mit einer Umdeutung der die Palästinenser betreffenden Bestandteile auf eine so eng gefasste Art, dass die Klauseln nahezu jede Bedeutung verloren. Das konnte er so halten, weil es Sadat, so sehr er sich auch bemühte, letztlich nicht gelungen war, beide Seiten des Abkommens – die palästinensische und die ägyptische – eng genug miteinander zu verbinden. Der Friede mit Ägypten war nach dem Wortlaut des Abkommens nicht strikt mit der Bedingung von Fortschritten in der Palästinenserfrage verbunden. Und jetzt, nach der Unterzeichnung und Besiegelung des Abkommens mit Ägypten, gab es für Begin kaum mehr einen Anreiz, seine Versprechungen in Bezug auf die Palästinenser einzuhalten. Er setzte darauf, dass ein solches Verhalten den Frieden zwischen Israel und Ägypten nicht ruinieren würde. Begin machte seine neue Haltung deutlich, als er Yosef Burg, den verschlagenen Veteranen und Vorsitzenden der Nationalreligiösen Partei, der auch sein Innenminister war, zu seinem Vertreter und Leiter des ministeriellen Teams bei den Gesprächen über die Autonomie für die Palästinenser ernannte, die in Kairo geführt wurden. Er rief auch ein Komitee nach dem anderen ins Leben, und diese mit Hardlinern besetzten Gremien sollten alle in Kairo vorgetragenen Ideen erörtern. Diese bürokratische Struktur sorgte dafür, dass es bei den Autonomiegesprächen keinerlei Fortschritte gab.

Aber zumindest im Sinai setzte Israel die Räumung des besetzten Gebiets fort. Dieser Prozess erreichte seinen Höhepunkt am 23. April 1982, als die Armee unter der Aufsicht von Verteidigungsminister Ariel Sharon die Siedler von Yamit, die sich in ihren Häusern verbarrikadiert hatten, mit Gewalt herausholte. Nachdem Yamit menschenleer war, ließ Sharon den Ort mit schwerem Gerät dem Erdboden gleichmachen, und mit den anderen Siedlungen auf der Sinaihalbinsel verfuhr er ebenso. Einen Vorschlag des Finanzministers, der die Siedlungen für eine Summe von 70 bis 80 Millionen Dollar an Ägypten verkaufen wollte, hatten Sharon und der Ministerpräsident abgelehnt, denn sie wollten Siedlungen, die so nahe am israelischen Staatsgebiet errichtet worden waren, nicht an Ägypten übergeben. Die Stadt Ofira im Süden der Halbinsel wurde dagegen ebenso intakt übergeben wie die Flugplätze. Die etwa zehn Kilometer südlich von Eilat gelegene Enklave Taba wurde ebenfalls an Ägypten übergeben, allerdings erst, nachdem eine internationale Schiedskommission unter Verweis auf alte Landkarten – und im Gegensatz zur israelischen Sicht der Dinge – entschied, dass dieser Ort zu Ägypten gehöre.

Und damit war die Besatzungszeit auf der Sinaihalbinsel beendet.

Der Frühjahrsaufstand

Unter den einfachen Bürgerinnen und Bürgern in den besetzten Gebieten nahm – besonders im Westjordanland – die Unruhe zu. Viele Menschen waren vom vorgeschlagenen Autonomieplan enttäuscht, nach dem die Palästinenser zwar ihr Alltagsleben durch die Verwaltung von Dienstleistungsbereichen wie Gesundheitswesen und Erziehung selbst gestalten, aber keinen eigenen Staat erhalten sollten. Hinzu kam noch das Gefühl, dass das Abkommen von Camp David die PLO, die an den Verhandlungen nicht beteiligt gewesen war, in eine Zuschauerrolle abdrängen sollte.

Eine weitere Quelle der Unzufriedenheit war eine von Sharon im Herbst 1981 eingeführte neue Körperschaft, die als »Zivilverwaltung« bezeichnet wurde. Sie sollte sich um alle Angelegenheiten kümmern, die nicht strikt dem Sicherheitsbereich zuzuordnen waren (dafür sollte weiterhin die Militärregierung zuständig sein), einschließlich des Gesundheits- und Erziehungswesens und der Sozialfürsorge, und bei der Propagierung der israelischen Version von Selbstverwaltung mitwirken, so wie sie im Camp-David-Abkommen in Aussicht gestellt worden war, ohne Berücksichtigung der offiziellen Gespräche in Kairo. Israel versuchte, die neue Zivilverwaltung als Rückzug der Militärregierung darzustellen, als ob sie das Ende der Besatzung und eine Rückkehr zur Normalität in den besetzten Palästinensergebieten symbolisieren würde.

Das war natürlich nicht der Fall. Die Zivilverwaltung sollte der Besatzung nur eine zivile Fassade verschaffen, und diese Tatsache entging den Palästinensern nicht. Eine genaue Überprüfung der Organisationsform der neuen Zivilverwaltung zeigt auch eindeutig, dass die neue Körperschaft in allen praktischen Angelegenheiten dem Militär unterstellt und, zumindest auf der Leitungsebene, mehrheitlich mit Israelis besetzt war. Auch der Shin Bet, der israelische Inlandsgeheimdienst, war stark in den Betrieb der neuen Körperschaft involviert und traf hinter den Kulissen die das Alltagsleben der Palästinenser betreffenden praktischen Entscheidungen. Das Misstrauen, mit dem die Palästinenser der neuen Zivilverwaltung begegneten, war so stark, dass ihre Einsetzung zu einer Protestwelle quer durch die besetzten Gebiete führte, die im Winter 1981 und bis weit ins Jahr 1982 hinein anhielt. Im Gegenzug wies Sharon das Militär an, den Aufständischen mit eiserner Faust entgegenzutreten. In der Folge schloss die Armee Zeitungsbetriebe im Westjordanland ebenso wie die Bir-Zeit-Universität, die ein Zentrum der palästinensischen Proteste gegen die Zivilverwaltung war, und sprengte die Häuser von Verwandten gerichtlich verurteilter Aufständischer.

Ibrahim Tawil, Bürgermeister von El Bireh, einer Kleinstadt im Westjordanland, wurde am 12. März 1982 abgesetzt und sein Gemeinderat aufgelöst, weil beide ein Gespräch mit dem Leiter der Zivilverwaltung abgelehnt hatten. Stattdessen ernannte man einen Offizier der israelischen Armee zum Verwaltungschef der Kommune. Eine Woche später wurde nach allgemeinen Protesten in weiteren kleineren und größeren Städten des Westjordanlandes auch Bassam Shaka, der Bürgermeister von Nablus, abgesetzt, verhaftet und von einem Militärgericht zur Deportation verurteilt. Aus seiner Zelle heraus, in der er einen Hungerstreik begann, erklärte er: »Israel hat kein Recht, [mich zu deportieren]. [...] Nablus ist mein Land. Ich sollte hierbleiben. Die israelischen Besatzer sind diejenigen, die gehen müssten.«[44]

Die Palästinenser sollten trotz des militärischen Drucks durch Israel nicht aufgeben: Am 1. Mai 1982 veröffentlichten 25 Bürgermeister aus dem Westjordanland eine gemeinsame Erklärung, in der sie mit der Einstellung aller kommunalen Dienstleistungen drohten, falls die Zivilverwaltung nicht abgeschafft werde, und setzten diese Ankündigung acht Tage darauf auch in die Tat um. Zur Jahresmitte 1982 verwalteten israelische Armeeoffiziere die Mehrzahl der größeren Gemeinden in den besetzten Gebieten, und der Zugriff der Armee wurde fester. Auch im Gazastreifen unterdrückte die Armee die Unruhen und brachte deren Organisatoren hinter Gitter.

Die Zusammenstöße und die harte Reaktion der Armee sollten unter der Bezeichnung »Frühjahrs-Aufstand« bekannt werden. In diesem Zeitraum gab es mehr Tote als in den vorangegangenen 15 Jahren unter israelischer Besatzung. Die Armee tötete allein im Jahr 1982 31 Palästinenser und verwundete 365 Personen. Sharons Vorgehen war so brutal, dass es sogar in den Reihen der Armee auf Widerstand stieß und ranghohe Reserveoffiziere, die zu denjenigen gehörten, die Sharons Politik umzusetzen hatten, sich gegen diese Maßnahmen wandten und erklärten, sie führten zu »Brutalität [...] und unterschiedsloser kollektiver Bestrafung«.[45]

Unruhen auf dem Golan

Inzwischen kam es auch auf den meist ruhigen Golanhöhen zu Unruhen. Wir sollten uns an dieser Stelle in Erinnerung rufen, dass die israelische Armee nach dem Sechstagekrieg 1967 an die syrische Bevölkerung auf dem Golan Ausweise verteilt hatte, auf denen aber nicht die israelische Staatsbürgerschaft vermerkt war. Jetzt, im November 1980, reformierte die Knesset das Staatsbürgerschaftsgesetz, damit auch die Bewohner des Golan die israelische Staatsbürgerschaft erhalten konnten. Hinter diesem Vorstoß steckte die Überlegung, dass Israel die Annexion der Golanhöhen leichterfallen würde, wenn die Mehrheit der Bewohner aus »Israelis« bestand und man die Ansicht zurückweisen konnte, dass der Golan ein besetztes Gebiet war. Andererseits würde die Vergabe der israelischen Staatsbürgerschaft an die Golanbewohner keine bedeutenden Auswirkungen auf die jüdische Demografie Israels haben, weil es sich nur um sehr wenige Menschen handelte.

Aber die Golanbewohner wandten sich gegen die neue israelische Politik, weil sich viele von ihnen nach wie vor als Syrer betrachteten und die Annahme der israelischen Staatsbürgerschaft außerdem zu schwerwiegenden Nachteilen für ihre Verwandten in Syrien führen konnte. Der Erwerb einer anderen Staatsbürgerschaft führte nach syrischem Recht automatisch zum Verlust des syrischen Passes, und das Gleiche galt auch für jeglichen Familienbesitz auf syrischem Boden.

Die Israelis lockten mit besonderen Privilegien, um die Golanbewohner zum Wechsel zur israelischen Staatsbürgerschaft zu bewegen, zum Beispiel mit niedrigen Steuern, höheren Wasserzuteilungen und der schnelleren Bearbeitung von Baugesuchen. Aber die überwiegende Mehrheit lehnte das Angebot nach wie vor ab. Die Initiative zur Umwandlung von Golanbewohnern in Israelis führte deshalb letztlich zu einem zunehmenden syrischen Nationalismus auf dem Golan. Die führenden Mitglieder der Drusen-Gemeinschaft auf dem Golan, die die überwiegende Mehrheit der verbliebenen Bewohner stellte, beriefen deshalb Anfang März 1981 in der *Khaluwe,* dem drusischen Gotteshaus in Majdal Shams, eine Vollversammlung ein, zu der 6000 Menschen kamen – mehr als die Hälfte der damaligen Bevölkerung des Golan. Bei dieser Versammlung entwarfen sie ein »Drusisches Nationaldokument«, in dem festgehalten wurde, dass der besetzte Golan »ein fester Bestandteil des arabisch-syrischen Staatsgebiets« sei und »die syrisch-arabische Nationalität eine fest verwurzelte, untrennbare Eigenschaft, die von den Vätern an die Kinder weitergegeben wird«.[46] Der israelische Versuch, »uns mit dem israelischen Wesen zu vermischen«, um »uns unsere syrisch-arabische Persönlichkeit zu nehmen«, wurde abgelehnt. Jeder Golanbewohner, der seine eigene Nationalität durch die israelische zu ersetzen versucht, »demütigt uns in unserer Würde, verletzt unsere nationale Ehre, sagt sich von unserer Religion los, bricht mit unserer Tradition und wird als Landesverräter betrachtet«. Und es gab auch eine Bestrafung: Jede Person, die die israelische Staatsbürgerschaft annimmt, »wird als Apostat und Abtrünniger von unserer Religion und sozialen Integrität betrachtet werden. Jede Art des Handelns und des Teilens von Sorgen und Freuden und der Mischehe mit ihm sind verboten, bis er seine Sünden eingesteht und bereut, seine Gemeinschaft um Vergebung bittet und seine wahre Nationalität wiederherstellt, damit er wieder in unsere Reihen aufgenommen werden kann.« Die Erklärung war von einer gewalttätigen Kampagne gegen die wenigen Golanbewohner begleitet, die die israelische Staatsbürgerschaft beantragt hatten, während die Armee durch die Verhängung von Sanktionen gegen die Drusen-Gemeinschaft Vergeltung übte. Dazu zählten unter anderem höhere Steuern, Reisebeschränkungen und die erschwerte Vermarktung von landwirtschaftlichen Erzeugnissen in Israel. Aktivisten, die den Protest gegen die Initiative für die israelische Staatsbürgerschaft anführten, belegte man mit Hausarrest.[47]

Die Spannungen ließen während des Sommers 1981 etwas nach, nahmen aber sofort wieder stark zu, als die israelische Regierung ein weiteres Gesetz auf den Weg brachte – das Golan-Gesetz, in dem festgehalten war, dass die Gesetze, die Gerichtsbarkeit und die Verwaltung des Staates Israel für die Golanhöhen gültig und zuständig sind. Das bedeutete nichts anderes als eine Annexion und das Ende der Militärherrschaft, weil der Golan jetzt zu einem Teil des israelischen Staatsgebiets wurde.

Die Regierung griff – unter Verletzung des Völkerrechts – zu dieser radikalen Maßnahme, um der wachsenden Besorgnis von Teilen der israelischen Öffentlichkeit zu begegnen, dass sie nach der Rückgabe des Sinai an Ägypten schon bald auch noch die Golanhöhen an Syrien zurückgeben werde. Neben anderen Dingen hatte auch eine Erklärung von Moshe Dayan, der zu diesem Zeitpunkt noch Außenminister war, die öffentliche Besorgnis vergrößert und zu wachsendem Druck auf die Regierung geführt. Dayan hatte nur drei Wochen nach der Unterzeichnung des Friedensvertrags mit Ägypten die Ansicht vertreten, dass der Golan an Syrien zurückgegeben werden müsse. »Man sollte unterscheiden zwischen den Golanhöhen, die immer syrisches Staatsgebiet gewesen und deshalb zurückzugeben sind, wenn die Zeit dafür gekommen ist, und Judäa und Samaria«, Land, das Dayan schon immer für Israel hatte behalten wollen.[48]

Die nichtjüdischen Bewohner des Golan widersetzten sich der Annexion durch Israel: Sie kritisierten die expansionistische Politik Israels, Lehrer und Schüler boykottierten die Schule, es kam sogar zu einigen Angriffen auf Militärfahrzeuge. Auf Drängen Syriens – Damaskus war über den israelischen Annexionsbeschluss verständlicherweise entsetzt – verabschiedete der Weltsicherheitsrat am 19. Dezember 1981 die Resolution 497, in der festgehalten wurde, die israelische Entscheidung sei »null und nichtig« und auf internationaler Ebene ohne rechtliche Bedeutung. Die Resolution forderte Israel auf, »seine Entscheidung ohne jede weitere Verzögerung umgehend zurückzunehmen«.

Als den Golanbewohnern klargeworden war, dass Israel die Annexion nicht widerrufen würde, versammelten sich am 14. Februar 1982 Tausende von Menschen in Majdal Shams und riefen aus Protest zu einem unbefristeten Streik auf. Eine auf dem Golan lebende Drusin sagte damals: »Wir sind Syrer und wollen in unser eigenes Land zurückkehren.« Ein weiterer Bewohner von Majdal Shams erklärte: »Ich bin Syrer. [...] Ich bin kein Israeli.«[49] Israels Antwort fiel hart aus: Verteidigungsminister Sharon schickte Hunderte von Soldaten, die eine vollständige Blockade auf dem Golan durchsetzen sollten: Jegliche Transporte sollten unterbunden, auch keine Nahrungsmittel mehr hineingelassen werden, und die Versorgung mit Wasser und Strom wurde unterbrochen. Die Maßnahmen hatten verheerende Auswirkungen auf den Golan und seine nichtjüdischen Bewohner, wie sich Midhat Salih al-Salih, ein Druse aus Majdal Shams, erinnert: »Krankheiten breiteten sich aus, die Kinder hungerten, und in den Haushalten ging die Milch aus.«

Die neue, harte Wirklichkeit zeitigte aber auch einige positive Wirkungen, denn sie förderte einen neuen, selbstbewussten Gemeinschaftsgeist bei der Erfüllung der gemeinschaftlichen Bedürfnisse auf dem Golan. Midhat Salih al-Salih berichtet dazu: »Wer Ziegen und Kühe besaß, verteilte Milch an Familien mit kleinen Kindern. [...] Die Menschen widmeten dem Kampf ihre gesamte Zeit. Sie gaben ihre Arbeit auf, und ihre einzige Sorge war, wie sie ihren Zorn ausdrücken und sich den israelischen Maßnahmen widersetzen konnten.«[50] Und Nasi Khattir, ein Bauer aus Majdal Shams, erinnert sich, wie die Golanbewohner reagierten, als die militärischen Maßnahmen schmerzhaft zu wirken begannen: »Wir organisierten uns. [...] Jeder erhielt eine Aufgabe. [...] Jedes Dorf war eine eigenständige Einheit, getrennt von den anderen, aber im Geist vereint.«[51] Dieser Geist des Widerstands und des Selbstvertrauens im Angesicht der israelischen Maßnahmen wird auch in der Aussage von Jameel Awad aus Majdal Shams deutlich. Er erinnert sich:

Es war Winter, und weil es [nach der Einstellung der israelischen Versorgungsleistungen auf dem Golan] keine Abwasserbeseitigung mehr gab, war das Dorf sehr schmutzig. Wir gründeten einen Ausschuss, der das Problem erörterte, und beschlossen, im Dorf eine Abwasserleitung zu bauen. [...] Jeder Haushalt musste zu diesem Projekt 200 Dollar und vier Arbeitstage beitragen. [...] Noch vor dem Streikende war das Projekt abgeschlossen.[52]

Die Armee verfolgte ihr Annexionsprogramm weiter und bestand darauf, dass die Golanbewohner israelische Ausweisdokumente akzeptierten. Als Reaktion darauf versammelten sich viele Drusen abermals in Majdal Shams und beschlossen, die israelischen Ausweise abzulehnen und diejenigen Mitbürger, die solche Dokumente akzeptierten, zu »exkommunizieren«, indem sie alle Verbindungen zu ihnen abbrachen, auch bei Anlässen wie Hochzeiten und Beerdigungen – eine harte Strafe in der kleinen, eng miteinander vernetzten drusischen Gemeinschaft. Der israelische Verteidigungsminister reagierte so stur wie eh und je und schickte Soldaten nach Majdal Shams, die dort die Ausweise an die Golanbewohner ausgeben sollten. Dann wurde eine Ausgangssperre verhängt, und die Soldaten gingen von Haus zu Haus, um die Personalausweise auszugeben, doch das war keineswegs leicht. Midhat Salih al-Salih berichtet:

Als die Israelis an unsere Haustür klopften, um die Ausweise zu übergeben und die alten, vom Militär ausgestellten Ausweise meines Vater, meiner Mutter und meines Bruders mitzunehmen, bewarf sie mein Vater mit den Ausweisen, und die Soldaten warfen sie zurück, worauf mein Vater die Ausweise aus dem Haus warf und die Tür schloss. Die Soldaten hoben sie auf und legten sie auf unsere Türschwelle.[53]

Sechs Tage später zogen die Soldaten wieder ab, und Midhat Salih al-Salih erinnert sich, was dann geschah: »Die Menschen kamen aus ihren Häusern, sammelten die Ausweise ein und verbrannten einen Teil davon. Die übrigen verstauten sie in einer Tüte, schickten sie an das israelische Hauptquartier in der Region und erklärten dazu: ›Das hier sind Ihre Ausweise, die wir Ihnen hiermit zurückgeben.‹«[54]

Die Israelis hoben die Annexion zwar nicht auf, ließen sich aber in der Frage der Staatsangehörigkeit auf einen Kompromiss ein, indem sie letztlich akzeptierten, dass die Golanbewohner ihre syrische Staatsangehörigkeit behielten. Das Feld, in dem in ihren israelischen Personalausweisen, die sie bei sich tragen mussten, die »Staatsangehörigkeit« vermerkt werden sollte, blieb jetzt leer. Als Geburtsland wurden die Golanhöhen angegeben und nicht Israel oder Syrien, und die Angabe der Staatsangehörigkeit bei Reisedokumenten lautete auf »unbestimmt«.

Der mehr als fünf Monate dauernde Streik entwickelte sich zu einem bedeutenden Ereignis in der Geschichte des besetzten Golan, denn er führte zu großen sozialen Veränderungen: Die Frauen auf dem Golan wurden gestärkt, sie spielten bei den Auseinandersetzungen mit Armee und Polizei eine aktive Rolle an vorderster Front. Das wiederum hatte zur Folge, dass die Zahl der Mädchen, die in der Zeit nach 1982 an weiterführenden Schulen einen Abschluss erreichten, dramatisch zunahm. Vor dem Streik hatte nur eine einzige Frau aus dem Golan ein Universitätsstudium aufgenommen, aber in den darauffolgenden Jahren studierten Dutzende von Frauen an Universitäten in Israel und im Ausland. Seltsamerweise verschaffte der Streik auch der traditionellen religiösen Führungsspitze einen zeitweiligen Zugewinn an Status und Einfluss, denn sie unterstützte die Proteste unbeirrbar. Aber später bekamen es die Kleriker mit einer aktiveren und säkular orientierten Führung zu tun.

Die Sturheit der Golanbewohner führte letztlich zum Einlenken Israels bei der Frage der Staatsangehörigkeit, zugleich musste es seine Aufmerksamkeit an die libanesische Front verlagern – und das auf eine sehr dramatische Art und Weise.

Der Libanon und das Ende der Dorf-Ligen

Verteidigungsminister Sharon schickte die israelische Armee im Juni 1982 in den Libanon, wo sie die PLO zum Kampf stellen sollte. Sharon glaubte, dass Israel die Palästinenser im Westjordanland und im Gazastreifen dazu zwingen konnte, eine dauerhafte Unterwerfung zu akzeptieren und den Kampf um die Unabhängigkeit aufzugeben, wenn es ihm gelang, Arafats Guerilla-Armee im Libanon zu besiegen und die PLO-Infrastruktur dort zu zerstören. Die israelischen Streitkräfte gewannen in einem kurzen und blutigen Feldzug die Oberhand, verzichteten jedoch darauf, die gesamte PLO-Führungsspitze zu vernichten. Arafat und andere PLO-Anführer gingen ins Exil nach Tunesien und in andere Länder.

Sharon, der Architekt des Krieges, hoffte außerdem, dass ein Sieg über die PLO im Libanon auch die Moral in den Dorf-Ligen stärken würde. Diese waren, wie bereits erklärt, ein von israelischer Seite eingerichtetes System von handverlesenen Gemeinderäten, die als Gegengewicht – in Wirklichkeit als Alternative – zu PLO-freundlichen Führungspersönlichkeiten in den besetzten Palästinensergebieten Stadt- und Dorfverwaltungen führen sollten. Bis zum Jahr 1982 waren die Ligen auf sechs regionale Bezirke erweitert worden, hatten einen eigenen Haushalt, bewaffnete Milizen, Uniformen und eine vierzehntägig erscheinende Zeitung namens *al-Mira (Der Spiegel)*. Der besiegte Arafat leckte im tunesischen Exil seine Wunden, und Sharon bestellte die führenden Persönlichkeiten der Dorf-Ligen ein und trug ihnen auf, sich als »Selbstverwaltungsbehörde in der Gründungsphase zu etablieren«, die mit Israel an der Umsetzung des Abkommens von Camp David arbeiten konnte, was zur Autonomie der Palästinenser führen werde.[55] Sieben miteinander verbündete Sektionen der Dorf-Ligen zeigten zwar einen gewissen Grad an Einigkeit in ihrer Gegnerschaft zur PLO, waren aber dennoch nicht in der Lage, sich so weit zu arrangieren, dass sie die PLO wirkungsvoll ersetzen konnten, und das lag nicht zuletzt daran, dass viele palästinensische Landsleute sie als Verräter ansahen. Deshalb gelang es ihnen letztlich nicht, als alternativer Partner für Israel aufzutreten, mit dem sich eine begrenzte palästinensische Autonomie in den besetzten Gebieten umsetzen ließ. Sharon trat 1983 vom Amt des Verteidigungsministers zurück (aufgrund von Ermittlungen zu seiner Verantwortung für das Massaker an unschuldigen Palästinensern in den Flüchtlingslagern Sabra und Schatila in Beirut). Der neue Verteidigungsminister Moshe Arens ließ das Konzept von Dorf-Ligen als verlässlichem Ersatz für die PLO und Kern einer zukünftigen autonomen Verwaltung fallen und beendete Israels Versuch, im Umgang mit den Palästinensern in den besetzten Gebieten eine Politik des Teilens und Herrschens zu praktizieren.

Bei den israelischen Parlamentswahlen 1984 erreichte weder der rechtsgerichtete Likud noch die Arbeitspartei genügend Sitze für eine Regierungsbildung, und keine der beiden Parteien brachte eine Koalition zustande, die in der Knesset über eine Mehrheit verfügte, stattdessen bildeten sie eine Regierung der nationalen Einheit. Der Koalitionsvertrag sah eine Ämterrotation zwischen Shimon Peres von der Arbeitspartei und Yitzhak Shamir vom Likud vor, wobei jeder von beiden abwechselnd für jeweils zwei Jahre das Amt des Ministerpräsidenten und des Außenministers ausüben sollte. Peres sollte zuerst Ministerpräsident werden, und Yitzhak Rabin von der Arbeitspartei sollte während der gesamten Legislaturperiode von vier Jahren als Verteidigungsminister fungieren.

Dieses politische Arrangement sorgte für eine Zeit relativer Ruhe in den besetzten Gebieten, weil die Armee – vor allem während der ersten beiden Jahre der vereinbarten Ämterrotation – eine mildere Politik verfolgte als unter Sharon. In diesen Jahren kam es zu bedeutenden Fortschritten bei der Entwicklung der industriellen Infrastruktur in den besetzten Palästinensergebieten: Lokale Banken wurden eröffnet (sie waren 1967 geschlossen worden), neue Krankenhäuser gebaut, und die bestehenden Kliniken wurden renoviert und modernisiert; man richtete auch Telefonverbindungen ein, die eine direkte Durchwahl ermöglichten.

Wie sich dann herausstellte, war das nur eine Illusion von Ruhe, zahlreiche Zusammenstöße zwischen der Armee und Protestierenden in den besetzten Gebieten zeigten das. Dazu kam es etwa im März 1986, am zehnten Jahrestag des »Land-Tages«, eines Tages, an dem die Palästinenser eines Generalstreiks sowie schwerer Zusammenstöße mit Israelis gedenken, die 1976 zum Tod von sechs Arabern geführt hatten. Weitere Auseinandersetzungen gab es im September 1986 am vierten Jahrestag der Massaker von Sabra und Schatila und Anfang Dezember im Anschluss an den Jahrestag der Abstimmung der UN-Vollversammlung über den ursprünglichen Teilungsplan für Palästina am 29. November 1947. Und dennoch waren diese Zusammenstöße nur eine vage Vorahnung dessen, was noch kommen sollte: Das darauffolgende Jahr sollte sich – mit dem Ausbruch eines allgemeinen palästinensischen Aufstands im Gazastreifen und im Westjordanland – als eine der wichtigsten und düstersten Phasen in der Geschichte der Besatzungszeit erweisen.

6   Schwarzer Dezember, 1987

Ein Fahrzeug, das palästinensische Arbeiter von ihren Arbeitsplätzen in Israel nach Hause zurückbrachte, stieß am 8. Dezember 1987 mit einem israelischen Tanklastwagen zusammen. Bei diesem Unglück wurden vier Palästinenser auf der Stelle getötet und sieben weitere verletzt. Die Verunglückten kamen aus dem Flüchtlingslager Jabalya, das unmittelbar nördlich von Gaza-Stadt in der Nähe eines Dorfes mit dem gleichen Namen liegt. Das eine Fläche von 1,4 Quadratkilometern einnehmende Lager wurde 1948 für 35 000 Personen eingerichtet, die aus ihren Heimatorten im Süden Palästinas geflohen waren und sich im Gazastreifen niedergelassen hatten. Die Einwohnerzahl von Jabalya war 39 Jahre später auf 60 000 Menschen angewachsen, was diesen Ort zu einem der größten und ärmsten unter den acht Flüchtlingslagern im Gazastreifen machte, zu einem Dreh- und Angelpunkt allgemeiner Unzufriedenheit und, nach diesem verhängnisvollen Verkehrsunfall, zum Zentrum eines umfassenden Aufstands gegen die Besatzungsmacht.

Der Leichenzug war riesig, Tausende von Trauernden kamen, um den Getöteten die letzte Ehre zu erweisen. Für diese Menschen war es kein gewöhnliches Begräbnis. Unter den Bewohnern des Gazastreifens waren bereits Gerüchte im Umlauf gewesen, nach denen der Fahrer des israelischen Lastwagens das palästinensische Fahrzeug absichtlich gerammt haben sollte, als Vergeltung für den Tod eines Verwandten, der zwei Tage zuvor auf dem Marktplatz von Gaza-Stadt erstochen worden war. Erzählungen von Überlebenden des Unfalls fachten die Gerüchte an. Eine dieser Personen berichtete, der israelische Fahrer habe »seinen Lastwagen in Richtung unseres Autos gelenkt, und wir sahen, dass er das absichtlich tat«.[1] Ein weiterer Überlebender, Kamal Kadura Hamudeh, räumte noch im Krankenbett in Gaza zwar ein, dass er zum Zeitpunkt des Unfalls geschlafen habe, sagte aber dennoch, er glaube, dass der Lastwagenfahrer ihr Fahrzeug mit Absicht gerammt habe.

Ob dieser Vorwurf zutraf, wurde nie bewiesen, aber die Gerüchte sorgten in Jabalya für eine äußerst angespannte Atmosphäre, und die Unruhen, die durch den Anblick israelischer Soldaten in unmittelbarer Nachbarschaft und Appelle an die Aufständischen, die von den Minaretten der Moscheen zu hören waren (»Oh, ihr jungen Leute, geht auf sie los, zieht euch nicht zurück«), weiter angeheizt wurden, setzten sich die ganze Nacht hindurch fort und führten auch zu direkten Zusammenstößen mit israelischen Soldaten.²

Die Unruhen und Zusammenstöße waren immer noch im Gang, als der 17 Jahre alte Hatem Abu Sisi sich am nächsten Morgen auf den Weg zur Schule machte und sich dabei voller Eifer seinen Freunden anschloss, die Steine auf die Soldaten warfen. Diese eröffneten das Feuer, und zwei Kugeln trafen Hatem in die Brust. Seine Freunde brachten ihn ins Krankenhaus, in das man dann seinen älteren Bruder Gazi rief. »Ich war sehr schnell im Shifa-Krankenhaus«, erinnerte sich Gazi fünf Jahre nach dem Zwischenfall, »und dort sah ich ihn auf dem Bett liegen. Sein Gesicht war bedeckt, und ich wusste, dass er ein Märtyrer war. Er wurde getötet. Ich betrachtete sein Gesicht und sagte: ›Möge Gott dich segnen.‹«³ Hatem Abu Sisi war der erste Junge, der bei den Kämpfen getötet wurde, und seine Mutter sagte später in einem Interview, sie habe sich kurz vor seiner Geburt vorgestellt, wie er heranwachsen, von israelischen Soldaten getötet werden und »im Tod helfen wird, sein Volk zu befreien«.⁴ Sein Tod steht tatsächlich für den Anfang des *Schuhada*-Phänomens, bei dem während des Aufstands getötete junge Männer die Bezeichnung *Schahid* erhielten – Märtyrer.

Die Dezember-Ereignisse im Gazastreifen waren, wie wir heute wissen, das Signal für den Beginn eines palästinensischen Aufstands, der als »*Intifada*« (»Abschütteln«) bekannt wurde. Er sollte sechs Jahre dauern und Hunderte von Menschenleben fordern, mehrheitlich die von Palästinensern.

Hätte die israelische Armee, im Nachhinein betrachtet, den Aufstand zu einem frühen Zeitpunkt aufhalten können, noch bevor er eskalierte? Möglicherweise, aber nur dann, wenn sich die Soldaten rasch auf eine dramatische Anwendung von Gewalt gegen die Aufständischen verlegt und ihnen einen verheerenden und unvergesslichen Schlag zugefügt hätten, von dem sie sich nicht mehr hätten erholen können. In Wirklichkeit reagierte die Armee zunächst zögernd, weil man möglicherweise davon ausging, dass dies nur eine weitere der in den besetzten Gebieten gelegentlich aufflackernden palästinensischen Unruhen war, die gewöhnlich rasch wieder abebbten, und nicht der Beginn eines umfassenden Aufstands. Die Zusammenstöße wirkten zunächst nicht so, als handle es sich hier um etwas Außergewöhnliches oder gar um eine Loslösung von der Vergangenheit. Wie wir bereits gesehen haben, war die palästinensische Bevölkerung unter der Besatzung von Anfang an unruhig gewesen und häufig mit dem Militär aneinandergeraten.

Dennoch ist klar, dass aufseiten der israelischen Sicherheitskräfte ein gravierendes Geheimdienstversagen vorlag, weil dort die bevorstehenden schweren Unruhen und offensichtlichen Anzeichen für Veränderungen vor Ort nicht vorhergesehen wurden. Das wird nicht nur bei nachträglicher Betrachtung deutlich, sondern es lagen bereits damals einschlägige Berichte vor: Emile Nakhleh, ein ehemaliger CIA-Beamter, schrieb beispielsweise Mitte 1987, dass »Gaza einem Dampfkochtopf ähnelt, der vor der Explosion steht. Die palästinensische Bevölkerung wirkt von Tag zu Tag aufgebrachter und rebellischer. Die militärische Besatzungsmacht reagiert darauf mit zunehmender Unsicherheit.«[5]

Nicht nur die israelischen Sicherheitskräfte hatten den Kontakt zur Wirklichkeit verloren, dasselbe galt auch für die Politiker, wie sich an der Reaktion von Shamir und Rabin zeigte, von Ministerpräsident und Verteidigungsminister, die beide unmittelbar nach Beginn der Unruhen in den besetzten Gebieten den Iran, Syrien und die PLO beschuldigten, zum Aufstand angestachelt zu haben. In Wirklichkeit waren weder der Iran noch Syrien beteiligt, und PLO-Chef Arafat, seit 1982 im Exil in Tunis, war genauso überrascht wie die Israelis. Er hielt die Unruhen in ähnlicher Manier nur für ein weiteres Beispiel der brodelnden Unzufriedenheit, die schon seit Langem das Leben in den besetzten Gebieten prägte. Das Geschehen nahm dann auch einen völlig anderen Verlauf, als Arafat erwartet hatte. Seit mehr als 20 Jahren hatte er gepredigt, das Ende der Besatzung werde durch »den Gewehrlauf« kommen, wie er sich oft ausdrückte, und hatte zum »bewaffneten Kampf« aufgerufen; ein unbewaffneter, breiter und aus dem Volk kommender Widerstand gehörte nicht zu seiner Strategie.

Die Aufständischen

Wie sich herausstellte, standen hinter den Unruhen keine bestimmten Gruppen oder Einzelpersonen. Stattdessen hatte man es hier mit einfachen Bewohnern des Gazastreifens zu tun, die am Ende ihrer Geduld mit der Besatzung waren. Sie empfanden die Lage so, dass die Besatzung – wie es ein Palästinenser damals ausdrückte – »immer nur nehmen und nehmen und nehmen würde«.[6] Es stimmte zwar, dass die Lebensbedingungen 1987 sehr viel besser waren als zum Zeitpunkt der Eroberung des Gazastreifens durch Israel 20 Jahre zuvor, denn Arbeitsplätze in Israel bedeuteten, dass die Palästinenser mehr Geld in der Tasche für den persönlichen Gebrauch zur Verfügung hatten. Und dennoch brachte die Arbeit in Israel gleichzeitig auch mit sich, dass die Bewohner des Gazastreifens – und hier vor allem die jüngere Generation – die Kluft sahen, die sich zwischen ihren eigenen

Lebensbedingungen und denjenigen der Israelis auftat. »Sie können mit eigenen Augen sehen, warum wir das tun«, erklärte ein junger Aufständischer unmittelbar nach dem Ausbruch der Intifada. »Sie sehen unsere Häuser, die Art, wie wir hier leben. Wir können hier nicht wie Menschen leben. […] So lautet unsere Stellungnahme.«[7]

Die täglichen Reisen auf der Jagd nach Arbeit in Israel steigerten nur noch die Frustration der Palästinenser: Der Grenzübertritt war ein erniedrigendes Erlebnis und ein bürokratischer Albtraum – wie so oft unter der Besatzung waren Sondergenehmigungen erforderlich, die Wartezeit und Warteschlangen am Grenzübergang nahmen Stunden in Anspruch und waren oft mit Erniedrigungen vonseiten der israelischen Wachposten verbunden. In seinem Buch *Du sollst nicht hassen* beschreibt der Arzt Izzeldin Abuelaish, einer der wenigen Palästinenser, die eine Arbeitserlaubnis für ein israelisches Krankenhaus bekamen, einen Grenzübertritt vom Gazastreifen nach Israel. »Es fällt zivilisierten Menschen schwer zu glauben, was hier vor sich geht«, schreibt er:

die Demütigung, die Angst, die physischen Erschwernisse, der Druck, der sich mit dem Wissen verbindet, dass man ohne jeden Grund festgehalten, zurückgeschickt werden, dass man eine wichtige Besprechung verpassen kann, dass die eigene Familie in der Angst lebt, man sei vielleicht, wie Tausende andere, verhaftet worden. […] Ein Grenzübertritt ist niemals Routine, oft unberechenbar, Furcht einflößend und strapaziös.[8]

Palästinensische Arbeiter durften nicht in Israel übernachten, sie mussten also täglich in den Gazastreifen zurückkehren und die Prozedur wiederholen. Wer das Gesetz missachtete und über Nacht in Israel blieb, musste sich, oft unter menschenunwürdigen Bedingungen, vor den Behörden verstecken. Israelische Arbeitgeber boten den Palästinensern nur die am wenigsten begehrten, schlecht bezahlten Arbeitsplätze an, die die Israelis nicht haben wollten, und im Allgemeinen enthielten sie ihnen auch die allereinfachsten Sozialversicherungsleistungen vor.

Es besteht kein Zweifel daran, dass dieses Vorgehen der Israelis in den besetzten Gebieten – die Ausbeutung der palästinensischen Arbeiter, die massive Besteuerung und andere Maßnahmen dieser Art – die wahre Antriebskraft für die Radikalisierung der palästinensischen Öffentlichkeit und eine bedeutende Ursache der Intifada war.[9] Rashad al-Shawa, der ehemalige Bürgermeister von Gaza, gab diese Gefühlslage gut wieder, als er erklärte, dass die Menschen im Gazastreifen »ein Gespür für Ungerechtigkeit und Diskriminierung haben. [...] Sie arbeiten als Müllmänner und Tellerwäscher für [Israel] und fühlen sich dabei wie Sklaven.«[10] Von daher war es keine Überraschung, dass die Arbeiter, die das tägliche Hin und Her zwischen Israel und dem Gazastreifen auf sich nahmen, in den Anfangstagen des Aufstands die überwiegende Mehrzahl der Demonstrierenden ausmachten.

Studenten spielten bei den Dezember-Unruhen ebenfalls eine bedeutende Rolle. In den Jahren nach 1967 wurden in den besetzten Gebieten weitere Universitäten gegründet, aber nach einem akademischen Abschluss gab es nur wenige Beschäftigungsmöglichkeiten. Viele Universitäts-Absolventen waren für die Arbeitsstellen, die man ihnen in den besetzten Gebieten oder in Israel selbst anbot, überqualifiziert. Die Arbeitssuche außerhalb der besetzten Gebiete war in vielen Fällen keine brauchbare Option, weil es keine Garantie dafür gab, dass einem später die Rückkehr nach Hause erlaubt wurde. Ein 20-jähriger Palästinenser namens Judat, der an der Irbid-Universität in Jordanien Wirtschaftswissenschaften studierte, erinnert sich an seine Hilfsarbeitertätigkeiten in Israel:

Ich habe eine Zeit lang in einer Kneipe in Tel Aviv gearbeitet und mich dort mit israelischen Studenten unterhalten. Sie hatten genau denselben Lehrstoff wie wir. Später habe ich noch als Tellerwäscher in einem Restaurant gearbeitet, bis ich es nicht mehr aushielt. Ich wurde so schlecht bezahlt und wie ein Sklave behandelt. Also ging ich zurück nach Barta'a. Wundert Sie das? Wir haben hier einen Ingenieur, der in Oxford studiert hat. Er repariert jetzt Autos und hilft bei der Orangenernte. Wir haben auch einige Straßenkehrer mit Fachhochschulabschluss. Ich kenne einen Tellerwäscher, der ein Diplom in Betriebswirtschaft hat. Können Sie sich vorstellen, wie es so jemandem geht? Es war ein Fehler, dass wir uns zu einem Studium entschieden. Wir hatten ein großes Ziel vor Augen, aber wir vergaßen, woher wir kamen. Unsere Eltern haben ihre ganzen Ersparnisse für uns ausgegeben, sie haben ihre Herden verkauft, damit wir studieren konnten, und was machen wir? Wir kommen in unser Dorf zurück, ohne dass wir hier noch richtig dazugehören. Aber wir werden auch nirgendwo anders akzeptiert. Ich sitze den ganzen Tag hier und lese Zeitung oder hänge mit Freunden herum und werde immer älter.[11]

Judat und andere junge Palästinenser waren gelangweilt, arbeitslos, frustriert, zugleich aber gut ausgebildet, sie verfügten über ein politisches Bewusstsein und wehrten sich gegen die Besatzung.

Und dann gab es noch die Islamisten. Islamistische Gruppen waren im Gazastreifen stärker als im Westjordanland, und das lag nicht zuletzt daran, dass die Menschen im Gazastreifen, vor allem die Bewohner der überfüllten Flüchtlingslager, aus einem stärker traditionell geprägten, konservativ-islamischen Umfeld kamen als die Palästinenser im Westjordanland, und sie waren empfänglicher für die Botschaft islamischer Gruppen. Ende der 1980er-Jahre gab es im Gazastreifen mindestens acht islamistische Gruppierungen, allesamt Ableger der Muslimbruderschaft, der 1924 in Ägypten gegründeten islamischen Bewegung, die in den besetzten Gebieten aktiv war und dort medizinische Betreuung, Schulunterricht und andere soziale Dienstleistungen anbot. Die größte dieser Gruppen war die Hamas (»Islamische Widerstandsbewegung«), die im Dezember 1987 von einer Gruppe palästinensischer Islamisten mit dem Ziel gegründet wurde, in dem Gebiet, in dem heute Israel, das Westjordanland und der Gazastreifen liegen, einen islamischen Staat zu errichten.

Die mit Abstand einflussreichste Persönlichkeit in der Hamas war der an den Rollstuhl gefesselte Scheich Ahmad Yasin. Er wurde 1936 in einem kleinen Dorf im damaligen britischen Mandatsgebiet Palästina geboren. Während des ersten arabisch-israelischen Krieges floh die Familie Yasin aus ihrem Dorf und ließ sich im Gazastreifen nieder, wo der junge Ahmad in die Al-Karmel-Grundschule ging, unweit des Flüchtlingslagers Shati, in dem seine Familie lebte. Im Alter von 13 Jahren begann er in einem Restaurant zu arbeiten, um die arme Familie zu unterstützen. Mit 16 hatte er einen Sportunfall, und obwohl er seitdem gelähmt war, machte er sich weiterhin täglich auf den drei Kilometer langen Weg zur Schule und zurück, indem er sich mit Armkraft und einem Holzkarren mit sechs Metallrädern fortbewegte. Nach dem Abschluss an einer höheren Schule wurde Yasin Lehrer, und obwohl er niemals zum Scheich erhoben wurde, bezeichneten ihn diejenigen Menschen, die ihn als Lehrer und Autodidakten bewunderten, als »den Scheich«. Später nahm er in Kairo ein Universitätsstudium auf und schloss sich dort der Muslimbruderschaft an. Er identifizierte sich mit ihren Zielen und begann mit dem Aufbau von Zellen junger Aktivisten, die sich zum Kern der Muslimbruderschaft in Palästina entwickeln sollten. Die ägyptischen Behörden kamen Yasins Zellen auf die Spur und warfen ihn und einige seiner Mitstreiter ins Gefängnis. Nach seiner Freilassung kehrte er ins Flüchtlingslager Shati zurück und gründete dort ein islamisches Zentrum, in dem er unterrichtete, bis ihn die israelische Armee im Juni 1984 nach einem Waffenfund in seinem Haus verhaftete. Yasin wurde zu

13 Jahren Gefängnis verurteilt, kam aber bereits im Mai 1985 durch einen Gefangenenaustausch wieder frei.

Die Hamas war beim Aufstand von Anfang an dabei, ihr erstes Kommuniqué veröffentlichte sie im Gazastreifen am 11. Dezember und im Westjordanland am 14. Dezember 1987. Darin erklärte sie, dass »die Intifada unseres standhaften Volkes eine Ablehnung der Besatzung und der damit verbundenen Unterdrückung bedeutet« und dass »unser Volk den rechten Weg kennt – den Weg der Aufopferung und des Märtyrertums – und die Welt davon in Kenntnis setzen möchte, dass die Juden Verbrechen in Nazi-Manier gegen unser Volk begingen und aus der gleichen Quelle schöpfen«.[12] Die Hamas sollte dann im darauffolgenden Jahr ihre offizielle Satzung veröffentlichen, die unter anderem zur Zerstörung Israels aufrief, aber ihre Ziele waren dem Publikum bereits im Dezember 1987 gut bekannt: Widerstand gegen die Besatzung und die Schaffung einer islamischen Nation in ganz Palästina, deren Leben durch das islamische Scharia-Recht geregelt wurde. Die Hamas wurde zwar ursprünglich als Ableger der Muslimbruderschaft gegründet, unterschied sich aber ideologisch in einem grundlegenden Punkt von der Mutterorganisation: in der zentralen Bedeutung Palästinas.

Die israelische Armee trug in den Jahren vor der Intifada, so überraschend und kurzsichtig das heute wirken mag, aktiv zur Stärkung der islamistischen Gruppen bei, die sie als Gegengewicht zur säkular orientierten, nationalistischen PLO ansah. Letztere betrachteten die Israelis als die größere Bedrohung Israels – diese Einschätzung gleicht der amerikanischen Unterstützung für die Mudschaheddin gegen die sowjetische Präsenz in Afghanistan, die damals noch anhielt. Die Armee ging gegen muslimische Führungspersönlichkeiten oft weniger hart vor als gegen mit der PLO verbundene Agitatoren, und eine Zeit lang gelangten Islamisten im Gazastreifen, aber auch im Westjordanland mit stillschweigender israelischer Zustimmung in Machtpositionen. Auf diese Weise schuf Israel, wie die Vereinigten Staaten in Afghanistan, unwissentlich ein trojanisches Pferd, das zurückkehren sollte, um seinen Schöpfer zu peinigen.

Es kann deshalb nicht überraschen, dass sich in den Verhören, die der israelische Inlandsgeheimdienst Shin Bet in der Anfangsphase des Aufstands vornahm, eindeutig zeigte, dass die Islamisten auf den Straßen äußerst aktiv waren. Die Demonstranten riefen oft Parolen mit einem entschieden religiösen Beiklang, während nur wenige Arafat-Plakate und nur selten eine palästinensische Fahne zu sehen waren.

Die Tatsache, dass die Israelis versucht hatten, das Wenige, was die Palästinenser an Land und anderen natürlichen Ressourcen, und hier vor allem: an Wasser, besaßen, zu übernehmen, reizte diejenigen, die sich jetzt den Unruhen anschlossen, noch zusätzlich. Der offensichtlichste Ausdruck dieser Entwicklung war der Bau jüdischer Siedlungen, der meist, wie bereits gezeigt, auf beschlagnahmtem Land und zu »militärischen Zwecken« erfolgte, was unter den Palästinensern Befürchtungen bestätigte, das letztliche Ziel der Besatzung sei ihre Vertreibung. Unmittelbar vor Beginn der Intifada gab es im Westjordanland 125 Siedlungen dieser Art, in denen 63 000 Juden lebten, und im Gazastreifen waren es 18 Siedlungen mit insgesamt 2500 Siedlern. Die Zahl der Siedler, die Jahr für Jahr in die besetzten Gebiete zogen, hatte von 770 im jährlichen Mittel in der Zeit von 1967 bis 1977 auf durchschnittlich 5960 in den Jahren von 1978 bis 1987 zugenommen.[13]

Eine weitere tiefe Enttäuschung für die Palästinenser waren ihre eigenen Führungspersönlichkeiten und die arabischen Landsleute. Viele Palästinenser glaubten in den Jahren nach 1967, dass Kräfte außerhalb der besetzten Gebiete, in erster Linie die PLO, aber auch die arabischen Nachbarn, ihre Probleme lösen und der Besatzung ein Ende bereiten würden.[14] Doch als Sharon 1982 Arafat und seinen engsten Führungskreis aus dem Libanon nach Tunis vertrieb, gaben die Palästinenser in den besetzten Gebieten die Hoffnung auf. Im Verlauf des folgenden Jahrzehnts gab es so gut wie keine Fortschritte für die palästinensische Sache, und Gerüchte über die Korruption in der PLO-Führung und das gute Leben, das diese Leute in Tunis führten, enttäuschten – ob sie nun zutrafen oder nicht – die einfachen, unter der Besatzung leidenden Menschen nur noch mehr.

Die arabischen Regierungen wiederum, die sich oft in großer Ausführlichkeit über die Notwendigkeit geäußert hatten, die israelische Besatzung zu beenden, unternahmen in den 1980er-Jahren nur wenig, um die Not der gegenwärtig unter der Besatzung lebenden Menschen zu lindern. Der wichtigste Tagesordnungspunkt bei der Konferenz der Arabischen Liga in Amman war im November 1987 – unmittelbar vor Ausbruch des Aufstands – beispielsweise der Iran und nicht die Palästinenser (der 1. Golfkrieg zwischen dem Irak und dem Iran dauerte zu diesem Zeitpunkt nach über sieben Jahren immer noch an). Den Palästinensern war natürlich auch nicht entgangen, dass Ägypten, der führende arabische Staat, mit Israel Frieden geschlossen und die zwischenstaatlichen Beziehungen normalisiert hatte, ohne dass es in ihrem eigenen Leben dadurch zu irgendeiner Verbesserung gekommen war. Rashad al-Shawa, der ehemalige Bürgermeister von Gaza, hielt im Dezember 1987 fest, dass die Palästinenser »jegliche Hoffnung verloren haben. […] Sie haben das

Gefühl, dass die arabischen Staaten nicht imstande sind, irgendetwas zu erreichen, […] dass es auch der PLO, die sie als ihre Vertretung betrachteten, nicht gelungen ist, irgendetwas zu erreichen.«[15] Die Dinge entwickelten sich im Dezember 1987 so, dass, wie es ein führender Vertreter der Palästinenser formulierte, »die palästinensischen Bewohner [der besetzten Gebiete] von niemandem mehr irgendetwas erwarten, […] die wichtigste Frage ist jetzt, wie diejenigen außerhalb [der besetzten Gebiete] ihre Rolle neu bestimmen können. Diejenigen, die außerhalb leben, sollten zum ›Echo‹ derjenigen werden, die in den Gebieten leben.«[16]

Die Palästinenser in den besetzten Gebieten hatten auch die Ereignisse im Südlibanon mitverfolgt, wo Israel einen breiten Gebietsstreifen entlang seiner Nordgrenze besetzt hatte. Dieses Land diente als Sicherheitszone, die es den Feinden Israels erschweren sollte, in den Norden des Landes einzusickern. Seit Mitte der 1980er-Jahre hatte jedoch die Hisbollah, eine schiitische Bewegung, die nach der israelischen Invasion von 1982 im Libanon aktiv geworden war, die israelische Besatzungsmacht mit einem gewissen Erfolg unter Druck gesetzt. Bis zum Jahr 1987 hatte die Hisbollah gezeigt, dass Widerstand gegen die militärische Macht der israelischen Armee auch ohne High-Tech-Bewaffnung und gewaltige Feuerkraft möglich war, und sie jetzt als Vorbild für den Kampf der Palästinenser diente.

Gewisse Ereignisse zeigten – nicht nur im Libanon, sondern auch in den besetzten Gebieten und dort am auffälligsten im Flüchtlingslager Balata –, dass die israelische Armee einen großen Teil ihrer abschreckenden Wirkung eingebüßt hatte.

Das im Norden des Westjordanlandes gelegene Lager Balata war, wie das Lager Jabalya im Gazastreifen, immer eine Brutstätte des palästinensischen Widerstands und Nationalismus gewesen, was die Armee oft zum Einschreiten provoziert hatte. Das tat sie auch am 31. Mai 1987, als Soldaten in das Lager eindrangen, um die Shabibah zu stellen, eine Jugendbewegung, deren Mitglieder am Ort wohnende Menschen schikaniert hatten, die sie der Kollaboration mit der Besatzungsmacht verdächtigten. Die Soldaten nahmen einige willkürliche Verhaftungen vor und hielten die betroffenen Personen in einer Schule des Ortes fest, aber palästinensische Frauen schritten ein, marschierten zur Schule und bewarfen die Soldaten mit Steinen. Das war nichts Ungewöhnliches, wie Amal, ein erfahrener palästinensischer Organisator von Demonstrationen gegen die Besatzungsmacht, erklärte: »Wenn es zu einer Demonstration kommt, erheben die Frauen ihre Stimmen und irritieren die Soldaten. Sie schlagen auf Töpfe und Bratpfannen und blasen in Trillerpfeifen. In den Herzen der Frauen ist keine Angst mehr.«[17] Jetzt, in Balata, zogen sich die verblüfften

Soldaten zurück, was die Palästinenser als Sieg deuteten, und dieser Vorfall wurde später als »Mini-Intifada« bezeichnet – als eine Probe für die Ereignisse, die im Dezember folgen sollten. Ein weiterer Vorfall, der zu belegen schien, dass die Armee das Geschehen nicht mehr vollständig im Griff hatte, ereignete sich am 25. November, an dem ein einzelner mutiger palästinensischer Aufständischer mit einem ultraleichten Flugdrachen die libanesische Grenze überquerte, auf einem Feld in der Nähe eines israelischen Armeestützpunktes landete und sechs Soldaten tötete und 13 weitere verwundete, bevor er selbst erschossen wurde.

Im Dezember fühlten sich die Palästinenser angesichts dieser Erfolge und mit dem ermutigenden Vorbild der Hisbollah im Rücken bereit zum ernsthaften Widerstand gegen die Besatzungsmacht. Die Unruhen griffen von Jabalya, wo alles begann, schnell auf die anderen Flüchtlingslager im Gazastreifen über – auf Khan Yunis, Al Bourej, Nuseirat, Ma'azi und das an den Sinai grenzende Lager Rafah – und erfassten schließlich das Westjordanland.

Israels Schwarzer Dezember

Als die israelische Armee schließlich einsah, dass man es mit einer völlig neuen Lage zu tun hatte, mussten die Verantwortlichen erkennen, dass man weder über die Ausrüstung noch über die Erfahrung verfügte, einer solchen Situation zu begegnen – einem die gesamte Bevölkerung mobilisierenden, aber unbewaffneten zivilen Aufstand, bei dem Frauen und Kinder Demonstrationen anführten.

In anderen Ländern fiel die Aufgabe, einem Volksaufstand gegenüberzutreten, mitunter der Polizei zu, aber in den besetzten Palästinensergebieten (mit Ausnahme Jerusalems) war dies immer die Aufgabe der Armee gewesen. Der damalige stellvertretende Generalstabschef Ehud Barak bekannte freimütig im Gespräch mit dem Autor dieses Buches: »Wir waren in technischer Hinsicht nicht auf den Umgang mit einem gewalttätigen Volksaufstand dieses Ausmaßes vorbereitet.«[18] Die Armee brauchte lange, um Verstärkung auf den Weg zu bringen, und verhielt sich viel zu selektiv beim Verhängen von Ausgangssperren – einem harten, aber gängigen und oft sehr wirksamen Mittel, mit dem sich in solchen Situationen die Ordnung wiederherstellen lässt, da sie allen Beteiligten oft eine Phase der Abkühlung verschafft. Die Zurückhaltung hatte zur Folge, dass die Demonstrationen ohne Ruhepause weitergingen und sich gegenseitig befeuerten. Für den größten Teil des Dezembers erhielten die Soldaten die Anweisung, die Demonstranten nicht zu stellen, solange nicht aktiv versucht wurde, wichtige Straßen zu blockieren, und die Armee selbst nicht angegriffen wurde. Die Palästinenser sahen, dass die israelischen Soldaten sich zurückhielten, und legten das so aus, dass sie sich in Dörfern und Lagern verbarrikadieren konnten, die sie umgehend in »befreite Zonen« zu verwandeln suchten.

Die Palästinenser versuchten von Beginn an, Israels gewaltige militärische Überlegenheit zu neutralisieren, indem sie sich primitiver Waffen bedienten und dabei vor allem zu Steinen griffen. Etwa zu dieser Zeit wurde das Bild des mit einem Gewehr bewaffneten Palästinensers durch das Bild des Steine werfenden Kindes ersetzt. Wer Steine warf, galt unter diesen jungen Palästinensern, wie Daoud Kuttab berichtet, »als ›einer der Jungs‹. Wer ein israelisches Auto traf, galt als Held; und wer verhaftet wurde und erklärte, nichts Unrechtes getan zu haben, wurde auf diese Weise zum Mann.«[19] Auch Mädchen beteiligten sich an den Protesten. Reem Zaghout, damals noch Schülerin, erinnerte sich später, wie »die Jungen Steine auf die vorübergehenden Soldaten warfen, [...] und auch Mädchen schlossen sich den Jungen beim Steinewerfen an, blockierten die Straßen, schrieben Parolen an Wände, beteiligten sich.«[20] Angesichts dieser Lage brauchten die Soldaten am dringendsten eine Grundausstattung für die Bekämpfung von Straßenunruhen – Schutzschilde, Helme, Gummiknüppel –, aber all diese Dinge waren Mangelware.

Die ersten Wochen der Intifada, die Zeit vom 9. bis 31. Dezember 1987, verliefen chaotisch und gewalttätig: 22 Palästinenser wurden getötet, darunter fünf Kinder und Jugendliche zwischen 13 und 16 Jahren, außerdem gab es rund 320 Verletzte, von denen zwei Drittel auf die Altersgruppe von 17 bis 21 Jahren entfielen. Am hohen Blutzoll, den die palästinensischen Jugendlichen entrichteten, lässt sich die aktive Rolle ablesen, die sie beim Aufstand übernahmen: Das Steinewerfen hatte unter Schulkindern schon vor Beginn des Aufstands Tradition, aber jetzt errichteten diese jungen Palästinenser auch noch improvisierte Barrikaden und nahmen die Soldaten mit Steinen unter Beschuss, die sie mit selbstgebastelten Schleudern abfeuerten. Die israelischen Soldaten schossen in diesen Anfangstagen der Intifada mit scharfer Munition auf die Demonstranten und hatten dabei die Anweisung, auf die Beine zu zielen, um nicht zu töten, sondern nur zu verwunden. Aber diese Verletzungen erwiesen sich bei Kindern oft als tödlich. Die Palästinenser handelten, allen Opfern zum Trotz, in einem neuen Geist der Einigkeit, wie sich ein Teilnehmer erinnert: »Alle beteiligten sich. [...] Alle! Männer, Frauen, Kinder, alle sah man auf der Straße demonstrieren. Es gab eine harmonische Einheit, die alle erfasste.«[21]

Der Sicherheitsrat der Vereinten Nationen verurteilte am 22. Dezember energisch die Menschenrechtsverletzungen durch Israel in den besetzten Gebieten und missbilligte die Tötung und Verwundung schutzloser palästinensischer Zivilisten durch die Armee. Die Vollversammlung verlangte von Israel außerdem die Einhaltung der Vierten Genfer Konvention zum Schutz von Zivilisten in Kriegszeiten und missbilligte die Inhaftierung Hunderter Palästinenser durch das Militär. Bei den Vereinten Nationen und in anderen Organisationen stimmten oft neben Israel nur die USA gegen diese Resolutionen. Aber angesichts des Ausmaßes der Gewaltanwendung und des eindeutigen Machtungleichgewichts zwischen den beiden Seiten konnten nicht einmal die USA das israelische Vorgehen gutheißen, und Israel stand mit seiner Gegenstimme allein da. Für Israel war das ein Schwarzer Dezember.

Drei israelische Fallschirmjäger betrachten die Klagemauer, die heiligste Stätte des Judentums, die während des Sechstagekriegs im Juni 1967 erobert wurde. Dieses Foto wurde zum Symbol eines großen Augenblicks in der jüdisch-israelischen Geschichte. Aber was zunächst wie ein segensreicher Triumph aussah, entwickelte sich schon bald in einen Fluch.
(David Rubinger/epa/Corbis)

Der israelische Verteidigungsminister Moshe Dayan, eine der für die Geschicke der besetzten Gebiete einflussreichsten Persönlichkeiten, trifft nach dem Sechstagekrieg in der Nähe Jerusalems mit Palästinensern zusammen.
(Micha Bar Am/Magnum)

Israelische Truppen stoßen in den letzten beiden Tagen des Sechstagekrieges 1967 weit in die Golanhöhen vor, und Tausende von Syrern verlassen dieses Gebiet eilig nur mit dem, was sie tragen können. *(Micha Bar Am/Magnum)*

Der kleinen Drusengemeinde wird der Verbleib im Golan auch nach dem Krieg gestattet, weil Israel davon ausgeht, dass sie sich loyal zum jüdischen Staat verhalten wird. Die in der Heimat verbliebenen Drusen, die von Freunden und Verwandten in Syrien abgeschnitten sind, steigen auf einen Hügel an der Demarkationslinie des besetzten Golan zu Syrien und halten, oft mithilfe von Megafonen, Sprechkontakt zur syrischen Seite. *(Micha Bar Am/Magnum)*

Die Freiheit wird eingeschränkt, denn die israelische Armee errichtet im Westjordanland und im Gazastreifen Hunderte von Kontrollpunkten, um die Bewegungen der Palästinenser in unruhigen Zeiten besser steuern zu können. *(AFP/Getty Images)*

Kollaborateure – die Israelis nennen sie »Affen« – verhüllen ihren Kopf mit einem Sack, damit sie von palästinensischen Landsleuten nicht erkannt werden. Sie unterstützen die Armee, indem sie Verdächtige identifizieren. *(Micha Bar Am/Magnum)*

Die Zahl der Siedler, die palästinensisches Land übernehmen, steigt, und es kommt zu Spannungen zwischen den Siedlern und einheimischen Palästinensern. *(AFP/Getty Images)*

Die Frustration angesichts der Besatzung wächst, die Palästinenser verschärfen ihre Angriffe, und die israelische Armee errichtet eine Sperranlage, die sich durch das ganze Westjordanland zieht, um Grenzübertritte nach Israel zu verhindern. *(Larry Towel/Magnum)*

Das Lächeln trügt: Der israelische Ministerpräsident Menachem Begin *(rechts)* und der ägyptische Präsident Anwar al Sadat *(links)* wurden niemals gute Freunde. Aber sie waren pragmatisch genug, um Kompromisse zu schließen und 1979 einen Friedensvertrag zu unterzeichnen, mit dem die Besatzungszeit auf der Sinaihalbinsel beendet wurde.
(Popperfoto/Getty Images)

Kurz vor der Rückgabe des noch unter israelischer Kontrolle verbliebenen Teils des Sinai im April 1982 dringen israelische Soldaten in den Yamit-Siedlungsblock ein, um die Siedler, die sich dort verbarrikadiert haben und den Abzug verweigern, zwangsweise zu evakuieren.
(Peter Marlow/Magnum)

Der Widerstand gegen die Besatzung wird ab 1987 konfrontativer, denn die Frustration der Palästinenser erreicht ihren Höhepunkt. Bewohner des Westjordanlandes und des Gazastreifens fordern die mächtige israelische Armee mit Steinwürfen heraus (Bild oben *Reuters/Corbis*) und schicken Selbstmordattentäter in israelische Städte (Bild unten *Abed Omar Qusini/X01203/Reuters/Corbis*).

Der israelische Ministerpräsident Yitzhak Rabin *(links)* und Palästinenserführer Jassir Arafat *(rechts)* unterzeichnen das Oslo-Abkommen. *(Gary Hershorn / Reuters, Corbis)*

Aber in Israel sind nicht alle mit dieser Entwicklung einverstanden: Der rechtsextreme Fanatiker Yigal Amir, der gegen jede Übergabe von besetztem Land an die Palästinenser ist, ermordet Rabin. Die Fotos zeigen die Kugel, die den Ministerpräsidenten tötete, und den mit Rabins Blut befleckten Text des Friedensliedes, den er in seinem Jackett bei sich trug.
(AFP / Getty Images, Time & Life Pictures / Getty Images)

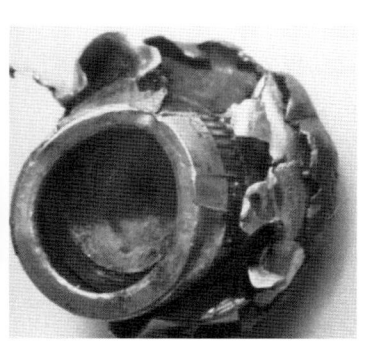

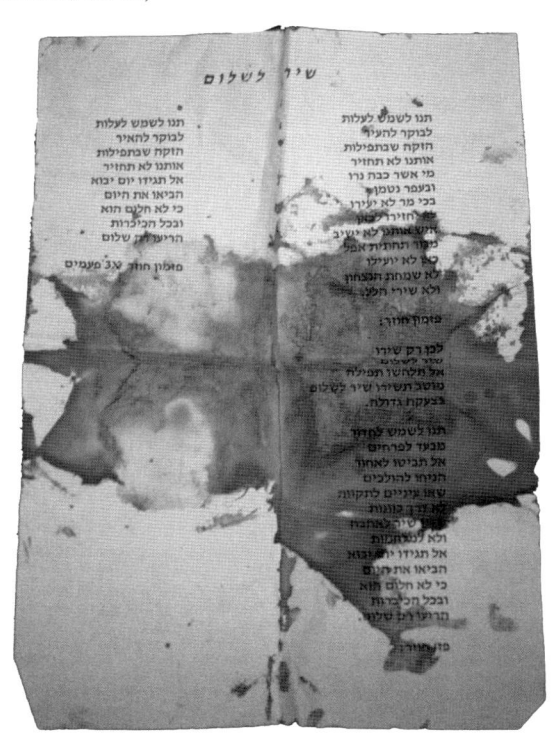

Die Israelis wählen als Reaktion auf einen blutigen palästinensischen Aufstand Ariel Sharon, der für einen harten Kurs steht, zum Ministerpräsidenten. Sharon, der Arafat die Schuld am gewalttätigen Aufstand gibt, bekämpft den Widersacher mit Zähnen und Klauen.
(Getty Images)

Sharon hat einen symbolischen Sieg über Arafat errungen, als dieser schwer krank mit dem Hubschrauber aus dem Westjordanland nach Amman ausgeflogen und von dort mit dem Flugzeug nach Paris gebracht wird, wo er kurz darauf in einem Militärkrankenhaus an einer rätselhaften Krankheit stirbt. Die Palästinenser beschuldigen Sharon, er habe ihn vergiften lassen.
(Ammar Abdullah/Reuters/Corbis)

Dritter Teil

Krieg und Diplomatie 1987–2007

7 Intifada

Die Intifada begann im Dezember 1987 als spontaner Volksaufstand, aber bis zum Januar 1988 entwickelte sie sich rasch zu einer umfassenden, organisierten und koordinierten Rebellion. Gelenkt wurde sie von örtlichen Führungspersönlichkeiten, die hauptsächlich aus den Reihen lokal tätiger Komitees und Organisationen kamen, die sich unter der Besatzung entwickelt hatten und auf vielerlei Art einen repräsentativen Querschnitt der palästinensischen Gesellschaft bildeten. Einige von ihnen war säkular orientiert und standen der PLO nahe, während andere Verbindungen zu islamistischen Gruppen hatten.[1] Es zählt zu den Ironien des Besatzungssystems, dass das Militär in der Zeit vor der Intifada das Aufblühen dieser Gremien und Organisationen duldete, weil sie einige der Lücken abdeckten, die sich zwischen den Bedürfnissen der Bevölkerung und den Dienstleistungen, die die Armee zu übernehmen bereit war, auftaten. Doch jetzt spielte dieses Selbsthilfenetzwerk eine wichtige Rolle beim Aufstand, denn aus seinen Reihen kamen die lokalen Führungspersönlichkeiten, die die Dinge am Laufen hielten.

UNLU

Die Anführer auf lokaler Ebene organisierten sich unter dem Dach der »Vereinigten Nationalen Führung des Aufstands« (United National Leadership of the Uprising, UNLU) und übernahmen die Aufgabe, die Rebellion zu lenken. In der Anfangsphase des Aufstands war ihre wichtigste Aktivität die Veröffentlichung von Kommuniqués, mit denen sie ihren palästinensischen Landsleuten mitteilten, wann sie sich an einen bestimmten Ort begeben sollten und was dort zu tun war. Das erste, am 10. Januar 1988 veröffentlichte UNLU-Kommuniqué rief die Palästinenser dazu auf, »das Unterdrückungsregime bis in seine Grundfesten zu erschüttern«.[2] Es legte den Aufständischen nahe, Straßen zu blockieren, um die Bewegungsfreiheit der Armee einzuschränken, gab den Hinweis, dass »auf den Köpfen der Besatzungssoldaten Steine landen müssen«, und die Aktivisten sollten »den Boden unter den Füßen der Besatzer in Brand setzen«.

Ein interessantes Element und wesentliches Merkmal des sich entwickelnden Aufstands war die Anweisung der UNLU an die Aufständischen, auf Schusswaffen zu verzichten. Eine genaue Untersuchung der in den ersten 18 Monaten des Aufstands verteilten Flugblätter zeigt, dass 90 Prozent davon zu einem gewaltlosen Vorgehen aufrufen, während nur 5 Prozent für einen begrenzten Einsatz von Gewalt plädieren, etwa für das Werfen von Molotowcocktails auf die Soldaten.[3] Man wollte der Armee keine Rechtfertigung für den Einsatz ihrer gesamten Machtmittel bieten; nach den vorliegenden Schätzungen setzten die Palästinenser bei nicht mehr als 5 Prozent ihrer Aktivitäten im Verlauf des Aufstands Schusswaffen oder Sprengstoff ein.

Wir sollten uns an dieser Stelle vergegenwärtigen, dass die palästinensische Intifada in eine Zeit fiel, in der es noch kein Internet und keine sozialen Medien gab, deshalb wurden die Kommuniqués kopiert und von Hand verteilt, und das oft von Aktivisten, die sie neben die Eingänge von Moscheen, an andere öffentlich zugängliche Orte oder einfach an Telefonmasten klebten. Später, als die Armee der Entdeckung der UNLU-Führung näher kam, übermittelten die Aufständischen ihre Anweisungen per Telefon, Fax oder Funk.

In Tunis zeigten sich Jassir Arafat und die PLO-Führung jedoch zunehmend besorgt, als sie erkannten, dass der Aufstand von Aktivisten vor Ort angeführt wurde, auf die sie kaum Einfluss hatten. Sie befürchteten die Entstehung einer neuen Führungsspitze, die die traditionelle, von Arafat angeführte PLO in die Bedeutungslosigkeit abdrängen würde. Gleichzeitig wurde deutlich, dass die Graswurzelrebellion sehr viel wirksamer war als die bewaffneten Angriffe auf Israel. Arafats gewaltige Investitionen in den Aufbau einer regulären Streitmacht, die großzügig mit Panzern und Artillerie ausgerüstet und im weit entfernten Irak, im Sudan und im Jemen stationiert war, wirkte angesichts der Ergebnisse, die nur mit Steinen und Schleudern ausgestattete Kinder erzielten, ausgesprochen töricht. Jetzt drängte sich Arafat den Anführern des Aufstands vor Ort förmlich auf, um sicherzustellen, dass er und die im Exil lebende PLO-Führung nicht den Kontakt zum aktuellen Geschehen verloren: Das UNLU-Kommuniqué Nr. 3 vom 18. Januar 1988 endete, im Unterschied zu den Vorgänger-Veröffentlichungen, mit den Worten »Palästinensische Befreiungsorganisation – Vereinigte Nationale Führung des Aufstands in den besetzten Gebieten«, mit denen klargestellt wurde, dass die UNLU-Führung im Namen von Arafats PLO handelte.

Der Krieg, den die UNLU im Gazastreifen und im Westjordanland führte, richtete sich nicht nur gegen die israelische Armee, sondern auch gegen Kollaborateure. Wie wir bereits gesehen haben, ist die Kollaboration ein wichtiges Merkmal der israelischen – und eigentlich jeder – Besatzung, und in den Jahren vor der Intifada hatten die Israelis ein Netzwerk von palästinensischen Informanten aufgebaut. Manche Palästinenser kollaborierten wegen des Geldes oder als Gegenleistung für die Genehmigung einer Familienzusammenführung, für einen Führerschein oder die Erlaubnis, einen Brunnen bohren oder einen Anbau errichten zu dürfen, während andere zur Zusammenarbeit gezwungen wurden, nachdem der israelische Geheimdienst in den Besitz kompromittierender Informationen gekommen war und diese für eine Erpressung benutzte. Kollaborateure waren in der palästinensischen Gesellschaft ebenso gefürchtet wie verhasst. Khalid Amayreh, ein palästinensischer Journalist aus Dura, erklärt, dass »Kollaborateure ein Krebsgeschwür im kollektiven Gewissen des palästinensischen Volkes gewesen sind. Sie sind das schlimmste und teuflischste Produkt der israelischen Besatzung, und der kollektive Hass auf Kollaborateure kann gar nicht überschätzt werden.«[4] Erklären lässt sich das damit, dass die Präsenz von Kollaborateuren das Misstrauen und die Spaltung in der palästinensischen Gesellschaft vermehrt, weil sie den Menschen Angst einflößt. Ein Palästinenser erklärt dazu:

> *Bereits in einem sehr jungen Alter wusste ich, dass es Informanten gab. Alle redeten darüber, und die Menschen hatten auch Angst, miteinander über bestimmte Themen zu sprechen. Es herrschte ein Gefühl, als gäbe es überall Informanten, [...] dass es den Israelis zu Ohren kommen würde, wenn man etwas sagte, und man dafür dann bestraft würde – eingesperrt.*[5]

Jetzt verfügte die UNLU, dass eine Zusammenarbeit mit der Besatzungsmacht als Verrat am palästinensischen Volk angesehen werde, und alle, die dabei ertappt würden, müssten mit strenger Bestrafung rechnen. Es liegen Zahlen vor, die belegen, dass vom Jahresanfang 1988 bis zur Jahresmitte 1989 mehr als 40 Palästinenser unter dem Vorwurf der Kollaboration getötet wurden – einige davon durch Lynchmobs, andere durch damit beauftragte Personen. Viele Menschen wurden irrtümlich oder eher aus persönlichen als aus politischen Motiven getötet. Hussein Awwad, ein palästinensischer Aktivist aus der Gegend von Khan Yunis im Gazastreifen, erklärt zu diesem Thema: »Nicht jeder Palästinenser, der seit Beginn der Intifada von Palästinensern getötet wurde, war ein Kollaborateur. Einige Menschen wurden aus persönlichen Gründen beseitigt. In einigen Fällen wurden bei diesen Eliminierungen Fehler begangen.«[6]

Die Armee schlägt zurück

Nachdem sie ihre anfängliche Lethargie überwunden hatte, bekam die israelische Armee die Lage nach und nach in den Griff und begann ab Januar 1988 mit der Umsetzung einer Reihe von Maßnahmen, durch die sie den Aufstand zu unterdrücken suchte. Innovation spielte dabei die wichtigste Rolle, vor allem bei der Entwicklung neuer Waffen, weil die Armee ihr hochmodernes Arsenal unmöglich gegen Zivilisten einsetzen konnte, bei denen Frauen und Kinder die treibende Kraft waren. Das Problem für die Militärs bestand also darin, einfachere Waffen zu verwenden und den palästinensischen Aufständischen dabei immer noch ein paar Schritte voraus zu sein. Das führte dann zur Entwicklung von »Waffen« wie einer Steinschleuder-Maschine für Gegenangriffe auf jugendliche Steinewerfer, und Fahrzeuge wurden so umgerüstet, dass man damit Hartgummikugeln und kleine Explosivladungen in die demonstrierende Menge feuern konnte.[7] Da Begräbnisse getöteter Palästinenser stets zum Ausgangspunkt für Demonstrationen wurden, hielt die Armee die Leichname oft zurück und gab sie erst spät am Abend für die Beerdigung frei. Aber bei dem Katz-und-Maus-Spiel zwischen Armee und Palästinensern holten die Letzteren, wie ein palästinensischer Anführer der Intifada erklärte, »den Leichnam einfach aus dem Krankenhaus, begruben ihn und machten aus diesem Ereignis eine [...] Demonstration«.[8]

Die israelische Armee versuchte, die Autorität der Anführer des Aufstands in den besetzten Gebieten zu untergraben, so wie das die französische Kolonialmacht in den 1950er-Jahren in Algier gehalten und Gillo Pontecorvo in seinem Filmklassiker *Die Schlacht um Algier* (1965) gezeigt hat. Die Armee gab dem UNLU-Stil nachempfundene gefälschte Kommuniqués heraus, um unter der Bevölkerung Verwirrung zu stiften, und machte zugleich Jagd auf die Anführer des Aufstands. Die verschiedenen Volkskomitees und Selbsthilfegruppen, aus denen die mittleren und unteren Kader stammten und die als Feldkommandostellen für die Organisation von Demonstrationen dienten, wurden jetzt von der Armee verboten, die bloße Mitgliedschaft zum kriminellen Vergehen erklärte.

Armee und Sicherheitsdienste engten die Kreise der UNLU-Anführer durch ihr methodisches Vergehen, ihre überlegenen Ressourcen sowie mit der Unterstützung palästinensischer Informanten immer weiter ein, die meisten gesuchten Personen wurden schließlich aufgespürt und entweder eingesperrt oder deportiert. Die letztere Methode hatte die Armee schon in den Anfangstagen der Besatzung praktiziert: In der Zeit unmittelbar nach 1967 erfolgten die Deportationen oft in israelisches

Staatsgebiet, während man später dann Personen, die sich der Besatzungsmacht widersetzten, nach Jordanien abschob. Jetzt brachte die Armee inhaftierte Anführer der Intifada in den Südlibanon, den Israel nach wie vor besetzt hielt, und ließ sie dort ohne jede Begleitung zurück. Die Statistiken belegen, dass die Armee allein im Jahr 1988 mehr als 50 palästinensische Aktivisten deportierte. Vor Ort hatten diese drakonischen Maßnahmen allerdings nur eine geringe Wirkung, weil rasch neue Führungspersönlichkeiten auftauchten.

Die Ausgangssperre zählte zu den wirksamsten von der Armee eingesetzten Methoden. Ausgangssperren, die nach dem Völkerrecht als Kollektivstrafe gelten, sind verboten. Artikel 33 aus dem 3. Abschnitt der Vierten Genfer Konvention vom 12. August 1949 hält unmissverständlich fest: »Keine geschützte Person darf für eine Übertretung bestraft werden, die sie nicht persönlich begangen hat. Kollektivstrafen wie auch jede Maßnahme zur Einschüchterung oder Terrorisierung sind verboten.« Die israelische Armee bediente sich dennoch dieser Methode. Die Statistiken zeigen, dass 1988 in den besetzten Gebieten nicht weniger als 1600 Ausgangssperren angeordnet wurden, von denen 118 für einen Zeitraum von fünf Tagen oder länger galten. Bei mehreren Gelegenheiten wurde gegen die gesamte palästinensische Bevölkerung des Westjordanlandes und des Gazastreifens eine Ausgangssperre verhängt. Bei einer Ausgangssperre durften sich die Palästinenser nur in ihren Häusern und Wohnungen aufhalten und wurden sogar angewiesen, sich von Fenstern und Balkonen fernzuhalten. Wer die Ausgangssperre missachtete, musste mit Schusswaffengebrauch rechnen.

Während die Palästinenser ihre Wohnungen nicht verlassen durften, genoss die Armee volle Bewegungsfreiheit, verhaftete verdächtige Personen, die oft im Gefängnis landeten, und führte den Palästinensern – ganz allgemein gesprochen – vor, welchen Preis sie für ihren Widerstand zu bezahlen hatten. Für die Palästinenser, die diesen Maßnahmen ausgesetzt waren, und hier vor allem für Familien mit Kindern, waren die Zeiten der Ausgangssperre immer ein Albtraum. Ghazi Bani Odeh, ein palästinensischer Journalist, beschreibt die Folgen der Ausgangssperren: »Unser Leben, das früher leicht war und auf gegenseitigem Verständnis beruhte, ist zur Hölle geworden. Wir haben keinen Kontakt mit den Nachbarn. Wir sehen und hören niemanden und sprechen mit niemandem.«[9] Und ein anderer palästinensischer Flüchtling aus Khan Yunis im Gazastreifen erinnert sich: »Die Soldaten kamen mit ihren Panzern angerollt, [...] und das ganze Haus wackelte. Sie gaben die Ausgangssperre immer in den frühen Morgenstunden bekannt und begleiteten diese Mitteilungen mit den unflätigsten Ausdrücken wie ›Du Sohn einer ...‹ und ›Deine Mutter ist ...‹«[10]

Die Armee schloss auch immer wieder die Schulen, um den Palästinensern das Organisieren von Demonstrationen zu erschweren. Das führte allerdings zur Entstehung von palästinensischen »Volksschulen«, in denen die Gemeinschaft den Unterricht selbst in die Hand nahm. Die Palästinenserin Diana Wahbe erinnert sich an ihre Schulzeit in Ramallah:

Wir trafen uns mit anderen Schülern aus unserem Viertel im Haus eines Lehrers und befassten uns dort mit Geschichte, Arabisch, Geografie, Mathematik und Literatur. Wir waren eine seltsame Mischung von Schülern aus öffentlichen und privaten Schulen, die mit alten Büchern lernten, auf verschiedenen Niveaus lasen, Probleme auf unterschiedliche Art lösten und sich sehr über ihre neuen Lehrer und Mitschüler freuten. Manchmal wurde der Lehrer verhaftet, weil er diese Art von Schule hielt, dann mussten wir einen anderen Lehrer oder einen Elternteil finden, der bereit war, uns beim Lernen zu unterstützen.[11]

Unterdessen wurde das Rechtssystem, das man zur Aufrechterhaltung der Besatzung geschaffen hatte, vollständig für die Unterdrückung der Intifada genutzt. Nach den Bestimmungen für den Verteidigungsfall (Notstand) konnte ein Militärgericht die Inhaftierung eines palästinensischen Verdächtigen für einen Zeitraum von bis zu sechs Monaten ohne Gerichtsverfahren anordnen. Dies geschah im Rahmen einer Vorgehensweise, die als »administrativer« oder »präventiver Gewahrsam« oder als »Internierung« bezeichnet wurde. Dieses Verfahren war in der Zeit von 1967 bis 1980 sporadisch praktiziert worden, aber nach und nach aus der Rechtspraxis verschwunden. Als die Lage in den besetzten Gebieten jedoch 1985 sehr unruhig wurde, nahm man es wieder auf, und von 1985 bis Dezember 1987 wurden nach Schätzungen 316 Palästinenser in administrativem Gewahrsam festgehalten. Jetzt griff man im großen Stil auf diese Methode zurück. Nach Schätzungen wurden über das ganze Jahr 1988 hinweg zu jedem beliebigen Zeitpunkt 3000 bis 4000 Palästinenser in administrativem Gewahrsam festgehalten. Zu den Inhaftierten zählten auch Frauen und Kinder, die erst 14 oder 15 Jahre alt waren.[12]

Die Inhaftierung so vieler Personen führte zu einer Überfüllung der bestehenden Gefängnisse, und die Armee musste neue Haftanstalten einrichten. Zu den berüchtigtsten Einrichtungen dieser Art zählten Ansar II in Gaza und das Ketsiyot Militärgefängnis (Gefängnis 7), das auch unter der Bezeichnung Ansar III bekannt ist, in der Negev-Wüste. Diese Gefängnisse entwickelten sich schon bald zu politischen Schulungseinrichtungen für Palästinenser, aus denen eine neue Generation von Führungspersönlichkeiten mit sehr starken persönlichen Verbindungen untereinander hervorging. Ein ehemaliger Häftling, der zehn Jahre in israelischen Gefängnissen verbracht hatte, beschrieb, wie seine palästinensische Identität sich durch diese Erfahrung veränderte: »Bevor ich ins Gefängnis kam, wusste ich noch nicht einmal, dass ich Palästinenser war«, erinnert er sich. »Sie haben mir dort erst beigebracht, wer ich bin. Jetzt habe ich eine politische Meinung.«[13] Außerhalb der Gefängnisse, in den besetzten Palästinensergebieten, erfuhren die Gefangenen große Unterstützung, und die politische Führungsspitze der Palästinenser konnte ihre Tapferkeit gar nicht genug loben: »Der Ruhm ist euer. [...] Der Ruhm gebührt den Märtyrern des Aufstands, die hinter Gittern sind.«[14]

In den Gefängnissen wurden die Häftlinge regelmäßig verhört, und Folter diente routinemäßig der Bestrafung wie auch der Informationsbeschaffung. Folter ist nach dem Völkerrecht und nach den Menschenrechtsgesetzen der Vereinten Nationen natürlich verboten.[15] Der Inlandsgeheimdienst Shin Bet verhörte nach Schätzungen in den Jahren von 1987 bis 1994 mehr als 23 000 Palästinenser und bediente sich dabei regelmäßig der Folter. Eine Untersuchung von B'Tselem (dem israelischen Informationszentrum für Menschenrechte in den besetzten Gebieten) kam zu dem Ergebnis, dass minderjährige palästinensische Häftlinge in israelischen Gefängnissen Übergriffe zu erdulden hatten, bei denen sie »geohrfeigt, mit Fäusten traktiert, getreten, an den Haaren gezogen, mit Stöcken oder Eisenstangen geschlagen und gegen die Wand oder auf den Fußboden gestoßen«[16] wurden. Der Bericht schildert weiterhin die in den Gefängnissen im Umgang mit palästinensischen Häftlingen angewendeten Methoden wie folgt:

Man schlägt den Häftling, während er in einem geschlossenen Sack hängt, der seinen Kopf umhüllt und an den Knien zugebunden ist; man bindet den Häftling in einer schmerzhaften Haltung und mit auf den Rücken gefesselten Händen an ein Rohr im Freien an, manchmal im Regen, in der Nacht oder zur heißesten Tageszeit; man nimmt den Häftling, manchmal für mehrere Tage am Stück, in »Gewahrsam«, das heißt, man sperrt ihn in eine dunkle, übel riechende und stickige Zelle, die anderthalb Meter lang und anderthalb Meter breit ist; man schließt den Häftling, manchmal über viele Stunden hinweg, in der »Kammer« ein – in einer engen Zelle, in der ein Mensch zwar stehen, sich aber nicht bewegen kann; und man sperrt den gefesselten Häftling für viele Stunden ins »Grab« – in eine Art Kiste, die durch eine Tür von oben verschlossen wird und so eng ist, dass man darin nur geduckt kauern kann, und in der es keine Toilette gibt.

N. S., ein 19-jähriger Schüler aus Ramallah, den man der Hamas-Mitgliedschaft beschuldigte, wurde von der Armee verhaftet und im November und Dezember 1993 30 Tage lang verhört. Die folgenden, von ihm selbst beschriebenen Misshandlungen ähneln denen, die von anderen Häftlingen schon zu früheren Zeiten bezeugt wurden:

Shabeh [erzwungenes Sitzen oder Stehen mit verbundenen Augen und Handschellen] bestand meistens aus Stehen im Hof, das von neun Uhr morgens bis acht Uhr abends dauerte. An manchen Tagen stand ich ohne Pause, ohne etwas zu essen zu bekommen oder auf die Toilette gehen zu dürfen. […] Manchmal wurde ich acht oder zehn Stunden lang in einen undichten, feuchten »Schrank« [einen schrankförmigen Raum] gesperrt. Im »Schrank« sitzt man die ganze Zeit. […] Man kann sich nicht bewegen. […] Die Häftlinge erleichterten sich oft im »Schrank«, weil sie nicht auf die Toilette gehen durften und weil es dort auch keinen Abortkübel gab. […] Die Schränke stanken entsetzlich. Nachts lag man in den Zellen wie die Tiere. Die Matratzen und Decken sind schmutzig und stinken. Es gibt weder Sonne noch frische Luft. Die Zelle ist voll Wasser, weil sie undicht ist. […] Die Decken haben sich vollgesaugt, ebenso wie die Matratzen. […] Im Verhörraum schlugen mir die Verhörbeamten ins Gesicht und traten mir zwischen die Beine.[17]

Diese Erlebnisse in israelischen Gefängnissen hatten bei den Gefangenen natürlich eine nachhaltige Langzeitwirkung. Aysha Odeh, die in israelischen Gefängnissen saß, berichtet über die Zeit nach der Entlassung: »Du stellst fest, dass du das Gefängnis nicht mehr los wird. Du trägst es in dir. […] Dein Leben im Gefängnis diktiert dir dein Verhalten in der Welt dort draußen. […] Du verlässt das Gefängnis nicht. Du trägst es mit dir herum.«[18]

Die Armee erklärte oft eine ganze Kleinstadt oder Stadt zum »geschlossenen Gebiet«, um die Spannungen an einem besonders unruhigen Ort zu verringern, was effektiv einem Belagerungszustand gleichkam, mit dem dieser Ort von der Außenwelt abgeschnitten wurde. Im Unterschied zu einer Ausgangssperre durften sich die Bewohner eines sogenannten »geschlossenen Gebiets« frei bewegen, aber es war ihnen nicht gestattet, dieses Gebiet zu verlassen. Es gab Kontrollpunkte des Militärs an allen Ein- und Ausgängen. Diese Methode kollektiver Bestrafung wurde 1988 bekannt, als sie über das in der Nähe von Jenin gelegene Dorf Kabatiyeh im Westjordanland verhängt wurde, als Vergeltung für die Tötung eines Bewohners dieses

Ortes, den man der Kollaboration verdächtigt hatte, durch Einheimische. Die Armee riegelte den Ort vom 24. Februar bis zum 3. April ab und zwang ihn in die Knie: Es durften keine Nahrungsmittel angeliefert werden, die Telefonverbindungen wurden unterbrochen, und die Bewohner von Kabatiyeh durften auch keine Steine aus den Steinbrüchen des Dorfes mehr nach Jordanien liefern, was die meisten Menschen dort arbeitslos machte. Insgesamt wurden 400 der 7000 Dorfbewohner inhaftiert, und die Armee zerstörte außerdem mit Bulldozern die Häuser derjenigen Personen, die der direkten Beteiligung an dem Lynchmord verdächtigt wurden, dem der vermeintliche Kollaborateur zum Opfer gefallen war.[19]

Das war die vielleicht drakonischste Bestrafungsmethode, die die Armee gegen Palästinenser anwandte, die sie für Anstifter zum Aufruhr hielt: die Zerstörung von Wohnhäusern. Das Abreißen von Häusern mit Bulldozern praktizierte die Armee schon vor dem Ausbruch der Intifada. Da ein solches Vorgehen jedoch als besonders harte Bestrafung galt, war es bis 1987 nur gegen solche Personen angewandt worden, die schwerste Straftaten begangen hatten. Außerdem bedurfte eine Maßnahme dieser Art einer Sondergenehmigung durch den Verteidigungsminister, und die Bewohner hatten die Möglichkeit, den Hohen Gerichtshof anzurufen.

Die Gerichte hielten sich zwar mit Eingriffen in militärische Sicherheitserwägungen oft zurück, verlangten aber, dass der Grundsatz der Verhältnismäßigkeit gewahrt wurde, und das bedeutete: Die Bestrafung in Form einer Zerstörung des Wohnhauses musste in einem angemessenen Verhältnis zur Schwere des Verbrechens stehen.[20] Aber jetzt, wo der Aufstand in vollem Gang war, wurde der Hausabriss zur gängigen Praxis, und eine ministerielle Sondergenehmigung war nicht mehr erforderlich. Die Entscheidungsgewalt lag beim Militärbefehlshaber des betreffenden Gebiets, und die Statistiken belegen eine enorme Zunahme innerhalb eines Jahres – von 1987, als 103 Häuser zerstört wurden, bis 1988, als es bereits zu 423 Abrissen kam. Die folgende Aussage von Jalal Abu Luz gibt uns einen Einblick in die verheerenden Wirkungen, die eine Hauszerstörung für eine palästinensische Familie mit sich brachte:

Ich war schockiert über die Zerstörung und Verwüstung. Ich wurde hysterisch und begann zu weinen und zu schreien. Ich rannte herum, aber niemand war in der Gegend. […] Ich ging zu den Trümmern meines Hauses zurück, setzte mich auf einen Haufen Steine und Erde und begann wieder zu weinen. Leute kamen, um mich zu trösten. […] Meine Frau und meine Kinder kamen nach Hause und sahen, dass das Haus nur noch ein Haufen Steine war. Meine Frau fiel in Ohnmacht, und die Nach-

barn brachten sie ins Krankenhaus. Die Kinder begannen zu weinen. […] Meine Kinder, die zwischen den Tausenden von Leuten herumgewandert waren, kamen zu uns und setzten sich mit uns auf die Trümmerhaufen, und wir alle weinten bis um ein Uhr nachmittags. […] Zwei Tage lang gingen die Kinder nicht zur Schule, weil alle ihre Bücher und Hefte unter den Trümmern begraben waren. […] Das Rote Kreuz [begann], Zelte und Decken an die Bewohner zu verteilen. Wir bekamen ein Zelt und zwölf Decken. Wir errichteten das Zelt auf dem Steinhaufen. […] Meine Kinder gingen zur Schule, aber ihr Verhalten hatte sich verändert. Sie nässten die Betten im Haus meines Verwandten und schrien im Schlaf wegen ihrer Albträume.[21]

Raja Shehade, ein palästinensischer Rechtsanwalt, beschreibt seine Gefühle als Augenzeuge:

Ich stand da und beobachtete die Soldaten, wie sie die Dicke der Mauern ausmaßen, um die Stellen für den Sprengstoff zu bestimmen. Sie taten es mit einer so gleichgültigen Selbstverständlichkeit! Wir standen da, der Eigentümer des Hauses und ich, und sahen ihnen beim Vermessen zu. Es war schrecklich. Es war, als würde man mit ansehen, wie an einer lebenden Person Maß genommen wird für ihren Sarg. Ich schaute mir die Soldaten an. Sie waren noch so jung! Das ist wirklich ein Problem für mich: zu begreifen, wie sie so etwas tun können. […] Sie sehen in den Leuten, die in diesem Haus leben, einfach nicht ihre Mitmenschen, ihre Brüder.[22]

Der Hass, der durch eine solches Vorgehen entsteht, wird in der Aussage von Mohammed al-Kalilah aus dem Westjordanland deutlich. Sein Haus wurde zerstört, weil man ihm vorwarf, er habe seinen Sohn, nach dem gefahndet wurde, dort versteckt. »Ich könnte immer noch eine Million Mal den Mann töten, der mein Haus zerstören ließ«, räumt al-Kalilah ein. »Aber habe ich jemals so etwas gemacht? Habe ich jemals überhaupt so etwas gedacht? Ich wollte nur leben. Jetzt haben sie das aus mir gemacht. Ein Mörder bin ich durch sie geworden.«[23]

Die Ermordung von Abu Dschihad

Die Maßnahmen, die die Israelis ergriffen, um die Intifada niederzuschlagen – die Ausgangssperren, Massenverhaftungen, Häuserabrisse und so weiter –, hatten sich nur gegen Palästinenser gerichtet, die in den besetzten Gebieten lebten. Aber im Januar 1988 begann die PLO in Tunis sich am Tagesgeschehen des Aufstands zu beteiligen. Die dafür verantwortliche Person war Khalil al-Wazir, der Stabschef der

Organisation, der auch unter dem Namen Abu Dschihad bekannt war – »Vater des Kampfes«.

Al-Wazir wurde im Oktober 1935 in dem Städtchen Ramla in Palästina geboren, im damaligen britischen Mandatsgebiet Palästina. Im ersten arabisch-israelischen Krieg wurde der damals 13-Jährige von israelischen Soldaten gefangengenommen. Abu Dschihads Familie wurde vertrieben, die Flüchtlinge ließen sich im Gazastreifen nieder. Dort wuchs der junge Khalil auf, besuchte eine vom UN-Hilfswerk für Palästinaflüchtlinge (UNRWA) betriebene weiterführende Schule und nahm verschiedene Arbeiten an, um seine Familie zu unterstützen. Die für den Gazastreifen zuständigen ägyptischen Behörden wiesen ihn 1957 aus, weil er verbotenen politischen Aktivitäten nachging, und er ließ sich in Saudi-Arabien nieder, wo er als Lehrer arbeitete. Anfang der 1960er-Jahre spielte Abu Dschihad – zusammen mit Arafat und einigen anderen Aktivisten – eine wichtige Rolle bei der Gründung der Fatah-Organisation, die sich zum Ziel gesetzt hatte, gegen Israel zu kämpfen und Palästina zu befreien. Die Fatah war eine säkulare Bewegung, vertrat eine palästinensisch-nationalistische Ideologie und übernahm das Konzept des sogenannten »bewaffneten Kampfes« als den Weg, der zur Befreiung aller Palästinenser von Israel führen sollte, vor allem nach dem Sechstagekrieg 1967.

Als Arafat 1969 zum Vorsitzenden der PLO aufstieg, der Dachorganisation, in der die Fatah zwar die größte Fraktion stellte, der aber noch andere palästinensische Gruppen angehörten, wurde Abu Dschihad sein Chefberater und zeichnete sich bei der Organisation des bewaffneten Kampfes gegen Israel aus. Er war ein ruhiger, aber effizienter Organisator, und er spielte auch in den Jahren 1970 und 1971 eine führende militärische Rolle, als palästinensische Guerillakämpfer in Jordanien mit König Husseins Streitkräften einen Konflikt austrugen, der später unter der Bezeichnung »Schwarzer September« bekannt wurde. Nach der Niederlage der PLO gegen König Husseins Truppen gingen er und Arafat sowie andere palästinensische Führungspersönlichkeiten und Befehlshaber in den Libanon. Von dort leitete Abu Dschihad weiterhin den militärischen bewaffneten Kampf gegen Israel und stand als Planer hinter zahlreichen Angriffen. Während der israelischen Invasion im Libanon im Jahr 1982 organisierte er Gegenangriffe mit dem Ziel, den israelischen Vormarsch zu bremsen, und später, nachdem Israel im Libanon die Oberhand gewonnen hatte, ging er ins Exil und landete schließlich, wie andere führende Palästinenser und auch Arafat selbst, in Tunis.

Auch aus der tunesischen Hauptstadt führte Abu Dschihad weiterhin den bewaffneten palästinensischen Kampf gegen die Besatzungsmacht und setzte beim

Kampf gegen die Armee vor allem auf die Gründung von Jugendkomitees in den besetzten Gebieten. Wie viele andere wurde auch er vom Ausbruch der Intifada überrascht, fing sich allerdings rasch wieder und setzte seinen Führungsanspruch gegenüber den Aktivisten der Intifada vor Ort durch, die schon bald seinen Anweisungen aus Tunis folgten. Und jetzt, als Abu Dschihad eine derartige Führungsrolle bei der Lenkung des palästinensischen Aufstands einnahm, beschlossen die Israelis, ihn zu beseitigen.

Eine israelische Kommandoeinheit gelangte am 15. April 1988 nach Tunis, wo sie in Abu Dschihads Haus eindrang. Ein gewisser Nahum Lev erinnert sich: »Ich traf ihn mit einem langen Feuerstoß.«[24] Abu Dschihads Frau Jihan hörte den Lärm, eilte ins Treppenhaus, um nachzusehen, und beschrieb, was sie sah:

Drei maskierte Männer mit Maschinenpistolen. [...] Der erste der Männer eröffnete das Feuer auf Abu Dschihad. Er wurde am Arm und ins Herz getroffen. Er drehte sich um und stürzte zu Boden. Dann feuerten nacheinander alle vier Männer auf ihn, rannten die Treppe hinunter und verließen das Haus. Meine Tochter Hanan wurde von den Schreien geweckt. Einer der Männer schubste sie beiseite und sagte: »Geh zu deiner Mutter.« In Abu Dschihads Körper steckten etwa 75 Kugeln – acht davon in seinem Herzen.[25]

Die Wut über diesen Mord löste in den besetzten Gebieten eine massive Protestwelle aus, vor allem im Gazastreifen, wo Abu Dschihad aufgewachsen war. Bei dieser spontanen Serie von Unruhen erschoss die Armee 14 Menschen und verletzte mehr als 70 weitere. Die Palästinenser in Jerusalem trauerten drei Tage lang und riefen einen Generalstreik aus, und über den Häusern von Palästinensern wehten Dutzende von schwarzen Fahnen. Parallel zur Beerdigung von Abu Dschihad in Damaskus wurden in Städten und Dörfern der besetzten Gebiete symbolische Begräbnisse abgehalten, und die UNLU erklärte den Samstag nach Abu Dschihads Tod zum »Tag des Zorns«, an dem die Proteste und Demonstrationen noch intensiviert werden sollten. Der Mord hatte letztlich nur einen geringen Einfluss auf den Verlauf des Aufstands, der rasch weiterging. Allerdings verhaftete die Armee Dutzende von palästinensischen Aktivisten, denn bei der Operation in Tunis waren den Israelis Dokumente in die Hände gefallen, die Listen von Aufständischen in den besetzten Gebieten enthielten.

Die Eskalation der Unruhen, zu der es nach Abu Dschihads Ermordung kam, hatte eine wichtige Auswirkung: Sie bestärkte König Hussein in seinem Entschluss, das zu tun, was sich dann als eine der dramatischsten und wichtigsten Entscheidungen herausstellte, die er jemals treffen sollte – eine Entscheidung, die gewaltige Auswirkungen auf die Zukunft der besetzten Gebiete hatte.

Eine politische Scheidung

Hussein hatte auch nach der Besetzung des Westjordanlands durch Israel im Jahr 1967 weiterhin Geldmittel in diesen ehemaligen Teil seines Herrschaftsgebiets gelenkt: Er zahlte die Gehälter und Pensionen der Angehörigen des öffentlichen Dienstes, stand religiösen Stiftungen vor und finanzierte Schulen, Krankenhäuser und andere Institutionen. Er wollte unbedingt weiter Einfluss ausüben in einem Landstrich, den er eines Tages zurückzugewinnen hoffte. Die Israelis übersahen seine Einmischungen geflissentlich, denn sie hofften darauf, dass sie das Gebiet zur gegebenen Zeit gemeinsam mit Jordanien verwalten konnten, was ihnen lieber war als ein unabhängiger palästinensischer Staat, der zwischen Israel und Jordanien entstand. Diese »jordanische Option« war ein Schlüsselelement im Denken der israelischen Regierungen – vor allem der linken –, denn sie befürchteten, dass ein feindseliger Palästinenserstaat den wichtigsten Orten in Israel zu nahe wäre und den Alltag dort ohne große Anstrengungen belasten könnte. Hussein unterstützte die Bewohner der besetzten Palästinensergebiete auch dann noch, als ihm bei der Konferenz der Arabischen Liga im Oktober 1974 in Rabat die anderen arabischen Staats- und Regierungschefs die Befugnis, im Namen der Palästinenser zu verhandeln, zugunsten der PLO entzogen. Der König versuchte in den Jahren von 1974 bis 1988 immer wieder, den Beschluss von Rabat zu umgehen und die Palästinenser, die arabische Welt und die internationale Gemeinschaft davon zu überzeugen, dass er bei Gesprächen über die Zukunft der besetzten Palästinensergebiete der richtige Mann für die Vertretung palästinensischer Interessen war. Aber durch die Intifada wurden die Karten neu gemischt. Der Aufstand richtete sich zwar in erster Linie gegen die israelische Besatzungsmacht, aber auch die antijordanische Stimmung, unter Palästinensern immer unterschwellig präsent, erreichte neue Spitzenwerte.

Die UNLU veröffentlichte beispielsweise am 11. März 1988 ihr zehntes Kommuniqué, in dem sie unter anderem die Palästinenser dazu aufrief, nicht nur den Druck auf die israelische Besatzungsarmee zu erhöhen, sondern auch »auf Vertreter des jordanischen Regimes«, und das bedeutete: auf Palästinenser, die dem jordanischen Regime näherstanden als der PLO.[26] Das Dokument drängte auch die Abgeordneten aus dem Westjordanland, die noch im jordanischen Parlament saßen, ihre Mandate aufzugeben, »sonst wird für sie in unserem Land kein Platz sein«. Diese Worte verletzten den König sehr, denn jetzt wurde ihm deutlich vor Augen geführt, wie stark die meisten Bewohner des Westjordanlandes offen der PLO zuneigten und nicht Jordanien, und diese Entwicklung hatte sich seit den Kommunalwahlen im Westjordanland 1976 noch verstärkt. Außerdem verband sich hiermit noch ein großes Sicherheitsrisiko, denn die Intifada konnte ohne Weiteres über die Grenze hinweg auf Jordanien übergreifen, da die große Mehrheit seiner Untertanen in Jordanien palästinensischer Herkunft war, und so auch seine eigene Herrschaft gefährden. Hussein hatte die ablehnende Haltung, mit der die Palästinenser im Lauf der Jahre auf seine Vorstöße reagiert hatten, allmählich satt, und aus tiefer Sorge um die Zukunft seines Königreichs entschloss er sich zu einem kühnen Schritt – zu einem vollständigen Rückzug aus dem Westjordanland, die ungeteilte Verantwortung über das Gebiet übertrug er der PLO.

Hussein strich am 28. Juli 1988 einen mit einem Budget von 1,3 Milliarden Dollar ausgestatteten Investitionsplan für das Westjordanland, der ursprünglich für die Finanzierung von Wohnungsbau, Gesundheits- und Bildungswesen sowie für kulturelle und religiöse Projekte bestimmt gewesen war. Der König rechtfertigte den Investitionsstopp mit dem Argument, mit diesem Vorstoß solle der PLO mehr Verantwortung übertragen werden. Zwei Tage später löste er das Unterhaus des jordanischen Parlaments auf, in dem Palästinenser aus dem Westjordanland die Hälfte der 60 Abgeordneten stellten. Der Gnadenstoß folgte dann schließlich am 31. Juli, als Hussein in einer dramatischen Fernsehansprache ankündigte, er werde alle Ansprüche auf das 1967 verlorene Gebiet aufgeben, und erklärte, Jordanien werde alle administrativen und rechtlichen Verbindungen zum Westjordanland kappen. Er erklärte, es bestehe eine »allgemeine Überzeugung«, dass der Kampf um die Befreiung der Palästinensergebiete von der israelischen Besatzung durch die Trennung der rechtlichen und verwaltungsmäßigen Verbindungen zwischen den beiden Ufern des Jordans gestärkt werden könne, und deshalb »müssen wir [in Jordanien] unsere Pflicht erfüllen und das tun, was von uns verlangt wird«.[27] Hussein verkündete, ein zukünftiger palästinensischer Staat würde »auf dem besetzten palästinensischen Gebiet« errichtet, und betonte, dass er diese Schritte nur als Reaktion auf die Wünsche der Palästinensischen Befreiungsorganisation unternehme, »der einzigen legitimen Vertreterin des palästinensischen Volkes«.[28] Der König machte allerdings deutlich, dass der Rückzug keineswegs die Aufgabe der Treuhänderschaft der Haschemiten für die heiligen Stätten in Jerusalem einschloss, die er nach wie vor als persönliche und spirituelle Verpflichtung und als politische Notwendigkeit empfinde, weil es keine Garantie dafür gebe, dass Israel eine palästinensische Souveränität über diese heiligen Stätten zulassen werde.

Und so, mit dem Wunsch, »möge Gottes Frieden und Segen mit euch sein«, durchtrennte der König Jordaniens Verbindungen zu einem Land, das es 1948 zunächst besetzt, 1950 offiziell annektiert, 1967 an Israel verloren und bis zu diesem Augenblick wiederzuerlangen gehofft hatte. Er beendete damit auch offiziell seine Funktion als Vertreter der Palästinenser. Dieser Vorstoß war ein tödlicher Schlag für Israels »jordanische Option«, denn jetzt war nur noch die PLO als potenzieller Partner für Verhandlungen über die Zukunft der besetzten Palästinensergebiete übrig.

Husseins Entscheidung verlieh der neuen Wirklichkeit Schwung, die sich vor Ort herausbildete, und brachte Ereignisse in Gang, die seinen Rückzug zu einem unwiderruflichen Vorgang machten.

Unabhängigkeit

Durch den Verzicht Husseins auf die besetzten Palästinensergebiete und das Drängen der palästinensischen Führungspersönlichkeiten vor Ort, die den Erfolg ihres Aufstands mithilfe der PLO in ein klares Programm zur Führung des Kampfes um die Unabhängigkeit umgemünzt sehen wollten, stieg der Handlungsdruck auf den immer noch in Tunis ausharrenden Arafat. Er ergriff die Gelegenheit am 15. November 1988, an dem Tag, an dem die israelische Armee eine totale Ausgangssperre über die besetzten Gebiete und den Ostteil Jerusalems verhängte: Bei einer Sondersitzung des Palästinensischen Nationalrats (Palestinian National Council, PNC), der gesetzgebenden Körperschaft der Palästinensischen Befreiungsorganisation, verkündete er in Algier »die Gründung des Staates Palästina in unserer palästinensischen Nation, mit dem heiligen Jerusalem als Hauptstadt«.[29] Dann las er die palästinensische Unabhängigkeitserklärung vor, die von dem palästinensischen Dichter Mahmud Darwish verfasst worden war:

> *Palästina, das Land der drei monotheistischen Religionen, ist das Land, aus dem das palästinensisch-arabische Volk stammt, in dem es sich entwickelte und sich auszeichnete. Das palästinensisch arabische Volk war immer in Palästina verwurzelt und hat nie seine Bande mit ihm gelöst. So schloss das palästinensisch-arabische Volk eine immerwährende Verbindung zwischen sich selbst, seinem Land und seiner Geschichte. Das palästinensisch-arabische Volk festigte im Verlauf seiner Geschichte seine nationale Identität durch seine legendäre Standhaftigkeit.*[30]

Der Staat, den sich Arafat in seiner Unabhängigkeitserklärung vorstellte, sollte das Westjordanland und den Gazastreifen (etwa 22 Prozent des historischen Landes Palästina) sowie den arabischen Teil Jerusalems umfassen, den Israel für sich beanspruchte und im Juni 1967 effektiv annektiert hatte. Da dieses gesamte Gebiet nach wie vor unter militärischer Besatzung stand, war Arafats Proklamation nur eine politische Erklärung von Hoffnungen und Absichten ohne unmittelbare politische Bedeutung.

Der Palästinensische Nationalrat billigte Arafats Erklärung. Auch die Resolution 242 des Sicherheitsrats der Vereinten Nationen akzeptierte er damit erstmals offiziell. Dieser Vorgang war bedeutsam. Israel hatte im Jahr 1970, wenn auch nur zögernd, die Resolution akzeptiert, die das Land zum Rückzug aus den 1967 besetzten Gebieten aufforderte, und auch arabische Staaten wie Ägypten und Jordanien hatten diese Resolution und damit auch das Prinzip angenommen, dass Israel das Recht hatte, im Nahen Osten in Frieden zu existieren, was die PLO bis dahin verweigert hatte. Wenn die PLO das Existenzrecht Israels akzeptierte, einen Grundsatz, der in der Resolution 242 mit enthalten ist, bedeutete das, dass sie auf 78 Prozent des alten Palästina verzichtete. Die PLO hatte, solange sie die Resolution 242 ablehnte, es Israel viele Jahre lang leicht gemacht, sie als »Terroristen« abzutun, die nur die Zerstörung Israels im Sinn hätten. Aber jetzt hatte Arafat die PLO mit einem einzigen kühnen Vorstoß verändert und Israel vor das Problem gestellt, Verhandlungen mit ihm aufzunehmen.

Arafat war möglicherweise realistisch genug, um davon auszugehen, dass es nicht gleich zu direkten Gesprächen mit der Regierung kommen würde, wenn er das Existenzrecht Israels anerkannte, denn dies würde Diskussionen über einen zukünftigen palästinensischen Staat mit sich bringen, etwas, was der Likud-Politiker Shamir und die überwiegende Mehrheit der Israelis ablehnten. Zugleich hoffte Arafat aber, dass die Supermacht USA, Israels wichtiger Verbündeter, schließlich positiv reagieren und das Verbot von direkten Verhandlungen mit der PLO aufheben würde, das der damalige Außenminister Henry Kissinger 14 Jahre zuvor verhängt hatte. Kissinger hatte damals, als Teil eines Gesamtpakets von Zusagen, das Israel zum Rückzug vom Sinai im Jahr 1975 bewegen sollte, versprochen, dass die USA nicht mit der PLO verhandeln würden, solange diese nicht die UN-Resolution 242 akzeptierte, Israels Existenzrecht ausdrücklich anerkannte und dem Terrorismus entsagte. Und jetzt machte der aktuelle US-Außenminister George Shultz deutlich, dass Arafat *alle* oben genannten Voraussetzungen erfüllen musste, insbesondere die ausdrückliche Anerkennung Israels und die Absage an den Terrorismus, bevor die USA direkte Gespräche mit der PLO aufnehmen konnten. Arafat war klar, dass er dieser Aufforderung nachkommen musste, und am 7. Dezember 1988 schickte er Shultz eine Nachricht, in der er erklärte: »Das Exekutivkomitee der PLO [...] verurteilt individuellen, Gruppen- und Staatsterrorismus in all seinen Erscheinungsformen und wird sich solcher Mittel nicht bedienen.«[31] Arafat berief dann am 14. Dezember eine Pressekonferenz ein, bei der er erklärte, die PLO erkenne das Recht aller Konfliktparteien im Nahen Osten an, in Frieden und Sicherheit zu existieren, »einschließlich [...] Israels«, und er wiederholte noch einmal, »offiziell und zum Mitschreiben«, dass »die PLO sich vom Terrorismus lossagt«.[32]

Für die Amerikaner hatte Arafat damit endlich die Forderungen der USA erfüllt, sie handelten zügig – während Israel nach wie vor jegliche Gespräche mit der PLO ablehnte –, hoben ihren Boykott auf und bereiteten sich auf den Dialog vor: Robert Pelletreau, der amerikanische Botschafter in Tunesien, nahm Kontakt zum dortigen PLO-Hauptquartier auf, und bereits am 16. Dezember begannen in Tunis die Gespräche über die Aufnahme von Beziehungen zwischen der PLO und der US-Regierung. Die Verhandlungen waren jedoch noch nicht sehr weit gediehen, als im Mai 1989 eine palästinensische Splittergruppe unter der Führung eines Mannes namens Muhammad Abbas von der Palästinensischen Befreiungsfront (Palestine Liberation Front, PLF) von See her einen Überfall auf einen Strand in der Nähe von Tel Aviv unternahm. Arafat weigerte sich, den Anschlag zu verurteilen, und als Reaktion darauf unterbrachen die USA den Dialog.

Im Lauf der folgenden Jahre untergruben Arafats Versuche, den bewaffneten Kampf gegen Israel fortzusetzen, während er gleichzeitig eine politische Verhandlungslösung anstrebte, nach und nach seine Glaubwürdigkeit, und die Gründung eines palästinensischen Staates musste weiter vertagt werden. Ein weiterer historischer Versuch, den israelisch-palästinensischen Konflikt zu lösen, war vorerst gescheitert.

Knochenbrechen und Shamirs Friedensplan

All diese diplomatischen Manöver schienen auf die Lage vor Ort, wo sich die israelische Armee und palästinensische Aktivisten weiterhin einen Schlagabtausch lieferten, nur wenig Einfluss zu haben. Die Armee nahm im Jahr 1989 Gummigeschosse in das Arsenal auf, mit dem sie den Aufstand bekämpfte, Kugeln mit einer Gummiumhüllung, die die Wirkung des Geschosses dämpft und zu weniger Todesfällen führt. Diese »weiche« Munition forderte dennoch weitere Opfer und verstümmelte viele Aufständische, aber auch mit diesem Mittel war die Rebellion nicht zu beenden.

Inzwischen sahen sich die israelischen Streitkräfte jedoch wegen der offensichtlichen Brutalität, mit der sie gegen die Aufständischen vorgingen, massiver internationaler Kritik ausgesetzt, sodass den Israelis kaum eine andere Wahl blieb, als ihre Schusswaffen durch Schlagstöcke und Gummiknüppel zu ersetzen. Die Armee stand unter dem unmittelbaren Befehl von Verteidigungsminister Rabin, der seine Soldaten bei einer Gelegenheit anwies: »Meine Herren, benutzen sie jetzt ihre Hände oder Knüppel und schlagen sie die Demonstranten einfach, um die Ordnung wiederherzustellen.«[33] Diese Linie wurde als Rabins »Brecht-ihnen-die-Knochen«-Politik bekannt, und sie frustrierte die Soldaten so sehr, dass sie bei der Ausführung des Befehls zu weit gingen: Die Schläge, die sie den Palästinensern zufügten, führten bei vielen ihrer Opfer zu dauerhaften Behinderungen. Das Knochenbrechen konnte außerdem noch ein anderes Problem der Armee lösen, es konnte die Demonstranten handlungsunfähig machen, ohne dass man sie inhaftieren musste. Oberst Yehuda Meir befahl seinen Soldaten, »die Arme und Beine« der Palästinenser zu »brechen, weil die Gefängnisse voll sind«.[34]

Der internationale Druck auf Israel nahm angesichts der brutalen Wirklichkeit in den besetzten Palästinensergebieten, die auf den Fernsehschirmen in aller Welt zu sehen war, dramatisch zu. Die Europäer, die Vereinten Nationen, die Sowjetunion, ja sogar die US-Regierung – sie alle verloren angesichts des harten israelischen Vorgehens die Geduld und forderten das Land auf, die politische Initiative zu ergreifen, gerade jetzt, nachdem Arafat Israels Existenzrecht ausdrücklich anerkannt und sich vom Terrorismus losgesagt hatte.

Ministerpräsident Shamir reagierte auf diesen wachsenden internationalen Druck am 14. Mai 1989 mit einem Vier-Punkte-Plan.[35] Er sah einen zweistufigen Friedensprozess vor, zu dem auch eine Übergangszeit mit einem Interimsabkommen zwischen Israel und den Palästinensern gehörte. Diese sollte mit Kommunalwahlen im Gazastreifen und im Westjordanland beginnen (das damit verbundene Ziel war, die PLO zur Zuschauerrolle zu verdammen) und dann zu einer dauerhaften, zwischen Israel, Ägypten und Jordanien auszuhandelnden Lösung führen (auch dabei war das Ziel, der PLO-Führung die Zuschauerrolle zuzuweisen). Der Kerngedanke dieses Programms war die Vorstellung von einer »Selbstverwaltung [für die Palästinenser], durch die sie das Alltagsleben selbst regeln können«. Die Zuständigkeit für Sicherheitsfragen, Außenpolitik und alle Angelegenheiten, die die israelischen Siedler im Westjordanland und im Gazastreifen betrafen, sollte nach dem Shamir-Plan bei Israel verbleiben.

Die Palästinenser hielten den Shamir-Plan für genau das, was er auch war: für eine israelische Taktik zur Beseitigung der Idee eines palästinensischen Staates und zur Verdrängung der PLO. Heute wissen wir, dass Shamirs Angebot nur das Ziel verfolgte, den internationalen Druck auf Israel zu verringern, wie der damalige Ministerpräsident später selbst einräumte: »Wir werden den Arabern nicht einen Zentimeter unseres Landes überlassen [in Bezug auf das Westjordanland, A. B.], und wenn wir zehn Jahre lang verhandeln müssen.«[36] Bei anderer Gelegenheit sollte Shamir über seinen Plan sagen: »Ich hätte zehn Jahre lang verhandelt und unterdessen hätten wir eine Zahl von einer halben Million [Siedlern] in Judäa und Samaria erreicht.«[37] Shamir wollte eindeutig Zeit gewinnen, denn er ging davon aus, dass Israel umso mehr in seinem Besitzanspruch auf die von ihm kontrollierten Gebiete bestätigt werden würde, je länger sich am Status quo nichts änderte. In Shamirs Denken spiegelte sich seine Überzeugung, dass der Zusammenbruch der Sowjetunion, der Aufstieg der USA zur alleinigen Supermacht und der massive Zustrom gut ausgebildeter Einwanderer aus der ehemaligen Sowjetunion, die in dieser Phase nach Israel kamen, das Land insgesamt demografisch und wirtschaftlich stärken und dass sich diese Trends langfristig zugunsten Israels auswirken würden. Verteidigungsminister Rabin unterstützte seinen Ministerpräsidenten, indem er die Palästinenser mahnte, sie sollten den Shamir-Plan lieber annehmen, da Israel »keine Bedenken hätte, den militärischen Druck erheblich zu steigern, wenn die Palästinenser sich weigern würden, den israelischen Plan auch nur in Erwägung zu ziehen – den einzigen, den Israel anzubieten gedenkt«.[38] Aber selbst diese Warnung sollte die Palästinenser nicht schrecken, die den Shamir-Plan rundweg ablehnten und ihren Aufstand fortsetzten.

Die Armee gewann jedoch ab 1990 die Oberhand, obwohl es ihr nicht gelang, die Intifada vollständig niederzuschlagen, und die euphorische Einheit, die die Palästinenser empfunden hatten, als die ersten Steine geflogen waren, brach allmählich zusammen. Die wirtschaftliche Situation mag die Antriebskraft beim Ausbruch der Intifada Ende 1987 gewesen sein, aber gegen Ende des Jahrzehnts führte sie auch mit zu ihrem Niedergang. Dieser war das Ergebnis der Maßnahmen der Armee in Verbindung mit den häufigen, von der UNLU initiierten Streiks, die im Zusammenwirken die wirtschaftliche Situation in den besetzten Gebieten so verschlechtert hatten, dass die meisten Menschen nur noch an ihre Arbeitsplätze in Israel zurückkehren und etwas zu essen auf den Tisch bringen wollten. Die Statistiken belegen, dass die Zahl der in Israel arbeitenden Bewohner des Gazastreifens nach

Beginn des Aufstands stark abnahm, von 70 000 bis 80 000 Personen in der Zeit vor der Intifada auf 56 000 im Jahr 1989. Dadurch sank das durchschnittliche Pro-Kopf-Einkommen innerhalb von zwei Jahren um 13 Prozent. Eine allgemeine Ermüdung setzte ein, der Aufstand hatte viel von seiner Dynamik verloren. Die Arbeiter kehrten zu ihren Arbeitsplätzen in Israel zurück und widersetzten sich den Bemühungen der Aktivisten, die den Aufstand fortsetzen wollten. Sari Nusseibeh, eine Führungspersönlichkeit der Intifada, schrieb über deren »schmachvollen Tod« und darüber, wie »die Sache den Erschöpfungstod [starb] – und zwar eher ruhmlos als ›mit einem Paukenschlag‹«.[39] Aber die politischen Träume der Palästinenser sollten nicht vollständig verschwinden. Die Rettung sollte, in einer Form, die auf dem Aufstand aufbaute und in den besetzten Gebieten für dramatische Veränderungen sorgte, schon bald aus einer unerwarteten Richtung kommen – aus dem Irak.

8 Golfkrieg, Madrid, Oslo, 1991–1995

Es ist eine Ironie der Geschichte, dass ausgerechnet der irakische Diktator Saddam Hussein bei der Auslösung des Nahost-Friedensprozesses zu Beginn der 1990er-Jahre eine zentrale Rolle spielte.

Ende der 1980er-Jahre hielt Saddam Hussein Ausschau nach Geldquellen für den Wiederaufbau der irakischen Wirtschaft und die Finanzierung seines aufgeblähten Militärapparats, denn sein Land war nach einem achtjährigen erfolglosen Krieg gegen den Iran bankrott, und der Ölpreis war an einem Allzeittief angekommen, was die irakischen Exporterlöse ganz erheblich schmälerte. Kurzentschlossen ließ Saddam seine Truppen am 2. August 1990 beim winzigen, aber ölreichen Nachbarn Kuwait einmarschieren und das Scheichtum besetzen. Durch die Invasion in Kuwait und die Übernahme der Bodenschätze des Landes, so sein Kalkül, konnte er den Ölpreis in die Höhe treiben, was der irakischen Volkswirtschaft neuen Schwung verleihen würde. Dabei schätzte er allerdings die internationale Stimmungslage falsch ein. Noch am Tag des Einmarschs in Kuwait unternahmen die Vereinten Nationen erste Schritte, um diesen Feldzug zu stoppen: Der UN-Sicherheitsrat verurteilte die Invasion in der Resolution 660 umgehend und forderte den bedingungslosen Rückzug des Irak. Es folgte eine Reihe weiterer Resolutionen inklusive Wirtschaftssanktionen.

Saddam Hussein reagierte auf den zunehmenden Druck mit einem höchst originellen, wenn auch zynischen Gedanken: Er schlug eine umfassende Lösung für »alle Probleme der Okkupation [...] in der gesamten Region« vor und verband damit die Forderung nach Israels sofortigem und bedingungslosem Rückzug aus den besetzten Gebieten, auf den dann »die Formulierung von Bestimmungen hinsichtlich der Situation in Kuwait«[1] folgen sollte. Bei einer solchen Forderung ging er natürlich davon aus, dass Israel den Rückzug verweigern, das Problem dann im arabischen Lager für unterschiedliche Reaktionen sorgen und auf diese Weise den Druck auf ihn, sich aus Kuwait zurückzuziehen, mindern würde. Natürlich bejubelten die Palästinenser in den besetzten Gebieten den Vorschlag des irakischen Staatschefs. Moghi Assad, ein damals 20 Jahre alter palästinensischer Student, der mit elf weiteren Familienangehörigen in einem kleinen Haus im Flüchtlingslager Azia im Westjordanland wohnte, sagte hierzu: »Saddam Hussein [...] gibt uns Hoffnung. Er ist ein Held. [...] Saddam wird den Palästinensern helfen. Er hat die Macht, Israel zu sagen, dass es sich bewegen muss.«²

Die internationale Opposition gegen die irakische Invasion wurde vom amerikanischen Präsidenten George H. W. Bush angeführt, der keineswegs zulassen wollte, dass Saddam Hussein für Verwirrung sorgte, indem er eine Verbindung zwischen dem irakischen Rückzug aus Kuwait und der Aufgabe der besetzten Gebiete durch Israel herstellte. Aber Bushs Bemühungen, mit denen er die arabischen Länder für eine von den USA angeführte Koalition gegen den Irak gewinnen wollte, stießen auf Widerstand: Syrien zum Beispiel, das von vielen Menschen als Hüter der Flamme des arabischen Nationalismus angesehen wurde, zögerte mit einer Beteiligung, solange Washington die von Saddam Hussein hergestellte Verbindung zwischen dem Ende seiner eigenen und der israelischen Besatzungsherrschaft ignorierte. Syriens Außenminister Faruk al-Shara erinnerte sich später in einem Interview an das, was Syriens Präsident Hafis Assad den Amerikanern gesagt hatte: »Es sollte keine unterschiedlichen Maßstäbe geben. Wenn wir alle die Umsetzung der Sicherheitsrat-Resolutionen unterstützen, die sich auf den Golf beziehen, dann sollten auch die Resolutionen zum arabisch-israelischen Konflikt umgesetzt werden.«³

US-Präsident Bush, der Syrien unbedingt in seiner Koalition dabeihaben wollte, sah sich gezwungen, einer Anerkennung – so indirekt diese auch ausfallen mochte – des Zusammenhangs zwischen dem israelischen und dem irakischen Fall näherzutreten. In einer Rede vor der UN-Vollversammlung erklärte er am 2. Oktober 1990, dass der irakische Rückzug aus dem besetzten Kuwait »für alle Staaten und Völker der Region« den Weg bereiten würde »zu einer Beilegung des Konflikts, der die Araber und Israel entzweit«.⁴ Bei einer persönlichen Begegnung mit Syriens Präsident Assad am 23. Oktober 1990 in Genf versprach Bush dann: »Sobald wir mit Saddam fertig sind und die Befreiung Kuwaits abgeschlossen ist, werden sich die Vereinigten Staaten dem [arabisch-israelischen] Friedensprozess zuwenden.«⁵ Bushs Versprechen überzeugte Assad. Er und die übrigen arabischen Staatschefs stimmten einem Beitritt zur Koalition gegen Saddam Hussein zu und stellten sogar Truppenkontingente.

Die UN-Koalition griff die irakischen Truppen ab dem 16. Januar 1991 aus der Luft an und eröffnete am 24. Februar die Bodenoffensive. Nach einer nur 100 Stunden dauernden Schlacht waren die irakischen Streitkräfte geschlagen, und Saddam Hussein hatte einem Rückzug aus Kuwait zugestimmt.

In den besetzten Palästinensergebieten machte sich die israelische Armee an dem Tag, an dem der Krieg am Persischen Golf begann, die Tatsache zunutze, dass viele ausländische Korrespondenten Israel und die besetzten Gebiete verlassen hatten, um über die Ereignisse im Irak zu berichten. Sie ging hart gegen die Palästinenser vor und verhängte eine vollständige Ausgangssperre. Während dieser Zeit verhaftete die Armee Hunderte von Palästinensern mit dem Ziel, von ihnen Informationen zu erpressen, mit denen sich die Intifada endgültig niederschlagen ließ. Die Israelis bedienten sich oft brutaler Verhörmethoden, um die Häftlinge zur Preisgabe von Informationen zu bringen. Ein Insider-Informant berichtete aus dem Internierungslager Hebron:

Was da geschah, [...] war der reine Horror: Sie zerschlugen ihre Knüppel auf den Körpern der Gefangenen und schlugen ihnen in die Genitalien. Sie fesselten einen Gefangenen auf dem kalten Boden und spielten mit ihm Fußball – sie traten ihn und ließen ihn regelrecht durch den Raum rollen. Dann verabreichten sie ihm Elektroschocks, wofür sie den Generator oder ein Feldtelefon benutzten; danach stießen sie ihn ins Freie, wo er stundenlang in der Kälte und im Regen stehen musste. [...] Sie machten die Gefangenen so fertig, [...] dass sie am Ende nur noch ein Klumpen Fleisch waren.[6]

Die von der Armee verhängten, insgesamt sieben Wochen dauernden Ausgangssperren wirkten sich verheerend auf die Wirtschaft in den besetzten Gebieten aus. Besonders der Gazastreifen wurde hart getroffen, die Verluste betrugen mindestens 84 Millionen Dollar. Von den bis Februar 1991 produzierten 140 000 Tonnen Zitrusfrüchten (im Vorjahr waren es noch 175 000 Tonnen gewesen) gelangten nur 15 000 Tonnen in den Export. Und da die Armee keine palästinensischen Arbeiter mehr nach Israel hineinließ, gerieten Tausende von Familien an den Rand des wirtschaftlichen Zusammenbruchs. Bis Ende Februar 1991 war der Verkauf von rohem Fleisch um 80 Prozent, der Gemüseverkauf um 70 Prozent zurückgegangen. Und das Schlimmste stand erst noch bevor: Da die Palästinenser in den besetzten Gebieten Saddam Hussein ganz offen unterstützten und Arafat, ihr in Tunis sitzender politischer Führer – stets bestrebt, sich nicht gegen die Stimmung im Volk zu wenden –, ebenfalls Partei für den irakischen Staatschef ergriff, übten

Saudi-Arabien und Kuwait Vergeltung an den palästinensischen Arbeitern in ihren Ländern. Wir sollten uns an dieser Stelle vergegenwärtigen, dass viele Palästinenser – vor allem aus dem Westjordanland – aufgrund mangelnder Beschäftigungsmöglichkeiten in den besetzten Gebieten sich in Saudi-Arabien und Kuwait eine Arbeit gesucht hatten. Von dort überwiesen sie Gelder an ihre Familien in den besetzten Gebieten, und diese Rücküberweisungen waren seit Langem eine äußerst wichtige Einkommensquelle gewesen. Doch jetzt wiesen Saudi-Arabien und Kuwait aus Enttäuschung über die palästinensische Unterstützung für den irakischen Diktator die palästinensischen Arbeiter aus dem Land, und der Mehrheit der Ausgewiesenen blieb keine andere Wahl als die Rückkehr in die besetzten Gebiete, wo sie arbeitslos wurden. Diese Entwicklung wirkte sich verheerend auf die dortige Wirtschaft aus.

Die Madrider Friedenskonferenz und die Zeit danach

Unterdessen befand sich Präsident Bush, der eine internationale und regionale Koalition zum Sieg über den Irak geführt hatte, in einer starken Position, in der sich sein Versprechen, den arabisch-israelischen Konflikt anzugehen, einlösen ließ. Sein Ansehen war auf dem Höhepunkt, und dies war eine einzigartige Gelegenheit, sich des Problems anzunehmen. Also entsandte er schon kurz nach Kriegsende seinen Außenminister James Baker mit dem Auftrag in den Nahen Osten, eine internationale Friedenskonferenz zu vereinbaren, an der Israel, Syrien, der Libanon, Jordanien und die Palästinenser teilnehmen sollten. Letztere sollten nicht durch die PLO, mit der Israel nach wie vor nicht verhandeln wollte, sondern durch führende Persönlichkeiten aus den besetzten Gebieten vertreten werden. Es kostete Baker acht anstrengende Monate, die Konfliktparteien zur Teilnahme an einer Friedenskonferenz in Spanien zu bewegen, bei der über die strittigen Punkte gesprochen werden sollte.

Die Madrider Friedenskonferenz vom 30. Oktober bis zum 1. November 1991 brachte den bedeutendsten Durchbruch bei den arabisch-israelischen Friedensbemühungen seit dem historischen Israel-Besuch von Sadat im November 1977, der zur Beendigung der Besetzung des Sinai und zur Unterzeichnung des ersten Friedensvertrags zwischen Israel und einem arabischen Staat geführt hatte. Jetzt saßen Israel und seine arabischen Feinde an einem Tisch beisammen, um zu verhandeln. All das geschah unter der Schirmherrschaft der USA und der Sowjetunion – Letztere, eine Supermacht im Niedergang, fungierte allerdings eher als schmückendes Beiwerk –, mit der EU und Ägypten als Konferenzteilnehmern mit allen Rechten und einer – von Israel mit großem Misstrauen beäugten – UN-Delegation, die nur Beobachterstatus hatte.

In seiner Ansprache bei der Konferenz erklärte Ministerpräsident Shamir: »Wir beten dafür, dass dieses Treffen den Beginn eines neuen Kapitels in der Geschichte des Nahen Ostens einleiten möge«, aber dann schränkte er ein:

Wir wissen, dass unsere Verhandlungspartner territoriale Forderungen an Israel stellen werden, aber eine Untersuchung der langen Geschichte des Konflikts macht deutlich: Er ist nicht territorialer Natur. Der Konflikt wütete schon lange, bevor Israel in einem Verteidigungskrieg Judäa, Samaria, den Gazastreifen und die Golanhöhen erwarb. Vor dem Krieg von 1967, als die fraglichen Gebiete noch nicht unter israelischer Kontrolle waren, wurde Israel nicht einmal andeutungsweise anerkannt.[7]

Die israelische Delegation leitete der Ministerpräsident, der zur Konferenz gereist war, um die Verhandlungsmasse zu schützen und nicht, um sie aufs Spiel zu setzen, während die syrischen Unterhändler unter der Leitung von Außenminister Faruk al-Shara standen, einem Mann, der nicht weniger engstirnig war als Shamir und die wichtigste syrische Forderung wiederholte: Er verlangte den vollständigen israelischen Abzug von den Golanhöhen und aus allen anderen besetzten Gebieten.

Leiter der palästinensischen Abordnung, die offiziell als Teil der jordanischen Delegation geführt wurde, war Haidar Abdel-Shafi aus dem Gazastreifen, der ein Ende der israelischen Besatzung verlangte und dann die für die Palästinenser wichtigsten Themen auflistete: Schaffung eines palästinensischen Staates mit dem arabischen Ostjerusalem als Hauptstadt und ein Rückkehrrecht für alle aus ihren früheren Wohnorten geflohenen Palästinenser auch nach Israel selbst. Arafat war zwar nicht als Konferenzteilnehmer zugelassen worden, aber im Geist war er präsent, und er legte großen Wert darauf, zumindest den Palästinenser-Vertretern dort zu zeigen, dass er nach wie vor die Fäden zog. Ghassan Khatib, ein palästinensischer Delegierter, erinnert sich, wie die Palästinenser-Gruppe mit dem Auto von Madrid an einen ungenannten Zielort gebracht wurde, wo ein Flugzeug auf sie wartete. »Erst als wir an Bord gingen, sagte man uns, wir würden nach Tunis fliegen, […] und dort trafen wir auf Arafat.«[8] Arafat hatte klargestellt: Er war der Chef.

Das Geschehen an den zwei Verhandlungstagen in Madrid glich oft eher einem Schlachtfeld als einer Friedenskonferenz, und US-Außenminister Baker musste die Teilnehmer einmal, als die Wortgefechte zwischen den Konfliktparteien fast zur

Auflösung des gesamten Unternehmens führten, auffordern, sich verantwortungsbewusster zu verhalten: »Wenn *Sie* diese historische Gelegenheit nicht nutzen, wird es auch kein anderer tun«,[9] mahnte er die Anwesenden.

Dennoch war die Madrider Konferenz trotz der höchst unangenehmen Atmosphäre kein Misserfolg, sondern die erste Phase eines Friedensprozesses und Ausgangspunkt für zukünftige Verhandlungen auf zwei Ebenen.

Die erste Verhandlungsebene war multilateral: Israel, arabische Staaten der Region und andere vermittelnde Länder trafen sich zu Gesprächen über fünf Schlüsselthemen des Nahen Ostens: Wasser, Umwelt, Rüstungskontrolle, Flüchtlinge und wirtschaftliche Entwicklung. Diese multilateralen Gespräche sollten im Januar 1992 in Moskau beginnen. Auf der zweiten – und mit Abstand wichtigeren – Ebene waren bilaterale Gespräche in Washington geplant. Israel sollte in diesem Rahmen mit allen arabischen Nachbarn getrennt verhandeln – mit Syrien, dem Libanon, Jordanien und den Palästinensern, im letzteren Fall weiterhin strikt ohne PLO-Vertreter. Die Israelis hofften, dass sich die lokalen Palästinenserführer nach und nach profilieren, die »Auswärtigen« – die PLO-Führung in Tunis – beiseiteschieben und ein Friedensabkommen mit Israel schließen würden.

Gespräche in Washington

Gleich zu Beginn der Washingtoner Gespräche wurde deutlich, dass dies reines Wunschdenken war, denn die palästinensischen »Insider« blieben, wie schon zu Beginn dieses Prozesses in Madrid, hochgradig abhängig von der PLO, die den Kurs vorgab und Anweisungen erteilte. Und falls die Israelis gehofft hatten, die »Insider« würden sich flexibler zeigen, erwies sich auch das als irrige Annahme, denn die palästinensischen Unterhändler aus den besetzten Gebieten bestanden bei den Verhandlungsrunden auf der Erörterung der heikelsten Fragen, die Israel gerne ausließ, und das galt ganz besonders für den künftigen Status von Jerusalem.

Der israelisch-syrische Verhandlungsspielraum in Washington war auf ähnliche Art eingeengt. Shamirs Unterhändler zeigten wenig Großmut und keinerlei Bereitschaft, sich ganz aus dem besetzten Golan zurückzuziehen, während die Syrer ihre traditionelle Forderung wiederholten, zuerst – und als Vorbedingung für jegliche Verhandlungen über irgendeine andere die künftigen Beziehungen zwischen Israel und Syrien betreffende Frage – solle Israel mit dem eigenen vollständigen Rückzug aus dem Golan einverstanden sein. Maßgebend für die Syrer war dabei das, was sie als die Grenze vom 4. Juni 1967 bezeichneten, das Territorium, das sie unmittelbar vor Beginn des Sechstagekrieges kontrollierten.

Das unauflösbare Dilemma bei den Washingtoner Friedensverhandlungen bestand jedoch darin, dass Jordanien, das mit Israel nur sehr wenige Probleme zu besprechen hatte, sich nicht dem Vorwurf aussetzen wollte, die Palästinenser im Stich zu lassen, und deshalb zunächst Fortschritte an der israelisch-palästinensischen Front sehen wollte, bevor man selbst mit Israel verhandelte. Und der Libanon, der mit Israel nur ein paar unbedeutende Gebietsfragen zu klären hatte, stand effektiv unter syrischer Kontrolle und konnte nicht vor den Syrern initiativ werden. Deshalb bedurfte es bei den Washingtoner Gesprächen zuallererst eines Durchbruchs an der syrischen und palästinensischen Front. Aber in diesem Punkt traten die Verhandlungen schlicht auf der Stelle.

In Israel gab es im Juni 1992 einen Regierungswechsel. Shamirs rechtsgerichtete Likud-Partei verlor die Wahl gegen Yitzhak Rabins in der linken Mitte angesiedelte Arbeitspartei. Das verschaffte Rabin eine zweite Amtszeit als Ministerpräsident und inzwischen war er reifer und erfahrener. Eines seiner Wahlversprechen war gewesen, dass er, sollte er die nächste Regierung bilden, sich in den ersten sechs bis neun Monaten um ein Abkommen mit den Palästinensern bemühen würde. Das war zweifellos eine ambitionierte Selbstverpflichtung, und Rabin stellte nach der Amtsübernahme fest, dass so etwas tatsächlich leichter gesagt als getan war, denn die Washingtoner Friedensgespräche steckten fest, und ein Vorfall am 13. Dezember 1992 brachte sie ganz zum Stillstand. An jenem Tag wurde ein israelischer Soldat entführt, seinen verstümmelten Leichnam fand man zu einem späteren Zeitpunkt. Er war von militanten Hamas-Kämpfern ermordet worden. Die israelische Antwort auf diesen brutalen Mord fiel hart und unverhältnismäßig aus: Die Armee verhaftete in den besetzten Palästinensergebieten 415 Hamas-Aktivisten, setzte sie in Busse, brachte sie in den zu diesem Zeitpunkt nach wie vor von Israel besetzten Südlibanon und setzte sie dort im kargen Hügelland aus. Im Gegenzug zog sich die palästinensische Delegation in Washington von den Friedensgesprächen zurück, denn sie stand unter dem zunehmenden Druck von Landsleuten aus den besetzten Gebieten. Von ihr wurde verlangt, nicht mehr mit Israel zu verhandeln, bis den 415 Aktivisten die Rückkehr erlaubt wurde.

Von Washington nach Oslo

Etwa zwei Wochen vor der Deportationsaktion kamen zwei Männer, ein Palästinenser und ein Israeli, die sich beide zur gleichen Zeit in London aufhielten, zu einem Gespräch zusammen, das zu einem Meilenstein in den israelisch-palästinensischen

Beziehungen werden sollte. Ahmed Kurei, der Palästinenser, auch unter dem Namen Abu Alaa bekannt, war PLO-Mitglied und ein wichtiger, ebenfalls in Tunis lebender Berater Arafats. Yair Hirschfeld, der Israeli, war Professor für Politologie, Friedensaktivist und ein Freund von Yossi Beilin, dem Stellvertreter von Außenminister Shimon Peres. Die Gesprächspartner zusammengebracht hatte Hanan Ashrawi, die dem inzwischen zurückgezogenen palästinensischen Unterhändlerteam in Washington angehörte und beide Männer kannte. Ashrawi bekam mit, dass beide zur gleichen Zeit in London sein würden, und schlug ein Treffen vor. Auf Ashrawis Vorschlag hin trafen sich Hirschfeld und Kurei im Cavendish Hotel unweit von Piccadilly Circus. Hirschfeld kam früher, um sich noch mit Terje Rød-Larsen zu treffen, einem norwegischen Soziologen, sozialdemokratischen Politiker und Diplomaten mit einem leidenschaftlichen Interesse für die israelisch-palästinensischen Beziehungen, der seinerseits auch Kurei kannte. Rød-Larsen, der über Hirschfeld vom bevorstehenden Treffen mit dem PLO-Mann gehört hatte, schlug vor, dass er – nach Hirschfelds Begegnung mit Kurei und für den Fall, dass die beiden Männer den Kontakt fortführen wollten – die nötigen Vorbereitungen für Geheimgespräche treffen könnte. Diese könnten in Norwegen stattfinden, wo er über gute Verbindungen verfüge.

Hirschfeld und Kurei begannen kurz darauf ihr Gespräch. Nachdem sie erörtert hatten, wie sie an der Aufhebung der Pattsituation in Washington mitwirken konnten, waren sie sich einig, dass es wichtig sei, sich abseits der Medienaufmerksamkeit zu treffen – an irgendeinem Ort, an dem nicht die Versuchung bestand, nur für die Galerie zu spielen. Sie entschieden sich schließlich dafür, Rød-Larsens Angebot für ein Treffen in Norwegen anzunehmen. Diese erste Begegnung in London war der Startschuss für eine Entwicklung, die unter der Bezeichnung israelisch-palästinensischer »Oslo Channel« (inoffizieller Oslo-Kanal) bekannt wurde.

Nach seiner Rückkehr nach Tunis berichtete Kurei einem misstrauischen Arafat von seinen Londoner Kontakten, aber da die Washingtoner Gespräche festsaßen, segnete der PLO-Chef die informellen Verhandlungen ab und merkte noch an, zwei weitere PLO-Vertreter sollten Kurei in Norwegen unterstützen. Etwa zur gleichen Zeit bereitete sich Hirschfeld in Israel auf die Reise nach Oslo vor, bei der ihn Ron Pundak, einer seiner ehemaligen Studenten, begleiten sollte. In Washington zog sich die Palästinenser-Delegation also aus Protest über die Deportation von Hamas-Aktivisten im Dezember von den Friedensgesprächen zurück, während sich zur gleichen Zeit in Tunesien und Israel eine Gruppe von Palästinensern und Israelis auf ein geheimes Treffen in Norwegen vorbereitete. Am 22. Januar 1993 kamen sie in Oslo zusammen und beschlossen, sich zunächst auf den Gazastreifen zu konzentrieren.[10] Die Idee, mit Gaza zu beginnen, die dortige Besatzung zu beenden und das Gebiet zur Selbstverwaltung an die Palästinenser zu übergeben, ging nun schon seit einiger Zeit um. Der Gazastreifen war klein und relativ selbstständig, und wenn Israel ihn aufgab, würde das keine großen Sicherheitsprobleme von der Art mit sich bringen, wie sie mit dem Westjordanland verbunden waren. Der Gazastreifen wäre ein ideales Experiment für die palästinensische Selbstverwaltung.

Die Idee war früher schon vorgetragen worden, aber die Palästinenser hatten immer gemutmaßt, dass Israel ihnen das mit Problemen beladene Gaza nur zur Beschwichtigung geben und dafür das Westjordanland für alle Zeit behalten wollte. Das Problem blieb vorläufig ungelöst, aber unter dem Strich verlief dieses erste Treffen in Norwegen günstig und zeigte, dass Geheimgespräche im Vergleich zu Verhandlungen auf offener Bühne (etwa zu den inzwischen ausgesetzten Washingtoner Gesprächen) einen Vorteil aufweisen. Nach zwei weiteren Tagen verließen die Delegierten Oslo und kehrten nach Hause zurück. Kurei berichtete Arafat in Tunis, dass die Israelis es ernst meinten, während Hirschfeld in Israel dem stellvertretenden Außenminister Beilin Bericht erstattete, der ihn dazu ermutigte, eine Grundlagenerklärung zu entwerfen. Ein solcher Text, der sozusagen das Fundament eines künftigen Abkommens zwischen Israelis und Palästinensern beschrieb, war für die Unterhändler in Oslo vielleicht eine Hilfe, wenn es galt, sich auf die entscheidenden Punkte zu konzentrieren.

Beim nächsten Treffen in Oslo legte Hirschfeld diese Grundlagenerklärung den Palästinensern vor. Das Herzstück dieses Dokuments, das die Unterhändler in Oslo jetzt zu ihrem wichtigsten Arbeitspapier machten, war der Gedanke, dass man den Versuch unternahm, die israelische Besatzung zu beenden und einen Friedensvertrag auf der Grundlage von Interimsabkommen zu schließen, also einen allmählich sich entwickelnden Prozess in Gang zu bringen, der sich zunächst auf Gebiete konzentrierte, auf denen es bereits mehr Übereinstimmung zwischen den Konfliktparteien gab (etwa bei der Zukunft des Gazastreifens). Damit verband sich die Hoffnung, dass ein sich allmählich entwickelnder Prozess, bei dem Israel Land aufgab und die Palästinenser in den geräumten Gebieten für Recht und Ordnung sorgten, Zuversicht und Vertrauen stärken und innerhalb von fünf Jahren zu einer Situation führen konnte, in der es den Parteien möglich war, die schwierigeren Fragen des Konflikts anzugehen, zum Beispiel die Zukunft des arabischen Ostjerusalem.

Beilin berichtete wenig später seinem Chef Peres über die Treffen mit »Palästinensern aus Tunis« (seine Umschreibung für die geächtete PLO) in Oslo. Da die Gespräche in Washington nach wie vor festsaßen und Rabins im Wahlkampf selbstverordnete Deadline für ein Abkommen mit den Palästinensern innerhalb von sechs bis neun Monaten zügig näher rückte, ging Peres zum Ministerpräsidenten und sagte ihm: »Die Gespräche in Washington haben keine Chance. Sie sind tot. Washington hat sich zu einem Ort für Erklärungen entwickelt und taugt nicht mehr für Verhandlungen.«[11] Dann berichtete er dem Premier von den beiden »Meshugoim« (»Spinnern«), die sich in Oslo mit PLO-Abgesandten trafen. Rabin blieb zwar skeptisch, stoppte die Osloer Gespräche aber auch nicht und genehmigte ihre Fortsetzung.

Die Abriegelung im März 1993

In den besetzten Gebieten wuchsen unterdessen die Spannungen zwischen den Palästinensern und der israelischen Armee und erreichten im März 1993 einen Höhepunkt, als palästinensische Aktivisten 15 Israelis töteten. Die Armee reagierte massiv, indem sie die besetzten Palästinensergebiete in vier Teile zerschnitt: den Norden und Süden des Westjordanlandes, Ostjerusalem und den Gazastreifen. Sie riegelte die einzelnen Gebiete voneinander wie auch von Israel ab und setzte so eine wochenlange Blockade durch, die für alle Bereiche des palästinensischen Alltagslebens verheerende Folgen hatte.

Auch das Gesundheitswesen wurde hart getroffen, ein Beispiel war das Al-Makassed-Krankenhaus in Ostjerusalem. Es war ein Allgemeinkrankenhaus für die Bevölkerung des Westjordanlandes und des Gazastreifens und bot besondere Dienstleistungen an, die in den besetzten Gebieten ansonsten nicht verfügbar waren. Al-Makassed verlor durch die Abriegelung nicht nur viele Patienten, sondern auch Personal – Ärzte, Krankenschwestern und Techniker, die sich nicht mehr frei bewegen konnten. Das galt vor allem für die aus dem Gazastreifen kommenden Mitarbeiter, aus dem die Armee keine Motorfahrzeuge mehr herausließ. Die Blockade führte zu einer rapiden Abnahme der Zahl von ambulanten Patienten, Einweisungen ins Krankenhaus und chirurgischen Operationen. In den ersten drei Wochen der Blockade nutzten nur etwa 44 Prozent der üblichen Zahl von Patienten die Ambulanz, die stationären Aufnahmen gingen um 20 Prozent zurück. Die Zahl der im Westjordanland lebenden Frauen, die im Al-Makassed-Krankenhaus entbanden, nahm um 50 Prozent ab, da viele Frauen sich jetzt gezwungen sahen, ihr Kind zu Hause zu bekommen.[12]

Die Abriegelung traf auch das Bildungswesen überall in den besetzten Palästinensergebieten, wo Lehrer wie Schüler ohne Transportmöglichkeiten waren und Probleme hatten, zu ihrer Schule zu gelangen. Aref Abdallah al-Khatib aus dem 4000 Einwohner zählenden Dorf Hizmah im zentralen Westjordanland beschreibt die Schwierigkeiten, die sich aus der Abriegelung ergaben: »Die Mädchen im Gymnasialalter gehen in Beit Hanina zur Schule, einem Stadtteil von Ostjerusalem, der etwa acht Kilometer vom Dorf entfernt ist.«

Die Armee errichtete am 19. April 1993 eine Straßensperre am Dorfeingang, um zu verhindern, dass die Mädchen zu Fuß zur Schule gingen. Auch 30 Gymnasiasten aus dem Dorf, die verschiedene Schulen in Ostjerusalem und Ramallah besuchen, können nicht zur Schule gehen. Im Dorf leben etwa 70 Kinder im Alter von drei bis vier Jahren, die in Beit Hanina in den Kindergarten gehen. Seit der Errichtung der Straßensperre konnten sie nicht mehr dorthin. An der Jungenschule unterrichten Lehrer, die in Ramallah wohnen. Diese Lehrer hält man jeden Morgen an der Straßensperre auf, und deshalb beginnt die Schule täglich mit Verspätung.[13]

Die Abriegelung hatte auch dramatische Folgen für die palästinensische Wirtschaft. Als wichtigste Kaufkraftquelle im Gazastreifen erwiesen sich in den beiden ersten Monaten der Blockade die monatlichen Gehaltszahlungen der UNRWA, der in den besetzten Palästinensergebieten tätigen UN-Hilfsorganisation, die Palästinenser beschäftigte, und die der Beschäftigten der zivilen Verwaltung. Diese Gehälter beliefen sich auf etwa fünf Millionen Dollar pro Monat, eine kleine Summe im Vergleich zu einem monatlichen Lohnausfall in Höhe von 19 Millionen Dollar, die den 130 000 palästinensischen Arbeitern entgingen, die jetzt nicht mehr zu ihren Arbeitsplätzen in Israel gelangen konnten. Und die ohnehin schlimme Situation verschlechterte sich weiter, weil die kleinen, für die israelische Textilindustrie arbeitenden Subunternehmer in Gaza die Produktion stoppten mussten, denn aufgrund der Blockade konnten sie in Israel keine Rohmaterialien mehr einkaufen. Die Lage in den besetzten Gebieten verschlimmerte sich durch die israelischen Maßnahmen so sehr, dass die Nahrungsmitteleinkäufe – mit Ausnahme der wichtigsten Grundstoffe – um 50 bis 70 Prozent zurückgingen. Die Einkäufe von Bekleidung stürzten um fast 90 Prozent ab.

Ende Mai traf es dann auch den Zitrusfrüchte-Anbau, die nach den in Israel erwirtschafteten Lohnzahlungen wichtigste Einkommensquelle im Gazastreifen, denn die Abriegelung sorgte für Verzögerungen beim Warenversand. Die Armee erteilte zwar Exportgenehmigungen für Jordanien, aber die galten nur für eine Woche, und da die Sicherheitsüberprüfungen an der Allenby-Brücke, dem Grenzübergang zwischen dem Westjordanland und Jordanien, besonders lange dauerten, lief die Genehmigungsfrist ab. Lastwagen mit landwirtschaftlichen Produkten aus Gaza saßen im Westjordanland fest und kamen nicht nach Jordanien durch, ihre Ladung verdarb, und die Fahrzeuge selbst wurden von der Armee festgehalten. Gegen Ende Mai wurden 100 Lastwagen, ein Viertel des gesamten palästinensischen Bestandes an Transportfahrzeugen, auf diese Weise zurückgehalten mit der Folge, dass rund 30 000 Tonnen Valencia-Orangen nicht geerntet werden konnten und auf den Bäumen im Gazastreifen verfaulten.

Die Israelis waren strikt gegen eine Rückkehr der palästinensischen Arbeiter zu ihren Beschäftigungen in Israel und versuchten deshalb, Arbeitsplätze im Gazastreifen zu schaffen, denn sie wussten natürlich, dass Arbeitslosigkeit Verbitterung erzeugt, die sich gegen die Besatzungsmacht wenden würde. Also beschäftigte das Militär jetzt Palästinenser für die Straßen- und Strandreinigung, als Schildermaler, Anstreicher und beim Ausheben von Gräben. Im Juli 1993 waren 8700 Arbeiter in Gaza und 7500 im Westjordanland als Straßenreiniger und Maler angestellt und erhielten einen Tageslohn von neun Dollar, etwa die Hälfte dessen, was sie in Israel verdienen konnten. Diese Art von Beschäftigung dauerte üblicherweise nie länger als 15 aufeinanderfolgende Tage.

Die Armee machte sich die Blockade zunutze und intensivierte die Fahndung nach gesuchten Personen, dabei kam es zu scheußlichen Ausschreitungen gegenüber Palästinensern. Im Folgenden die Aussage von Bashir Ibrahim Abdallah Rantisi, einem 35 Jahre alten Palästinenser, dessen Bruder Nabil ins Visier der Sicherheitskräfte geraten war:

Am 6. April 1993, morgens um 3.30 Uhr, klopften Soldaten ans Haustor. Ich stand auf und öffnete das Tor. Die Soldaten kamen herein und fragten mich nach Nabil. Ich sagte, er sei nicht zu Hause. Sie fragten nach seinem Zimmer, und ich zeigte es ihnen. Die Zimmertür war nicht verschlossen, aber sie brachen sie mit ihren Gewehrkolben auf. [...] Die Soldaten verteilten sich auf alle Räume des Hauses, warfen Schränke um und schütteten Nahrungsmittel durcheinander. Während der Durchsuchung schlugen sie meinen Bruder Abd al-Halim. Die Soldaten gaben ihm einen Suppenlöffel und befahlen ihm, damit einen 1,50 Meter tiefen Graben im Fußboden auszuheben. Die Soldaten schütteten den Inhalt von drei Zuckertüten auf den Fußboden, und ein Soldat nahm etwas Zucker in die Hand und streute ihn auf die Strickmaschine. Einer der Soldaten ging auf Hausdach, wo ein kleiner Hühnerstall mit ein paar Hühnern stand. Er nahm Eier aus dem Stall, ging in Nabils Zimmer und warf die Eier dort an die Wand. Ein Soldat schlug ein Ei auf, gab den Inhalt in eine Tasse, vermischte ihn mit Bulgur, den er aus der Küche geholt hatte, öffnete den Deckel der Nähmaschine und schüttete die Mischung in die Maschine. Die Soldaten gingen nach etwa drei Stunden wieder. Sie beschlagnahmten zwei Äxte, mit denen wir Fleischstücke zerkleinert hatten, und nahmen meinen Bruder Abd al-Halim mit.«[14]

Diese »März-Blockade« des Jahres 1993 entwickelte sich zu einer der für die Palästinenser traumatischsten Phasen der gesamten Besatzungszeit.

Zurück an den Verhandlungstisch

Die neunte Verhandlungsrunde der Washingtoner Gespräche wurde am 27. April 1993 fortgesetzt, mehr als fünf Monate nach der Unterbrechung infolge der Krise, die nach der Deportation der Hamas-Aktivisten im Dezember 1992 einsetzte. In Oslo kamen Israelis und Palästinenser drei Tage später zusammen, aber diesmal verlangte das PLO-Team, dass die Israelis die Gespräche aufwerteten. Der Grund für diese Forderung war, dass Kurei und seine Kontrolleure aus der PLO-Führung mehr als drei Monate nach dem Beginn der Osloer Gespräche immer noch nicht sicher waren, ob Professor Hirschfeld und sein Kollege Pundak offizielle Vertreter der israelischen Regierung waren oder ob sie nur blufften und einfach auf eigene Faust handelten.

In Israel erörterte Außenminister Peres die PLO-Forderung mit dem Ministerpräsidenten, und sie beschlossen, einen hochrangigen Beamten zu entsenden – Uri Savir, den Generaldirektor des Außenministeriums, und das bedeutete, dass sich der inoffizielle Oslo-Kanal jetzt von einer akademischen Übung zu einer offiziellen, wenn auch geheimen Verabredung zwischen der Regierung des Staates Israel und der (von den Israelis formell noch nicht als Vertretung der Palästinenser anerkannten) PLO entwickelt hatte. Der Ministerpräsident verstärkte das israelische Oslo-Team wenig später durch einen Juristen namens Yoel Singer, und Rabin persönlich beteiligte sich an der Koordination der Gespräche und hielt an jedem Freitagnachmittag eine Besprechung mit dem Oslo-Team ab. Auch der israelische Auslandsgeheimdienst Mossad war involviert, er versorgte den Ministerpräsidenten mit wichtigen Informationen aus dem Herzen des PLO-Hauptquartiers in Tunis. Mithilfe eines seiner Agenten, eines Palästinensers namens Adnan Yassin, gelang es dem

Mossad, eine Couch und eine Schreibtischlampe mit versteckten Mikrofonen ins Büro des Arafat-Stellvertreters Mahmud Abbas einzuschleusen, der gemeinsam mit Arafat den Verlauf der Osloer Gespräche überwachte. Mithilfe dieser wichtigen Informationen konnte Rabin seine Unterhändler in Oslo entsprechend lenken und sie wissen lassen, was sie von ihren palästinensischen Gesprächspartnern vor Ort zu erwarten hatten.[15]

Anfang August lag ein Vertragsentwurf vor, den sowohl Rabin in Jerusalem als auch der PLO-Chef Arafat in Tunis akzeptierten, aber es waren noch einige Stolpersteine aus dem Weg zu räumen, was den höchsten Entscheidungsträgern in Israel und Tunis vorbehalten blieb. Der nächste entscheidende Moment kam Mitte August.

Das Abkommen schließen

Shimon Peres, der ohnehin bereits eine Skandinavienreise geplant hatte, bat Yoel Singer, den Juristen des Oslo-Teams, ihn in Schweden zu treffen, um gemeinsam am Endspiel zu arbeiten. Peres rief aus Stockholm Terje Rød-Larsen an, den norwegischen Vermittler, und bat ihn, mit Johan Holst, dem Außenminister seines Landes, der ebenfalls stark in die geheimen Verhandlungen involviert war, nach Stockholm zu kommen. Peres wollte nicht persönlich mit Arafat sprechen, um Israel nicht zu kompromittieren, falls das Abkommen platzte, und bat deshalb Holst, als sein Sprachrohr zu fungieren. Arafat und sein Team saßen in Tunis am Telefon, Peres, ein Berater und Singer in Stockholm, und beide Seiten waren bereit, über die letzten noch ausstehenden Punkte zu verhandeln, die bis dahin die Unterzeichnung eines israelisch-palästinensischen Abkommens verhindert hatten. Diese Punkte betrafen heikle Probleme wie den Status Jerusalems, Flüchtlinge, Grenzen, Siedlungen und weitere Themen, die die Israelis in einem Abkommen nicht einmal erwähnt haben wollten, im Unterschied zu den Palästinensern, die darauf bestanden, dass diese Probleme niedergeschrieben und behandelt wurden.

Die Verhandlungen begannen mit einer Telefonkonferenz am späten Abend. Holst übermittelte die israelische Position nach Tunis, und in Stockholm wartete man dann auf den palästinensischen Rückruf nach Beratungen mit Arafat und anderen. Dieser Höhepunkt der Osloer Geheimverhandlungen war eine Übung in schmerzhaften Kompromissen. Die Israelis waren schließlich damit einverstanden, dass die heiklen Probleme Jerusalem, Flüchtlinge und Siedlungen im Text des Abkommens erwähnt wurden, wenn Arafat sich damit begnügte, dass die Erörterung dieser Probleme auf künftige Verhandlungen vertagt wurde, damit nicht der gesamte Prozess ins Stocken kam. Dem lag der Gedanke zugrunde, dass die Beziehungen sich im Lauf der Zeit – während sich die Lebensbedingungen für die meisten Palästinenser verbesserten – festigen würden und das Misstrauen abgebaut werden könnte, sodass die schwierigeren Fragen leichter zu lösen wären – heute weiß man jedoch, dass es nicht so gekommen ist.

Ein weiterer Stolperstein, dem sich die Unterhändler jetzt widmeten, war die Kontrolle über die Grenzübergänge von Ägypten in den Gazastreifen und von Jordanien nach Jericho. Israel beanspruchte die vollständige Kontrolle über diese Grenzübergänge, um sicherzustellen, dass keine Waffen geschmuggelt wurden und keine unerwünschten Personen in die unter palästinensischer Verwaltung stehenden Gebiete gelangten. Die Kontrolle über die eigenen Grenzen ist jedoch ein Symbol der Souveränität, und die Palästinenser wollten bei diesem Punkt keine Zugeständnisse machen. Schließlich einigte man sich auf die mehrdeutige Formel, dass die endgültige Einigung Absprachen zur Koordination zwischen beiden Parteien in Bezug auf Grenzübertritte enthalten würde. Die übrigen noch verbliebenen ungelösten Probleme wurden auf ähnlich pragmatische Art behandelt.

Aber was ermöglichte Israelis und Palästinensern in Oslo den Erfolg, zu dem es in Washington nicht gekommen war? Ein Grund war Arafats Sorge, dass regionale Palästinenserführer, die in Washington verhandelten, mit Israel zu einem Abkommen gelangen könnten, bei dem sie ihn, den maßgeblichen Palästinenserführer übergingen. Ein weiterer Grund war, dass die Parteien insgeheim verhandelten und dabei nicht für die Galerie spielten. Der französische Diplomat Jules Cambon lag richtig, als er feststellte, dass an dem Tag, an dem die Geheimhaltung abgeschafft wird, Verhandlungen jedweder Art unmöglich würden.

Jetzt fehlte nur noch eine offizielle gegenseitige Anerkennung zwischen der PLO und dem Staat Israel. Die Israelis betrachteten die PLO nach wie vor als Terrororganisation, mit der es bis zu diesem Zeitpunkt keine offiziellen Gespräche geben konnte. Zu dieser Anerkennung kam es schließlich am 9. September 1993, als Arafat einen Brief an Rabin schrieb, in dem er bestätigte, dass die PLO den Staat Israel anerkenne, sich für den Friedensprozess einsetze und sich vom Terrorismus und anderen Formen der Gewaltanwendung lossage. Arafat versicherte außerdem, dass auch diejenigen Artikel der Palästinensischen Nationalcharta, in denen Israels Existenzrecht verneint wurde, keine Gültigkeit mehr hätten. Rabin schrieb noch am gleichen Tag einen Antwortbrief, in dem er erklärte: »Sehr geehrter Herr Vorsitzender, als Antwort auf Ihren Brief vom 9. September 1993 möchte ich Ihnen meinerseits bestätigen, dass die Regierung Israels in Anbetracht der Verpflichtungen, zu denen sich die PLO Ihrem Brief zufolge bekennt, nunmehr bereit ist, die PLO als die Vertretung des palästinensischen Volkes anzuerkennen und mit ihr im Rahmen des Nahost-Friedensprozesses zu verhandeln.«[16] Nach diesem Briefwechsel konnten die israelische Regierung und die PLO das Osloer Abkommen öffentlich unterzeichnen. Das taten sie allerdings nicht im kleinen Norwegen, sondern in Washington, damit die Supermacht diesem Augenblick die gebührende Bedeutung verlieh.

Ein Händedruck
Am 13. September, dem Tag der feierlichen Unterzeichnung des Abkommens, kamen die beiden Parteien im Blue Room des Weißen Hauses zusammen. Warren Christopher, der damalige US-Außenminister, erinnerte sich in einem Interview mit dem Autor dieses Buches an die Ereignisse an jenem Tag:

Ich beobachtete die Parteien, [...] es sah so aus, als ob Arafat und Rabin im Raum die Runde machten, um einander auszuweichen, die Anspannung zwischen ihnen war so groß. [...] Ich befürchtete, dass es bei der Zeremonie keinen Händedruck geben würde, und der Präsident war deswegen ebenfalls besorgt. Schließlich nahm ich meinen Mut zusammen, ging zu Ministerpräsident Rabin hin und sagte: »Herr Ministerpräsident, wenn wir auf den Rasen hinaustreten, wird man erwarten, dass Sie auf ihn zugehen und ihn dort draußen begrüßen.« Er antwortete: »Ich werde das Richtige tun, wenn ich das muss« – sehr schroff.[17]

Das Publikum auf dem Rasen des Weißen Hauses wartete bei strahlendem Sonnenschein. Hinter den Kulissen standen Arafat und Rabin immer noch ein gutes Stück voneinander entfernt. Aber als die Zeit für die Unterschriftszeremonie gekommen war, rückten sie sich näher und gingen dann, gemeinsam mit Präsident Clinton, über den Rasen, um die historischen Unterschriften zu leisten. Auch Außenminister Peres und der Palästinenserführer Mahmud Abbas unterzeichneten das Abkommen, und dann, Rabin stand rechts von Clinton und Arafat zur Linken des Präsidenten, ergriff Arafat die Initiative und streckte Rabin die Hand entgegen. Präsident Clinton legte Rabin die Hand auf den Rücken und ermunterte ihn auf sanfte Art und Weise, näher zu rücken und Arafat die Hand zu geben. Bei einem Interview, das der Autor einige Jahre später mit Außenminister Peres führte, erinnerte dieser sich an Rabins Gefühle an jenem Tag:

Rabin wollte Arafat nicht die Hand geben. Es war schrecklich. Die ganze Welt schaute zu und konnte an Rabins Körpersprache ablesen, dass er Arafat nicht ansehen wollte. Doch schließlich gab ihm Rabin die Hand, und Arafat, der in solchen Dingen ein Experte ist, hielt sie fest. Nachdem der Händedruck mit Rabin beendet war, wandte sich Arafat mir zu, und Rabin flüsterte mir ins Ohr: »Jetzt bist du dran.« Er war durch die Hölle gegangen, und jetzt war ich dran.[18]

Die Bedeutung des in Washington unterzeichneten Textes – der Grundlagenerklärung – ist nicht zu unterschätzen, denn er führte eine neue Herangehensweise an die Lösung des israelisch-palästinensischen Konflikts in die Politik ein: Die jordanische Option, bei der man davon ausgegangen war, dass Jordanien die Verantwortung für palästinensische Angelegenheiten übernehmen könnte, war entfallen; entfallen war auch die Vorstellung einer Autonomie für die Palästinenser, wie sie der ehemalige Ministerpräsident Menachem Begin bei den Verhandlungen mit Ägypten in den Jahren 1977 bis 1979 vorgeschlagen hatte, später aber selbst wieder aufgab. Jetzt wurde eingeführt, was die Palästinenser seit Langem angestrebt und die Israelis bisher immer abgelehnt hatten: eine Zwei-Staaten-Lösung. In dem in Washington unterzeichneten Text tauchte der Begriff »palästinensischer Staat« zwar nicht auf, und das führte später auch zu großem Misstrauen, dass Israel die Besatzung nur *umorganisieren* und nicht beenden wolle und dass es den Palästinensern nur ein paar Krümel in Form einer begrenzten Autonomie hinwerfen wolle, anstatt ihnen vollständige Unabhängigkeit zu gewähren. Verschlimmert wurden diese Zweifel dann durch die Tatsache, dass sich Israel bei den anschließenden Verhandlungen, die das Ziel verfolgten, den in Washington unterzeichneten Text in einen Aktionsplan umzuwandeln, beständig weigerte, irgendwelche Symbole der Unabhängigkeit zuzulassen, die die Palästinenser einführen wollten: Arafat sollte nicht als »Präsident«, sondern als »Rais« bezeichnet werden (was mit »[An-]Führer« übersetzt werden kann), die palästinensische Exekutive sollte als »Palästinensische Behörde« (Palestinian Authority, PA) und nicht als »*Nationale* Palästinensische Behörde« bezeichnet werden, und das unter palästinensischer Herrschaft stehende Land sollte keine eigene internationale Telefon-Vorwahlnummer erhalten. Yoram Meital stellt allerdings zutreffend fest: »Die meisten Beobachter waren sich einig, dass die beiden Konfliktparteien eine Blaupause für die Zwei-Staaten-Lösung verabschiedet hatten, […] die über eine bloße Autonomie hinausging.«[19] Und dennoch lässt sich die Tatsache nicht ignorieren, dass es ein Abkommen zwischen zwei ungleichen Partnern war: zwischen einem sehr mächtigen Israel – nicht nur in militärischer Hinsicht – und einer relativ schwachen Palästinenserorganisation. Dieses Machtungleichgewicht, das Israel in Oslo und danach in eine stärkere Verhandlungsposition brachte, war durch ein ungleiches *Timing* für Konzessionen in der Grundlagenerklärung festgeschrieben: Die Palästinenser mussten als Erste handeln, indem sie Israel das gaben, was es brauchte, während ihre eigenen dringendsten Forderungen – Unabhängigkeit, Abzug der Besatzungsmacht und eine gerechte Lösung für das Flüchtlingsproblem – erst in einem sehr viel späteren Stadium des Prozesses an die Reihe kommen und weitere Verhandlungen erfordern würden.

Der vielleicht auffälligste Nutzen für Israel im Anschluss an die Unterschriftenzeremonie in Washington war ein Aussetzen der palästinensischen Intifada, denn eine der Klauseln des Abkommens appellierte an die Palästinenser – wenn auch nur indirekt –, ihren Aufstand zu beenden. Die Intifada war für die Palästinenser eine lange und blutige Angelegenheit gewesen, die bereits 1991 viel von ihrem Schwung verloren hatte, aber bis in die Jahre 1992 und 1993 hinein weiter unter der Oberfläche brodelte. Die Statistik belegt, dass die israelische Armee im Zeitraum vom Dezember 1987, in dem die ersten Steine geworfen wurden, bis zur Unterzeichnung des Abkommens in Washington, die das Ende des Aufstands markierte, mehr als 1000 Palästinenser tötete. Tausende weitere wurden verletzt, und die Armee zerstörte 1473 palästinensische Häuser. Der palästinensische Aufstand war ein äußerst wirksames Mittel gewesen, mit dem die Israelis dazu gedrängt wurden, Kompromisse zu schließen, aber jetzt musste er beendet werden. Und damit büßten die Palästinenser ein wichtiges Druckmittel zu einem Zeitpunkt ein, als Israel alle den Palästinensern zwar gegebenen, aber noch einzulösenden großen Versprechen in Händen hielt.

Oslo II – der Aktionsplan

Die Unterschriften in Washington waren geleistet, aber alle Anstrengungen, die in das Abkommen eingeflossen waren, hatten bis dahin nicht mehr als einen Rahmen geschaffen – eine Grundlagenerklärung. Sie enthielt Kerngedanken, auf denen ein Friedensabkommen aufbauen konnte, waren aber noch nicht das Abkommen selbst, sondern nur ein Leitfaden für weitere Verhandlungen: Zunächst würde Jassir Arafat die Kontrolle über den Gazastreifen und das Gebiet rund um Jericho übernehmen; dann sollte ein Interimsabkommen geschlossen werden, mit dem seine Befugnisse auf andere palästinensische Gebiete erweitert wurden; zwei weitere

Abkommen wären anschließend erforderlich, um den weiteren Rückzug der israelischen Armee aus palästinensischen Gebieten zu regeln; und abschließend sollte über eine dauerhafte Beilegung des Konflikts verhandelt werden, mit der die endgültigen Grenzen ebenso festgelegt wurden wie der Umgang mit den Siedlungen, eine Lösung des Flüchtlingsproblems und die Zukunft der heiligen Stätten in Jerusalem.

Der erste Verhandlungspunkt war der Rückzug der Armee aus dem Gazastreifen und dem Gebiet von Jericho sowie die Übergabe dieser Gebiete in die Zuständigkeit der Palästinenser. Israel und die PLO unterzeichneten am 4. Mai 1994 das Gaza-Jericho-Abkommen (vgl. Karte Nr. 6, S. XII), das einen israelischen Rückzug aus weiten Teilen des Gazastreifens (allerdings nicht aus den Siedlungen und dortigen Militärstützpunkten) und aus der Stadt Jericho im Westjordanland sowie die Öffnung des Tors nach Palästina für Arafat vorsah. Nach Jahrzehnten im Exil kehrte Arafat, der bei dieser Gelegenheit seinen üblichen militärischen Arbeitsanzug und eine Kufiya trug, am 1. Juli 1994 nach Gaza zurück, um die Koordination der palästinensischen Politik und den Vorsitz über die Palästinensische Autonomiebehörde zu übernehmen, eine quasistaatliche Einrichtung. »Heute kehre ich in das erste freie palästinensische Gebiet zurück«, erklärte Arafat. »Sie müssen sich vorstellen, wie bewegend das für mein Herz und meine Gefühle ist.«

Bis zum August hatte die Palästinensische Autonomiebehörde die Verantwortung für das palästinensische Bildungssystem sowie über die Einrichtungen des Gesundheitswesens und der Sozialfürsorge übernommen. Sie begann mit der Regulierung, Lizenzierung, Überwachung und Entwicklung der Tourismusindustrie und erhob Einkommensteuer. Die Gehälter aller Angehörigen des öffentlichen Dienstes kamen jetzt von der Autonomiebehörde, was die direkten Kontakte zwischen Israelis und Palästinensern drastisch verminderte.

Bei vielen Palästinensern wuchs trotz dieser Errungenschaften die Enttäuschung darüber, dass die Besatzung letztlich andauerte, auch wenn die israelische Armee sich aus einigen Gebieten zurückgezogen hatte. Diese Feststellung war nicht unzutreffend: Im Bildungswesen hatte Israel zum Beispiel weiterhin Einfluss auf den palästinensischen Lehrplan und konnte gegen die Behandlung bestimmter Themen – vor allem in Fächern wie Geschichte und Geografie – ein Veto einlegen. Auch im palästinensischen Rechtswesen gab es ganz erhebliche Einschränkungen, denn Arafats Palästinenserbehörde konnte nur zweitrangige Gesetze bestätigen, das Rechtswesen war Israel effektiv untergeordnet. Im wirtschaftlichen Bereich genoss Arafats Behörde sogar noch weniger Autonomie, obwohl das Pariser Protokoll zu den Wirtschaftsbeziehungen, das Israel und die PLO im April 1994 unterzeichneten, von wirtschaftlichen Beziehungen zwischen Israel und der Palästinenserbehörde sprach, als ginge es dabei um Beziehungen zwischen gleichberechtigten Partnern. Die Ungleichheit war in der Praxis jedoch eher noch größer als während der Besatzungszeit. Das Jahr 1994 gilt zwar als entscheidender Zeitpunkt in der palästinensischen Geschichte, als Jahr, in dem die Selbstverwaltung begann, aber vor Ort war diese Selbstverwaltung sehr begrenzt, auf einen sehr kleinen geografischen Bereich beschränkt – auf Teile des Gazastreifens und das Gebiet von Jericho – und existierte im Schatten einer fortdauernden israelischen Besatzung.

Anfang 1995 begannen die unter der Bezeichnung Oslo-II-Gespräche bekannten Verhandlungen über einen weiteren israelischen Rückzug aus Teilen des besetzten Westjordanlandes. Diese Aufgabe war sehr viel komplizierter, weil es – anders als im Gazastreifen, wo es nur um etwa ein Dutzend jüdische Siedlungen ging – im Westjordanland mehr als 100 Siedlungen gab, die Israel in dieser Phase nicht aufgeben wollte. Eine weitere Komplikation war, dass zum Westjordanland auch Hebron gehörte, die Stadt, die unter den heiligen Stätten der Juden an zweiter Stelle stand, aber auch den Muslimen heilig war, und wo 400 Juden – der harte Kern der jüdischen Siedlerbewegung, viele von ihnen waren Extremisten – neben einer gewaltigen arabischen Mehrheitsbevölkerung lebten.

Die Unterhändler beschlossen, das Westjordanland zunächst in drei Bereiche aufzuteilen (vgl. Karte Nr. 7, S. XIV). Der erste, als »Zone A« bezeichnete Bereich umfasste drei Prozent des Westjordanlandes, nämlich alle größeren palästinensischen Städte und deren Umland. Israelische Siedlungen waren nicht im Spiel. Dieses Gebiet sollte unter volle palästinensische Verwaltung kommen – die Autonomiebehörde sollte dort für alle Lebensbereiche zuständig sein. Der zweite Bereich, die »Zone B«, umfasste etwa 25 Prozent des Westjordanlandes, und dazu zählten viele palästinensische Kleinstädte und Dörfer, aber keine israelischen Siedlungen. Hier, so lautete der Beschluss, sollte Arafats Behörde für zivile Angelegenheiten zuständig sein: für das Bildungs- und Gesundheitswesen und weitere Angelegenheiten, und es sollte gemeinsame israelisch-palästinensische Sicherheitskontrollen geben. Schließlich blieben noch 72 Prozent des Westjordanlandes, die »Zone C«, in der sich alle Siedlungen befanden und nur wenige Palästinenser lebten. Diese Zone sollte weiterhin unter israelischer Besatzung stehen. Der dieser Einteilung zugrunde liegende Gedanke war, dass im Lauf der Zeit immer mehr »B«- und »C«-Gebiete der palästinensischen Verwaltung unterstellt werden und schließlich ihren palästinensischen Staat bilden sollten.

Das 314 Seiten umfassende Oslo-II-Abkommen wurde am 28. September 1995 in Washington unterzeichnet, und in den darauffolgenden Monaten zogen sich die israelischen Soldaten aus sechs großen Städten des Westjordanlandes und Hunderten von Dörfern zurück und übergaben sie der palästinensischen Verwaltung.

Als die Armee abzog und die Verantwortung für die palästinensische Bevölkerung an Arafats Palästinenserbehörde abgab, wurde schon bald deutlich, dass Arafat und die Minister, die jetzt die Behörde führten – in erster Linie Mitglieder der Fatah, der größten politischen Fraktion innerhalb der PLO –, auf das Regieren nicht ausreichend vorbereitet waren. Sie hatten keine verlässlichen Institutionen zur Verfügung, mit denen sie für das Wohlergehen der Palästinenser sorgen konnten, für die sie jetzt zuständig waren. Der Historiker Rashid Khalidi hielt in seinem Buch *The Iron Cage* fest: »Dieser Fall trat keineswegs vollkommen überraschend ein: Die meisten PLO-Führer, bei Arafat angefangen, hatten ihre ganze Laufbahn im Umfeld einer heimlich operierenden Untergrund-Befreiungsbewegung verbracht und erwiesen sich als für den Aufbau eines Staatswesens ebenso schlecht geeignet wie für eine transparente Regierungsführung oder für eine stabil strukturierte Regierungsführung auf rechtsstaatlicher Grundlage.«[20]

Arafat und die Palästinenserführung wurden von der ihnen zugefallenen Aufgabe noch zusätzlich durch einen wachsenden Argwohn abgelenkt, dass sie in eine israelische Falle geraten waren und Israel gar nicht die Absicht hatte, sich vollständig aus den verbliebenen besetzten Gebieten zurückzuziehen, vor allem nicht aus den Zonen »B« und »C«. Sie hatten gute Gründe für diesen Argwohn, denn die Israelis zogen ihre Soldaten zwar aus einigen Gebieten zurück, bauten aber weiterhin Umgehungsstraßen, die es den israelischen Siedlern erlaubten, sich zwischen den Siedlungen frei zu bewegen, ohne dabei Gebiete durchqueren zu müssen, die jetzt von der Palästinenserbehörde kontrolliert wurden. Das wiederum führte zu einer – höchst dramatischen – Zunahme der Siedlerzahlen, denn diese fühlten sich jetzt sicherer als zuvor, weil sie sich nicht mehr durch die von Palästinensern bewohnten Gebiete bewegen mussten, und in der Konsequenz zogen viele weitere Menschen in die Siedlungen, die während dieses Zeitraums massiv expandierten. Und da mehr Land gebraucht wurde, um neue Siedlungen für die Neuankömmlinge zu errichten, und auch das noch zu errichtende neue Netzwerk von Umgehungsstraßen – es war exklusiv den jüdischen Siedlern vorbehalten, Palästinenser durften es nicht nutzen – weiteres Land beanspruchte, nahm man es den Palästinensern durch Enteignungen weg. Deshalb gewannen vor allem die im Westjordanland lebenden Palästinenser, die von einem dichten System neuer Straßen und vielen neuen Siedlungen und Siedlern umgeben waren, immer mehr den Eindruck, als lebten sie in kleinen, voneinander isolierten Kantonen und als würde die Besatzung nicht zu Ende gehen, sondern sich im Gegenteil noch verschärfen.

Das Lied vom Frieden

Yitzhak Rabin nahm am 4. November 1995 an einer Großkundgebung für den Friedensprozess in Tel Aviv teil. Ebenfalls vor Ort war an jenem Abend Yigal Amir, ein rechtsextremer religiöser Eiferer und wütender Gegner von Zugeständnissen, wie sie der Ministerpräsident den Palästinensern gemacht hatte, und jedweder Rückzugsvereinbarungen. Amir hatte eine Pistole bei sich, was in Israel nicht unüblich war. Die folgende Aussage zu den Ereignissen an diesem dramatischen Abend machte Shimon Peres gegenüber dem Autor bei einem Interview für die BBC-Fernsehserie *The Fifty Years War*:

> *Als wir zu der Kundgebung kamen, traute Yitzhak [Rabin] seinen Augen nicht. Es war eine gewaltige Kundgebung mit Zehntausenden von Teilnehmern. Und er war überglücklich. Noch nie zuvor hatte ich ihn so glücklich gesehen. Wir kannten uns schon seit 50 Jahren, und noch nie zuvor hatte er mich umarmt. Ich hatte ihn noch nie zuvor singen hören. Aber bei der Kundgebung stand er da und sang. […] Man gab Yitzhak einen Zettel mit dem Text des »Liedes für den Frieden«. Als das Lied zu Ende war, faltete er den Zettel zusammen und steckte ihn in die Jackentasche. […] Nach der Kundgebung […] verabschiedeten wir uns voneinander. Ich ging die Treppe hinunter. Mein Auto parkte ein kleines Stück vor dem Wagen Yitzhaks. […] Ich stieg ins Auto, schloss die Tür, und dann hörte ich plötzlich drei Schüsse. »Halt«, sagte ich zu meinem Fahrer. Ich wollte aussteigen. Aber meine Leibwächter widersprachen: »Auf keinen Fall.« Und dann schalteten sie die Sirene ein und rasten davon. Wir wussten noch nicht, was geschehen war. Wir wussten nur, dass Yitzhak auf dem Weg ins Krankenhaus war. Ich befahl, mich sofort dorthin zu bringen. Der Klinikchef kam dann zu mir und sagte, Yitzhak sei tot.*

Der tieftraurige Peres ging in das Zimmer, in dem Rabins Leichnam lag.

Yitzhak lag auf dem Bett. Sein Körper war bis zu den Schultern mit einem Leintuch bedeckt. Sein Gesichtsausdruck war friedlich – mit einem ironischen Lächeln, einem besonderen Lächeln. Ich küsste seine Stirn und sagte: »Auf Wiedersehen.«[21]

Die Ermordung des Ministerpräsidenten tötete nicht den israelisch-palästinensischen Friedensprozess, aber sie verlangsamte ihn ganz erheblich und nahm ihm viel von seiner Lebenskraft und seinem Schwung. Rabin war, wie in diesem Kapitel beschrieben, nicht der geistige Urheber des Oslo-Prozesses, denn die Personen, die die ersten Verhandlungen führten, taten dies ohne sein Wissen und schon gar nicht mit seiner Billigung. Aber als Rabin sich schließlich mit dem Potenzial identifizierte, das mit dem Oslo-Prozess – im Unterschied zu den festgefahrenen Washingtoner Gesprächen – verbunden war, übernahm er diese Sache persönlich und leitete sie. Er – und das war ganz wesentlich – war der Staatsmann, dem die Mehrheit der Israelis zutraute, Frieden mit Sicherheit verbinden zu können. Durch seinen Tod entstand ein Vakuum, das sicher nur unter Schwierigkeiten zu überwinden war.

9 Verpasste Gelegenheiten, 1995–1999

Rabins Nachfolger wurde für eine kurze Zeit der ebenfalls der Arbeitspartei angehörende Peres, der aber Neuwahlen ausschrieb, weil er unbedingt ein direktes Mandat der Wählerschaft haben und nicht nur als Rabins Nachfolger gelten wollte. Gerade für Peres, der genügend Erfahrung mit verlorenen Parlamentswahlen hatte, war das eine hoch riskante Strategie – er hatte noch nie in seinem politischen Leben eine Parlamentswahl gewonnen. Auch dieses Mal – auf dem Höhepunkt der nationalen Sympathiebekundungen nach Rabins Tod – verlor Peres die Wahl gegen die rechtsgerichtete Likud-Partei unter Führung von Benjamin Netanjahu.

Der 46 Jahre alte Netanjahu, liebevoll auch Bibi genannt, war ein guter und gewinnender Redner. Er war der erste israelische Ministerpräsident, der nach der Staatsgründung in Israel geboren war, hatte aber viele Jahre in den Vereinigten Staaten verbracht, wo sein Vater Ben Zion Netanjahu Universitätsprofessor war. Viele Jahre lang hatte er im Schatten seines älteren Bruders Jonatan gestanden, der im Juli 1976 bei einem Einsatz als Kommandeur der Armee-Eliteeinheit Sajeret Matkal ums Leben gekommen war. Bei der »Operation Entebbe« rettete seine Einheit mehr als 100 Geiseln, die an Bord einer Air-France-Maschine von palästinensischen und deutschen Terroristen nach Uganda entführt worden waren. Benjamin Netanjahu selbst war zwar kein Kriegsheld, nahm aber an den Kriegen 1967 und 1973 teil und war bei kleinen Kommandounternehmen hinter den feindlichen Linien im Einsatz. Herausragende Leistungen zeigte er auf dem Feld der Diplomatie. Er bekleidete zahlreiche diplomatische Posten und wurde in der Zeit von 1984 bis 1988 als eloquenter israelischer Botschafter bei den Vereinten Nationen bekannt.

Jetzt, als neuer israelischer Ministerpräsident, umgab sich Netanjahu mit Hardliner-Ministern aus den Reihen des Likud, zu denen unter anderem Ariel Sharon und Benjamin Begin zählten, der Sohn des 1992 verstorbenen ehemaligen Ministerpräsidenten Menachem Begin. Netanjahu akzeptierte zwar, dass er den Oslo-Friedensprozess fortführen und Abkommen einhalten musste, die seine Vorgänger unterzeichnet hatten, tat dies aber nur widerwillig. Er hatte nicht nur einen Friedensprozess geerbt, den er als Oppositionspolitiker zuvor aggressiv bekämpft hatte, sondern außerdem auch Mühe, seine extreme Verachtung für Arafat zu verbergen. Nach seinem Wahlsieg rief Netanjahu den ägyptischen Präsidenten Hosni Mubarak, den jordanischen König Hussein und andere Staatsmänner an, um ein erstes Gespräch mit ihnen zu führen, doch er konnte sich nicht dazu durchringen, mit Arafat zu telefonieren.

Terje Rød-Larsen, der UN-Gesandte, der beim Einfädeln des Osloer Abkommens so hilfreich gewesen war, arbeitete jetzt hinter den Kulissen an einer Zusammenkunft zwischen Netanjahu und Arafat. Am 16. August 1996 teilte er dem Ministerpräsidenten mit: »[Arafat] möchte sie sehr gern treffen.«[1] Netanjahu regierte zwar weiterhin zurückhaltend, erkannte aber, dass sich eine solche Begegnung nicht vermeiden ließ. Schließlich hatte Israel die PLO offiziell als legitime Vertretung des palästinensischen Volkes anerkannt, und Arafat stand jetzt der Palästinensischen Autonomiebehörde in den von Israel geräumten Gebieten vor.

Die beiden Politiker begegneten sich schließlich am 4. September 1996 am Grenzübergang Erez, an der Grenze zwischen Israel und dem Gazastreifen. Es war eine zivilisierte Begegnung, eher ein Fototermin als eine Gelegenheit für irgendwelche substanzielle Gespräche, aber er ging anscheinend ohne jeglichen Zwischenfall über die Bühne.

Die Tunnel-Unruhen

Wenig später brach allerdings die Hölle los, als Netanjahu Ausgrabungen genehmigte, bei denen ein alter Tunnel aus der Zeit des Herodes geöffnet werden sollte, der an einem besonders heiklen Ort unter Jerusalems Altstadt verlief, vom Platz an der Westmauer des Tempels bis in die Nähe der Moscheen auf dem Tempelberg. Israel hatte jahrelang den Nordeingang des Tunnels nahe der Via Dolorosa geschlossen gehalten, um die Palästinenser nicht zu provozieren, die jeden israelischen Versuch zu einer Veränderung des Status quo in Jerusalem mit Argwohn begleiteten, auch Grabungen unter dem Tempelberg, von denen man nicht wissen konnte, ob sie die Moscheen und Heiligtümer zum Einsturz bringen würden. Solange dieser Tunnel nur einen Ein- und Ausgang besaß, bedeutete das jedoch, dass die Besucher auf dem Weg, auf dem sie gekommen waren, auch wieder zurückgehen und sich an den Menschen vorbeidrängen mussten, die in der Gegenrichtung unterwegs waren. Die Öffnung des Nordausgangs an der Via Dolorosa würde die Platznot lindern und es den Besuchern ermöglichen, den Tunnel durch den Südeingang zu betreten, ihn in voller Länge zu begehen und am anderen Ende zu verlassen, ohne umkehren und wieder zurückgehen zu müssen. Aber es war auch kein Geheimnis, dass der

Ministerpräsident durch die Öffnung des Via-Dolorosa-Zugangs im Muslimischen Viertel der Altstadt ein politisches Zeichen für den israelischen Anspruch auf Jerusalem setzen und, wie er es formulierte, »unsere Souveränität über Jerusalem«[2] zeigen wollte.

Die Palästinenser verstanden die Botschaft laut und deutlich. Arafat rief zu einer Massendemonstration gegen diese Maßnahme und zu einem Generalstreik auf und behauptete, die Öffnung des Zugangs sei ein »großes Verbrechen gegen unsere religiösen und heiligen Stätten«.[3] Bei der Tunnelöffnung entwickelte sich prompt eine Straßenschlacht zwischen militanten Palästinensern und der israelischen Polizei, die zu einem erstaunlichen Blutzoll führte: 97 Palästinenser und 15 Israelis wurden getötet, und Hunderte Verletzte mussten in den Krankenhäusern stationär aufgenommen werden. Es war der tödlichste Konflikt dieser Art in Ostjerusalem seit der Besetzung durch Israel im Juni 1967. Der Ministerpräsident, zu diesem Zeitpunkt auf Staatsbesuch in Europa, brach seine Reise ab und eilte nach Hause, um der Krise zu begegnen. Dem Autor dieses Buches sagte er in einem Interview, noch vom Flughafen aus habe er Arafat angerufen und ihn gewarnt, Israel werde beim Kampf gegen die Aufständischen »Panzer einsetzen«, falls es ihm, Arafat, nicht gelinge, für Ruhe auf den Straßen zu sorgen und die palästinensischen Aufständischen zu stoppen.[4] Netanjahu erwartete von Arafat, dass dieser die Unruhen beendete, die er, der israelische Ministerpräsident, provoziert hatte. Deshalb war es keine Überraschung, dass sich Arafat nicht besonders kooperativ zeigte.

US-Präsident Clinton war angesichts des Scheiterns des Friedensprozesses zutiefst besorgt. Er drängte den Ministerpräsidenten, seine Entscheidung, am Tempelbergtunnel Veränderungen vorzunehmen, noch einmal zu überdenken, und lud dann Netanjahu und Arafat ins Weiße Haus zu einem Gespräch über die Frage ein, wie die Krise zu lösen sei. In einem Vorabgespräch mit US-Außenminister Warren Christopher erklärte Netanjahu, er werde den Tunnel nicht wieder verschließen, sonst werde nach seiner Einschätzung Folgendes eintreten: »Arafat wird daraus den Schluss ziehen, dass es sich für ihn lohnt, zum Mittel der Gewalt zu greifen, wann immer er mit dem israelischen Handeln unzufrieden ist.«[5] Clinton brachte die beiden Politiker später im Kartenraum des Weißen Hauses zusammen, und nach einer hitzigen Debatte war ein gewisses Maß an Kompromissfähigkeit erreicht: Netanjahu wollte zwar die Maßnahmen in Jerusalem nicht rückgängig machen, bot aber Arafat indirekt einen Ausgleich an, indem er zusagte, er wolle den Verhandlungen über die Stadt Hebron, einer noch nicht eingelösten Verpflichtung der israelischen Vorgängerregierung, neuen Schwung geben.

Die Teilung von Hebron

Die uralte Stadt Hebron, nach der Überlieferung der Geburtsort des biblischen Patriarchen Abraham, ist für Juden wie Muslime ein heiliger Ort. In den Jahren von 1929 bis 1967 hatten in Hebron nur sehr wenige Juden gelebt, aber nach der Besetzung des Westjordanlandes ließen sich nach und nach immer mehr Siedler im Stadtzentrum nieder, und in den 1990er-Jahren lebte eine jüdische Gemeinde von rund 450 Personen unter 150 000 Palästinensern. Die jüdischen Siedler von Hebron, ausgerüstet mit Schusswaffen, die sie von der Armee erhalten hatten, zählten immer zu den extremistischsten, gewalttätigsten und ausfälligsten Siedlergemeinden überhaupt. Sie attackierten gewohnheitsmäßig die palästinensischen Bewohner der Stadt, schlugen sie, bewarfen sie mit Unrat, zerstörten ihre Läden, fällten ihre Olivenbäume, vergifteten ihre Brunnen, drangen in ihre Häuser ein und begingen sogar Tötungsdelikte. Sie konnten solche Dinge tun, weil sie bewaffnet waren und weil die Armee auf ihrer Seite stand und die Lage – wenn diese aufgrund der Provokationen der Siedler eskalierte – zu beruhigen versuchte, indem sie Ausgangssperren verhängte und die Araber in ihren Häusern festhielt.

Die offene Feindseligkeit der Siedler gegenüber den Palästinensern erreichte im Februar 1994 einen blutigen Höhepunkt, als Dr. Baruch Goldstein, ein einzelner jüdischer Siedler, in Armeeuniform und mit einer Uzi-Maschinenpistole und Handgranaten bewaffnet, während des Freitagsgebets die Ibrahimi-Moschee in den Patriarchengräbern betrat. Der 31-jährige Juwayyed Hasan el Jabari war an jenem Tag in der Moschee und erinnert sich: »Wenige Sekunden nachdem wir zu beten begonnen hatten, hörte ich den Knall einer großen Explosion [einer Handgranate], auf die Salven aus einer Schusswaffe folgten.«[6] Goldstein eröffnete das Feuer, tötete 29 muslimische Gläubige und verletzte 125 weitere. Der 15-jährige Palästinenser Nidal Maraca, der mit seinen Eltern und seinen Brüdern in der Moschee war, berichtet: »Als ich die Schüsse hörte, bekam ich Angst und ließ mich auf den Boden fallen. Ich schaute mich um und sah, dass mein [elf Jahre alter] Bruder Kifah blutete. Er hatte viele Wunden am Kopf, und neben mir [...] blutete auch mein Vater aus mehreren Wunden. [...] In der Nähe der Regale, wo die Leute ihre Schuhe abstellen, sah ich meinen Klassenkameraden Jabr Abu Hadeed, [...] der sich die Hüfte hielt [...] und zusammenbrach. [...] Später sah ich meinen Bruder sterben. [...] Am darauffolgenden Tag erfuhr ich, dass auch Jabr gestorben war.«[7] Die Palästinenser in der Moschee überwältigten Goldstein schließlich, als er ein neues Magazin einlegen wollte, und erschlugen ihn mit Eisenstangen und einem Feuerlöscher. Dieses Ereignis, das als »Massaker von Hebron« bekannt wurde, hatte tief greifende negative Auswirkungen auf die ohnehin bereits angespannten Beziehungen zwischen jüdischen Siedlern und Palästinensern in Hebron.

Das Oslo-II-Abkommen, das ein Jahr nach dem Massaker von Hebron unterzeichnet wurde, enthielt eine Sonderregelung für diese Stadt: Im Rahmen einer Truppenverlegung im Westjordanland und im Gazastreifen sollte es auch einen Rückzug aus Hebron geben. Das wurde eigens im Artikel VII unter »Richtlinien für Hebron« festgehalten. Außerdem gab es im Paragrafen 1b der »Richtlinien für Hebron« einen klaren Zeitplan, der vorsah, dass die Verlegung der Truppen aus Hebron spätestens sechs Monate nach der Unterzeichnung des Oslo-II-Abkommens abgeschlossen sein sollte. Dieser erwartete Rückzug kam jedoch, wie das bei israelisch-palästinensischen Abkommen oft der Fall war, nicht pünktlich zustande. Während Rabin noch gezögert hatte, dieses heiße Eisen in die Hand zu nehmen, versuchte sein Nachfolger Peres, die Sache auf einen Zeitpunkt nach der nächsten Parlamentswahl zu verschieben. Peres hatte Arafat den Ball zugespielt, als er erklärte, dieser solle zuerst die antiisraelischen Passagen aus der Palästinensischen Nationalcharta streichen, wie er das in der Vergangenheit versprochen habe, bevor Israel sich mit Hebron befassen werde.[8] Deshalb war das Hebron-Problem immer noch ungelöst, als Netanjahu an die Macht kam, und durch die Öffnung des Tunnelzugangs an der Via Dolorosa, die zu so viel Blutvergießen führte, verschaffte er Arafat die Gelegenheit, dieses ungeklärte Problem wieder aufzugreifen.

Es folgten harte Verhandlungen, die am 17. Januar 1997 schließlich »Das Hebron-Protokoll« beziehungsweise »Das Protokoll über den Truppenabzug in Hebron« hervorbrachten. Es erläuterte die von beiden Seiten akzeptierten Vereinbarungen zum Rückzug der Armee aus 80 Prozent des Stadtgebiets von Hebron und hielt fest, dass dies innerhalb von zehn Tagen nach der Unterzeichnung des Protokolls ausgeführt und abgeschlossen werden müsse. Im Paragrafen 12 des Oslo-II-Abkommens war ursprünglich festgehalten worden, dass Hebron eine ungeteilte Stadt bleiben würde, aber das neue Hebron-Protokoll machte dies rückgängig und teilte die Stadt. Es entstanden zwei Gebiete: In der Zone H-1 stellten die Palästinenser die überwältigende Mehrheit der Bevölkerung, und dort sollte auch die palästinensische Polizei die Verantwortung für die innere Sicherheit und öffentliche Ordnung übernehmen. In der kleineren Zone H-2 sollte dagegen Israel die Zuständigkeit für Sicherheitsfragen behalten. Zu diesem Gebiet gehörten neben einer Reihe von jüdischen Siedler-Enklaven im Zentrum von Hebron auch die unmittelbar am östlichen Stadtrand gelegene Siedlung Kirjath-Arba und die diese Siedlungen umgebenden Bereiche, die man für die Bewegungsfreiheit von Siedlern und Armee für notwendig erachtete. Innerhalb dieses Gebiets lebten außerdem noch 20 000 Palästinenser. Das Protokoll führte auch aus, wie gemeinsame israelisch-palästinensische Patrouillen in besonders sensiblen Bereichen operieren sollten, zum Beispiel an den vier heiligen jüdischen Städten innerhalb der H-1-Zone, und legte die Zahl der palästinensischen Polizisten und ihre genaue Bewaffnung fest.

Arafat bestand bei den Verhandlungen auf einer internationalen Beobachterinstanz in Hebron, die die Umsetzung des Protokolls überwachen sollte – und das aus gutem Grund. Die Siedler in Hebron waren ja wie gesagt für ihr feindseliges Verhalten berüchtigt, und das Massaker von Baruch Goldstein hinterließ gewaltiges Misstrauen. Jetzt wollte Arafat sicherstellen, dass eine unabhängige Instanz ein Auge auf die Siedler von Hebron hatte und nicht das israelische Militär, das die palästinensischen Zivilisten in der Vergangenheit nicht geschützt hatte.

Netanjahu, der unter amerikanischem Druck stand, hatte kaum eine andere Wahl, als sich mit ausländischen Beobachtern einverstanden zu erklären, und am 21. Januar 1997 kam es zur Unterzeichnung eines Abkommens über die Zeitweilige Internationale Präsenz in Hebron (Temporary International Presence in Hebron, TIPH). Es sah die Entsendung einer 180 Personen umfassenden internationalen Beobachtergruppe aus Norwegen, Italien, Dänemark, Schweden, der Schweiz und der Türkei vor, die nach Hebron kommen, die Bemühungen um die Aufrechterhaltung eines normalen Alltagslebens überwachen und darüber auch berichten sollte.

Das Hebron-Protokoll war bedeutsam, weil es zeigte, dass der Likud-Block trotz seiner starken Gegnerschaft zu den israelisch-palästinensischen Abkommen seit 1993 immer noch gewillt war, diese Abkommen umzusetzen, und sei es auch nur widerwillig, und sich die Vorstellung der Arbeitspartei von »Land für Frieden« effektiv zu eigen zu machen. Im Hebron-Abkommen hatte der Likud tatsächlich zum ersten Mal im besetzten Westjordanland ein territoriales Zugeständnis gemacht. Er ließ die Polemik der Vergangenheit hinter sich und bestätigte die Realität des Oslo-Prozesses.

Dennoch war es eine traurige Angelegenheit, wenn man mit ansehen musste, wie zu einem Zeitpunkt, zu dem Städte in aller Welt, von Berlin bis Nikosia, sich bemühten, eine Teilung zu überwinden und trennende Grenzlinien niederzureißen, in Hebron eine neue Teilung vorgenommen und diese Stadt zu einem Mikrokosmos des fortdauernden israelisch-palästinensischen Konflikts gemacht wurde.

Har Homa

Alle Hoffnungen, dass Netanjahu sich den Schwung, der vom Hebron-Abkommen ausging, zunutze machen, den Prozess der Beendigung der Besatzung fortführen und weitere Friedensabkommen mit den Palästinensern schließen würde, fanden schon bald ein jähes Ende. Netanjahu, so stellte ein Diplomat einmal fest, verhielt sich oft wie ein Betrunkener, der von Laternenpfahl zu Laternenpfahl taumelte, und als nächster Laternenpfahl erwies sich jetzt Har Homa, ein Ort an der südwestlichen Grenze des palästinensischen Ostjerusalem, für den Netanjahu am 28. Februar 1997 den Bau von 6500 jüdischen Wohneinheiten auf Land genehmigte, dessen palästinensische Besitzer enteignet worden waren.[9] Sein Ziel war die Schaffung eines Rings von großen jüdischen Siedlungen, der Ostjerusalem umgeben und es vom Westjordanland abschneiden sollte – Har Homa würde Straßenverbindungen nach Bethlehem und Beit Sahour in Richtung Süden blockieren.

Es war vorhersagbar, dass diese neuen Siedlungen unter den Palästinensern für Aufruhr sorgen würden, und schon bald brachen Unruhen aus. Einen Monat später war Arafat zu Besuch im Weißen Haus in Washington, Netanjahus Har-Homa-Projekt stand ganz oben auf seiner Tagesordnung, und er drängte US-Präsident Clinton, vom israelischen Premier zu verlangen, dass das umstrittene Bauprojekt zumindest verzögert würde, aber er hatte keinen Erfolg. Netanjahu ließ sich nicht aufhalten, und Washington begnügte sich damit, Martin Indyk, den US-Botschafter in Israel, eine Nachricht an den Ministerpräsidenten übermitteln zu lassen, der zu entnehmen war, die Vereinigten Staaten betrachteten die Errichtung eines neuen Wohnviertels als »einen Schritt, der alles untergräbt, was wir zu erreichen versuchen«.[10]

Der jordanische König Hussein war über Netanjahus Vorgehensweise äußerst erbost – über den fortgesetzten Bau von Siedlungen, die allgemeine Gewalt und den Mangel an Respekt im Umgang mit den Palästinensern. Jordanien, daran sollten wir uns hier erinnern, hatte im Oktober 1994 mit Israel einen Friedensvertrag geschlossen und damit eine neue Ära friedlicher Beziehungen eingeläutet, und das war zumindest teilweise mit der Erwartung verbunden gewesen, dass der Oslo-Prozess mit den Palästinensern rasch vorankommen würde. Damals gestattete Rabin, des Königs Partner für den Frieden, dem Amateurpiloten Hussein mit einer Geste des guten Willens, sein eigenes Flugzeug nach Israel zu steuern – bei einer Reise, die als »erster Friedensflug« bekannt wurde. Rabin schickte sogar Kampfjets, die die Maschine des Königs eskortieren sollten, sobald sie in den israelischen Luftraum eintrat. Doch jetzt hatten sich die Beziehungen zwischen Israelis und Palästinensern so sehr verschlechtert, dass der König sich veranlasst sah, Netanjahu einen Brief zu schreiben, »für die Nachwelt, [...] im Angesicht des Unbekannten«.¹¹ Hier folgt das erstaunliche Dokument im vollen Wortlaut:

Amman, 9. März 1997

Herr Ministerpräsident,
mein Schmerz ist echt und tief empfunden, angesichts der sich häufenden tragischen Handlungen, die Sie in Ihrer Eigenschaft als israelischer Regierungschef auf den Weg gebracht haben, denn sie machen den Frieden – mein wertvollstes Lebensziel – mehr und mehr zu einer weit entfernten, trügerischen Luftspiegelung. Ich könnte dem mit Distanz begegnen, wenn nicht das Leben aller Araber und Israelis in hohem Tempo auf einen Abgrund aus Blutvergießen und Katastrophen zusteuern würde, der seine Entstehung der Furcht und Verzweiflung verdankt. Ich kann Ihre wiederholte Rechtfertigung, Sie müssten unter großem Zwang und Druck so handeln, wie Sie das tun, einfach nicht akzeptieren. Ich kann nicht glauben, dass das israelische Volk ein Blutvergießen und eine Katastrophe will und gegen den Frieden ist, noch kann ich glauben, dass der verfassungsrechtlich mächtigste Ministerpräsident der israelischen Geschichte sich von etwas anderem leiten lassen würde als von seiner festen Überzeugung. Die allzu traurige Wirklichkeit, die mir bewusst wurde, ist die, dass ich Sie bei der Arbeit für die Erfüllung von Gottes Willen für die endgültige Versöhnung aller Nachkommen der Kinder Abrahams nicht an meiner Seite sehe. Ihre Handlungsweise scheint darauf gerichtet zu sein, alles zu zerstören, an das ich glaube oder das ich gemeinsam mit der haschemitischen Familie seit Feisal I. und Abdullah bis in die Gegenwart hinein zu erreichen versucht habe. Sie können mir keine Zusicherung schicken, dass Sie keine weiteren Siedlungsbauten genehmigen würden, und mir zugleich von Ihrer Entscheidung berichten, dass Sie zwei Straßen bauen werden, die allen Beteiligten nützen – Israelis und Palästinensern gleichermaßen – , und diese Verpflichtung dann nicht einhalten.
Herr Ministerpräsident, wenn es Ihre Absicht ist, unsere palästinensischen Geschwister zu unvermeidlichem gewaltsamem Widerstand anzuhalten, dann schicken Sie Ihre Bulldozer in die geplante Siedlungs-Baustelle [Har Homa], ohne sich groß um palästinensische und arabische Empfindlichkeiten, um Zorn und Verzweiflung zu kümmern, [...] oder befehlen Sie den jungen israelischen Angehörigen ihrer mächtigen Streitkräfte, die palästinensische Städte umstellt haben, willkürlich zu morden und zu zerstören, vielleicht führt das zu einem weiteren Exodus unglücklicher Pa-

lästinenser aus ihrer Heimat, die schon die Heimat ihrer Vorfahren war, und wird den Friedensprozess für alle Zeiten begraben. [...] Wofür ist die offensichtlich fortdauernde gezielte Demütigung ihrer sogenannten palästinensischen Partner gut? Kann eine lohnende Beziehung ohne gegenseitigen Respekt und ohne Vertrauen gedeihen? Warum bestätigen die Palästinenser immer noch, dass ihre landwirtschaftlichen Erzeugnisse nach wie vor verderben, während sie auf die Zulassung für den Transport nach Israel oder für den Export warten? Was soll die Verzögerung, wenn bekannt ist, dass das gesamte Projekt eines Hochseehafens für Gaza sich um ein ganzes Jahr verschieben wird, wenn die Genehmigung für den Baubeginn nicht vor dem Ende dieses Monats erteilt wird? Schließlich ist da noch der Flughafen von Gaza – wir alle haben uns oft mit dem Thema beschäftigt, in der Absicht, damit einem legitimen palästinensischen Bedürfnis zu entsprechen und den Führungspersönlichkeiten wie auch den Menschen insgesamt einen eigenen, freien Zugang zur Welt zu verschaffen, der die gegenwärtigen Einschränkungen und den Zwang, das Land nur über andere souveräne Territorien verlassen und wieder betreten zu können, beenden soll. Ich hatte um die Erlaubnis nachgesucht und beabsichtigt, mit der offiziellen jordanischen Tristar-Staatsmaschine persönlich zu Präsident Arafat zu fliegen, zum palästinensischen Flughafen Gaza, so wie ich früher schon beantragt hatte, [...] mit einem Flugzeug dorthin fliegen zu können, und Ihre Ablehnung damals nur akzeptierte, weil sehr viel wichtigere Probleme anstanden.
Diesmal erwartete ich eine positive Antwort von Ihnen. Meiner Ansicht nach hätte das die Atmosphäre erheblich verbessert, aber es sollte leider nicht sein. Nun stellen Sie sich einmal vor: Wäre ich dennoch mit dem Ziel Gaza gestartet, mit allen Rechten eines Freundes, hätten Sie dann meinen Piloten-Kollegen in der israelischen Luftwaffe befohlen – den Männern, die mich im israelischen Luftraum mit der gleichen Maschine eskortierten, bei dem Besuch, der als »Erster Friedensflug« bekannt wurde, er scheint schon so lange zurückzuliegen –, mich gewaltsam an der Landung dort zu hindern oder noch Schlimmeres zu tun? Sie werden nie erfahren, wie nahe Sie einer Entscheidung in einer solchen Situation gekommen sind – wenn ich damals nicht geplant hätte, Gäste mit nach Hause zu nehmen. Wie kann ich in dieser konfusen und verwirrenden Situation mit Ihnen als Partner und wahrer Freund zusammenarbeiten, wenn ich eine Absicht spüre, alles zu zerstören, was ich durch meine Arbeit zwischen unseren Völkern und Staaten aufzubauen versucht habe. Sturheit bei realen Problemen ist die eine Sache, aber als Selbstzweck stelle ich sie infrage. Bei jeder Gelegenheit habe ich bisher festgestellt, dass Sie Ihre eigenen Ansichten haben und den Rat eines Freundes nicht brauchen.

Ich bedauere zutiefst, dass ich Ihnen diese persönliche Mitteilung zukommen lassen muss, aber mein Gefühl für Verantwortung und Wichtigkeit hat mich dazu bewogen, dies für die Nachwelt zu tun, im Angesicht des Unbekannten.

Mit freundlichen Grüßen
[gez. König Hussein]

Dieser von Herzen kommende Brief zeigt, wie sehr der König mittlerweile von Netanjahu enttäuscht war. Vielleicht dachte der König auch an die Zukunft und hoffte, dass Historiker diesen Brief veröffentlichen würden, wie das einige bereits getan haben, um vor der Geschichte zu zeigen, dass der König von Jordanien sein Bestes tat, um die palästinensische Sache zu unterstützen.

Eskalation

Präsident Clinton war im Juli 1997 zu dem Schluss gekommen, dass das gesamte Oslo-Unternehmen scheitern könnte, wenn es ihm nicht gelang, Netanjahus Siedlungspolitik ebenso zu zügeln wie Arafats Neigung, sich früher eingegangenen Verpflichtungen zu entziehen, nach denen er Angriffe auf und Hetzreden gegen Israel einstellen sollte. Clinton schickte seinen Nahost-Sondergesandten Dennis Ross mit einem persönlichen, in eindringlichem Ton gehaltenen Brief an den Ministerpräsidenten nach Israel. Er drängte Netanjahu in diesem Schreiben, bei der Wiederbelebung des am Boden liegenden Verhandlungsprozesses mitzuwirken. Clinton erklärte, Ross halte sich unter dem Siegel der Verschwiegenheit in Israel auf, und betonte, nach seinem Gefühl sei dies ein besonders gefährlicher Augenblick.

So höflich der Brief auch gehalten war, stand er gleichzeitig auch für eine neue amerikanische Nahost-Initiative, die Ross dem Ministerpräsidenten unterbreitete. Der zugrunde liegende Kerngedanke war, dass Israel den Bau neuer Siedlungen in Har Homa und anderswo – ein Vorhaben, das für die Palästinenser ein rotes Tuch war – stoppen und sich auf die Erweiterung bereits bestehender Siedlungen beschränken sollte. Israel sollte auch die Zusammenarbeit in Sicherheitsfragen mit den Palästinensern wieder aufnehmen und weitere Truppen aus dem Westjordanland zurückziehen, wie es im Oslo-II-Abkommen zwischen den Konfliktparteien in Aussicht gestellt worden war. Die Palästinenser sollten im Gegenzug die Sicherheitslage in ihrem Bereich verbessern, Angriffe auf Israel verhindern und von Aufrufen zu solchen Angriffen absehen.

Netanjahu widersetzte sich Clintons Programm, denn nach seinem Eindruck wurde er damit nur um weitere Konzessionen gegenüber Arafat gebeten. Er schickte Ross zurück nach Washington und gab ihm die Botschaft mit, dass Israel die neue US-Initiative in dieser Form nicht akzeptieren könne, aber »wenn Sie es wünschen, sind wir mit weiteren Gesprächen einverstanden«.[12] Netanjahu schickte anschließend seinen Staatssekretär Dan Naveh zu weiteren Gesprächen mit Dennis Ross über die Initiative nach Washington. Aber das war zu wenig und zu spät, denn jetzt verlegten sich die Palästinenser – zutiefst verbittert über die israelische Taktik, vor allem über die fortgesetzten Enteignungen palästinensischen Landes und den Siedlungsbau – auf Gewalt. Zwei mit Sprengstoffgürteln ausgerüstete Selbstmordattentäter, Mitglieder der islamistischen Hamas, sprengten sich am 30. Juli 1997 mitten in Jerusalem in die Luft, töteten 16 Menschen und verletzten 200 weitere. Es war ein verheerender Anschlag, der erste seit einem Jahr. Er tötete auch die neue Clinton-Initiative.

Der Ministerpräsident führte sein Kabinett jetzt auch zu einer Entscheidung, mit der – als Reaktion auf den Bombenanschlag in Jerusalem – die Ausweitung des Krieges gegen militante Palästinenser über die besetzten Gebiete hinaus angestrebt wurde. Das Kabinett beschloss, dass der Auslandsgeheimdienst Mossad Khaled Mashal ermorden sollte, den in Jordanien lebenden Chef der politischen Abteilung der Hamas. Mashal war außerhalb des Nahen Ostens nahezu unbekannt, aber geheimdienstliche Erkenntnisse legten nahe, dass er eine für die Steuerung der Hamas-Aktivitäten in den besetzten Gebieten wichtige Person und damit – aus israelischer Sicht – ein legitimes Ziel für einen Mordanschlag war. Danny Yatom, der Direktor des Mossad, übertrug die Planung der Operation Haim Ha'Keini, dem Leiter der Caesarea-Einheit, der wiederum die für Mordanschläge zuständige Kidon-Abteilung unterstand.[13]

Ein Einsatz in Amman war jedoch mit dem Risiko verbunden, dass die heiklen Beziehungen zwischen Israel und Jordanien beschädigt wurden, wenn irgendetwas schiefging. Aus diesem Grund entschied sich Haim Ha'Keini für eine »stille« Operation, was bedeutete, dass das ausführende Team beim Anschlag auf Mashal auf Schusswaffen und Sprengstoff verzichten und »Almog« verwenden würde. Dieser Codename stand für eine extrem giftige Substanz: Wenige auf die Haut des Opfers aufgetragene Tropfen wirkten bereits tödlich. Ha'Keini ging davon aus, dass ein erfolgreicher Mordanschlag mit Gift keine Spuren hinterlassen würde, die direkt nach Israel führten, da die Waffe keine unmittelbar erkennbare Wirkung auf die Zielperson hatte.

Die beiden von Ha'Keini beauftragten Attentäter warteten am 25. September in Amman, bis Mashal zu seinem Büro kam, wo sie sich ihm von hinten näherten und versuchten, ihn mit dem tödlichen Gift zu besprühen. Das gelang ihnen zwar teilweise, aber Mashal rannte den Attentätern davon, und die beiden wurden festgenommen. Die anderen an diesem Anschlag beteiligten Mossad-Agenten suchten Zuflucht in der israelischen Botschaft.[14]

König Hussein war außer sich vor Wut und fühlte sich von den Israelis vollständig hintergangen.[15] Zusätzlich erboste ihn, dass bis zu diesem Zeitpunkt noch keinerlei Antwort auf einen Vorschlag eingegangen war, den er den Israelis erst kurz zuvor über den Mossad-Residenten in Amman unterbreitet hatte. Es war ein Angebot militanter Palästinensergruppen (einschließlich der Hamas), das den Abschluss eines Waffenstillstandes mit Israel, eine »*hudna*«, für eine Zeit von 30 Jahren vorsah, um der Gewalt in den besetzten Gebieten ein Ende zu setzen. Jetzt hatte dieser verfehlte Mossad-Anschlag in seiner eigenen Hauptstadt sein Vertrauen erschüttert.[16] Der König verlangte, dass Israel sofort genaue Informationen über das gegen Mashal eingesetzte Gift preisgab und ein Gegengift zur Verfügung stellte, damit sein Leben gerettet werden konnte. Die Israelis befürchteten, dass die Krise zu einer weiteren Verschlechterung der Beziehungen zu Jordanien führen könnte, und lenkten ein.[17] Der König bestand außerdem auf der Freilassung einer Reihe palästinensischer Gefangener aus israelischen Gefängnissen – darunter befand sich auch Scheich Ahmad Yasin, der Gründungsvorsitzende der Hamas – und deren Übergabe an Jordanien. Yasin würde danach höchstwahrscheinlich in sein Haus in Gaza-Stadt zurückgebracht werden, aber für Hussein wäre es ein Coup, wenn er sagen könnte, dass *er* für die Freilassung dieses Mannes gesorgt hatte. Netanjahu hatte kaum eine andere Wahl als einzulenken, und nach weiteren Verhandlungen flogen zwölf Tage nach dem katastrophal gescheiterten Anschlag einige Hubschrauber von Israel nach Jordanien und wieder zurück. Die aus jordanischem Gewahrsam entlassenen Mossad-Agenten kehrten nach Hause zurück, und in der Gegenrichtung waren Scheich Yasin und 20 eben erst aus israelischer Haft freigekommene Gefangene unterwegs.

Die Mashal-Affäre hatte direkte Auswirkungen auf die besetzten Gebiete, denn der freigelassene Scheich Yasin, der wie erwartet schließlich nach Gaza-Stadt zurückkehrte, entwickelte sich über viele Jahre hinweg zu einer Schlüsselperson des Hamas-Feldzugs gegen Israel. Und Mashal, der den Mordanschlag überlebt hatte, kehrte zu seinen Aufgaben als wichtige Hamas-Führungsperson zurück – und in dieser Funktion wirkt er bis heute.[18]

Ein israelisch-palästinensischer Coup

Seit der Unterzeichnung des ersten israelisch-palästinensischen Oslo-Abkommens im September 1993 hatte sich die israelische Armee aus 27 Prozent der besetzten Gebiete im Westjordanland und im Gazastreifen zurückgezogen und dieses Land in die Zuständigkeit von Arafats Palästinensischer Autonomiebehörde übergeben. In diesen geräumten Gebieten, in erster Linie waren das kleinere und größere Städte im Westjordanland und im Gazastreifen, in denen keine israelischen Soldaten mehr auf den Straßen patrouillierten, regelte Arafats Palästinenserbehörde das Alltagsleben und übernahm Bereiche wie das Bildungs- und Gesundheitswesen und die Einziehung von Steuern. Arafat erwartete, dass sich die Armee bis 1998 im Rahmen einer Einigung, die unter der Bezeichnung »Erster und zweiter weiterer Truppenabzug« bekannt wurde, aus weiteren 13 Prozent der besetzten Gebiete zurückziehen würde. Damit wäre die israelische Besetzung von mehr als 40 Prozent der Palästinensergebiete beendet gewesen, bevor man zum »Dritten weiteren Truppenabzug« überging. Aber Netanjahu zögerte mit der Umsetzung dieser Abzugsbewegungen und bestand darauf, dass Arafat zuvor noch das zu erfüllen habe, was ihm in früheren Abkommen abverlangt worden war.

Israelische Oppositionsführer wie Yossi Beilin, einer der Architekten des ersten Oslo-Abkommens, betrachteten eher ihren eigenen Ministerpräsidenten und nicht Arafat als Hauptschuldigen an der aktuellen Pattsituation und setzten sich deshalb mit Palästinensern wie Saeb Erekat, Mahmud Abbas, Hassan Asfour und Mohammed Dahlan zusammen, Leuten aus Arafats Umgebung, die in der neu geschaffenen Palästinenserbehörde wichtige Funktionen innehatten, um Netanjahu so weit zu bringen, dass er den erwarteten Rückzug umsetzte. Es war eine höchst außergewöhnliche Situation – wichtige israelische Politiker taten sich hinter dem Rücken des eigenen Regierungschefs heimlich mit führenden Palästinensern zusammen, um Israels Premier zum Handeln zu zwingen. Die Besprechungen fanden in der Residenz von Mohammed Bassiouni statt (er gab der Gruppe auch ihren Namen – »Bassiouni-Forum«), dem ägyptischen Botschafter in Israel, und dort wurde ein Plan ausgeheckt, wie man Netanjahu dazu bringen konnte, früher geschlossene Abkommen zu respektieren.

Beilin berichtete in einem Interview mit dem Autor: »Wir kamen meist am Abend ins Haus des Botschafters. [...] Dort gab es ein Abendessen, [...] und dann sprachen wir miteinander.«[19] Der Palästinenser Erekat beschrieb diese Zusammenkünfte als »Absprache zwischen mir und Mitgliedern der israelischen Opposition, [...] eine Verschwörung zwischen mir und meinen israelischen Sympathisanten«, bei der, so fuhr er fort, »wir bestimmte Ideen [entwickelten], wie man mit Netanjahu umgehen konnte, und mit dem Ergebnis kontaktierten wir die Amerikaner und gaben ihnen etwas an die Hand«.[20] Dennis Ross, der US-Sondergesandte für den Nahen Osten, rief nach Beilins Erinnerung »oft während der Treffen an. [...] Manchmal gesellte sich der [US-]Botschafter hinzu.« Als das Paket geschnürt war, wurde es den Amerikanern übergeben und, so erinnert sich Beilin, es war dann die Gesprächsgruppe, die es Netanjahu und Arafat als »eine amerikanische Idee« anbot. Es bildete schließlich die Verhandlungsgrundlage für einen Gipfel, den US-Präsident Clinton im Aspen Institute in der Wye River Plantation im US-Bundesstaat Maryland einberief.[21]

Der Wye-Gipfel begann am 15. Oktober 1998 und brachte am 23. Oktober, nach scheinbar endlosen Augenblicken des Stillstands und der Krisen, das Wye-Abkommen hervor, das sowohl von Netanjahu als auch von Arafat unterschrieben wurde. Es sollte die Umsetzung früher geschlossener israelisch-palästinensischer Abkommen erleichtern – und damit auch den Abzug israelischer Truppen und die Zusammenarbeit mit den Palästinensern in Sicherheitsfragen. Das Wye-Abkommen forderte Israel unter anderem auf, den Palästinensern 13 Prozent der Gesamtfläche des Westjordanlands zurückzugeben.[22] Netanjahu stimmte außerdem der Freilassung von 750 palästinensischen Gefangenen ebenso zu wie der Erteilung einer Betriebserlaubnis an die Palästinenser für Gazas Flug- und Seehafen und der Schaffung einer sicheren Transitroute zwischen dem Westjordanland und dem Gazastreifen, damit die Palästinenser ungehindert zwischen den beiden Teilen ihrer Gebiete hin- und herreisen konnten. Arafat sagte im Gegenzug konkrete Maßnahmen zur Verhinderung von Angriffen auf Israel zu, die es auch nach der Unterzeichnung der Oslo-Abkommen weiterhin gegeben hatte, wenn auch in geringerer Zahl. Außerdem wollte er illegale Waffen einziehen und die Zahl der palästinensischen Polizisten um 6000 auf 30000 senken, denn diese Polizeitruppe war im Lauf der Zeit größer geworden als ursprünglich vereinbart. Arafat versprach außerdem – das hatte er zuvor bereits getan, aber nie umgesetzt –, alle Passagen aus der Palästinensischen Nationalcharta zu streichen, die im Widerspruch zur Verpflichtung der PLO standen, den Staat Israel anzuerkennen und in Frieden mit ihm zusammenzuleben.[23]

Netanjahu hasste das sich abzeichnende Abkommen, weil er das Gefühl hatte, dass er handfeste Dinge – Land und anderes – hergeben sollte und im Gegenzug nur das bekam, was für ihn Arafats leere Worte waren. Aber der Ministerpräsident konnte den amerikanischen Wunsch, weiter zu verhandeln, nicht einfach abtun. Also versuchte er in Wye, die Palästinenser zur Verfolgung eines harten Kurses zu provozieren, was ihm dann wiederum ermöglicht hätte, ihre Forderungen zurückzuweisen und sie für das Scheitern des Gipfels verantwortlich zu machen. Erekat, der palästinensische Chefunterhändler in Wye, erinnert sich: »Netanjahu suchte nach Möglichkeiten, uns zu einem ›Nein‹ zum Vorgeschlagenen zu bewegen.«[24] Aber dank der Beratungen mit den israelischen Oppositionsführern in Israel selbst, bei denen diese Gruppe und ihre palästinensischen Gesprächspartner genau die Ideen zusammengetragen hatten, über die jetzt in Wye gesprochen wurde, wusste Erekat, dass die Palästinenser durch eine Zustimmung zu allem, was im Vorschlagspapier stand, gewinnen würden: »Wenn [Netanjahu den Truppenabzug] umsetzen [würde], sind wir im Geschäft, […] und wenn er das nicht tut, ist er draußen, [denn er wird sowohl die Amerikaner als auch viele Menschen in Israel gegen sich haben]. Also waren wir in einer Situation, in der wir nicht verlieren konnten.«

Der in Botschafter Bassiounis Residenz ausgeheckte Plan funktionierte: Netanjahu saß in der Falle und hatte kaum eine andere Wahl, als das Wye-Abkommen zu unterschreiben. In der Heimat brachte er damit den rechten Flügel der eigenen Partei gegen sich auf, denn diese Leute meinten, er habe sie betrogen, indem er Land, das zu Erez Israel gehörte, aufgegeben habe. Und als er versuchte, seine Anhänger in Israel zu beschwichtigen, indem er das Abkommen infrage stellte, beschuldigte ihn die israelische Linke der Verschleppung. So brachte er sowohl seine eigene Partei gegen sich auf, indem er das Wye-Abkommen zunächst unterzeichnete, als auch die Linke, indem er versuchte, den Prozess zu bremsen; das Ergebnis, war dass er in große politische Schwierigkeiten geriet.

Das Ende seiner Regierung kam am 4. Januar 1999, als Linke und Rechte sich in der Knesset zusammentaten und mit der überwältigenden Mehrheit von 81 Ja-Stimmen für die Auflösung des Parlaments votierten und Neuwahlen erzwangen. Die größte Errungenschaft des Wye-Abkommens war also ironischerweise die Ablösung der Regierung Netanjahu, die sich in der Zeit nach Rabins Ermordung als ein so großes Hindernis für den Frieden erwiesen hatte.

10 Zuerst der Golan, 1999–2000

Bei der Parlamentswahl am 17. Mai 1999 besiegte Ehud Barak, der Vorsitzende der in der linken Mitte angesiedelten Arbeitspartei, Netanjahu und sein rechtsgerichtetes Likud-Bündnis. Barak, ein kluger ehemaliger Generalstabschef der Armee, konnte auch arrogant, unangenehm und abweisend sein, mit einem leichten Zug zum Machiavellismus. Seine Amtszeit sollte sich zwar – mit nur zwölf Monaten – als kurz erweisen, doch im Rückblick zeigte sich, dass sie eine äußerst wichtige Phase für den Frieden und die Beendigung der Besatzungszeit war. Während Baraks Amtszeit verringerte sich die Kluft zwischen Israelis und Arabern deutlich, und Konventionen, die Gespräche über Tabufragen verhinderten, wurden durchbrochen.

Barak machte den Friedensschluss zum Hauptschwerpunkt seiner Außenpolitik, brauchte dafür aber Clintons Unterstützung, nicht nur als Vermittler zwischen Israel und seinen Feinden, sondern auch wegen seines diplomatischen und finanziellen Einflusses: Nur die USA verfügten über so viel Prestige, dass sie einen mutigen Verhandlungsprozess mit voranbringen und außerdem die Geldmittel anbieten konnten, die die verschiedenen Parteien zu einem Kompromiss finden ließen.

Die Zeit war allerdings knapp: Clintons zweite und letzte Amtszeit dauerte nur noch 18 Monate, im Januar 2001 würde er das Weiße Haus verlassen. Baraks Wahlsieg weckte in Washington zugleich Erwartungen und sorgte bei der demokratischen Regierung für ein neues Gefühl der Dringlichkeit. Das lässt sich an dem Briefing ablesen, das hochrangige Berater des Präsidenten am Vorabend von Baraks erstem offiziellem Besuch als israelischer Ministerpräsident im Weißen Haus ablieferten. »Es bleibt keine Zeit für eine erste ›Kennenlern-Sitzung‹ des Clinton-Barak-Gipfels«, heißt es in dem Briefing:

> *Es muss eine Sitzung sein, bei der eine aussagekräftige Strategie, eine Tagesordnung und Leitlinien festgelegt werden. Was im ersten Jahr dieser Clinton-Barak-Partnerschaft, im Verlauf des Sommers 2000, nicht erreicht wird, ist nicht mehr zu schaffen. Das im ersten Jahr Erreichte wird [...] für beide Staatsmänner von historischer Bedeutung sein. Deshalb muss man der Versuchung widerstehen, langsam vorzuge-*

hen und einen behutsamen Umgang mit einem neuen israelischen Ministerpräsidenten zu pflegen, vor allem mit einem freundlichen, der nach einem fulminanten Wahlsieg auf einen feindseligen folgt [eine Anspielung auf Netanjahu]. Feiern – ja, aber dann geht es zur Sache, klar und eindeutig. […] Barak muss dazu ermutigt werden, dem Präsidenten mitzuteilen, was er vorhat und wann er seine Ziele erreichen will. Barak muss eindeutig erfahren, welche Variablen er berücksichtigen muss, oder er wird sie einfach ignorieren, bis es Ärger gibt. Präsident Clinton wird die Liste der Variablen für Barak festlegen.[1]

Irgendjemand in Washington spielte dieses Briefing einem Mann namens Nimrod Novik zu, einem ehemaligen israelischen Diplomaten, der inzwischen als flexibel einsetzbarer Spion mit Barak zusammenarbeitete, sodass der Ministerpräsident wusste, was ihn in Washington erwartete.

Die Begegnung fand am 15. Juli 1999 statt, und Barak präsentierte Clinton seine Friedensstrategie. Die Friedensgespräche mit den Palästinensern wollte er zugunsten von Verhandlungen mit Syrien auf Eis legen; kein israelischer Ministerpräsident konnte den innenpolitischen Preis für einen gleichzeitigen Frieden an diesen beiden Fronten zahlen.

Barak glaubte – wie seine Vorgänger Rabin, Peres und Netanjahu –, dass die Beendigung der Besetzung des Golan und der Abschluss eines Friedensabkommens mit Syrien Vorrang haben sollten, weil, so sah es der Ministerpräsident, der Streit mit Syrien in erster Linie ein Konflikt um das Gebiet der Golanhöhen war, der einfacher beizulegen sein würde als der komplexe, tief in der gemeinsamen Geschichte wurzelnde Konflikt zwischen Israelis und Palästinensern. Syrien war für Israel auch eine größere Bedrohung, weil es, im Unterschied zu den Palästinensern, über eine reguläre Armee und Raketen mit großer Reichweite verfügte. Auch das Alter und der Gesundheitszustand des syrischen Präsidenten Hafis al-Assad waren zu berücksichtigen. Als Barak Ministerpräsident wurde, war bereits bekannt, dass Assad schwer krank war, und es war klar, dass er nicht mehr lange zu leben hatte und es einem Nachfolger anfangs höchstwahrscheinlich schwerer fallen würde, an einen Friedensvertrag zu denken. Deshalb war es sinnvoller, sich zunächst einem Friedensabkommen mit Assad zu widmen, weil er die Macht zu wichtigen Entscheidungen hatte – vor allem dann, wenn sie so folgenschwer waren wie ein Friedensschluss mit Israel. Barak sagte Clinton, er sei insgesamt der Ansicht, eine »Syrien-zuerst«-Strategie könne die Dynamik der gesamten Region verändern, was von einem zunächst mit den Palästinensern geschlossenen Abkommen nicht zu erwarten sei.

Clinton stimmte mit Baraks Analyse, sich zunächst Syrien zu widmen und über eine Rückgabe des besetzten Golan als Gegenleistung für Frieden und Sicherheit für Israel zu verhandeln, während die Gespräche mit den Palästinensern für eine gewisse Zeit ausgesetzt wurden, generell überein. Er drängte den Ministerpräsidenten jedoch, den Palästinensern unterdessen »einige Anreize« (wie er es ausdrückte) anzubieten, damit Arafat nicht versuchte, den Status quo infrage zu stellen, sobald er erkannte, dass Barak derzeit keine Friedensgespräche mit ihm suchte. Die Syrien-zuerst-Strategie war zwar logisch, würde aber den Palästinensern mit Sicherheit missfallen.

Clinton beschloss, nach drei Jahren Umgang mit dem »feindseligen« Netanjahu (so nahm man ihn in Washington wahr), Barak schon für die bloße Bereitschaft zu neuen, ambitionierten Friedengesprächen zu belohnen, und gab ihm eine Zusage in schriftlicher Form. In diesem geheimen Brief schrieb Clinton:

Während Israel sich anschickt, seine Bemühungen um einen umfassenden Frieden im Nahen Osten zu erneuern, und im Wissen um die Risiken, mit denen es Israel zu tun hat und die es auf sich nimmt, wenn es sich in diese Richtung bewegt, versichere ich Sie: Der unerschütterlichen Verpflichtung der USA für Israels Sicherheit und die Wahrung seines [waffentechnischen] qualitativen Vorteils, [...] der Entschlossenheit der USA, die Risiken und Kosten zu minimieren, denen sich Israel gegenübersieht, wenn es sich um Frieden bemüht, und der langfristigen und anhaltenden diplomatischen, wirtschaftlichen, sicherheitsbezogenen und technologischen Unterstützung, [...] der Verpflichtung der USA, [...] eng mit Israel zusammenzuarbeiten bei der Beschränkung der Weiterverbreitung von Massenvernichtungswaffen und ballistischen Raketen, die Israel bedrohen, und [...] enge Kontakte mit Israel zu unterhalten hinsichtlich Fragen der Rüstungskontrolle mit dem Ziel, sicherzustellen, dass US- und andere Initiativen und politische Vorschläge zur Rüstungskontrolle Israels Abschreckungsmittel und Sicherheit nicht beeinträchtigen.[2]

Der letzte Absatz ist natürlich ein indirekter Hinweis, dass man sich weder in Israels nukleare Rüstung einmischen noch anderen so etwas gestatten werde.

Neue Gespräche mit Syrien

Barak setzte nach seiner Rückkehr nach Israel alle Hebel in Bewegung, die ihm zur Verfügung standen, um die Friedensgespräche mit Syrien wieder in Gang zu bringen. Er bat den jordanischen König Abdullah, als Vermittler zu fungieren und ein Treffen mit Assad zu arrangieren, und gab ihm einen persönlichen Brief mit, in dem er erklärte: »Ich bin bereit, aufs Ganze zu gehen, um Frieden zu schließen.«[3] Der junge jordanische König, der nach dem Tod seines Vaters Hussein 1999 den Thron bestiegen hatte, war sehr gern behilflich, denn ein Frieden zwischen Israel und Syrien würde auch den 1994 geschlossenen Frieden zwischen Jordanien und Israel stärken.

Abdullah berichtete Barak am 27. Juli, Assad erkenne zwar an, dass Barak sich für den Friedensprozess engagiere, wolle ihn aber zu diesem Zeitpunkt nicht treffen. Das war keine große Überraschung, wenn man wusste, dass der syrische Präsident noch nie auf theatralische Gesten Wert gelegt hatte. Assads mithilfe des Königs übermittelte Antwort machte auch deutlich, dass der Abschluss eines Friedensvertrags zwar »innerhalb von vier Monaten« möglich wäre, dass Syrien aber andererseits bei allen künftigen Verhandlungen auf seiner grundlegenden Forderung bestehen werde: auf der vollständigen Rückgabe der Golanhöhen bis zu der am 4. Juni 1967 gültigen Grenze.

Der für Assad wichtigste Bestandteil eines jeden Friedensabkommens mit Israel, das sollte an dieser Stelle erwähnt werden, war der *Umfang* des israelischen Rückzugs vom besetzten Golan. Er bestand auf einem *vollständigen* Abzug aus dem gesamten Gebiet, das bis zur Besetzung durch Israel 1967 von Syrien kontrolliert worden war, von den Golanhöhen bis hinunter zu der Grenze, die Assad als »die Grenze vom 4. Juni 1967« bezeichnete und die östlich vom See Genezareth (vom »See« in Assads Sprachgebrauch) verlief und diesen im Nordosten auch berührte und Syrien so Zugang zum Wasser des Sees gab. Israel hatte diese syrische Präsenz – schon vor 1967 – immer mit Widerwillen gesehen, denn der See Genezareth deckt 35 bis 40 Prozent des israelischen Süßwasserbedarfs.

Und dennoch hatte es einen israelischen Ministerpräsidenten gegeben – Yitzhak Rabin –, der Assad wissen ließ, dass Syrien letztlich den gesamten Golan bis hinunter zum Seeufer zurückbekommen würde, wenn Israels Bedürfnissen, und hier vor allem: dem Sicherheitsbedürfnis, entsprochen würde. Das geschah im Juli 1994, als US-Außenminister Warren Christopher im Anschluss an ein Gespräch mit Rabin in Jerusalem nach Damaskus reiste, um Assad eine wichtige Botschaft zu überbringen: »Ich komme gerade aus Israel«, sagte der US-Chefdiplomat, »und kann Ihnen mitteilen, dass die Vereinigten Staaten am Ende des Tages [...] davon ausgehen, dass [...] der vollständige israelische Rückzug [vom Golan] [...] bis zur Grenze vom 4. Juni 1967 erfolgen würde.«[4] Diese israelische Zusage, auch als »Hinterlegung« bekannt, weil sie Assad nur indirekt – bei den Amerikanern »hinterlegt« – übermittelt wurde, überraschte Assad so sehr, dass er eilends bei Christopher nachfragte: »Meint Rabin damit, der Rückzug würde das gesamte Gebiet einschließen, das am 4. Juni 1967 unter syrischer Souveränität stand?«, was Christopher mit einem »Ja« beantwortete.

Dieser Vorgang galt damals als außergewöhnlicher Durchbruch in den israelisch-syrischen Beziehungen und den Bemühungen um ein Ende der Besatzungsherrschaft auf dem Golan und einen Friedensschluss, denn er gab den Syrern das, was sie wirklich wollten. Er führte damals zwar zu einigen Gesprächen auf unterer Ebene, aber es kam zu keinem größeren Durchbruch, weder in der noch verbleibenden Amtszeit Rabins noch unter der Verantwortung seiner Nachfolger Peres und Netanjahu. Der Hauptgrund dafür lag darin, dass die Israelis in den mit den Syrern selbst geführten Gesprächen längst nicht so explizit zusagten, dass sie sich tatsächlich vollständig vom Golan zurückziehen würden, wie das die Syrer von Außenminister Christopher im Juli 1994 gehört hatten.[5]

Barak bemühte sich jetzt, fünf Jahre später, erneut um amerikanische Unterstützung bei der Wiederaufnahme der Friedensgespräche. Er wandte sich an Clinton und bat ihn, Kontakt zu Assad aufzunehmen und sich um eine Absprache zu geheimen Verhandlungen zu bemühen, die zwischen einem Vertreter Israels und Syriens geführt und von Clintons Nahost-Sondergesandten Dennis Ross geleitet werden sollten. Der Ministerpräsident bat Clinton, Assad zu versichern, dass Barak ihn respektiere und dass Rabins »Hinterlegung« immer noch gelte und Barak nicht die Absicht habe, sie zurückzuziehen, auch wenn er sie nicht ausdrücklich wiederholte. Der stets hilfsbereite Clinton rief Assad an und drängte ihn, einer Wiederaufnahme der Friedensgespräche mit Israel zuzustimmen. Hier folgt das, was Clinton dem syrischen Präsidenten Assad in einem Telefonat sagte, das von israelischen Geheimagenten abgehört wurde:

Ihre Differenzen sind nicht bedeutsam. [...] Ja, mir ist klar, dass er [Barak] [die Einzelheiten dessen] kennt, was Rabin zusicherte [nämlich dass Israel sich vollständig vom Golan zurückziehen wird], und er will die Zusage nicht zurückziehen. [...] Er glaubt, dass Sie ein Ehrenmann sind. [...] Er hat sehr viel mehr Interesse an Fortschritten mit Syrien und will das abschließen, bevor er territoriale Absprachen mit den Palästinensern trifft. [...] Ich weiß, dass das für ihn kein Spiel ist, weil er wirklich der Überzeugung ist, dass es strategisch wichtig ist [sich zuerst mit Syrien zu einigen].[6]

Assad nahm Clintons Rat an und entsandte Riad Daoudi, einen Juristen des syrischen Außenministeriums, zu einem Treffen mit dem ehemaligen General Uri Saguie, Baraks Mann, bei dem am 27. August 1999 in der Schweiz die Friedensgespräche wieder aufgenommen werden sollten. Bei diesen Gesprächen kam allerdings nicht viel heraus, weil der Syrer, der an die Weisungen von Außenminister Shara, seinem unmittelbaren Vorgesetzten, gebunden war, darauf bestand, dass Saguie die Zusage des verstorbenen Rabin, Israel werde sich vollständig und bis zum Ufer des Sees Genezareth zurückziehen, ausdrücklich bestätigte, und der Israeli daraufhin zögerte. Daoudi rief in Damaskus an, um Shara über die aktuelle Entwicklung zu berichten, und hier folgt der von israelischen Agenten abgehörte Wortlaut ihres Gesprächs:

Dauodi: Herr Außenminister, die Situation ist jetzt [...] etwas angespannt. Er hat seine Sichtweise hinsichtlich ihrer Bedürfnisse vorgetragen. Ich registrierte, dass er sagte, sein Chef [Barak] wisse um die Existenz der [Rabin-] Hinterlegung [eines vollständigen Rückzugs bis zur Grenze vom 4. Juni 1967]. Er will das nicht zurücknehmen. [...] [Er sagte,] er könne in keiner Weise irgendetwas anderes erklären [nämlich sich explizit zu einer israelischen Zusage eines vollständigen Rückzugs vom Golan bis zum See Genezareth zu äußern].
Shara: Bestehen Sie weiterhin darauf...
Daoudi: Ich bestehe wirklich darauf...
Shara: Ja, bestehen Sie weiter darauf...
Daoudi: Er sagte zu mir, ich hätte mich seit dem Morgen mit keinem Wort geäußert. [...] Ich sagte, ich sei gekommen, um ihm zuzuhören und einschätzen zu können, wo sie stehen, und dann würden wir weitersehen.
Shara: Ja, gut. Wir telefonieren morgen wieder miteinander.
Daoudi: Inshallah.

Ein Mangel an Fortschritten konnte Barak jedoch nicht abschrecken. Er bat Clinton, den Druck auf Assad beizubehalten und ihn davon zu überzeugen, die Gespräche aufzuwerten, damit er, Barak, persönlich (er traute keinem Abgesandten zu, eine solche Aufgabe genauso gut zu erledigen wie er selbst) mit einem syrischen Vertreter aus der obersten Führungsebene verhandeln konnte. Clinton schickte daraufhin seine Außenministerin Madeleine Albright nach Damaskus, die mit Assad persönlich sprechen sollte, und rief außerdem am 2. September, unmittelbar vor Albrights Ankunft dort, bei Assad an, um Albrights Mission zu unterstützen. Die folgenden Zitate stammen aus der Niederschrift des von israelischen Agenten mitgeschnittenen Gesprächs [Assad selbst ist allerdings nicht zu hören] und zeigen, dass der wichtigste Punkt für Assad nach wie vor eine explizite Zusage war – eine erneute Bestätigung von Rabins Versprechen, dass Israel sich vollständig vom Golan und bis zur Grenze vom 4. Juni 1967 zurückziehen werde:

> *Clinton: Außenministerin Albright wird am Samstag bei Ihnen sein. Ich habe sie gebeten, verschiedene Wortlaute mit Ihnen abzustimmen, sodass wir [mit Friedensgesprächen] fortfahren könnten.*
> *Assad: [Anscheinend erwähnt Assad an dieser Stelle die Grenze vom 4. Juni 1967.]*
> *Clinton: Ich möchte erklären, warum Barak kein Interesse an einer expliziten Erwähnung der Grenze vom 4. Juni [hat, die bis zum Seeufer reicht]. Erinnern Sie sich daran, dass er versprochen hat, jedes [mit Syrien geschlossene] Abkommen einem Volksentscheid in Israel zu unterwerfen? Er befürchtet...*
> *Assad: [...]*
> *Clinton: Herr Präsident, lassen Sie mich versuchen, diesen Punkt zu Ende zu führen. [...] Er befürchtet, dass die Sache durchsickern wird, wenn er die Grenze vom 4. Juni explizit erwähnt – und das wäre nicht Ihr Fehler, Herr Präsident, aber in Israel ist es nun einmal so, dass alles durchsickert –, und dass die israelische Öffentlichkeit noch vor der Abstimmung [in einem Volksentscheid] eine ganze Zeit lang nur von der Grenze vom 4. Juni hören wird, ohne zu erfahren, ob es eine [syrische] Reaktion auf [Israels] Sicherheitsinteressen [...] oder irgendein anderes Thema gab.*[7]

Zwölf Tage später berichtete Dennis Ross, der die Außenministerin nach Damaskus begleitete, Barak über den Besuch – auch über Assads Gesundheitszustand, der allen Beteiligten Sorgen bereitete, weil es wichtig war, ein Abkommen mit Syrien zu schließen, bevor Assad starb. Ross sagte, körperlich mache Präsident Assad »keinen schlechten Eindruck, [...] mit einem kräftigen Händedruck«, aber »geistig [ist er nicht so] präsent, wie er früher war, [...] im Gespräch wirkte er zeitweise unbeteiligt und konnte sich nicht an Namen erinnern.«[8] Ross fügte hinzu: »Ich glaube nicht, dass wir noch viel Zeit haben, [bis er stirbt].« Die gute Nachricht lautete, wie Ross dann berichtete, dass Assad der Wiederaufnahme von Friedensgesprächen auf unterer Ebene zugestimmt hatte. Sie begannen am 24. September in Bethesda im US-Bundesstaat Maryland und führten schließlich zu höherrangigen Gesprächen zwischen dem syrischen Außenminister und dem israelischen Ministerpräsidenten in den Vereinigten Staaten.

Als Barak und Shara schließlich am 15. Dezember 1999 in Washington zusammenkamen, wurde offensichtlich, dass Barak, der zunächst intensiv auf dieses Treffen gedrängt hatte, jetzt den Rückzug antrat und den Prozess zu verlangsamen suchte. Barak war, vielleicht mehr als jeder andere israelische Ministerpräsident vor ihm, ein zwanghafter Leser von Meinungsumfragen, die mittlerweile offenbarten, dass unter den Israelis nur wenig Begeisterung für einen (wie auch immer gearteten) Rückzug von den Golanhöhen herrschte, von einem syrischen Zugang zum Wasser des Sees Genezareth wie in früheren Zeiten ganz zu schweigen. Die Meinung vieler Israelis war, dass an der syrischen Front für Israel kein Grund zur Eile bestand. Warum sollte Israel eine Rückgabe des Golan in Erwägung ziehen, wenn es im Umgang mit Syrien viele Jahre lang anscheinend so ruhig gewesen war? Warum sollte man nicht einfach abwarten, bis Syrien – und die ganze Welt – sich an den Gedanken gewöhnte, dass der Golan zu Israel gehörte?

Barak jedoch, der den umfassenderen strategischen Nutzen sah, den ein offizieller Friedensschluss mit Syrien mit sich brachte, hatte dennoch das Gefühl, dass er versuchen musste, der israelischen Öffentlichkeit den Eindruck zu vermitteln, dass er verbissen kämpfte und beim Golan nicht so leicht nachgab. Bei den Washingtoner Friedensgesprächen hielt er deshalb von Anfang an nach Gelegenheiten Ausschau, bei denen er den Israelis zeigen konnte, dass er für ihre Interessen kämpfte. Und die Gelegenheit, auf Zeit zu spielen und auf diese Weise zu zeigen, dass die Verhandlungen schwierig waren, servierte ihm der syrische Außenminister persönlich kurz darauf auf dem Silbertablett.

Shara hielt gleich am ersten Tag des Gipfels eine forsche Rede, in der er Israel wegen der Besetzung der Golanhöhen einigermaßen ausführlich kritisierte: Seine Worte waren eine unmittelbare Missachtung einer Bitte Clintons, der darum ersucht hatte, dass Sharas und Baraks Reden »kurz und positiv« ausfallen sollten. Barak ergriff sofort die Gelegenheit zum Zeitspiel und sagte unmittelbar nach Sharas Rede zu Clinton, angesichts der Kritik des Syrers könne der Präsident von ihm, Barak, wohl kaum erwarten, dass er zügig voranschreite oder öffentliche Konzessionen mache. Clinton, der wegen Sharas Rede selbst ungehalten war (»Shara hat uns hereingelegt«, sagte er zu Barak), stimmte zu und teilte Baraks Standpunkt. Er sagte zum Ministerpräsidenten sogar etwas sehr Erstaunliches, wenn man bedenkt, dass seine Rolle eigentlich die des objektiven Vermittlers war: »Ich denke, dass der wichtigste Punkt für Sie der See Genezareth ist. An Ihrer Stelle würde ich mir Sorgen machen, dass irgendjemand [eine Anspielung auf Syrien] versuchen könnte, das Wasser des Sees Genezareth zu vergiften.«[9] Clinton gab sich, wie die Transkription des Gesprächs mit dem Ministerpräsidenten zeigt, in Bezug auf die Syrer herablassend und prahlte gegenüber Barak: »Sehen Sie nur an, wie er [Shara] zu den Gesprächen kam. [...] Ich musste nicht einmal [allzu viel Druck auf Assad ausüben].«

Insgesamt gelang bei diesen ersten israelisch-syrischen Spitzengesprächen kein bedeutender Durchbruch, da Barak zurückruderte und auf Zeit spielte. Und dennoch war er es, der Clinton bedrängte, die Gespräche mit den Syrern wieder aufzunehmen, und zwar »so schnell wie möglich, damit der Schwung nicht verloren geht«. Clinton war einverstanden, und es wurde beschlossen, am 3. Januar 2000 an einem noch festzulegenden Ort mit einer neuen Gesprächsrunde zu beginnen.

Assads Geste

Barak drängte Clinton auch, Assad zu einer Geste des guten Willens zu bewegen, die der israelischen Öffentlichkeit den Eindruck vermitteln könnte, dass die Syrer nicht die Teufel waren, als die sie in der israelischen Presse dargestellt wurden. Sein konkreter Vorschlag lautete: Assad sollte die Bergung der sterblichen Überreste dreier seit dem Libanonkrieg von 1982 vermisster israelischer Soldaten ermöglichen, damit diese für ein ordentliches Begräbnis nach Israel überführt werden konnten.

Die betroffenen Familien hielten zwar an der Hoffnung fest, dass die vermissten Soldaten noch lebten, aber Barak wusste aus Geheimdienstberichten, dass dies nicht zutraf. Seine Erkenntnisse beruhten unter anderem auf Informationen, die der italienische Geheimdienst über einen seiner zuverlässigsten Informanten, den palästinensischen Bürgermeister einer Kleinstadt im Westjordanland, gesammelt und an die israelischen Dienste weitergegeben hatte. Der Bürgermeister teilte den Italienern mit – und diese Information wurde auch von anderen Quellen bestätigt –, dass die drei Leichen irgendwann in der Zeit von 1984 bis 1987 aus dem Libanon nach Syrien gebracht und dort begraben worden waren. Diese Information führte dann israelische Agenten zu drei Gräbern auf einem Friedhof in Damaskus, wo es, in der Reihe Nr. 10 und in unmittelbarer Nachbarschaft einer Straße, vier anonyme Gräber gab, von denen sie drei den vermissten israelischen Soldaten zuordneten. Die israelischen Agenten in Syrien behielten die Gräber im Auge, und ein amerikanischer Spionage-Satellit nahm einmal pro Monat ein Bild davon auf und übermittelte es nach Israel. Mit diesen Informationen an der Hand war Barak der Ansicht, dass Assad sich nicht länger der Ausrede bedienen konnte, er wisse nicht, wo die drei Soldaten begraben seien.

Clinton rief Assad an, um die Angelegenheit zu erörtern, denn eine Lösung konnte Baraks Rückhalt in der Öffentlichkeit stärken. Assad war damit einverstanden, dass ein amerikanisches Team, darunter auch ein Rabbiner, nach Damaskus kam, um die sterblichen Überreste der drei Soldaten zu bergen. Die Aktion endete für den Ministerpräsidenten jedoch mit einer großen Enttäuschung, denn nach siebeneinhalb Stunden dauernden Exhumierungsarbeiten wurden zwar die sterblichen Überreste von drei Personen geborgen, aber ihr Alter, ihre Größe und ihre DNS entsprach nicht den Daten der drei Vermissten. Die Geheimdienstinformationen waren, wie das bei Erkenntnissen dieser Art oft der Fall ist, fehlerhaft.

Ein katastrophales Endspiel

Barak und der syrische Außenminister trafen sich ein weiteres Mal, diesmal in Shepherdstown in West Virginia. Dort stellte Clinton schon bald fest, dass Barak, eigentlich die treibende Kraft hinter der Wiederaufnahme der Gespräche mit Syrien, wieder einmal nicht zur Zusammenarbeit bereit war und die Verhandlungen absichtlich verschleppte. Das hatte auch diesmal mit der fehlenden öffentlichen Unterstützung in Israel für einen Kompromiss mit Syrien und mit Baraks Bestreben zu tun, seinen Landsleuten den Eindruck zu vermitteln, dass diese Verhandlungen schwierig waren und er lange und hartnäckig für israelische Interessen kämpfte. Mit dieser Verzögerungstaktik brüskierte Barak allerdings nicht nur die Syrer, sondern auch die Amerikaner, wie sich Robert Malley vom amerikanischen Verhandlungsteam erinnert:

Clinton versammelte [das amerikanische Team] an einem Tisch und sagte mit leicht gesenktem Kopf: »Leute, wir haben ein Problem. [...] Barak sagt mir, dass er hier nicht vorpreschen kann, [...] weil er zu Hause Probleme hat, und wenn er zu schnell ein Abkommen schließt, wird das israelische Volk annehmen, dass er zu früh nachgab und nicht gekämpft hat. Er muss den Anschein eines Kampfes erwecken, er muss diese Sache in die Länge ziehen, er muss langsam vorgehen.«[10]

Eine frustrierte Außenministerin Albright kritisierte Barak und sagte ihm:

Ganz offen, [...] in unserer gesamten Geschichte haben wir nicht so viele Telefongespräche geführt, die überwiegende Mehrheit davon ging von Ihnen aus, und in diesen Gesprächen sagten Sie, es sei sehr wichtig, dass es mit Syrien Fortschritte gebe, [...] und wir nahmen das sehr ernst. [...] Aber Sie überraschten uns, [...] weil Sie sich gegen ein schnelles Vorankommen entschieden haben. [...] Von Ihrer Seite ist nichts gekommen. [...] Sie haben keinen besseren Freund als die USA, Sie haben keinen besseren Freund als Clinton und haben dennoch mit seiner Glaubwürdigkeit gespielt. [...] Sie [die Syrer] haben sich flexibel gezeigt, [...] und wir sind besorgt.[11]

Bei den Gesprächen in Shepherdstown kam nicht viel heraus, doch Baraks enttäuschendem Taktieren zum Trotz entsprach Clinton der Bitte des Ministerpräsidenten, er möge doch versuchen, ein entscheidendes Gipfeltreffen zu organisieren, und dieses Ansinnen dem syrischen Präsidenten persönlich vortragen. Barak schlug vor, dass Clinton Assad – der sich nicht mit Barak treffen wollte – auf einen amerikanischen Kreuzer im Mittelmeer einlud, wo er Israels endgültigen Friedensvorschlag auf den Tisch legen und dann mit Assad das Endspiel abschließen sollte. Barak schlug sogar vor, dass er mit dem Fallschirm abspringen und sich diesem Endspiel hinzugesellen könnte, wenn Clinton das für angemessen hielte.

Auf Baraks Drängen hin kam man überein, dass Clinton – weil Genauigkeit von allergrößter Bedeutung war – die israelischen Vorschläge von einer vorbereiteten Präsentation *ablesen* sollte. Aber selbst in diesem vorgerückten Stadium behielt der israelische Ministerpräsident sein letztgültiges Angebot für sich und verwies auf Bedenken, dass es sonst noch vor dem Gipfel an die Öffentlichkeit gelangen könnte. Barak versprach Clinton, er werde ihn am Tag des Gipfeltreffens anrufen, kurz bevor er mit Assad zusammentraf, um ihm die Grenze mitzuteilen, über die Israel bei Verhandlungen nicht hinausgehen werde.

Während israelische und amerikanische Berater noch an dem Text arbeiteten, den Clinton bei ihrem Gipfeltreffen Assad vortragen würde, rief Barak am 2. März bei Clinton an, um ihm mitzuteilen, er müsse Assad das israelische Angebot »persönlich« vorstellen, um so die Wahrscheinlichkeit einer positiven Antwort zu erhöhen, weil »dies die einzige Möglichkeit ist, den toten Punkt zu überwinden«.[12] Clinton wollte allerdings noch vor dem Treffen mit Assad die Wassertemperatur prüfen, bevor er selbst hineinsprang, und hatte – ohne Rücksprache mit dem Ministerpräsidenten – Prinz Bandar, den saudischen Botschafter in Washington, der auch ein enger Verbündeter amerikanischer Präsidenten vor und nach Clinton war, gebeten, Baraks Gedanken dem syrischen Staatschef auf informelle Art und Weise kurz vorzustellen. Israelische Spione, die in Washington wie auch in Damaskus sehr präsent sind, hatten Clintons informellen saudischen Kanal jedoch enttarnt, und deshalb überraschte der Ministerpräsident jetzt Clinton mit der Bemerkung: »Vom Geheimdienst habe ich erfahren, dass Sie die Absicht haben, Israels Anforderungen über die Saudis an Syrien weiterzugeben. [...] Das ist ein Fehler.« Ein verblüffter Clinton, auf frischer Tat ertappt, versuchte wortreich abzuwiegeln:

»Ich gab Bandar nichts Wesentliches. [...] Vergessen Sie diese Sache.« Clinton machte sich zugleich auch Sorgen um die palästinensische Front, an der Arafat Anzeichen von Ungeduld erkennen ließ, und er drängte Barak, Arafat ein Angebot zu unterbreiten, um ihn zu besänftigen. Clinton sagte zu Barak: »Es ist sehr wichtig, dass Sie und Arafat sich einig sind, wohin die Reise gehen soll, [...] und das noch vor meinem Treffen mit Assad, sonst wird ihnen das Schwierigkeiten bereiten. Ich war überrascht vom Ausmaß der Besorgnis und Befürchtungen bei den Palästinensern, dass Sie und ich sie vernachlässigen, weil wir auf Assad zugehen, [...] wenn Sie also [...] Arafat dazu bewegen könnten, zu erklären, dass die Beziehungen in einem guten Zustand sind.« Barak sagte das widerwillig zu, konnte sich jedoch einen Kommentar nicht verkneifen: »Arafat ist wie ein Krokodil. [...] Er isst und isst und will immer noch mehr.« Barak hatte, wie seine Vorgänger auch, kein Vertrauen zu Arafat, den er für verschlagen hielt und für jemanden, der Israel immer noch mehr Konzessionen abringen will und dafür nur sehr geringe Gegenleistungen anbietet. Da Barak jedoch Clintons Hilfe brauchte, wenn er Assad zu einem Gipfeltreffen bewegen wollte, verhandelte er mit Arafat über eine zeitlich gestaffelte Übergabe der Zuständigkeit für drei palästinensische Dörfer in der Nähe von Jerusalem; diese drei Ortschaften waren Arafat sehr wichtig, weil sie die Befugnisse seiner Behörde bis vor die Stadttore von Jerusalem erweitern würden. Die beiden einigten sich darauf, dass Arafat zwei der drei Dörfer am 23. April und das dritte am 23. Mai übernehmen sollte. Nachdem das geregelt war, wollte Arafat, wie von Barak zutreffend vorhergesagt, tatsächlich noch mehr haben. Also rief Präsident Clinton am 7. März Barak erneut an, um ihm zu danken, aber auch, um ihn zugleich um die Freilassung einiger palästinensischer Gefangener zu bitten, die in israelischen Gefängnissen einsaßen.[13] Ein wütender Ministerpräsident erwiderte: »Ich werde mein Bestes tun, aber ich möchte vorschlagen, dass wir uns darauf einigen, dass dies keine Vorbedingung für Ihre Gespräche mit Assad sein sollte.« Clinton, der erkannte, dass er Barak so weit gedrängt hatte, wie dieser gegenwärtig an der palästinensischen Front gehen würde, fügte eilends hinzu: »Ich werde Assad so bald wie möglich anrufen und Ihnen sofort Bescheid geben, wenn ich eine Antwort habe.«

Der Text, den Clinton beim bevorstehenden Gipfeltreffen Präsident Assad vortragen wollte, war am 10. März 2000 fertig. Dieser Text ist äußerst wichtig, denn dies ist das letzte und zugleich umfassendste israelische Angebot, das den Syrern bis zum heutigen Tag unterbreitet wurde. Hier folgt das Schriftstück, mit dessen Verlesung Clinton das Treffen eröffnen sollte:

Herr Präsident, ich lud Sie zu diesem Treffen ein, weil ich glaube, dass wir bei den Bemühungen um einen umfassenden Frieden zwischen Israel und Syrien vor einer Stunde der Wahrheit stehen. […] Sie wissen, dass ich seit meinem Amtsantritt vor sieben Jahren daran gearbeitet habe. […] Ich befinde mich jetzt im letzten Jahr meiner Amtszeit als Präsident. Es gibt eine Menge Dinge, die ich in der verbliebenen Zeit noch gerne zu Ende bringen würde. Dazu zählt auch ein Friede zwischen Syrien und Israel. Ein Friede zwischen Tapferen, der mit seiner Verwirklichung den arabisch-israelischen Konflikt beenden und Arabern wie Israelis eine bessere Zukunft eröffnen wird. Ein Friede, der den Weg für eine neue Ära in den amerikanisch-syrischen Beziehungen bereiten und aus dem beide Seiten einen großen Nutzen ziehen würden. Ein Friede, der Syrien eine stabile Umgebung sichern wird, eine Umgebung, in der Ihr stolzes Erbe an künftige Generationen weitergegeben werden wird. Entweder gelingt es uns, jetzt die Differenzen beizulegen und ein Abkommen zu schließen, oder es muss einem anderen Präsidenten und einer anderen Zeit überlassen bleiben. Sie haben uns wiederholt gesagt, dass Sie zum Kern der Dinge vordringen, alle Karten auf den Tisch legen und die Verhandlungen abschließen wollen. Ministerpräsident Barak hegt genau den gleichen Wunsch. Aber um das zu erreichen, müssen Sie beide wissen, ob Ihre Anforderungen erfüllt werden. Ich habe gegenüber Barak betont, und er hat dem zugestimmt, dass der Friede ein ehrenvoller Friede sein muss – ein Friede, der Ihre Würde respektiert und die Lebensinteressen Syriens ebenso sichert wie die Lebensinteressen Israels. Unter Berücksichtigung all dieser Überlegungen habe ich mit Ministerpräsident Barak hart gearbeitet, seit wir unser letztes Gespräch geführt haben. Ich habe ihn gebeten, mir detailliert zu benennen, was er tun kann, um Ihre Anforderungen zu erfüllen, und was er seinerseits als Gegenleistung haben muss, um das tun zu können. […] Auf mein Drängen hin hat er seine Anforderungen für die eigenen Lebensinteressen eingeschränkt. Er ist so weit gegangen, wie er nach eigenem Eindruck gehen kann, um Ihre Anforderungen zu erfüllen, und er hat sich größte Mühe gegeben, Ihre Empfindlichkeiten mit einzubeziehen. Ich glaube, dass die Differenzen recht gering sind. Historiker, die diese Situation im Rückblick betrachten, könnten nicht erklären, warum diese Kluft nicht überbrückt wurde – sie könnten allenfalls einen Mangel an Mut und Staatskunst anführen. Ich würde heute gerne meine Eindrücke von den Dingen umreißen, die Barak tun kann, um Ihren grundlegenden Anforderungen zu entsprechen, und ebenso die Dinge, die er von Ihnen sehen muss und die seinen grundlegenden Anforderungen entsprechen. […] Wenn Sie seinen grundlegenden Anforderungen nicht entsprechen können, werde ich Ihre Haltung respektieren, aber Sie müssen davon ausgehen, dass ich die Dinge so weit vorangetrieben habe, wie ich kann.[14]

Nach dieser allgemeinen Einleitung sollte sich Clinton dann anhand seines vorbereiteten Textes der für Assad wichtigsten Einzelfrage zuwenden, nämlich dem künftigen Grenzverlauf zwischen Israel und Syrien, der nach syrischen Vorstellungen der Grenze vom 4. Juni 1967 entsprechen sollte. Diese Grenze verlief in dessen nordöstlichem Teil am Ufer des Sees Genezareth und gab den Syrern dort einen direkten Zugang zum See:

Die Grenze: Mein erster Eindruck ist, dass Barak zu einem vollständigen Rückzug auf eine von beiden Seiten akzeptierte Grenze bereit ist, die dem Verlauf am 4. Juni 1967 entspricht. [...] Barak vertritt die Ansicht, dass die israelische Souveränität über den See [...] [ein] grundlegender Bestandteil eines jeden Friedensabkommens mit Syrien ist. Diesbezüglich muss er einen etwa 500 Meter breiten Streifen Land auf der Nordostseite des Sees haben.[15]

Clinton rief Barak am 17. März an, um ihm mitzuteilen, dass der Gipfel mit Assad auf den 26. März gelegt worden war und in Genf stattfinden werde. Sie vereinbarten, am Tag des Gipfels wieder miteinander zu sprechen, damit Barak Clinton seine absoluten Mindestanforderungen mitteilen konnte, unmittelbar bevor dieser zu dem Treffen mit Assad ging. Clinton rechnete damit, dass die Zahlenangabe zu einem 500 Meter breiten Streifen Land, den Barak am Nordostufer des Sees behalten wollte, noch dramatisch verringert werden würde, sodass er mit einer realistischen Erfolgsaussicht in das Treffen mit Assad gehen konnte.

Die Bühne für einen historischen Gipfel war jetzt bereitet, wobei der Erfolg von einem realistischen Angebot von Baraks Seite abhing. Er rief Clinton am Tag des Gipfeltreffens um 13.10 Uhr im Intercontinental Hotel in Genf an und sprach mit ihm über eine abhörsichere Leitung, um sein letztes Angebot zu übermitteln und sicherzustellen, dass der US-Präsident das Treffen mit Assad auf die richtige Art und Weise anging. Die Transkription dieses Telefonats zeigt, dass der Ministerpräsident nervös und Clinton ungeduldig war.[16] Barak bedrängte Clinton, dieses Treffen mit Assad als Vier-Augen-Gespräch zu gestalten – nur die beiden Präsidenten und vielleicht noch ein Dolmetscher für Assad, weil, so drückte sich Barak aus, »ein Staatschef wie Assad nicht in der Lage wäre, sich so etwas in Gegenwart von Fremden anzuhören, und das wird seine Bereitschaft [zum Kompromiss] dramatisch vermindern«. Clinton erwiderte: »Ich werde mein Bestes tun. [...] Ich bin den Text durchgegangen.« Der Ministerpräsident sagte, Assad »sollte die Konsequenzen kennen, falls eine solche Einigung nicht zustande kommt. Er muss erkennen, dass er damit allein bleiben wird, […] der Golan bleibt für weitere 30 Jahre in unserer Hand, […] er sollte diese Alternative sehen.« Clinton antwortete: »Ich werde gute Arbeit leisten.«

Dann wollte Clinton allerdings zum entscheidenden Problem kommen und hören, wie breit der Streifen Land am Nordostufer des Sees Genezareth sein sollte, den der Ministerpräsident beanspruchte. Barak fand bei seiner Antwort zu keinem guten Einstieg. Er sagte zu Clinton, sein Demoskop habe ihm erklärt, in Israel gebe es nach wie vor nur wenig Zustimmung für ein Abkommen mit Syrien, und das gelte ganz besonders für jede Art von Abkommen, das Syrien Zugang zum Wasser des Sees Genezareth einräumt, »[…] und deshalb könnte [der Streifen] […] von 500 auf 400 Meter verringert werden. […] Es ist eine Alles-oder-nichts-Entscheidung, […] wenn er 500 Metern oder einer Mindestbreite von 400 nicht zustimmt.«

Das war ein fürchterlicher Rückschlag für Clinton. Barak hatte wieder einmal nicht umgesetzt, was er gesagt hatte; er hatte das versprochene Kompromissangebot nicht geliefert. Clinton wusste, dass er bei Assad nur noch eine ganz geringe Erfolgschance hatte, denn dieser erwartete immer noch eine zukünftige Grenze, die derjenigen vom 4. Juni 1967 *ganz* entsprach, bei der Syrien *physisch* am Seeufer präsent war, nicht 400 oder 500 Meter weit weg. Sandy Berger, damals Nationaler Sicherheitsberater des Präsidenten, erinnert sich: »Der Präsident war ziemlich aufgebracht darüber, dass wir Assad auf der Grundlage des Eindrucks, dass wir ein ernsthaftes neues Angebot unterbreiten würden, zu diesem Treffen bewegt hatten.«[17] Ein völlig ernüchterter Clinton beschwor Barak: »In der Vergangenheit redeten wir über 300 Meter.[18] Glauben Sie, dass das bei Meinungsumfragen nicht durchgeht?« Barak erwiderte: »Ich habe das überprüft, und bei weniger als 400 [Metern] ist das ein Problem.«

Der Gipfel hatte einen ordentlichen Start. Assads Dolmetscherin Bouthania Shaaban erinnert sich: »Präsident Clinton überreichte Präsident Assad zu Beginn des Treffens ein Geschenk, es war eine Krawatte, auf der ein Löwe zu sehen war, und Löwe heißt auf Arabisch natürlich Assad. Die Außenministerin Madeleine [Albright] trug eine Löwen-Brosche, und Präsident Clinton brachte ihm eine Löwen-Krawatte, sodass sich Präsident Assad sehr amüsierte und das Geschenk dankbar annahm.«[19]

Aber der Gipfel war, der positiven Atmosphäre zum Trotz, zum Scheitern verurteilt. Als Assad hörte, dass Baraks »vollständiger« Rückzug *nicht,* wie er es erwartet und Rabin ihm schon 1994 versprochen hatte, zur Wiederherstellung der Grenze vom 4. Juni 1967 führen sollte, sondern zu einer »gemeinsam beschlossenen« Grenze, die auf dem Stand Anfang Juni 1967 »beruhte« – das war der inzwischen übliche israelische Sprachgebrauch für eine räumliche Distanz zum Seeufer –, war er vollkommen überrascht. Die Dolmetscherin Shaaban erinnert sich, was danach geschah: »Fragen Sie ihn, was mit ›gemeinsam beschlossener Grenze‹ gemeint ist, […] was bedeutet diese Redewendung? Lassen Sie ihn das noch einmal sagen!« Als Präsident Clinton den Ausdruck wiederholte, wandte sich Assad an Shaaban und sagte: »Sagen Sie ihm, dass ich daran nicht interessiert bin.«[20]

Es war ein katastrophaler diplomatischer Fehlschlag.

Clinton rief nach dem Treffen Barak an und sagte ihm: »Ich habe mein Bestes getan. Er ist nicht bereit, auf den Zugang zum See zu verzichten. Er möchte zum Seeufer zurück. Ich habe ihm die Konsequenzen erläutert. […] Mir ist klar, dass er nicht bereit ist, beim Wasser Kompromisse einzugehen. […] Er kann den Syrern nicht vermitteln, warum er ihnen nicht das [ganze] Land wiedergegeben hat.«[21] Der Ministerpräsident antwortete mit einer Feststellung des Offensichtlichen: »Wenn er nicht bereit ist, beim Uferstreifen Flexibilität zu zeigen, ist kein Abkommen möglich.«

In der Rückschau war der misslungene Abschluss eines Friedensvertrags zwischen Israel und Syrien auf der Grundlage eines vollständigen israelischen Rückzugs von den besetzten Golanhöhen in dieser Phase eine verpasste Gelegenheit, und der Fehler lag eindeutig bei Barak. Er zögerte, befürchtete, die Öffentlichkeit würde nicht auf seiner Seite sein, und vertat die Gelegenheit. Sein über Clinton im März 2000 in Genf an Assad übermitteltes Angebot war zu wenig, und es kam auch viel zu spät. Es war zu wenig, weil es dem Syrer weniger anbot, als der verstorbene Ministerpräsident Rabin zuvor bereits in Aussicht gestellt hatte, nämlich einen vollständigen israelischen Rückzug von den Golanhöhen und eine Wiederherstellung der bis Anfang Juni 1967 geltenden Grenzen, bei denen Syrien einen Zugang zum See Genezareth hatte. Und es war zu spät, weil es ganz danach aussieht, als sei ein sehr kranker Assad zu dem Zeitpunkt, als Clinton ihm in Genf das israelische Angebot vorlegte, bereits mehr mit der Übergabe der Macht an seinen Sohn beschäftigt gewesen als mit der Rückgewinnung seines verlorenen Landes. Assad starb am 10. Juni 2000, nur zweieinhalb Monate nach dem Treffen in Genf.

11   Camp David II, 2000

Nach dem Scheitern des Genfer Gipfels verlegte Barak seine Aufmerksamkeit vom mittlerweile überholten »Syrien-zuerst«-Programm wieder zu den Palästinensern zurück. Er wandte sich wieder den Verhandlungen mit Arafat zu, und zwar mit der Absicht, die gesamte Strategie, die Israel bis dahin im Umgang mit den Palästinensern verfolgt hatte, drastisch zu verändern.

Barak war von Anfang an, seit 1993, ein erklärter Gegner des Oslo-Prozesses gewesen, der eine allmähliche Übergabe des Landes aus israelischen in palästinensische Hände vorsah, während Verhandlungen über die »Kernprobleme« des Konflikts – über die schwierigsten Fragen, zu denen etwa die Zukunft der heiligen Stadt Jerusalem zählte – bis zum Ende des Prozesses aufgeschoben wurden. Die Architekten des Oslo-Prozesses hatten sich gegenseitig zu diesem auf ein langsames Voranschreiten setzenden Konzept beglückwünscht, das den Israelis und Palästinensern ermöglichen sollte, Zuversicht zu gewinnen und Vertrauen aufzubauen, bevor sie sich den großen, komplexen Fragen ihres Konflikts zuwandten. Aber Barak dachte anders. Er war der Ansicht, dass eine Verschiebung der Gespräche über die größeren, umstrittenen Probleme bis ans Ende der Verhandlungen den gesamten Friedensprozess zur Geisel der Extremisten auf beiden Seiten machen würde, die versuchen würden, das Geschehen vor Ort zu ihren Gunsten zu beeinflussen, noch bevor die Endphase erreicht wurde. Er glaubte außerdem, dass die Oslo-Strategie der zeitlich gestaffelten Übergabe von Land an die Palästinenser den israelischen Interessen schadete, weil Israel, wenn es an die endgültigen Abmachungen zu den heikelsten Fragen ging, nur noch wenige Aktivposten an der Hand haben würde, mit denen sich Druck auf die Palästinenser ausüben ließ, um sie zu Kompromissen zu bewegen. Die allmähliche Übergabe von Land, dachte Barak, würde außerdem die jüdischen Siedlungen vor Ort gefährden, deren Schicksal nach dem ursprünglichen Oslo-Abkommen am Ende der Verhandlungen erörtert werden sollte, aber bis dahin wären sie wie verstreut gelegene kleine Inseln im Westjordanland, umringt von Palästinensern.

Der Ministerpräsident wollte also, anstatt auf Verschieben und langsames Voranschreiten zu setzen, bis zum Ende des Prozesses springen und die schwierigen

Kernfragen klären, solange Israel noch den größten Teil des Landes kontrollierte. Er wollte Arafat dazu bringen, mit eindeutigen Worten zu erklären, dass sein Konflikt mit Israel beendet sei und er keine weiteren Forderungen mehr habe, und ihm dann auf einen Schlag die besetzten Gebiete übergeben, in denen er sein Palästina aufbauen konnte.

Aber das sollte alles andere als einfach werden: Arafat, der den gleichen Überlegungen folgte wie Barak, zog es natürlich vor, sich an den in Oslo beschlossenen Prozess zu halten. Baraks neue Strategie würde außerdem erneute Verhandlungen über frühere israelisch-palästinensische Abkommen erfordern, nicht zuletzt über das Wye-Abkommen, das Arafat gemeinsam mit Baraks Vorgänger Netanjahu im Jahr 1998 unterzeichnet hatte. Dieses Abkommen hatte Israel dazu verpflichtet, weiterhin Land an die Palästinenser zu übergeben, Land, das Arafat ohne Verzögerung haben wollte.

Der Weg zu einem Gipfel

Barak hatte sich am 27. Juli 1999, kurz nach seinem Wahlsieg, mit Arafat getroffen, um ihn von seiner neuen Strategie zu überzeugen. Jener Nimrod Novik, der für Barak bei einer Reihe von Sonderaufträgen als geheimer Rechercheur in aller Welt unterwegs war, hatte noch vor diesem Treffen eine fünfstündige geheime Unterredung mit Arafats Chefunterhändler Saeb Erekat, bei der er ihm in Washington Tipps zu entlocken versuchte, wie man am besten mit Arafat umging. Novik faxte Barak anschließend einen Bericht, in dem er ihm mitteilte:

> *[Erekat] schlägt vor, dass Sie einige der folgenden Elemente in Ihre Worte einfließen lassen sollten, um Arafat in die richtige Stimmung zu versetzen: »Sie sind mein Partner; dank Ihnen hat der Prozess überlebt«; »Ihr Volk hat sehr viel gelitten und fängt jetzt erst an, sich zu erholen«; »Ich möchte mit Ihnen zusammenarbeiten, Hand in Hand und für das gemeinsame strategische Ziel. [...] Damit kein Zweifel aufkommt: Ich beabsichtige [...] [früher eingegangene] Verpflichtungen zu erfüllen.«*[1]

Als Barak und Arafat sich schließlich am Grenzübergang Erez trafen, dem wichtigsten Übergang zwischen Israel und dem Gazastreifen, war ihr erstes, im Stil einer informellen Unterhaltung erörtertes Thema der wenige Tage zuvor verstorbene König Hassan II. von Marokko. Arafat sagte: »Hassan sprach mich immer mit ›mein Cousin‹ an, und ich nannte ihn ebenfalls ›meinen Cousin‹.«[2] Barak versuchte dem Gespräch eine andere Richtung zu geben und sagte über König Hassan, der beim

Zustandekommen des israelisch-ägyptischen Friedensvertrags Ende der 1970er-Jahre eine führende Rolle gespielt hatte: »Es ist sehr aufregend, wenn man miterlebt, wie Staatsmänner wie Hassan und andere, die sich der Sache des Friedens verschrieben haben, zu weltpolitisch bedeutenden Staatsmännern werden.«

Barak erklärte dann, dass er gerne »bestimmte Änderungen« am Wye-Abkommen sehen und dessen Umsetzung teilweise verschieben wolle, nämlich die von seinem Vorgänger versprochene Übergabe von Land, bis sie alle noch verbliebenen Probleme des israelisch-palästinensischen Konflikts gelöst hätten. Aber Arafat akzeptierte das nicht: »Wir erwarten den Abschluss dieser Phase von Wye«, sagte er und meinte damit, dass Barak ihm zuerst das versprochene Land übergeben sollte, »und erst *danach* werden wir über eine dauerhafte Beilegung [des Konflikts] sprechen«. Das wiederum wies Barak zurück: »Ich verstehe Ihre Antwort«, erwiderte er, »und bitte Sie dennoch, [ihre Haltung] zu überdenken. […] Wenn wir Wye zuerst umsetzen, […] schaffen wir damit ein Problem, das die Chancen für eine dauerhafte Einigung schmälert.« Arafat lenkte widerwillig ein. Er wusste: Wenn er auf der Einhaltung von Wye bestand, würde der Ministerpräsident in einer späteren Phase Hindernisse aufbauen, indem er die früheren Oslo-Interimsabkommen nach einer geringstmöglichen Auslegung umsetzte. Die Sprachregelung in den früheren Oslo-Abkommen sah so aus, dass öfters von der Notwendigkeit eines israelischen Rückzugs von palästinensischem Land die Rede war, »mit Ausnahme bestimmter Militärstützpunkte und Gebiete, über deren Status im endgültigen Abkommen entschieden wird«. Diese Redewendung, das war Arafat klar, ließ sich auf verschiedene Art und Weise auslegen: Wie groß ist denn der Umfang von »Militärstützpunkten«, und wie groß sind »Gebiete«?

Arafat stand unter Druck und versuchte, wenigstens die Gesprächsatmosphäre zu verbessern. »Wir haben mit dem verstorbenen Rabin begonnen und machen mit Barak weiter«, sagte er. Der Ministerpräsident war erfreut, weil er den Eindruck gewonnen hatte, dass es ihm gelungen war, Arafat von seiner neuen Strategie zu überzeugen, und er antwortete mit Anklängen an frühere Friedensstifter im Nahen Osten: »Ich habe das Gefühl, dass Yitzhak Rabin, [König] Hassan und [König] Hussein uns gemeinsam vom Himmel aus zusehen […] und von uns erwarten, dass wir eine Lösung für die Beendigung des Konflikts finden.«

Anschließend begannen beide Seiten mit Verhandlungen über die Ergänzung des Wye-Abkommens, und am 4. September 1999 trafen Arafat und Barak zur Unterzeichnung eines neuen Abkommens im ägyptischen Sharm el Sheikh auf der Sinaihalbinsel zusammen. Das »Abkommen von Sharm el Sheikh« verschob den weiteren israelischen Abzug aus dem Westjordanland, bei dem, wenn er so vollzogen worden wäre, wie von Arafat gewünscht und wie man es ihm in der Vergangenheit versprochen hatte, die israelische Armee sich aus dem größten Teil dieses Gebiets zurückgezogen und es in palästinensische Hände übergeben hätte. Die Verhandlungsparteien legten einen neuen Zeitplan und einen wichtigen Endtermin fest: Sie wollten spätestens am 13. September 2000 ein endgültiges Abkommen unterschreiben.

Arafat in den Käfig stecken
Die von Barak und Arafat bei ihrem Treffen in Sharm el Sheikh im September 1999 initiierten Gespräche führten jedoch zu nichts: Die vereinbarten Endtermine verstrichen ergebnislos, während Barak, wie im vorhergehenden Kapitel gezeigt, versuchte, mit »der anderen Frau« – so lautete die palästinensische Bezeichnung für Syrien – zu einer Einigung zu kommen. Unterdessen dauerte in den besetzten Gebieten die Besatzungsherrschaft an, auch wenn Arafat die Zuständigkeit für den größten Teil der Bevölkerung der palästinensischen Städte, Flüchtlingslager und Dörfer übernommen hatte, denn der größte Teil der Verbindungsstraßen zwischen den städtischen Zentren wurde von der israelischen Armee und ihren Kontrollpunkten beherrscht, und bewaffnete Siedler und Blockaden schränkten nach wie vor die Freiheit der Palästinenser ein und sorgten für tägliche Demütigungen.

Barak wollte Arafat jetzt, nach dem Scheitern des Clinton-Assad-Gipfels, auf eine Zustimmung zu einer entscheidenden Konferenz »festnageln« und eine vollständige Einigung in einem Versuch erreichen. Ein Gipfeltreffen mit ihm, insistierte Barak, wäre die einzige Möglichkeit, Arafat, den Barak für aalglatt und überaus wendig hielt, zu handfesten Entscheidungen zu bewegen. Sollte Arafat bei den großen Themen zu Kompromissen bereit sein, würde es ein israelisch-palästinensisches Abkommen zur Beendigung der israelischen Besatzungsherrschaft im Westjordanland und im Gazastreifen geben, und Arafat konnte dort einen palästinensischen Staat gründen. Sollte Arafat jedoch nicht zu einer Zusammenarbeit und zu Kompromissen bereit sein, würde das, so sah es Barak, Arafats Perfidie »entlarven« und der ganzen Welt zeigen, dass er an Frieden nicht interessiert war. Es war Baraks typische Alles-oder-nichts-Haltung.

Natürlich konnte der israelische Ministerpräsident Arafat nicht einfach im Alleingang auf einen Friedensgipfel »festnageln«, denn dafür brauchte er Amerikas Macht und Einfluss. Clinton, noch einmal hilfsbereit, versprach Barak, er werde bei einem bald anstehenden Zusammentreffen mit Arafat im Weißen Haus am 15. Juni das Thema Gipfeltreffen ansprechen und sondieren, was der Palästinenserführer davon hielt.

Einige Tage später und noch vor dem Treffen mit Arafat rief Clinton Barak an und drängte ihn, palästinensische Gefangene in Israel freizulassen, als Geste des guten Willens. Palästinensische Gefangene in israelischen Gefängnissen sind für die palästinische Gesellschaft ein heikles Problem, und ihre Freilassung genießt immer Priorität. Barak ließ daraufhin nur drei von insgesamt 1860 in Israel inhaftierten Palästinensern frei – das war fast schlimmer als überhaupt keine Freilassungen und für Arafat eine demütigende Kränkung. Deshalb war es kein Wunder, dass Clintons Treffen mit Arafat keinen guten Verlauf nahm: Clinton berichtete Barak anschließend, er sei einem sehr misstrauischen Arafat begegnet, der geklagt habe, Barak wolle ihn zu einem Gipfel locken, an dessen Ende er, Clinton, ihm die Schuld für das unvermeidliche Scheitern zuschieben werde. Clinton erklärte, er habe Arafat versprochen, dass er ihm, sollte er zu einem Gipfel bereit sein und dieser dann scheitern, unter keinen Umständen die Schuld geben und unterdessen auch den palästinensischen Aufruf zu weiteren israelischen Rückzugsbewegungen aus besetzten Gebieten unterstützen werde, wie das in früheren Abkommen beschlossen wurde.

An dem Tag, an dem Clinton in Washington mit Arafat zusammentraf, hielt Barak in seinem Büro in Tel Aviv eine Besprechung mit seinen Beratern ab, bei der unter den Teilnehmern die Ansicht vertreten wurde, dass Arafat bei einem Gipfel keine Kompromisse eingehen werde und das Scheitern einer so hochkarätigen Veranstaltung im Gegenzug zu einem Blutvergießen in den besetzten Gebieten führen könnte – zu einer zweiten *Intifada*.

General Amos Melka, der Chef des Militärgeheimdienstes, sagte – wie hier erstmals veröffentlichte Zitate aus einer geheimen Transkription der Besprechung belegen –, was nach einem gescheiterten Gipfel geschehen könnte: »[Arafat] wird nach [...] einem Ereignis Ausschau halten, das die Emotionen bündeln könnte, [...] [einem Ereignis] von der Art, die zu einer Explosion führen könnte.«[3] Die einzige Möglichkeit, eine solche Explosion palästinensischer Gewalt zu vermeiden, sagte General Malka dann zu Barak, wäre, die Forderungen der Palästinenser vollständig zu akzeptieren. Das müsste dann, fuhr der General fort, »eine vollständige israelische Kapitulation bei den Punkten Jerusalem, Flüchtlinge und Grenzen« sein. Malka wollte damit sagen: Da Israel Arafat diese Konzessionen *nicht* machen konnte, wäre es vielleicht klüger, einen Gipfel gar nicht erst einzuberufen.

Aber der Ministerpräsident wollte den Gipfel unbedingt haben, den zunehmenden Hinweisen und Expertenmeinungen zum Trotz, die nahelegten, dass ein missglückter Gipfel zu einer offenen Konfrontation mit den Palästinensern führen könnte. Den Kritikern, die an seiner Strategie zweifelten, entgegnete er: »Es ist wichtig, dass wir die Chance, ein Abkommen zu erreichen, ganz ausschöpfen, […] ohne die grundlegenden Interessen des Staates Israel aufzugeben. Zugleich sollten wir auf die Situation vorbereitet sein, dass es uns nicht gelingt, ein Abkommen zu erreichen, und dass wir es dann mit Gewalt und, in einem bestimmten Stadium, mit blankem Terror zu tun bekommen.« Er war sich also vollkommen klar darüber, dass er eine hoch riskante Strategie verfolgte.

In Washington waren der US-Präsident und seine Berater hin- und hergerissen bei der Frage, ob sie Baraks unablässigem Drängen auf einen Gipfel mit Arafat nachgeben sollten oder nicht. Das Scheitern des Clinton-Assad-Gipfels in Genf im vergangenen März war noch in lebhafter Erinnerung, und Clintons Berater waren nicht erpicht darauf, ihren Chef dem Risiko einer weiteren potenziell demütigenden diplomatischen Katastrophe auszusetzen. Das Scheitern des Genfer Gipfels erschwerte den Abschluss eines israelisch-palästinensischen Abkommens außerdem zusätzlich: Wäre ein Friedensvertrag zwischen Israel und Syrien zustande gekommen, wäre als Nächstes mit einer Einigung zwischen Israel und dem Libanon zu rechnen gewesen, weil das im Libanon so einflussreiche Syrien den Nachbarn dementsprechend bedrängt hätte. Arafat hätte bei solchen Begleitumständen unter einem enormen Druck gestanden, sich mit Israel zu einigen, was auch immer er dafür bekam. Aber nach dem ergebnislosen Abbruch der Gespräche zwischen Syrien und Israel war leicht zu erkennen, dass Arafat, der einzige verbliebene Verhandlungspartner, der zudem genau wusste, wie wichtig es für Clinton und Barak war, sich als erfolgreiche Friedensstifter zu beweisen, seinen Preis für Frieden mit Israel in die Höhe treiben würde. Die Entscheidung war zwar noch nicht gefallen, aber Clinton wies jetzt seine Berater an, den Vorschlag eines Gipfels zwischen Barak und Arafat zu prüfen und mit den grundlegenden Vorbereitungen für ein solches Ereignis zu beginnen.

Barak ließ unterdessen all seine Beziehungen spielen, um Arafat so unter Druck zu setzen, dass er sich zu einem Gipfel bereitfand. Er ließ Mohammed Bassiouni, den ägyptischen Botschafter in Israel, zu sich kommen und übergab ihm eine Botschaft an Präsident Hosni Mubarak, in der er den ägyptischen Staatschef bat, all seinen Einfluss auf Arafat geltend zu machen, damit dieser einem Gipfel mit ihm zustimmte. Bei seiner Rückkehr nach Israel berichtete Bassiouni am 23. Juni, dass

Mubarak die Gipfel-Idee gefallen habe. Der Präsident habe angemerkt, dass »die Kombination Clinton-Barak eine großartige Gelegenheit ist, die man nicht verpassen darf«, und dies »ist eine Stunde der Wahrheit«.[4] Bassiouni sagte außerdem, dass Mubarak, der mehr Einfluss auf Arafat hatte als jeder andere arabische Staatschef, sofort zum Telefon gegriffen und »Arafat befohlen« habe, nach Ägypten zu kommen, um die Idee eines Gipfels mit ihm zu erörtern.

Barak erhielt unterdessen einen Geheimbericht aus seinem Außenministerium. Das Papier fasste unter der Überschrift »Arafats Standpunkte« das zusammen, was »ein ausländischer Regierungsvertreter«, der am 25. Juni in Nablus mit Arafat zusammengetroffen war, den Israelis diskret berichtet hatte. Dieses Geheimdokument ist bedeutsam, weil es einen gewissen Aufschluss über Arafats Denkweise bietet und auf seine tatsächliche Einschätzung der Idee eines Gipfeltreffens mit Barak verweist. In dem Bericht heißt es:

Arafat sagt, der geplante Gipfel sei eine israelisch-amerikanische Falle, sie wollten sich die Tatsache zunutze machen, dass sein Englisch schlecht und dass er müde und körperlich geschwächt sei, und das alles solle dazu dienen, ihm in Vier-Augen-Gesprächen mehr Zugeständnisse abzuringen. [...] Arafat sagte, Barak versuche, ihn in »den Käfig einer Beendigung des israelisch-palästinensischen Konflikts« zu stecken, aber er werde sich nicht in diesen Käfig begeben, bevor all seine Forderungen an Israel erfüllt würden.[5]

Außenministerin Albright besuchte Arafat am 27. Juni in Ramallah und reiste dann nach Jerusalem weiter, um dort den israelischen Ministerpräsidenten zu treffen. Albright fragte nach, ob Barak Arafats Bitte um zweiwöchige Vorbereitungsgespräche auf unterer Ebene akzeptieren würde, bei denen Unterhändler beider Seiten an einer Annäherung der jeweiligen Positionen vor dem eigentlichen Gipfel arbeiten könnten. Aber Barak wollte davon nichts wissen und sagte, er wisse, nach welchem Muster solche Gespräche ablaufen: Israel pflege Ideen vorzulegen, während die Palästinenser »sie ablehnen und mehr von uns verlangen«.[6] Albright kehrte nach Ramallah zurück, um mehr Druck auf Arafat auszuüben, und am darauffolgenden Tag berichtete sie dem Ministerpräsidenten, Arafat habe seine Teilnahme an einem Gipfel grundsätzlich zugesagt, bestehe aber nach wie vor auf zweiwöchigen vorbereitenden Gesprächen vor dem eigentlichen Treffen.

In diesem Zusammenhang ist es wichtig zu wissen, dass Arafat zu diesem Zeitpunkt – im Juni 2000 – nur 42 Prozent der besetzten Gebiete kontrollierte; 14 Prozent standen unter seiner direkten und vollständigen Kontrolle, bei weiteren 28 Prozent wurde die Kontrolle mit den Israelis geteilt, wobei Letztere für Sicherheitsfragen zuständig waren. In diesen Gebieten war Arafats Behörde für die palästinensischen Angelegenheiten und für die Versorgung der palästinensischen Bewohner mit allen Dienstleistungen zuständig. Das Spektrum reichte vom Gesundheits- und Bildungswesen über Verkehr und Transport, Stadtplanung und Telekommunikation bis zur Einziehung von Steuern und weiteren Tätigkeitsbereichen. Arafat hatte die Oslo-Abkommen immer so ausgelegt – wobei die Israelis diese Lesart zurückwiesen –, dass bereits *vor* den abschließenden Status-Gesprächen (Gesprächen der Art, wie sie Barak jetzt vorschlug) mehr als 90 Prozent der besetzten Gebiete unter der vollständigen Kontrolle der Autonomiebehörde sein sollten. Aus diesem Grund bestand Arafat jetzt auf Vorverhandlungen: Er wollte wissen, ob er den Israelis dieses Land noch *vor* dem Zusammentreffen mit Barak entwinden konnte. Aber der Ministerpräsident blieb bei der Strategie, seine Aktivposten für die Stunde der Wahrheit aufzusparen – so viel Land wie nur möglich zu behalten, bis alle anderen Probleme geklärt waren –, und verweigerte die Zustimmung zu Vorverhandlungen jedweder Art.

Krieg mit Worten

Die Geheimdienstberichte aus den besetzten Gebieten fielen zu dieser Zeit unheilvoll aus und ließen durchblicken, dass die Palästinenser mit einem baldigen Scheitern der Friedensgespräche rechneten und sich auf einen offenen Krieg mit Israel vorbereiteten – mit Arafats Wissen und sogar mit seiner Unterstützung. Nach diesen Berichten, die vor allem durch Abhöreinrichtungen zustande kamen, stimmte Haj Ismail, ein führender militanter Palästinenser, am 29. Juni seine Offiziere bei einer Besprechung auf das wahrscheinliche Scheitern der Friedensgespräche ein, nach dem »die palästinensischen Streitkräfte die israelische Armee und die Siedlungen angreifen werden«.[7] Ismail wies seine Männer an, »mit einer intensiven und soliden Ausbildung der Streitkräfte zu beginnen, um [sie auf] die Konfrontation vorzubereiten«. Der Geheimdienstbericht weist darauf hin, dass die Teilnehmer im Anschluss an dieses Briefing noch Arafat persönlich trafen, der ihnen sagte: »Die Palästinensische Autonomiebehörde hat es mit einem starken und gefährlichen Israel zu tun, das von einem Ministerpräsidenten geführt wird, der an einem wirklichen Frieden nicht interessiert ist. Deshalb […] wird es, trotz der vielen Gespräche, kein Friedensabkommen zwischen der Palästinensischen Autonomiebehörde und Israel geben.« Arafat rief seine Zuhörer dazu auf, Ismails Anweisungen zu befolgen und sich auf eine Schlacht mit Israel vorzubereiten.

Mit diesen abgehörten Informationen stützten die Israelis später ihre Behauptung, die Palästinenser hätten von Anfang an eher an Krieg als an Frieden gedacht. Sie stellen zugleich aber auch Baraks Motivation infrage, der beschloss, die Vorbereitungen für einen Gipfel fortzusetzen – trotz dieser Erkenntnisse und anderer deutlicher Anzeichen dafür, dass ein Scheitern zu Unruhen und Zusammenstößen führen würde. Dieses Verhalten ist ein außergewöhnlicher Vorgang, denn es zeigt, dass er ein rücksichtsloser Glücksspieler war. Und dass Clinton selbst nach der Konferenz von Shepherdstown und dem Debakel von Genf, wo ihn Barak so schwer enttäuscht hatte, immer noch bereit war, den Plänen des israelischen Ministerpräsidenten zu folgen, legt den Gedanken nahe, dass auch er eine Neigung zum riskanten Spiel hatte.

Clinton rief Barak am 4. Juli an und fragte ihn, welche »zusätzlichen Anreize« er Arafat denn anbieten könne, damit sein Telefongespräch mit dem Palästinenserführer, mit dem er ihn offiziell zu einem Gipfeltreffen einladen wollte, etwas glatter verlaufen werde. Barak versuchte hilfreich zu sein und sagte, Clinton könne Arafat wissen lassen, dass er als Gegenleistung für seine Teilnahme an einem Gipfel unmittelbar nach dessen Beginn 32 palästinensische Gefangene freilassen werde (eine winzige Zahl angesichts von 1860 Palästinensern in israelischen Gefängnissen), und im Verlauf des Gipfels werde er begrenzte Kompromisse bei der palästinensischen Kontrolle über Stadtviertel in Ostjerusalem in Erwägung ziehen. Wenig später rief der US-Präsident Barak ein weiteres Mal an, um ihm mitzuteilen, dass sein Gespräch mit Arafat recht gut verlaufen sei und Arafat seine Teilnahme am Gipfel zugesagt habe. Das war keine große Überraschung, wenn man bedenkt, dass Arafat sich nicht den Vorwurf machen lassen wollte, er habe sich bei Friedensbemühungen nicht kooperativ gezeigt. Man beschloss, dass der Gipfel in Camp David stattfinden und dass ihm – hier stimmte Barak einem kleinen Kompromiss zu – zweitägige Gespräche auf unterer Ebene zwischen israelischen und palästinensischen Unterhändlern vorausgehen würden, die versuchen sollten, die Positionen einander anzunähern.

Barak berief für den 9. Juli eine Kabinettssitzung ein, um seinen Ministern zu berichten, dass »der US-Präsident beschlossen hat, einen Gipfel anzuberaumen, und gestern, nach Mitternacht, telefonierte ich mit ihm und dankte ihm für diese Entscheidung«.[8] Barak fügte hinzu: »Wenn wir – was Gott verhindern möge – kein Abkommen erreichen, werden wir es mit einer neuen Wirklichkeit zu tun bekommen, die sehr viel schwieriger sein wird, als wir uns jetzt vorstellen könnten, […]

aber wenn uns ein Abkommen gelingt, werden wir damit die Landkarte des Nahen Ostens verändern.« Auch hier ist außergewöhnlich, dass Barak sich der möglichen schlimmen Konsequenzen eines gescheiterten Gipfels vollkommen bewusst war, und dennoch wollte er sich nach wie vor auf diesen gefährlichen Weg begeben. Um sich die Unterstützung seiner Minister für diesen Auftrag zu sichern, versprach er ihnen, dass für den Fall eines Vertragsschlusses »die Nation in einem Referendum [um] ihre Zustimmung [gebeten wird], und ich bin zuversichtlich, dass [die Israelis] ein von uns geschlossenes Abkommen mit einer überwältigenden Mehrheit [gutheißen würden]«. Der Leitgedanke sei, erklärte er, ein Abkommen zu erreichen, das durch eine Trennung von Palästinensern und Israelis, bei der, wie er es ausdrückte, »wir hier sind und sie dort«, Frieden brachte – eine Zwei-Staaten-Lösung. Die Minister stimmten dem zu.

Die Sitzung war beendet, und die meisten Teilnehmer waren bereits gegangen, als sich Amos Malka, der Direktor des militärischen Geheimdienstes, an den noch anwesenden Ministerpräsidenten wandte. Was General Malka damals zu Barak sagte, erweist sich im Rückblick als prophetisch:

> *Sie werden [zu einem Gipfel nach Camp David] reisen, und sie werden mit leeren Händen zurückkommen. Denn Arafat wurde, nach den verlässlichsten Informationen, die uns zur Verfügung stehen, [nur] durch Ihren und Clintons Druck zu einem Gipfel genötigt. Er hatte überhaupt nicht die Absicht, zu einem Gipfel zu gehen. Einen Gipfel wollte er erst, nachdem er die territoriale Lücke geschlossen hatte [mit 90 Prozent des Landes in seinen Händen, wie man ihm, seiner Ansicht nach, in der Vergangenheit versprochen hatte], […] und außerdem will er erst nach einer groß angelegten Entlassung von Gefangenen [aus israelischen Gefängnissen] zu einem Gipfel gehen.*[9]

Der Ministerpräsident ignorierte die Warnung.

Fiasko

Israelis, Palästinenser und amerikanische Unterhändler kamen am 10. Juli nach Camp David – an einen Ort mit großer symbolischer Bedeutung, weil dort im Jahr 1978 der israelisch-ägyptische Friedensvertrag ausgehandelt worden war –, doch die eigentlichen Gespräche begannen erst am darauffolgenden Tag. Nach einem ersten Treffen mit Arafat berichtete Clinton an Barak: »Arafat denkt, dass Sie und ich ihn hereinlegen werden. […] Ich sagte zu Arafat: ›Ich werde Ihnen nicht die Schuld geben, auch wenn der Gipfel scheitert.«»[10] Barak vertraute Arafat nicht mehr, als dieser ihm vertraute, und er machte Clinton gegenüber deutlich, Arafat müsse einsehen, dass »nichts beschlossen ist, bevor *alles* beschlossen ist«. Er ließ durchblicken: Falls die Konfliktparteien nicht zu einer Einigung finden würden, wären alle beim Gipfel angesprochenen Ideen »null und nichtig«. Barak riet dem US-Präsidenten – er dominierte das Gespräch auf seine typische Art und vergaß dabei, dass er in dieser Beziehung der Juniorpartner war –, Arafat für eine potenzielle Zusammenarbeit eine Belohnung anzubieten: amerikanische Finanzhilfen im Umfang von zehn bis zwanzig Milliarden Dollar für die Umsiedlung palästinensischer Flüchtlinge, die Verbesserung der palästinensischen Infrastruktur in den besetzten Gebieten und die Ankurbelung ihrer darniederliegenden Wirtschaft. Barak sagte: »Arafat muss einsehen, dass er eine einzigartige Gelegenheit verpassen könnte.« Als Clinton kurze Zeit später die Konferenzteilnehmer zur offiziellen Eröffnung versammelte, stritten sich Arafat und Barak am Eingang zur Aspen Lodge, dem Haus des Präsidenten in Camp David, um die Frage, wer als Erster über die Schwelle gehen durfte. Es war Arafat, mit einem Schubser von Barak und unter den Augen des lachenden Clinton. Das Foto von diesem Augenblick wurde zum vielleicht berühmtesten Bild des gesamten Gipfels – gleichsam ein Symbol für das, was noch folgen sollte.

Die amerikanische Strategie aus dem Weg räumen

Nachdem die einleitenden Höflichkeitsfloskeln ausgetauscht waren, setzte sich der Präsident mit Barak zusammen und sagte ihm: »Ich habe hart an einer Möglichkeit gearbeitet, wie man in die Verhandlungen einsteigen kann.« Dann präsentierte er seine Verhandlungsstrategie für die Konferenz.[11]

Clinton schlug vor, nicht ganz von vorn zu beginnen und bis zu den Ursprüngen der Meinungsverschiedenheiten zwischen den Konfliktparteien zurückzugehen, sondern einige grundlegende Dinge als allseits akzeptiert vorauszusetzen. Eine solche Vorgehensweise, meinte er, könnte »den Gesprächen Schwung verleihen«. Er schlug beispielsweise vor, dass die Diskussion über die Grenzen des zukünftigen palästinensischen Staates vom Zustand im Jahr 1967 ausgehen sollte, nämlich von den Grenzen, die das israelische Staatsgebiet vor dem Krieg vom Westjordanland und vom Gazastreifen trennten, so wie die Palästinenser es verlangten. Um Israels Bedürfnissen zu entsprechen, also um die großen Siedlungsblöcke im Westjordanland, in denen die meisten jüdischen Siedler lebten und die in unmittelbarer Nachbarschaft des israelischen Staatsgebiets lagen, in dieses Gebiet aufzunehmen, sollte die Westgrenze des künftigen Staates Palästina so verschoben werden, dass Israel diese Siedlungsblöcke annektieren konnte. Israel würde die Palästinenser für diese Grenzverschiebungen dann an anderer Stelle durch die Übergabe von Land entschädigen (durch einen Landtausch, wie man es dann bezeichnen würde). Clinton fuhr fort: An der Ostgrenze des künftigen Staates Palästina, am Jordan, würden die Palästinenser die angestrebten Souveränitätsrechte erhalten, aber unter Berücksichtigung von Israels Sicherheitsbedenken würde es Vor-Ort-Vereinbarungen geben, mit denen der potenziellen Gefahr eines gemeinsamen arabischen Angriffs, der von Osten, über den Jordan hinweg, vorgetragen wurde, begegnet werden sollte. Das Problem der palästinensischen Flüchtlinge, sagte Clinton des Weiteren, sollte angegangen werden, indem einer sehr begrenzten Zahl von Flüchtlingen die Rückkehr nach Israel selbst gestattet wurde, sodass der palästinensischen Forderung nach einem »Rückkehrrecht« zumindest symbolisch entsprochen wurde. Außerdem sollte es ein internationales Verfahren geben, mit dem den übrigen Flüchtlingen geholfen wurde, sich ins gesellschaftliche Leben einzugliedern und neu anzusiedeln, entweder im künftigen palästinensischen Staat oder in Drittländern. Clinton verwies auf ein Gespräch, das er mit Arafat geführt und in dem dieser sich damit einverstanden gezeigt hatte, dass die im Libanon lebenden palästinensischen Flüchtlinge nach Kanada und nicht nach Israel gingen.[12] In der Jerusalem-Frage blieb Clintons Text vage, denn das war das heikelste Problem von allen, das am besten einer späteren Phase des Gipfels vorbehalten blieb, damit die Gespräche kein verfrühtes Ende nahmen.

Die amerikanische Strategie überraschte Barak nicht, denn er hatte unmittelbar vor seiner Abreise nach Camp David Berichte seiner Spione in Washington erhalten, was ihm genug Zeit ließ, sich über das amerikanische Vorgehen eine Meinung zu bilden: Er lehnte es ab. Barak erklärte Clinton, eine Eröffnung der Konferenz mit einem Text, in dem Parameter erläutert werden, wie sie der Präsident jetzt vorschlage, würde seine eigenen Möglichkeiten für die notwendigen informellen Gespräche einschränken, in denen er herauszufinden hoffte, ob Arafat hier in Camp David wirklich ernsthaft verhandeln wollte oder ob er nur gekommen war, um Israel Zugeständnisse abzuringen. Mit anderen Worten: Barak wollte das, was Clinton bereits in seinen Text gepackt hatte, durch einen Verhandlungsprozess mit den Palästinensern erreichen. Vielleicht wollte er auch, wie schon bei den früheren Gesprächen mit Syrien, auf sein heimisches Publikum in Israel einwirken und dort den Eindruck vermitteln, dass die Verhandlungen schwierig waren und keine leichtfertigen Konzessionen gemacht wurden. Er wollte, wie Clinton später in seinen Memoiren schrieb, »wie schon in Shepherdstown [...] die Dinge wieder einige Tage lang bremsen«.[13]

Barak wollte aber nicht wie jemand dastehen, der Clintons Vorschläge pauschal zurückwies, sondern antwortete, er wäre mit einem verbesserten amerikanischen Text einverstanden, in dem die israelischen und palästinensischen Verhandlungspositionen parallel aufgeführt würden und mit »I« beziehungsweise »P« gekennzeichnet wären, und die Parteien sollten sie dann von dort übernehmen.

Clinton steckte zurück, dabei einem Muster folgend, das sich im Verlauf der gesamten Konferenz wiederholen sollte, und versprach, innerhalb von zwei Tagen einen überarbeiteten Text auf den Tisch zu legen. Barak beharrte auch darauf, dass der Präsident ihm den neuen amerikanischen Entwurf zeigte, *bevor* er ihn Arafat vorlegte, und Clinton musste auch diesem Ansinnen zustimmen, denn es war so gut wie sicher, dass er den geheimen Brief kannte, den seine Außenministerin bereits 1998 an Baraks Vorgänger geschrieben hatte und dessen Inhalt unverändert gültig war: Albright hatte in diesem Schreiben zugesagt, sich zuerst mit Israel zu beraten. Hier ist der Wortlaut ihres Briefes:

Die Außenministerin, Washington
24. November 1998
Geheim

Lieber Herr Ministerpräsident,
in Anerkennung der Tatsache, dass es wünschenswert ist, die Unterbreitung von Vorschlägen zu vermeiden, die Israel als unbefriedigend betrachtet, werden die Vereinigten Staaten vorab einen sorgfältigen Konsultationsprozess mit Israel führen, und dies erfolgt hinsichtlich jedweder Ideen, welche die Vereinigten Staaten den Verhandlungsparteien für deren weitere Überlegungen anbieten wollen. Das träfe ganz besonders auf Sicherheitsfragen oder auf territoriale Aspekte zu, die mit dem Thema Sicherheit verbunden sind [...].
Mit freundlichen Grüßen
Madeleine K. Albright[14]

Diese amerikanische Zusage gab Israel effektiv einen Freibrief für ein Veto gegen jeden amerikanischen Friedensvorschlag, und dieser Freibrief wurde vielleicht, wie der erfahrene amerikanische Diplomat Aaron David Miller es einmal formulierte, aus der Überzeugung heraus erteilt, dass »man keinerlei Chance hatte, irgendeine Art von Friedensprozess aufzubauen, wenn man nicht Israels Vertrauen gewann«.[15] Das mochte vielleicht zutreffen, aber es minderte nicht gerade den palästinensischen Verdacht, dass die Amerikaner – in Camp David und anderswo – nicht als unparteiische Vermittler auftraten und die Israelis den USA ihre Position diktierten.

Als der überarbeitete amerikanische Text bei den Israelis ankam, waren diese überrascht, weil der Punkt, der sich mit Jerusalem befasste, nicht mit »I« oder »P« markiert war – was effektiv den Gedanken beinhaltete, dass sich die Parteien bereits darüber einig waren, dass es in der bestehenden Stadt Jerusalem zwei Hauptstädte geben und Israel sich die Stadt mit den Palästinensern teilen könnte. Der Ministerpräsident schickte seinen Berater Danny Yatom mit dem Auftrag los, bei den Amerikanern zu protestieren. Yatom berichtete bei seiner Rückkehr, die Amerikaner hätten behauptet, es handle sich um einen »harmlosen Fehler«, sie hätten den Text sofort geändert und dem Stadtnamen »Jerusalem« das Wort »expanded« (»erweitert«) vorangestellt. Das bedeute, dass jede Teilung Jerusalems sich ausschließlich auf den Zeitraum nach Erweiterung der Stadtgrenzen beziehen werde, sodass davon mehr palästinensische Gebiete im Westjordanland erfasst würden. Das wiederum würde es den Israelis ermöglichen, einen Teil des neuen, erweiterten Stadtgebiets, etwa im Bereich des Vororts Abu Dis, Arafat als Standort für seine Hauptstadt anzubieten.

Auch die Palästinenser waren über das Dokument nicht glücklich. Ihr Chefunterhändler Saeb Erekat erinnert sich: »Als ich Arafat übersetzte, was da über Jerusalem stand, […] regte er sich unglaublich auf. […] Arafat nahm mir das Papier aus der Hand, warf es in die Luft und sagte: ›Das ist nicht verhandelbar.‹«[16] Den besonderen Unmut der Palästinenser erregte in diesem Fall, dass die israelische Handschrift bei diesem Entwurf für sie so deutlich erkennbar war. Natürlich konnten sie das erkennen, weil man das Wort »erweitert« auf eine nachlässige Art handschriftlich ergänzt hatte, und die Palästinenser vermuteten zutreffend, dass das eine israelische Idee gewesen war.

Barak saß später auf dem Balkon der Aspen Lodge mit Clinton zusammen, und bei dieser Gelegenheit sprach er an, wie das Thema Jerusalem im amerikanischen Text dargestellt worden war, wobei er durchblicken ließ, dass es sich seiner Ansicht nach um keinen harmlosen Fehler gehandelt habe: »Ich bin sehr enttäuscht vom Inhalt [des amerikanischen Entwurfs] und auch von uns als Menschen und von uns Staatsmännern«, setzte er an.[17] »Wir haben so oft miteinander gesprochen, und die Grundabmachung zwischen uns ist dabei gewesen, dass Sie [uns] keine Überraschungen bereiten. Und ich muss Ihnen sagen, dass ich mich überrascht fühle. […] Ich möchte Sie darum bitten, dass dies nicht noch einmal passiert.« Das waren harte Worte, und die Tatsache, dass Präsident Clinton sich daraufhin entschuldigte, verdeutlich das Ausmaß, in dem der israelische Ministerpräsident den Verlauf der Konferenz bestimmte. »Das, was da gestern geschah«, sagte Clinton entschuldigend, »war ein Fehler, [...] sie [das US-Team] haben das wegen des Zeitdrucks überstürzt fertiggestellt.« Barak, der den amerikanischen Text als Verhandlungsgrundlage unbedingt vom Tisch haben wollte, weil ihm überhaupt nichts an einem schriftlich fixierten Dokument lag, bevor er erkundet hatte, ob er mit Arafat zu einem Friedensschluss kommen konnte, machte sich die Verlegenheit des Präsidenten zunutze und sagte: »Vielleicht wäre es besser, wenn wir ohne irgendein Dokument beginnen würden. [...] Sie, die Amerikaner, sollten erklären, dass der Entwurf vom Tisch ist und dass unsere Gespräche ohne einen Textentwurf beginnen sollten.« Clinton, der sich von der Attacke des Ministerpräsidenten noch nicht vollständig erholt hatte, gab bei dieser Forderung Baraks abermals klein bei. »Wir sind einverstanden«, sagte er, »das Papier ist gegenstandslos.«

Das war vielleicht Clintons größter Fehler bei diesem Gipfel. Sein Bestreben, gefällig zu sein, und seine mangelnde Standhaftigkeit – vor allem im Umgang mit Barak – erwiesen sich bei einem Gipfel, bei dem nur erheblicher Druck auf die Palästinenser *und* die Israelis zum Erfolg hätte führen können, als ernste Hypothek. Aufseiten des amerikanischen Präsidenten war jetzt nicht Empathie, sondern es waren unsentimentale Härte und Führungskraft gefragt, und daran scheint es Clinton in diesem Fall gemangelt zu haben. Clinton sollte in seinen Memoiren Barak später als »brillanten Renaissancemenschen«[18] bezeichnen, und vielleicht hat Clinton seine persönliche Bewunderung im Umgang mit Barak so flexibel gemacht.

Nachdem der amerikanische Textentwurf jetzt vom Tisch war, wurde den Parteien mitgeteilt, dass die Diskussionen künftig ohne Bezug auf Dokumente und nur noch mündlich geführt würden. Die Verhandlungen, lautete der Beschluss, sollten in vier Gruppen stattfinden, in denen man die Kernfragen des Konflikts behandeln wollte, nämlich: Grenzen und Siedlungen; Flüchtlinge; Sicherheit; und der wichtigste Punkt von allen: Jerusalem. Aber ohne einen Text als Leitfaden für die Verhandlungen versank die Konferenz in völliger Unordnung, und die Amerikaner übten auch nicht den Anschein einer Kontrolle über das Geschehen aus.

Ein Dampfkochtopf
Am vierten Tag des Gipfels bat der US-Präsident Arafat und Barak zu einem Dreier-Gespräch in die Aspen Lodge. Im Folgenden Zitate aus der Transkription ihres Gesprächs:

Clinton: Es gibt viel zu tun, [...] und wenn wir den Fortgang nicht beschleunigen, [...] werden wir nicht fertig. [...] Wir haben ein Zeitproblem. [...] Sie sind beide weise und tapfer [...].
Arafat: Ihre Worte geben uns einen großen Schwung, voranzukommen. [...] Ich verspreche Ihnen in Baraks und meinem Namen, dass wir Ihren Anweisungen buchstabengetreu folgen werden.
Barak: Ich spüre den Geist Rabins, [der uns bittet], voranzukommen, [...] um den Krieg zu beenden.
Clinton: Als ob er uns von oben lächelnd zusehen würde.
Barak: Gemeinsam mit Sadat und Begin.
Clinton: Sie alle sagen uns: »Ans Werk, Kameraden.«[19]

Am darauffolgenden Tag, es war Samstag, der 15. Juli, kam Dennis Ross aus dem amerikanischen Team zu Barak, um ihm zu sagen, dass es in den vier Gruppen keinerlei Fortschritte gebe, und »wenn sich die Dinge heute nicht ändern, ist es hoffnungslos. [...] *Wir brauchen ein Schriftstück, [...] etwas Geschriebenes, auf das man sich geeinigt hat. [...] Ich verstehe nicht, warum Sie unser erstes Papier ablehnten. [...] Ich brauche Ihre roten Linien.*«[20] Barak erwiderte:

Die Palästinenser bewegen sich nicht, und Sie bitten mich jetzt um meine roten Linien, [...] darum, dass ich noch mehr Zugeständnisse mache, während die anderen sich nicht bewegen. Wenn sie sich nicht bewegen, wird es keine Einigung geben. Wenn man dem Vorsitzenden nicht klarmacht, dass er, falls er keine Entscheidungen trifft, [niemals] der Präsident eines palästinensischen Staates, [sondern] zurückgeworfen [wird]. [...] Er wird sich nicht bewegen. [...] Mein Eindruck ist, dass es Ihnen nicht gelungen ist, bei Arafat ein Gespür dafür zu schaffen, dass er sehr viel verlieren würde, falls er sich nicht bewegt.

Um Bewegung in das Geschehen zu bringen, versuchte Clinton es jetzt auf einem anderen Weg. Er richtete eine weitere Gesprächsreihe ein, bei der jeweils zwei Personen von jeder Seite ohne inhaltliche Begrenzung ihrer Diskussion miteinander verhandelten. Hinter verschlossenen Türen versuchten sie die Umrisse eines Abkommens zu entwickeln, aber – und das war der entscheidende Punkt – jeder Vorschlag konnte vollständig negiert werden, falls entweder Arafat oder Barak das Gefühl hatte, dass die eigenen Leute zu weit gegangen waren. Am Ende dieser Runde sollten die Unterhändler direkt an Präsident Clinton und ihre jeweiligen Chefs berichten.

Barak entsandte seinen Minister für Öffentliche Sicherheit, Shlomo Ben-Ami, und einen Berater, Gilead Sher, während Arafat seine Delegationsmitglieder Saeb Erekat und Mohammed Dahlan aus dem Kino von Camp David holen ließ und sie anwies, »ihren Kopf anzustrengen«. Erekat erinnert sich an das, was Arafat beschäftigte, bevor sie zu den Verhandlungen am späten Abend aufbrachen: »Er packte mich am Arm und sagte: ›Saeb, Jerusalem ist für mich das Wichtigste – der Haram.‹«[21]

Es wurde eine harte Verhandlungsnacht, in der man eine Reihe von Problemen erörterte, die von den Grenzen des künftigen Staates Palästina über das Schicksal der Siedlungen in den besetzten Gebieten bis zu Jerusalem reichte, und die Emotionen schlugen dabei hoch. Als die Frage der Entschädigung für palästinensische Flüchtlinge erörtert wurde, bestanden die israelischen Unterhändler darauf, dass auch jüdische Flüchtlinge, die 1948 aus arabischen Ländern in den neu gegründeten Staat Israel emigrierten, entschädigt werden sollten. Aber Erekat war das zu viel. »Nein, mein Herr«, schrie er Sher an:

Sie werden für die Jahre Ihrer Besatzungszeit nicht entschädigt werden. Wir werden für jeden Tag Ihrer Besatzungszeit Entschädigung verlangen, wenn Sie diese Linie vertreten. Jemand, der meine Heimat 35 Jahre lang besetzt hat, kommt jetzt an und verlangt von mir eine Entschädigung? Sie nahmen mir meine Kindheit. Ich war zwölf Jahre alt, als die Besatzungsmacht in meine Heimatstadt Jericho kam. Danach war ich nicht mehr der gleiche Mensch. Sie verweigerten mir das Recht auf ein normales Leben. Und jetzt wollen Sie dafür entschädigt werden. Ich werde jede Stunde aufrechnen und jede rechtliche Möglichkeit aufspüren, damit Sie bezahlen müssen – für jede verdammte Stunde, für jede Tötung, Zerstörung von Häusern, Beschlagnahmung von Land, Schließung von Schulen, Verwundung, Tötung.«[22]

Die israelischen Unterhändler berichteten nach einer langen Verhandlungsnacht am nächsten Morgen ihrem Ministerpräsidenten. Dabei stellte sich heraus, dass sie ihren palästinensischen Gesprächspartnern einen israelischen Rückzug aus 89,5 Prozent des Westjordanlands und die Gründung eines eigenen Staates dort und im gesamten Gazastreifen angeboten hatten, von dem noch ein Drittel unter israelischer Besatzung stand. Die Israelis boten außerdem eine palästinensische Souveränität in einer Reihe von Stadtvierteln am Rand von Ostjerusalem sowie die Einrichtung einer Transitstrecke (»safe passage«) zwischen dem Gazastreifen und dem Westjordanland an. Sie sollte, neben anderen Zugeständnissen, den ungehinderten Personen- und Warenverkehr zwischen den beiden Teilen Palästinas gewährleisten.

Die Palästinenser boten den Israelis im Gegenzug die Souveränität über alle jüdischen Siedlungen, die seit 1967 auf besetztem Gebiet in Ostjerusalem errichtet worden waren, und sie erkannten auch die jüdische Souveränität über die Klagemauer an, das den Juden heilige Teilstück der Westmauer des Tempelbergs.

Der Ministerpräsident fiel zwar nicht vom Stuhl, als er die Angebote seiner Unterhändler hörte, aber er bat die beiden, in ihren Bericht an Präsident Clinton den Hinweis aufzunehmen, dass Barak »mit dem Vorschlag nicht leben kann«.[23] Die Zugeständnisse von palästinensischer Seite beeindruckten ihn nicht – oder er versuchte zumindest diesen Eindruck zu erwecken. Sobald die Unterhändler wieder gegangen waren, um Clinton ihren Bericht zu erstatten, setzte Barak sich hin und schrieb dem Präsidenten einen Brief: »Ich habe den Bericht von Shlomo Ben-Ami und Gilead Sher zu den in der vergangenen Nacht geführten Gesprächen sehr ungünstig aufgenommen«, schrieb er. »So verhandelt man nicht. Dies ist ein manipulativer Versuch, uns in eine Position zu bringen, die wir niemals akzeptieren können, solange sich die Palästinenser keinen Zentimeter bewegen. [...] Ich habe nicht die Absicht, zuzulassen, dass der israelische Staat physisch oder moralisch zerfällt. [...] Ich werde es nicht zulassen.«[24] Und dann erklärte er, wie er sich ein besseres Vorankommen vorstellte, nämlich: »Der Prozess wird nur dann eine Chance haben, wenn der Präsident Arafat heftig durchschüttelt. Erst wenn Arafat erkennt, dass dies die Stunde der Wahrheit ist, wird er sich bewegen. Er muss einsehen, dass er die Chance hat, einen unabhängigen palästinensischen Staat zu erreichen, [...] oder als Alternative eine Tragödie.« Martin Indyk, ein Mitglied des amerikanischen Teams, der Baraks Brief an Clinton zu sehen bekam, fasste die Wünsche des Ministerpräsidenten so auf: Barak wollte den Gipfel in einen Dampfkochtopf umgewandelt sehen und erwartete von Clinton, dass er Arafat in den Topf steckte und den Herd hochdrehte.[25]

Präsident Clinton kam am Sonntag, dem 16. Juli (am sechsten Tag des Gipfels), in Baraks Hütte, um ihm über ein wichtiges Gespräch zu berichten, das er mit Arafat geführt hatte. Der Bericht klingt so, als wäre er dabei Baraks Rat gefolgt, den Palästinenserführer unter Druck zu setzen: »Es war das härteste Treffen, das ich jemals mit Arafat hatte«, berichtete der Präsident und schilderte dann, was er seinem Gesprächspartner gesagt hatte:

> Sie müssen sich entscheiden. [...] Sie erzählen mir hier die ganze Zeit Geschichten. [...] Sie können von Barak keine weiteren Zugeständnisse erwarten. [...] Wenn Sie

überhaupt keine Vorschläge haben, dann lassen Sie uns jetzt aufhören. [...] Die Israelis argumentierten logisch, und Sie taten das nicht. [...] Sie werden keinen Staat haben. [...] Ich erwarte von Ihnen, dass Sie mir Angebote vorlegen. [...] Sie verhandelten nicht im guten Glauben. [...] Die Israelis kamen im guten Glauben hierher und Sie nicht. [...] Sie werden das verlieren, was in Reichweite ist.«[26]

Arafat, so schilderte es Clinton, »zitterte, und er entschuldigte sich. [...] Er hat niemanden, mit dem er sich beraten kann. Er sagte zu mir: ›Eigentlich sind Sie mein Psychologe.‹ Ich ging sehr hart mit ihm um. [...] [Ich sagte zu Arafat]: ›Bisher ist das Scheiße, [...] Scheiße, [...] das ist verrückt.‹« Der Ministerpräsident antwortete, dabei zweifellos leicht übertreibend: »Ich habe im Lauf meines Lebens Schlachten gesehen und Gefahren erlebt, aber heute Morgen war vielleicht der härteste Tag meines Lebens«, und dann ging er ein bisschen sparsam mit der Wahrheit um, als er hinzufügte: »Shlomo [Ben-Ami] und Gilead [Sher] gingen heute Nacht über das hinaus, was ich billigen könnte. [...] Wenn Arafat sich nach einem solchen Angebot nicht bewegen kann, müssen wir uns auf einen Krieg einstellen. [...] Und ich bitte Sie, rufen Sie mich nicht an, wenn er etwas Lustiges vorschlägt. [...] Sie versprachen, dass Sie ihm nicht die Schuld geben würden [falls der Gipfel scheitern sollte, aber das gilt nur] auf der Grundlage, dass er im guten Glauben verhandelt.«

Hier begann Barak ganz offensichtlich mit den Vorbereitungen für eine Schuldzuweisung an Arafats Adresse, falls der Gipfel scheitern sollte. An dieser Stelle gilt es allerdings festzuhalten: Die Aufzeichnungen belegen eindeutig, dass Clinton vor dem Gipfel Arafat versprach, ihm im Fall eines Scheiterns nicht die Schuld zu geben, *und dass er dies auf keinerlei Art* – wie Barak das jetzt tat – mit der Frage verband, ob Arafat im guten Glauben verhandeln würde oder nicht. Jetzt sagte Clinton, er habe Arafat gebeten, auf die Angebote zu reagieren, die Baraks Leute im Verlauf der inoffiziellen nächtlichen Gespräche gemacht hätten, und fügte hinzu: »Okay, ich esse jetzt mit [meiner Tochter] Chelsea. [...] Wenn er mit etwas Lächerlichem ankommt, [...] werfe ich ihn hinaus.«

Der Präsident berichtete Barak später über Arafats Antwort: »Er wird der Erfüllung ihrer territorialen Bedürfnisse sehr nahe kommen, und das bedeutet nach meinem Verständnis einen Wert, der irgendwo zwischen acht und zehn Prozent liegt [die von Israel annektiert werden, um die großen Siedlungsblöcke ins Staatsgebiet eingliedern zu können].«[27] Clintons Behauptung ist fragwürdig. Die Angabe »irgendwo zwischen acht und zehn Prozent« des Westjordanlandes, die Israel annektieren könnte, eine Größenordnung, die nach Clintons Darstellung von Arafat bestätigt worden war, liegt weit über dem, was die Palästinenser in der Vergangenheit als akzeptabel bezeichnet hatten – das wäre ein bedeutender Durchbruch gewesen, wenn es denn stimmen würde –, aber vielleicht entsprang sie nur Clintons *Interpretation* von Arafats Reaktion, um Barak zu weiterem Verhandeln zu bewegen. Clinton fügte hinzu, dass Arafat »einen Landtausch wollte«, als Entschädigung für das Land, das Israel annektieren würde, »aber nur einen symbolischen Tausch«.

Nachdem bei den territorialen Problemen anscheinend ein Durchbruch gelungen war, wurde deutlich, dass die Parteien sich jetzt der umstrittensten Frage überhaupt zuwenden mussten.

Jerusalem

Am 17. Juli 2000, dem siebten Tag des Gipfels, stand die Stadt, die Israelis und Palästinenser als ihre Hauptstadt beanspruchten, im Mittelpunkt. Beide Parteien spürten zwar – auch wenn sie das nur ungern öffentlich aussprachen –, dass es beim Thema Jerusalem ein gewisses gegenseitiges Entgegenkommen geben könnte, aber bei einem Ort waren beide Seiten der festen Überzeugung, dass sie hier unmöglich Kompromisse schließen konnten: gemeint ist das Herz der Jerusalemer Altstadt, der jüdische Tempelberg beziehungsweise der muslimische Haram al-Sharif. Letzterer liegt direkt auf der Gipfelplattform des Tempelbergs, und Israelis wie Palästinenser strebten nicht nur die physische Kontrolle über diesen Ort an, sondern wollten dort auch die rechtliche Souveränität ausüben.

Jetzt, in Camp David, sagte Präsident Clinton, der sich auf die Seite der Israelis schlug, zu Ministerpräsident Barak: »Ich akzeptiere Ihre Souveränität über den Tempelberg«, und damit meinte er den ganzen Ort, einschließlich des Haram. Aber er fügte noch hinzu, dass »die beste Möglichkeit, mit der man Arafat dazu bringt, sich zu bewegen, für mich darin besteht, dass man ihm ein Bild zeichnet, das [beim Thema Jerusalem] gut aussieht, ohne Ihre Souveränität zu beschädigen«.[28] Clinton wollte jetzt sehen, ob Barak in Sachen Jerusalem ein Angebot parat hatte, das Arafat zufriedenstellen und die Konferenz zu einem erfolgreichen Abschluss bringen konnte. Bei einem Vier-Augen-Gespräch am späten Abend gab Barak Clinton das Startsignal für einen Lösungsversuch, mit dem, wie er es ausdrückte, »ich leben könnte«. Dies sollte ein amerikanischer Vorschlag an Arafats Adresse sein, keiner, der von Barak kam. Der Präsident würde dann zu Arafat sagen, er werde sich um Baraks Zustimmung bemühen. Nach diesem Gespräch berichtete Barak in seinem Quartier seinem Stabschef Danny Yatom über das Angebot, und Yatom machte sich Notizen, die in die Unterlagen der israelischen Delegation aufgenommen wurden. Aus diesen Aufzeichnungen geht hervor, dass Barak von Clinton als Gegenleistung für seine Bereitschaft, diesen bei Arafat ein Angebot zu Jerusalem vorlegen zu lassen, mit dem er selbst »leben könnte«, umfangreiche amerikanische Militärhilfe verlangt hatte: »[Ich habe] um die Lieferung von [Kampfflugzeugen des Typs] F-22 [gebeten]«, diktierte Barak, »um Tomahawk-[Marschflugkörper], [...] um ein Verteidigungsbündnis [zwischen Israel und den USA], das für einen nicht konventionellen Raketenangriff und einen umfassenden konventionellen Angriff gelten würde [das heißt: ein Angriff mit nicht konventionellen Waffen auf Israel würde mit einem entsprechenden Angriff der USA beantwortet].« Als letzten Punkt diktierte Barak Yatom: »Ich sagte ihm, dass sie unser nicht konventionelles Potenzial noch nicht ansprechen dürfen.«[29] Das war natürlich eine Anspielung auf Israels atomares Potenzial.

Schon bald wurde jedoch deutlich, dass Clinton in den Verhandlungen mit Arafat keine Fortschritte gemacht hatte. Der Palästinenserführer sagte, er werde nur einem Abkommen zustimmen, das ihm die vollständige Souveränität über das gesamte arabische Ostjerusalem übertrug, einschließlich des Haram al-Sharif/Tempelbergs, und Clinton wusste, dass Barak das nicht akzeptieren würde. Ein zunehmend verzweifelter Clinton sagte Barak, die einzige noch verbliebene Handlungsmöglichkeit sei, den Gipfel zu beenden. Barak bat den Präsidenten um etwas Bedenkzeit für seinen nächsten Schritt.

Arafat in die Falle locken?

Beim nächsten Treffen zwischen Barak und Clinton in Baraks Hütte wurden die Protokollanten weggeschickt, damit es von diesem Gespräch keine Notizen gab, und Barak sagte zu Clinton, er werde ihm jetzt ein weitreichendes Pfand geben, ein Angebot, das der Präsident zu Arafat mitnehmen sollte, allerdings nicht als ein direktes Angebot Baraks, sondern als etwas, von dem Clinton dachte, er könnte es dem Ministerpräsidenten möglicherweise abringen, falls Arafat dem zustimmen würde. Der Kern von Baraks aktuellem Vorschlag sah so aus: Israel würde die Besatzung des Gazastreifens und des Westjordanlandes beenden, aber neun Prozent der Fläche des Letzteren behalten, die von seinen Siedlungen eingenommen wurden, und Arafat dafür entschädigen, indem man ihm ein Prozent der Fläche Israels in unmittelbarer Nachbarschaft des Gazastreifens übergab. Israel würde Arafat außerdem die Souveränität über 85 Prozent der Grenze zu Jordanien übertragen. In Jerusalem würden sieben der neun äußeren Stadtteile unter palästinensische Souveränität kommen. In den inneren Stadtteilen Jerusalems wären die Palästinenser für die

Stadtplanung zuständig, und in der Altstadt würden sie die Souveränität über das muslimische und das christliche Viertel erhalten. Der Sicherheitsrat der Vereinten Nationen sollte eine Resolution zum Tempelberg/Haram verabschieden, mit dem er der gemeinsamen Verwaltung durch Palästina, Marokko und den Vorsitzenden des Jerusalem-Ausschusses der arabisch-islamischen Nationen übergeben wurde, aber – sehr wichtig – Israel würde die Souveränität über die Anlage und den darunter begrabenen Tempelberg behalten. In Sicherheitsfragen müssten die Palästinenser den israelischen Bedürfnissen entsprechen. Dazu gehörte unter anderem die israelische Kontrolle über das Jordantal für einen Zeitraum von bis zu zwölf Jahren nach der Unterzeichnung eines Abkommens, sodass sich Israel gegen einen von Osten her vorgetragenen potenziellen Angriff durch einen Staat wie den Irak verteidigen und den Waffenschmuggel in die Palästinensergebiete über den Fluss hinweg unterbinden konnte. In der Flüchtlingsfrage werde es, so formulierte es der Ministerpräsident, »eine befriedigende Lösung« geben. Barak fügte dann noch hinzu, er werde Arafat, falls er dieses Paket ablehnte, als das betrachten, was er *wirklich* sei, in Baraks eigenen Worten: »Wenn er wie ein Fanatiker aussieht, wie ein Fanatiker geht und wie ein Fanatiker schwatzt, dann *ist* er möglicherweise ein Fanatiker.«

Es besteht kaum ein Zweifel daran, dass Barak mit diesem Plan Arafat in der Landfrage und mit anderen Zugeständnissen, besonders zu Jerusalem, sehr viel anbot. Das vereinte Jerusalem war in den Jahren seit der Annexion im Jahr 1967 zu einem grundlegenden Teil der Identität des jüdischen Staates geworden, und wenn man sein Herz – die Altstadt – teilte und die Hälfte davon Arafat anbot, war das, wie Martin Indyk vom amerikanischen Verhandlungsteam zutreffend feststellte, »entweder ein Akt außergewöhnlichen Mutes und ebensolcher Staatskunst oder ein Akt vollendeter Torheit«.[30] Allerdings ist es auch wichtig zu wissen, dass Barak das nicht anbot, was für Arafat *der wichtigste Punkt überhaupt* war: die Souveränität über den Haram al-Sharif.

War das eine weitere machiavellistische Falle, die Barak zum Nachteil Arafats stellte? Schätzte er die Lage so ein, dass Arafat *jedes* Angebot ablehnen würde, das nicht die palästinensische Souveränität über den Haram mit einschloss – ganz gleich, wie günstig die sonstigen Bestimmungen ausfielen –, und es ihm so ermöglichen würde zu zeigen, dass er zu bedeutenden Zugeständnissen bereit war, im sicheren Wissen, dass er das nie unter Beweis stellen musste und Arafat außerdem bei der Abreise aus Camp David als nicht am Frieden interessiert hinstellen konnte? Wir werden das vermutlich nie erfahren, aber dies war dennoch ein äußerst dramatischer Augenblick in Camp David. Sandy Berger, Clintons Nationaler Sicherheitsberater, erinnert sich: »Was Barak dem Präsidenten da vorlegte, war außerordentlich dramatisch, [...] und der Präsident kehrte in die Aspen Lodge zurück, bat um eine Unterredung, an der nur Madeleine [Albright], Dennis [Ross] und ich teilnehmen sollten, und sagte: ›Ich glaube, wir haben jetzt etwas, mit dem wir arbeiten können.‹«[31]

Clinton bat um ein Vier-Augen-Gespräch mit Arafat, bei dem nur noch Gamal Helal, ein Dolmetscher des US-Außenministeriums, dabei sein sollte, um zu übersetzen. Alle anderen Mitglieder des amerikanischen Teams zogen sich in die Küche zurück. Berger erinnert sich, wie »wir alle uns hinter der Tür drängten, und abwechselnd ging einer von uns zur Tür, öffnete sie nur einen Spalt weit und spähte einen kurzen Augenblick lang durchs Fenster, damit wir sehen konnten, was dort drüben vor sich ging.«[32] Clinton legte Arafat im Hauptraum das Angebot Baraks vor. Dazu noch einmal Bergers Bericht:

Clinton setzte im Gespräch mit Arafat die gesamte Klaviatur ein. Jede Taste, jede Note, er schmeichelte, er leistete Überzeugungsarbeit, in einigen Fällen gab er sich ein bisschen vertraulich. Einmal beugte er sich über Arafat. Und Arafat hörte meistens zu. Ich hatte den Eindruck, dass er überwältigt war von der Präsenz dieses über ihm aufragenden 1,92-Meter-Mannes, der sich zu ihm beugte, seinem Gesicht näher und immer näher kam und dabei erklärte, dass dies ein historischer Augenblick sei.

Arafat erbat sich etwas Bedenkzeit, nach der er dann seine Antwort mitteilen würde. In den frühen Morgenstunden des 19. Juli schickte er schließlich den folgenden Brief:

Lieber Präsident Clinton,
angesichts der Bedeutung der Diskussion und der Fragen, mit denen wir ringen, und hier ganz besonders: der Jerusalem-Frage, [...] sind wir der Ansicht, dass Beratungen mit der palästinensischen Führung erforderlich sind. [...] Wir möchten unsere Bereitschaft erklären, die Verhandlungen an einem von Ihnen ausgewählten Ort fortzusetzen.[33]

Clinton traute der Sache nicht. Er sah in Arafats Brief einen Versuch, Baraks Vorschläge »in die eigene Tasche zu stecken«, um sie dann bei einem weiteren Gipfel als Ausgangsposition zu benutzen und weitere Zugeständnisse zu verlangen. Clinton war auch klar, dass er, falls er Arafat jetzt vom Haken und aus Camp David abreisen ließ, alle Vorteile des Dampfkochtopf-Umfelds einbüßen würde. Deshalb verlangte er, dass Arafat ihm eine eindeutige Antwort gab – an Ort und Stelle. Diese Antwort bestand jedoch, als sie eintraf, aus einem sehr klaren »Nein«. Barak schickte, als er diese Neuigkeit hörte, seinerseits einen Brief an Clinton:

> *Lieber Herr Präsident,*
> *ich schreibe Ihnen diesen Brief mit immenser Dankbarkeit und in tiefer Sorge. [...] Bedauerlicherweise habe ich heute am frühen Morgen erfahren, dass der Gipfel möglicherweise an einen toten Punkt gelangen wird. Wir haben den starken Eindruck, dass die palästinensische Seite nicht im guten Glauben verhandelt hat, und sie zeigte auch keine ernsthafte Annäherung an unsere Besorgnisse. [...] Die palästinensische Führung hat sich zu diesem Zeitpunkt offensichtlich von ihrer erklärten Verpflichtung zur Beendigung des Konflikts verabschiedet. [...] Die Konsequenzen der gegenwärtigen Lage können sehr wohl zu einer Verschlechterung in der Region führen. Wir werden unser Bestes tun, um eine solche Entwicklung zu vermeiden.*[34]

Barak beendete seinen Brief mit einer Zusage, den Oslo-Friedensprozess fortzusetzen (»ich bekräftige nochmals unser Engagement für Verhandlungslösungen«).

Ein offensichtlich bedrückter Clinton dankte Barak bei einem anschließenden Treffen für seinen Brief und sagte ihm, er stimme dessen Aussagen zu. Clinton setzte noch hinzu: »Ich werde Sie unterstützen und beschützen, ich bin Ihr Mann. [...] Es ist sehr ärgerlich. [...] Die Araber sind alle gleich, [...] [sie wollen dich alle] schröpfen.« Der Präsident erzählte Barak dann, wie Arafat, als er ihn wegen mangelnder Kooperation kritisierte, zu »seiner kleinen Rede« anhob und »ich liebe Sie und danke Ihnen« sagte, als ob er vom Wesentlichen ablenken wollte – von seinem Mangel an Kooperation bei der Suche nach einer Lösung für den Konflikt.[35]

Ein politischer Gauner

Barak hatte Vier-Augen-Gespräche mit Arafat in Camp David bis zu diesem Zeitpunkt abgelehnt, aber jetzt schlug Clinton eine solche Zusammenkunft vor und fügte hinzu, das würde für Barak, der dann nicht mehr beschuldigt werden könne, er habe nicht alles versucht, um einen Friedensschluss zu erreichen, gut aussehen. Doch Barak sträubte sich. »Wir haben sorgfältig darauf geachtet, dass er kein amerikanisches oder israelisches [schriftliches] Papier in die Hand bekam, damit [er nicht] mit einem Dokument von hier weggehen kann«, sagte Barak und fügte hinzu: »Er braucht ein [Vier-Augen-]Gespräch [mit mir], um ein Dokument in der

Hand zu haben.« Clinton versuchte es ein weiteres Mal, aber Barak war nicht umzustimmen.

Clinton berichtete Barak später, er habe mit Ägyptens Präsident Hosni Mubarak und anderen Personen gesprochen und sie um Unterstützung bei dem Versuch gebeten, Arafat dazu zu bewegen, das ihm vorgelegte Angebot anzunehmen.[36] Im Rückblick erwies es sich als schwerwiegender Fehler, führende arabische Staatsmänner – die Saudis, Jordanier und ganz besonders die Ägypter, die inoffizielle Schutzmacht der Palästinenser – uninformiert zu lassen und sich nicht bereits vor und während des gesamten Gipfels ihrer Unterstützung zu versichern. Sie jetzt um eine Intervention zu bitten, ohne Kenntnis der Details und Nuancen und nachdem die Gespräche ins Stocken geraten waren, war ein hoffnungsloses Unterfangen. Der ägyptische Präsident Mubarak erinnert sich: »Ich bekam einen Anruf vom Präsidenten der Vereinigten Staaten, der mir sagte, ich müsse Arafat anrufen und ihn dazu drängen, einen Kompromiss zu Jerusalem anzunehmen. Ich fragte ihn: ›Wie lauten die Vertragsbedingungen?‹, und er sagte: ›Das kann ich Ihnen nicht sagen, weil ich versprochen habe, die Einzelheiten nicht offenzulegen‹, [also sagte ich:] ›Danke, Herr Präsident. Ich kann nichts für Sie tun.‹«[37] Anstatt Arafat jetzt zur Annahme eines Kompromisses zu drängen, beschworen ihn die arabischen Staatschefs, stark zu bleiben, vor allem beim Thema Jerusalem.

Clinton berichtete Barak auch, dass die Palästinenser »fürchterliche Angst« hätten, wie er sich ausdrückte, dass man sie für das Scheitern des Gipfels verantwortlich machen könnte, und dass sie bleiben und die Gespräche fortsetzen wollten. Barak erwiderte: »Wir sind erwachsen, […] keine Kinder mehr, […] was sie gemacht haben, ist scheiße. […] Sie haben uns beide manipuliert.« Clinton schilderte Barak die Situation im palästinensischen Lager, wo »das Problem darin besteht, dass ihre Entscheidungen von einem Komitee getroffen werden. […] Dort gibt es endlose Auseinandersetzungen.« Clinton wiederholte seine Bitte an Barak, sich mit Arafat zusammenzusetzen und den Versuch zu unternehmen, die Probleme im direkten Gespräch zu lösen, aber der Ministerpräsident lehnte das abermals ab: »Ich werde mich nicht mit einem Gauner in einen Raum begeben, […] er ist ein politischer Gauner.« Clinton: »Aber Sie haben noch gar nicht mit ihm verhandelt.« Barak: »*Er* führte keine Verhandlungen.« Clinton: »Denken Sie, dass es richtig ist, ihm nicht in die Augen zu sehen?« Barak: »Ich will ihn nicht sehen.« Clinton: »Wollen Sie abreisen und die ganze Sache sterben lassen?« Barak: »Ich werde verkünden, dass wir es nicht mit einem Partner, sondern mit einem Manipulator zu tun hatten.«[38]

Der Kollaps

Clinton musste jetzt zu einem seit Langem terminierten G-8-Gipfel reisen, der auf der japanischen Insel Okinawa stattfand, aber er drängte Barak und Arafat, noch in Camp David zu bleiben und die Verhandlungen fortzusetzen. Da Barak und Arafat beide nicht als Totengräber der Konferenz gelten wollten, sagten sie zu, sie würden bleiben und unter der Leitung von Madeleine Albright weiterverhandeln, aber sobald Clinton in Japan war, zogen sie sich in ihre Häuser zurück und stellten die Verhandlungen ein.

Albright bemühte sich, wenigstens die verdrießliche Atmosphäre in Camp David zu verbessern, also unternahm man mit Barak einen Tagesausflug und zeigte ihm das Schlachtfeld von Gettysburg. Natürlich musste man dann auch Arafat einen Ausflug ermöglichen, und so lud ihn Albright auf ihre Farm ein, die nur etwa 25 Autominuten entfernt war. Sie erinnert sich:

Bei unserer Ankunft war mein zwei Jahre alter Enkel gerade aus dem Mittagsschlaf aufgewacht, er sah Arafat an und schrie, und ich dachte: Das war's wohl. Danach saßen wir am Swimmingpool, und Arafat erzählte Geschichten, [...] dass ihm Tom-und-Jerry-Cartoons gefielen, er feuerte meinen anderen Enkel an, der vom Sprungbrett ins Wasser sprang, und küsste meine Enkelin, und dann haben wir dieses vollkommen irre Bild von Arafat, der dort zwischen all den Leuten in Badekleidung steht und dabei seine Uniform trägt. Das sieht aus, als hätten wir da eine Ausschneidefigur, die gerade zu uns gestoßen ist.[39]

Zurück in Camp David, vergnügten sich die Delegierten mit einer Partie Bowling auf der hauseigenen Bahn des Anwesens. Im Kino lief der Spielfilm *Gladiator*. Alle Konferenzteilnehmer machten Ferien und warteten auf die Rückkehr des Präsidenten.

Clinton kehrte am 23. Juli aus Japan zurück und setzte sich mit Barak zusammen. Dieser betonte jetzt, er werde, so sehr er sich auch ein Abkommen und ein Ende des israelisch-palästinensischen Konflikts wünsche, »dies nicht um jeden Preis tun«. Er schlug vor, dass Clinton bei einem Gespräch mit Arafat um eine Antwort auf die Vorschläge bitte solle, die dem Palästinenserführer vor der Abreise des Präsidenten nach Japan vorgelegt worden waren. Barak fügte hinzu:

Ich kann nicht weiter gehen, [...] es ist das Maximum dessen, was ich [bei einem Referendum in Israel] durchbringen kann. [...] Es ist nicht nur Taktik, sondern real. [...] Es ist ein fairer Vertrag [für] die Palästinenser. [...] Arafat muss begreifen, dass dies eine einmalige Chance ist und dass er innerhalb von Wochen und Monaten einen vernünftigen Staat auf 90 Prozent des Landes bekommt, gültige Grenzen, Grenzübergänge zu den verschiedenen Staaten. [...] Er wird einen Teil von Ostjerusalem bekommen. [...] Es ist eine Riesenchance für ihn. [...] Jetzt ist für ihn der Zeitpunkt gekommen, an dem er sich entscheiden muss, ob er ein Staatschef oder Chef einer Bande sein will.[40]

Barak erklärte gegenüber Clinton, die arabische Welt werde Arafat so oder so unterstützen, aber Clinton war anderer Meinung. »Die Saudis«, sagte er, »werden Arafat in Stücke reißen, wenn er die Souveränität über die Moscheen [in Jerusalem] aufgibt.« In dieser Äußerung spiegelt sich das, was Arafat nach einer Notiz seines Beraters Akram Hanieh zu Clinton und seinem Team gesagt hatte:

Jerusalem ist nicht nur eine palästinensische, sondern eine arabische, islamische und christliche Stadt. Wenn ich eine Entscheidung zu Jerusalem treffen soll, muss ich mich mit den Sunniten, den Schiiten und allen arabischen Ländern beraten. Ich muss mich mit vielen Ländern beraten, das fängt an mit dem Iran und Pakistan und führt über Indonesien und Bangladesch bis nach Nigeria. Erwarten Sie, dass irgendjemand dem Verzicht auf Jerusalem und die Al-Aksa-Moschee zustimmen würde?[41]

Clinton versicherte Barak, er werde, falls Arafat nicht kooperieren und keine eindeutige Antwort auf die früheren Vorschläge geben werde, die Barak ihm hatte zukommen lassen, »ihm die Schuld geben. [...] Ich werde sagen, dass Sie getan haben, was Sie konnten, und dass er eine angemessene Antwort schuldig geblieben ist. [...] Sie haben tapfer gehandelt. Eine angemessene Antwort ist ausgeblieben.« Das war eine eindeutige Abkehr von Clintons Versprechen an Arafat vor dem Gipfel, dass er ihm auch im Fall eines Scheiterns nicht die Schuld zuweisen würde.

Der Ministerpräsident hatte inzwischen die Verhandlungen eingestellt und mit den Vorbereitungen auf eine Konfrontation mit den Palästinensern begonnen. Er rief den Direktor des Shin Bet, Avi Dichter, an und warnte ihn: »Wir werden möglicherweise scheitern. [...] Bereiten Sie sich auf eine Konfrontation vor.« Eine ähnliche Nachricht schickte er an den Generalstabschef der Armee.

Clinton sondierte inzwischen bei Arafat, ob dieser immer noch eine positive Antwort auf das Angebot verweigerte, das er ihm vor seiner Abreise nach Japan übermittelt hatte, und Arafat antwortete: »Wollen Sie zu meiner Beerdigung kommen? Lieber sterbe ich, als dass ich einer israelischen Souveränität über den Haram zustimme. [...] Ich werde nicht als Verräter in die Geschichte der Araber und Muslime eingehen. [...] Wir werden Jerusalem befreien, vielleicht nicht jetzt, aber in 100 Jahren.«[42] Clinton fuhr ihn an: »Barak macht Zugeständnisse und Sie nicht. [...] Wir reden über Staaten, nicht über Religion. Haben Sie jemals von Souveränität über das christliche und muslimische Viertel geträumt [wie Barak das jetzt anbot] [...] und von einem palästinensischen Staat?« Aber Arafat war vollkommen unnachgiebig.

Am späten Abend des 24. Juli saß Clinton bei einem letzten verzweifelten Versuch mit israelischen und palästinensischen Unterhändlern zusammen. Er bot den Palästinensern die Souveränität über die Außenbezirke Jerusalems an; eine begrenzte Souveränität über die inneren Stadtbezirke; die Souveränität über das muslimische und christliche Viertel der Altstadt und außerdem etwas, von dem er dachte, es könnte Arafat in Versuchung bringen und was er als »verwaltende Souveränität« – der Begriff ist im Völkerrecht unbekannt – über den Haram bezeichnete. Dann schickte er die palästinensischen Vertreter bei dieser Besprechung mit der Maßgabe zu Arafat, das neue Angebot zu überdenken. Die Palästinenser gingen den Vorschlag durch, erklärten aber, ohne vollständige Souveränität über den Haram al-Sharif in Jerusalem könnten sie keine positive Antwort geben. Um drei Uhr morgens schickte Arafat seine Delegierten Mohammed Dahlan und Saeb Erekat mit einem Brief, in dem der Vorschlag abgelehnt wurde, zu Clinton. Dahlan erinnert sich:

> *Es regnete, und wir gingen zu Präsident Clinton. [...] Natürlich erkannte der Präsident sofort, als wir den Raum betraten, dass wir eine Ablehnung brachten, [...] so wie wir dreinschauten, [...] wie wir hereinkamen, unser Auftreten, es war offensichtlich, aber es war ein berührender Augenblick.*[43]

Clinton rief um 3.15 Uhr morgens Barak an, um ihm zu sagen, dass Arafat das Angebot abgelehnt hatte. Einige Stunden später versammelte der Ministerpräsident seine Delegation um sich, gab das Scheitern des Gipfels bekannt und erklärte, es sehe so aus, als hätten die Israelis »keinen Partner«.[44] Er fügte hinzu: »Der wahre Kampf wird jetzt zu Hause geführt. [...] Vorläufig fehlt Arafat die echte Bereitschaft zur Beendigung des Konflikts, aber vielleicht verfolgt er eine andere Strategie, [...] nach der er mit einer begrenzten Konfrontation [mit Israel] das zu bekommen sucht [was er will].«

Clinton und Albright erörterten nun mit Barak die Erklärung, die der Präsident am Ende der Konferenz vortragen würde. Clinton sagte: »Ich werde sagen, dass Sie Tapferkeit und Entschlossenheit bewiesen haben, dass Arafat stumm blieb, […] und dass Sie brillant waren.«[45] Clinton zog eine Bilanz der vergangenen zwei Wochen in Camp David und sagte, dass die Palästinenser »mit einer sehr schlechten Strategie hierherkamen. […] Arafat ist 72 Jahre alt, er ist nur ein revolutionärer Anführer gewesen, die Leute in seinem Umfeld sind alt. […] Arafat hat den Bezug zur Wirklichkeit verloren. […] Er lebt nicht in der Welt, in der wir leben. Wir treffen ständig Entscheidungen und prüfen Alternativen, [aber er nicht].«

Barak ging die Erklärung durch, sagte, er akzeptiere sie, wies auf Arafats mangelnde Kompromissbereitschaft hin und merkte dazu noch an: »Ich werde ihm keine [weiteren Rückzüge aus besetztem Gebiet] mehr geben.« Clinton versicherte ihm, er werde ihn unterstützen. Das war eine weitere Kehrtwendung, denn vor dem Gipfel hatte Clinton nicht nur versprochen, Arafat nicht die Schuld für ein eventuelles Scheitern zu geben, sondern auch zugesagt, dass die Übergabe von Land aus israelischer in palästinensische Hand weitergehen werde, wie das in früheren Abkommen vereinbart worden war. Nach der Konferenz sollte Barak behaupten: »Indem ich Arafat als jemanden bloßstellte, der nicht zu Kompromissen bereit war, gelang es mir, die Übergabe von Land an ihn abrupt zu beenden.«[46]

Nach allen praktischen Gesichtspunkten war der Gipfel zu Ende, und der Finger, der auf den Schuldigen zeigte, war eindeutig auf Arafat gerichtet, der ihn vermeintlich hatte scheitern lassen.

Der große amerikanische Diplomat Henry Kissinger erklärte einmal, dass Verhandlungen nur dann Aussicht auf Erfolg hätten, »wenn man die Minimalforderungen beider Seiten aufeinander abstimmen« kann.[47] In Camp David wurden Arafats Mindestansprüche nicht erreicht, und die Angebote, die man ihm vorlegte, entsprachen seinen Forderungen nicht. Es traf zwar zu, dass Baraks Angebote großzügig und weitreichend waren und dass er in allen Fragen, von Zugeständnissen bei der Landrückgabe bis zur Zukunft von Jerusalem, weiter ging als alle seine Vorgänger. Aber sie boten nicht annähernd das, was Arafat brauchte. Für ihn war Jerusalem das Hauptproblem, und er ging davon aus, dass er beim Umgang mit den heiligen Stätten auch nicht einen Zentimeter nachgeben dufte, weil von dieser Frage die gesamte muslimische Glaubensgemeinschaft und nicht nur die Palästinenser betroffen waren. Die Landfrage war ihm längst nicht so wichtig wie muslimische und islamische Werte, und es war vollkommen klar, dass er ohne arabische Unterstützung – in erster Linie von Saudi-Arabien, Ägypten und Jordanien – niemals irgendeine Lösung zu Jerusalem hätte unterzeichnen können, die weniger als die vollständige Souveränität über den Haram bot. Eine solche Unterstützung war jedoch im kritischen Augenblick nicht zu haben, sie hätte vorab von den Vereinigten Staaten organisiert werden müssen.

Hätte ein Vier-Augen-Gespräch zwischen Arafat und Barak, das der israelische Ministerpräsident standhaft verweigerte, ein Abkommen ermöglichen können? Bis zum heutigen Tag ist nicht völlig geklärt, ob ein solches Treffen Arafats Haltung ändern und den Gipfel hätte retten können, denn das Hauptproblem waren die Differenzen bei den großen Fragen – nicht nur beim Thema Jerusalem, sondern beispielsweise auch bei der Zukunft der Flüchtlinge –, die einfach zu groß waren, als dass man sie hätte überbrücken können. Aber es war natürlich nicht hilfreich, dass Barak niemals wirklich dazu fähig war, mit Arafat zu kommunizieren.

Die Ereignisse im Sommer 2000 in Camp David werden künftigen Historikern, dem letztlichen Scheitern des Gipfels zum Trotz, zweifellos als entscheidende Phase für die Lösung des israelisch-palästinensischen Konflikts und die Beendigung der Besatzung gelten, denn sie erhellten die Hauptprobleme und ermöglichten es den Parteien, die Fragen zu durchdenken, die sie bei künftigen Verhandlungen angehen mussten.

Ein Sturm zieht auf

Unmittelbar nach dem Ende des Gipfels war die erste Sorge für Barak wie für Arafat, dem jeweiligen Gegenüber die Schuld an dessen Scheitern zu geben. Das war von grundlegender Bedeutung, wenn man sich innenpolitische wie internationale Unterstützung sichern wollte. Arafat wollte am 29. Juli in Paris mit dem französischen Präsidenten Jacques Chirac zusammentreffen, um ihm zu erklären, warum er die Annahme des Angebots von Camp David verweigerte, und Barak rief einen Tag zuvor Chirac an, um seine Version des Geschehens zuerst zu übermitteln und den französischen Staatschef zu bitten, »Arafat zu den Entscheidungen zu ermutigen, die uns zu einem Abkommen verhelfen könnten«.[48]

Vor Ort herrschte unterdessen weiterhin eine angespannte Ruhe, aber die Kommunikationskanäle zwischen israelischen, palästinensischen und amerikanischen Diplomaten blieben offen, um sicherzustellen, dass die große Konfrontation, mit der allgemein gerechnet wurde, nicht eintrat. Barak traf sich am 30. August mit Dennis Ross, dem Sondergesandten Präsident Clintons, der begleitet wurde von Botschafter Indyk, Sonderberater Rob Malley und dem US-Diplomaten Gamal

Helal, der nach Israel gekommen war, um einschätzen zu können, auf welchem Weg – wenn überhaupt – die Parteien die Friedensgespräche wieder aufnehmen konnten. »Haben wir [in Arafat] einen Partner«, fragte Barak, »oder haben wir es mit jemandem zu tun, der eigentlich gar kein Abkommen will?«[49] Gamal Helal, ein in Ägypten geborener Amerikaner und Experte des Außenministeriums, der bei Treffen mit arabischen Staatsmännern für Clinton auch als Dolmetscher fungierte und Arafat recht gut kannte, sagte: »Ich weiß nicht so recht. [...] Arafat kehrte als Held aus Camp David zurück, und so fühlt er sich heute noch. [...] [Er hält sich für] den Verteidiger Jerusalems. Ist er immer noch in der gleichen euphorischen Stimmung, oder ist er wieder in der Wirklichkeit angekommen? Das kann ich nicht beantworten.«

Barak telefonierte am 6. September mit Clinton und sagte ihm: »Ich habe beschlossen, dem Frieden mit Arafat noch eine Chance zu geben.«[50] Clinton war sehr angetan. Er sagte, nach Camp David »besuchte Arafat 30 Länder. [...] Vielleicht zieht er es vor, die Welt wie Moses zu bereisen«, und er fragte sich: »Wie würde er wohl zu einem guten Vertrag kommen, wenn Sie und ich aus dem Amt scheiden?« Der Präsident und Barak dachten über Möglichkeiten nach, wie man die israelisch-palästinensischen Friedensgespräche wieder aufnehmen könnte, vielleicht in Washington, und ihr Plan, den sie in einer anschließenden Reihe ausführlicher Telefongespräche entwickelten, sah vor, die in Camp David geleistete Grundlagenarbeit für die Beilegung der noch verbliebenen Differenzen zu nutzen. Barak schlug sogar vor, er könne sich mit Arafat zusammensetzen – bis dahin hatte er sich immer gegen eine solche Geste gesträubt –, um miteinander warm zu werden und die neue Initiative auf den Weg zu bringen. Clinton griff den Vorschlag sofort auf und sagte: »Ich wüsste nicht, wie ein solches Treffen mit Arafat schaden könnte.«

Am 25. September 2000, genau zwei Monate nach dem Scheitern des Gipfels von Camp David, schickte Barak einen Black-Hawk-Hubschrauber nach Ramallah, der Arafat und einige seiner Mitarbeiter abholte und sie zum Abendessen in sein Privathaus nach Kochav Yair brachte, wo Barak den Versuch wagen wollte, den entstandenen Schaden zu beheben. Die beiden hatten vorab vereinbart, dass sie unmittelbar nach dem Treffen eine Verhandlungsdelegation zu dreitägigen Friedensgesprächen nach Washington entsenden wollten. Bei diesem Treffen in seinem Haus sagte Barak zu Arafat: »Es ist eine Stunde der Wahrheit. [...] Wir haben nicht viel Zeit.«[51] Arafat sagte, wie üblich bei Treffen dieser Art, nur wenig, er erwiderte mit seinem unverbindlichen Nuscheln: »Ja, ja, [...] sehr wenig Zeit, [...] es könnte etwas geschehen.« Aber er drückte seine tiefe Besorgnis aus, dass eine blutige Konfrontation ausgelöst werden könnte, falls Ariel Sharon, der Chef der rechtsgerichteten Oppositionspartei Likud, dem Tempelberg in Jerusalem einen Besuch abstatten würde, wie er das vor Kurzem angekündigt hatte. Ein solcher Besuch würde die Muslime mit Sicherheit aufbringen, denn der jüdische Tempel liegt darunter begraben, und ihn zu »besuchen« bedeutet nichts anderes als einen Spaziergang in der Anlage des Haram al-Sharif, in der mehrere Moscheen untergebracht sind, einschließlich der heiligen Al-Aksa-Moschee. Nach dem Gipfel von Camp David wurde diese Anlage zum Pulverfass. Schließlich scheiterte der gesamte Gipfel an Meinungsverschiedenheiten darüber, wer hier das Sagen haben sollte.

12 Al-Aksa-Intifada, 2000–2001

Ariel Sharons Besuch auf dem Tempelberg/Haram al-Sharif am 28. September 2000 erwies sich als Wendepunkt in der Geschichte der besetzten Palästinensergebiete. Der Likud-Parteichef kam am frühen Morgen in Begleitung einer massiven Polizeieskorte, die ihn vor möglichen Angriffen durch Palästinenser schützen sollte, und verbrachte etwa eine halbe Stunde in der Anlage. Haj Kamil, ein palästinensischer Wachmann in der Al-Aksa-Moschee, erinnert sich, wie Sharon durch die Höfe der Moschee ging, »sehr provozierend, er demütigte das palästinensische Volk und entweihte die muslimischen heiligen Staaten, wir riefen ihn an und baten ihn zu gehen, ›Verlassen Sie die Moschee, die heilige Moschee, die Al-Aksa-Moschee‹, [seine Leibwächter] schlugen mich mit einem Stock.«[1] Während des Besuchs hatte es nur kleinere Störungen gegeben, doch den ganzen restlichen Tag über kam es wiederholt zu sporadischen Steinwürfen von Palästinensern gegen die Polizei in unmittelbarer Nachbarschaft der Anlage. Diese Vorfälle waren, wie wir heute wissen, die ersten Salven der zweiten palästinensischen Intifada, die unter ihrem religiös unterlegten Namen bekannter ist: die Al-Aksa-Intifada.

Der Ministerpräsident hätte Sharon an diesem Besuch hindern können. Warum Barak das nicht tat, auch nicht, nachdem ihn Arafat bei ihrem Treffen am 25. September vor den möglichen schlimmen Folgen eines derart provozierenden Auftritts gewarnt hatte, ist nicht ganz klar. Barak sagte in einem Interview mit dem Autor, es stehe einfach nicht in seiner Macht, irgendjemanden, einschließlich des Oppositionsführers, an einem Besuch der Anlage zu hindern, solange das nicht die nationale Sicherheit gefährde. Aber natürlich war genau das der Fall, wie die darauffolgenden Ereignisse rasch deutlich machten. Sharon wollte mit dem Besuch seine eigene politische Basis stärken, vor allem innerhalb des Likud, seiner eigenen Partei, in der sich mit Benjamin Netanjahu ein jüngerer, eloquenterer politischer Rivale wachsender Beliebtheit erfreute. Außerdem war dies Sharons Art zu zeigen, dass er Jerusalem nicht in Verhandlungen weggeben würde, im Unterschied zum Ministerpräsidenten, der die Stadt beim Gipfel von Camp David auf den Verhandlungstisch gelegt hatte.

Und so diente auch bei der zweiten Intifada – wie schon beim ersten Aufstand in den besetzten Palästinensergebieten, der durch einen unbedeutenden Autounfall ausgelöst worden war – ein scheinbar unspektakuläres Ereignis, nämlich der Besuch eines Politikers auf dem Tempelberg, als Zündfunke. Sharons Besuch, so umstritten er auch war, wirkte jedoch nur als Katalysator und war nicht die Ursache, die dem erneuten palästinensischen Aufstand zugrunde lag. Was also *war* der tiefere Grund für den neuen Krieg?

Ted Gurr, ein führender Konfliktforscher, hält fest, dass innere Unruhen oft das Ergebnis einer Kluft zwischen dem sind, wozu sich Einzelpersonen berechtigt glauben, und dem, was sie tatsächlich erhalten. Diese relative Entbehrung, erklärt er, führt oft zu »Unzufriedenheit und Wut, und diese Wut ist ein motivierender Zustand, auf den Aggression eine ihrem Wesen nach befriedigende Antwort gibt.«[2] Diese Feststellung erklärt im Wesentlichen den Grund für die zweite Intifada, die sich nicht aus dem individuellen Verhalten von Menschen wie Sharon, Barak, Arafat oder anderen ergab, sondern aus der Unvereinbarkeit dessen, was die Palästinenser vom Friedensprozess erwartet hatten, mit dem, was sie dann tatsächlich bekamen – und was nicht einmal ihren einfachsten Bedürfnissen entsprach.

Eine genaue Überprüfung zeigt, dass der Friedensprozess den Palästinensern in der Tat nur sehr wenige Vorteile gebracht hatte. Wenn sich überhaupt etwas geändert hatte, dann hatten sich die Bedingungen, unter denen sie lebten, verschlechtert. Zu Beginn des Oslo-Friedensprozesses lebten im Gazastreifen 3000 und im Westjordanland 117 000 Siedler, während es unmittelbar vor Sharons Besuch in Jerusalem im September 2000 im Gazastreifen bereits 6700 und im Westjordanland 200 000 Siedler gab. Das war eine erhebliche Zunahme, die die Palästinenser zutiefst beunruhigte. Schließlich sollte es beim Oslo-Prozess für Israel vor allem um die Rückgabe von Land für Frieden gehen, deshalb sollte man erwarten können, dass die israelische Regierung die Ansiedlung von noch mehr Juden und den Bau weiterer Siedlungen in diesen Gebieten stoppte. Die Errichtung zusätzlicher Siedlungen führte auch zu mehr Unannehmlichkeiten im Alltag der Palästinenser, weil zum Schutz der Siedler Sicherheitsmaßnahmen getroffen wurden und weil sie für ihren persönlichen Bedarf weitere Ressourcen – vor allem Wasser – verbrauchten.[3] Die Frustration aufseiten der Palästinenser wuchs, und die Situation glich einem Pulverfass, bei dem es nur eines Funkens wie des Sharon-Besuchs auf dem Tempelberg bedurfte, um eine Explosion auszulösen. Wahrscheinlich hätte, wäre Sharons Besuch unterblieben, früher oder später irgendein anderes Ereignis diesen Funken geliefert.

Die Hölle bricht los

Die Israelis beglückwünschten sich gegenseitig, als es am Tag von Sharons Besuch nur zu wenigen Zusammenstößen kam, lebten aber immer noch mit der Sorge, dass die Palästinenser am darauffolgenden Tag, nach dem Freitagsgebet – das war immer ein heikler Zeitpunkt, weil die Muftis oft diese Gelegenheit nutzten, um die Menge in Erregung zu versetzen –, zu gewalttätigen Protesten übergehen könnten. Der Ministerpräsident kontaktierte das US-Außenministerium und bat dort um die Übermittlung einer Nachricht an Arafat, dass jegliche Proteste eine Katastrophe wären, gerade jetzt, nach den guten Fortschritten, die israelische und palästinensische Unterhändler bei den von Arafat und Barak erst drei Tage zuvor eingeleiteten Friedensgesprächen in Washington gemacht hätten.

Arafat hatte natürlich nur einen begrenzten Einfluss auf die Proteste und Demonstrationen. Einerseits stand der größte Teil des Westjordanlandes und des Gazastreifens immer noch unter der Kontrolle der israelischen Armee, und zum andern hörten auch nicht alle Palästinenser auf ihn, vor allem die Islamisten nicht. Aber es war immer die gängige israelische Praxis, eine einzige Quelle der Autorität auszumachen – in diesem Fall Arafat – und ihr die Verantwortung für jede Art von Gewalt oder Protest zuzuschreiben. Die US-Außenministerin Albright sprach persönlich mit Arafat und drängte ihn, für Ruhe auf den Straßen zu sorgen. Wir wissen nicht, ob er irgendwelche Maßnahmen ergriff, was wir jedoch wissen, ist, dass am Freitag, dem 29. September, nach dem Ende des Freitagsgebets im Haram al-Sharif in Jerusalem, die Hölle losbrach.

Palästinenser warfen vom Haram aus Steine auf die Juden vor der Klagemauer, die am Fuß des Haram liegt, und da dies der Vorabend des jüdischen Neujahrsfestes war, war der Platz vor der Mauer voll mit Gläubigen, die man jetzt evakuierte. Im Haram kam es anschließend zu schweren Zusammenstößen zwischen der Polizei, die in die Anlage eingedrungen war, und Palästinensern, bei denen sieben Palästinenser getötet und weitere 200 verletzt wurden. Haj Kamil, ein Wachmann im Haram, erinnert sich an »Schüsse, […] verängstigte, […] entsetzte Menschen, […] Frauen, die sich in die Hosen machten, […] schreiende Kinder und das Blut junger Männer überall auf den Teppichen, […] alle lagen entweder auf dem Boden oder hinter der Mauer oder hinter den Bäumen«.[4] Die Unruhen gingen am nächsten Tag weiter, und die Armee reagierte massiv, schoss mit scharfer Munition auf die Demonstranten, tötete acht von ihnen und verwundete Hunderte weitere.

Die Zahl der Opfer auf palästinensischer Seite war bei einem Ablaufmuster, das sich während der gesamten zweiten Intifada so fortsetzen sollte, viel größer als unter den Israelis. Im Unterschied zur ersten Intifada, bei der die Armee in der Anfangsphase noch zögerte, reagierte sie diesmal von Anfang an rasch und energisch. Heute neigen wir zwar dazu, die zweite Intifada von der ersten zu unterscheiden, indem wir sie als den Aufstand bezeichnen, bei dem die Palästinenser Schusswaffen einsetzten, aber in der Anfangsphase des Konflikts war dies keineswegs der Fall, denn es war zunächst, wie beim ersten Mal, ein Aufstand der unbewaffneten Zivilbevölkerung. Aber die israelische Armee, die sich bei der ersten Intifada mit einer angemessenen Reaktion noch schwer getan hatte, wusste, dass sie ihre technologische Überlegenheit gegenüber den Palästinensern nur dann nutzen konnte, wenn der Aufstand zu einem bewaffneten Kampf wurde – das ging so weit, dass die Armee *wollte*, dass der Aufstand gewalttätiger wurde. Sie bediente sich einer massiven Überreaktion auf die Unruhen, um diesen Wandel zu bewerkstelligen, und versuchte die Flammen anzufachen, indem sie im Verlauf des ersten Monats der Intifada erstaunliche 1,3 Millionen Schuss Munition verbrauchte. Diese Kugeln wurden natürlich nicht in unmittelbarer Tötungsabsicht verschossen – obwohl es unter den Palästinensern Todesopfer gab –, aber sie sollten eine kriegerische Atmosphäre schaffen und die Palästinenser zur Erwiderung des Feuers provozieren.[5] Es gelang der Armee durch diese energische Reaktion tatsächlich, den zivilen palästinensischen Aufstand in einen bewaffneten Aufstand umzuwandeln, bei dem auf palästinensischer Seite die Steine durch Schusswaffen ersetzt wurden und die israelische Armee die Knüppel, mit der sie den palästinensischen Widerstand früher zu brechen versucht hatte, weglegen und zu rein militärischen Mitteln übergehen konnte.

Aber auch die Verwendung scharfer Munition konnte die Unruhen, die sich von Jerusalem auf die gesamten besetzten Gebiete ausweiteten, nicht unterdrücken. Am 30. September geriet inmitten der Unruhen im Gazastreifen Mohammed al-Dura, ein zwölfjähriger palästinensischer Junge, mit seinem Vater Jamal in ein Feuergefecht zwischen palästinensischen Heckenschützen und israelischen Soldaten und wurde tödlich getroffen. Dieses Ereignis wäre wohl nur ein weiterer tragischer Todesfall eines kleinen Jungen gewesen, ein trauriger, aber während der ersten und zweiten Intifada keineswegs seltener Vorfall, aber diese Szene wurde von einem Kameramann des französischen Fernsehsenders France 2 festgehalten, und die eindrücklichen Bilder von Mohammed und seinem Vater, die sich hinter einem mit Zement gefüllten Fass zusammenkauern, im vergeblichen Bemühen, dem Kugelhagel zu entgehen, wurden anschließend im palästinensischen Fernsehen immer wieder gesendet und fachten den rasch eskalierenden Krieg weiter an. Mohammed al-Dura wurde zum Märtyrer, zum Symbol für den palästinensischen Kampf gegen die Besatzung. In der ganzen arabischen Welt wurden später Briefmarken mit dem Bild von Vater und Sohn ausgegeben und Straßen nach dem Jungen benannt.

Krisendiplomatie

Terje Rød-Larsen, der UN-Sondergesandte für die Region, traf genau an dem Tag, an dem Mohammed al-Dura erschossen wurde, zu einem Besuch beim israelischen Ministerpräsidenten ein. Er wollte ihm über ein aktuelles Treffen mit Arafat berichten, in dem er den Palästinenserführer gedrängt hatte, dem Aufruhr Einhalt zu gebieten. Rød-Larsen sagte zu Barak: »Ich kenne ihn jetzt seit zehn Jahren, und jedes Mal, wenn er [wichtige Entscheidungen treffen] sollte, schwenkte er stattdessen um zu Gewalt und Blutvergießen.«[6] Rød-Larsen schlug vor, dass Barak ein Eingreifen der Vereinten Nationen gestatten solle, um die Lage zu beruhigen und den Friedensprozess wieder in Gang zu bringen, diese Bitte hatte ihm Arafat selbst mitgegeben. Der Besucher erläuterte die Vorzüge, die eine UN-Intervention seiner Ansicht nach gegenüber einem amerikanischen Engagement hatte: »Jeder amerikanische Vorschlag wird als israelischer Vorschlag wahrgenommen. Arafat sagte sogar, Martin Indyk [US-Botschafter in Israel] sei ein israelischer Spion, deshalb könnte der UN-Generalsekretär helfen.« Aber der Ministerpräsident wollte eine UN-Intervention nicht zulassen – so wie die Palästinenser den Amerikanern misstrauten, hatten die Israelis kein Vertrauen zu den Vereinten Nationen, denn seit den 1960er-Jahren hatte der arabische Block in vielen ihrer Gremien eine automatische Mehrheit, was den arabischen Ländern die Verabschiedung antiisraelischer Resolutionen ermöglichte.

Also blieb die Krisenbewältigung dem Weißen Haus überlassen, und Präsident Clinton, über die Gewalt entsetzt, berief in Paris ein Treffen ein, zu dem auch Barak und Arafat geladen wurden und bei dem es um eine Beendigung des Blutvergießens gehen sollte. Man einigte sich auf die Residenz des amerikanischen Botschafters als Konferenzort, und die US-Außenministerin sollte die Leitung übernehmen. Ein Abkommen zur Beendigung der Kämpfe sollte in Paris ausgehandelt und paraphiert werden, und dann sollten die Konfliktparteien zur offiziellen Unterzeichnung nach Sharm el Sheikh in Ägypten weiterreisen, damit der ägyptische Präsident Mubarak, der großen Einfluss auf Arafat hatte, an der praktischen Umsetzung beteiligt wurde.

Arafat und Barak kamen jedoch, wie sich noch herausstellen sollte, mit sehr unterschiedlichen Vorstellungen nach Paris. Während Arafat auf einer internationalen Untersuchung der Ursachen für den Gewaltausbruch bestand, den er vor dem Hintergrund von Sharons umstrittenem Besuch auf dem Tempelberg Israel zugeschrieben sehen wollte, sprach sich Barak vehement gegen eine internationale Untersuchung aus und verlangte stattdessen ein sofortiges Ende der palästinensischen Protestaktionen.

Die Unterhändler kamen am 4. Oktober zusammen. Madeleine Albright übte in einer gespannten Atmosphäre enormen Druck vor allem auf Barak aus, der die Armee zügeln sollte. »Wir müssen die Ruhe wiederherstellen und den Weg des Friedens beschreiten«, sagte sie zu ihm. Barak beharrte anschließend darauf, dass Arafat die Demonstrationen sofort beenden solle und dass ihm »nicht erlaubt werden darf, irgendetwas [durch Gewalt] zu erreichen«.[7] Er fügte hinzu, er habe »eindeutige Beweise«, und damit meinte er insgeheim abgehörte Gespräche von Palästinenser-Vertretern, die belegten, dass die Anführer der Unruhen – in erster Linie die Tanzim, ein mit Arafats Fatah-Bewegung verbündeter militärischer Ableger – der Ansicht waren, dass Arafat eine Eskalation wollte. »Die Tanzim ist außer Kontrolle«, sagte Barak, »Arafat ist der Anführer einer Bande.« Albright war nicht überzeugt und warnte ihn: »Die Stimmung ist gegen Sie. [...] Wir [die USA] sind die einzigen, die Sie unterstützen. [...] Die Atmosphäre ist gegen Sie.« Der französische Präsident Jacques Chirac trug in einem Gespräch mit Barak seinen Teil zum Druck bei, indem er bei dieser Gelegenheit Arafats Forderung nach einer internationalen Untersuchung der Ereignisse, die zum Ausbruch der Gewalt führten, wiederholte. Chirac ließ Barak wissen, dass Israels Darstellung der Ereignisse »nicht dem Eindruck aller anderen Länder der Welt entspricht«, und kritisierte außerdem die harte Reaktion der Armee auf den Aufstand: »Bis zum heutigen Morgen sind 64 Palästinenser tot, [...] 2500 verwundet. [...] Herr Ministerpräsident, Sie können dieses Zahlenverhältnis nicht erklären. [...] Wir können niemandem weismachen, dass die Palästinenser die Aggressoren sind.«[8]

Man einigte sich auf ein trilaterales Treffen, bei dem Arafat und Barak die eigenen Teams persönlich leiteten und Albright das amerikanische Kontingent anführte. Den Teilnehmern gelang es trotz der harten Wortwechsel, nach und nach einen zweiseitigen Entwurf für einen Waffenstillstandsplan zu erarbeiten, der auch einen Zeitplan für den Rückzug der Armee aus palästinensischen Gebieten enthielt, in die sie während der ersten Tage der Zusammenstöße wieder vorgedrungen war. Auch die besonderen Maßnahmen, die Arafat zur Beendigung der Demonstrationen ergreifen sollte, wurden aufgeführt. Arafat gab unter dem intensiven amerikanischen und israelischen Druck seine Forderung nach einer internationalen Untersuchung auf und akzeptierte stattdessen einen Untersuchungsausschuss unter amerikanischer Leitung, der prüfen sollte, wie die Gewalt ausgebrochen war, warum sie zunahm und welche Lehren beide Seiten daraus ziehen konnten, um eine Wiederholung in Zukunft zu vermeiden. Aber dann kam es zu einer Entwicklung, die einen großen Teil dessen, was in vielen Verhandlungsstunden erreicht worden war, wieder zunichtemachte.

Präsident Chirac bestand darauf, dass die Verhandlungsparteien ihm als Vertreter des Gastgeberlandes im Elyséepalast berichteten, bevor das Abkommen paraphiert wurde. Die Israelis und Amerikaner gingen nur von einem kurzen protokollarischen Besuch aus und waren entsetzt, als sie sahen, dass Chirac seine eigene offizielle Konferenz organisiert hatte. Eingeladen hatte er dazu den UN-Generalsekretär Kofi Annan, dessen Nahost-Sondergesandten Terje Rød-Larsen und den EU-Chefaußenpolitiker Javier Solana. Arafat sah jetzt eine neue Gelegenheit, das Thema einer internationalen Untersuchung anzusprechen und sich aus einem Abkommen herauszuwinden, dem er eben erst unter enormem amerikanischem und israelischem Druck zugestimmt hatte. Präsident Chirac, der die aktuelle Beschlusslage nicht kannte, stellte sich auf Arafats Seite, erklärte, er sei sich sicher, dass die EU eine solche Untersuchung unterstützen werde, und fügte hinzu, es sei wünschenswert, dass der UN-Generalsekretär deren Aufgaben und Ziele definiere und organisiere. Arafat, der erkannt hatte, dass die Franzosen bei der Forderung nach einer internationalen Untersuchung der Ereignisse auf seiner Seite waren, zog sich unmittelbar nach diesem Treffen in sein Hotel zurück und weigerte sich, zur Paraphierung des bereits ausgehandelten Abkommens zu erscheinen. Der Krisengipfel scheiterte, und die Zusammenstöße in den besetzten Gebieten gingen weiter.

Der 6. Oktober entwickelte sich zu einem besonders gewalttätigen Tag, als die Palästinenser im Anschluss an das Freitagsgebet auf dem Haram al-Sharif die PLO- und die Hamas-Fahne hissten und Steine auf den Platz vor der Klagemauer schleuderten, auf dem Juden zum Gebet zusammenkommen. Von dort aus breiteten sich erneute Unruhen auf das muslimische Viertel der Jerusalemer Altstadt aus, und die Polizeiwache am Löwentor wurde in Brand gesteckt. Der Ministerpräsident stellte Arafat ein Ultimatum und erklärte, er werde, falls die Palästinenser sich nicht zurückhielten, die Armee anweisen, »*alle Mittel* einzusetzen, um die Gewalt zu beenden«.⁹ Arafat reagierte darauf, indem er öffentlich verkündete: »Das ist eine weitere Barak-Erklärung, und danach wird es eine weitere Erklärung geben und noch eine Erklärung…«

Die israelische Armee übte inzwischen jedoch, mit oder ohne Ultimatum vonseiten des Ministerpräsidenten, bereits enormen Druck auf die Palästinenser aus: Sie riegelte größere und kleine Städte ab und machte sie zu isolierten Inseln, verhängte ganztägige Ausgangssperren, sperrte Straßen und nahm Verhaftungen vor. Die vielleicht verheerendste Maßnahme, der sich die Armee jetzt gegen die Palästinenser bediente, war die Einrichtung von Hunderten von Kontrollpunkten und Straßensperren im gesamten Westjordanland und im Gazastreifen, die wochen- und monatelang bestehen blieben. Die israelischen Soldaten machten an diesen Straßensperren keine Ausnahmen, auch nicht für Kranke oder Verwundete. Eine Untersuchung der Weltgesundheitsorganisation (WHO) kam zu dem Ergebnis, dass im Zeitraum von September 2000 bis Dezember 2004 61 palästinensische Frauen an Kontrollpunkten der israelischen Armee Kinder gebaren und 36 der Neugeborenen kurz nach der Geburt an Komplikationen starben, die unter den gegebenen Bedingungen, im Schmutz am Straßenrand, nicht zu behandeln waren. Auch kranke und verwundete Menschen starben, während sie an Kontrollpunkten der Armee auf freie Durchfahrt zum Krankenhaus warteten. Die Aussage eines israelischen Soldaten gibt uns einen Eindruck davon, wie die Soldaten funktionierten und wie sie an Kontrollpunkten der Armee während dieser Zeit willkürliche Entscheidungen trafen:

An einem normalen Morgen, wenn es schnell geht, warten die Leute vier oder fünf Stunden in der Schlange. An anderen Orten kann man [oft] von vier Uhr morgens bis zwei Uhr nachmittags warten. Der Kommandeur des Kontrollpunkts kann willkürlich beschließen, jemanden mit einer Genehmigung nicht durchzulassen oder jemandem ohne Genehmigung die Durchfahrt zu gestatten. […] Bei Waren ist es ebenso willkürlich: Manchmal wird ihnen erlaubt, ihre Waren durchzubringen, […] und manchmal beschließt der Kommandeur, sie nicht durchzulassen.¹⁰

Zehn Tage im Oktober

Die arabischen Staatsbürger in Israel hatten während der ersten Intifada meist nur indirekt am Aufstand teilgenommen: Sie spendeten Blut, Nahrungsmittel und Geld für die Palästinenser in den besetzten Gebieten, verzichteten aber auf unmittelbar gegen Israel gerichtete Aktionen. Diesmal reagierten die arabischen Bürger

Israels, die damals etwa 17 Prozent der Gesamtbevölkerung ausmachten, anders. Einer von ihnen, Mohaned Irbari aus dem Städtchen Umm el Fahm, erklärt, dass er und seine Freunde entsetzt waren, als palästinensische Mitbürger bei Zusammenstößen mit der Polizei in Jerusalem getötet wurden, und das führte dazu, dass »viele von uns [auf die Straßen] herauskamen, [...] um Steine auf die Soldaten und Polizisten zu werfen, [...] wir wichen zurück oder rückten vor, wie die Polizei auch, es war wie ein Katz-und-Maus-Spiel«.[11] Die Polizei reagierte brutal und eröffnete zum ersten Mal in der Geschichte des Landes das Feuer auf Bürger des eigenen Staates. Mohaned Irbari erinnert sich, was geschah, als einer der israelisch-arabischen Aufständischen getötet wurde: »Alle standen nur da und waren unter Schock. Aber dann kam auch Wut auf, und wir rückten wieder gegen die Polizei vor. [...] Wir wurden richtig wütend und fingen an zu rufen: ›Allahu Akbar! Allahu Akbar!‹ Mir drehte sich alles.« Nach zehn Tagen mit Unruhen in Israel selbst waren 13 arabische Israelis tot, etwa 700 verletzt, und Hunderte weitere waren verhaftet worden.

Diese dramatischen Ereignisse vergifteten die arabisch-jüdischen Beziehungen innerhalb Israels und vergrößerten die Kluft zwischen Juden und Arabern. Während die arabischen Israelis gegen das massive Vorgehen der Polizei in dieser Situation protestierten, betrachteten die jüdischen Israelis die aktive Teilnahme ihrer arabischen Landsleute an der Al-Aksa-Intifada als Verrat. Meinungsumfragen zeigten, dass 55 Prozent der jüdischen Israelis die Ansicht vertraten, ihre Einschätzung der arabischen Israelis falle inzwischen wegen deren Beteiligung am palästinensischen Aufstand ungünstiger aus. Es kam auch zu abermaligen Aufrufen, die arabischen Israelis aus dem Land zu entfernen – ein Gedanke, der in den Jahren, die dem Aufstand vorausgingen, Auftrieb erhalten hatte. Bei einer im März 2002 veranstalteten Meinungsumfrage waren 31 Prozent der befragten jüdischen Israelis für die zwangsweise Entfernung arabischer Mitbürger aus dem Land, während dieser Anteil 1991 noch bei 24 Prozent gelegen hatte; 60 Prozent der Befragten erklärten, sie bevorzugten es, die Arbeiter zur freiwilligen Emigration zu ermutigen.[12]

Hier gilt es allerdings zu beachten, dass die Demonstrationen der arabischen Israelis nicht nur von der Solidarität mit ihren unter militärischer Besatzung stehenden Landsleuten inspiriert, sondern auch ein Ausdruck der Frustration angesichts der historischen Vorurteile waren, denen sie sich innerhalb der israelischen Gesellschaft ausgesetzt sahen. »Unsere Araber«, wie die jüdischen Israelis die in Israel selbst lebenden Araber oft nennen, waren immer als Bürger zweiter Klasse behandelt und gewohnheitsmäßig diskriminiert worden, und sie erreichten das niedrigste

Durchschnittseinkommen unter allen ethnischen Gruppen des Landes. Mohaned Irbari erklärt dazu, es sei »nicht nur Sharons Besuch in der Al-Aksa-Moschee« gewesen, der ihn demonstrieren und mit der Polizei zusammenstoßen ließ, sondern auch die in Israel erlittene Diskriminierung und die Tatsache, dass »ich nach all diesen Jahren diese Scheiße nicht mehr hinnehmen wollte«.[13]

Die Ereignisse im Oktober 2000 leiteten, rückblickend betrachtet, eine neue Phase in den jüdisch-arabischen Beziehungen in Israel ein, die zum Zeitpunkt der Niederschrift dieses Buches von wachsenden Spannungen zwischen den beiden Gruppen geprägt sind, die sich in den kommenden Jahren wahrscheinlich weiter vergrößern werden. Vielleicht führen sie sogar zu einer Intifada mit Auseinandersetzungen zwischen jüdischen und arabischen Israelis in Israel selbst.[14]

Lynchmord in Ramallah

Palästinenser ermordeten im besetzten Gebiet des Westjordanlandes am 12. Oktober zwei israelische Reservisten. Dieses Ereignis erwies sich als ein weiterer Meilenstein in der grauenhaften Geschichte der zweiten Intifada – hinsichtlich seiner Brutalität, der israelischen Reaktion und des Kreislaufs der Eskalation, den er in Gang setzte.

Die beiden Reservisten wählten auf dem Weg zu ihrem Armeestützpunkt eine falsche Abzweigung und verirrten sich ins palästinensische Ramallah, in die größte, modernste und am stärksten säkular geprägte palästinensische Stadt. Palästinensische Polizisten brachten die Soldaten in der aufgeheizten Atmosphäre zu einer nahegelegenen Polizeiwache und hielten sie dort eine Zeit lang fest. Wenig später versammelte sich vor der Polizeiwache ein Mob, und während ein italienisches Fernsehteam, das sich gerade in der Nähe befand, das sich entwickelnde Drama mit der Kamera festhielt, drangen die Randalierer in die Polizeiwache ein und erstachen die Israelis, worauf dann einer der Angreifer am Fenster erschien und der jubelnden Menge seine blutverschmierten Hände zeigte. Wenige Augenblicke später wurde der leblose Körper eines der beiden Reservisten aus dem Fenster im ersten Stock geworfen und fiel auf den vor dem Haus stehenden Mob, der anschließend mit der Leiche durch die Straßen von Ramallah zog. Der dabei zur Schau gestellte blanke Hass war grauenvoll. Die Bilder von diesem Mord, die in aller Welt wie auch in Israel im Fernsehen gezeigt wurden, waren ein Spiegelbild des im Fernsehen vorgeführten Todes von Mohammed al-Dura in Gaza, der dazu geführt hatte, dass sich die Haltung der Palästinenser verhärtete: Auf eine ähnliche Art waren jetzt die Köpfe in Israel wie elektrisiert, und Rufe nach Rache wurden laut.

Der Ministerpräsident leitete im Verteidigungsministerium in Tel Aiv eine Notstands-Sondersitzung, bei der einstimmig beschlossen wurde, dass eine große Vergeltungsaktion erforderlich war. Als Ziel wählte man Arafats Palästinensische Autonomiebehörde, die die Israelis für den Lynchmord verantwortlich machten. Für den Vergeltungsschlag wählten sie Kampfhubschrauber, die hier zum ersten Mal bei der Intifada eingesetzt werden sollten, was einer erheblichen Eskalation des Krieges gleichkam. Bevor der Startbefehl erging, sprach Barak noch mit dem ägyptischen Präsidenten Mubarak, um ihn von dem bevorstehenden Militärschlag zu informieren. Es war wichtig, dass Mubarak im Bild blieb, denn zwischen Ägypten und Israel herrschte Frieden, und Mubarek selbst war eine führende Persönlichkeit in der arabischen Welt und der wichtigste Fürsprecher der Palästinenser. »Diese Bilder können nicht geduldet werden«, sagte Barak und fügte hinzu: »Einer der Leichname wurde durch die Straßen gezerrt [...] wie ein Hund.«[15]

Kampfhubschrauber traten also in Aktion, attackierten die Polizeiwache in Ramallah, in der es zu dem Lynchmord gekommen war, und zerstörten mehrere Polizeifahrzeuge. Sie griffen auch den Radiosender Stimme Palästinas, drei Übertragungseinrichtungen sowie Ziele im Gazastreifen an. Nach dem Angriff rief Barak US-Präsident Clinton an und drängte ihn, Arafat zu isolieren. »Der Standpunkt der USA muss klar sein«, sagte Barak. »Die palästinensische Seite kann sich nicht weiterhin [amerikanischer] Finanz- oder irgendwelcher sonstiger Hilfsleistungen erfreuen. [...] Die USA sollten ernsthaft erwägen, Arafat öffentlich für eine irreparable Beschädigung des Friedensprozesses und die Anstiftung zur Gewalt verantwortlich zu machen.«[16] Barak erwartete von Clinton außerdem, »Israel laut und deutlich zur Seite zu stehen« und es diplomatisch zu unterstützen, indem er »seine Besorgnisse [...] den europäischen Ländern im Bestreben übermittelt, eine Politik [gegen Arafat] zu entwickeln, die so einheitlich wie möglich ausfällt«. Der Ministerpräsident hatte für Clinton auch noch eine Warnung parat: »Es wäre eine Verzerrung der geschichtlichen Ereignisse, wenn das bereits sieben Jahre andauernde große Engagement Präsident Clintons für den Friedensprozess auf das Vermächtnis des Scheiterns eines Prozesses reduziert würde, das durch Arafats unablässigen Betrug verursacht wurde.« Barak machte sich anschließend an die Niederschrift eines offiziellen Briefes an Clinton. »Es bestehen ernsthafte Zweifel«, schrieb er, »ob der Vorsitzende Arafat noch ein ernsthafter Partner für den Frieden ist. Die Ereignisse der letzten Woche und der heutige Lynchmord haben viele von uns hier in Israel daran zweifeln lassen.«[17] Seit Camp David lautete das Mantra des Ministerpräsidenten, dass es auf palästinensischer Seite keinen dauerhaften Partner für den

Frieden mehr gab. Das würde seinen Höhepunkt während der Amtszeit der nächsten israelischen Regierung erreichen.

Unterdessen wuchs der Druck auf Arafat wie auf Barak, zu einem Gipfel nach Sharm el Sheikh in Ägypten zu kommen, um dort über einen Waffenstillstand zu verhandeln und der Gewalt in den besetzten Gebieten ein Ende zu bereiten. Mubarak rief den Ministerpräsidenten an, um ihn vom Nutzen einer Teilnahme zu überzeugen. »Sie sind der Stärkere«, sagte er, »seien Sie so geduldig, wie Sie nur können. Ich werde jetzt mit ihm sprechen. […] [Der Lynchmord] war ein Schock für uns alle.«[18] Als Clinton Barak weiterhin bedrängte, zum Gipfel zu kommen, fuhr dieser ihn an: »Vor sieben Jahren war er [Arafat] ein Terrorist. […] Ein Unberührbarer. […] Sie haben ihn zu einer willkommenen Persönlichkeit gemacht.« Barak bestätigte jedoch, dass er trotz alledem nach Ägypten kommen werde, zu einem Treffen mit Arafat und den anderen Teilnehmern.[19]

Lösungsversuch in Sharm el Sheikh

Die Konferenzteilnehmer kamen am 16. Oktober 2000 in Sharm el Sheikh zu einem Treffen zusammen, das sich zur intensivsten internationalen Anstrengung für eine Beendigung der Gewalt entwickeln sollte: Barak und Arafat, die Präsidenten Clinton und Mubarak, UN-Generalsekretär Kofi Annan, Jordaniens König Abdullah II. und Javier Solana als Vertreter der Europäischen Union.

Bei den Gesprächen gab es nur langsame und mühevolle Fortschritte. Die Atmosphäre war angespannt und unangenehm. Gastgeber Mubarak war besonders aktiv und zeigte einen unbedingten Erfolgswillen. Über Ariel Sharons Besuch auf dem Tempelberg klagte er: »Sharon ist der Grund für dieses ganze Durcheinander.«[20]

Arafat bestand, wie schon in Paris einige Tage zuvor, auf einer internationalen Untersuchung zu den Ursachen der Intifada, und deshalb steckten die Gespräche fest. Barak traf sich mit Kofi Annan, zeigte ihm die grauenhaften Bilder mit den gelynchten Soldaten und sagte: »Wir werden eine internationale Untersuchung nur dann akzeptieren, wenn sie unter amerikanischer Leitung steht.«[21] Annan sicherte er Folgendes zu: »Wir können Sie den Bericht prüfen lassen, bevor er veröffentlicht wird. […] Aber wir können [Arafat] keine Belohnung durch [die Zustimmung] zu einer internationalen Untersuchung verschaffen.« Barak kam dann mit dem jordanischen König Abdullah zusammen und zeigte ihm die Bilder. Der König antwortete: »Wir wollen mit einer positiven Erklärung hier herauskommen. […] Auf den Straßen in den arabischen Ländern herrscht eine üble Stimmung.«[22] Clinton brachte schließlich ein Abkommen zustande, aber kurz bevor die Parteien es unterschreiben sollten, schlich sich Arafat, wie schon in Paris, aus dem Raum, ohne eine Unterschrift zu leisten. Ein verzweifelter Clinton konnte vor den versammelten Medienvertretern aus aller Welt nur das Waffenstillstands-Abkommen verlesen, auf das man sich geeinigt hatte, das aber nicht unterschrieben worden war:

> *Ministerpräsident Barak und der Vorsitzende Arafat sind übereingekommen, [...] erstens, in öffentlichen Erklärungen unmissverständlich zu einem Ende der Gewalt aufzurufen, zweitens, die USA werden [...] einen Untersuchungsausschuss zusammenstellen, der sich mit den Ereignissen der vergangenen Wochen befassen wird. [... Ein Abschlussbericht wird unter der Schirmherrschaft des Präsidenten der Vereinigten Staaten zur Veröffentlichung vorgelegt werden. Drittens, [...] die Vereinigten Staaten werden sich mit den Parteien [...] über das weitere Vorgehen [im Friedensprozess] beraten.*[23]

Vor Ort blieb der palästinensische Aufstand jedoch in vollem Gang, und die Armee ging immer härter vor, um ihn zu unterdrücken. Barak hatte in Sharm el Sheikh zwar versprochen, seine Panzer aus den Gebieten zurückzuziehen, in die sie seit dem Beginn des Aufstands eingedrungen waren, tatsächlich aber blieb die Armee dort, wo sie war. Bei einer Besprechung mit seinen Generälen wies Barak die Kommandeure vielmehr an, die Schraube noch etwas fester anzuziehen. Einige seiner Anweisungen verstießen gegen das Völkerrecht: »Die Übertragung von palästinensischen Fernseh- und Rundfunksendungen unterbinden. [...] Ihre Stromversorgung sechs Stunden lang unterbrechen. [...] Unterbrechung von Benzinlieferungen [in palästinensische Gebiete]. [...] Ihre landwirtschaftlichen Produkte nicht mehr kaufen.«[24] Zu den Ministern seines Kabinetts sagte Barak: »[Wir sollten] mit offenen Augen [handeln], im Wissen, dass wir nicht in Westeuropa oder in Nordamerika leben. [...] Der Nahe Osten ist eine sehr harte Lebenswelt.«[25]

Barak rief Clinton täglich an und drängte ihn, Arafat aufzurütteln und Druck auf ihn auszuüben, »sofort die Gewalt, die Aufwiegelung zu beenden«.[26] Clinton meldete sich nach einem seiner Gespräche mit Arafat wieder bei Barak und schilderte diesem, was er zum PLO-Chef gesagt hatte: »Wir haben die Gewalt nicht beendet, und Sie haben nichts von dem getan, was Sie [in Sharm el Sheikh] versprochen haben.« Der Präsident sagte, als Nächstes sei er die Liste der Punkte durchgegangen, auf die sich die Parteien in Sharm el Sheikh geeinigt hätten, die aber von Arafat noch nicht umgesetzt worden seien. Aber dann, berichtete Clinton an Barak, habe Arafat »zu einem umfassenden Vortrag darüber angesetzt, wie

Barak exzessive Gewalt einsetzte, und sehen Sie sich nur an, wie viele Opfer es auf palästinensischer Seite gab, [...] und dass sie an keine Nahrungsmittel mehr herankamen, nicht arbeiten konnten und all diese Dinge.« Clintons in diesem Berichtstelefonat mit Barak geschilderte Antwort an Arafat lautete: »Nun, das mag alles zutreffen, aber Sie müssen dennoch Ihren Teil des Abkommens umsetzen; solange die Gewalt nicht endet, werden Sie noch mehr Schwierigkeiten dieser Art haben.«

Der Aufstand ging weiter, und der Ministerpräsident drängte seine Generäle, den Druck auf die Palästinenser zu erhöhen, »den Zahlungsverkehr zu erschweren, den Transfer von Benzin, [...] Zement, [...] Strom [und] [...] die Sicherheitskontrollen [an den Kontrollpunkten zu] vermehren«.[27] Allerdings waren nicht alle Minister in Baraks Kabinett der Ansicht, dass der Krieg mit den Palästinensern durch Zwangsmaßnahmen beendet werden könne: Shimon Peres, der Kopf, der hinter den Oslo-Abkommen stand, drängte Barak, ihm ein Treffen mit Arafat in Gaza zu genehmigen, bei dem er versuchen wollte, ein Abkommen zur Beendigung der Zusammenstöße zu erreichen. Barak, so skeptisch er bis dahin auch gewesen war, stimmte zu, und Peres reiste nach Gaza, wo er am 1. November mit Arafat zusammentraf. Arafat war in einer düsteren Stimmung und kritisierte Barak wegen des Vorgehens der Armee:

Schwerer Beschuss überall, [in] Jericho, Ramallah, Nablus, Bethlehem, [...] morgen werde die Luftwaffe eingesetzt [berichtete ein israelischer Radiosender. [...] Neue Waffen würden eingesetzt, um die palästinensischen Anführer zu treffen. [...] [Barak] zog die Panzer nicht zurück, [wie er in Sharm el Sheikh zugesagt hatte]. Sie verhindern den Transport von Nahrungsmitteln, [...] belagern [palästinensische] Städte, [...] mehr als 200 [Palästinenser] wurden getötet und 1000 verletzt. [...] Wir tun unser Bestes, um die Lage zu beruhigen, [aber] Sie setzen Panzer, Hubschrauber ein.[28]

Einer von Arafats Mitarbeitern, der ebenfalls an dem Gespräch teilnahm, fuhr Peres an: »Ziehen Sie sofort ihre Panzer ab, Sie töten die Menschen wie Vieh. [...] Ziehen Sie Ihre Panzer zurück.«[29]

Peres berichtete Barak bei seiner Rückkehr über die zahlreichen Klagen Arafats – vor allem über die Wut der Palästinenser wegen des harten Vorgehens der Armee und des Einsatzes von Panzern –, aber er hatte auch einen gewissen Erfolg erzielt: Er und Arafat waren zu einer Abmachung gekommen – zu einem Text, den Barak und Arafat zur gleichen Zeit im Radio verlesen sollten, um die Ruhe wiederherzustellen. Dieser Text der lautete:

> *Die israelische und die palästinensische Seite haben sich heute Abend auf einen gemeinsamen Aufruf geeinigt, mit dem der Gewalt ein Ende gesetzt werden soll. Hiermit rufe ich alle Streitkräfte und Parteien zu einem Verzicht auf Gewalt, Aufwiegelung und den Einsatz von Zwangsmitteln auf, damit Ruhe und Frieden wiederhergestellt werden. […] Beide Seiten teilen die Hoffnung auf eine Zukunft in Stabilität, Wohlstand und Frieden, in der zwei getrennte politische Körperschaften Seite an Seite und bei guten nachbarschaftlichen Beziehungen koexistieren werden. Beide Seiten verpflichten sich, jede Anstrengung zu unternehmen, um diesen Traum vom Frieden der Tapferen in Würde, Gerechtigkeit und gegenseitigem Respekt zu verwirklichen.*[30]

Der Ministerpräsident traf gegen 12.45 Uhr an jenem Nachmittag bei einem Radiosender in Tel Aviv ein und bereitete sich auf die Verlesung der vereinbarten Erklärung um 14 Uhr vor. Aber dann erfuhr er, dass Arafat die Erklärung nicht selbst vortragen, sondern von einem seiner Berater verlesen lassen wollte. Das war ein klarer Bruch der mit Peres getroffenen Abmachung, der ganz offensichtlich die Chance, dass militante Palästinenser sie ernst nehmen würden, erheblich verminderte. Wie zur Bestätigung der Brüskierung durch Arafat explodierte gegen 15 Uhr in Jerusalem eine Bombe und tötete zwei Israelis. Die Abmachung zwischen Peres und Arafat hatte keine Chance.

Mordanschläge

Später am Tag rief der französische Präsident Chirac bei Barak an, um zu kondolieren. »Der Anschlag in Jerusalem heute schockierte mich«, sagte Chirac, »ich verurteilte ihn. Heute Morgen sprach ich mit Arafat und sagte ihm ganz entschieden, er müsse an den Verhandlungstisch zurückkehren.«[31] Druck zur Befriedung der Lage kam auch von den Vereinigten Staaten, als am 4. November Martin Indyk, der US-Botschafter in Israel, Barak eine Nachricht seines Präsidenten überbrachte, in der dieser schrieb, das Treffen zwischen Arafat und Peres sollte als guter Anfang für einen Neubeginn der Friedensgespräche dienen, und die Parteien sollten dem Friedensprozess eine weitere Chance geben. Indyk berichtete, dass Clinton eine gleichlautende Nachricht an Arafat geschickt hatte, in der er ihn aufforderte, Terroristen festzunehmen, den Beschuss Israels einzustellen und Demonstrationen und Unruhen zu stoppen. Indyk drängte Barak, die Zahl der palästinensischen Opfer zu minimieren, denn die hohe Zahl der Toten und Verwundeten auf palästinensischer Seite diene nur der Anstiftung zu noch mehr Gewalt. Barak war vollkommen klar, dass die hohe Zahl der palästinensischen Opfer Israels Ansehen im Ausland schadete, und das war eine wichtige Vorüberlegung bei seiner Entscheidung, eine neue Politik zur Bekämpfung des Aufstands zu genehmigen: Mordanschläge.

Die Israelis belegten diese neue Politik mit verschleiernden Begriffen wie »Liquidierung«, »gezielte Tötung«, »Angreifer lokalisieren« oder »Neutralisierung der Organisatoren von Anschlägen«. Das erste bekannte Ziel dieser neuen Politik seit Beginn der Al-Aksa-Intifada war der palästinensische Aktivist Hussein Abayat, der am 9. November 2000 in Beit Sahour bei Bethlehem mit Raketen, die ein israelischer Kampfhubschrauber auf sein Auto abfeuerte, ermordet wurde.[32] Imad amil Fares, ein Einwohner von Beit Sahour, war ein Augenzeuge des Mordes:

Plötzlich hörte ich eine Explosion. Die Fensterscheiben meines Hauses waren zerbrochen, und die Fensterläden waren beschädigt. Als ich hinausschaute, sah ich einen brennenden grauen Mitsubishi und den verbrannten Leichnam des Fahrers [Abayat]. Zwei Frauen lagen neben dem Fahrzeug auf dem Boden und waren offensichtlich schwer verletzt. Ihre Gesichter waren schwarz, vollständig verbrannt und bluteten noch.[33]

Schon bald folgten weitere Mordanschläge, aber auch sie konnten den Aufstand nicht beenden.

Barak gab Arafat die Schuld an der Eskalation, er betonte, dass Israel auf palästinensischer Seite keinen Partner für den Frieden habe, und teilte das auch der ganzen Welt und vor allem Washington mit. Sein Argument wurde vom Bericht einer amerikanischen Senatorengruppe unterstützt, die Danny Abram anführte, ein enger Weggefährte von Präsident Clinton wie auch von Barak. Diese Gruppe suchte Arafat in Ramallah auf und kehrte nach Israel zurück, um dem Bürochef des Ministerpräsidenten mündlich und in schriftlicher Form zu berichten. Der Bürochef fasste diesen Bericht wie folgt zusammen:

Ein Bericht von Danny Abram (25. November)
Am Montag, dem 22. November 2000, trafen Danny Abram, Wayn Evans, Senator Torichli und Senatsmitglied Hintzi mit Arafat zusammen. 2. Die Gäste erlebten

Arafat als einen Menschen, der seine Selbstkontrolle verloren hat. Abram berichtete, dass Arafat sich merkwürdig verhielt und seine Gäste sogar ängstigte, indem er ihr Leben bedrohte. 3. Abram kam nach diesem Treffen zu dem Schluss, dass Arafat kein Partner [für den Frieden] mehr ist.[34]

Barak telefonierte am 11. Dezember dennoch mit Clinton, und nachdem er ihn über die aktuelle Sicherheitslage informiert hatte (»ein schlechter Tag nach zwei relativ guten Tagen«), erklärte er, dass er dem Frieden eine weitere Chance geben wolle, vielleicht könne Clinton Arafat »zu einer letzten Anstrengung [...] für eine Wiederaufnahme der Verhandlungen«[35] ermutigen. Clinton, der immer bereitwillig auf Baraks Ideen einging, erwiderte: »Mir bleiben noch 40 Tage [im Amt], und ich werde mein Bestes tun, damit ein Friedensabkommen zustande kommt.«[36]

Baraks Vorgehen war seltsam und sehr verwirrend: Seit dem gescheiterten Gipfel von Camp David hatte er immer wieder betont, Arafat sei kein Partner für den Frieden, aber gleichzeitig drängte er Washington, sich um eine Wiederaufnahme der Gespräche mit diesem »Nicht-Partner« Arafat zu bemühen. Es ist natürlich möglich, dass Barak das Gefühl hatte, er müsse ab und zu den Eindruck vermitteln, dass er Verhandlungen eine Chance gab, um die internationale Meinung wie auch einige Personen in seiner eigenen, links von der Mitte angesiedelten Arbeitspartei zu besänftigen. Clinton bat, aus welchem Grund auch immer, israelische und palästinensische Unterhändler in die Bolling Air Base bei Washington. Auf der Grundlage der dort geführten Gespräche lud er sie kurz vor Weihnachten 2000 ins Weiße Haus ein, wo er seine eigenen Ideen für einen Frieden vorstellen wollte – er unternahm einen letzten Vorstoß, bevor er im darauffolgenden Monat das Weiße Haus für immer verlassen würde.

Bill Clintons allerletzter Versuch

Clinton präsentierte im Weißen Haus nicht den Wortlaut eines unterschriftsreifen Vertrags, sondern seine unter der Bezeichnung »Clinton-Parameter« bekanntgewordenen Leitlinien für beschleunigte Verhandlungen, die, so hoffte er, noch in den kommenden Wochen abgeschlossen werden konnten. Auf diese Leitlinien sollten dann zügige Verhandlungen zwischen den Parteien mit dem Ziel folgen, bis zum 10. Januar 2001 ein Friedenspaket zu schnüren – kurz bevor Clinton aus dem Amt schied. Da Barak von der Angst besessen war, dass Arafat jeden Vorschlag erst einmal einstecken würde, um ihn bei einer späteren Gelegenheit als Ausgangsposition zu verwenden, mit der er Israel noch mehr Zugeständnisse abringen wollte, einige er sich mit Clinton darauf, dass der Präsident seine Gedanken den Parteien nur vorlesen, ihnen jedoch kein offizielles schriftliches Dokument an die Hand geben würde. Mit Blick auf die zwischen Israel und Washington bestehende Abmachung ist es wahrscheinlich, dass Clinton seine Parameter vorab Barak gezeigt hatte, nicht aber Arafat. Nun, am Morgen des 23. Dezember 2000, einem Samstag, las der US-Präsident seine Gedanken israelischen und palästinensischen Unterhändlern laut vor, und die machten sich Notizen. Anschließend gab er den Parteien eine Frist von nur wenigen Tagen, innerhalb derer sie mit einem Ja oder Nein reagieren sollten. Clinton entwarf einen Weg zur Beendigung der israelischen Besatzung und des palästinensisch-israelischen Konflikts, der sich an den folgenden Leitlinien orientieren sollte:

Zur Frage des Gebietsanteils, den Israel mit der Perspektive der Gründung eines eigenen Staates an die Palästinenser übergeben sollte, schlug Clinton vor, dass dieser sich im mittleren 90-Prozent-Bereich bewegen sollte, bei 94 bis 96 Prozent des gesamten Westjordanlandes.[37] Im Gegenzug für die 4 bis 6 Prozent des Westjordanlandes, die Israel annektieren wollte, um die großen Siedlungsblöcke, in denen 80 Prozent der Siedler lebten (alle isolierten Siedlungen sollten aufgegeben werden), ins eigene Staatsgebiet integrieren zu können, schlug Clinton einen Ausgleich für die Palästinenser durch einen Landtausch an anderer Stelle vor. Zum Thema Jerusalem, einem Hauptstolperstein bei früheren Gesprächen, regte Clinton an, dass »der allgemeine Grundsatz lautet, dass [innerhalb der Grenzen des gegenwärtigen Jerusalem] arabische Gebiete palästinensisch und jüdische Gebiete israelisch sind«. Zur Kernfrage, dem Tempelberg/Haram al-Sharif, schlug der Präsident im Wesentlichen vor, dass die Parteien sich die Souveränität über diesen Bereich teilen sollten: Dort sollte die palästinensische Souveränität *über* den Haram und die israelische Souveränität unmittelbar *unter* ihm gelten, wo die Überreste des jüdischen Tempels begraben sind. Zur Flüchtlingsfrage und dem palästinensischen Anspruch auf ein »Rückkehrrecht« in die Heimat der Vorfahren in Israel schlug Clinton die folgende Leitlinie vor: Der palästinensische Staat sollte für die Palästinenser, die sich für eine Rückkehr in das Gebiet entschieden, der Bezugspunkt sein, ohne dabei auszuschließen, dass Israel eine gewisse Zahl dieser Flüchtlinge akzeptieren würde.

Eine sorgfältige Lektüre des Clinton-Vorschlags zeigt, dass er das Ziel verfolgte, die beiden Haupthindernisse für ein israelisch-palästinensisches Abkommen – nämlich die Frage der Souveränität über den Haram al-Sharif/Tempelberg in Jerusalem und die palästinensische Forderung nach einem Rückkehrrecht auch auf israelisches Territorium – so abzuhandeln, dass es zu einem gegenseitigen Ausgleich kam. Deshalb erhielten die Palästinenser das Angebot der Souveränität über den Haram, das ein israelisches Zugeständnis war, während ihnen im Gegenzug abverlangt wurde, dass sie die Forderung nach einem Rückkehrrecht auch auf israelisches Staatsgebiet aufgaben. Abschließend stellte Clinton noch fest – und das war zumindest für Israel ein entscheidender Punkt, auf dem es auch bestand –, dass dieses Abkommen für das Ende des Konflikts stehe und seine Umsetzung das Ende aller palästinensischen Ansprüche auf Israel bedeute.

Barak leistete bei seinen eigenen Ministern Überzeugungsarbeit für die Annahme des Clinton-Programms und versuchte zugleich, möglichst viel Druck auf Arafat auszuüben, damit der es ihm nachtat. Der israelische Regierungschef sprach mit dem ägyptischen Präsidenten und schlug Mubarak vor, sich mit Arafat zu treffen und den Versuch zu unternehmen, ihm eine positive Reaktion abzuringen; er bat Mubarak auch, auf eine Reduzierung des Ausmaßes der Unruhen zu drängen, die »mir helfen könnte, die israelische Öffentlichkeit zur Annahme [von Clintons Ideen] zu bewegen«.[38] Barak ließ Mubarak wissen, die Israel abverlangten Kompromisse seien »sehr schmerzlich«, doch sollte Arafat auf Clintons Ideen mit einem aufrichtigen Ja antworten, »werde ich das Gleiche tun«. Barak beendete das Telefonat mit Mubarak mit der Bemerkung: »Ich sitze hier auf dem Stuhl, auf dem Rabin gerne saß, er pflegte Sie anzurufen, wann immer es eine Krise gab, und ich bin mir sicher, dass Sie sehr viel helfen könnten, wenn Sie Arafat davon überzeugen würden, dass er sich bewegen muss.«

Israels offizielle Annahme der Clinton-Parameter war in einen Brief an das Weiße Haus verpackt und schloss auch ein 20 Seiten umfassendes Dokument mit Israels Vorbehalten und Kommentaren ein.[39]

Während Washington auf Arafats Antwort wartete, führte die israelische Armee weiterhin einen Schlagabtausch mit palästinensischen Aufständischen in den besetzten Gebieten. Die Ernennung von General Doron Almog zum Befehlshaber des Südkommandos im Dezember 2000 führte zu einer massiven militärischen Reaktion auf den palästinensischen Aufstand im Gazastreifen. Unter Almogs Kommando wurden ganze Landstriche entblößt: Bäume wurden gerodet, Häuser abgerissen und große Gebiete in »Sonder-Sicherheitszonen« verwandelt – effektiv in Tötungszonen. Da es den palästinensischen Aufständischen zunehmend schwerer fiel, der Armee in den besetzten Gebieten in direkten Auseinandersetzungen gegenüberzutreten, trugen sie ihren Krieg in die israelischen Städte: Am 28. Dezember explodierte in einem Bus bei Tel Aviv eine Bombe und verletzte 13 Menschen.

Ende Dezember 2000, drei Monate nach Beginn der Al-Aksa-Intifada, war der Blutzoll besonders auf palästinensischer Seite massiv: 272 Menschen waren getötet worden, während es auf israelischer Seite im gleichen Zeitraum 41 Tote gab.

Eine verpasste Gelegenheit

Einen Tag vor einem geplanten Treffen Präsident Clintons mit Arafat in Washington, bei dem die palästinensische Antwort auf seinen Vorschlag für ein Friedensprogramm übermittelt werden sollte, berichtete Clinton Barak von einem Telefonat, das er mit Arafat geführt hatte und in dem dieser »alle möglichen Kommentare« angebracht habe. Diese Äußerungen hatten Clinton zweifeln lassen, ob der Palästinenserführer letztlich eine positive Antwort auf seine Friedens-Parameter geben würde.[40] Auch Barak zeigte sich skeptisch: »Wenn ich mir sein Verhalten und die Geheimdienstberichte ansehe, dann erkenne ich einen Versuch, auf Zeit zu spielen«, sagte er und ergänzte:

> *Er schürt die Gewalt. [...] Er versucht Ihnen und mir das Maximum abzupressen. [...] Sie, Herr Präsident müssen mithelfen, die Dinge so zu präsentieren, wie sie sind – welche Seite gewillt war, weiterzugehen, und welche Seite den Terrorismus förderte. [...] Arafat kann Sie und uns nicht weiter zum Narren halten.*

Am 3. Januar 2001 rief Clinton Barak an, um ihm über sein Treffen mit Arafat zu berichten und ihm mitzuteilen, dass Arafat den Vorschlag abgelehnt hatte. Er sagte Barak, dass er in seiner tiefen Enttäuschung dem Palästinenserführer vorgehalten habe: »Wissen Sie, man hat mir immer gesagt, dass Sie ein Mensch sind, der wartet, bis es fünf vor zwölf ist, aber ich befürchte, dass Ihre Uhr kaputt ist, Herr Vorsitzender.«[41]

Es besteht in der Tat kaum ein Zweifel daran, dass das Urteil der Geschichte zeigen wird, dass Arafat an dieser Stelle, im Dezember 2000, eine Gelegenheit für ein unabhängiges Palästina mit dem arabischen Ostjerusalem als Hauptstadt verpasst hat, einschließlich dessen, was ihm in Camp David noch vorenthalten und hier und jetzt angeboten wurde: die palästinensische Souveränität über den Haram al-Sharif. Warum also lehnte Arafat dieses Angebot ab? Vielleicht dachte er, dass der künftige US-Präsident George W. Bush großzügiger sein würde als die Clinton-Regierung, da Clinton nach Ansicht der Palästinenser den Israelis viel zu nahe stand. Oder er wollte sich nicht vor sein Volk hinstellen und ihm sagen, dass er zwar die Souveränität über Jerusalem erreicht habe, dass es ihm aber nicht gelungen sei, ein Rückkehrrecht der Palästinenser ins alte Palästina durchzusetzen. Viele Jahre lang hatten er und andere den palästinensischen Flüchtlingen versprochen, dass sie eines Tages wieder in ihren alten Häusern leben würden, dort, wo jetzt Israel war. Der palästinensische Unterhändler Ahmed Kurei, ein enger Gefolgsmann Arafats, erklärte einmal:

> *Kein einziger Palästinenser gab jemals den Traum von der Rückkehr auf. Dieser Traum [...] war die Antriebskraft unseres Lebens, er hat uns am Leben erhalten. [...] Die Palästinenser im Exil benutzten im Umgang miteinander verschiedene Redensarten. Sie grüßten sich immer mit dem Ausdruck »bei unserer Rückkehr«; sie sprachen ständig von »unserem Heimatland«, und an hohen Festtagen und Feiertagen pflegten sie zu sagen: »Unser Festtag kommt mit unserer Rückkehr.«*[42]

Arafat konnte es offenbar nicht ertragen, diesen zentralen Bestandteil palästinensischer Identität und palästinensischen Lebens aufzugeben. Stattdessen beschloss er, auf ein besseres Angebot zu warten und harten Entscheidungen zugunsten eines Festhaltens am Status quo aus dem Weg zu gehen. Sein enger Berater Mohammed Rashid sollte später einräumen, dass »wir einen strategischen Fehler begangen haben, als wir die Clinton-Vorschläge ablehnten«.[43] Bis zum Zeitpunkt der Niederschrift dieses Buches haben die Palästinenser kein besseres offizielles Angebot mehr erhalten als Clintons Parameter.

Die Hauptsorge von Ministerpräsident Barak war unterdessen, im Vorfeld der israelischen Parlamentswahlen, die im Februar 2001 anstanden, den Aufstand der Palästinenser im Zaum zu halten. Deshalb genehmigte er seinen Unterhändlern Gespräche auf unterer Ebene im ägyptischen Taba, denn ein Aufrechterhalten des Dialogs konnte den Versuchen, die Gewalt einzudämmen, nicht schaden.

Zur gleichen Zeit wies Barak jedoch das Militär an, militanten Palästinensern bei der Durchsetzung von Ausgangssperren mit eiserner Faust zu begegnen, noch mehr Kontrollpunkte einzurichten und die Ermordung führender palästinensischer Aktivisten zu forcieren: Masoud Ayyad, ein 50 Jahre alter ranghoher Offizier von Arafats Präsidentengarde, der Force 17, wurde am 13. Februar 2001 am Steuer seines Wagens in der Nähe des Flüchtlingslagers Jabalya im nördlichen Gazastreifen getötet. Das Fahrzeug wurde von drei Raketen getroffen, die israelische Kampfhubschrauber abgefeuert hatten. Bei dem Angriff wurden außerdem vier unbeteiligte Zuschauer verwundet, darunter ein Kind, und zwei Personen erlitten einen Schock. Ministerpräsident Barak erklärte, die Tötung Ayyads sei »eine klare Botschaft, dass eine Person, die beabsichtigt, Israelis Schaden zuzufügen, nicht entkommen wird, der lange Arm der israelischen Streitkräfte wird ihn finden und die Rechnung begleichen«.[44] Das war eine gute Erklärung in Wahlkampfzeiten, aber der tatsächliche Gesamterfolg der Politik der »gezielten Tötungen« zur Verringerung der von Palästinensern während der Intifada ausgeübten Gewalt ist immer unklar geblieben. Der Oberste Gerichtshof Israels erklärte die Mordanschläge zwar für rechtens, wenn erwiesen war, dass sich die Zielpersonen aktiv an Kämpfen beteiligten oder ausschließlich als militante Aktivisten operierten, aber diese Politik sorgte bei der israelischen Öffentlichkeit dennoch für ein gewisses Unbehagen. Dan Meridor, der Vorsitzende des Außenpolitischen und Verteidigungsausschusses der Knesset, schrieb dem Ministerpräsidenten am 19. Februar 2001 einen Brief, mit dem er ihm empfahl, diese umstrittene Politik zu überdenken. Hier ist der Brief:

Streng geheim
Herr Ministerpräsident,
ich möchte Ihre Aufmerksamkeit auf eine gefährliche Entwicklung lenken, die sich aus dem ergibt, was weltweit [...] als »eine Politik der Ermordungen« angesehen wird. Die Europäische Gemeinschaft wandte sich mit der Bitte an uns, diese Vorgänge zu stoppen, weil dies »eine Politik [ist], die gegen das Völkerrecht verstößt«. Die USA wandten sich gegen eine Politik der »zielgenauen Operationen« und erklärten sogar, dass sie die Lieferung von Zielfernrohren an Israel verzögern werden. [...] Die Veränderungen, die die Welt in den letzten Jahren erlebt hat und die die Verfolgung von Kriegsverbrechen ermöglichen, sollten bei Entscheidungen über unsere Politik berücksichtigt werden.[45]

Die Entscheidung, ob die Ermordungen von palästinensischen Aktivisten fortgesetzt werden sollten, wie auch die sonstige Politik zur Unterdrückung des palästinensischen Aufstands sollte jedoch in der Zuständigkeit eines neuen Ministerpräsidenten liegen – in der Verantwortung des Mannes, der mit seinem Besuch auf dem Tempelberg den Aufstand ausgelöst hatte: Ariel Sharon.

13 Sharon und Arafat, 2001–2004

Es ist eine Ironie der Geschichte, dass Sharon nur kurze Zeit nach seinem umstrittenen Besuch des Haram al-Sharif/Tempelbergs Barak durch einen Erdrutsch-Wahlsieg ablöste und im März 2001 israelischer Ministerpräsident wurde. Im Unterschied zu seinem Vorgänger, der umfassende Friedensabkommen zur Beendigung des israelisch-arabischen Konflikts und der Besatzung angestrebt hatte, verfolgte Sharon bescheidenere Ziele: Er wollte den Aufstand der Palästinenser beenden, die Stabilität wiederherstellen, zur Normalität zurückkehren und – falls die Ruhe Bestand hatte – mit den Palästinensern ein begrenztes Interimsabkommen aushandeln. Mit Syrien wollte Sharon überhaupt nicht verhandeln, weil der Preis für den Frieden dort – die Rückgabe der Golanhöhen – nach seiner Einschätzung zu hoch war und auch keine Dringlichkeit bestand, denn an der israelisch-syrischen Front war es viele Jahre lang ruhig geblieben.

Ein äußerst blutiger Aufstand

Sharon wurde nahezu sofort mit dem Hass konfrontiert, der im palästinensischen Aufstand seinen Ausdruck fand. Allein im März 2001, dem Monat, in dem er Ministerpräsident wurde, gab es in Israel drei Selbstmordanschläge, bei denen sechs Israelis getötet und Dutzende weitere verletzt wurden. Ein über die Anschläge empörter Sharon wies Arafat öffentlich die Verantwortung dafür zu, wie er das noch oft tun sollte. Seine Rhetorik war so scharf, dass der neue US-Präsident George W. Bush in Sorge geriet, Sharon könnte den Palästinenserführer töten lassen – und ein solches Ereignis hätte den Nahen Osten in Brand setzen können. Als die beiden Staatsmänner in diesem blutigen März 2001 in Washington zusammentrafen, wollte sich der Präsident versichern, dass Sharon nicht zu einer so extremen Maßnahme greifen würde. Der folgende Wortwechsel vom 20. März zwischen beiden Männern enthielt ein Versprechen des neuen israelischen Ministerpräsidenten, dass so etwas nicht geschehen werde:

Präsident Bush: Hassen Sie Arafat wirklich?
Minsterpräsident Sharon: Ja!
Bush: Haben Sie vor, ihn umzubringen?
Sharon: Nein!
Bush: Gut![1]

Die Gewalt nahm kein Ende: Am 18. Mai sprengte sich in der Küstenstadt Netanja im Norden Israels ein palästinensischer Selbstmordattentäter in die Luft, tötete fünf Menschen und verwundete mehr als 100 weitere. Nach scharfer Kritik in Israel, er tue nicht genug, um diese Anschläge zu stoppen, ließ Sharon die Städte Nablus und Ramallah durch F-16-Kampfflugzeuge bombardieren. Es war das erste Mal seit dem Sechstagekrieg von 1967, dass Kampfflugzeuge im Westjordanland Bomben abwarfen.[2] Aber selbst Luftangriffe sollten die Selbstmordanschläge nicht stoppen, denn militante Palästinenser-Organisationen hatten diese Taktik inzwischen zu einem wirksamen Mittel weiterentwickelt, mit dem sie Israel zum Handeln zwangen.

Es war eine Methode, mit der die Attentäter das enorme Machtgefälle zwischen der israelischen Armee und den Palästinensern ausgleichen wollten. Sayeed Siyam, ein palästinensischer Aktivist, erklärt: »Wir bei Hamas halten Selbstmordanschläge [...] für die Karte, die Palästinenser spielen können, um sich gegen die Besatzung zu wehren. [...] Wir besitzen keine Apache-Hubschrauber, [...] also setzen wir unsere eigenen Methoden ein.«[3] Als präzise, gelenkte menschliche Raketen verursachten Selbstmordbomber schwere, vor allem zivile Opfer auf israelischer Seite, sie lähmten das Alltagsleben und untergruben die Moral in Israel. In den ersten beiden Jahren der Al-Aksa-Intifada entsandten die Palästinenser 145 Selbstmordattentäter.[4] Das Symbol der ersten Intifada waren noch palästinensische Kinder gewesen, die Soldaten mit Steinen bewarfen, bei der Al-Aksa-Intifada war es der Selbstmordbomber.

Mit der Veröffentlichung des Mitchell-Berichts ergab sich am 20. Mai eine Gelegenheit zur Beruhigung der Lage. Der ehemalige amerikanische Senator George J. Mitchell hatte die Untersuchungskommission geleitet, auf die man sich im Oktober 2000 beim – ansonsten weitgehend gescheiterten – Gipfel von Sharm el Sheikh geeinigt hatte. Mitchell hatte bereits im Nordirland-Konflikt erfolgreich vermittelt, und diesmal sollte er die Ursachen der Al-Aksa-Intifada untersuchen, Vorschläge zu ihrer Beendigung unterbreiten und darlegen, wie ähnliche Ereignisse in Zukunft abgewendet werden konnten. In seinem Bericht zeigte Mitchell eine Reihe konkreter Schritte auf, die beide Seiten unternehmen sollten. Das begann mit einer

Einstellung der Feindseligkeiten – sehr wichtig, wenn die Parteien zu den nächsten Phasen übergehen sollten – und führte schließlich zu einer Wiederaufnahme der Friedensgespräche.

Sharon reagierte schnell, er erklärte am 22. Mai einen einseitigen Waffenstillstand und sagte zu, dass die Armee nur in Notwehr schießen würde. Vielleicht ging er bei dieser Ankündigung davon aus, dass die Palästinenser ihren Aufstand ohnehin fortsetzen würden, was ihm wiederum die Möglichkeit geben würde, Arafat für die Gewalt verantwortlich zu machen. Die palästinensische Antwort war tatsächlich nicht ermutigend: Am 25. Mai jagten sich zwei Selbstmordattentäter in die Luft, der eine in der israelischen Stadt Hadera, der andere an einem Sicherheitsaußenposten im Gazastreifen, und bei beiden Anschlägen zusammen gab es 65 Verletzte auf israelischer Seite. Zwei Tage später wurden 30 weitere Israelis durch eine Bombe in Jerusalem verletzt. Es ist schwer zu sagen, warum Arafat sich nicht dazu durchringen konnte, den Waffenstillstand anzunehmen. Vielleicht meinte er, dass er die meisten militanten Kämpfer ohnehin nicht bändigen konnte, am allerwenigsten die Islamisten von der Hamas, von denen viele seine Führungsrolle nicht anerkannten. Oder er ging möglicherweise davon aus, dass ein Waffenstillstand die Armee nicht wirksam daran hindern würde, in den besetzten Gebieten mit eiserner Faust ihre Macht auszuüben – in Form von Ausgangssperren, Kontrollpunkten, Embargos und mit anderen Methoden. Sharon erkannte den Mitchell-Bericht zwar offiziell an, instruierte aber gleichzeitig General Shaul Mofaz, den Generalstabschef der Armee, »den Palästinensern überall [...] gleichzeitig Schläge zu versetzen. Die Palästinenser sollten jeden Morgen beim Aufwachen feststellen, dass zwölf von ihnen tot sind.«[5] Sharon erhob den Krieg gegen den palästinensischen »Terrorismus«, wie er den Aufstand nannte, zur obersten Priorität der Armee und sagte zu Mofaz: »Das ist Ihr Krieg. [...] Ihre Prüfung besteht aus dem Sieg über die Palästinenser.«[6] Glaubte Sharon, der über genug Kriegserfahrung verfügte – als Soldat (in jedem von Israels Kriegen in der Zeit von 1948 bis 1973) wie auch als Verteidigungsminister während des Einmarsches in den Libanon im Jahr 1982 –, wirklich daran, dass die Armee auf diese Art einen »Sieg« über die Aufständischen erringen könnte? Möglicherweise nicht, aber indem er von der Armee verlangte, Dutzende von Palästinensern zu töten, gab er ihr grünes Licht für ein äußerst hartes Vorgehen, das, wie ihm klar sein musste, nur den Teufelskreis der Gewalt fördern würde.

Ein Hamas-Kämpfer aus Nablus namens Said al-Hutri sprengte sich am 1. Juni 2001 in einem Nachtklub in Tel Aviv in die Luft und richtete ein Blutbad an; beim bis dahin schwersten Selbstmordanschlag in Tel Aviv tötete er 21 Menschen und verletzte mehr als 80 weitere, von denen die meisten noch im Teenageralter waren. Für Sharon war das alles Arafats Schuld, weil dieser nach seiner Einschätzung nicht genug unternahm, um die Anschläge zu stoppen, auch wenn die meisten Selbstmordanschläge auf das Konto der Hamas und des Islamischen Dschihad gingen, zweier mit Arafats Autonomiebehörde rivalisierender Organisationen, auf die er nur wenig direkten Einfluss hatte. Zwischen diesen beiden Männern gab es sehr viel böses Blut. Das reichte bis zu den Tagen des Libanonkrieges von 1982 zurück, als Sharon als Architekt dieses Vorgehens Arafat in Beirut hatte belagern lassen und nur auf eindeutige Anweisungen der USA hin davon abgesehen hatte, ihn zu töten. Jetzt, am Abend des Anschlags in Tel Aviv, drängte Sharon seine Minister bei einer Dringlichkeitssitzung des Kabinetts, einem Plan zur »Entfernung« Arafats zuzustimmen – ihn unter Umständen auszuweisen. Sharon hatte, wie wir bereits wissen, George W. Bush im März 2001 versprochen, Arafat nicht zu töten. Das Kabinett befürchtete jedoch, eine Ausweisung könnte sich, selbst wenn sie physisch möglich wäre – es war bekannt, dass Arafat stets eine Pistole bei sich trug, und er könnte sich dafür entscheiden, lieber kämpfend zu sterben, als sich von israelischen Soldaten festnehmen zu lassen –, als kontraproduktiv erweisen, indem sie Arafat zum Märtyrer machte, und stimmte gegen den Vorschlag.

Führende Politiker in aller Welt, die vom Blutbad in Israel und den besetzten Gebieten schockiert waren, drängten Arafat unterdessen, die israelische Geste zu erwidern und den im Mitchell-Bericht vorgeschlagenen Waffenstillstand zu akzeptieren, was er am 2. Juni auch tat. Aber das sollte die Intifada nicht stoppen, und Israels Politik der gezielten Mordanschläge, eine Hinterlassenschaft der Vorgängerregierung, heizte die Situation außerordentlich an und setzte die militanten Kämpfer unter den Druck, zurückzuschlagen, um die eigene Widerstandskraft zu beweisen. Als die israelische Armee am 31. Juli 2001 die Scheichs Gamal Mansur und Gamal Salim ermordete, zwei hochrangige Hamas-Aktivisten in Nablus, führte das am 9. August, wie erwartet, zu einem Vergeltungsangriff der Hamas, der sich gegen die gut besuchte Pizzeria Sbarro in der Innenstadt von Jerusalem richtete. Dabei wurden 15 Menschen getötet und 130 weitere Personen verletzt.

Die Israelis schlugen dann am 27. August mit einem Raketenangriff auf das Büro der Volksfront für die Befreiung Palästinas (Popular Front for the Liberation of Palestine, PFLP) in Ramallah ein weiteres Mal zu und töteten dabei die Zielperson – den 63-jährigen Abu Ali Mustafa, den Vorsitzenden dieser Organisation. Das war eine schwerwiegende Eskalation des Konflikts, denn Mustafa war eher ein politischer Anführer als ein militanter Aktivist. Der Palästinenser Jibril Rajoub, ein enger Weggefährte Arafats, erinnert sich, wie schockiert er war, als er von diesem Mordanschlag hörte: »Ich konnte mich nicht bewegen, [als ob ich] gelähmt wäre, [und ich wusste], dass die Ermordung von Abu Ali Mustafa eine gewaltige palästinensische Reaktion provozieren würde.«[7] Durch die Ermordung einer politischen Führungspersönlichkeit hob Sharon seine Taktik der Aufstandsbekämpfung tatsächlich auf ein neues Niveau und zwang die Palästinenser letztlich dazu, ihre Anschlagsziele ebenfalls aufzuwerten und einen führenden israelischen Politiker ins Visier zu nehmen, um so unter Beweis zu stellen, dass sie sich zu behaupten wussten. Ihr Erfolgserlebnis hatten sie am 17. Oktober, als zwei Palästinenser im Hyatt Hotel in Jerusalem Rahavham Ze'evi ermordeten, den israelischen Minister für Tourismus, der zu den Politikern zählte, die eine besonders harte Linie gegenüber den Palästinensern vertraten. Die Tötung Ze'evis, erklärten die Palästinenser später, sei ihre Vergeltung für die Ermordung ihres Anführers Ali Mustafa.

Dieser wechselseitige Schlagabtausch ging wochen- und monatelang weiter, doch als am 12. Dezember bei einem Anschlag auf einen Bus in der Nähe der israelischen Siedlung Emanuel im Westjordanland zwölf Menschen ums Leben kamen und 30 weitere verletzt wurden, hatte Sharon genug: Er griff zum Telefon und befahl der Armee, Arafats Hauptquartier in Gaza zu bombardieren und seine gesamte Hubschrauberflotte zu zerstören – ein Zeichen für den Palästinenserführer, dass die Schlinge sich zuzog und die Armee ihm näher rückte. Sharon schrieb alle Schuld an der fortdauernden Gewalt Arafat zu und erklärte: »Der Vorsitzende Arafat hat sich selbst zur Bedeutungslosigkeit verurteilt. [...] Es wird keine weiteren Kontakte zu ihm geben.«[8]

Doch ob es Sharon nun gefiel oder nicht: Arafat blieb unverändert der wichtigste Palästinenserführer in den besetzten Gebieten, und in dieser Phase kam er selbst zu dem Schluss, dass er die militanten Kräfte zügeln sollte, und sei es auch nur, um seine anhaltende Wichtigkeit zu demonstrieren. Also rief er am 16. Dezember »zu einem vollständigen Stopp aller Operationen, vor allem der Selbstmordoperationen« auf; sein Befehl hatte eine starke Wirkung und führte zu einem fast vollständigen Ende der Anschläge gegen Israel – auch vonseiten der Hamas und des Islamischen Dschihad.[9] Für die Verfechter der These, Arafat könnte die palästinensische Gewalt unter seine Kontrolle bringen, wenn er das nur wollte, war dies ein schlüssiger Beweis. Es sah ganz danach aus, als verfüge er – in seiner Eigenschaft als berühmtester Palästinenserführer – trotz des wachsenden Einflusses der Islamisten noch über genügend Autorität auch bei diesen Leuten.

Israel setzte unterdessen die Jagd auf militante Palästinenser fort. Zu den meistgesuchten Personen zählte der 28 Jahre alte Raid Karmi aus dem Städtchen Tulkarem im Westjordanland. Generalstabschef Shaul Mofaz erklärte in einem Interview mit dem Autor, Karmi sei »ein Terrorist mit Blut an den Händen, […] wir mussten ihn entweder festnehmen oder töten«; das letzte Ziel war etwas leichter zu verwirklichen, und so wurde es beschlossen.[10] Doch der Gesuchte war schwer zu fassen und hatte bereits einen Mordanschlag überlebt. Verteidigungsminister Ben Eliezer erklärte gegenüber dem Autor, dass Karmi »Verkleidungen benutzte, er zog von einem Ort zum anderen, […] wechselte die Standorte«. Aber die Israelis entdeckten schließlich eine Schwäche: Karmi besuchte seine Geliebte, die Frau eines palästinensischen Funktionärs, nahezu jeden Tag vor dem Mittagessen. Auf dem Rückweg zu seinem Versteck benutzte er dann immer den gleichen Weg, der an einer Friedhofsmauer entlangführte. Das Wissen um diese Gewohnheit sollte es der Armee ermöglichen, ihn zu töten.

Die Israelis standen allerdings vor einem Dilemma: Der Waffenstillstand war im Dezember 2001 zwar brüchig, aber er hielt noch, und die Ermordung einer bekannten Persönlichkeit würde ihm mit Sicherheit ein Ende machen. Sharon war jedoch ein entschlossener Befürworter solcher Operationen und setzte sich durch, trotz einiger Bedenken aus dem Kabinett. Es gab grünes Licht für die Beseitigung Karmis, und in der Friedhofsmauer, die seinen üblichen Schleichweg säumte, wurde eine Bombe versteckt. Als Karmi am 14. Januar 2002 an dieser Stelle vorbeikam, tötete ihn eine mächtige Explosion auf der Stelle. Abu Hamid, ein Mitstreiter Karmis, erinnert sich, wie er sich nach dem Mordanschlag mit anderen Kämpfern beriet und wie sie schließlich eine Erklärung abgaben, in der es hieß: »Der sogenannte Waffenstillstand ist vorbei, vorbei, vorbei. […] Ihr [Israel] habt das Tor zur Hölle selbst geöffnet. Ihr Feuer wird euch verbrennen.«[11]

Die Wochen nach Karmis Ermordung verliefen für beide Seiten blutig – allein im Februar wurden 28 Israelis und Dutzende Palästinenser getötet, und man fragt sich zwangsläufig, warum die Israelis der Ansicht waren, die Tötung einer einzigen Person – selbst wenn sie so gefährlich war wie Karmi – sei ein lohnendes Unternehmen, auch wenn man sich sicher sein konnte, dass damit der Waffenstillstand beendet war. Die Armee schlug natürlich entsprechend den Anweisungen des Ministerpräsidenten zurück, der in aller Offenheit erklärte: »Die Palästinenser müssen getroffen werden, und es muss sehr schmerzhaft ausfallen. Wir müssen ihnen Verluste zufügen, Opfer verursachen.«[12]

Durch einen massiven Vergeltungsschlag militanter Palästinenser, die aus Karmis Heimatort Tulkarem kamen, einen Anschlag, der auf dramatische Weise den Verlauf des israelisch-palästinensischen Krieges veränderte, sollte sich die Lage schon bald noch weiter verschlimmern.

Verteidigungsschild

Muhammad Abd al-Basset war ein 25 Jahre alter Palästinenser, den Muammar Shahrouri unter der Aufsicht von Abbas al-Sayyid, dem Hamas-Anführer in Tulkarem, für die Hamas angeworben hatte. Das jüdische Passahfest stand bevor, als Abd al-Basset sich mit al-Sayyid und Shahrouri in der Wohnung von Shahrouris Großvater in Tulkarem traf, um dort die letzten Vorbereitungen für seinen Selbstmordanschlag zu treffen. Abd al-Basset war ein zorniger junger Mann, dessen Reiseantrag für Jordanien, wo er seine Verlobte heiraten wollte, die Israelis abgelehnt hatten. Die Besatzungsherrschaft frustrierte ihn, und er beschloss, zum Selbstmordbomber zu werden.

Die beiden Werber nahmen eine Videobotschaft von Abd al-Basset auf, bei der er vor einer Hamas-Fahne und mit einem M-16-Sturmgewehr im Arm seine Abschiedserklärung verlas. Diese Aufzeichnung wurde später weiterverteilt, um den Auftrag überall in den Palästinensergebieten als Teil der Aktivitäten der Hamas bekanntzumachen, mit denen sie sich gegenüber den anderen militanten Palästinensergruppen profilieren und außerdem der eigenen Anhängerschaft zeigen wollte, dass sie gegen die Besatzungsmacht kämpfte. »Unser Blut, Sharon«, las Abd al-Basset vor, »ist nicht billig zu haben, und unser Heimatland ist nicht leicht zu erobern, und niemand wird dich vor den Splittern unserer Körper schützen.« Als die Aufnahme beendet war, legte ihm al-Sayyid einen Gürtel an, der zehn Kilogramm Sprengstoff enthielt. Der Gürtel war aus Nablus geliefert worden, wo Hamas-Techniker ihn hergestellt hatten. Die beiden anderen halfen dem Attentäter beim Anziehen. Muammar Shahrouri erinnert sich:

> *Abd al-Basset kaufte die Kleidungsstücke selbst – sie mussten gut sitzen. Er kaufte einen Pullover und eine Perücke, eine blonde Perücke. Er war ein gut aussehender Bursche, und so war es am passendsten, dass wir ihn als Frau verkleideten. [...] Wir rasierten ihn, verpassten ihm einen Haarschnitt, er setzte die Perücke auf, und wir machten ihn ganz hübsch zurecht, [...] er trug eine Handtasche bei sich und setzte eine Sonnenbrille auf. [...] Er sah wie eine Ausländerin aus.*[13]

Shahrouri erinnert sich daran, was geschah, als die Vorbereitungen abgeschlossen waren:

Abd al-Basset lächelte. [...] Abbas [al-Sayyid] sagte zu ihm: »Heute wirst du, Inschallah [so Gott will], zum Schahid, und morgen [...] wirst du im Paradies sein.« [...] Abd al-Basset [...] rief Gott an, [...] er bat um Vergebung, [...] er las viel im Koran, er betete. Ich betete mit ihm, [...] und da war ein Anflug von Freiheit [...] und Glück im Raum, weil Abd al-Basset wegging, und er wusste, dass er nicht einfach nur sterben würde, sondern er ging weg, um Gott nahezukommen, und er würde das auf die beste Art, die bestmögliche Art und Weise tun. [...] Ja, er war glücklich. [...] Ja, er hatte acht Monate lang auf diesen Augenblick gewartet.

Vor dem Haus stand Fathi Raja Ahmed Khatib für die Fahrt nach Israel bereit, denn er besaß einen israelischen Personalausweis, der ihnen den mühelosen Grenzübertritt vom Westjordanland nach Israel ermöglichen würde.

Die Rolle, die arabische Israelis als Helfer von Palästinensern aus den besetzten Gebieten bei Anschlägen gegen Israel spielten, verdient eine eigenständige Untersuchung, und obwohl nur eine Minderheit der arabischen Israelis diese Linie überschritt, trug ihr Verhalten viel zur Verschlechterung der Beziehungen zwischen der arabisch-israelischen und der jüdisch-israelischen Bevölkerungsgruppe bei. Muammar Shahrouri erinnert sich an den Augenblick, als der Attentäter bereit war:

Abbas verabschiedete sich von ihm, er umarmte ihn und sagte ihm: »Du wirst uns fehlen«, und ich [...] weiß nicht mehr genau, was ich tat. [...] Mir war heiß, [...] ich zeigte ihm meine Sympathie, ich umarmte und küsste ihn und sagte zu ihm: »Du kommst ins Paradies, und ich hoffe, eines Tages auch dorthin zu kommen.«

Fahrer und Attentäter verließen Tulkarem am 27. März 2002 gegen zwei Uhr nachmittags, überquerten die Grenze zu Israel, wo sie Ausschau nach einer Ansammlung von Soldaten hielten, denn das Militär war ihr vorrangiges Ziel, nicht die Zivilisten. »Wir haben kaum miteinander gesprochen« erinnert sich Fathi Khatib, der Fahrer, »er betete nur zu Gott und sagte: ›Lass mich erfolgreich sein.‹«[14]

Sie fanden kein geeignetes militärisches Ziel und fuhren daraufhin in die Küstenstadt Netanja, wo Abd al-Basset ins Park Hotel ging, einen Ort, der ihm bekannt war, weil er dort einmal gearbeitet hatte. Im großen Speisesaal, wo sich Gäste zum Passahmahl versammelt hatten, zündete er seinen Sprengstoffgürtel, tötete 29 Menschen und verwundete 150 weitere. Es war der verheerendste Selbstmordanschlag seit dem Ausbruch der Al-Aksa-Intifada.

Israel stand unter Schock. Sharon rief seine Minister zusammen, die das gutheißen sollten, was er für eine angemessene Vergeltung hielt: einen massiven Angriff auf Arafats Autonomiebehörde im Westjordanland. Er wollte eine vollständige Wiederbesetzung der palästinensischen Ortschaften und Städte sehen und Soldaten vor Ort, die die Terrorzellen angriffen.

Ein Punkt, der zu einer langen Diskussion führte, war die Frage, was mit Arafat selbst geschehen sollte. Einige Kabinettsmitglieder schlugen vor, ihn auszuweisen, aber andere – und hier vor allem Shimon Peres von der Arbeitspartei, die Sharons Koalition angehörte – waren dagegen. Peres vertrat die Ansicht, eine Ausweisung Arafats sei sinnlos, denn außerhalb der besetzten Gebiete könne er Israel mehr Schaden zufügen als innerhalb. Außerhalb, erklärte Peres, würde Arafat als Verfolgter gesehen und auch wahrgenommen, und das Fernsehen wäre von ihm begeistert. In der Kabinettssitzung sagte er: »Ich möchte nicht, dass wir uns eine weitere Jesus-Geschichte aufladen.«

Eine weitere bei dieser Kabinettssitzung erörterte Möglichkeit war die Ermordung Arafats. Einer der Sitzungsteilnehmer berichtete dem Autor, wie dies geschehen sollte: »Eröffnung [der Operation] mit einer 1000-Kilo-Bombe auf [Arafats] Hauptquartier in Ramallah [als] allererste Maßnahme.«[15] Die USA legten jedoch ihr Veto gegen ein solches Vorgehen ein. Dan Kurtzer, US-Botschafter in Israel, übergab Sharon einen Brief, in dem ihm unmissverständlich deutlich gemacht wurde, dass Israel Arafat kein Haar krümmen durfte. Schließlich beschloss das Kabinett, Arafat zum »Feind« zu erklären und dem Militär den Befehl zu erteilen, seinen Amtssitz abzuriegeln, um ihn physisch zu isolieren.

Die Würfel waren gefallen: Die Operation »Verteidigungsschild« (Defensive Shield) wurde von den Ministern gebilligt. Das war ein dramatischer Bruch des Oslo-Abkommens, mit dem die Jahre des gemeinsam beschlossenen schrittweisen Rückzugs und der räumlichen Trennung rückgängig gemacht wurden, indem man Teile des Westjordanlandes, die bereits an Arafat übergeben worden waren, wieder der unmittelbaren Kontrolle durch die israelische Armee unterstellte.

In der Mukata, Arafats Hauptquartier in Ramallah, rechnete man unterdessen mit einem Angriff, deshalb versammelten sich die Palästinenserführer aus dem gesamten Westjordanland an diesem Ort, wo sie Arafat »in seinem Khakianzug« antrafen, »bereit, [...] sehr vorsichtig, [...] auf dem Posten«.[16]

Die Verwüstung von Jenin

Der Einmarsch ins Westjordanland begann am 29. März 2002, und die Soldaten rückten rasch zum Angriff auf Arafats Amtssitz in Ramallah vor. Die Attacke fiel besonders zerstörerisch aus: Die Umfassungsmauern der von Panzern und Soldaten umstellten Anlage wurden zertrümmert und ein sehr enger Belagerungsring eingerichtet, Soldaten bezogen in unmittelbarer Nähe von Arafats Privatbüro Posten.

Im Lauf weniger Tage besetzte die Armee mehrere weitere Städte des Westjordanlandes. Weit oben auf der Prioritätenliste stand Jenin, eine Stadt im nördlichen Westjordanland, die bei den Israelis »Hauptstadt der Märtyrer« hieß, weil von dort im Zeitraum vom Oktober 2000 bis April 2002 28 Selbstmordanschläge ausgegangen waren. Das Flüchtlingslager von Jenin war das zweitgrößte im Westjordanland, es beherbergte 14 000 Menschen und war eine Brutstätte palästinensischer Militanz.

Die Armee drang am 3. April in dieses Gebiet vor, traf dabei aber auf gut vorbereitete Palästinenser und kam nur langsam voran, weil weite Teile von Jenin mit Sprengfallen versehen waren. Die Soldaten mieden die engen Gassen des Lagers und rückten erst vor, als riesige gepanzerte Bulldozer ihnen Wege durch die dicht bebaute Stadt gebahnt hatten. Ein israelischer Soldat, der einen dieser Bulldozer fuhr, erinnert sich:

Drei Tage lang habe ich nur zerstört und zerstört, das ganze Gebiet. Jedes Haus, aus dem sie herausschossen, wurde eingerissen. Und um es plattwalzen zu können, riss ich noch ein paar andere ein. Sie wurden mit Lautsprechern aufgefordert, das Haus zu verlassen, bevor ich komme, aber ich gab ihnen keine Chance. Ich wartete nicht. [...] Ich rammte einfach das Haus mit aller Kraft, um es so schnell wie möglich einzureißen. Ich wollte zu den anderen Häusern. So viele wie möglich zerstören. [... Die Palästinenser waren mir ganz egal. [...] Bei jedem Haus, das ich rammte, hat es mir einen richtigen Kick gegeben, weil ich wusste, dass ihnen der Tod nichts bedeutet, während der Verlust ihrer Häuser ihnen sehr viel bedeutet.[17]

Die Schlacht von Jenin war am 15. April zu Ende. Als die Armee schließlich Journalisten und internationale Beobachter in die Stadt ließ, stießen diese auf die Spuren kolossaler Zerstörung. Das galt vor allem für den zentralen Bereich des Flüchtlingslagers, wo ein großes Gebiet dem Erdboden gleichgemacht worden war, was 4000 Palästinenser obdachlos gemacht hatte. Über allem lag der Geruch des Todes. Mohamad Abu Hamid, ein militanter Palästinenser, erinnert sich: »Man sah Haufen [von Leichen] [...], hier ragte ein Arm, dort ein Bein [...] aus den Trümmern.«[18]

Einige Palästinenser waren unter diesen Trümmern eingeschlossen. Abu Hamid erinnert sich, wie ein Palästinenser dort acht Tage lang überlebte. Sein halber Körper war verbrannt, und er hatte nichts zu essen. Der Bulldozer hatte das Haus zerstört, und der Verschüttete saß in einem kleinen Hohlraum unter dem eingestürzten Dach fest. Abu Hamid berichtet: »Er suchte den Raum ab und fand einen kleinen Krug mit Käse, also aß er den Käse, urinierte dann in den kleinen Krug, und er musste seinen eigenen Urin trinken, um zu überleben.«[19]

Solche Erzählungen und entsetzliche Vorfälle übten eine starke Wirkung auf die Palästinenser aus, vor allem auf die jüngere Generation, und brachten sie dazu, sich den militanten Kämpfern anzuschließen – bereit für den Kampf gegen die Besatzungsmacht. Der Palästinenserführer Hani al-Hassan beobachtete, wie die Ereignisse in Jenin auf einen gewissen Zakaria al-Zubaidi wirkten, der gesehen hatte, wie das Haus seiner Familie zerstört und seine kleine Schwester dabei getötet wurde. Hani al-Hassan berichtet:

Er kam zu mir und bat mich um eine Entschädigung für das zerstörte Haus. Wir gaben ihm 2500 Dollar. Als Erstes kaufte er sich eine Kalaschnikow für 1500 Dollar. Und den Rest verwendete er, um andere anzuwerben. Seit dieser Zeit ist er der überzeugteste Kämpfer gegen die Israelis. Manchmal ruft er mich an und sagt: »Hani, ich habe noch einen Hund [einen Israeli] getötet. Ich brauche noch 99, als Rache für meine kleine Schwester.« Sie haben dafür gesorgt, dass er verrückt wurde.[20]

Der UN-Sicherheitsrat, von den Ereignissen schockiert, verabschiedete am 19. April die Resolution 1405 (2002). Sie sah vor, »mithilfe eines Untersuchungsteams genaue Informationen über die aktuellen Ereignisse im Flüchtlingslager Jenin zu beschaffen«.[21] UN-Generalsekretär Kofi Annan setzte das Untersuchungsteam ein, aber Israel verweigerte jede Zusammenarbeit und legte den Rechercheuren Steine in den Weg, sodass die Untersuchung gar nicht erst in Gang kam.[22] Es war einer unter vielen erfolglosen Versuchen internationaler Organisationen, die gegen die israelische Armee erhobenen Vorwürfe wegen Kriegsverbrechen in den besetzten Gebieten zu untersuchen.

Die Lage in Ramallah

In Arafats belagertem Hauptquartier verschlechterte sich die Lage zusehends. »Es war furchtbar«, erinnert sich Yasser Abed Rabbo, ein enger Mitarbeiter Arafats, den die Israelis aus Arafats Amtssitz heraus- und auch wieder hineinließen:

Der Gestank! Er war mörderisch, mörderisch. Sie hatten da drin vielleicht fünf oder sechs Toiletten für 300 bis 400 Menschen. Und diese Toiletten funktionierten nicht immer. Und oft gab es kein Wasser. Und sie hatten keine Unterwäsche zum Wechseln. Ich ging in die Mukata und behauptete, ich hätte Dokumente bei mir, aber in Wirklichkeit brachte ich Unterwäsche von zu Hause mit. Das wollten die Leute haben.²³

Ein amerikanischer Diplomat, der Arafats belagertes Hauptquartier betreten durfte, um an der Vereinbarung eines Waffenstillstands mitzuwirken, beschrieb die Lage im Inneren des Gebäudes:

Ich schaute mir die Korridore an, und da war ein Haufen Leute, die alle aussahen, als ob sie nichts gegessen und offensichtlich auch kein Bad von innen gesehen hätten. Auf meinem Weg hinauf in den zweiten Stock sah ich einige von Arafats Mitarbeitern, und sie sahen wirklich furchtbar aus, [...] unrasiert, sie hatten Gewicht verloren, waren ausgezehrt, und ich dachte mir, oh Gott.«²⁴

Die heftigen israelischen Angriffe im Jahr 2001 und besonders die Operation »Verteidigungsschild« von 2002 hatten für Schulkinder ganz verheerende Folgen, wie wir aus dem folgenden Bericht erfahren können:

Das vergangene akademische Jahr (2001/2002) war besonders traumatisch, da das Land unter zunehmender Armut litt und die Zerstörung von Umwelt und Infrastruktur, die Sprengung von Wohnhäusern und öffentlichen Gebäuden, Tod, Verletzungen, Invalidität [und die] Verhaftung von Angehörigen [...] den neuen, andauernden Lebensstil prägten. [...] Das Schulsystem blieb davon nicht ausgenommen. Am Ende des Schuljahrs 2001/2002 berichtete das Bildungsministerium, dass während der israelischen Invasion in der Zeit vom 29. März bis zum Ende des Schuljahrs 216 Schüler getötet, 2514 verletzt und 164 verhaftet wurden, ferner 17 Lehrer und Mitarbeiter im Schulwesen getötet und 71 verhaftet und 1289 Schulen für mindestens drei Wochen in Folge geschlossen wurden. Etwa 59 Prozent aller Schüler und 3000 Mitarbeiter im Schulwesen wurden daran gehindert, ihre Schulen aufzusuchen. [...] Die vorgesehenen Zulassungsprüfungen wurden durch Militäraktionen unterbrochen [...]. Die meisten dieser Kinder [...] verbrachten ihre verlängerten »Sommerferien« von zwei bis drei Monaten zu Hause, wo sie wegen der strengen Ausgangssperren und Abriegelungen festsaßen. [...] Der israelische

> *Überfall [hatte] einen zutiefst negativen Einfluss auf ihre Lernfähigkeit, ihr Gefühl der Sicherheit, ihre seelische Verfassung, ihre Würde und ihr Bewusstsein. Diese Kinder sind in jeder Hinsicht vergewaltigt worden und wachsen mit einem übermächtigen Gefühl des Hasses auf – ein Gefühl, das nur zu dem führen kann, was man »einen Hang zur Gewalttätigkeit« nennt. [...] Im Fall der Palästinenser beginnt und endet die Erzeugung von Gewalttätigkeit mit der Besetzung durch das israelische Militär.*[25]

Sharon reagierte am 2. Mai auf den amerikanischen Druck und ordnete die Beendigung der Operation Verteidigungsschild an, aber die Armee sollte in der Region bleiben, und sie verwandelte die Städte und Ortschaften des Westjordanlandes in militärische Sperrgebiete, deren Bewohner oft mit tagelangen Ausgangssperren belegt wurden, während die Soldaten von Haus zu Haus zogen, um Verhaftungen vorzunehmen. Es war einer der traumatischsten Zeitabschnitte in der Geschichte der besetzten palästinensischen Gebiete.

Kriegsverbrechen in Gaza?

Die Operation Verteidigungsschild dämpfte den palästinensischen Aufstand, es gelang ihr aber nicht, ihn ganz zu beenden. Das wurde nachhaltig in Erinnerung gebracht, als im Norden Israels am 5. Juni 2002 ein mit Sprengstoff beladenes Auto explodierte und 16 Menschen tötete und 50 weitere verletzte. Militante Palästinenser legten am 16. Juli nahe der Siedlung Emanuel im Westjordanland einen Hinterhalt, sie töteten neun Insassen eines jüdischen Busses und verletzten 18 weitere, und am darauffolgenden Tag töteten zwei Selbstmordattentäter in Tel Aviv fünf Menschen und verwundeten 40.

Viele dieser Anschläge hatten ihren Ursprung in den Reihen der Hamas, der islamistischen Bewegung, die im Gazastreifen sehr stark war. Da sie sich gegen den Friedensprozess mit den Israelis wandte, empfand sie auch weniger Verpflichtungen und verhielt sich deshalb gegenüber der Besatzungsmacht aggressiver. Sharon betrachtete zwar Arafat weiterhin als den Hauptschuldigen, wies aber zugleich die Armee an, Jagd auf eine wichtige Zielperson zu machen – auf Salah Shehadeh, einen der Gründer der Hamas, der ihren militärischen Flügel im Gazastreifen befehligte. Bei einer Besprechung im Büro von Generalstabschef Moshe Yaalon wurden am 17. Juli Pläne zur Ermordung Shehadehs durch einen Luftangriff erörtert. Eliezer Shkedi, der Vertreter der Luftwaffe bei dieser Zusammenkunft, stellte den militärischen Plan vor, und seine Einschätzung lautete, dass eine Bombe mit einem Gewicht von weniger als einer Tonne Shehadeh nicht sicher töten würde, denn der Angriff sollte erfolgen, während sich die Zielperson innerhalb eines bestimmten Gebäudes befand. Verteidigungsminister Ben Eliezer erklärte in einem Interview mit dem Autor: »Mit einer 1000-Kilo-Bombe verbindet sich eine gewisse Sicherheit. Man kann sicher sein, dass sie eine Person tötet, [...] und hier [bei Shehadeh] rechtfertigte das den Einsatz einer Bombe dieser Art.«[26] Eine Bombe dieses Typs, die Israel damals vorrätig hatte und die auch als Mark-84-Allzweckbombe bezeichnet wird, hat eine so gewaltige Sprengkraft, dass sie einen Krater mit einem Durchmesser von 15 Metern und einer Tiefe von elf Metern hinterlässt und Betonwände durchdringt, die dicker als drei Meter sind. Shkedi wies deshalb darauf hin, dass beim Abwurf einer solchen Bombe auch die Hütten im Umfeld des Zielpunkts schwer in Mitleidenschaft gezogen würden. »Diese Wellblech-Behausungen«, sagte er voraus, »werden nach einem solchen Angriff nicht mehr da sein. [...] Was wird mit den Menschen geschehen, die sich dort aufhalten? Meiner Ansicht nach besteht die Möglichkeit, [...] dass sie getötet werden.«[27] Aber der Generalstabschef der israelischen Streitkräfte gab dennoch den Befehl zur Ausführung der Operation, und am 22. Juli 2002 warf eine israelische F-16-Maschine eine Mark-84-Bombe auf das Ziel ab. Da diese gewaltige 1000-Kilo-Bombe auf ein Wohnhaus in Gaza-Stadt fiel, tötete sie nicht nur Shehadeh, sondern 14 weitere, unschuldige Menschen, darunter auch seine Tochter und seine Frau. (»Von seiner Frau wussten wir, dass sie ebenfalls eine Terroristin war«, sagte Ben Eliezer dem Autor.[28]) General Dan Halutz, der Luftwaffenchef, zeigte keinerlei Reue und beglückwünschte die Besatzung der Maschine, die die Bombe abgeworfen hatte: »Jungs, ihr könnt ruhig schlafen. [...] Ich tue das auch. [...] Eure Ausführung war perfekt. [...] Perfekt.«[29]

Ein Urteil darüber, ob diese Operation ein Kriegsverbrechen ist, sollte Experten für Völkerrecht überlassen bleiben, aber es besteht kaum ein Zweifel daran, dass die Entscheidung, eine so große Bombe auf ein dicht besiedeltes Gebiet abzuwerfen, ernste Zweifel am Urteilsvermögen derjenigen Personen begründet, die sie getroffen haben.

Eine Roadmap

Sharon und seinem Beraterteam gelang es unterdessen auf der diplomatischen Ebene, die Regierung Bush davon zu überzeugen, dass einzig und allein Jassir Arafat daran schuld sei, dass die Gewalt andauerte. Die Tatsache, dass die in jener Zeit eingesetzte Hauptwaffe der palästinensischen Aufständischen im Kampf gegen Israel Selbstmord-Bomber waren – eine Methode, die seit den Anschlägen vom

11. September 2001 in New York und Washington, bei denen fast 3000 Amerikaner ums Leben kamen, tief sitzende Gefühle weckte –, gab Sharon ein äußerst wirkungsvolles Argument gegen Arafat an die Hand.

Der Höhepunkt von Sharons Erfolg bei der Beeinflussung der US-Regierung zum Nachteil Arafats war kurz nach der Operation Verteidigungsschild erreicht, als Bush am 24. Juni 2002 seine Vorstellung von einer Zwei-Staaten-Lösung öffentlich vortrug, bei der Israel in Sicherheit und Seite an Seite mit einem funktionsfähigen und demokratischen Palästina leben würde, aber er verband das mit der Bedingung – und das war Sharons Idee –, dass die Palästinenser sich eine neue Führungsspitze suchten. Bush erklärte: »Für den Frieden bedarf es einer neuen und anderen palästinensischen Führung«, und er verband dies mit einem Aufruf an das palästinensische Volk, eine neue Führung zu wählen, die nicht »durch Terror kompromittiert« sei. In seinen Memoiren schrieb Bush: »Im Frühjahr 2002 war ich zu dem Schluss gekommen, dass ein Frieden nicht möglich sein würde, solange Arafat an der Macht war.«[30]

Das war eine außergewöhnliche Einmischung in die inneren Angelegenheiten der Palästinenser, die viele von ihnen zutiefst schockierte. In diesem Fall klang das bei Doug Feith, dem Staatssekretär für Politik im US-Verteidigungsministerium, der an dem Prozess, der zu Bushs Erklärung führte, beteiligt war, so: »Der Präsident nahm das Pferd [Arafat], diese alte Schindmähre, schoss ihm in den Kopf und sagte: Wir wollen diesen gottverdammten Arafat nicht, den PLO-Antidemokraten und gewalttätigen Terroristen, der von der Schindmähre Iran Waffen bekommt. Scheiß drauf. Peng.«[31] Bushs Vorstellung von einer Zwei-Staaten-Lösung, in Verbindung mit der Forderung an das palästinensische Volk, Arafat abzusetzen, war ein wichtiger Schritt für die Verwirklichung dessen, was unter der Bezeichnung »Roadmap« bekannt wurde – eines neuen Weges zur Beendigung der israelischen Besatzungsherrschaft und zur Beilegung des israelischen-palästinensischen Konflikts.

Dass Jordanien bei der Entwicklung dieses neuen Programms eine führende Rolle spielte, ist kaum bekannt, aber für das Land gab es dafür mit Sicherheit gute Gründe, denn in seinen Grenzen lebten 1,7 Millionen palästinensische Flüchtlinge, die die Entwicklung in den besetzten Gebieten sehr genau verfolgten.[32] Nachdem George W. Bush am 24. Juni 2002 seine Rede gehalten hatte, in der er eine Zwei-Staaten-Lösung für den israelisch-palästinensischen Konflikt befürwortete, kam Jordaniens König Abdullah II. zu dem Schluss, dass die von Bush dargelegte Vorstellung alleine nicht viel bewirken würde, wenn auf sie keine praktischen Schritte folgten.³³ Der König, für den ein Besuch in Washington bald darauf anstand, war entschlossen, Bush zu einem Aktionsplan zu drängen, mit dem seine Vorstellung von einem palästinensischen Staat Wirklichkeit werden sollte.

Im Weißen Haus sagte der König am 1. August 2002 zu Präsident Bush: »Wir brauchen eine Roadmap für den Weg, auf dem wir vom heutigen Zustand zur Verwirklichung der Vorstellung kommen, die Sie, Herr Präsident, beschrieben haben.«³⁴ Außenminister Colin Powell, der an diesem Gespräch beteiligt war, erinnert sich, dass Abdullah noch hinzufügte: »Eine Vorstellung zu haben und eine Rede zu halten ist die eine Sache, aber Sie legen nicht dar, *wie* Sie dorthin kommen wollen. [...] Sie müssen einen Weg haben.«³⁵ Bush sagte zu, er werde die weiteren Schritte zur Verwirklichung seiner Vorstellung unternehmen, und wies seine zuständigen Mitarbeiter an, einen solchen Plan zu entwerfen. Dieser sollte die praktischen Schritte aufzeigen, die Israelis und Palästinenser unternehmen mussten, damit Bushs Vorstellung von einer Zwei-Staaten-Lösung verwirklicht und ein lebensfähiger palästinensischer Staat, Seite an Seite mit Israel, gegründet werden konnte.

Die Roadmap sollte bis Ende 2002 vom sogenannten Nahost-Quartett – bestehend aus den Vereinten Nationen, der Europäischen Union, den USA und Russland, die bei diesem Vorhaben zumindest nominell gleichberechtigte Partner waren – erarbeitet und vorgelegt werden. Die Roadmap sah drei Phasen vor. In der ersten Phase sollten sich die Palästinenser zu einem bedingungslosen Verzicht auf Gewalt verpflichten, während von Israel verlangt wurde, alle Siedlungsbauprojekte einzufrieren und die seit März 2001 errichteten Siedlungsaußenposten wieder zu räumen. In dieser Phase sollten die Palästinenser außerdem umfassende politische Reformen verwirklichen: Sie sollten einen Ministerpräsidenten ernennen, eine Verfassung ausarbeiten und demokratische Wahlen abhalten. All dies verband sich mit der Absicht, Arafat, den Bush aus der palästinensischen Politik entfernt sehen wollte, kaltzustellen. In Phase II sollte bis Dezember 2003 ein unabhängiger palästinensischer Staat mit provisorischen Grenzen geschaffen werden. In Phase III sollte schließlich zu irgendeinem Zeitpunkt im Jahr 2005 ein endgültiger Friedensvertrag unterzeichnet werden, in dem die Grenzziehung, der Status Jerusalems, die Flüchtlings- und die Siedlungsfrage geklärt sind. Darauf sollte noch eine Konferenz folgen, bei der alle arabischen Staaten einen Friedensvertrag mit Israel schließen, und danach wäre der arabisch-israelische Konflikt beigelegt.³⁶

Arafat hatte jedoch die Zügel für das palästinensische Volk so lange in Händen gehalten, dass es großer Überredungsgabe sowohl von internationalen Gesandten als auch aus den eigenen Reihen bedurfte, um ihn dazu zu bewegen, auch nur *irgendeinen* Teil seiner Befugnisse an einen »mit Vollmachten ausgestatteten« Ministerpräsidenten abzugeben. Aber der isolierte Arafat hatte kaum eine andere Wahl. Um ihn vollends zu überzeugen, erhielt er die Zusage, dass er derjenige sein würde, der den Ministerpräsidenten auswählte und auch die Befugnis hatte, ihn zu entlassen. Er lenkte am 7. März 2003 schließlich ein und bot Mahmud Abbas, einem gemäßigten Politiker und Kritiker der gewalttätigen Intifada, öffentlich das Amt des ersten palästinensischen Ministerpräsidenten an. Das Nahost-Quartett veröffentlichte am 30. April, nur wenige Stunden nach der Vereidigung von Mahmud Abbas und seinem neuen Kabinett, die Roadmap.

Zu deren praktischer Umsetzung entsandte der US-Präsident einen erfahrenen Beamten des Außenministeriums namens John Wolf in den Nahen Osten. Eines von Wolfs Zielen war ein Abkommen zur Übergabe der Zuständigkeit für Sicherheitsfragen von Israel an die Autonomiebehörde im Gazastreifen und im Gebiet von Bethlehem, wobei der letztere Bereich seit der Operation Verteidigungsschild immer noch von Israel kontrolliert wurde. Dies sollte der erste Schritt des israelischen Rückzugs aus den Gebieten sein, die während der Al-Aksa-Intifada erneut besetzt worden waren – sofern die Palästinenser den Nachweis erbrachten, dass sie die Sicherheit gewährleisten und Angriffe aus den übergebenen Gebieten unterbinden konnten. Das würde dann zwei der Anforderungen aus der ersten Phase der Roadmap erfüllen – den israelischen Rückzug und die palästinensische Absage an den Terror.

Wolf erreichte am 27. Juni die israelische und palästinensische Zustimmung zum sogenannten »Gaza-Abkommen«, und dies führte bereits am darauffolgenden Tag dazu, dass der Gazastreifen und das Gebiet von Bethlehem wieder unter palästinensische Kontrolle kamen. Dem neuen palästinensischen Ministerpräsidenten Mahmud Abbas gelang es außerdem, die militanten Kräfte zur Aussetzung ihrer militärischen Aktionen gegen Israel zu bewegen, zunächst für einen Zeitraum von drei Monaten. Angesichts der Begleitumstände waren das unglaubliche Fortschritte, deren Ergebnisse nahezu unmittelbar sowohl in Israel, wo die Selbstmordanschläge aufhörten, als auch im Gazastreifen – wo das Alltagsleben zu einer gewissen Normalität zurückfand – spürbar waren. Wolf bilanzierte:

Die Spannungen nahmen ab, [...] und die Lebensqualität in Gaza und in den israelischen Großstädten nahm deutlich zu. Das Gaza-Abkommen ermöglichte es den Palästinensern, sich frei zu bewegen, die Menschen konnten an den Strand gehen. Wir hatten einen informellen Indikator: [...] Wie lange sind die Geschäfte [in den besetz-

ten Gebieten] geöffnet? Und Geschäfte, die zuvor kaum noch Ladenzeiten hatten, blieben jetzt bis zehn oder elf Uhr abends geöffnet. […] Dies war jetzt also eine Chance.[37]

Der palästinensische Ministerpräsident Mahmud Abbas wurde für seine harte Arbeit an der Umsetzung der Roadmap mit einer Einladung ins Weiße Haus belohnt, was Arafat verwehrt geblieben war, seit George W. Bush das Präsidentenamt übernommen hatte.

Sharons Mauer

Mahmud Abbas traf am 25. Juli 2003 in Washington ein und hatte ein Ziel vor Augen – er wollte den Präsidenten dazu bringen, dass er Israels »Sicherheitszaun« verurteilte, der bei den Palästinensern nur »Die Mauer« hieß: Der Begriff stand für ein Netzwerk von Betonmauern, elektrisch geladenen Zäunen, Gräben und Wachtürmen, das sich durch das gesamte Westjordanland zog und dessen Errichtung durch die Israelis noch nicht abgeschlossen war. Die Barriere sollte den Grenzübertritt von Selbstmordattentätern nach Israel verhindern, und die Israelis wurden nicht müde zu betonen, dass dies nichts anderes als eine Sicherheitsmaßnahme sei. Die Palästinenser glaubten jedoch, dass die Israelis die Absicht hatten, die Sperranlage als faktische politische Grenze zwischen Israel und dem Westjordanland zu benutzen – was einer Annexion palästinensischen Gebiets gleichkäme, denn die Sperranlage verlief nicht entlang der sogenannten Grünen Grenze, die seit dem Waffenstillstand von 1948 und bis zum Sechstagekrieg 1967 galt, sondern ragte ins Westjordanland hinein.

Im Oval Office des Weißen Hauses legte Mahmud Abbas jetzt eine große Landkarte auf den Tisch und zeigte Bush, wie deutlich die israelische Sperranlage, die teilweise weit ins Westjordanland hineinreichte, von der Grünen Linie abwich. Dies bedeutete nicht nur eine Landnahme, sondern es verursachte im Westjordanland auch großes Elend, weil es die Bauern von ihren Feldern, die Patienten von den Krankenhäusern und die Schulkinder von ihren Schulen abschnitt. Bush sah sich die Karte an und sagte: »Mit einer Mauer und einer Landkarte dieser Art werden wir niemals einen lebensfähigen palästinensischen Staat haben.«[38] Bei der anschließenden Pressekonferenz im Rosengarten des Weißen Hauses sagte der Präsident: »Ich halte die Mauer für ein Problem. […] Vertrauen zwischen den Palästinensern und den Israelis kann sich nur sehr schwer entwickeln, wenn sich eine Mauer durchs Westjordanland schlängelt.«[39]

Vier Tage später war der israelische Ministerpräsident Ariel Sharon zu Besuch im Weißen Haus, und sein Sicherheitszaun stand nach Mahmud Abbas' Vortrag am gleichen Ort an erster Stelle der Tagesordnung des Präsidenten. Aber der Ministerpräsident zeigte sich unnachgiebig und erklärte, die Sperranlage sei für Israels Sicherheit notwendig. Die Zahlen sprachen für sich, denn die Sperranlage verhinderte es, dass Selbstmordattentäter nach Israel gelangten. Bush hatte sich zwar einige Tage zuvor im Gespräch mit Abbas bei diesem Thema sehr aufgebracht gezeigt, aber jetzt bedrängte er Sharon in dieser Angelegenheit nicht und sagte nur: »Ich möchte hoffen, dass auf lange Sicht ein Zaun unwichtig wird.«[40] Außenminister Colin Powell erklärt die Denkweise des Präsidenten so: »Man kann wohl kaum die Ansicht vertreten, dass man sich nicht schützen sollte, wenn man angegriffen wird, und wenn eine Möglichkeit, sich zu schützen, ein Zaun ist, ist das in Ordnung. [...] [Sharons] Argument [gegen Vorhaltungen wegen des Zauns] war: Ein Zaun kann errichtet und er kann auch wieder abgebaut werden, wir treffen also keine endgültige Entscheidung darüber, wo die Grenzlinie sein wird.«[41] Präsident Bush akzeptierte dieses Argument. Er orientierte sich bereits stark in Richtung Israel – entwickelte eine Neigung, die Dinge so zu sehen, wie man sie in Israel sah –, eine Tendenz, die sich nach dem 11. September 2001 nur noch verstärkt hatte. Diese Einstellung ist in seinen Memoiren zu erkennen, wo er schreibt: »Israels Verwundbarkeit in einer feindseligen Umgebung verblüffte mich. [...] Daraus entwickelte sich die Überzeugung, dass es in unserer Verantwortung lag, weiterhin enge Beziehungen zu unterhalten.«[42]

Der Internationale Gerichtshof in Den Haag war zu Kompromissen mit Israel weniger bereit. In einem Gutachten aus dem Jahr 2004 kritisierte das Gericht den Bau der Sperranlage und die damit zusammenhängenden Regelungen, weil sie »die Bewegungsfreiheit der Bewohner des Westjordanlandes behindern. [...] Sie hindern die betroffenen Personen auch daran, ihr Recht auf Arbeit, Gesundheit, Bildung und einen angemessenen Lebensstandard auszuüben.« Das Gericht kam zu dem Schluss, dass »Israel ferner verpflichtet ist, das Land, die Obstgärten, die Olivenhaine und andere Immobilien, die natürlichen oder juristischen Personen zum Zweck des Baus der Mauer weggenommen wurden, zurückzugeben«.[43]

Wieder: im Teufelskreis der Gewalt

Am 14. August 2003 wurde in Hebron – trotz eines bestehenden Waffenstillstands zwischen Israel und den Palästinensern, der auch recht gut hielt – Mohammed Seder, Kopf des militärischen Flügels des Islamischen Dschihad, der schon lange auf der israelischen Fahndungsliste gestanden hatte, von den Israelis getötet. Mike Herzog, der militärische Staatssekretär des Verteidigungsministers. begründete dieses Vorgehen so: »Wir wussten, dass Seder einen Anschlag plante. Also entsandten wir Spezialkräfte, die ihn festnehmen sollten, und er wurde bei dem sich dabei entwickelnden Schusswechsel getötet. Er war ein böser Mann.«[44] Ob Mohammed Seder tatsächlich Anschläge auf Israel plante und ob er, wie der Staatssekretär Herzog behauptete, bei einem »Schusswechsel« getötet wurde, als die Armee ihn festzunehmen versuchte, oder ob er in Wirklichkeit ermordet wurde, wird möglicherweise niemals geklärt werden. Aber jetzt hatte der palästinensische Ministerpräsident ein ernstes Problem: Wie konnte er einen palästinensischen Vergeltungsschlag und eine Rückkehr in den Teufelskreis von Angriffen und Gegenangriffen verhindern? Der getötete Seder gehörte zwar dem Islamischen Dschihad an, aber den Racheakt plante die Hamas.

Majd Zaatri, ein Maler aus Gaza und Mitglied der Hamas, holte am 19. August 2003 den 29-jährigen Raed Abdel Hamid mit dem Auto ab und fuhr ihn ins Stadtzentrum von Jerusalem, wo Hamid sich in die Luft sprengen sollte. Zaatri erinnert sich: »Der Attentäter trug [wie ein orthodoxer Jude] ein weißes Hemd und eine schwarze Hose, [und ich] setzte ihm noch einen Hut auf.«[45] Auf der Fahrt in die Innenstadt von Jerusalem erklärte Zaatri seinem Passagier noch, wie der Sprengstoffgürtel zu bedienen war: »Ich zeigte ihm den Schalter, mit dem die Explosion ausgelöst wurde. Und ich zeigte ihm, wie man Bedienungsfehler vermied, [...] nicht dass er den Gürtel aus Versehen verkehrt herum anlegte. [...] Ich zeigte ihm, wie man ihn so anzog, dass der Schalter außen war.« Der Attentäter-Kandidat war guter Dinge, wie sich Zaatri erinnert: »Er war glücklich. Er lachte. [...] Er war ein Typ mit Universitätsabschluss, kein junger Bursche. Er hatte in Amman studiert. [...] Er hatte zwei Söhne, und ein dritter war unterwegs.« Sie hielten an einer Bushaltestelle in einem Viertel, das von religiösen Juden bewohnt wurde, und dort stieg der Attentäter aus. »Ich sagte zu ihm: ›Möge Gott mit dir sein. Auf Wiedersehen im Paradies‹«, erinnert sich Zaatri.

Der Selbstmordattentäter zündete seinen Sprengstoffgürtel in einem Bus und löste eine massive Explosion aus, die 23 Menschen tötete – sieben davon waren Kinder und Kleinkinder – und mehr als 100 weitere verletzte. Der israelische Vergeltungsschlag folgte zwei Tage später, am 21. August, als die Armee mit einem Hubschrauberangriff in Gaza den Hamas-Funktionär Ismail Abu Shanab tötete. Israel hatte den Waffenstillstand gebrochen, aber es gab keine amerikanische Kritik für seine Vorgehensweise. Der US-Regierungssprecher Scott McClellan erklärte: »Israel hat ein Recht auf Selbstverteidigung.« Die Hamas und der Islamische Dschihad erklärten den Waffenstillstand für beendet, und die Intifada begann von Neuem.

Etwa zu dieser Zeit erfuhr der israelische Geheimdienst, dass Scheich Ahmad Yasin, der Gründer und geistlicher Führer der Hamas, am 6. September zusammen mit der gesamten Hamas-Führungsspitze an einer Versammlung in Gaza teilnehmen würde. Das schien eine einmalige Gelegenheit zu sein, die gesamte Führungsebene der Hamas mit einem Schlag zu beseitigen und der Organisation insgesamt schweren Schaden zuzufügen. Ein Kampfflugzeug der Luftwaffe warf eine 500-Kilo-Bombe auf das Gebäude ab, in dem die Versammlung stattfand. Aber die Geheimdienst-Informationen waren falsch: Die Hamas-Führung war im Erdgeschoss zusammengekommen – vielleicht, weil Scheich Yasin auf den Rollstuhl angewiesen war – und nicht, wie die Israelis angenommen hatten, im dritten Stock. Die Bombe zerstörte den dritten Stock des Gebäudes vollständig, aber Yasin und die übrigen Hamas-Führer im Erdgeschoss blieben unverletzt. Scheich Yasins Sohn, der den Vater damals begleitete, erinnert sich: »Wir hörten die Explosion über unseren Köpfen, [...] Ismail Hanieh [einer der Teilnehmer] sagte auf seine typische, ruhige Art: ›Wir wurden bombardiert, Scheich, wir müssen das Haus schnell verlassen.‹ Yasin fragte: ›Bist du sicher, dass es unser Haus ist?‹ ›Ja‹, sagte Hanieh, ›schnell, schnell.‹«[46] Dann fasste Hanieh Yasin bei den Beinen, sein Sohn griff ihm unter die Arme, und sie eilten aus dem Haus.

Die Israelis machten unbeirrt weiter Jagd auf militante Aktivisten, und das intensivierte den Teufelskreis aus Anschlag und Vergeltung noch mehr: Am 7. September beschoss ein Kampfhubschrauber das Haus des Hamas-Mitglieds Abdul Salem Abu Musa im Süden des Gazastreifens und verletzte dabei mindestens zwölf Menschen. Die Palästinenser antworteten zwei Tage später mit zwei getrennt voneinander ausgeführten Selbstmordanschlägen, die in Tel Aviv und Jerusalem insgesamt 15 Todesopfer und Dutzende von Verwundeten forderten. Israel schlug dann am 10. September erneut zu und feuerte Raketen auf das Haus von Mohamoud Zahar, einem hochrangigen Hamas-Mitglied in Gaza-Stadt. Dabei kamen Zahars Sohn und ein Leibwächter ums Leben, 25 unschuldige Menschen wurden verletzt, Zahar selbst kam mit geringfügigen Verletzungen davon.

Ariel Sharon gab in bewährter Manier Arafat die Schuld an der Eskalation, bezeichnete den Palästinenserführer am 11. September als »umfassendes Hindernis für den Frieden« und führte sein Kabinett zu dem Beschluss, »dieses Hindernis auf eine Art und zu einem Zeitpunkt unserer Wahl zu beseitigen«.[47] Er bereitete jetzt zweifellos, trotz seines Versprechens gegenüber Präsident Bush, den Boden für eine mögliche Ermordung Arafats.

14 Lohnender Unilateralismus, 2004–2007

Vor dem Hintergrund des anhaltenden blutigen Krieges zwischen Israelis und Palästinensern hatte in Israel allmählich ein neues Denken Raum gewonnen. Dessen Kern war eine Neuorientierung, die anstelle von Verhandlungen zur Beendigung des Konflikts mit den Palästinensern auf einseitige Schritte setzte, die zur räumlichen Trennung führten, und das in Verbindung mit einer Beendigung der Besatzung an bestimmten Orten. Dieses Denken erreichte während Sharons Amtszeit als Ministerpräsident seinen Höhepunkt, als er einen einseitigen Abzug von Truppen und Siedlern aus dem Gazastreifen und, symbolisch, aus vier Siedlungen im Westjordanland durchsetzte. Das war zweifellos ein gewagter Vorstoß, wenn man sich vergegenwärtigt, dass selbst die linksorientierten Vorgängerregierungen gezögert hatten, besetzte Gebiete und Siedlungen aufzugeben, bevor ein Abkommen mit den Palästinensern über den endgültigen Status unterzeichnet worden war. Der ermordete Ministerpräsident Rabin sagte einmal, er hätte Gaza gern im Meer versinken sehen, aber selbst er – der Architekt der Oslo-Abkommen mit den Palästinensern – wollte vor Abschluss der Verhandlungen keine einzige Siedlung evakuieren.

Ein einseitiger Abzug aus besetzten Palästinensergebieten war nicht Sharons Einfall gewesen, die Idee stammte vielmehr von Barak, der nach dem Scheitern des Gipfels von Camp David erklärte, dass es auf palästinensischer Seite keinen Partner für den Frieden gebe und Israel deshalb – und sei es einseitig – eine Situation schaffen müsse, in der, wie er oft zu sagen pflegte, »wir hier sind und sie dort«. Sharon, der Barak dann bei der Parlamentswahl besiegte, fand den Gedanken eines einseitigen Abzugs, den sein Vorgänger entwickelt hatte, attraktiv, denn ihm fehlte es an Vertrauen in die Verhandlungsbereitschaft der Palästinenser. Aber im Unterschied zu Barak, dessen Aufmerksamkeit vor allem einer räumlichen Trennung von den Palästinensern im Westjordanland galt, strebte Sharon zunächst eine Trennung vom Gazastreifen an, der seiner Ansicht nach für Israel ein Klotz am Bein war.

Sein Kalkül war, dass er durch eine neue Agenda, deren Kern ein israelischer Rückzug aus dem besetzten Gazastreifen war – er wollte dies als Maßnahme präsentieren, die letztlich dem Friedensprozess diente –, neue Unterstützung erhalten würde, und das sowohl im internationalen Rahmen wie auch innenpolitisch. Die Palästinenser würden unterdessen genug zu tun haben, um etwas Ordnung in die elende Enklave zu bringen, die Israel ihnen hinterließ. Noch wichtiger war, dass ein Rückzug so unerwartet käme – für einen Verfechter eines harten Kurses wie Sharon wäre das ausgesprochen revolutionär –, dass er das Nahost-Quartett, die gemeinsame diplomatische Initiative der USA, der EU, Russlands und der Vereinten Nationen, davon abhalten würde, auf die Umsetzung der weiter oben skizzierten Roadmap zu drängen. Sharon hasste die Roadmap, weil sie ihm Kompromisse bei äußerst heiklen Problemen abverlangen würde, etwa beim Status von Ostjerusalem, bei der Kontrolle über die jüdischen Siedlungen im Westjordanland und beim bedrohlichsten Punkt überhaupt, der Forderung von 4,8 Millionen palästinensischen Flüchtlingen nach einem Rückkehrrecht nach Israel.

Den Boden bereiten
Die treibende Kraft hinter dem Plan, sich einseitig aus dem Gazastreifen zurückzuziehen, war Dov Weisglass, Sharons wichtigster politischer und außenpolitischer Berater. Er trug den Gedanken zunächst einer kleinen Gruppe von Beratern vor, die am Freitagmorgen oder Samstagabend oft in der Küche der Ranch des Ministerpräsidenten zusammenkam. Eine genaue Rekonstruktion der Diskussion ist schwierig, weil es keine Transkriptionen zu diesem Forum gibt und nur wenige der Zusammenkünfte überhaupt im Terminkalender des Büros des Ministerpräsidenten auftauchten, und wenn sie das taten, firmierten sie unter der Codebezeichnung »Private Meira«, nach Meira Katriel, der Mitarbeiterin, die diese Treffen koordinierte. Wir wissen allerdings, dass Sharon im September/Oktober 2003, in einer Phase, in der seine Popularität nach Korruptionsvorwürfen gegen ihn und seine Söhne und angesichts des endlosen blutigen Krieges mit den Palästinensern abnahm, beschloss, den Plan eines einseitigen Abzugs umzusetzen. Zunächst wollte er seine Idee jedoch bei den Amerikanern testen.

Sharon sagte Elliot Abrams, dem Sonderberater des US-Präsidenten und für den Bereich Nahost zuständigen Mitglied des Nationalen Sicherheitsrats, bei einem Treffen in Rom am 19. November 2003, dass er einen israelischen Rückzug aus dem Gazastreifen in Erwägung ziehe. Er wusste zwar ganz genau, dass ein solcher Plan jede andere geplante Verhandlungslösung für die besetzten Gebiete hinfällig machte, gab sich aber größte Mühe, herauszustellen, dass ein Rückzug der von ihm vorgeschlagenen Art aus dem Gazastreifen in keiner Weise der Roadmap zuwiderlaufen würde, und er sagte zu, dass Israel sich nach wie vor dem Plan des Nahost-Quartetts verpflichtet fühle. Das Treffen in Rom war die erste Gelegenheit, bei der Sharon seine Gedanken zu einem einseitigen Abzug aus dem Gazastreifen außerhalb seines engsten Mitarbeiterkreises offenlegte.

Sharon machte sich dann daran, die israelische Öffentlichkeit auf diesen einseitigen Rückzug vorzubereiten. Er bat seinen Redenschreiber, in seine Ansprachen den Gedanken einzubauen, dass die weitere Umsetzung der Roadmap durch Israel einseitige Schritte zur Beendigung der Besatzung nicht ausschloss. Bei einer Konferenz in Herzliya im Norden Israels präsentierte Sharon schließlich am 18. Dezember 2003 erstmals offen seinen »Abzugsplan«; der ursprüngliche Name »Trennungsplan« wurde fallengelassen, weil das Wort »Trennung« die Assoziation Apartheid weckte, und das Wort »Rückzug« rührte in Israel immer noch an ein Tabu, deshalb gingen Sharon und seine Mitarbeiter davon aus, dass der Begriff »Abzug« bei der Öffentlichkeit besser ankommen würde.

»Wie alle Bürger Israels sehne ich mich nach Frieden«, verkündete Sharon, fügte jedoch hinzu: »Wenn die Palästinenser keine vergleichbare Anstrengung für eine Lösung des Konflikts unternehmen, habe ich nicht vor, ohne zeitliche Begrenzung auf sie zu warten.«[1] Er schob noch die – zweifellos für das internationale Publikum gedachte – Bemerkung nach, dass die Roadmap der »beste Weg zu einem wahren Frieden« sei, aber »die Terrororganisationen verbündeten sich mit Jassir Arafat und sabotierten den Prozess mit einer Serie der brutalsten Terroranschläge, die wir je erlebt haben«. Er warnte, dass Israel »den einseitigen Sicherheitsschritt eines Abzugs aus den Palästinensergebieten einleiten wird, […] vollständig koordiniert mit den Vereinigten Staaten«, falls die Palästinenser weiterhin ihren Anteil an der Umsetzung der Roadmap missachten würden – die Eindämmung der Angriffe auf Israel.

Sharon erklärte dann, wie sein Plan funktionieren würde: Er würde alle 21 jüdischen Siedlungen aus dem Gazastreifen entfernen, die 8600 dort lebenden Menschen nach Israel umsiedeln, und die israelische Armee würde sich bis auf die israelische Seite des Grenzzauns zum Gazastreifen zurückziehen. Aber er betonte zugleich – und jetzt folgte der heikle Teil –, dass Israel seine Kontrolle »über jene Gebiete des Landes Israel [nämlich im Westjordanland], die bei jedem zukünftigen Abkommen einen untrennbaren Bestandteil des Staates bilden werden«, festigen werde. Dies war, mit anderen Worten, ein Plan, der darauf abzielte, den Gazastreifen – Verteidigungsminister Moshe Dayan hatte ihn bereits im Jahr 1967 als »Schlangennest« bezeichnet – gegen das Westjordanland, die Wiege der jüdischen Geschichte, einzutauschen.

Während die israelische Öffentlichkeit und mit ihr die ganze Welt diese kühne Idee erst einmal verdauen mussten, verfolgte Sharon weiterhin das Ziel, die militanten Aktivisten im Gazastreifen zu dezimieren. Ein Sieg über die Hamas und andere militante Organisationen, die gegen Israel kämpften, war ihm besonders wichtig, damit nicht eine Situation eintrat, in der diese Leute behaupten konnten, ihr Druck habe den israelischen Rückzug bewirkt. Kollaborateure im Gazastreifen hielten die Israelis über die Aufenthaltsorte verschiedener militanter Kämpfer auf dem Laufenden, und die Armee tötete einen nach dem anderen. Der hochrangigste Palästinenser auf der israelischen Liste der zu liquidierenden Personen war Scheich Yasin, der alte, querschnittsgelähmte geistliche Führer der Hamas, der, wie oben beschrieben, bereits einen Mordanschlag überlebt hatte. Sharon bezeichnete ihn wegen seiner dünnen, hohen Stimme als »quiekenden Hund« und wollte ihn tot sehen. Aber der Scheich war seit dem letzten gegen ihn gerichteten Mordversuch vorsichtiger geworden, und die Israelis brauchten viel Geduld, um ihn wieder ins Visier zu bekommen. »Wir folgten ihm mehrere Abende lang«, erinnerte sich Verteidigungsminister Shaul Mofaz in einem Interview mit dem Autor, »und ich wartete bis etwa ein oder zwei Uhr [morgens], bis ich wusste, ob es eine Chance gab, [ihn zu töten].«[2]

Der Scheich beschloss am 21. März 2004, zum Gebet in die Moschee zu gehen, obwohl israelische Hubschrauber über seinem Haus kreisten, und begab sich in Begleitung seines Sohnes Abed el Amid Yasin und einiger Leibwächter dorthin. In der Moschee fiel ihnen auf, dass sich die israelische Präsenz im Luftraum weiter verstärkte, und Abed el Amid sagte zu seinem Vater: »Wir dürfen hier nicht rausgehen, lasst uns in der Moschee bleiben, eine Moschee werden sie nicht angreifen. Lasst uns hierbleiben und uns verstecken.«[3] Yasins Sohn erinnert sich, was um 4.45 Uhr am Morgen geschah: »Wir beschlossen, nach dem Morgengebet nach Hause zu gehen, weil der Scheich müde war. [...] Nachdem er seine Medikamente genommen hatte, schlief er auf einer Matratze in der Moschee. Wir hörten die Hubschrauber nicht, und alle waren sich sicher, dass die Gefahr vorüber war.« Sie verließen die Moschee im Laufschritt – zwei von Yasins Leibwächtern schoben den Rollstuhl und riefen einander zu: »Igri, igri« (lauf, lauf) und »Allahu akbar« (Gott ist groß). Sie wurden von drei Raketen getroffen, der Scheich und seine Begleiter wurden getötet, sein Sohn überlebte.

26 Tage nach Yasins Ermordung wurde sein Nachfolger Abdel Aziz Rantissi ebenfalls durch einen Raketenangriff getötet. Die Geschosse trafen das Auto, mit dem er, als alter Mann verkleidet, unterwegs war. Nach seiner Ermordung kapitu-

lierte die Hamas. Über den ägyptischen Geheimdienst-Minister Omar Suleiman ließ die Führungsspitze Sharon eine Nachricht zukommen, in der sie erklärte, dass die Hamas die Selbstmordanschläge beenden würde, wenn Israel seinerseits die Mordanschläge einstellte. Sharon war einverstanden, und die Waffenruhe hielt. Lange Zeit gab es keine Selbstmordanschläge mehr gegen Israel.[4]

Sharons Lohn
Der israelische Ministerpräsident diskutierte seinen Plan für einen Abzug aus palästinensischen Gebieten nicht mit den Palästinensern, war aber dennoch der Ansicht, die Vereinigten Staaten sollten ihn für seine Bereitschaft zu einem solchen einseitigen Schritt belohnen. Es war, so sah er das, ein Schritt in die richtige Richtung zur Verwirklichung von George W. Bushs am 24. Juni 2002 vorgelegtem Programm, in dem er seine Vorstellung von zwei Seite an Seite lebenden Staaten erläutert hatte.

Sharon bemühte sich insbesondere bei zwei schwierigen Problemen um eine schriftliche Garantie Washingtons. Dabei ging es um die israelischen Siedlungen im Westjordanland und um die palästinensischen Flüchtlinge. Er wollte von den USA eine offizielle Bestätigung der Tatsache, dass die endgültige Grenze zwischen Israel und einem künftigen palästinensischen Staat von der Grünen Linie, die Israel bis zum Sechstagekrieg vom Westjordanland getrennt hatte, abweichen und stattdessen ins Westjordanland ausgreifen werde, damit Israel die großen jüdischen Siedlungsblöcke in unmittelbarer Nachbarschaft der Linie annektieren konnte. Er wollte außerdem von den USA schriftlich bestätigt haben, dass bei jedem endgültigen Abkommen zwischen Israel und den Palästinensern kein einziger der Millionen von palästinensischen Flüchtlingen die Erlaubnis erhalten werde, in die Häuser der Vorfahren in Israel zurückzukehren – dass also das sogenannte »Rückkehrrecht« (das Israel als »*Forderung* nach Rückkehr« bezeichnet) nicht gelten werde.

Für Washington sah die Sache jedoch so aus: Würde man sich öffentlich auf Israels Seite stellen, die Annexion von Teilen des Westjordanlandes unterstützen und den palästinensischen Flüchtlingen das Rückkehrrecht endgültig verweigern, wäre das für die arabische Welt ein rotes Tuch. Deshalb reisten US-Diplomaten in die jordanische Hauptstadt Amman, um bei diesem engen Verbündeten zu sondieren. Die Palästinenser stellen die überwiegende Mehrheit der jordanischen Bevölkerung, deshalb wollte der König bei jedem politischen Vorstoß konsultiert werden. Waren die Palästinenser mit dem Ergebnis nicht zufrieden, richtete sich ihr Zorn unter Umständen gegen Abdullah.

Die amerikanische Delegation präsentierte dem jordanischen Außenminister Marwan Muasher am 31. März 2004 Sharons Idee eines einseitigen Rückzugs und die Belohnung, die er dafür von den USA erwartete. Muasher war jedoch entsetzt: Jordanien könne nur »geringfügigen Änderungen an den bis Juni 1967 gültigen Grenzen« zustimmen, erwiderte er, und zur Frage der Abschaffung des Rückkehrrechts für Palästinenser beschied er seinen Gästen: »Kein arabischer Staat wird das akzeptieren.«[5] Die Jordanier trieb auch die Sorge um, dass Sharon nur die Absicht hatte, sich aus dem überbevölkerten Gazastreifen zurückzuziehen, nicht aber aus dem Westjordanland. Gerade diesen letzten Punkt hatten die US-Diplomaten jedoch nicht übersehen, deshalb drängten sie anschließend Sharon, zu zeigen – und sei es nur in Form einer symbolischen Geste –, dass dies nicht seine Absicht war. Der damalige US-Außenminister Powell erinnert sich, was er dem israelischen Ministerpräsidenten damals sagte: »Sie müssen auch im Westjordanland etwas tun. Das Ganze muss als Teil eines umfassenden Lösungsansatzes für das Problem gesehen werden, nicht nur als [Rückzug aus dem Gazastreifen].«[6]

Sharon lenkte schließlich ein und sagte zu, dass Israel außer dem Gazastreifen auch noch vier kleine Siedlungen im Westjordanland räumen werde. Für Jordanien war das ein Schritt in die richtige Richtung, aber Abdullah II., nach wie vor wegen eventueller Zugeständnisse besorgt, die Bush gegenüber Sharon machen könnte, schrieb dem US-Präsidenten am 8. April 2004:

Ich schreibe Ihnen, um einige der jordanischen Gedanken mitzuteilen. [...] Ich befürchte, dass die von Israel [als Belohnung für den Abzug aus dem Gazastreifen] erbetenen Zugeständnisse unser beider Bemühungen unterlaufen werden. Wir hoffen insbesondere, dass es bei der Grenzziehung keine Zugeständnisse geben wird, die irgendwelche größeren Abweichungen von [der bis Anfang Juni] 1967 [gültigen Grenze] zulassen. Beim [palästinensischen] Flüchtlingsproblem sollte ebenfalls die Tür für eine von beiden Seiten befürwortete Lösung offengelassen werden.[7]

Die Bush-Regierung zeigte sich allerdings trotz der von Abdullah II. geäußerten Besorgnisse weiterhin entschlossen, Sharons Plan zu unterstützen. Ein Sharon-Besuch in Washington war für den 14. April geplant, und der Staatsgast wollte ganz sicher sein, dass er die angestrebten schriftlichen Garantien auch bekam. Er wusste, dass er damit der israelischen Öffentlichkeit seinen einseitigen Rückzug eher schmackhaft machen konnte, und es würde Israel natürlich auch bei zukünftigen Verhandlungen mit den Palästinensern helfen. Deshalb schickte er, noch bevor er selbst nach Washington kam, Emissäre voraus, die mit US-Regierungsvertretern die letzten Einzelheiten der amerikanischen Garantieerklärung aushandeln sollten.

Die israelischen Unterhändler bestanden darauf, dass die amerikanische Zusage alle Siedlungen im Westjordanland jenseits der bis 1967 gültigen Grenze – schriftlich und namentlich – benennen sollte, die Israel bei jedem künftigen Abkommen mit den Palästinensern behalten durfte. Die Amerikaner schreckten davor jedoch zurück, weil sie wussten, dass die arabische Welt wütend reagieren würde, wenn sie diese Forderung akzeptierten. Sie boten stattdessen ein Meisterstück der Mehrdeutigkeit an: »Angesichts der neuen Tatsachen vor Ort, zu der auch bereits existierende große israelische Bevölkerungszentren gehören, ist es unrealistisch, [...] eine vollständige und umfassende [israelische] Rückkehr zur [Grenze von 1967] zu erwarten.«[8] Diese Formulierung konnte garantieren, dass die Israelis die großen Siedlungsblöcke behalten mussten (die »neuen Tatsachen vor Ort«), sie tat das aber in einer Sprache, die so vage gehalten war, dass sie es den Amerikanern ermöglichte, sich gegen die arabische Kritik zu verteidigen.

In der Frage der palästinensischen Forderung nach einem »Rückkehrrecht« auf israelisches Staatsgebiet bestanden die israelischen Unterhändler auf einer amerikanischen Garantie, nach der die palästinensischen Flüchtlinge in einem zukünftigen palästinensischen Staat und »nicht in Israel« angesiedelt werden würden. Die Amerikaner wollten diesen Wortlaut jedoch nicht akzeptieren und sich stattdessen lieber an eine positive Formulierung halten: dass die Flüchtlinge in den zukünftigen palästinensischen Staat aufgenommen werden würden, ohne dabei Israel überhaupt zu erwähnen. Als Sharons Unterhändler auf den Worten »nicht in Israel« bestanden, boten die Amerikaner eine neue Formulierung an: Die palästinensischen Flüchtlinge würden in den zukünftigen palästinensischen Staat aufgenommen werden, und zwar »eher als in Israel«. Die Israelis waren zufrieden. Sie hatten ihre Ziele in beiden Fällen erreicht, in der Grenz- und in der Flüchtlingsfrage, als Lohn für ihre Bereitschaft, den Gazastreifen und, mit einer symbolischen Geste, vier kleine Siedlungen im Westjordanland zu räumen.

George W. Bush beschrieb bei einer Pressekonferenz im Anschluss an das Treffen, was ihm Ministerpräsident Sharon versprochen hatte: die Räumung aller Siedlungen im Gazastreifen sowie bestimmter militärischer Einrichtungen und Siedlungen im Westjordanland. Zum dafür in Aussicht gestellten Lohn äußerte sich der Präsident folgendermaßen: »In einem Briefwechsel und in einer Erklärung, die ich heute noch veröffentlichen werde, wiederhole ich gegenüber dem Ministerpräsidenten mein Engagement für Israels Sicherheit. […] Die Tatsachen vor Ort [eine Anspielung auf die großen Siedlungsblöcke im Westjordanland] haben sich im Lauf der letzten Jahrzehnte erheblich verändert, und jedes endgültige Abkommen muss diese Tatsachen berücksichtigen.« Und die palästinensischen Flüchtlinge werden in den zukünftigen palästinensischen Staat aufgenommen werden, »eher als in Israel«.[9]

Es war ein bemerkenswerter Sieg für Sharon. Bush, der Staatschef des mächtigsten Landes der Welt, hatte sich Israels Position noch weiter angenähert und erklärt, dass zwei Grundsätze, die dem palästinensischen Volk so wichtig waren – der Rückzug Israels auf die Grenzen von 1967 und das Recht auf Rückkehr für die palästinensische Diaspora ins alte Palästina –, null und nichtig seien. Es ist nicht ganz geklärt, ob der Präsident ein Gespür für die Bedeutung der Dinge hatte, die er da guthieß, aber die Regeln des Friedensprozesses waren umgeschrieben worden – zumindest für eine gewisse Zeit.

Arafat vergiftet?

Sharon setzte unterdessen die Beseitigung seiner Feinde in den besetzten Gebieten fort, um sicherzustellen, dass niemand behaupten würde, die Israelis seien dem palästinensischen Druck gewichen, wenn sie schließlich aus dem Gazastreifen abzogen. Er konzentrierte sich in erster Linie auf militante Aktivisten der Hamas und des Islamischen Dschihad, aber auch Jassir Arafat, der Präsident der Palästinensischen Autonomiebehörde, schien auf der Liste der Zielpersonen zu stehen – trotz des im März 2001 gegebenen Versprechens gegenüber George W. Bush, Arafat werde kein Haar gekrümmt.

Die Sprache, derer sich Sharon bediente, wenn er Arafat meinte, schien darauf hinzuweisen, dass der Palästinenserführer in echter Gefahr schwebte, und die wenigen Besucher, die Arafat in der Mukata, seinem Hauptquartier in Ramallah, noch empfing, warnten ihn, dass ihm die Israelis vermutlich nach dem Leben trachteten. Alastair Crooke, ein ehemaliger Angehöriger des britischen Auslandsgeheimdienstes MI6, der später für die EU als Diplomat tätig war, erinnert sich an sein letztes Gespräch mit Arafat, dem er bei dieser Gelegenheit sagte: »Wenn es einen weiteren großen [israelischen] Angriff gibt, glaube ich, dass die Sie töten werden. Es gibt keine Warnsignale mehr.« Worauf Arafat nach Crookes Angaben antwortete: »Alastair, es gibt *grünes* Licht. Diese Sache ist ernster als [Sharons gegen mich gerichtete Belagerung 1982 in] Beirut.«[10]

Sehr wichtig war in diesem Zusammenhang, dass es Sharon bei seinem bereits erwähnten Besuch in Washington am 14. April 2004, bei dem er sich um schriftliche Garantien Washingtons in der Grenz- und Flüchtlingsfrage bemühte, auch noch gelungen war, sich aus der im März 2001 gegebenen Zusage an den amerikanischen Präsidenten, er werde Arafat nichts antun, herauszuwinden. Bei ihren Gesprächen im Weißen Haus riet Bush seinem Besucher Scharon, Arafats Schicksal in die Hand der göttlichen Vorsehung zu geben, worauf der Ministerpräsident eilends erwiderte, dass »die Vorsehung manchmal eine hilfreiche Hand braucht«.[11] Eine Bestätigung dafür, dass Sharon sich nicht mehr an die Zusage gebunden fühlte, Arafat nicht zu töten, gab es kurz nach seiner Rückkehr aus Washington in einem Fernsehinterview, in dem er sagte: »Ich bin dieser Verpflichtung ledig. [...] Ich habe mich selbst dieser Verpflichtung in Bezug auf Arafat entledigt.«[12] Und es scheint so, als hätte Bush jetzt, 2004, anders als noch im März 2001, nicht mehr auf einer klaren Zusage Sharons bestanden, Arafat nicht anzutasten, was dem Ministerpräsidenten zwar nicht gerade grünes Licht für einen Mordanschlag gab, aber die Ampel stand zumindest auf Gelb.

Arafats Gesundheitszustand verschlechterte sich im Jahr 2004 konstant. Bassam Abu Sharif, einer seiner Berater, beschreibt, wie Arafat »Gewicht verlor, seine Haut war sehr blass, beinahe durchsichtig, und seine Tatkraft hatte erheblich nachgelassen. Sein Atem roch merkwürdig, und das hatte nichts mit Zwiebeln oder Knoblauch zu tun.«[13] Auch anderen Personen in Arafats Umgebung fiel eine erhebliche Veränderung seines Gesundheitszustandes auf. Sein Mitarbeiter Mohammed Rashid erinnerte sich an einen Besuch bei Arafat: »Als Arafat mich sah, lächelte er und winkte mich herein, aber er war gebrechlich und schwach, ich beugte mich zu ihm, küsste ihn, und er sagte: ›Halte Abstand, ich will dich nicht vergiften.‹«[14]

Im Sommer 2004 war Arafat schwer krank, wollte sich aber nicht ins Krankenhaus bringen lassen, weil er befürchtete, dass Sharon ihm die Rückkehr nach Ramallah nicht gestatten würde. Doch als sein Gesundheitszustand sich dramatisch verschlechterte, hatte er keine andere Wahl mehr und musste sich ausfliegen lassen. Ein jordanischer Hubschrauber brachte Arafat am 29. Oktober von Ramallah nach Amman, wo eine französische Maschine für den Flug nach Frankreich bereitstand. Arafats Mitarbeit Nabil Shaath sah den Schwerkranken, unmittelbar bevor dieser an Bord des Flugzeugs nach Frankreich ging, und erinnert sich:

> *Ich eilte zu ihm, um ihn zu begrüßen. Wir gingen gemeinsam etwa 50 Meter bis zu dem französischen Flugzeug. Ich ging zu seiner Rechten und stützte ihn leicht, aber er konnte gehen und sprechen. Er sagte: [Mein Dr.] Hissam sagt, ich werde mich wieder erholen, weil Hissam selbst ähnliche Symptome hatte wie ich, und ihm geht es gut, er ist gesund. […] Ich werde mich erholen. Und Dr. Chirac [so nannte Arafat den französischen Präsidenten] wird sich um mich kümmern. Er mag mich.*[15]

Aber es sollte nicht sein. Jassir Arafat starb am 11. November 2004 im Militärkrankenhaus Percy in Clamart bei Paris im Alter von 75 Jahren. Die Todesursache blieb ein Rätsel, und es fehlt seitdem nicht an Spekulationen über eine Vergiftung durch die Israelis.

Es gibt keinen sicheren Beweis dafür, dass Israel Arafat getötet hat, aber die Indizienlage ist so, dass man diese Möglichkeit auch nicht ausschließen kann. Die Tatsache, dass Präsident Bush es bereits im März 2001 für notwendig hielt, Sharon die Zusage abzuringen, dass er Arafat nicht antasten werde, zeigt, dass die Amerikaner den Verdacht hegten, dass die Israelis unter Umständen genau so etwas vorhatten. In den darauffolgenden Monaten hatte Sharon immer wieder offen über die Notwendigkeit gesprochen, Arafat zu »entfernen«, fairerweise ist hier allerdings festzuhalten, dass er nie erklärte, wie er das Wort »entfernen« in diesem Zusammenhang verstanden wissen wollte – physisch oder nur politisch.

Ein klarer Hinweis darauf, dass die Israelis tatsächlich vorhatten, Arafat zu töten, findet sich in dem folgenden, als »Top Secret« eingestuften Dokument. In einem auf den 15. Oktober 2000 datierten Bericht – wenige Monate, bevor Sharon an die Macht kam – schrieb der Shin Bet, Israels Inlandsgeheimdienst:

> *Nach den gewalttätigen Ereignissen in den Gebieten stellt sich erneut die Frage, ob Arafat ein bei der Lösung des historischen Konflikts zwischen Israel und der palästinensischen Nation hilfreicher Faktor ist, oder ob wir es mit einem Führer zu tun haben, dessen […] Politik und Handeln zu einer ernsten Bedrohung für Israels Sicherheit führen.*

Nach einer vergleichenden Erörterung, »warum Arafat notwendig ist« und »warum Arafat nicht notwendig ist«, heißt es in dem Dokument, dass »der Schaden, den [Arafat] verursacht, größer ist als der mit ihm verbundene Nutzen«, und die daraus gezogene freimütige Schlussfolgerung lautet: »7. Arafat als Person ist eine ernste

Bedrohung für die Sicherheit des Staates. *Sein Verschwinden überwiegt den mit seiner fortdauernden Existenz verbundenen Nutzen.*«[16] Dennoch genügt selbst dieser »streng geheime« Bericht des Shin Bet nicht als schlüssiger Beweis für eine Ermordung, und wir werden wohl noch auf weitere Informationen warten müssen, um sicher sagen zu können, was Arafats wirkliche Todesursache war.

Eine verpasste Gelegenheit

Die Konstellation nach Arafats Tod entwickelte sich zu einer weiteren großen Gelegenheit, die verpasst wurde, denn nachdem ein neuer, gemäßigter Palästinenserführer – der ehemalige Ministerpräsident Mahmud Abbas – im Januar 2005 zum Präsidenten gewählt worden war, hätten die USA energisch auf eine Wiederaufnahme des israelisch-palästinensischen Friedensprozesses dringen können. Doch der US-Diplomat Aaron David Miller resümiert: »Anstatt intensiv an der Stärkung von Mahmud Abbas zu arbeiten und einen politischen Prozess voranzubringen, ließ die Regierung die Dinge treiben.«[17] Vielleicht lag das daran, dass Präsident Bush wenig Neigung zeigte, Sharon zu irgendetwas zu drängen, oder an seinem Bauchgefühl, das ihm sagte, es wäre besser, sich aus dem israelisch-palästinensischen Chaos ganz herauszuhalten. Oder die US-Regierung war der Ansicht, zu diesem Zeitpunkt sollte man sich nicht um ein umfassendes israelisch-palästinensisches Abkommen bemühen, weil es besser wäre, Sharon bei einem einseitigen Rückzug aus dem Gazastreifen zu unterstützen und so einen wichtigen Präzedenzfall für den Rückzug der israelischen Streitkräfte und Siedler aus besetzten palästinensischen Gebieten zu schaffen.

Ein einseitiger Rückzug – aber kein Ende der Besatzung

Am 14. August 2005 um Mitternacht wurde über den gesamten Gazastreifen eine Ausgangssperre verhängt. Soldaten und Polizisten gingen in den jüdischen Sektoren von Haus zu Haus und verteilten Zwangsräumungsbescheide an die Siedler, in denen diese aufgefordert wurden, ihre Häuser zu verlassen, wenn sie nicht zwangsweise evakuiert werden wollten. Zwangsräumungsbescheide ergingen auch an die insgesamt 680 Bewohner der vier Siedlungen im Westjordanland, die zerstört werden sollten. Drei Tage später begann die Operation, und sie lief in vier Phasen ab: Am Anfang stand die zwangsweise Evakuierung der Siedler, die trotz früherer Appelle zur Räumung noch geblieben waren; dann folgten die Entfernung ihrer persönlichen Habe und die Zerstörung der leer stehenden Gebäude, und zum Schluss zog die Armee ab.

Trotz einiger dramatischer Szenen, bei denen die Soldaten widerspenstige Siedler aus ihren Häusern zerren mussten, kam der Rückzug schneller voran als erwartet. Am 11. September 2005 wurde im Hauptquartier der Gaza-Division ein letztes Mal die Fahne eingeholt, die israelische Armee zog ab und beendete so die 38 Jahre dauernde militärische Besatzungsherrschaft im Gazastreifen. Insgesamt wurden rund 2530 Häuser abgerissen. Zur gleichen Zeit vollzog sich auch der Abzug aus vier Siedlungen im Westjordanland, der bereits am 23. August beendet war, hier wurden 270 Häuser abgerissen.

Sharons einseitiger Abzug erwies sich für Israel wie auch für die Palästinenser als eine gemischte Erfahrung. Das unmittelbare und kurzfristige Ergebnis war ein noch nie dagewesener Beifallssturm einer üblicherweise skeptischen internationalen Gemeinschaft, die Sharons Aussage zu akzeptieren schien, dass sein Rückzug letztlich eine Zwei-Staaten-Lösung fördern würde. Sharons kühner Vorstoß nahm eindeutig Druck von Israel, und er untergrub – wie von ihm erwartet, aber nie öffentlich zugegeben – die Roadmap, die bis zu der Evakuierungsaktion im Zentrum des Friedensprozesses gestanden hatte und Israel bei äußerst heiklen Problemen zu Kompromissen hätte nötigen können. Sharons rechte Hand Dov Weisglass, der Kopf hinter dem Abzugsplan, spielte auf die Vorzüge eines einseitigen Abzugs als Möglichkeit an, die wenig geliebte Roadmap beiseite zu drängen, als er in einem freimütigen Interview sagte, der Abzug würde als »Formaldehyd« für die Roadmap dienen. Weisglass erklärte:

> *Die Bedeutung [des einseitigen Rückzugs] besteht im Einfrieren des politischen Prozesses. Und wenn man diesen Prozess einfriert, verhindert man die Gründung eines palästinensischen Staates, und man verhindert eine Diskussion über die Flüchtlinge, über die Grenzen und über Jerusalem [allesamt Punkte, die im Zentrum der Roadmap stehen]. Im Endeffekt ist dieses gesamte Paket, das als palästinensischer Staat bezeichnet wird, mit allem, was es mit sich bringt, von unserer Tagesordnung entfernt worden, [...] und das alles erfolgte mit Befugnis und Genehmigung. Alles mit dem Segen des [US-]Präsidenten. [...] Und wir brachten der Welt bei, [...] dass es [auf der palästinensischen Seite] keinen Gesprächspartner gibt. Und wir erhielten eine Kein-Gesprächspartner-Bescheinigung. In dieser Bescheinigung steht: 1. Es gibt niemanden, mit dem man reden kann. [...] 2. Solange es niemanden gibt, mit dem man reden kann, bleibt der geografische Status unverändert. 3. Diese Bescheinigung wird erst widerrufen, wenn dies und jenes geschieht – wenn Palästina zu Finnland wird. 4. Bis dann und Shalom.[18]*

Vor Ort wurde jedoch schon bald deutlich, dass das, was zunächst wie das Ende der Besatzung gewirkt hatte, zum größten Teil auf bloßer Illusion beruhte. Im Westjordanland wurden die Siedler zwar aus ihren vier Siedlungen entfernt und ihre Häuser abgerissen, aber die Armee behielt die Kontrolle über das Land, auf dem sie standen, und untersagte den Palästinensern den Zutritt. Dieses Land wurde zwar geräumt, aber nicht den Palästinensern übergeben. Im Gazastreifen erwies sich Sharons Abzugsübung unterdessen weniger als Ende der Besatzung, sondern eher als eine Reorganisation der Vorgehensweise der Besatzungstruppen, denn Israel behielt die effektive und ausschließliche, wenn auch aus der Distanz ausgeübte Kontrolle über das evakuierte Gebiet. Vielleicht am auffälligsten war die weiterhin bestehende israelische Kontrolle über den Luftraum des Gazastreifens – so wie das seit 1967 gewesen war. Dies ermöglichte es dem Militär, das Geschehen auf dem Boden zu überwachen, Verdächtige aus der Luft auszuschalten und in Hörfunk- und Fernsehsendungen einzugreifen.

Die alleinige Kontrolle Israels über den Luftraum des Gazastreifens verhinderte auch das Betreiben eines Flughafens, der für Bewegungsfreiheit gesorgt und Außenhandel ermöglicht hätte durch die Palästinenser. Das Oslo-Abkommen von 1993, das soll hier noch einmal erwähnt werden, räumte Israel die vollständige Kontrolle über den Luftraum des Gazastreifens ein, hielt aber auch fest, dass die Palästinenser dort einen Flughafen bauen konnten. Der Flughafen von Gaza wurde auch gebaut, im Jahr 1998 seiner Bestimmung übergeben und bot anschließend eine begrenzte Zahl von Flugverbindungen in verschiedene arabische Länder an. Doch Israel schloss den Flughafen am 8. Oktober 2000, kurz nach dem Ausbruch der zweiten Intifada, bombardierte später die Start- und Landebahnen und verwandelte den Ort in einen Militärstützpunkt. Als die Palästinenser nach dem Abzug der Israelis wieder die Kontrolle übernahmen, stellten sie fest, dass nicht nur die Start- und Landebahnen vollkommen zerstört worden waren, sondern dass die israelischen Soldaten auch noch viele Flughafengebäude verwüstet und zerstört hatten. Israel erkannte nach seinem einseitigen Abzug die Bedeutung des Flughafens für Gaza zwar offiziell an, ließ aber bis zum Zeitpunkt der Niederschrift dieses Buches, neun Jahre nach dem Abzug, seine Wiedereröffnung nicht zu.

Israels fortdauernde Kontrolle über den Gazastreifen zeigt sich auch in der Kontrolle der Hoheitsgewässer von Gaza. Im Oslo-II-Abkommen, das Israel und die PLO im September 1995 unterzeichnet hatten, sagte Israel zu, es werde Fischerboote aus dem Gazastreifen in einem Bereich von bis zu 20 Seemeilen (rund 37 Kilometern) Entfernung von der Küste zulassen (mit Ausnahme weniger abgeriegelter

Sonderbereiche). In der Praxis verweigerte Israel jedoch vielen Antragstellern eine Genehmigung und ließ die Fischer nur in einer Zone von höchstens zwölf Seemeilen (22 Kilometern) arbeiten; israelische Patrouillenboote feuerten zeitweise sogar auf palästinensische Fischerboote, die diese Seegrenze überschritten. Nach dem Abzug aus dem Gazastreifen schränkte Israel die Fischereizone sogar noch weiter ein. Die Folge war, dass das Fischereigewerbe in Gaza, das vielen Familien den Lebensunterhalt sichert und für die Bewohner des Gazastreifens eine wichtige Nahrungsquelle ist, einen schweren Rückschlag erlitt.

In den Oslo-Abkommen gestand Israel den Palästinensern außerdem den Bau und Betrieb eines Seehafens in Gaza zu, der für die Wirtschaft gewaltige Verbesserungen mit sich gebracht hätte. Die Arbeiten begannen im Sommer 2000, aber nach dem Ausbruch der zweiten Intifada bombardierte Israel im Oktober 2000 die Hafenbaustelle. Daraufhin stellten die Geberländer die Finanzierung des Projekts ein, und seitdem ruhen die Bauarbeiten. Nach dem Abzug aus dem Gazastreifen sagte Israel zu, es werde die Wiederaufnahme der Bauarbeiten gestatten, und versprach außerdem – um Geldgeber und Investoren zu weiterem Engagement zu veranlassen –, es werde die Hafenbaustelle kein zweites Mal bombardieren. Zum Zeitpunkt der Niederschrift dieses Buches verzögerten die Israelis jedoch das Projekt nach wie vor.

Neben der Kontrolle über den Luftraum und die Hoheitsgewässer entschieden die Israelis auch nach ihrem Abzug aus dem Gazastreifen weiterhin über den Warenstrom, der heraus- und hineingelangte, denn sie kontrollierten alle Grenzübergänge, die dem Handel dienten. Reisen zwischen dem Gazastreifen und dem Westjordanland sind nach wie vor vom Ermessen und den wechselnden Launen Israels abhängig.

Mit anderen Worten: Israel übt auch nach seinem Abzug aus dem Gazastreifen im Jahr 2005 weiterhin zu Wasser, zu Land und in der Luft die Kontrolle über dieses Gebiet aus, und außerdem versorgt es den Gazastreifen – und kontrolliert ihn damit auch indirekt – mit Wasser für den privaten Verbrauch und die Landwirtschaft, mit Telekommunikationsdiensten, Brennstoff, Strom und Kanalisationsnetzen. Es ist deshalb kein Wunder, dass das israelische Beharren auf dem Standpunkt, die Besatzung des Gazastreifens sei nach dem eigenen Abzug beendet, auf internationaler Ebene als grob verkürzte Auslegung des Völkerrechts massiv kritisiert wird. Verbindet man Besatzung, wie das die Israelis tun, mit *physischer Präsenz,* ignoriert man damit einen wichtigen Grundsatz des Völkerrechts, der jede Form der *effektiven Kontrolle* über ein Gebiet – wie sie die Israelis eindeutig weiterhin über den Gazastreifen ausüben – als Merkmal einer militärischen Besatzung betrachtet. Anders gesagt: Die allgemeine Sichtweise – wie auch die des Völkerrechts – ist, dass der Gazastreifen auch nach dem Abzug von 2005 ein von Israel besetztes Gebiet bleibt.

Die physische Abwesenheit aus dem Gazastreifen verhinderte jedoch, dass die Israelis ein Auge auf die Aktivitäten der militanten Aktivisten dort haben konnte. Wir sollten uns an dieser Stelle erinnern, dass die israelische Armee vor ihrem Abzug versuchte, die militanten Kräfte durch die Ermordung ihres Führungspersonals zu schwächen; aber sie unterschätzte dabei deren bemerkenswerte Widerstandskraft und ihre Fähigkeit, auch dann noch zu funktionieren, wenn die Führungsspitze tot war. Eine genaue Betrachtung zeigt, dass die Vorgehensweise der militanten Aktivisten im Gazastreifen vor, während und nach dem israelischen Abzug beispielhaft war. Im Juni 2005 feuerten sie 17 Raketen aus dem Gazastreifen auf Israel ab, im Juli waren es 28, aber im August, dem Monat, für den der israelische Abzug geplant war, schränkten sie die Zahl ihrer Angriffe ein – nur sechs Raketen –, um keinen israelischen Gegenschlag zu provozieren, der zu einem Sinneswandel hätte führen können. Aber im September, kurz nach Abschluss des Abzugs, schossen die militanten Kämpfer 29 Raketen auf Israel ab und erklärten dann, der israelische Rückzug sei auf ihren Widerstand zurückzuführen – eine Behauptung, die viele Palästinenser akzeptierten.[19]

Die militanten Kräfte im Gazastreifen rüsteten in Abwesenheit der Israelis auf wie nie zuvor, und es gelang ihnen, viele Bewohner des Gazastreifens auf ihre Seite zu bringen. Die Palästinensische Autonomiebehörde schaffte es – nach Arafats Tod und ohne israelische Unterstützung für seine Nachfolger – nach dem israelischen Abzug nicht, im Gazastreifen für Ordnung zu sorgen, und dieses Machtvakuum füllten schon bald die militanten Kräfte. Die sich verschlechternde wirtschaftliche Lage (der Anteil der als arm eingestuften Menschen stieg von 30 Prozent im Jahr 2000 auf 65 bis 70 Prozent im Jahr 2005) trug ebenfalls dazu bei, dass die Hamas, die als weniger korrupt galt als die Fatah, aus den Reihen einfacher Palästinenser reichlich Zulauf erhielt.

US-Präsident George W. Bush, der sich an seiner Vorstellung eines demokratischen Palästina orientierte, hatte darauf gedrängt, dass die Palästinenser im Januar 2006 Wahlen abhielten, und unter diesen Begleitumständen konnte es nicht überraschen, dass die Hamas eine Mehrheit im Parlament erreichte, was sie in die Lage versetzte, eine Regierung für den Gazastreifen zu bilden. Ihre Kämpfer besiegten am

15. Juni 2007 die der Fatah nahestehenden Polizeikräfte und übernahmen erstmals die vollständige Kontrolle über den Gazastreifen.

Der einseitige Abzug Israels aus dem Gazastreifen leitete auf diese Weise eine neue Phase in den israelisch-palästinensischen Beziehungen ein, die geprägt war von einer allmählichen Schwächung der säkularen palästinensischen Führung und einer Stärkung der radikaleren Elemente vor allem im Gazastreifen, den die militanten Aktivisten als Abschussrampe für Raketen aller Art nach Israel benutzten. Dies wiederum führte in Israel zu einer erregten Debatte über den Wert einseitiger Abzüge und die Frage, ob es letztlich im israelischen Interesse lag, von besetztem Land abzuziehen, ohne jemand anderem die Schlüssel zu hinterlassen.

15 Im fünften Jahrzehnt der Besatzung

Die Chronik der israelischen Besatzungsherrschaft in den Gebieten, die es bei seinem erstaunlichen Sieg im Sechstagekrieg von 1967 eroberte, liest sich wie folgt: Im ersten Jahrzehnt nach 1967 tat sich Israel schwer mit einer Entscheidung darüber, was es mit den weiten Landstrichen, die es unerwartet von Ägypten, Jordanien und Syrien erobert hatte, anfangen sollte. Das Land verfügte über keinen durchdachten Plan und konnte sich nicht entschließen, welche Teile der besetzten Gebiete es behalten und welche es wieder zurückgeben sollte, aber der Instinkt riet ihm, auszuharren und abzuwarten, dem Behalten im Allgemeinen den Vorzug zu geben und dafür auf Frieden mit den Nachbarn zu verzichten. Sämtliche Überlegungen zu einer teilweisen Rückgabe der besetzten Gebiete – meist ging es dabei um den Abzug von der Sinaihalbinsel zugunsten Ägyptens sowie von den Golanhöhen, die Syrien nach wie vor beanspruchte – erwiesen sich nur als taktisches Mittel, das Israel das Festhalten am Westjordanland, der Wiege der jüdischen Geschichte, und am Gazastreifen, den Israel aus strategischen Gründen zu behalten suchte, ermöglichen sollte. Aber da es an ernsthaftem internationalem Druck fehlte, verschwanden selbst diese peripheren Gedanken wieder aus der Diskussion. Die israelischen Regierungen beherzigten die Warnungen nicht, dass die Zeit knapp war und die Gelegenheit für ein Abkommen vor allem mit den Palästinensern für eine ganze Generation oder noch längere Zeit vertan werden konnte, wenn nicht rasch gehandelt wurde. Im Rückblick lässt sich wohl mit einiger Sicherheit sagen, dass Israel während dieses ersten Jahrzehnts der Besatzung eine einzigartige Gelegenheit verpasste, Friedensverträge mit seinen Nachbarn zu schließen.

Im zweiten Jahrzehnt, in der Zeit von 1977 bis 1987, entschied Israel schließlich, was es tun wollte: Nach dem durch die Parlamentswahl 1977 eingeleiteten Regierungswechsel, durch den die rechtsgerichtete Likud-Partei zum ersten Mal in der israelischen Geschichte an die Macht kam, verfolgte der neue Ministerpräsident Menachem Begin einen großen Plan, der die Besatzung irreversibel machen sollte und dessen Kernpunkt die Errichtung jüdischer Siedlungen in den besetzten Gebieten war, vor allem im Westjordanland und im Gazastreifen. Die von Begin geführte Regierung reagierte auf einen gewissen internationalen Druck, den der ägyptische Präsident Sadat mit einem mutigen und öffentlich vorgetragenen Angebot für einen Friedensvertrag ausgelöst hatte, und auf eine bis dahin beispiellose Zusage von Wirtschafts- und Militärhilfe durch die Vereinigten Staaten mit der Räumung des Sinai. Aber Begin war entschlossen, die besetzten palästinensischen Gebiete – das Westjordanland und den Gazastreifen – für immer und die Golanhöhen, die Israel offiziell annektierte, zumindest vorläufig zu behalten. Israel versuchte, unter Verkennung geschichtlicher und gegenwärtiger Tatsachen seine Kontrolle über diese besetzten Gebiete zu festigen, indem es sich anachronistischer und illegitimer kolonialistischer Methoden bediente. An erster Stelle ist hier der Bau von Siedlungen unter Missachtung des Völkerrechts zu nennen.

Während der nächsten beiden Jahrzehnte der Besatzung, von 1987 bis 2007, machte sich in Israel allmählich Ernüchterung breit, vor allem angesichts der ersten Intifada, die 1987 begann und eine immer größer werdende Zahl von Israelis zu der Erkenntnis zwang, dass das Besatzungsprojekt zum Scheitern verurteilt war. Die internationale Friedenskonferenz von Madrid brachte 1991 eine neue Initiative in Gang, deren Ziel ein Friedensschluss als Gegenleistung für die Rückgabe von Land und ein Ende der Besatzung war. Aber dieser Friedensprozess wurde nicht energisch genug vorangetrieben, und Israel fehlte es an Großmut. Die Palästinenser, die durch ihre Anerkennung von Israels Existenzrecht im Jahr 1988 faktisch ihren Anspruch auf 78 Prozent der Fläche des alten Palästina aufgegeben hatten, wollten auf keinen Fall zulassen, dass sich die Israelis auch noch Teile der restlichen 22 Prozent einverleibten, und hielten sich deshalb bei den Friedensverhandlungen mit weiteren Zugeständnissen zurück. In ihrer Enttäuschung kämpften sie vor Ort gegen die Besatzung, was ihr gutes Recht und vielleicht auch ein logischer Ablauf war, angesichts der Lehre aus der Geschichte, dass Israel nur nachgibt, wenn es unter Druck gesetzt wird.

Im Lauf des Friedensprozesses kamen die Israelis nach und nach zu der Erkenntnis, dass der Preis für den Frieden hoch sein würde: dass Syrien auf einem vollständigen Rückzug von den besetzten Golanhöhen bestehen würde und die Palästinenser ein faires Abkommen haben wollten. Die Israelis waren nicht bereit, diesen Preis zu entrichten, und in einem Prozess, der seinen Höhepunkt während Sharons Zeit als Ministerpräsident in den Jahren von 2001 bis 2006 erreichen sollte, legten sie den Friedensschluss mit Syrien auf Eis und zogen einseitig aus dem Gazastreifen ab, der für Israel in Wirklichkeit nichts anderes als ein Pfahl im Fleisch war. Dafür hielten sie umso stärker am Westjordanland und seinen Ressourcen fest und versuchten die größeren Probleme der Besatzung zu umgehen. Israels kurzer Flirt mit dem Unilateralismus war jedoch beendet, als erkennbar wurde, dass der Abzug zum Aufstieg der Hamas in Gaza führte, die vom Gazastreifen aus damit begann, Israel mit Raketen zu beschießen.

Die wachsende Rivalität und die Spaltung zwischen der Hamas im Gazastreifen und der stärker säkular orientierten Autonomiebehörde im Westjordanland spielten Israel in den letzten Jahren in die Hände, denn die israelische Regierung rechtfertigt ihre Zurückhaltung bei neuen Initiativen für den Friedensprozess mit der Tatsache, dass die Palästinenser zu uneinig sind und die Hamas das Existenzrecht Israels nicht anerkennt. Und der sogenannte Arabische Frühling und der Zerfall des Assad-Regimes in Syrien lassen zumindest gegenwärtig keinerlei Gespräche zwischen Israel und Syrien über ein Ende der Besatzung auf den Golanhöhen mehr zu.

Wo also stehen wir jetzt, und was steht uns im fünften Jahrzehnt der israelischen Besatzung, das zu großen Teilen bereits vergangen ist, noch bevor?

Die Option des ersten Jahrzehnts – Festhalten am Status quo – besteht eindeutig nicht mehr, und die Alternative des zweiten – Siedlungen in dem Bestreben bauen, die besetzten Gebiete Israel einzuverleiben – war zu keinem Zeitpunkt realistisch. Die Strategie des vierten Jahrzehnts – Unilateralismus – findet in Israel keine Unterstützung mehr, und das führt uns zur Strategie der frühen 1990er-Jahre zurück, nämlich zum Versuch, die Besatzung durch Friedensverhandlungen mit Palästinensern und Arabern zu beenden. Aber die internationale Gemeinschaft, und hier ganz besonders die Vereinigten Staaten, werden im Umgang mit Israel eine harte Haltung einnehmen und Kompromisse nötigenfalls auch durch Bestechung herbeiführen müssen, wenn es zu aussichtsreichen Friedensverhandlungen kommen soll. Wenn die letzten vier Jahrzehnte irgendetwas gezeigt haben, dann war es die Tatsache, dass die Israelis die besetzten Gebiete nicht so leicht aufgeben werden.

Ich habe nur geringe Zweifel, dass die Besatzung, wie alle Kriege und Konflikte, zu irgendeinem Zeitpunkt in der Zukunft ein Ende haben wird. Niemand hätte noch im Jahr 1967 gedacht, dass Israel, Ägypten und Jordanien umfassende Friedensverträge unterzeichnen würden, und heute kann man mit Sicherheit davon ausgehen, dass zu irgendeinem Zeitpunkt ähnliche Abkommen auch zwischen Israel und den Palästinensern sowie zwischen Israel und Syrien und dem Libanon unterzeichnet werden. Aber wenn man bedenkt, wie viel böses Blut es zwischen den Konfliktparteien gibt, besonders zwischen Israel und den Palästinensern, und die Entwicklung der Revolutionen im Nahen Osten verfolgt, die vom Konflikt mit Israel ablenken, könnte es noch viele Generationen dauern, bis eine wahre Versöhnung einsetzt. Klar ist jedoch, dass Israels Versuch, sich im Lauf der vergangenen vier Jahrzehnte die besetzten Gebiete einzuverleiben, gescheitert ist.

Ich glaube, dass das Urteil der Geschichte die vier in diesem Buch beschriebenen Jahrzehnte der Besatzung als Minuspunkt in der israelischen wie auch in der jüdischen Geschichte bewerten wird. Es war eine Zeit, in der Israel mit Unterstützung der jüdischen Diaspora – vor allem der amerikanischen – zeigte, dass selbst Nationen, die am eigenen Leib unaussprechliche Tragödien erlebt haben, ähnlich grausam handeln können, wenn sie selbst die Macht dazu haben. Der damalige Verteidigungsminister Moshe Dayan stellte im Jahr 1967 fest, dass er, wenn er sich unter allen Nationen der Welt eine Besatzungsmacht aussuchen könnte, wohl kaum Israel wählen würde. Er hatte recht. Im Rückblick wird deutlich, dass Israel eine hart vorgehende und brutale Besatzungsmacht war – und zum Zeitpunkt der Niederschrift dieses Buches immer noch ist. Andere Kolonialmächte, wie etwa die Briten in Indien, erkannten, wie wertvoll es war, wenn sie sich örtliche Eliten heranzogen und für die Kolonisierten Schulen, Universitäten und andere öffentliche Einrichtungen bauten. Israel war dagegen nicht der Ansicht, es habe irgendeine Pflicht, den unter seiner Kontrolle stehenden Menschen zu helfen oder sie zu beschützen oder ihre Lebensqualität zu verbessern, sondern betrachtete sie allenfalls als einen Markt für den Eigenbedarf und für bequem verfügbare, billige Arbeitskräfte. Aber indem Israel diese Menschen zwang, im Schmutz und ohne Hoffnung zu leben, verhärtete es diejenigen, die seiner Macht unterstanden, und stärkte ihre Entschlossenheit, der Besatzung ein Ende zu bereiten – wenn es notwendig war, auch gewaltsam –, um ein Leben in Würde und Freiheit führen zu können.

16 Nachwort zur deutschen Ausgabe

Kurz nach dem Erscheinen der englischsprachigen Ausgabe dieses Buches im Sommer 2014 brach zwischen Israel und den Palästinensern im Gazastreifen ein offener Krieg aus. Die Ursachen für diese erbitterte Auseinandersetzung, die in Israel und anderen Teilen der Welt unter der Bezeichnung Operation *Protective Edge (Schutzrand)* bekannt wurde, lagen in Israels fortdauernder Besatzungsherrschaft und dem brutalen Druck, den die Armee des Landes vor allem auf den Gazastreifen ausübte, wo fast zwei Millionen Palästinenser unter entsetzlichen Bedingungen leben.

Israel zog sich im Jahr 2005, wie bereits erörtert, auf Betreiben von Ministerpräsident Sharon offiziell aus dem Gazastreifen zurück und erklärte, dieser sei nun kein besetztes Gebiet mehr. Man habe im Umgang mit seiner Bevölkerung auch keine völkerrechtlichen Verpflichtungen mehr. Die Mehrheit der internationalen Gemeinschaft, einschließlich der Vereinten Nationen, akzeptierte jedoch die Feststellung nicht, dass dies ein rechtmäßiger Abzug gewesen sei, denn Israel übte auch nach dem Rückzug seiner Truppen und der Aufgabe aller Siedlungen mit verschiedenen Mitteln weiterhin von außerhalb die effektive Kontrolle über den Gazastreifen aus. Aus der Luft geschah das mit elektronischen Hilfsmitteln wie etwa Beobachtungsballons, die bis zu 300 Metern hoch über dem Gazastreifen flogen und Daten über jeden Winkel des Gebiets wie auch über seine Bewohner sammelten. Piloten der Luftwaffe nutzten diese Informationen dann für die Ermordung palästinensischer Aktivisten, die von der israelischen Seite als »Terroristen« eingestuft wurden, indem Kampfhubschrauber Raketen auf sie abfeuerten und Flugzeuge Bomben auf sie abwarfen.

Die Bewohner des Gazastreifens gewöhnten sich im Lauf der Jahre an die ständigen Fluggeräusche der Hubschrauber, Flugzeuge und vor allem der berüchtigten Drohnen – unbemannter Fluggeräte, die von den Israelis für die Überwachung und für Angriffe benutzt wurden – über ihren Köpfen. Ein Bewohner des Gazastreifens erklärte in einem Interview: »Wenn wir einen Apache-Hubschrauber oder eine israelische F-16-Maschine hören, wissen wir, dass dies nur eine kurze Zeit dauern wird und wir uns zur Sicherheit in unsere Häuser begeben können. Drohnen sind allerdings 24 Stunden am Tag in der Luft, sodass sich die Menschen nicht mehr vor ihnen verbergen. Wir können uns nicht 24 Stunden täglich verstecken.«[1]

Israel übte auch von See her weiterhin die Kontrolle über den Gazastreifen aus. Seine Marine patrouillierte im Mittelmeer pausenlos vor der Küste des Gazastreifens, den sie auf diese Weise effektiv abriegelte und jede Annäherung auch auf diesem Weg verhinderte. Als ein von der Türkei aus organisierter Schiffskonvoi Ende Mai 2010 versuchte, die Blockade der israelischen Marine zu durchbrechen und Lebensmittel und Hilfsgüter in den Gazastreifen zu bringen, griffen die Israelis an, enterten eines der Schiffe und töteten mehrere Menschen an Bord. Die israelische Kontrolle über die Bewohner des Gazastreifens zeigte sich vor allem bei der Überwachung der Ein- und Ausreise. Nur auf dem letzteren Weg konnten die Palästinenser ins Westjordanland reisen und waren dabei von wechselnden israelischen Befindlichkeiten abhängig. Bewohner des Gazastreifens, die Ausreisegenehmigungen für Besuche bei Familienangehörigen oder Freunden im Westjordanland beantragten oder sich auf Geschäftsreise dorthin begeben wollten, mussten das oft »zurückzahlen«, indem sie israelischen Beamten Informationen über das Leben im Gazastreifen und bestimmte Personen dort gaben, sodass sie letztlich zu Kollaborateuren der aus der Ferne praktizierten israelischen Besatzung wurden.

Die Blockade

Der Aufstieg der islamistischen Hamas, die 2007 im Gazastreifen an die Macht kam, erwies sich als Wendepunkt in dessen Geschichte und führte dazu, dass Israel die Bewohner dieses Gebiets mit noch größerer Härte behandelte. Mehrere aufeinander folgende israelische Regierungen versuchten, die Führung der Hamas, einer Organisation, die sie als geschworenen Feind Israels ansahen, zu stürzen, indem sie auf eine Taktik zurückgriffen, die sich im Libanon 1982 als wirksam erwiesen hatte.

Der größte Feind Israels auf palästinensischer Seite war damals, lange vor der Entstehung der Hamas, Jassir Arafat, der seine Guerillakämpfer von seinem Hauptquartier in Beirut aus zu Anschlägen auf Israel aussandte. Israel wollte Arafats Aktivitäten unbedingt ein Ende setzen, marschierte in den Libanon ein und verhängte im Sommer 1982 eine Blockade über die Hauptstadt Beirut. Ich war damals in meiner Eigenschaft als Artillerieoffizier Teil der israelischen Armee-Maschinerie, die diese Blockade umsetzte.

Die israelische Armee hatte Beirut vollständig umzingelt, kontrollierte auch den Luftraum und den Schiffsverkehr und unterbrach die Versorgung mit Wasser und Strom. Sie schränkte die Art und die Menge von Lebensmitteln ein (vor allem beim Mehl), die sie zur Versorgung der Stadt noch durchließ; gleichzeitig hielten Artillerie, Flugzeuge und Kriegsschiffe große Teile von Beirut unter Beschuss. Die Israelis hofften, dass der Druck auf die Stadt – das Bombardement, die Einschränkungen bei der Versorgung mit Nahrungsmitteln, Wasser und Strom – die Moral der Bevölkerung brechen und diese sich daraufhin von Arafat abwenden würde. Das funktionierte gut: Die libanesische Regierung, der die israelische Taktik und die Zerstörung ihrer Hauptstadt schwer zusetzten, verlangte von Arafat und seinen Guerilleros im August 1982, dass sie Beirut verlassen sollten. Daraufhin ging der Palästinenserführer nach Tunesien ins Exil.

Die israelische Armee hat sich der bereits im Libanon praktizierten Taktik erneut bedient, nachdem die Hamas im Gazastreifen an die Macht gekommen war. Israel machte sich die zu Lande, zu Wasser und in der Luft ausgeübte Kontrolle über den Gazastreifen zunutze und verhängte eine vollständige Blockade über dessen Bewohner, mit der das Ziel verfolgt wurde, ihnen das Leben zur Hölle zu machen und ihren Kampfgeist zu brechen, bis sie sich schließlich von der Hamas distanzieren würden.

Am deutlichsten zeigte sich die über den Gazastreifen verhängte israelische Blockade bei den Einschränkungen der Nahrungsmittelimporte. Man verfolgte das Ziel, nur so viele Waren durchzulassen, dass es gerade noch für die Bewohner des Gebiets ausreiche, aber nicht mehr. Die Israelis entwickelten mathematische Formeln, mit denen sie die Anzahl der Tage berechnen konnten, innerhalb derer den Bewohnern des Gazastreifens jedes einzelne Lebensmittel ausgehen würde. Sie bezeichneten diesen Zeitraum als »Atemdauer«. Es wurden Ober- und Untergrenzen festgelegt, um der Armee »rechtzeitige Warnungen« zu »Mangel« und »Überschuss« geben zu können. Sofern (und sobald) dann die »Obergrenze« für ein bestimmtes Nahrungsmittel erreicht war, wurde dessen Import zunächst blockiert, aber umgehend wieder erhöht, sobald eine – wiederum auf der mathematischen Formel beruhende – Vorabwarnung erging, dass die »Untergrenze« erreicht sei. Den Bewohnern des Gazastreifens brachte dieses herzlose System eine unsichere Versorgung mit Nahrungsmitteln und eine völlige Abhängigkeit vom Wohlwollen der Israelis ein. Lebensmittel, die von den Israelis als »Luxusgüter« eingestuft wurden, zum Beispiel Obstkonserven, verschwanden zugleich vollständig aus den Regalen der Geschäfte.

Auch die Versorgung mit Baustoffen war unter der israelischen Blockade eingeschränkt: Zement, Kies und Stahlträger waren ganz verboten, und das wiederum sorgte für einen schlimmen Mangel an Wohnraum, weil unter diesen Bedingungen nur ein Bruchteil der 40 000 Wohneinheiten fertiggestellt werden konnte, die wegen des Bevölkerungswachstums sowie als Ausgleich für die durch frühere israelische Angriffe zerstörten Häuser gebaut werden sollten. Die Wohnraumkrise, eine unmittelbare Folge der Blockade durch Israel, hatte verheerende humanitäre Konsequenzen, weil viele Bewohner des Gazastreifens in zunehmend beengten Verhältnissen leben mussten. Mihdat Abu Ghneimeh bewohnte im Ostteil von Gaza-Stadt mit 26 Personen aus dem erweiterten Familienkreis ein bei einem früheren israelischen Angriff teilweise zerstörtes Haus. Dort stand ihm, seiner Frau und den sieben Kindern nur ein 30 Quadratmeter großer Raum zur Verfügung. Er beschrieb die schrecklichen Lebensbedingungen folgendermaßen:

> *Ich habe genug von diesem Zustand. Niemand von uns verfügt noch über eine Privatsphäre. Meine Frau muss den ganzen Tag lang ihren Kopf bedecken, weil auch entferntere Verwandte bei uns wohnen. Alle Kinder müssen in dem Raum lernen, in dem wir auch alle schlafen. Er ist fensterlos, und die Tür lässt sich nicht abschließen. Meine Kinder sind wenige Monate bis 14 Jahre alt, und wir haben Jungen und Mädchen, deshalb ist es nicht angemessen, wenn sie Seite an Seite leben. Aus diesem Grund kommt es auch oft zu Auseinandersetzungen und Spannungen.*[2]

Auch die Bauern im Gazastreifen wurden zu Zielobjekten der israelischen Blockade, denn man verwehrte ihnen vollständig oder teilweise den Zugang zu Land, das bis zu 1000 bzw. 1500 Meter vom Umfassungszaun entfernt war, der den Gazastreifen umgibt und ihn von Israel trennt. Die Armee schränkte insgesamt den Zugang der Bauern zu 17 Prozent der Gesamtfläche des Gazastreifens ein, die wiederum 35 Prozent der landwirtschaftlich nutzbaren Flächen ausmachen. Die israelische Luftwaffe warf Flugblätter ab, um palästinensische Bauern vor dem Betreten der verbotenen Bereiche zu warnen, und Bulldozer drangen wiederholt in den Gazastreifen ein, walzten Gewächshäuser nieder und entwurzelten Obstbäume. Soldaten schossen oft auf Bauern, die versuchten, auf ihr eigenes Land zu gelangen, und verwandelten die verbotenen Bereiche auf diese Art in Todesäcker.[3] Bauern, die das Glück hatten, ihr Land betreten zu dürfen, mussten mitunter erleben, wie ein großer Teil ihres Obstes und Gemüses auf dem Baum und am Boden verdarb, weil der Warenexport aus dem Gazastreifen ebenfalls ohne jede Vorwarnung eingeschränkt wurde.

Die Einschränkungen für die Fischer wurden 2007 verschärft, denn die israelische Marine verbot ihnen die Arbeit in Fanggründen, die weiter als drei Seemeilen von der Küste entfernt waren. Das wiederum bedeutete, dass man ihnen das Fischen in 85 Prozent des Seegebiets verwehrte, auf das sie nach den Bestimmungen des Anfang der 1990er-Jahre mit Israel unterzeichneten Oslo-Abkommens ein Anrecht hatten. Die israelische Blockade führte zwar nicht dazu, dass die Bewohner des Gazastreifens sich von der Hamas abwandten, aber sie verursachte tiefes Elend und eine enorme Arbeitslosigkeit, denn viele Menschen – zu bestimmten Zeiten waren es bis zu 40 Prozent – waren durch sie ohne Beschäftigung.

Solange das Regime in Ägypten der Hamas freundlich gesinnt war – das galt vor allem während der Präsidentschaft von Mohammed Mursi, der vom 30. Juni 2012 bis zum Juli 2013 an der Macht war –, kamen Nahrungsmittel und andere Versorgungsgüter nach wie vor über ein System von Tunneln, das die Sinai-Wüste mit dem Gazastreifen verband, an ihr Ziel. Aber im Juni 2014 übernahm der ehemalige Armeechef Abdel Fattah al-Sisi in Ägypten die Macht. Für ihn war die Hamas zu eng mit der Muslimbruderschaft verbündet, die in Ägypten jetzt wieder in der Opposition war. Al-Sisi distanzierte sich umgehend von der Hamas und wies das Militär an, die Tunnel zwischen dem Sinai und dem Gazastreifen zu schließen. So verwandelten Israels strikte Blockade sowie die Schließung der Sinai-Gaza-Tunnel den Gazastreifen in ein Pulverfass, das jederzeit explodieren konnte. Den Zündfunken lieferten letztlich Ereignisse im besetzten Westjordanland.

Das Pulverfass explodiert

Mit der Hamas verbundene palästinensische Aktivisten entführten im Juni 2014 im Westjordanland drei junge israelische Siedler – allerdings nicht auf Geheiß der Organisation. Die israelische Regierung und Ministerpräsident Benjamin Netanjahu betrachteten diesen Vorgang als ernsthaften Angriff auf Israel, aber auch als Gelegenheit, die Hamas im Westjordanland, die dort vor allem in Hebron besonders einflussreich war, zu schwächen. Die Regierung schickte Hunderte von Soldaten ins besetzte Westjordanland, die dort nach den entführten Siedlern suchen sollten – sie wurden schließlich tot aufgefunden –, aber sie sollten die Krise zugleich auch nutzen, um der Hamas empfindliche Schläge zu versetzen.

Die Maßnahmen, mit denen die Armee im Westjordanland gegen die Hamas vorging, waren besonders hart und erniedrigend: Hunderte von Aktivisten, von denen viele nichts mit der Entführung der drei Siedler zu tun hatten, wurden verhaftet und ohne Gerichtsverfahren ins Gefängnis geworfen, Hamas-Zentren und -Institutionen wurden geschlossen und die Computer für die geheimdienstliche Auswertung beschlagnahmt. Die Hamas im Gazastreifen und andere militante Kräfte wie etwa der Islamische Dschihad, die sich durch das israelische Vorgehen im Westjordanland gedemütigt fühlten, feuerten jetzt vom Gazastreifen aus Raketen auf israelische Städte und Dörfer. Ein weiteres Ziel war für sie, die seit acht Jahren andauernde Blockade, die seit der Schließung der Verbindungstunnel zur Sinai-Halbinsel besonders unerträglich geworden war, ein für allemal zu durchbrechen.

Israel und die Hamas führten einen 45 Tage dauernden Schlagabtausch. Die Hamas setzte dabei Raketen mit einer Reichweite bis Tel Aviv ein. Eines dieser Geschosse ging ganz in der Nähe des internationalen Flughafens nieder, was zur zeitweiligen Aussetzung des Flugbetriebs von und nach Israel führte. Hamas-Kämpfer versuchten gleichzeitig, durch ein unterirdisches Tunnelsystem, das sie unter den Augen der Israelis in den Jahren zuvor angelegt hatten, bis in israelische Siedlungen vorzudringen.

Der Schaden, den die Hamas Israel zufügte, war minimal, denn das israelische Raketenabwehrsystem *Iron Dome* fing die meisten anfliegenden Raketen ab, und die besser ausgebildete und ausgerüstete israelische Armee schlug auch die am Boden und über Tunnel vorgetragenen Angriffe der Hamas mühelos zurück. Die Israelis verfügten über die technische Ausrüstung, mit der sie die Hamas-Kämpfer aufspüren konnten, sobald diese auf israelischer Seite aus den unterirdischen Gängen auftauchten. Im Gazastreifen wiederum richteten die Israelis enorme Zerstörungen an. Mit Kampfflugzeugen und Artillerie machten sie unterschiedslos ganze palästinensische Wohnviertel dem Erdboden gleich und hinterließen ein Bild völliger Verwüstung. Bei Kriegsende glichen manche Wohngegenden im Gazastreifen der Stadt Dresden am Ende des Zweiten Weltkriegs. Viele der 2200 getöteten Palästinenser – die meisten von ihnen waren unschuldige Zivilisten – lagen noch unter den Trümmern begraben.

Ein Wort zur Zukunft

Neben der Blockade des Gazastreifens, die zum Zeitpunkt der Niederschrift dieses Nachworts immer noch andauert, macht sich die israelische Regierung die Welle der revolutionären Umwälzungen in der arabischen Welt sowie die Tatsache zunutze, dass sich die Aufmerksamkeit der Weltöffentlichkeit ganz besonders auf Syrien und den Irak konzentriert, und konsolidiert unterdessen ihre Macht im besetzten Westjordanland durch die Errichtung weiterer Siedlungen vor Ort. Wenn Israel nicht daran gehindert wird, palästinensisches Land mit dem Ziel zu übernehmen, dort Siedlungen zu errichten, schwindet die Aussicht auf einen lebensfähigen palästinensischen Staat im Westjordanland, der mit dem Gazastreifen verbunden ist. Die räumliche Trennung zwischen Israel und dem künftigen Palästina, die für die Schaffung zweier Staaten notwendig ist, wäre einfach nicht mehr zu bewerkstelligen. Was also könnte Israel dazu bewegen, die aus der Ferne gesteuerte Besatzungsherrschaft über den Gazastreifen und ganz besonders die unmittelbare Besatzung und die Versuche, sich das Westjordanland einzuverleiben, zu beenden?

Bereits im letzten Kapitel dieses Buches habe ich geschrieben, die aussichtsreichste Option für die Beendigung der Besatzung seien direkte Verhandlungen zwischen Israel und den Palästinensern, bei denen sich die Konfliktparteien auf die Gründung eines palästinensischen Staates einigen, der mit Israel Seite an Seite und in Frieden lebt. Aber mittlerweile ist vollkommen klar, dass sich die Israelis – die stärkere Partei, die außerdem nahezu alle Trümpfe in der Hand hält – nicht bewegen werden, solange man sie nicht dazu zwingt. Nur durch Druck würden sich die Israelis dazu bewegen lassen, die Besatzung zu beenden. Die Lehre aus der Vergangenheit lautet, dass Israel nur dann besetzte Gebiete aufgibt und mit seinen Feinden Kompromisse schließt, wenn es unter Druck gerät. Dieser sollte aus zwei Richtungen kommen. Zum einen von den Palästinensern selbst, denen angesichts der nur gering ausgeprägten israelischen Kompromissbereitschaft keine andere Wahl bleibt, als eine von Gandhi inspirierte gewaltfreie dritte Intifada gegen die Besatzungsmacht zu beginnen; während ich dies hier schreibe, ist ein wachsender palästinensischer Widerstand gegen die Besatzung deutlich wahrnehmbar. Zum anderen muss der Druck auf die Israelis von der internationalen Gemeinschaft kommen. Dazu müssen auch Boykottaktionen gegen Waren und Dienstleistungen gehören, die aus jüdischen Siedlungen in den besetzten Gebieten stammen. Boykotte waren ein wirksames Mittel zur Beendigung des Apartheidregimes in Südafrika, und es besteht kein Grund zu glauben, dass sie auf Israel keine Wirkung ausüben würden.

Es ist eine vernünftige Annahme, dass die israelische Besatzungsherrschaft, wie schon andere Besatzungsregime vor ihr, irgendwann in der Zukunft zusammenbrechen und im Westjordanland und im Gazastreifen ein palästinensischer Staat entstehen wird. Aber Staaten werden den Völkern nicht auf dem Silbertablett serviert, und die Palästinenser werden für den ihrigen weiterhin kämpfen müssen. Noch wichtiger ist, dass ihnen die internationale Gemeinschaft bei diesem Kampf beisteht. Sie darf nicht untätig zusehen, wie die israelische Besatzungsherrschaft, eine der grausamsten und brutalsten der modernen Geschichte, fortgesetzt wird.

Anhang

Anmerkung zu den Quellen

Zu dem Material, das ich für dieses Buch verwendet habe, gehören, vor allem in den Kapiteln 9 bis 14, auch »streng geheime« Aktennotizen, Briefe und Berichte, die noch nie veröffentlicht wurden und es in absehbarer Zukunft wohl auch nicht werden. Vor allem das 10. Kapitel enthält Originalzitate aus Transkriptionen von Telefongesprächen zwischen syrischen Regierungsvertretern, die in den USA Verhandlungen führten, und ihren Vorgesetzten in der Heimat, sowie Zitate aus Telefongesprächen zwischen dem Präsidenten der Vereinigten Staaten und führenden Weltpolitikern, die alle insgeheim von israelischen Agenten mit verschiedenen elektronischen Vorrichtungen aufgezeichnet wurden. Um meine Quellen zu schützen, habe ich genaue Hinweise oft unterlassen. Auch die Identitäten verschiedener anderer Personen wurden getarnt, um sie zu schützen.
Für das gesamte Buch habe ich auf Dutzende von Einzelinterviews zurückgegriffen, die ich im Lauf der beiden letzten Jahrzehnte im Rahmen meiner Arbeit als Koproduzent und wissenschaftlicher Berater für zwei große BBC/PBS-Fernsehserien geführt habe: für die sechsteilige Serie *The Fifty Years War: Israel and the Arabs* und deren dreiteilige Fortsetzung *Israel and the Arabs: Elusive Peace*. Vollständige Transkriptionen dieser Interviews stehen der Öffentlichkeit jetzt im Liddell-Hart-Archiv des King's College in London zur Verfügung.

Literaturauswahl

Abbas, Mahmoud, *Through Secret Channels*, Reading 1995.
Abu Sharif, Bassam, *Arafat and the Dream of Palestine: An Insider's Account*, London 2009.
Abuelaish, Izzeldin, *Du sollst nicht hassen: Meine Töchter starben, meine Hoffnung lebt weiter*, Köln 2011.
Aburish, Said, *Arafat: From Defender to Dictator*, London 1998.
Albright, Madeleine, *Die Autobiographie*, München 2003.
Arens, Moshe, *Broken Covenant: American Foreign Policy and the Crisis between the US and Israel*, New York 1995.
Arieli, Shaul/Sfard, Michael, *Choma u'mechdal (Mauer und Nichtstun)*, Tel Aviv 2008.
Ashrawi, Hanan, *Ich bin in Palästina geboren: Ein persönlicher Bericht*, Berlin 1995.
Baker, James A., *Drei Jahre, die die Welt veränderten: Erinnerungen*, Berlin 1996.
Beilin, Yossi, *Touching Peace: From the Oslo Accord to a Final Agreement*, London 1999.
Beilin, Yossi, *The Path to Geneva: The Quest for a Permanent Agreement, 1996–2004*, New York 2004.
Ben-Ami, Shlomo, *Scars of War, Wounds of Peace: The Arab-Israeli Tragedy*, London 2005.
Ben-Elissar, Eliahu, *Lo od milhama (Kein Krieg mehr)*, Jerusalem 1995.
Boutros-Ghali, Boutros, *Egypt's Road to Jerusalem: A Diplomat's Story of the Struggle for Peace in the Middle East*, New York 1997.
Bowen, Jeremy, *Six Days: How the 1967 War Shaped the Middle East*, London 2003.
Breger, Marshall/Ahimeir, Ora (Hrsg.), *Jerusalem: A City and Its Future*, Syracuse/N.Y. 2002.
Bregman, Ahron, *A History of Israel*, London 2000.
Bregman, Ahron, *Elusive Peace: How the Holy Land Defeated America*, London 2005.
Bregman, Ahron, *Israel's Wars: A History Since 1947*, London 2010.
Bregman, Ahron/el-Tahri, Jihan, *The Fifty Years War: Israel and the Arabs*, London 1998.
Brzezinski, Zbigniew, *Power and Principle: Memoirs of the National Security Advisor 1977–1981*, New York 1983.
Bush, George W., *Decision Points*, London 2010.
Carter, Jimmy, *Keeping Faith: Memoirs of a President*, London 1982.
Cheshin, Amir/Hutman, Bill/Melamed, Avi, *Separate and Unequal: The Inside Story of Israeli Rule in East Jerusalem*, Cambridge/Mass. 1999.
Clinton, Bill, *Mein Leben*, München 2005.
Cobban, Helena, *The Palestinian Liberation Organisation: People, Power, and Politics*, Cambridge 1984.
Corbin, Jane, *Riskante Annäherung: Die Geheimverhandlungen zwischen den Israelis und der PLO in Norwegen*, München 1994.
Dan, Uri, *Mivtzha Gomeh (Operation Papyrusstaude)*, Tel Aviv 1981.
Dayan, Moshe, *Diary of the Sinai Campaign*, London 1967.
Dayan, Moshe, *Avnei Derekh: otobiographia (Meilensteine: Eine Autobiographie)*, Tel Aviv 1976.
Dayan, Moshe, *Die Geschichte meines Lebens*, Wien/München/Zürich 1976.
Dayan, Moshe, *Die Mission meines Lebens: Bericht über die ägyptisch-israelischen Friedensverhandlungen*, München 1981.

Drucker, Raviv, *Harakiri: Ehud Barak be'mivchan ha'tozaha (Harakiri. Ehud Barak: Schlussbilanz)*, Tel Aviv 2002.
Drucker, Raviv/Shelah, Ofer, *Bumerang: kishalon ha'manhigut ba'intifada ha'shniya (Bumerang: Das Versagen der Führung bei der zweiten Intifada)*, Tel Aviv 2005.
Dumper, Michael, *The Politics of Jerusalem since 1967*, New York 1997.
Eban, Abba, *An Autobiography*, London 1978.
Eban, Abba, *Personal Witness: Israel Through My Eyes*, New York 1992.
Efrat, Elisha, *Geographya shel kibosh (Geografie der Besatzung: Judäa, Samaria und der Gazastreifen)*, Jerusalem 2002.
Enderlin, Charles, *The Lost Years: Radical Islam, Intifada, and Wars in the Middle East 2001–2006*, New York 2007.
Fahmy, Ismail: *Negotiating for Peace in the Middle East*, Baltimore/Md. 1983.
Farid, Abdel Majid, *Nasser: The Final Years*, Reading 1994.
Finkelstein, Norman G., *Palästina: Ein Bericht über die erste Intifada*, Kreuzlingen/München 2003.
Finklestone, Joseph, *Anwar Sadat: Visionary Who Dared*, London 1996.
Fisk, Robert, *The Great War for Civilisation: The Conquest of the Middle East*, London 2005.
Freedman, Lawrence, *A Choice of Enemies*, London 2008.
Gazit, Shlomo, *The Carrot and the Stick: Israel's Policy in Judea and Samaria 1967–68*, Washington, D.C. 1995.
Gazit, Shlomo, *Trapped Fools: Thirty Years of Israeli Policy in the Territories*, London 2003.
Golan, Galia, *Israel and Palestine: Peace Plans and Proposals from Oslo to Disengagement*, Princeton/New Jersey 2007.
Golan, Matti, *The Secret Conversations of Henry Kissinger: Step-by-Step Diplomacy in the Middle East*, New York 1976.
Golan, Matti, *Shimon Peres: A Biography*, London 1982.
Gorenberg, Gershom, *The Accidental Empire: Israel and the Birth of the Settlements, 1967–1977*, New York 2006.
Grossman, David, *Der gelbe Wind: Die israelisch-palästinensische Tragödie*, München 1990.
Halevy, Efraim, *Man in the Shadows: Inside the Middle East Crisis with the Man Who Led the Mossad*, London 2006.
Haloutz, Danni, *Begovah ha'einayim (Auf Augenhöhe)*, Tel Aviv 2010.
Hart, Alan, *Arafat: A Political Biography*, London 1994.
Hefez, Nir/Bloom, Gadi, *Ariel Scharon: Die Biografie*, Hamburg 2006.
Herzog, Chaim, *Kriege um Israel: 1948 bis 1984*, Frankfurt/M. 1984.
Hirst, David, *The Gun and the Olive Branch: The Roots of Violence in the Middle East*, London 1977.
Hirst, David/Beeson, Irene, *Sadat*, London 1981.
Hroub, Khaled, *Hamas: Political Thought and Practice*, Beirut 2000.
Hunter, Robert, *The Palestinian Uprising*, Berkeley/Kalifornien 1993.
Indyk, Martin, *Innocent Abroad: An Intimate Account of American Peace Diplomacy in the Middle East*, New York 2009.
Khalidi, Rashid, *The Iron Cage: The Story of the Palestinian Struggle for Statehood*, Oxford 2009.

Kimmerling, Baruch/Migdal, Joel, *The Palestinian People: A History,* Cambridge/Mass. 2003.
Kissinger, Henry A., *Memoiren,* Bd. 1: *1968–1973,* München 1979.
Kissinger, Henry A., *Memoiren,* Bd. 2: *1973–1974,* München 1982.
Kliot, Nurit/Albeck, Shemuel, *Sinai: anatomia shel prida (Sinai: Anatomie eines Abschieds,* Tel Aviv 1996.
Königin Noor, *Im Geist der Versöhnung: Ein Leben zwischen zwei Welten,* München 2003.
Laqueur, Walter/Rubin, Barry (Hrsg.), *The Israel-Arab Reader: A Documentary History of the Middle East Conflict,* London [6]2001.
Lochery, Neil, *The Difficult Road to Peace: Netanyahu, Israel and the Middle East Peace Process,* Reading 1999.
Lunt, James, *Hussein of Jordan,* London 1990.
Makdisi, Saree, *Palästina: Innenansichten einer Belagerung,* Hamburg [2]2012.
Makovsky, David, *Making Peace with the PLO: The Rabin Government's Road to the Oslo Accord,* Boulder/Colorado 1996.
Maoz, Moshe, *Palestinian Leadership on the West Bank: The Changing Role of Arab Mayors under Jordan and Israel,* London 1984.
Markus, Yoel, *Camp David: ha'petach le'shalom (Camp David: Der Weg zum Frieden),* Tel Aviv 1979.
Miller, Aaron David, *The Much Too Promised Land: America's Elusive Search for Arab-Israeli Peace,* New York 2009.
Milton-Edwards, Beverley, *Islamic Politics in Palestine,* London 1996.
Morris, Benny, *Righteous Victims: A History of the Zionist-Arab Conflict, 1981–1999,* London 1999.
Naor, Arye, *Begin ba'shilton: edut ishit (Begin an der Macht: Eine persönliche Zeugenaussage),* Tel Aviv 1993.
Naveh, Dan, *Sodot memshala (Regierungs-Geheimnisse),* Tel Aviv 1999.
Neve, Gordon, *Israel's Occupation,* Berkeley/Kalifornien 2008.
Newman, David (Hrsg.), *The Impact of Gush Emunim,* London 1985.
Nusseibeh, Sari, *Es war einmal ein Land: Ein Leben in Palästina,* Frankfurt/M. 2009.
Oren, Michael B., *Six Days of War: June 1967 and the Making of the Modern Middle East,* London 2003.
Ovendale, Ritchie, *The Origins of the Arab-Israeli Wars,* London 1992.
Pappe, Ilan, *Die ethnische Säuberung Palästinas,* Frankfurt/M. 2007.
Pedatzur, Reuven, *Nitzhon ha'mevukhah (Der Triumph der Verlegenheit: Israel und die besetzten Gebiete nach dem Sechstagekrieg),* Tel Aviv 1996.
Peres, Shimon, *Die Versöhnung: Der neue Nahe Osten,* Berlin 1993.
Peres, Shimon, *Shalom: Erinnerungen,* Stuttgart 1995.
Peretz, Don, *Intifada: The Palestinian Uprising,* Boulder/Colorado 1990.
Quandt, William B., *Peace Process: American Diplomacy and the Arab-Israeli Conflict since 1967,* Berkeley/Kalifornien 2001.
Qurie, Ahmed (Abu Ala'a), *From Oslo to Jerusalem: The Palestinian Story of the Secret Negotiations,* London 2008.
Rabin, Yitzhak, *Pinkas sherut (Dienst-Tagebuch: Erinnerungen),* Tel Aviv 1979.

Rabin, Yitzhak, *The Rabin Memoirs,* London 1979.
Rabinovich, Itamar, *The Brink of Peace: The Israeli-Syrian Negotiations,* Princeton/New Jersey 1998.
Rabinovich, Itamar, *Waging Peace: Israel and the Arabs at the End of the Century,* New York 1999.
Rafael, Gideon, *Der umkämpfte Frieden: Die Außenpolitik Israels von Ben Gurion bis Begin,* Frankfurt/M. 1984.
Raz, Avi, *The Bride and the Dowry: Israel, Jordan and the Palestinians in the Aftermath of the June 1967 War,* New Haven/Connecticut 2012.
Riad, Mahmoud, *The Struggle for Peace in the Middle East,* London 1981.
Ross, Dennis, *The Missing Peace: The Inside Story of the Fight for Middle East Peace,* New York 2004.
Rubinstein, Danny, *Mi lashem elai: gush emunim (Auf der Seite des Herrn: Gush Emunim),* Tel Aviv 1982.
Rubinstein, Danny/Litani, Jehuda (Hrsg.), *Okkupanten und Annexionisten: Hebräische Texte zur neuen israelischen Landnahme,* Freiburg i. Br. 1981.
Sadat, Anwar, *Unterwegs zur Gerechtigkeit: Die Geschichte meines Lebens,* München 1979.
Said, Edward, *The Politics of Dispossession: The Struggle for Palestinian Self-Determination, 1969–1994,* London 1994.
Said, Edward, *Frieden in Nahost? Essays über Israel und Palästina,* Heidelberg 1997.
Savir, Uri, *The Process: 1100 Days That Changed the Middle East,* New York 1998.
Sayigh, Yezid, *Armed Struggle and the Search for State: The Palestinian National Movement 1949–1993,* Oxford 1997.
Schiff, Ze'ev/Ya'ari, Ehud, *Intifada. The Palestinian Uprising: Israel's Third Front,* New York 1990.
Seale, Patrick, *Asad: The Struggle for the Middle East,* Berkeley/Kalifornien 1988.
Segev, Tom, *1967: Israels zweite Geburt,* München 2007.
Shamir, Yitzhak, *Summing up: An Autobiography,* London 1994.
Sharon, Ariel, *Warrior: The Autobiography of Ariel Sharon,* London 1989.
Sher, Gilead, *The Israeli-Palestinian Peace Negotiations, 1999–2001,* Abingdon 2006.
Shlaim, Avi, *Lion of Jordan: The Life of King Hussein in War and Peace,* London 2008.
Shlaim, Avi, *Israel and Palestine: Reappraisals, Revisions, Refutations,* London 2009.
Shultz, George P., *Turmoil and Triumph: My Years as Secretary of State,* New York 1993.
Smith, Charles D., *Palestine and the Arab-Israeli Conflict: A History with Documents,* London ^{5}2004.
Snow, Peter, *Hussein: König und Soldat,* Düsseldorf 1973.
Sprinzak, Ehud, *The Ascendance of Israel's Radical Right,* Oxford 1991.
Tessler, Mark A., *A History of the Israeli-Palestinian Conflict,* Bloomington/Indianapolis 1994.
Teveth, Shabtai, *The Cursed Blessing: The Story of Israel's Occupation of the West Bank,* London 1969.
Teveth, Shabtai, *Moshe Dayan: Politiker, Soldat, Legende,* Hamburg 1973.
Van Crefeld, Martin, *Moshe Dayan,* London 2004.
Wasserstein, Bernard, *Jerusalem: Der Kampf um die heilige Stadt,* München 2002.

Weizman, Eyal, *Sperrzonen: Israels Architektur der Besatzung,* Hamburg 2008.
Weizman, Ezer, *Eine Schlacht für den Frieden,* München 1981.
Wingfield, Martin, *Golan Heights: Occupation and Resistance,* Washington, D.C., 2010.
Ya'alon, Moshe, *Derech arukah ketzara (Ein langer kurzer Weg),* Tel Aviv 2008.
Yatom, Danny, *Shutaf sod (Der Vertraute: Von der Spezialeinheit des Generalstabs zum Mossad),* Tel Aviv 2009.
Zak, Moshe, *Hussein oseh shalom (Hussein der Friedensmacher),* Ramat Gan 1996.
Zertal, Idith/Eldar, Akiva, *Die Herren des Landes, Israel und die Siedlerbewegung seit 1967,* München 2007.

Anmerkungen

Eine persönliche Anmerkung
1. Eyal Erlich, Interview mit Ahron Bregman, in: *Haaretz*-Wochenendbeilage, 21. Februar 1988 (hebräisch).
2. Linda Grant, *Eigentlich eine Liebeserklärung*, München 2003.

Einleitung
1. Zum Sechstagekrieg 1967 vgl., zum Beispiel, Ahron Bregman/Jihan el-Tahri, *The Fifty Years War: Israel and the Arabs*, London 1998, Teil 2, S. 60–99; Michael B. Oren, *Six Days of War: June 1967 and the Making of the Modern Middle East*, London 2003.
2. »Militärgouverneure für Westjordanland, Gazastreifen und Sinai ernannt«, in: *Maariv*, 8. Juni 1967 (hebräisch).
3. Avi Shlaim, *Israel and Palestine: Reappraisals, Revisions, Refutations*, London 2009, S. 32.
4. E. C. Hodgkin, »Grim Reports of Repression in Israeli-Occupied Lands«, in: *The Times*, 28. Oktober 1969.
5. Die Zahlen entstammen folgender Quelle: Baruch Kimmerling/Joel Migdal, *The Palestinian People: A History*, Cambridge/Mass. 2003, S. 297.
6. Gordon Neve, *Israel's Occupation*, Berkeley/Kalifornien 2008, S. xvii. Zur Zahl der israelischen Opfer vgl. www.mfa.gor.ie/mfa/terrorism
7. James Joll, *Europe Since 1870*, London 1990, S. viii.
8. Zu dieser »Matrix der Kontrolle« vgl. Jeff Halper, »The 94 Percent Solution: A Matrix of Control«, in: *Middle East Report*, Nr. 216, Herbst 2000.
9. Shlomo Gazit, *The Carrot and the Stick: Israel's Policy in Judea and Samaria, 1967–68* (künftig: *Carrot and the Stick*), Washington, D. C., 1995, S. 120.
10. Ahron Bregman im Gespräch mit Miriam Eshkol, London, 29. Oktober 1999.
11. Yuval Elizur, »Neue Horizonte – auch für die Wirtschaft«, in: *Maariv*, 13. Juni 1967 (hebräisch); zu Einwänden gegen die Rückgabe von Jerusalem vgl. einen Brief von Harry C. McPherson, dem Sondergesandten von US-Präsident Lyndon B. Johnson, an den Präsidenten, 11. Juni 1967, in: *Foreign Relations of the United States (FRUS)*, 1964–1968, Bd. 19, Dok. 263.
12. Philip Ben, »Senator Kennedy in New York: ›Die Araber müssen Israel ohne jede Vorbedingung anerkennen‹«, in: *Maariv*, 12. Juni 1967 (hebräisch).
13. Shaul Ben Haim, »Richard Nixon: ›Die Araber würden Gesprächen mit Israel innerhalb von vier bis sechs Monaten zustimmen‹«, in: *Maariv*, 25. Juni 1967 (hebräisch).

Eine Anmerkung zur Besatzung
1. Abkommen betreffend die Gesetze und Gebräuche des Landkriegs, 18. Oktober 1907 (= Abkommen Nr. 4 [von insgesamt 13] der Zweiten Haager Friedenskonferenz) sowie Genfer Abkommen vom 12. August 1949 über den Schutz von Zivilpersonen in Kriegszeiten (Vierte Genfer Konvention). Deutscher Text im Anhang zu den Wikipedia-Artikeln »Haager Abkommen« und »Genfer Konventionen«. Englischer Text unter www.icrc.org (Links »War & Law« und »Treaties and Customary Law«).

2. Zitiert nach Robbie Sabel, *The ICJ Opinion on the Separation Barrier: Designating the Entire West Bank as »Palestinian Territory«,* Jerusalem 2005.
3. Vgl. hierzu Meir Shamgar, »The Observance of International Law in the Administered Territories«, in: *Israel Yearbook on Human Rights I* (1971), S. 262–277, sowie Meir Shamgar (Hrsg.), *Military Government in the Territories Administered by Israel, 1967–1980: The Legal Aspects,* Bd. I, 1982, S. 13–59; außerdem Yehuda Blum, »The Missing Reversioner: Reflections on the Status of Judea and Samaria«, in: *Israel Law Review* 3 (1968), S. 279–301, und Stephen M. Boyd, »The Applicability of International Law to the Occupied Territories«, in: *Israel Yearbook on Human Rights I* (1971), S. 258–261.
4. »Settlement in the Administered Territories, Meron Memorandum«, 14. September 1967, in: Iain Scobbie mit Sarah Hibbin, *The Israel-Palestine Conflict in International Law: Territorial Issues,* The US/Middle East Project, 2009, S. 103f. Originalquelle: Israelisches Staatsarchiv, 153.8/7921/3A. Rechtsgutachten registriert als Dokument 289–91.
5. Resolution 2252 der UN-Vollversammlung (ES-V), 4. Juli 1967; vgl. auch UN 35/122A, 11. Dezember 1980, in: *Yearbook of the United Nations* 34 (1980), S. 430.
6. »Separate Opinion in the Matter of Legal Consequences of the Construction of a Wall in the Occupied Palestinian Territory, ICJ Reports« (2004).

1 Westjordanland und Jerusalem

1. So sah es die UN-Resolution 181 vom 29. November 1947 vor.
2. Albion Ross, »Amman Parliament Vote United Arab Palestina and Trans Jordan«, in: *New York Times,* 25. April 1950. Vgl. hierzu auch Naseer Aruri (Hrsg.), *Occupation: Israel Over Palestine,* London 1984, S. 6.
3. Zentralbehörde für Statistik, Allgemeiner Zensus Nr. 1, *Westjordanland, Gazastreifen und nördliche Sinaihalbinsel, Golanhöhen,* Jerusalem 1968, S. 9 (hebräisch). Die Zahl der Araber in Jerusalem stieg Ende Juni 1967 nach der Eingliederung von 28 Dörfern des Westjordanlandes ins Stadtgebiet von Jerusalem durch Israel auf 70 000.
4. *Memory of the Cactus: A Story of Three Palestinian Villages,* ein Dokumentarfilm von Al-Haq, Human Rights Defenders.
5. Die folgenden Zitate stammen von Amos Kenan, *Israel: Ein vergeudeter Sieg,* Tel Aviv 1970, S. 18–21 (hebräisch) sowie von Tom Segev, *1967: Israels zweite Geburt,* München 2007, S. 488.
6. Nasser Aruri (Hrsg.), *Occupation,* S. 128. Im Jahr 1971 wurde auf den Ruinen von Beit Nuba eine jüdische Siedlung errichtet, Mevo Horon. Das Land, auf dem die Orte Imwas und Yalu einst standen, blieb bis 1972 verlassen, bis in diesem Jahr mithilfe von Spenden kanadischer Juden dort der »Kanada-Park« errichtet wurde. Das übrige Land teilte man unter benachbarten israelischen Siedlungen auf.
7. Zitiert nach Shlomo Gazit, *Carrot and the Stick,* S. 41.
8. Uzi Narkiss, *Chayal she' Yerushalaim (Soldat Jerusalems),* Tel Aviv 1991, S. 333 (hebräisch).
9. Zitiert nach Tom Segev, *1967,* S. 480.
10. Interview mit Major Eitan Ben-Moshe, in: *Yerushalaim,* 29. November 1999 (hebräisch).
11. Diese Aussage ist nachzulesen unter http://www.jpost.com/LandedPages/PrintArticle.aspx?id=64540.

12. Interview mit Muhammed Abdel-Haq, 26. September 1999, in: Tom Abowd, »The Moroccan Quarter: A History of the Present«, in: *Jerusalem Quarterly File,* undatiert, S. 9.
13. Moshe Dayan, *Die Geschichte meines Lebens,* Wien/München/Zürich 1976, S. 312.
14. Nadav Shragai, »Schrei in winzigen Buchstaben«, in: *Haaretz,* 3. November 2003 (hebräisch).
15. Zitiert nach Shlomo Gazit, *Carrot and the Stick,* S. 198.
16. Nadav Shragai, »Schrei in winzigen Buchstaben«, a. a. O.
17. Felner Eitan, *A Policy of Discrimination,* Jerusalem, B'Tselem, Website des israelischen Informationszentrums für Menschenrechte in den besetzten Gebieten [künftig: B'Tselem], Bericht, Mai 1995, S. 10.
18. Dieses sowie die folgenden Zitate sind entnommen aus: Nadav Shragai, »26. Juni 1967: Die Regierung bittet die Presse, kein Aufheben von der Annexion Ostjerusalems zu machen«, in: *Haaretz,* 26. August 2005 (hebräisch).
19. Anwar al-Khatib al-Tamimi (Gouverneur des Bezirks Jerusalem), »Firsthand Account of the Fall of Arab Jerusalem«, in: http://www.palestine-studies.org /files/pdf/jps/9704.pdf. http://www.palestine-studies.org/sites/default/files/jps-articles/9704.pdf.
20. Shlomo Gazit, *Carrot and the Stick,* S. 183.
21. Brief vom 10. Juli 1967; vgl. hierzu Palestinian Academic Society for the Study of International Affairs (PASSIA), Dokumente 100–101.
22. Memorandum zu den von Israel bezüglich der Stadt Jerusalem ergriffenen Maßnahmen, eingereicht von Ruhi al-Khatib, 26. August 1967, in: http://www.palestine-studies.org/sites/default/files/jps-articles/9704.pdf.
23. Shlomo Gazit, *Carrot and the Stick,* S. 240.
24. Moshe Dayan, *Yoman Vietnam (Vietnamesisches Tagebuch),* Tel Aviv 1977, S. 138.
25. Moshe Dayans Anweisungen an die Armee vom 7. Juni 1967 sind nachzulesen in: Martin Gilbert, *Israel: A History,* London 2008, S. 396.
26. Moshe Dayans Anweisungen an die Militärbefehlshaber vom 17. Juni 1967, zitiert nach: Shabtai Teveth, *The Cursed Blessing: The Story of Israel's Occupation of the West Bank,* London 1969, S. 110.
27. Shlomo Gazit, *Trapped Fools: Thirty Years of Israeli Policy in the Territories* [künftig: *Trapped Fools],* London 2003, S. 163.
28. Zusammenfassung von Moshe Dayans Besprechung mit palästinensischen Bürgermeistern, 24. Oktober 1968, im Archiv des Autors.
29. König Hussein berichtete in einer Rede beim Gipfeltreffen der Arabischen Liga in Algier (7.–9. Juni 1988), dass Jordanien seit der Besetzung des Westjordanlandes und des Gazastreifens durch Israel im Jahr 1967 die Gehälter von 18 000 Beschäftigten des öffentlichen Dienstes im Westjordanland sowie von weiteren 6000 öffentlichen Bediensteten in Gaza bezahlt hatte. In diesem Zeitraum kam das jordanische Finanzministerium auch für die Studiengebühren der an jordanischen Universitäten eingeschriebenen Studierenden aus dem Westjordanland auf.
30. Moshe Dayan, *Die Geschichte meines Lebens,* S. 317.
31. Zitiert nach Rosemary Sayigh, *Voices: Palestinian Women Narrate Displacement,* http://al-mashriq.hiof.no/palestine/300/301/voices/Westbank/hajji_fatima.html.

32. Ebd.
33. Aus einem in der Jerusalemer Lokalzeitung *Kol Ha'ir* erschienenen Interview, November 1991 (hebräisch).
34. Arie Braun, *Moshe Dayan ve'milchemet sheshet ha'yamim (Moshe Dayan und der Sechstagekrieg)*, Tel Aviv 1997, S. 170.
35. Michael Shashar, *Milchemet ha'yom ha'shvi (Der Krieg des siebten Tages)*, Tel Aviv 1997, S. 240. Der Autor diente als Stabsoffizier und anschließend, 1967, als Sprecher der Militärregierung im Westjordanland. Die zitierten Aussagen stammen vom 22. November 1967.
36. Shlomo Gazit, *Carrot and the Stick*, S. 282.
37. Zitiert nach Tom Segev, *1967*, S. 550f.
38. Shlomo Gazit, *Carrot and the Stick*, S. 284f.; Michael Shashar, *Der Krieg des siebten Tages*, S. 209.
39. Shabtai Teveth, *The Cursed Blessing*, S. 217.
40. David Grossman, *Der gelbe Wind: Die israelisch-palästinensische Tragödie*, München 1990, S. 164f.
41. Ebd., S. 165f.
42. Zitiert nach Shlomo Gazit, *Carrot and the Stick*, S. 300–303.
43. Zitiert nach Tom Segev, *1967*, S. 550.
44. Nadia Abu-Zahra/Adah Kay, *Unfree in Palestine: Registration, Documentation and Movement Restriction*, London 2012, S. 78.
45. Baruch Kimmerling, »Jurisdiction in an Immigrant-Settler Society: The Jewish and Democratic State«, in: *Comparative Political Studies* 35 (2002) 10, S. 1130f.
46. David Kretzmer, *The Occupation of Justice: The Supreme Court of Israel and the Occupied Territories*, New York 2002, S. 3.
47. Diese Darstellung beruht auf einem Interview mit Ali Abu Shaeen in: Ahron Bregman/Jihan el-Tahri, *Israel and the Arabs: An Eyewitness Account of War and Peace in the Middle East*, New York 2000, S. 173.
48. In: B'Tselem, 21. August 1993, S. 17.
49. Aussage gegenüber B'Tselem, 11. August 1993, S. 61f.
50. Ronen Bergman, *Ve'Harashut Netunha (Befugnis erteilt)*, Tel Aviv 2002 das Originaldokument wird dort im Bildteil wiedergegeben. Die Israelis kannten offensichtlich sein richtiges Alter nicht.
51. David Grossman, *Der gelbe Wind*, S. 167.
52. Yigal Allon, »Israel: The Case for Defensible Borders«, in: *Foreign Affairs*, Oktober 1976, 55 (1), S. 44, S. 41f. In einer späteren Fassung seines Plans sollte Allon sogar einen noch breiteren, gut 20 Kilometer umfassenden Streifen Land vorschlagen, der auch die Osthänge der Berge des Westjordanlandes mit einschloss.
53. Yigal Allon, »Israel: The Case for Defensible Borders«, S. 50.
54. Reuven Pedatzur, »Der Allon-Plan ist unannehmbar«, in: *Haaretz*, 20. Juli 1990 (hebräisch).
55. *New York Times*, 16. August 1967.
56. Shlomo Gazit, *Carrot and the Stick*, S. 163.

57. Ebd., S. 152; Tuqan stammte aus einer angesehenen Familie in Nablus und war für ihre entschiedene Gegnerschaft zur israelischen Besatzung bekannt.
58. Arie Braun, *Moshe Dayan und der Sechstagekrieg,* S. 11 (hebräisch).
59. *Foreign Relations of the United States (FRUS),* 1964–1968, Bd. 20, Dok. 320, Telegramm des US-Außenministeriums an die Botschaft in Israel, 13. November 1968, S. 633, S. 634, S. 637.
60. Nach der Überlieferung erhielt der Ort den Namen Machpela (nach dem hebräischen Wort für »Doppel-«), weil es sich um eine Doppelhöhle mit zwei übereinander angeordneten Ebenen handelte, vielleicht auch, weil die Erzväter und -mütter dort paarweise beerdigt wurden: Abraham und Sara, Isaak und Rebekka, Jakob und Lea; Rahel wurde in der Nähe von Bethlehem begraben, wo sie im Kindbett starb, vgl. hierzu 1 Mose 23; 49,29–32; 50,7–9 und 12–14.
61. Dan Perry, »Jewish Settlers, Crux of a Deepening Existential Quandary for Israel«, *Associated Press,* 15. Dezember 2003.
62. Yehiel Admoni, *Jahrzehnt des Abwägens: Siedlungspolitik in den Gebieten 1967–1977,* Tel Aviv 1992, S. 58; vgl. hierzu auch Arie Dayan, »Gazit: Kirjath Arba wurde errichtet, weil Dayan im Krankenhaus war«, in: *Koteret Rashit,* 29. Mai 1985 (hebräisch).
63. Rami Tal, »Moshe Dayan: Soul Searching«, in: *Yediot Aharonot,* 27. April 1997.
64. »Die Wahrheit über die Männer von Kirjath Arba«, in: *Al Hamishmar,* 8. Februar 1980 (hebräisch); vgl. hierzu auch Martin Gilbert, *Israel: A History,* S. 405.
65. Rami Tal, »Moshe Dayan: Soul Searching«.
66. Ebd.
67. Zu diesem und anderen Treffen zwischen israelischen Regierungsvertretern und König Hussein vgl. Avi Shlaim, *The Lion of Jordan: The Life of King Hussein in War and Peace,* London 2008, S. 280, sowie an anderer Stelle. Shlaim berichtet in dieser faszinierenden Biografie sehr genau über die israelischen Treffen mit dem König.
68. Reuven Pedatzur, »Der Allon-Plan ist unannehmbar«.
69. Gershom Gorenberg, *The Accidental Empire: Israel and the Birth of the Settlements 1967–1977,* New York 2006, S. 164.
70. Reuven Pedatzur, »Der Allon-Plan ist unannehmbar«.
71. Reuven Pedatzur, »The Secret Ritual of Hussein's Meetings«, in: *Haaretz,* 6. Juli 1990.
72. Anwar al-Khatib al-Tamimi, »Firsthand Account of the Fall of Arab Jerusalem«, http://www.palestine-studies.org/sites/default/files/jps-articles/9704.pdf .
73. Zitiert nach Gordon Neve, *Israel's Occupation,* Berkeley 2008, S. 63.
74. Vgl. hierzu den zweiten Absatz in www.monde-diplomatique.fr/cahier/procheorient/rabat74-en>.
75. James Lunt, *Hussein of Jordan,* London 1990, S. 253.
76. *Washington Post,* 19. November 1974.
77. Ja'abri war seit 1947 der unumstrittene Bürgermeister von Hebron gewesen, später hatte er ein paar kurze Amtszeiten als Minister in Amman. Auf König Husseins Bitte kehrte Ja'abri als Bürgermeister nach Hebron zurück, und unter den Israelis bildete er in den Jahren nach dem Krieg von 1967 das perfekte Gegengewicht zum wachsenden Einfluss der Nationalisten – der PLO und anderer Organisationen –, die die Verbindungen zu Jordanien kappen wollten.

78. Shlomo Gazit, *Trapped Fools*, S. 181.
79. *New York Times*, 14. April 1976.

2 Gazastreifen

1. Yehiel Admoni, *Jahrzehnt des Abwägens*, S. 43.
2. Eshkol am 22. Oktober 1967, zitiert nach: Yehiel Admoni, *Jahrzehnt des Abwägens*, S. 41.
3. Gershom Gorenberg, *The Accidental Empire*, S. 46; Yehiel Admoni, *Jahrzehnt des Abwägens*, S. 41.
4. Gidi Weitz, »It's Our Defeat«, in: *Yediot Aharonot*, 3. Juni 2005, S. 34; Tom Segev, *1967*, S. 639f.
5. Zitiert nach Gershom Gorenberg, *The Accidental Empire*, S. 142.
6. Ebd., S. 152.
7. Zitiert nach Paul Cossali/Clive Robson, *Stateless in Gaza*, London 1986, S. 84.
8. *Haaretz*, 25. August 1968 (hebräisch).
9. Sara M. Roy, *The Gaza Strip: The Political Economy of De-Development*, Washington, D. C., 2001, S. 139.
10. Janet Abu Lughod, »Demographic Consequences of the Occupation«, in: Naseer Aruri (Hrsg.), *Occupation*, S. 404.
11. Ariel Sharon, *Warrior: The Autobiography of Ariel Sharon*, London 1989, S. 250; vgl. außerdem Nathan Shachar, *The Gaza Strip: Its History and Politics from the Pharaohs to the Israeli Invasion of 2009*, Eastbourne 2010, S. 80.
12. David Ben Gurions Tagebuch, 29. Januar 1960 (hebräisch).
13. Interessant ist in diesem Zusammenhang, dass Scharon in seinen Memoiren diese Taktik als eigenen Einfall für sich zu reklamieren scheint, während in Wirklichkeit andere Militärs schon vor ihm so vorgegangen waren. Der französische General Marcel Bigeard, Kommandeur des Kolonialen Fallschirmjägerregiments in Algier in den 1950er-Jahren, setzte diese Praxis beispielsweise intensiv zur Bekämpfung der FLN ein und verwendete dabei den kulinarischen Begriff »quadrillage« zur Beschreibung dieses Systems einer auf der Einteilung in Sektoren beruhenden Überwachung: Ein bestimmter Bezirk wird in kontrollierbare Sektoren oder »Quadrate« aufgeteilt, um den Feind zu neutralisieren.
14. Ariel Sharon, *Warrior*, S. 251.
15. Phil Reeves, »Sharon's Return Puts Wreckage Street in Fear«, in: *Independent*, 21. Januar 2001.
16. Izzeldin Abuelaish, *Du sollst nicht hassen: Meine Töchter starben, meine Hoffnung lebt weiter*, Köln 2011, S. 75.
17. 7217 aus Jabalya, 4836 aus Shati und 3802 aus Rafah, vgl. hierzu Sara M. Roy, *The Gaza Strip*, S. 105.
18. Uzi Benziman, *Sharon: An Israeli Caesar*, London 1987, S. 116.
19. David Richardson, »Last of the Aristocrats«, in: *Jerusalem Post*, 17. Mai 1985.
20. Anan Safadi/Philip Gillon, »Gaza after Shawa«, in: *Jerusalem Post*, 27. Oktober 1972.
21. Moshe Dayan, *Die Geschichte meines Lebens*, S. 318.
22. *Jerusalem Post*, 24. April 1972.
23. »Gaza Linked to Israel National Power Grid«, in: *Jerusalem Post*, 27. November 1969.

3 Golanhöhen

1. Zum Tierbestand in der Region zählten 37 000 Kühe, 1 bis 2 Millionen Schafe und Ziegen, 1300 Pferde, 7000 Lasttiere, 200 000 Stück Geflügel und 7000 Bienenvölker. Ende 1966 nahmen die Obstgärten eine Fläche von 40 000 Dunam ein (etwa 10 Ar oder 1000 Quadratmeter, es war das Standardmaß für Landbesitz in den Ländern, die unter osmanischer Herrschaft standen), es gab 2 700 000 Obstbäume mit einem Gesamtjahresertrag von 22 000 Tonnen verschiedener Obstsorten; vgl. hierzu Sakr Abu Fakhr, »Voices from the Golan«, in: *Journal of Palestine Studies*, 29. Jg., Nr. 4 (Herbst 2000), S. 6.
2. Sakr Abu Fakhr, »Voices from the Golan«, S. 22.
3. Ebd., S. 14.
4. Ebd., S. 11, S. 15, S. 18.
5. Ebd., S. 17.
6. Ebd., S. 13.
7. Nach syrischen Quellen lebten auf den Golanhöhen unmittelbar vor dem Krieg von 1967 135 000 Menschen. Eine andere Quelle nennt eine Zahl von 130 000 Einwohnern. Vgl. hierzu Muhammad Muslih, *The Golan: The Road to Occupation*, Washington, D.C., 1999.
8. Moshe Dayan, »Hopeful Truth of the New Reality«, in: *Life*, 29. September 1967.
9. Zitiert nach Shay Fogelman, »Die Enterbten«, in: *Haaretz*, 30. Juli 2010 (hebräisch).
10. Sakr Abu Fakhr, »Voices from the Golan«, S. 12.
11. Ebd., S. 15.
12. Ebd., S. 12.
13. Bericht des UN-Generalsekretärs, Resolution 2252 der Vollversammlung (ES-V); Sicherheitsrats-Resolution 237-A/6797 und S/8158, S. 5.
14. Zitiert nach Shay Fogelman, »Die Enterbten«.
15. Ray Murphy/Declan Gannon, »Changing the Landscape: Israel's Gross Violations of International Law in the Occupied Syrian Golan«, Washington, D.C., 2008, S. 27–30.
16. Ebd.
17. *Haaretz*, 12. September 1967 (hebräisch); außerdem: »The Disinherited: Syria's 130,000 Golan Heights refugees«, in: *Israel Occupation Archive*, 30. Juli 2010, http://www.israeli-occupation.org/2010-07-30/the-disinherited-syrias-130000-golan-height-refugees/.
18. Shay Fogelman, »Die Enterbten«.
19. Sakr Abu Fakhr, »Voices from the Golan«, S. 12.
20. Ebd.
21. Dieses und die folgenden Zitate entstammen Shay Fogelmans Artikel »Die Enterbten«.
22. Reuven Pedatzur, *Nitzhon hamevukhah (Der Triumph der Verlegenheit)*, Tel Aviv 1996, S. 110.
23. Zu den Drusen vgl. Kais M. Firro, *A History of the Druzes*, Leiden 1992.
24. Ray Murphy/Declan Gannon, »Changing the Landscape«, S. 34.
25. Sakr Abu Fakhr, »Voices from the Golan«, S. 14.
26. Ebd., S. 20.
27. Ebd., S. 30.
28. Memorandum of Conversation, 4. Dezember 1968, in: *Foreign Relations of the United States (FRUS)*, 1964–1968, Bd. 20, Dok. 339, 62, S. 672f.

29. Yehiel Admoni, *Jahrzehnt des Abwägens*, S. 25.
30. Michelle Stewart/Nancy Tuohy/Jonathan Molony, *From Settlement to the Shelf: The Economic Occupation of the Syrian Golan,* Washington, D.C., 2009.
31. »Golan's Capital Turns Into Heap of Stones«, in: *The Times,* 10. Juli 1974.
32. Yehiel Admoni, *Jahrzehnt des Abwägens,* S. 125.
33. Sakr Abu Fakhr, »Voices from the Golan«, S. 20.

4 Sinai

1. Zur Entfernung der Beduinen vgl. Nahum Barnea, in: *Davar,* 19. März 1972 (hebräisch).
2. Die Regierung bemühte sich in den Jahren 1974 und 1975, die evakuierten Beduinen in dauerhaft bewohnten Dörfern anzusiedeln. Sie gab ihnen Land im Gebiet von Dahniah und wies ihnen einige Wasservorkommen zu. 350 Familien nahmen das Angebot an.
3. Vgl. hierzu das Interview mit dem ägyptischen Generalstabschef Saad el-Shazli in Kairo, 28. September 1996, für das Buch und den Film *The Fifty Years War,* im Archiv des Autors.
4. Golda Meir, *Mein Leben,* Hamburg 1975, S. 476f.
5. Vgl. hierzu den Text des Abkommens, abgedruckt in: Henry A. Kissinger, *Memoiren,* Bd. 2: *1973–1974,* München 1982, S. 1471f.
6. Matti Golan, *The Secret Conversations of Henry Kissinger: Step-by-Step Diplomacy in the Middle East,* New York 1976, S. 260.
7. »Memorandum of Conversation« (geheim), 13. August 1974, The White House, Washington, D.C., S. 7, im Archiv des Autors.
8. Ebd., S. 3, S. 7.
9. Ebd., S. 12.
10. Ebd., S. 13.
11. Brief von 71 Senatoren zum Thema Neubewertung an Präsident Gerald Ford, 9. Dezember 1974, im Archiv des Autors.
12. Brief von US-Präsident Gerald Ford an Ministerpräsident Yitzhak Rabin, 1. September 1975, im Archiv des Autors; siehe auch: Donald Neff, »It Happened in January«, in: *Washington Report on Middle East Affairs,* Januar-Februar 1997.
13. David Hirst/Irene Beeson, *Sadat,* London 1981, S. 193.
14. Brief von US-Präsident Gerald Ford an Ministerpräsident Yitzhak Rabin, 1. September 1975.
15. Donald Neff, »It Happened in January«.

5 Likud-Jahre

1. Zum Programm des Likud vgl. Walter Laqueur/Barry Rubin (Hrsg.), *The Israel-Arab Reader: A Documentary History of the Middle East,* London ⁶2001, S. 206f.
2. Arye Naor, *Begin ba'shilton: edut ishit (Begin an der Macht: Eine persönliche Zeugenaussage),* Tel Aviv 1993, S. 47.
3. Zu diesem Treffen vgl. Eliahu Ben-Elissar, *Lo od milhana (Kein Krieg mehr),* Jerusalem 1995.
4. Dies wurde erstmals veröffentlicht in: Ahron Bregman, *A History of Israel,* London 2003, Anhang I (»The Dayan-el-Tohami Protocol, 1977«), S. 287–290. Die nachfolgenden Zitate entstammen dieser Quelle.

5. Zbigniew Brzezinski, *Power and Principle: Memoirs of the National Security Advisor 1977–1981*, New York 1983, S. 107; vgl. auch: Uri Dan, *Mivtzha Gomeh (Operation Papyrusstaude)*, Tel Aviv 1981, S. 25.
6. Mohammed Heikal, *Secret Channels: The Inside Story of Arab-Israeli Peace Negotiations*, London 1996, S. 256.
7. Dieses und die folgenden Zitate sind einem Brief Jimmy Carters an Anwar al-Sadat entnommen, 21. Oktober 1977, Declassified E.O.12958, Sec.3.6, Per 4/30/84, NLC-84–1, The Jimmy Carter Library.
8. Eric Silver, »Begin's Secret Interviews«, in: *The Jerusalem Report*, 21. Mai 1992. Nicolae Ceauşescu genoss in Israel hohe Wertschätzung. Die UdSSR brach nach dem Sechstagekrieg 1967 die diplomatischen Beziehungen zu Israel ab und zwang andere osteuropäische Länder, es ihr gleichzutun, nur Rumänien behielt seine Verbindungen zu Israel bei.
9. Dieses und das folgende Zitat stammen aus *Al-Ahram*, 10. November 1977.
10. Transkription des Treffens zwischen Dayan und Tuhami, private Quelle. Die Notizen fertigte der Mossad-Agent Yosef Ben-Porath an, im Privatarchiv des Autors.
11. Ebenda.
12. Anwar Sadat, *Unterwegs zur Gerechtigkeit: Die Geschichte meines Lebens*, München 1979, S. 386; vgl. außerdem Ismail Fahmy, *Negotiating for Peace in the Middle East*, Baltimore/Md. 1983, S. 277, sowie William B. Quandt, *Camp David: Peacemaking and Politics*, Berkeley 2001, Anhang C.
13. Interview mit Yitzhak Shamir, Tel Aviv, 21. Januar 1997, für *The Fifty Years War*, im Privatarchiv des Autors; vgl. außerdem Uri Dan, *Operation Papyrusstaude*, S. 65.
14. Zitiert nach Uri Dan, *Operation Papyrusstaude*, S. 54.
15. Kliot Nurit/Shemuel Albeck, *Sinai: anatomia shel pride (Sinai: Anatomie eines Abschieds)*, Tel Aviv 1996, S. 44f.
16. Zbigniew Brzezinski, *Power and Principle*, S. 116
17. Zum Begin-Plan vgl. *Jerusalem Post*, 29. Dezember 1977, sowie Ian Kfir, *Yediot Aharonot*, 20. Januar 1980 (hebräisch); außerdem »Prime Minister Menachem Begin: Autonomy Plan for the Occupied Territories, 28 December 1977«, in: Walter Laqueur/Barry Rubin, *The Israel-Arab Reader*, S. 400–402.
18. David Hirst/Irene Beeson, *Sadat*, S. 299.
19. Ebenda, S. 294
20. Eliahu Ben-Elissar, *Kein Krieg mehr*, S. 15.
21. Uri Dan, *Operation Papyrusstaude*, S. 98.
22. William B. Quandt, *Camp David*, S. 161.
23. Erklärung der israelischen Regierung zur Siedlungsfrage, 12. Februar 1978, Israelisches Außenministerium, Bd. 4–5, 1977–1979.
24. Zbigniew Brzezinski, *Power and Principle*, S. 246.
25. Cheryl A. Rubenberg, *Israel and the American National Interest: A Critical Examination*, Chicago 1986, S. 231.
26. Zitiert nach folgender Quelle: Jimmy Carter Library, Declassified E.O.12958, Sec.3.6.
27. Yoel Markus, *Camp David: ha'petach le'shalom (Camp David: Der Weg zum Frieden)*, Tel Aviv 1979, S. 17, und Uri Dan, *geration Papyrus Stande*, S. 202.

28. Yoel Markus, *Camp David*, S. 99, und Uri Dan, *Operation Papyrusstaude*, S. 212.
29. Uri Dan, *Operation Papyrusstaude*, S. 214.
30. Yoel Markus, *Camp David*, S. 101, und Uri Dan, *Operation Papyrusstaude*, S. 21.
31. Uri Dan, *Operation Papyrusstaude*, S. 219.
32. Ebenda, S. 220.
33. Jimmy Carter, *Keeping Faith: Memoirs of a President*, London 1982, S. 347, S. 351.
34. Ezer Weizman, *Eine Schlacht für den Frieden*, München 1981, S. 144.
35. Zbigniew Brzezinski, *Power and Principle*, S. 261.
36. Uri Dan, *Operation Papyrusstaude*, S. 246, sowie Elyakim Rubinstein, »Moshe Dayan und Sadats Besuch«, Vorlesung, 1. November 1987 (hebräisch).
37. Zbigniew Brzezinski, *Power and Principle*, S. 270; Jimmy Carter, *Keeping Faith*, S. 396.
38. Brief von Begin an Carter, 17. September 1978, The Jimmy Carter Library.
39. E-Mail-Korrespondenz mit Prof. Yair Hirschfeld, 19. Mai 2010, im Archiv des Autors.
40. Zitiert nach Tom Segev, *1967*, S. 603f.
41. Interview mit Nasser Laham, http://www.justvision.org/portrait/76134/interview.
42. In: *PLO Information Bulletin*, Bd. 4, Nr. 19, 1. November 1978.
43. »Sadat Greeted Wildly on Arrival in Al Arish after Israelis Pull Out«, in: *New York Times*, 26. Mai 1979.
44. »Nablus Mayor on Hunger Strike«, in: *New York Times*, 16. November 1979.
45. Martin Gilbert, *Israel: A History*, S. 501.
46. Dieses und die folgenden Zitate sind dem »Drusischen Nationaldokument« vom März 1981 entnommen, im Archiv des Autors.
47. Angesichts einer derart starken Opposition lenkten die Israelis schließlich ein und definierten die Golanbewohner als »Einwohner«, nicht als »Staatsbürger« Israels.
48. Moshe Dayan in: *Davar*, 17. April 1979 (hebräisch).
49. Aus Interviews mit Haila Hussein Abu Jabar und Heil Said Ahmed in: Brooke Kroeger, »The Golan Heights: The Camp David Fear in the Occupied Golan Heights«, 10. November 1980, http://brookekroeger.com/the-golan-heights-the-camp-david-fear-in-the-occupied-golan-heights.
50. Sakr Abu Fakhr, »Voices from the Golan«, S. 30f.
51. Marvin Wingfield, *The Golan Heights: Occupation and Resistance*, Washington, D. C., 2010, S. 18.
52. Michelle Stewart/Nancy Tuohy/Jonathan Molony, *From Settlement to the Shelf*, S. 30f.
53. Sakr Abu Fakhr, »Voices from the Golan«, S. 31.
54. Ebenda, S. 31.
55. *Jerusalem Post*, 2. September 1982.

6 Schwarzer Dezember, 1987

1. »Intifada: Recollections from the Past«, *Palestine-Israel History*, 22. Dezember 1997.
2. John Kifner, »Kill Us or Get Out! Arabs Taunt as Rocks and Bullets Fly in Gaza«, in: *New York Times*, 16. Dezember 1987.
3. Susan Warren, »Palestinians Honor Dead on Martyr Street/Intifada Starts Its Fifth Year«, in: *Houston Chronicle*, 12. September 1991.
4. Alan Sipress, »Arafat Visits Cradle of Intifada«, in: *Inquirer*, 3. Juli 1994.

5. Zitiert nach Mark Tessler, *A History of the Israeli-Palestinian Conflict,* Bloomington/Indiana 1994, S. 685.
6. »Memories of the First Intifada«, Aussage einer Frau aus dem Flüchtlingslager Khan Yunis im Gazastreifen, 19. Dezember 2011, http://lifeonbirzeitcampus.blogspot.be/2011/12/memories-of-first-intifada.html.
7. John Kifner, »Kill Us or Get Out«.
8. Izzeldin Abuelaish, *I Shall Not Hate,* S. 20f. (dt.: *Du sollst nicht hassen,* S. 35; Zitat in der dt. Ausgabe unvollständig.
9. Zeev Schiff/Ehud Yaari, *Intifada: The Palestinian Uprising, Israel's Third Front,* New York 1990, S. 17, S. 83.
10. Zitiert nach Benny Morris, *Righteous Victims: A History of the Zionist-Arab Conflict, 1981–1989,* London 1999, S. 532.
11. David Grossman, *Der gelbe Wind,* S. 124.
12. Vgl. hierzu: Khaled Hroub, *Hamas: Political Thought and Practice,* Washington, D.C., 2000, Dokument Nr. 1, S. 265.
13. Charles Smith, *Palestine and the Arab-Israeli Conflict: A History with Documents,* New York 2000, S. 414.
14. Andoni Ghassan, »A Comparative Study of *Intifada* 1987 and *Intifada* 2000«, in: Roane Carey et al., *The New Intifada: Resisting Israel's Apartheid,* London 2001, S. 209.
15. Zitiert nach Arie Shalev, *The Intifada: Causes and Effects,* Boulder/Colorado 1991, S. 13.
16. Yassir abd Rabbo, in: Helena Cobban, »The PLO and the Intifada«, in: *Middle East Journal,* Bd. 44, Nr. 2 (Frühjahr 1990), S. 229.
17. Melanie Kaye/Kantrowitz, »Women and the Intifada«, in: *Off Our Backs,* Bd. 19, Nr. 6 (Juni 1989), S. 1.
18. Ehud Barak im Gespräch mit dem Autor, Tel Aviv, undatiert, im Archiv des Autors.
19. Daoud Kuttab, »A Portrait of the Stonethrowers«, in: Laleh Khalili, *Heroes and Martyrs of Palestine: The Politics of National Commemoration,* Cambridge 2007, S. 195.
20. In: Thomas M. Ricks, »In Their Own Voices: Palestinian High School Girls and Their Memories of the Intifadas and Non-Violent Resistance to Israeli Occupation, 1987–2004«, in: *NWSA Journal,* Indiana University Press, 90, http://muse.jhu.edu/journals/nwsa/summary/v018/18.3ricks.html.
21. »Memories of the First Intifada«, Aussage einer Frau aus dem Flüchtlingslager Khan Yunis im Gazastreifen, 19. Dezember 2011, http://lifeonbirzeitcampus.blogspot.be/2011/12/memories-of-first-intifada.html.

7 Intifada

1. Yehuda Litani, »How the Protests are Organized«, in: *Jerusalem Post International Edition,* 13. Februar 1988.
2. Dieses und die folgenden Zitate sind entnommen aus: Zachary Lockman (Hrsg.), *Intifada,* Boston 1989, Kommuniqué Nr. 1, S. 328f.
3. Mary Elizabeth King, *A Quiet Revolution: The First Palestinian Intifada and Nonviolent Resistance,* New York 2007, S. 257.
4. Khalid Amayreh, in: »He Pointed the Finger and Pulled the Strings, But the Protection Ran Out«, in: *Guardian,* 10. August 2002.

5. Zitiert nach Naria Abu-Zahra/Adah Kay, *Unfree in Palestine*, S. 89.
6. Hussein Awwad, Aussage gegenüber dem israelischen Menschenrechtszentrum B'Tselem, 11. August 1993, S. 8.
7. Bernard E. Trainor, »Israel vs. Palestinians: Tactics are Refined«, in: *New York Times*, 30. März 1989.
8. Daoud Kuttab, »A Profile of the Stonethrowers«, S. 198.
9. Die Aussage findet sich in: Saree Makdisi, *Palästina: Innenansichten einer Belagerung*, Hamburg ²2012, S. 219.
10. »Memories of the First Intifada«, Aussage einer Frau aus dem Flüchtlingslager Khan Yunis im Gazastreifen, 19. Dezember 2011 (vgl. Kap. 6, Anm. 6).
11. Thomas M. Ricks, »In Their Own Voices«, S. 91f.
12. Don Peretz, *Intifada: The Palestinian Uprising*, Boulder/Colorado 1990, S. 64.
13. David Grossman, *Der gelbe Wind*, S. 15.
14. UNLU Kommuniqué Nr. 24 in: Daoud Kuttab, »A Profile of the Stonethrowers«, S. 200.
15. Die Vereinten Nationen definieren Folter in Artikel 1 ihrer Antifolterkonvention vom 10. Dezember 1984 als »jede Handlung, durch die einer Person vorsätzlich große körperliche oder seelische Schmerzen oder Leiden zugefügt werden, zum Beispiel, um von ihr oder einem Dritten eine Aussage oder ein Geständnis zu erlangen, um sie für eine tatsächlich oder mutmaßlich von ihr oder einem Dritten begangene Tat zu bestrafen oder um sie oder einen Dritten einzuschüchtern oder zu nötigen, oder aus einem anderen, auf irgendeiner Art von Diskriminierung beruhenden Grund [...].« Im Artikel 5 der Allgemeinen Erklärung der Menschenrechte vom 10. Dezember 1948 ist festgehalten: »Niemand darf der Folter oder grausamer, unmenschlicher oder erniedrigender Behandlung oder Strafe unterworfen werden.«
16. B'Tselem, »Violence against Minors in Police Detention« [Gewalt gegen Minderjährige in Polizeigewahrsam], Jerusalem 1990; der Bericht konzentrierte sich auf Minderjährige im Alter von 12 bis 18 Jahren. Vgl. hierzu auch Norman G. Finkelstein, *Palästina: Ein Bericht über die erste Intifada*, Kreuzlingen/München 2003, S. 94. Nach dieser Quelle wird hier auch zitiert.
17. *Israel's Interrogation of Palestinians from the Occupied Territories: Human Rights Watch/Middle East*, New York 1994, S. 21f.
18. Aysha Odeh, in: Buthina Canaan Khoury, *Women in Struggle*, H-Gender-MidEast, September 2005, http://www.h-net.org/reviews/showrev.php?id=15464.
19. Joel Greenberg, »Lynch Village Shows No Remorse«, in: *Jerusalem Post International*, 4. September 1988.
20. Vgl. Amon Straschnov, »Zerstört die Häuser von Terroristen nicht«, in: *Haaretz*, 6. Juli 2008 (hebräisch).
21. Zitat aus einer Aussage in: Saree Makdisi, *Palästina: Innenansichten einer Belagerung*, S. 140f.
22. David Grossman, *Der gelbe Wind*, S. 157.
23. Ebenda, S. 203.
24. Michal Shmulovich, »24 years later, Israel acknowledges top-secret operation that killed Fatah terror chief«, in: *Times of Israel*, 4. November 2012.

25. In: Ahron Bregman/Jihan el-Tahri, *The Fifty Years War: Israel and the Arabs,* London 1988 (britische Ausgabe), S. 193–195.
26. Dieses und die folgenden Zitate finden sich im UNLU-Kommuniqué Nr. 10 vom 11. März 1988, im Archiv des Autors.
27. König Hussein von Jordanien, Rede an die Nation, Amman, 31. Juli 1988, in: Walter Laqueur/Barry Rubin (Hrsg.), *The Israel-Arab Reader,* S. 338–341; vgl. hierzu auch James Lunt, *Hussein of Jordan,* S. 235.
28. König Hussein, Rede an die Nation.
29. Youssef Ibrahim, »PLO Proclaims Palestine to be an Independent State«, in: *New York Times,* 15. November 1988.
30. Palästinensische Unabhängigkeitserklärung, in: Walter Laqueur/Barry Rubin (Hrsg.), *The Israel-Arab Reader,* S. 354–358.
31. Interview mit George Shultz, Washington, D.C., 15. Oktober 1997, für *The Fifty Years War,* im Archiv des Autors.
32. Israelisches Außenministerium, Erklärung von Jassir Arafat, 14. Dezember 1988, Bde. 9/10, 1984–1988.
33. General Amram Mitzna im Gespräch mit dem Autor, Haifa, 27. Januar 1997, im Archiv des Autors; Ahron Bregman/Jihan el-Tahri, *The Fifty Years War,* S. 233 (US-Ausgabe).
34. »Israel Declines to Study Rabin Tie to Beatings«, in: *New York Times,* 12. Juli 1990.
35. Pressemitteilung der israelischen Regierung, 14. Mai 1989, im Archiv des Autors.
36. *Jerusalem Post International,* 27. Mai und 24. Juni 1989.
37. *Maariv,* 26. Juni 1992 (hebräisch).
38. Joel Brinkley, »Israel Says Army Will Get Tougher If Palestinians Reject Offer of Vote«, in: *New York Times,* 16. Mai 1989.
39. Sari Nusseibeh, *Es war einmal ein Land: Ein Leben in Palästina,* Frankfurt/M. 2009, S. 303f.

8 Golfkrieg, Madrid, Oslo, 1991–1995

1. Lawrence Freedman/Efraim Karsh, *The Gulf Conflict,* Princeton/New Jersey 1993, S. 101.
2. Gary Stein, »Hussein a Hero to Palestinians on West Bank«, in: www.SunSentinel.com, 15. August 1990.
3. Ahron Bregman/Jihan el-Tahri, *The Fifty Years War,* S. 202 (britische Ausgabe).
4. Lawrence Freedman/Efraim Karsh, *The Gulf Conflict,* S. 168.
5. Ahron Bregman/Jihan el-Tahri, *The Fifty Years War,* S. 217 (US-Ausgabe).
6. Nach einem Bericht in *Hadashot* vom 24. Februar 1992 (hebräisch), hier zitiert nach: Norman G. Finkelstein, *Palästina: Ein Bericht über die erste Intifada,* S. 96.
7. Walter Laqueur/Barry Rubin (Hrsg.), *The Israeli-Arab Reader,* S. 577–582.
8. Ahron Bregman/Jihan el-Tahri, *The Fifty Years War,* S. 267 (US-Ausgabe).
9. Ebenda, S. 269.
10. Interview mit Yair Hirschfeld, Ramat Yishai, 25. Februar 1997, für *The Fifty Years War,* im Archiv des Autors.
11. Ahron Bregman, Interview mit Shimon Peres, Tel Aviv, 24. Januar 1997, für *The Fifty Years War,* im Archiv des Autors.

12. »The Closure of the West Bank and Gaza Strip: Human Rights Violations against Residents of the Occupied Territories«, in: *B'Tselem, Information Sheet,* Mai 1993.
13. Ebenda.
14. Aussage gegenüber B'Tselem, 11. August 1993, S. 61f.
15. Ronen Bergman, »Geschichten von der Couch«, 7 Days, in: *Yediot Aharonot,* 15. März 2013 (hebräisch).
16. Die beiden Briefe sind abgedruckt in: Shimon Peres, *Shalom: Erinnerungen,* Stuttgart 1995, S. 465f.
17. Ahron Bregman, Interview mit Warren Christopher, Los Angeles, 23. Januar 1998, für *The Fifty Years War,* im Archiv des Autors.
18. Ahron Bregman, Interview mit Shimon Peres für *The Fifty Years War.*
19. Yoram Meital, *Peace in Tatters: Israel, Palestine and the Middle East,* Boulder/Colorado 2006, S. 34.
20. Rashid Khalidi, *The Iron Cage: The Story of the Palestinian Struggle for Statehood,* Boston 2006, S. 159.
21. Ahron Bregman, Interview mit Shimon Peres für *The Fifty Years War.*

9 Verpasste Gelegenheiten, 1995–1999

1. Dan Naveh, *Sodot Memshalah (Regierungs-Geheimnisse),* Tel Aviv 1999, S. 27.
2. Serge Schmemann, »Ten More Die in Mideast Riots as Violence Enters 3rd Day; Mosque is Scene of a Clash«, in: *New York Times,* 28. September 1996.
3. Kotel Tunnel Incident, 1996, Palestine Facts, in: http://palestinefacts.org/pf_1991to_now_kotel_tunnel_1996.php.
4. Ahron Bregman, Telefoninterview mit Benjamin Netanjahu, undatiert, im Archiv des Autors.
5. Dan Naveh, *Regierungs-Geheimnisse,* S. 40.
6. Zu den Aussagen von Überlebenden in der Ibrahimi-Moschee vgl. www.resistance.arabblogs.com/massacres/hebron/testimonies/index.htm.
7. Ebenda.
8. Danny Yatom, *Shutaf sod (Der Vertraute: Von der Spezialeinheit des Generalstabs zum Mossad),* Tel Aviv 2009, S. 36.
9. Aaron David Miller, *The Much Too Promised Land: America's Elusive Search for Arab-Israeli Peace,* New York 2008, S. 271.
10. Zitiert nach Akiva Eldar, »Der Har-Homa-Test«, in: *Haaretz,* 10. Dezember 2007 (hebräisch).
11. Brief von König Hussein an Ministerpräsident Netanjahu, private Quelle, im Archiv des Autors.
12. Dan Naveh, *Regierungs-Geheimnisse,* S. 71.
13. In seinen Memoiren bezeichnet der ehemalige Mossad-Direktor Yatom den Agenten Haim Ha'Keini als »H«; vgl. Danny Yatom, *Der Vertraute,* S. 13. Das von Ha'Keini für die »Operation Koresh« zusammengestellte Einsatzteam führt ein Agent mit dem Decknamen Tomy, und einige seiner Leute waren bereits an Aufträgen mit ähnlicher Zielsetzung beteiligt gewesen: an der Ermordung von Fatchi Shkaki, dem Chef des Islamischen Dschihad in Malta (1995), an der Ermordung von Ataf Basiso in Paris (1992) und an der

Erschießung von Dr. Gerald Vincent Bull, einem kanadischen Ingenieur, der im Auftrag der irakischen Regierung eine »Superkanone« entwickelt hatte, in Brüssel (März 1990).
14. Ein späterer, als »Top Secret« eingestufter Bericht über die gescheiterte Operation, der von einer dreiköpfigen Untersuchungskommission unter der Leitung eines Mannes namens Joseph Ciechanover verfasst wurde und aus dem hier erstmals öffentlich zitiert wird, kam zu dem Ergebnis, dass »weder der Direktor des Mossad [Yatom] noch der Leiter von Caesarea [Ha'Keini] den Schauplatz der Aktion vorab inspiziert hatte, und beide waren zum Zeitpunkt der Aktion auch nicht am Ort oder in der Nähe des Ortes, an dem der Vorfall sich ereignete. [...] Es war beim Mossad üblich, dass bei solchen Aktionen zwei hochrangige Agenten den Ort der Handlung inspizieren.« Der Bericht kritisierte Ha'Keini auch, weil er »einen Shin-Bet-Informanten« ignoriert hatte, »der [...] wichtige Informationen über Mashals Bewegungen lieferte. [...] Wir glauben, dass der Leiter von Caesarea einen Fehler beging, als er dem Shin-Bet-Informanten nicht genügend Gewicht beimaß.« *Bericht über die Mashal-Affäre*, 13. Kapitel, S. 244. Der vollständige Bericht der Kommission umfasst 330 Seiten, von denen nur 15 veröffentlicht wurden.
15. Die Ciechanover-Kommission schrieb in ihrem Bericht, dass »die Auswirkungen [einer gescheiterten] Operation [...] auf die Beziehungen zu Jordanien kaum diskutiert wurden, [...] weder unter den Angehörigen der Geheimdienste noch in den Diskussionen mit dem Ministerpräsidenten«. Vgl. ebd., S. 236, private Quelle, im Archiv des Autors.
16. Die Ciechanover-Kommission schrieb in ihrem geheimen Bericht, dass »der Direktor des Mossad einen Fehler beging, als er dem Ministerpräsidenten die Nachricht des Königs nicht sofort [nämlich vor der Operation] übergab«. Ebenda, S. 244.
17. Ronen Bergman, »Ex-Mossad-Offizier war an dem gescheiterten Mordanschlag 1996 gegen Hamas-Führer beteiligt und lieferte das Gegengift, das ihm das Leben rettete«, in: *Yediot Aharonot*, 17. Juni 2005 (hebräisch).
18. In Israel wurde der Mossad-Direktor Yatom am 25. Februar 1998 zum Rücktritt gezwungen; der Caesarea-Leiter Haim Ha'Keini trat kurz vor seiner vorgesehenen Ernennung zum stellvertretenden Mossad-Direktor ebenfalls zurück.
19. Ahron Bregman, Interview mit Yossi Beilin für *Elusive Peace*, Tel Aviv, 24. Januar 2005, im Archiv des Autors.
20. Interview mit Saeb Erekat für *Elusive Peace*, Jericho, 28. März 2004, im Archiv des Autors.
21. Yossi Beilin, *Madrich le'yona petzuah (Leitfaden für eine verwundete Taube)*, Tel Aviv 2001, S. 36; siehe auch Ahron Bregman, Interview mit Yossi Beilin.
22. Zum Text des Wye-River-Abkommens vgl. Walter Laqueur/Barry Rubin (Hrsg.), *The Israel-Arab Reader*, S. 529.
23. Die in diesem Zusammenhang relevanten Artikel sind: 6–10, 15, 19–23 und 30. Außerdem noch Teile von Artikel 1–5, 11–14, 16–18, 25–27 und 29. Vgl. hierzu auch den Brief von Jassir Arafat an Präsident Clinton vom 13. Januar 1998, www.miftah.org.
24. Dieses und die folgenden Zitate sind entnommen aus: Ahron Bregman, *Elusive Peace: How the Holy Land Defeated America*, London 2005, S. xxvii.

10 Zuerst der Golan, 1999–2000

1. Die Zitate entstammen einem »Brief to the President«, 4. Juli 1999, private Quelle, im Archiv des Autors.

2. Brief von Präsident Bill Clinton an Ministerpräsident Ehud Barak, 20. Juli 1999, private Quelle, im Archiv des Autors.
3. Private Quelle, im Archiv des Autors.
4. Die nachfolgende Darstellung beruht auf einer privaten Quelle; vgl. auch *Tishreen* (eine seit 1975 erscheinende syrische Tageszeitung in Staatsbesitz), 3. Oktober 1999.
5. Zu diesen Gesprächen auf unterer Ebene, vor allem zwischen dem israelischen Generalstabschef Ehud Barak und dem syrischen Generalstabschef Hikmat Shihabi, vgl. Ahron Bregman/Jihan el-Tahri, *The Fifty Years War,* S. 264-266 (britische Ausgabe).
6. Transkription eines Telefongesprächs zwischen den Präsidenten Bill Clinton und Hafis Assad am 24. August 1999 um 18.20 Uhr, private Quelle, im Archiv des Autors.
7. Telefongespräch zwischen den Präsidenten Clinton und Assad, 2. September 1999.
8. Die folgende Darstellung beruht auf der Transkription eines Gesprächs zwischen Ministerpräsident Ehud Barak und dem US-Sondergesandten Dennis Ross, 5. September 1999, private Quelle, im Archiv des Autors; Ross' Bericht über Assads Gesundheitszustand datiert vom 14. September 1999.
9. Diese und die anschließende Darstellung beruhen auf der Transkription eines am 15. Dezember 1999 um 10.30 Uhr geführten Gesprächs zwischen Barak und Clinton.
10. Interview mit Robert Malley für *Elusive Peace.*
11. Diese und die anschließende Darstellung beruhen auf der Transkription eines Gesprächs zwischen Albright und Barak, 10. Januar 2000.
12. Die folgenden Zitate sind der Transkription eines Telefongesprächs zwischen Clinton und Barak entnommen, 2. März 2000, 20.35 Uhr (israelische Ortszeit).
13. Die Zitate entstammen einem Telefongespräch zwischen Clinton und Barak, 7. März 2000.
14. »The Script«, 10. März 2000, private Quelle, im Archiv des Autors.
15. Ebenda.
16. Transkription eines Telefongesprächs zwischen Clinton und Barak, 26. März 2000, 13.30 Uhr.
17. Interview mit Sandy Berger, 18. April 2005, Washington, D. C., für *Elusive Peace.*
18. Bei einem Treffen mit Dennis Ross sagte Barak am 13. September 1999: »Ich denke an etwa 200 bis 300 Meter östlich der Straße, die am Ufer des Sees Genezareth entlangführt.«
19. Interview mit Bouthania Shaaban für *Elusive Peace.*
20. Ebenda.
21. Diese und die anschließende Darstellung beruhen auf der Transkription eines Telefongesprächs zwischen Clinton und Barak, 26. März 2000, 20.45 Uhr.

11 Camp David II, 2000

1. Nimrod Noviks Nachricht an den Ministerpräsidenten beruht auf Noviks Treffen mit Saeb Erekat in Washington, D. C., am 23. Juli 1999, private Quelle, im Archiv des Autors. Erekat war der palästinensische Chefunterhändler, galt aber auch als personifiziertes Hindernis. Der UN-Diplomat Terje Rød-Larsen sagte bei einem Treffen mit Baraks Berater Danny Yatom am 5. August 1999 über Erekat: »Er kann extrem kontraproduktiv sein. Er kontrolliert den Informationsfluss vollständig. [...] Bei Saeb Erekat müssen Sie sehr vorsichtig sein. [...] Wenn Sie die Gipfel mit Erekat abhalten, wird sich nichts bewegen.«

Und bei einem weiteren Treffen mit den Israelis sagten Rød-Larsen und seine Frau Mona Juul: »Saeb hat viele Schwächen. [...] Saeb belügt auch Arafat oft, [...] und das macht [Arafat] wütend, und er sagt dann alles Mögliche.« Nach diesen Treffen bemühten sich die Israelis um die Unterstützung der Amerikaner für eine Ablösung Erekats, hatten aber keinen Erfolg.

2. Dieses und die folgenden Zitate entstammen der Transkription eines Gesprächs zwischen Barak und Arafat am Grenzübergang Erez, 27. Juli 1999, private Quelle, im Archiv des Autors.
3. Dieses und die folgenden Zitate beruhen auf der Transkription einer von Barak geleiteten Besprechung am 15. Juni 2000 in Tel Aviv um 19 Uhr, private Quelle, im Archiv des Autors.
4. Mohammed Bassiouni, Bericht an Ministerpräsident Ehud Barak, 23. Juni 2000, private Quelle, im Archiv des Autors.
5. »Arafat's Positions« (geheim), 27. Juni 2000, private Quelle, im Archiv des Autors.
6. Zitiert nach der Transkription einer Besprechung zwischen Albright und Barak, 27. Juni 2000, im Archiv des Autors.
7. Dieses und die folgenden Zitate beruhen auf einem geheimen Bericht des Shin Bet, private Quelle, im Archiv des Autors.
8. Barak in einer Kabinettssitzung am 9. Juli 2000; die folgenden Zitate beruhen auf der gleichen Quelle.
9. Die Zitate entstammen der Transkription eines Gesprächs zwischen Malka und Barak, 9. Juli 2000, private Quelle.
10. Dieses Zitat und die folgende Darstellung beruhen auf der Transkription eines Treffens zwischen Clinton und Barak, 11. Juli 2000.
11. Die folgende Darstellung beruht auf einem Treffen von Clinton und Barak, 11. Juli 2000, 17.35 Uhr, private Quelle, im Archiv des Autors.
12. Ebd.
13. Bill Clinton, *Mein Leben,* Berlin 2005, S. 1376.
14. Geheimer Brief von Außenministerin Madeleine K. Albright an Ministerpräsident Netanjahu, 24. November 1998, private Quelle, im Archiv des Autors.
15. Aaron David Miller, *The Much Too Promised Land,* S. 205.
16. Interview mit Saeb Erekat für *Elusive Peace*.
17. Dieses und die folgenden Zitate beruhen auf der Transkription eines Gesprächs zwischen Clinton und Barak, 14. Juli 2000, private Quelle, im Archiv des Autors.
18. Bill Clinton, *Mein Leben*, S. 1297.
19. Treffen zwischen Clinton, Barak und Arafat, 14. Juli 2000, um 23.35 Uhr, private Quelle, im Archiv des Autors.
20. Dieses und die folgenden Zitate stammen aus der Transkription eines Gesprächs zwischen Barak und Dennis Ross, Dogwood, 15. Juli 2000, 10.25 Uhr, private Quelle, im Archiv des Autors.
21. Interview mit Saeb Erekat für *Elusive Peace*.
22. Ebenda.

23. Transkription eines Gesprächs zwischen Barak, Gilead Sher und Shlomo Ben-Ami, 16. Juli 2000, 13.15 Uhr, private Quelle, im Archiv des Autors.
24. Brief von Barak an Clinton, 16. Juli 2000, private Quelle; die folgenden Zitate beruhen alle auf diesem Dokument, das sich im Archiv des Autors befindet.
25. Martin Indyk, Innocent Abroad: *An Intimate Account of American Peace Diplomacy in the Middle East*, New York 2009, S. 290.
26. Clinton, Bericht an Barak, 16. Juli 2000, 21 Uhr, private Quelle; die folgenden Zitate beruhen alle auf diesem Dokument, das sich im Archiv des Autors befindet.
27. Gespräch zwischen Clinton und Barak, 16. Juli 2000, 22.50 Uhr, private Quelle; die folgenden Zitate beruhen alle auf diesem Bericht, der sich im Archiv des Autors befindet.
28. Gespräch zwischen Clinton und Barak, 17. Juli 2000, private Quelle, im Archiv des Autors; die folgenden Zitate beruhen alle auf der Transkription dieses Gesprächs.
29. Aktennotiz, von Barak auf der Grundlage seines Gesprächs mit Clinton dem Berater Yatom diktiert, 18. Juli 2000, private Quelle, im Archiv des Autors.
30. Martin Indyk, *Innocent Abroad*, S. 322.
31. Interview mit Sandy Berger für *Elusive Peace*.
32. Dieses und das folgende Zitat entstammen einem Interview mit Sandy Berger.
33. Brief Arafats an Clinton, 19. Juli 2000, private Quelle, im Archiv des Autors.
34. Brief Baraks an Clinton, 19. Juli 2000, private Quelle, im Archiv des Autors.
35. Transkription eines Gesprächs zwischen Clinton und Barak, 19. Juli 2000, um 19.18 Uhr; private Quelle, im Archiv des Autors.
36. Gespräch zwischen Clinton und Barak, 19. Juli 2000, private Quelle, im Archiv des Autors.
37. Zitiert nach Clayton E. Swisher, *The Truth about Camp David*, New York 2004, S. 307.
38. Gespräch zwischen Clinton und Barak, 19. Juli 2000, private Quelle, im Archiv des Autors.
39. Interview mit Albright für *Elusive Peace*. Vgl. hierzu auch die Darstellung in Madeleine K. Albright, *Madam Secretary: Die Autobiografie*, München 2003, S. 591–593.
40. Transkription eines Gesprächs zwischen Clinton und Barak, 23. Juli 2000, private Quelle, im Archiv des Autors.
41. Papiere von Akram Hanieh, dem Chefredakteur der Zeitung *Al Ayyam* und Arafat-Berater, »Das Fünfte Papier: Der Gipfel nach Jerusalemer Ortszeit«, undatiert, ohne Ortsangabe, im Archiv des Autors.
42. Dieses sowie die folgenden Zitate entstammen der Transkription eines Gesprächs zwischen Clinton und Arafat, 24. Juli 2000, 19.00 Uhr, private Quelle, im Archiv des Autors.
43. Interview mit Mohammed Dahlan für *Elusive Peace*.
44. Dieses sowie die folgenden Zitate entstammen der Transkription einer Diskussion im israelischen Team, 25. Juli 2000, 8.10 Uhr, private Quelle, im Archiv des Autors.
45. Dieses sowie die folgenden Zitate entstammen der Transkription eines Gesprächs zwischen Clinton und Barak, 25. Juli 2000, 9.35 Uhr, private Quelle, im Archiv des Autors.
46. Private Quelle.
47. Henry Kissinger, *Memoiren*, Bd. 2: 1973–1974, S. 238.

48. Transkription eines Telefongesprächs zwischen Jacques Chirac und Barak, 28. Juli 2000, private Quelle, im Archiv des Autors.
49. Dieses sowie die folgenden Zitate entstammen der Transkription eines Gesprächs zwischen Barak, Ross und dem US-Friedensteam am 30. August 2000, private Quelle, im Archiv des Autors.
50. Dieses sowie die folgenden Zitate entstammen der Transkription eines Gesprächs zwischen Clinton und Barak, 6. September 2000, private Quelle.
51. Dieses sowie die folgenden Zitate entstammen der Transkription eines Treffens zwischen Barak und Arafat, Kochav Yair, 25. September 2000, private Quelle, im Archiv des Autors.

12 Al-Aksa-Intifada, 2000–2001

1. Interview mit Haj Kamil für *Elusive Peace*, Jerusalem (undatiert, Rolle 228).
2. Ted Gurr, »A Casual Model of Civil Strife«, in: *American Political Review 62* (1968) 4, S. 1104.
3. Jeremy Pressman, »*The Second Intifada: Background and Causes of the Israeli-Palestinian Conflict*«, in: *The Journal of Conflict Studies* 2003, S. 136, S. 228.
4. Interview mit Haj Kamil für *Elusive Peace*.
5. Akiva Eldar, »Beliebte Missverständnisse«, *Haaretz*, 11. Juni 2004 (hebräisch).
6. Das Zitat und die folgende Darstellung beruhen auf der Transkription eines Gesprächs zwischen Terje Rød-Larsen und Barak, 30. September 2000, private Quelle, im Archiv des Autors.
7. Dieses sowie die folgenden Zitate entstammen der Transkription eines Gesprächs zwischen Albright und Barak, Paris, 4. Oktober 2000, private Quelle, im Archiv des Autors.
8. Transkription eines Gesprächs zwischen Chirac und Barak, Elysée-Palast, Paris, 4. Oktober 2000, private Quelle, im Archiv des Autors.
9. Dieses und das folgende Zitat finden sich in: Raviv Drucker, *Harakiri. Ehud Barak: Schlussbilanz*, Tel Aviv 2002, S. 313.
10. Saree Makdisi, Palästina: *Innenansichten einer Belagerung*, S. 83.
11. Recherche-Interview mit Mohaned Irbari für *Elusive Peace*, Umm el Fahm, 15. August 2004, im Archiv des Autors.
12. *Haaretz*, 12. März 2002 (hebräisch).
13. Interview mit Mohaned Irbari für *Elusive Peace*, undatiert, im Archiv des Autors.
14. Die Regierung setzte unter zunehmendem Druck eine Untersuchungskommission – die Or-Kommission – ein, die die Ereignisse vom Oktober 2000 analysieren sollte.
15. Dieses Zitat findet sich in der Transkription eines Gesprächs zwischen Barak und Mubarak, 12. Oktober 2000, 15.05 Uhr, private Quelle, im Archiv des Autors.
16. Dieses und die folgenden Zitate entstammen der Transkription eines Telefongesprächs zwischen Clinton und Barak, 12. Oktober 2000, private Quelle, im Archiv des Autors.
17. Brief von Barak an Clinton, 12. Oktober 2000, private Quelle, im Archiv des Autors.
18. Dieses Zitat entstammt der Transkription eines Telefongesprächs zwischen Barak und Mubarak, 12. Oktober 2000, private Quelle, im Archiv des Autors.
19. Transkription eines Telefongesprächs zwischen Clinton und Barak, 15. Oktober 2000, 21.05 Uhr, private Quelle, im Archiv des Autors.

20. Dieses Zitat beruht auf dem Protokoll eines Treffens zwischen Mubarak und Barak, Ägypten, 16. Oktober 2000, private Quelle, im Archiv des Autors.
21. Transkription eines Treffens zwischen Kofi Annan und Barak, Ägypten, 16. Oktober 2000, 10.15 Uhr, private Quelle, im Archiv des Autors.
22. Transkription eines Gesprächs zwischen Jordaniens König Abdullah II. und Barak, Ägypten, 16. Oktober 2000, 11.05 Uhr, private Quelle, im Archiv des Autors.
23. Im Archiv des Autors; außerdem Anhang B-1 zur Übereinkunft von Sharm el Sheikh, ein auf den 17. Oktober 2000 datierter und an den Generalsekretär adressierter Brief des Ständigen Vertreters der Vereinigten Staaten von Amerika bei den Vereinten Nationen, in: *The Palestine Papers*, Al-Dschasira, abgerufen am 7. Februar 2011.
24. Transkription einer Besprechung zwischen Barak und Militärbefehlshabern, 21. Oktober 2000, private Quelle, im Archiv des Autors.
25. Transkription einer Kabinettssitzung, 22. Oktober 2000, im Archiv des Autors.
26. Die folgenden Zitate beruhen auf zwei Transkriptionen von Telefongesprächen zwischen Clinton und Barak, 22. Oktober 2000, private Quelle, im Archiv des Autors.
27. Ehud Baraks Anweisungen für Armeebefehlshaber, 24. Oktober 2000, private Quelle, im Archiv des Autors.
28. Arafat bei einem Treffen mit Shimon Peres in Gaza, 1. November 2000, 22 Uhr, private Quelle, im Archiv des Autors.
29. Haled Salam bei einem Treffen mit Peres, 1. November 2000, private Quelle, im Archiv des Autors.
30. Text des Waffenstillstandsabkommens, 2. November 2000, im Archiv des Autors.
31. Transkription eines Telefongesprächs zwischen Chirac und Barak, 2. November 2000, private Quelle, im Archiv des Autors.
32. »Extra-Judicial Executions during the al-Aqsa-Intifada«, The Palestinian Society for the Protection of Human Rights and the Environment, 25. März 2001.
33. Ebenda.
34. Bericht von Danny Abram, 25. November 2000, private Quelle, im Archiv des Autors.
35. Dieses sowie die folgenden Zitate beruhen auf der Transkription eines Telefonats zwischen Clinton und Barak, 11. Dezember 2000, private Quelle, im Archiv des Autors.
36. George W. Bush wurde am 7. November 2000 zum Präsidenten der USA gewählt. Clinton blieb noch bis zur offiziellen Amtseinführung des neuen Präsidenten am 20. Januar 2001 im Amt.
37. Dieses sowie die folgenden Zitate beruhen auf den Clinton-Parametern in der Fassung, die abgedruckt ist in: Walter Laqueur/Barry Rubin (Hrsg.), *The Israel-Arab Reader*, S. 562–564; außerdem in *Haaretz*, 31. Dezember 2000 (hebräisch).
38. Dieses sowie die folgenden Zitate beruhen auf der Transkription eines Gesprächs zwischen Barak und dem ägyptischen Präsidenten Mubarak, 26. Dezember 2000, private Quelle, im Archiv des Autors.
39. Brief an den Nationalen Sicherheitsberater Samuel (Sandy) Berger, 28. Dezember 2000, private Quelle, im Archiv des Autors.
40. Dieses sowie die folgenden Zitate beruhen auf der Transkription eines Telefongesprächs zwischen Clinton und Barak, 1. Januar 2001, private Quelle, im Archiv des Autors.

41. Transkription eines Telefongesprächs zwischen Clinton und Barak, 3. Januar 2001, 17 Uhr, private Quelle, im Archiv des Autors.
42. Ahmed Qurie [Kurei], *From Oslo to Jerusalem: The Palestinian Story of the Secret Negotiations*, London 2006, S. 5f.
43. Hier zitiert nach Raviv Drucker, *Harakiri*, S. 390.
44. Arieh O'Sullivan, »IDF Kills Hizbullah Cell Leader in Gaza«, in: Jerusalem Post, 14. Februar 2001.
45. Private Quelle. Zur Rechtmäßigkeit von Israels Politik der Mordanschläge vgl. David Kretzmaer, »Targeted Killing of Suspected Terrorists: Extra Judicial Executions or Legitimate Means of Defence?«, in: *European Journal of International Law* 16 (2005) 2, S. 171–212.

13 Sharon und Arafat, 2001–2004

1. Zitiert nach Charles Enderlin, *The Lost Years: Radical Islam, Intifada, and Wars in the Middle East 2001–2006*, New York 2007, S. 26.
2. Suzanne Goldenberg, »War Jets Attack West Bank after Mall Bomb Carnage«, in: *The Guardian*, 19. Mai 2001.
3. Robert Pape, *Dying to Win: The Strategic Logic of Suicide Terrorism*, New York 2005, S. 73–75, S. 32.
4. Baruch Kimmerling, *Politizid: Ariel Sharons Krieg gegen das palästinensische Volk*, Kreuzlingen/München 2003, S. 133.
5. Ahron Bregman, *Elusive Peace*, S. 156.
6. Zitiert nach Amos Harel/Avi Isacharoff, *Hamilhama Ha'shvit (Der siebte Krieg)*, Tel Aviv 2004, S. 115.
7. Interviews mit Jibril Rajoub für *Elusive Peace*, 25. Mai 2004, 4. Juni 2004 und 13. Oktober 2004, Jericho und Ramallah.
8. James Bennet/Joel Greenberg, »Israel Breaks with Arafat after Palestinian Assault on Bus in West Bank Kills 10«, in: *New York Times*, 13. Dezember 2001.
9. Arafats Aufruf in Gaza, Palästinensisches Satellitenfernsehen, 16. Dezember 2001, 16 Uhr.
10. Ahron Bregman, Interview mit Shaul Mofaz, Tel Aviv, 28. Februar 2005, und mit Binyamin Ben Eliezer, Tel Aviv, 27. September 2004; beide für *Elusive Peace*, im Archiv des Autors.
11. Interview mit Mohamad Abu Hamid für *Elusive Peace*, undatiert (Filmrolle 403–404); außerdem http://www.guardian.co.uk/israel/Story/0,2763,633643,00.htm.
12. Ariel Sharon in einer Pressekonferenz am 5. März 2002, zitiert nach *Reporters Without Borders: Israel/Palestine*, The Black Book, London 2003, S. 58.
13. Interview mit Muammar Shahrouri, 31. Januar 2005. Das Interview wurde in einem israelischen Gefängnis geführt, in dem Shahrouri wegen seiner Beteiligung an dem Anschlag auf das Park Hotel in Netanja einsitzt; für *Elusive Peace*, im Archiv des Autors.
14. Interview mit Fathi Khatib, 31. Januar 2005. Das Interview wurde im Gefängnis von Beerscheba geführt, in dem Khatib wegen seiner Beteiligung an dem Anschlag auf das Park Hotel in Netanja einsitzt; für *Elusive Peace*, im Archiv des Autors.
15. Interview mit General Giora Eiland, Ramat Ha'sharon, 28. September 2004, für *Elusive Peace*.

16. Interview mit Mohammed Rashid, Paris, 3. November 2004, für *Elusive Peace*.
17. Aussage zitiert nach Saree Makdisi, *Palästina*, S. 215.
18. Ahron Bregman, *Elusive Peace*, S. 205.
19. Interview mit Mohamad Abu Hamid für *Elusive Peace*, undatiert, Jenin (Filmrolle 403–404).
20. Interview mit Hani al-Hassan, 9. Juni 2004, Ramallah, für *Elusive Peace*.
21. Zehnte Dringlichkeits-Sondersitzung, Tagesordnungspunkt 5, »Illegal Israeli Actions in Occupied East Jerusalem and the Rest of the Occupied Palestinian Territory, Report of the Secretary General Prepared Pursuant to General Assembly Resolution ES-10/10«.
22. Ahron Bregman, Interview mit Terje Rød-Larsen, Herzliya, 29. Juni 2004, für *Elusive Peace*.
23. Interview mit Yasser Abed Rabbo, 26. Juni 2004, Ramallah, für *Elusive Peace*.
24. Interview mit Anthony Zinni, 19. Oktober 2004, Washington, D.C., für *Elusive Peace*.
25. Rita Giacaman, Anita Abdullah, Rula Abu Safieh und Luna Shamieh, »Schooling at Gunpoint: Palestinian Children's Learning Environment in Warlike Conditions«, 1. Dezember 2002, hier zitiert nach Baruch Kimmerling, *Politizid*, S. 190–192.
26. Ahron Bregman, Elusive Peace, S. 229; Binyamin Ben Eliezer war bei dieser Besprechung nicht anwesend.
27. Danni Haloutz, *Begovah ha'einayim (Auf Augenhöhe)*, Tel Aviv 2010, S. 248.
28. Ahron Bregman, Interview mit Ben Eliezer.
29. Interview mit Dan Halutz, dem Oberbefehlshaber der israelischen Luftwaffe, in: *Haaretz*, 23. August 2002.
30. George W. Bush, *Decision Points*, Washington, D.C., 2011, S. 401.
31. Zitiert nach David Aaron Miller, *The Much Too Promised Land*, S. 326.
32. In Jordanien gibt es zehn offizielle palästinensische Flüchtlingslager. Dort leben 307 785 registrierte Flüchtlinge, das entspricht 17 Prozent der 1,7 Millionen Flüchtlinge, die beim Hilfswerk der Vereinten Nationen (UNRWA) in Jordanien registriert sind. Vier der Lager wurden im Ostjordanland unmittelbar nach dem israelisch-arabischen Krieg von 1948 eingerichtet, sechs weitere nach dem Sechstagekrieg 1967. Außerdem gelten drei Stadtteile in Amman, Zarka und Madaba bei der jordanischen Regierung als Flüchtlingslager, während das UNRWA sie als »inoffizielle« Lager führt.
33. Interview mit Marwan Muasher, 12. Dezember 2004, Amman, für *Elusive Peace*.
34. Die folgende Darstellung beruht im Wesentlichen auf Interviews mit Flynt Leverett, 15. Oktober 2004, Washington, D.C., sowie mit einer Quelle, die es vorzieht, anonym zu bleiben.
35. Interview mit Colin Powell, Washington, D.C., 22. Februar 2005, für *Elusive Peace*.
36. Zum Text der Roadmap vgl. www.auswaertiges-amt.de/cae/servlet/contentblob/341388/publicationFile/3403/Roadmap-pdf-pdf. Weitere Textdokumentation zum Nahostkonflikt unter www.auswaertiges-amt.de, dort nachzuschlagen unter »Außen- und Europapolitik«, »Regionale Schwerpunkte«, »Naher und Mittlerer Osten, Maghreb«, Stichwort: »Der Nahostkonflikt«.
37. Interview mit John Wolf, 18. Oktober 2004, Philadelphia, für *Elusive Peace*.
38. Interview mit Nabil Shaath.

39. Zitiert nach Ahron Bregman, *Elusive Peace*, S. 269.
40. Guy Dunmore, »Bush Attacks Israelis for Building of West Bank Wall«, in: *Financial Times*, 26. Juli 2003; Brian Knowlton, »Sharon Meets with Bush but Says Security Fence Will Still Go Up«, in: *International Herald Tribune*, 30. Juli 2003.
41. Interview mit Colin Powell für *Elusive Peace*.
42. George W. Bush, *Decision Points*, S. 400.
43. Zitiert nach Saree Makdisi, *Palästina*, S. 59.
44. Interviews mit Mike Herzog, 11. Oktober 2004, und Giora Eiland für *Elusive Peace*.
45. Die folgende Darstellung beruht auf einem Interview mit Majd Zaatri am 1. Februar 2005 im Gefängnis von Beersheba für *Elusive Peace*.
46. Shlomi Eldar, *Hamas kennenlernen*, Tel Aviv 2012, S. 39 (hebräisch).
47. Zitiert nach Ahron Bregman, Elusive Peace, S. 279.

14 Lohnender Unilateralismus, 2004–2007

1. Dieses Zitat und die folgende Darstellung entstammen einer Rede Sharons in Herzliya, 18. Dezember 2003, im Archiv des Autors.
2. Ahron Bregman, Interview mit Shaul Mofaz für *Elusive Peace*.
3. Dieses Zitat und die folgende Darstellung beruhen auf der Aussage von Yasins Sohn in Shlomi Eldar, *Hamas kennenlernen*, S. 53.
4. Ebenda.
5. Interview mit Marwan Muasher für *Elusive Peace*.
6. Interview mit Colin Powell für *Elusive Peace*.
7. Quelle: Marwan Muasher.
8. Vgl. hierzu einen Brief von George W. Bush an Sharon, 14. April 2004, im Archiv des Autors.
9. Transkription des Weißen Hauses der Pressekonferenz von Bush und Sharon zum Abzugsplan Sharons für den Gazastreifen, 14. April 2004.
10. Zitiert nach Ahron Bregman, *Elusive Peace*, S. 278f.
11. Uri Dan, *Ariel Sharon: An Intimate Portrait*, New York 2006, S. 246. Uri Dan war ein enger Freund Sharons.
12. Ariel Sharon in einem Fernsehinterview, 24. April 2004, hier zitiert nach Charles Enderlin, *The Lost Years*, S. 235.
13. Bassam Abu Sharif, *Arafat and the Dream of Palestine: An Insider's Account*, New York 2009, S. 249.
14. Interview mit Mohammed Rashid.
15. Telefoninterview mit Nabil Shaath, 15. April 2005, Tel Aviv, für *Elusive Peace*.
16. Ein als »Top Secret« eingestuftes Shin-Bet-Dokument, 15. Oktober 2000.
17. Aaron David Miller, *The Much Too Promised Land*, S. 355.
18. Dov Weisglass, Interview, in: *Haaretz*, 8. Oktober 2004 (hebräisch).
19. Zum Raketenbeschuss aus dem Gazastreifen siehe auch: http://www.terrorism-info.org.il/de/article/20666.

16 Nachwort zur deutschen Ausgabe

1. Zitiert nach: Tom Anderson/Therezia Cooper, »Gaza: Life Beneath the Drones«, in: *Gaza Reports*, 25. Januar 2014.
2. UN Office for the Coordination of Humanitarian Affairs (OCHA) *Occupied Palestinian Territory, Easing the Blockade: Assessing the Humanitarian Impact on the Population of the Gaza Strip*, März 2001, S. 16.
3. OCHA/World Food Programme (WFP), *Between the Fence and a Hard Place – The Humanitarian Impact of Israel-Imposed Restrictions on Access to Land and Sea in the Gaza Strip*, August 2010, S. 13-15.

Register

A

Abayat, Hussein 267
Abbas, Mahmud (Abu Mazen) 179, 181, 201, 290-292, 305
Abbas, Muhammad 162
Abd al-Basset, Muhammad 280–281
Abdel-Haq, Muhammad 6
Abdel-Shafi, Haidar 170
Abdullah I., König von Jordanien 38
Abdullah II., König von Jordanien 263, 288, 300
Abed Rabbo, Yasser 284
Abnutzungskrieg (1967–1970) 92–93
Abraham (biblische Gestalt) 42, 192, 196
Abram, Danny 267–268
Abrams, Elliot 296
Abu Dis (Vorort von Jerusalem) 233
Abu Hamid, Mohamad 279, 283–284
Abu Dschihad (Khalil al-Wazir) 155–157
Abu Luz, Jalal 154
Abu Musa, Abdul Salem 294
Abu Rudeis (Ölfelder) 98
Abu Shanab, Ismail 293
Abu Sharif, Bassam 303
Abu Sisi, Hatem 134
Abu Twila (Sinai) 89
Abu-Zahra, Nadia 29
Abuelaish, Izzeldin 67, 136
Admon, Shmuel 77
Afghanistan 139
Ägyptisch-israelisches Waffenstillstandsabkommen (1949) 57
Ägyptisch-israelischer Friedensvertrag (1979) 122, 222
Ahmad, Mamduh al-Hajj 77, 79
Akaba, Golf von 91
Al-Aksa-Intifada (zweite Intifada) 252–273, 275, 282, 290
Al Arish (Sinai) 61, 67, 88, 122
Albatrawi, Muhammad 26
Albright, Madeleine 209–210, 213, 226, 232, 242, 245, 248, 245, 257

Aleika (Golan) 83
Algerien 32, 111
Algier 149, 160
Ali, Fatima al- 73–75, 77
Alkhalili, Ali 26
Allon, Yigal 36–40, 43–46, 56, 60, 82–83, 93
Alma (Ölfeld) 92
Almog, Doron 270
Amayreh, Khalid 148
Amir, Yigal 187
Amman 19–20, 23, 140, 196, 199–200, 299, 303
Annan, Kofi 258, 263, 284
Arabisch-israelischer Krieg, erster (1948) 31, 138, 156
Arabische Liga 3, 53, 140, 158
Arafat, Jassir 30, 33–34, 51, 53, 105, 130, 135, 140, 156, 160–163, 168, 170, 173–174, 179–186, 190–191, 193–195, 197–199, 201–202, 206, 215, 220–250, 252–254, 256–259, 262–272, 274–294, 297, 302–305, 309, 316–317
Arafat, Sami 34
Arbeitslager (Golan) 82, 83
Arbeitsmarkt 49–50, 69
Arens, Moshe 131
Asfour, Hassan 201
Ashdod 91
Ashwari, Hanan 173
Assad, Hafis 167, 205
Assad, Moghi 166
Atzmona (Siedlung, Sinai) 90
Australien 61
Awad, Jameel 128
Awwad, Hussein 33, 148
Ayn Aysha (Golan) 74
Ayn Qunyih (Golan) 80, 86
Ayn Ziwan (Golan) 77
Ayoub, Izzat al- 75, 80
Ayyad, Masoud 272–273

B
Baker, James 169–170
Balata (Flüchtlingslager) 34, 141
Bandar, ibn Sultan (saud. Botschafter in den USA) 214–215
Banyas (Golan) 78
Bar-Lev, Chaim 92
Bar-Lev-Linie 94
Barak, Ehud 142, 204–254, 256-257, 262–274, 295
Bassiouni, Mohammed 201, 203, 225–226
Beduinen 3, 14, 59, 88–91, 112
Begin, Benjamin 189
Begin, Menachem 78, 102–123, 182, 189, 311–312
Beilin, Yossi 173–175, 201–202
Beirut 131, 277, 302, 316–317
Beit Nuba (Westjordanland) 4–5
Beit Sahour (Westjordanland) 195, 267
Ben Eliezer, Binyamin 279, 287
Ben-Ami, Shlomo 236–238
Ben Gurion, David 64
Ben-Moshe, Eitan 6
Berger, Sandy 218, 241–242
Bethesda, Maryland (Friedensgespräche) 210
Bethlehem 17–18, 35, 54, 110, 120, 122, 195, 265, 267, 290
Bibel 42, 72
Bir-Zeit-Universität 124
Bnei Atzmon 90
Bolling Air Force Base, Washington, D.C. 268
Bondy, Ruth 74
Brasilien 61
Britisches Mandatsgebiet Palästina 30, 42, 57, 63, 102, 138, 156
Brzezinski, Zbigniew 117
B'Tselem (israelisches Informationszentrum für Menschenrechte in den besetzten Gebieten) 152
Burg, Yosef 123
Bush, George H. W. 167, 169

Bush, George W. 271, 274–275, 277, 287–289, 291–292, 294, 299–305, 309
Butaja (Golan) 73

C
Cambon, Jules 180
Camp David, Gipfeltreffen (1978) 113–122, 124
Camp David, Gipfeltreffen (2000) 220–252, 262, 268, 271, 295
Carter, Jimmy 105–106, 109–110, 112–118, 122
Ceauşescu, Nicolae 106
Chirac, Jacques 249, 257–258, 266, 304
Christopher, Warren 181, 191, 207–208
Clinton, Bill 181, 191, 195, 198–199, 202, 204–206, 208–215, 217–219, 223–226, 228–235, 237–250, 256, 262–272
Crooke, Alastair 302

D
Da'en, Hajji Fatima 18
Dahlan, Mohammed 201, 236, 247
Damaskus 31, 73, 79–81, 83, 127, 157, 207, 209–210, 212–214
Dänemark 194
Daoudi, Riad 209
Darwish, Mahmud 160
Dayan, Moshe 7–30, 34–36, 38–39, 43–44, 52, 56, 60, 63, 65, 69, 71, 74, 93, 95, 103–109, 112, 116, 127, 297, 314
Deir el Balah (Gazastreifen) 60
Deir Yassin, Massaker von (1948) 102
Dheishe (Flüchtlingslager) 120
Di-Zahav (Siedlung, Sinai) 91
Dichter, Avi 246
Dorf-Ligen (Westjordanland) 121–122, 130–131
Drusen 74–75, 79, 81, 83–84, 86–87, 126–127, 129
Dudin, Mustafa 121
Dura, Mohammed al- 255–256, 261

E
Eban, Abba 11, 19, 45–46
Eilat (Zerstörer, Versenkung, 1967) 92
El Bireh (Westjordanland) 125
Emanuel (Siedlung, Westjordanland) 278, 286
Erekat, Saeb 201, 203, 221, 233, 236, 247
Erez (Industriegebiet, Grenzübergang) 70, 190, 221
Eshkol, Levi 43, 45, 61
Europäische Union (EU) 263, 289
Eytan, Yisrael 16–17

F
Fahmy, Ismail 96
Fares, Imad amil 267
Faruk, König von Ägypten 59, 94
Fatah (Palästinensische Nationale Befreiungsbewegung) 31, 156, 257
Flüchtlingslager 7, 34, 58, 63–67, 69, 138, 167, 223
– Balata 34, 141
– Bourej, al– 142
– Dheishe 120
– Jabalya 133, 141–142, 272
– Jenin 283–284
– Kalandia 18
– Khan Yunis 142
– Ma'azi 142
– Nuseirat 142
– Rafah 142
– Sabra 131
– Shati (Strand) 66, 138
Folter 63, 152
Force 17 (palästinensische Präsidentengarde) 272
Ford, Gerald 96–98
Frankreich 7, 79, 303
France 2 (Fernsehsender) 255
Freie Offiziere, Komitee der (Ägypten) 94
Freij, Elias 54
Friedensverträge 100, 119, 311, 313
– Israel-Ägypten (1979) 122
– Israel-Jordanien (1994) 184–185, 195, 207

»Front der Standhaftigkeit« 111
Frühjahrs-Aufstand (1982) 125

G
G-8-Gipfel (Okinawa, 2000) 245
Galiläa, Drusengemeinde 79, 87
Gaza-Stadt 57, 59, 64, 66, 68, 71, 133, 200, 287, 294, 318
Gazastreifen 13, 36–38, 48–49, 57–71, 81, 89, 110–112, 119, 125, 130, 132–139, 147–148, 150, 168, 174, 177, 180, 183–185, 202, 221, 230, 254–255, 262, 270, 276, 286, 290, 294–298, 300–302, 305–313, 315–321
– Allon-Plan 36, 40, 45–46, 60, 62, 82
– Deportationen 60–63
– einseitiger Abzug (2005) 295–297, 306, 309–310
– Fischerei 69, 308
– Flüchtlingslager 133, 141–142, 272
– Flughafen 197, 307
– »Gaza-Abkommen« (2002) 290
Grenzübergänge 136, 177, 180, 246, 308
Gaza-Jericho-Abkommen (1994) 184
Genezareth 207, 209, 211, 217–219
Genf 167, 217, 219–220, 225, 228
Genfer Konvention, Vierte (1949) 41, 144, 150
Ghanim, Ibrahim 66
Golanhöhen 48, 72–87, 90, 111, 125, 127, 129, 170, 205, 207, 211, 219, 274, 311–313
Golan-Gesetz (1981) 127
Goldstein, Baruch 192, 194
Großbritannien 3, 7, 35
Gummigeschosse, Einsatz von 162
Gurr, Ted 253
Gush Emunim 56
Gussing, Nils Goran 76

H
Hadera (Israel) 276
Haifa 58, 90, 119
Ha'Keini, Haim 199–200
Halutz, Dan 287

Hamas 138–139, 153, 172–173, 178, 199–200, 275–278, 280, 286, 293–294, 298–299, 302, 309, 313, 316–317, 319–320
Hamid, Abu 279, 283–284
Hamid, Raed Abdel 293
Hamudeh, Kamal Kadura 133
Hanieh, Akram 246
Hanieh, Ismail 294
Hanoun, Hilmi 120
Har Homa (Siedlungsprojekt) 195–198
Haram al-Sharif/Tempelberg 7, 239–241, 247, 251–252, 254, 258, 269, 271, 274
Haschem, Abu 16
Hassan, Abu 62
Hassan, Hani al- 284
Hassan II., König von Marokko 104, 221–222
Hebron 18, 23, 36, 38, 41–45, 54–55, 121–122, 168, 185, 191–194, 292, 319
– Hebron, Massaker von (1994) 192–193
– Hebron-Protokoll (1997) 193–194
Heikal, Mohamed 106
Helal, Gamal 242, 249–250
Hermon, Berg 87
Herzliya, Konferenz von (2003) 297
Herzog, Chaim 5, 13
Herzog, Mike 292
Hisbollah 141–142
Hirschfeld, Yair 119, 173–174, 178
Hizmah (Westjordanland) 176
Holst, Johan 179
Horowitz, David 89
Hussein, König von Jordanien 4, 15, 18, 45–46, 51, 56, 60, 62, 103, 105, 156–160, 190, 195, 198, 200, 222
Hussein, Saddam 166–168
Hutri, Said al- 276

I

Imwas (Westjordanland) 4–5
Indyk, Martin 195, 237, 241, 249, 256, 266–267
Internationales Komitee vom Roten Kreuz 20

Internationaler Gerichtshof 292
Intifada, erste (1987–1993) 134, 136, 139–140, 143, 146–165, 183, 275, 312
Intifada, zweite (s. Al-Aksa-Intifada)
Iran 71, 135, 140, 166, 246, 288
Irak 111, 140, 147, 165–169, 241, 320
Irbari, Mohaned 260–261
Irgun 102
Islamischer Dschihad 277–278, 292–293, 302, 319
Islamistische Gruppen 138
Ismail, Haj 227
Ismailia, Gipfeltreffen von (1977) 111
Italien (s. auch: Rom) 194

J

Ja'abri, Muhammad Ali al- 43, 54–55
Jabalya (Flüchtlingslager) 133, 141–142, 272
Jabari, Juwayyed Hasan el 192
Jakob (biblische Gestalt) 23, 42
Jaffa 21, 26, 58, 66
Jemen 147
Jenin (Westjordanland) 17–18, 21, 25, 38, 153, 283–284
Jericho 18, 28, 37, 47, 52, 62, 180, 183–185, 236, 265
Jerusalem 2–56 102, 104, 107–108, 110–111, 113–115, 118, 122, 157, 159–161, 170–171, 174–176, 179, 184, 190–191, 195, 199, 207, 215, 220, 224, 226, 228, 231, 233–234, 236–237, 239–242, 244, 246–255, 260, 266, 269, 271–272, 276–278, 289, 293–294, 296, 306
– King-David-Hotel, Bombenanschlag (1946) 102
– Abu Dis 233
– Al-Makassed-Krankenhaus 175
– Berg Zion 8
– Har Homa 195–198
– Hyatt-Hotel 278
– Klagemauer 5–6, 8, 30, 237, 254, 258
– Löwentor 258
Jesreel-Tal 36

Jom-Kippur-Krieg (1973) 84, 94–95, 98, 100
Jordanien 3, 4, 8, 16, 18–20, 24, 28–29, 31, 34–38, 41–42, 45, 47–48, 50–53, 60, 62–63, 89, 103–105, 110, 119, 121, 137, 150, 154, 156, 158–159, 163, 169, 171–172, 177, 180, 195, 199–200, 207, 240, 249, 288, 300, 313
Jordan, Fluss 2, 3, 4, 15,–19, 31, 34, 36–39, 41, 47, 61, 72, 231
Jordanische Legion 4, 18
Joseph (biblische Gestalt) 23
Josua (biblische Gestalt) 23, 44
Jubata (Golan) 76
Judäa 2, 14, 39, 52, 103, 112, 127, 164, 170
Jum'a Isa, Muhammad 73

K

Kabatiyeh (Westjordanland) 153–154
Kalandia (Flüchtlingslager) 18
Kalilah, Mohammed al- 155
Kalkilia (Westjordanland) 22
Kamil, Haj 252, 254
Kanaan (antikes Königreich) 57
Kanaan, Hamdi 18, 23–25, 27
Kanada 231
Karmi, Raid 279–280
Katana (Syrien) 79
Katharinenkloster (Sinai) 92
Katriel, Meira 296
Katzrin (Golan) 86–87
Kawasmeh, Fahed 55
Kay, Adah 29
Kfar Malal (Brit. Mandatsgebiet) 63–64
Khalaf, Karim 120
Khalidi, Rashid 186
Khalil, Omar al-Hajj 74
Khan Yunis (Gazastreifen) 60, 142, 148, 150
Khatib, Amina al- 73, 80, 86
Khatib, Aref Abdallah al- 176
Khatib, Fathi Raja Ahmed 281
Khatib, Ghassan 170
Khatib, Ruhi al- 10–11
Khatib, Jusuf al- 122

Khattir, Nasi 128
Kibbuzim 50
Kimmerling, Baruch 29
King-David-Hotel, Bombenanschlag (1946) 102
Kirjath-Arba 44, 193
Kissinger, Henry 94, 96–97, 99, 161, 248
Kollek, Teddy 6, 10–11
Kretzmer, David 29
Kumsiya, Bishara 122
Kuneitra (Golan) 72–73, 83–85
Kurei, Ahmed (Abu Ala'a) 173–174, 178, 272
Kurtzer, Dan 282
Kuttab, Daoud 143
Kuwait 31, 50, 166–169

L

Laham, Nasser 120
Landtausch 231, 239, 269
Latrun (Westjordanland) 4–5
Lev, Nahum 157
Levinger, Miriam 43
Levinger, Moshe 43
Libanon 51, 57, 72, 119, 130–132, 140–141, 150, 156, 169, 171–172, 225, 231, 276, 313, 316–317
Libanonkrieg (1982) 212, 277
Libyen 111
London 45, 103, 172–173
Lydda (Brit. Mandatsgebiet) 66

M

Ma'azi (Flüchtlingslager) 142
McClellan, Scott 293
Madrider Friedenskonferenz (1991) 169–178, 312
Majdal Shams (Golan) 75–76, 81, 86, 126, 128–129
Malka, Amos 224, 229
Malley, Robert 213, 249
Mansur, Gamal 277
Maraca, Nidal 192
Maree, Rashid 22
Marokko 104–105, 241

Marwan, Ashraf 96, 300
Mashal, Khaled 199–200
Masloukhi, Mahmoud 6
Meir, Golda 93, 95
Meir, Yehuda 163
Meital, Yoram 182
Meridor, Dan 273
Merom Golan (Kibbuz) 83
Miller, Aaron David 232, 305
Mitchell, George 275
Mitla-Pass (Sinai) 95, 98
Mofaz, Shaul 276, 279, 298
Moskau 171
Moses (biblische Gestalt) 92, 250
Mossad 104, 178–179, 199–200
Muasher, Marwan 300
Mubarak, Hosni 190, 225–226, 244, 256, 262–263, 270
Mudschaheddin 139
Muslimbruderschaft 138–139, 319
Mustafa, Abu Ali 277–278

N
Nablus 2, 12, 14–15, 18, 22–27, 30, 34, 52, 55, 120, 125, 226, 265, 275–277, 280
Nahal-Brigade 41
Nahost-Quartett (UN, USA, EU, Russland) 289–290, 296–297
Nakhleh, Emile 135
Narkiss, Uzi 6, 19, 43
Nasser, Gamal Abdel 92–94, 96
Natshe, Ahmad Hamzi 54
Naveh, Dan 199
Negev-Wüste 14, 36, 151
Netanja 275, 281
Netanjahu, Ben Zion 189
Netanjahu, Benjamin 189–191, 193–196, 198–206, 208, 221, 252 , 319
Netanjahu, Jonatan 189
Neve Ativ (Siedlung, Golan) 87
Neviot (Siedlung, Sinai) 91
Nordirland -Konflikt 275
Norwegen (s. auch: Oslo-Friedensprozess) 173–174, 181, 194

Notstandsgesetz (1945) 40
Novik, Nimrod 205, 221
Nuseirat (Flüchtlingslager) 142
Nusseibeh, Sari 165

O
Oberster Gerichtshof Israels 29–30, 90, 273
Odeh, Aysha 153
Odeh, Ghazi Bani 150
Ofer, Zvi 23
»Offene Brücken«, Politik der 15
Ofira (Sinai) 91, 123
»Operation Entebbe« (1976) 189
»Operation Flüchtling« (1967) 18–20
»Operation Verteidigungsschild« (1988) 286, 288, 290
Oslo-Friedensprozess 189, 243, 253
Osmanisches Reich 2, 37, 88

P
Pakistan 3, 246
Palästinensische Autonomiebehörde (PA) 184, 227, 262, 309
Palästinensische Befreiungsorganisation (s. auch: PLO) 147
Palästinensische Nationale Befreiungsbewegung (s. auch: Fatah) 31
Palästinensischer Nationalrat (PNC) 160–161
Paris 45, 249, 256–257, 263–264, 304
PDFLP (Demokratische Volksfront für die Befreiung Palästinas) 51
Peled, Elad 78
Pelletreau, Robert 162
Peres, Shimon 39, 54, 99, 131, 173, 175, 178–179, 181, 187–189, 193, 205, 208, 265–266, 282
PFLP (Volksfront für die Befreiung Palästinas) 51, 277
Phönizien 57
PLF (Palästinensische Befreiungsfront) 162

PLO (Palästinensische Befreiungsorganisation) 51–55, 68, 99, 105, 108, 110, 119–122, 124, 130–131, 135, 139–141, 146–147, 155–156, 158–164, 169, 171, 173, 175, 178–181, 184–186, 190, 202, 258, 288, 307
Pontecorvo, Gillo 149
Powell, Colin 289, 292, 300
Pundak, Ron 173, 178

Q
Qawasmi, Fahed 43

R
Rabat 53, 103–105, 107, 158
Rabin, Yitzhak 83, 96, 131, 135, 163–164, 172, 175, 178–182, 187–189, 193, 195, 203, 205, 207–210, 218–219, 222, 235, 270, 295
Rafah (Gazastreifen) 60, 142
Rafiah-Ebene (Sinai) 89–90
Rajoub, Jibril 278
Ramallah 17, 38, 47, 120, 122, 151, 153, 176, 226, 250, 261–262, 265, 267, 275, 277, 282–282, 284, 302–303
Rantisi, Bashir Ibrahim Abdallah 177
Rashid, Mohammed 272, 303
»Roadmap« für den Frieden (2002–2003) 287–291, 296–297, 306
Rød-Larsen, Terje 173, 179, 190, 256, 258
Rom 296–297
Ross, Dennis 198–199, 202, 208, 210, 235, 242, 249
Roter Halbmond 68
Rotes Kreuz (s. Internationales Komitee vom Roten Kreuz)
Rumänien 106
Russland (s. auch: Sowjetunion) 72, 289, 296

S
Sabra Massaker (1982) 131
Sadat, Anwar al- 93–96, 98, 100, 102, 104–118, 120–123, 169, 312
Saguie, Uri 209

Salih, Midhat Salih al- 81, 128–129
Salim, Gamal 277
Samaria 2, 14, 16, 39, 52, 103, 112, 127, 164, 170
Sa'sa (Syrien) 79
Saudi-Arabien 50, 105, 156, 169, 249
Savir, Uri 178
Sayyid, Abbas al- 280–281
»Schwarzer September« (1970) 51, 156
Schweden 179, 194
Schweiz (s. auch: Genf) 194, 209
Sechstagekrieg (1967) 15, 19, 21, 28, 38, 42, 45, 61, 64, 74, 79, 88, 92–93, 111, 116–117, 125, 156, 171, 275, 291, 299, 311
Seder, Mohammed 292–293
Selbstmordanschläge 274–275, 277, 280, 282–283, 290, 294, 299
Sereni, Ada 61
Shaaban, Bouthania 218–219
Shaath, Nabil 303
Shabibah (Jugendorganisation) 141
Shahrouri, Muammar 280–281
Shaka, Bassam 55, 120, 125
Shaked, Emanuel 76
Shamir, Yitzhak 131, 135, 161–164, 170–172
Shapira, Ya'acov Shimshon 9
Shara, Faruk al- 167, 170, 209, 211–212
Sharm el Sheikh (Sinai) 91, 222–223, 256, 263–265, 275
Sharon, Ariel 63–67, 89, 103, 112, 123–125, 128, 130–131, 140, 189, 251–254, 257, 261, 263, 273–307, 312, 315
Shati (Strand; Flüchtlingslager) 66, 138
Shawa, Rashad al- 68, 136, 140
Shehade, Raja 35, 155
Shehadeh, Ra'ida 18
Shehadeh, Salah 286–287
Sheik Zuid (Sinai) 89
Shepherdstown, West Virginia (Friedensgespräche, 2000) 213–214, 228, 231
Sher, Gilead 236–238
Shin Bet (Inlandsgeheimdienst, Israel) 32–33, 124, 139, 152, 246, 304–305

Shkedi, Eliezer 286–287
Shlomo-Bezirk (Sinai) 91
Shultz, George 161–162
»Sicherheitszaun« (Sperranlage) 291–292
Siedlungen, jüdische 36, 38, 40, 41, 45, 50, 55, 82–87, 89–91, 103, 105, 107, 112–117, 140, 179, 184, 186–187, 195–196, 198–199, 220, 227, 234, 236–238, 289, 310, 312–313, 315, 320–321
– Gazastreifen 61, 63, 185, 297, 301
– Golanhöhen 82–87
– Hebron (»wilde Besetzung«) 44, 193
– Sinai-Halbinsel 89–91, 107–109, 112–117, 122–123
– Westjordanland 50, 56, 185, 230, 240, 253, 269, 278, 286, 295–296, 299–302, 305–307, 320
Sinai-Halbinsel 320
»Sinai-I-Abkommen« (Abkommen zur Truppenentflechtung, 1974) 95–96, 98
»Sinai-II-Abkommen« (Interimsabkommen, 1975) 99
Singapur 70
Singer, Yoel 178–179
Sisi, Hatem Abu 134
Siyam, Sayeed 275
Snier (Golan) 83
Solana, Javier 258, 263
Sowjetunion 94, 163–164, 169
Steinewerfen 143
Stockholm 179
Straßensperren und Kontrollpunkte 259
Streiks 24, 30, 54, 164
Stromversorgung 52, 60, 71, 264
Südjemen 111
Suezkanal 88, 92–95, 98, 111, 115, 122
Syrien 45, 57, 72–74, 79–80, 83–87, 94, 111, 119, 126–127, 129, 135, 167, 169, 171, 205–208, 210, 211–214, 216–219, 223, 225, 231, 274, 311–313, 320

T
Taba (Sinai) 123, 272
Talal, König von Jordanien 4
Tamimi, Anwar al-Khatib al- 46

Tanzim (Miliz) 257
Tawil, Ibrahim 125
Tel Abu Zuz 17
Tel Aviv 4, 90, 162, 187, 271, 276–277, 286, 294, 320
Tempelberg (Haram al-Sharif) 7–8, 23, 190–191, 237, 239–241, 251–253, 257, 263, 269, 273–274
Textilindustrie 176
Tiberias 36
Tiran, Straße von 109
Tscherkessen 72
Tsefat 36
Tulkarem (Westjordanland) 22, 120, 279–281
Tunesien 130, 162, 173, 317
Tunis, Exilort der PLO-Führung 135, 140, 147, 155–157, 160, 162, 171, 173, 175, 178–179
Tunnel-Unruhen, Westmauer (1996) 190–191
Tuqan, Fadwa 39
Türkei 194, 316

U
UdSSR (s. auch: Sowjetunion) 106
Uganda 189
Umm el Fahm (Israel) 260
Unabhängigkeitserklärung, palästinensische (1988) 160–161
Unabhängigkeitskrieg (s. auch: Arabisch-israelischer Krieg, erster [1948]) 7, 22, 64, 79, 102
UNDOF (United Nation Disengagement Observer Force) 85
UNEF (United Nations Emergency Force) 95
UNLU (Unified National Leadership of the Uprising; Vereinigte Nationale Führung des Aufstands) 146–149, 157–158, 164
UNRWA (United Nations Relief and Works Agency; UN-Hilfswerk für Palästinaflüchtlinge im Nahen Osten) 59, 66, 156, 176

USA 161–162, 167, 169, 204, 206, 213, 233, 240, 257, 262, 264, 273, 277, 282, 289, 296, 299–300, 305
U Thant, Sithu (UN-Generalsekretär) 11

V

Vereinte Nationen (United Nations; UN), Vollversammlung 11, 19, 53, 132, 167
– Resolutionen der Vollversammlung 99, 144
– Resolutionen des Sicherheitsrats 161, 166–167, 284
– Sicherheitsrat 16, 143, 161, 166, 241, 284, 296
Vietnam 13, 32

W

Wahbe, Diana 151
Washington 37, 40, 62, 96–97, 99–100, 109–110, 113, 116, 118, 123, 167, 171–175, 178, 180–183, 186, 188, 195, 199, 204–206, 211, 214, 221, 224–225, 231–232, 250, 254, 267–271, 274, 288–289, 291, 299–301, 303
Wasserversorgung 9, 48, 71, 87
Wazir, Khalil al- (s. auch: Abu Dschihad) 155–156
Weisglass, Dov 296, 306
Weizman, Ezer 108, 115
Weltgesundheitsorganisation (WHO) 259
Westjordanland 2–57, 60–63, 68–70, 76, 78, 81–83, 89, 103–105, 110, 112, 116, 118–121, 124–125, 130, 138–139, 141–142, 147, 150, 153, 155, 158–159, 161, 167, 169, 175–177, 184–187, 192–195, 198, 201–202, 212, 220, 223, 230, 233, 236, 238, 240, 254, 259, 261, 275, 279, 281–283, 286, 291, 292, 297, 300, 308, 311–313, 316, 319–321
– Clinton-Parameter 269
– Dorf-Ligen 122
– einseitiger Abzug (2005)
– jüdische Siedlungen 140, 163–164, 253, 278, 295–296, 299–302, 305–307
– Kommunalwahlen 163
– Operation Verteidigungsschild 282, 285–286, 288
– Sechstagekrieg 111
– »Sicherheitszaun«/»Die Mauer« 291
Wolf, John 290
Wye-Abkommen (1998) 202–203, 221–222

Y

Yaalon, Moshe 286
Yalu (Westjordanland) 4–5
Yamit (Sinai) 90–91, 113, 123
Yasin, Ahmad 138, 200, 294, 298
Yasin, Abed el Amid 298
Yassin, Adnan 178
Yatom, Danny 199, 233, 239–240

Z

Zaatri, Majd 293
Zaghout, Reem 143
Zahar, Mohamoud 294
Ze'evi, Rehavham 278
Zubaidi, Zakaria al- 284